贵州省哲学社会科学规划

国学单列课题成果

商务印书馆（上海）有限公司 出品
The Commercial Press (Shanghai) Co.Ltd

复旦哲学·中国哲学丛书

儒家功夫哲学论

倪培民 著

创于1897
商务印书馆
The Commercial Press

图书在版编目（CIP）数据

儒家功夫哲学论 / 倪培民著 . — 北京：商务印书馆，
2022
（复旦哲学 · 中国哲学丛书）
ISBN 978－7－100－20258－9

Ⅰ . ①儒…　Ⅱ . ①倪…　Ⅲ . ①儒学　Ⅳ . ① B222.05

中国版本图书馆 CIP 数据核字（2021）第 164756 号

儒家功夫哲学论

倪培民　著

商　务　印　书　馆　出　版
（北京王府井大街 36 号　邮政编码 100710）
商　务　印　书　馆　发　行
苏州市越洋印刷有限公司印刷
ISBN　978－7－100－20258－9

2022 年 10 月第 1 版　　开本 640×960　1/16
2022 年 10 月第 1 次印刷　印张 38.75

定价：178.00 元

倪培民，美国格兰谷州立大学哲学系终身教授。出生于上海，1978 年考入复旦大学，获复旦大学哲学学士、西方近代哲学硕士后出国求学，获美国康涅狄格大学哲学博士。曾任美国夏威夷大学哲学系客座教授、香港大学哲学系客座教授、国际亚洲哲学与比较哲学学会会长、北美中国哲学家协会会长、纽约全球学术出版社《中外比较哲学丛书》主编、北京大学高等人文研究院执行副院长、北京师范大学特聘教授等。主要研究领域为中国哲学和比较哲学、近代欧洲哲学、因果关系哲学，尤其专注于儒家功夫哲学。主要著作包括 *On Confucius*（《论孔子》，2002），*On Reid*（《论里德》，2002），*Wandering: Brush and Pen in Philosophical Reflection*（《笔墨哲思游》，2002），*Confucius Making the Way Great*（《孔子——人能弘道》，2010，2012，2021），以及 80 余篇中英文哲学论文。由纽约大学出版社出版的 *Understanding the Analects of Confucius—A New Translation of Lunyu with Annotations*（《孔子论语理解——论语的新英文译注》，2017）是迄今为止英文世界最为详尽的《论语》译注本，该书 2020 年获得美国现代语言协会颁发的“史嘉林图书奖”（Scaglione book prize）。

目　录

绪　论　1

第一章　从功夫论到功夫哲学　13

一　“中国哲学的合法性”问题　14

二　西方哲学的合法性危机　24

三　哲学的功夫转向　35

四　功夫论的哲学转向　48

上篇　格物致知

第二章　格物致知与功夫认知　55

一　西方哲学中的“知”　56

二　功夫认知　62

三　超出真理的知识　65

四　知与德性的培养　74

五　对格物致知的理解　79

第三章　功夫认知的特征及其培养　83

一　知与行　84

二　知与体　97

三　知与思　103

四　楷模的学习与权威　112

第四章　功夫认知与科学技术　120

一　阳明格竹与李约瑟难题　121

二 作为科学的中国传统医学 126
三 技术与因果观 134
四 功夫科学如何可能 146

第五章 儒家心性之学与功夫本体论 158
一 作为儒家心法的《中庸》功夫 162
二 孟子人性论的再认识 173
三 朱王心性论之异同 189
四 良知是假设还是呈现？——功夫的吊诡 198

第六章 儒家需要形上学吗？ 206
一 对解构形上学的回应 209
二 情本体？事本体？仁本体？ 220
三 作为境界的和作为功法的形上学 229
四 关系形上学？故意的偏颇 234

第七章 如在主义：儒家功夫模式的精神性 254
一 从原始宗教到如在主义的转折 256
二 如在主义是非辨 265
三 “有保证的”宗教信念及其儒家的对应 272
四 如在主义与后世俗时代的两难困境 280

中篇 诚意正心修身

第八章 诚意正心修身与学以成人 287
一 功夫与诚意正心 288
二 诚意正心与健康 296
三 儒家欲望观 305

四 教育、经济与“单向度”的人 321

第九章 艺术人生：儒学的最高目标 326

一 开放式的“成人” 327

二 通行观点及其否定 334

三 对通行观点的分析 343

四 艺术人生之为道——以书法为例 348

第十章 功夫伦理 359

一 功夫伦理与道德律令 360

二 功夫与道德 367

三 功夫伦理与其他伦理学理论 380

第十一章 “求而得之，舍而失之”：儒家尊严观 396

一 “天赋普遍尊严”概念的得失 398

二 儒家关于人的尊严的基本立场 403

三 儒家尊严观与天赋普世尊严观念的比较 410

第十二章 修炼而成的自发性：儒家自由观 428

一 作为消极自由的“从心所欲不逾矩” 431

二 作为积极自由的“从心所欲不逾矩” 438

三 作为自由之条件的功夫能力 446

四 作为自由之条件的他者 449

下篇 齐家治国平天下

第十三章 家道与“齐家”功夫 461

一 三种意义上的家与家道 463

二 齐家与修身 466
三 权威与家规 468
四 齐家与“极高明” 473
五 齐家与当代家庭问题 478
六 齐家与治国平天下 482

第十四章 儒家功夫与民主和法治 488
一 “新民”——民主之基础工程 491
二 体制——外体化的功夫 496
三 礼治的特权与法治的平等 512

第十五章 “家天下”文明与“平庸之善” 524
一 人类的成熟与天下文明 525
二 文明对话的模式 531
三 和而不同与开放的肯定性 539
四 “囚徒困境”与“红灯笼困境” 545
五 走向“平庸之善”的可能 549

后 记 559
中文参考文献 563
外文参考文献 575
本书作者有关论著 589
索 引 597

绪　论

近百年来中华民族的命运跌宕起伏，危难重重。与此相伴，中华传统文化在西方文化的冲击之下，受到了前所未有的挑战，由此引发了知识界对中华传统文化的全面批判性反思。一百年前，由胡适、陈独秀等所引领的新文化运动以欢迎“德先生”（democracy，民主）和“赛先生”（science，科学）为口号，掀起了向西方学习先进文化的潮流。面对中华文化在西方文化的冲击之下“花果飘零”的状况，“四顾苍茫，一无凭藉”，当代新儒家的代表人物唐君毅、牟宗三、徐复观、张君劢出于中华文化之承担者的责任感，于1958年元旦发表了《为中国文化敬告世界人士宣言》（以下简称《宣言》），呼吁中外人士肯定中华文化之生命及其内在价值，纠西人之偏见，立国人之自信，既寻找全球四分之一人口的精神安顿，也为中华文化指引前途和方向。

六十年后，中国经济高速发展为世界第二，在提倡文化“自信”、号召复兴中华传统文化的大环境下，承载中华传统文化的国学在中国也成了显学。但深层的危机往往比表面的危机更令人不安。国人今天所表现的文化自信，更多的是来自于民族自尊，对中华文化的真正价值的认识，尚未发生实质性的改变。在复兴传统文化的旗号下，中国传统文化面临着浮浅化、庸俗化和商品化的危险。一些传统文化中的沉渣又复泛起，严重阻碍了中国传统文化的真正复兴。

六十年后，西方人士对中国文化的了解有了一些进步，但非常有限。走进西方国家的书店，便可发现东方文化类的书少得可怜。即便有，也多数是佛教和道家文化的读物，而且多是偏向于神秘浪漫色彩，满足猎奇者文化消费需求的那种。[①] 西方学术界和教育界对中华文化更多的还是处在出于“政治正确”而包容的层面。17—18 世纪欧洲启蒙思想家所曾经有过的那种对中华文化的真诚热情，似乎成了遥远的神话，令人难以置信。今日的世界上，没有任何一个国家积极吸收中华文化，以其为参照来发展和构建其自身的未来。虽然有少数非华裔人士“比中国人还中国”地投身于中华文化的研究与弘扬，但这些人士无一能够对他们自己的国家民族文化形成堪比当年启蒙思想家所曾达到过的影响。

民族的根本在于文化，而文化的生命力，不在于物质上的“肌肉”强健，财大气粗，更不在于以口气和术语见胜的表面文章。正如《宣言》的作者们所说，文化的生命在于其内在价值。如果中国传统文化本来就已经失去了它的存在价值，那么，仅仅出于中国人的身份认同而去维护和坚持那样的文化传统，就是一种狭隘的民族主义。众所周知，儒家文化是中国传统文化的主流。从列文森（Joseph R. Levenson）提出儒家文化已经成为历史，成为博物馆的陈列品，到余英时把儒家文化看作失去了根基的游魂，只能在“私领域”为现代化提供后勤服务，中国传统文化的当代价值究竟何在，儒家思想在当代还有没有现实意义，成了迫切需要澄清的大问题。

当代儒学的主要代表之一杜维明先生提醒我们注意，“儒学面临的最大挑战不是思想上的困难、政治上的限制，而是它与中国的现代化是不是‘相干’”。他提出：“可以说，儒学最大的危机，是在中国新文明秩序的建构过程中，在人间伦理秩序的建构方面，能不能提供现实的精神资源。儒学的复兴在于，面对西方文化的强势冲击，儒学能否提出有创见性的回应，儒学的内部能否进一步发展或转化。”[②] “能否对整个西方文明尤其是启蒙以

---

① 有人认为西方对道家和佛家文化的兴趣在很大程度上是一种“东方主义”的表现，即将其当作一种“另类”文化来消费，而不是真正对佛道文化的接受。见 J. J. Clarke, *The Tao of the West: Western Transformations of Taoist Thought* (London and New York: Routledge, 2001)。

② 杜维明：《关于传统文化的创造性转化的几点思考》，《中央社会主义学院学报》2019 年第 4 期，第 101—102 页。

来的‘启蒙心态’做出回应，是儒学有没有第三期发展可能的关键。”[①] 这种相关性的最关键的指标，是儒学能不能为当今人类所共同面临的一系列严峻挑战，如环境生态危机、宗教文化冲突、金融危机、科技发展的新挑战等等，提供建构性的思想资源。

何为中国文化最有价值的内在核心?《宣言》的作者们认为，“中国之学术文化，当以心性之学为其本原”[②]。他们认为，从子思和孟子以来直到王阳明的儒学道统以人的善性或良知连接天理、天道，把价值本体论化，又以这样的本体论作为理据，支持儒家的基本价值体系和功夫修炼，这就是整个中华文化的“道统”，是中国人精神的安顿之处，也是中国文化能够对世界文化做出主要贡献之处。“此心性之学，正为中国学术思想之核心，亦是中国思想之中所以有天人合德之说之真正理由所在。”[③]

但是众所周知，在宋明以前，心性之学的道统并没有得到广泛的重视和占据中国文化的核心地位。正是通过周敦颐、张载、程颢、程颐、朱熹、王阳明等宋明儒的努力，有关心性的学问才成为儒学论域的核心。《宣言》的作者们显然是继承了宋明儒家的传统。这些作者当中最具哲学原创性的牟宗三先生，其主要哲学思想就是围绕“心体”与“性体”概念展开的。

这一取向也为杜维明先生所继承。在2017年一次以“当代儒学发展的回顾与展望”为主题的学术会议（嵩阳书院2017年6月24—25日）上，杜先生郑重地把以思孟心性学说为基础来构建世界伦理作为其近年来主张的“精神性人文主义”的主要内容推出，认为这种仁道坚信“人禽之辨”所揭橥的人之所异于禽兽的“几希”，也就是王阳明的“良知”，即是人的独特性之所在，是人最真切内在、最有价值、最能普世化的核心。他把这个古典传统在宋明时期的波澜壮阔的发展，联系到当今世界遇到的种种困

---

① 杜维明:《关于传统文化的创造性转化的几点思考》,《中央社会主义学院学报》2019年第4期，第102页。

② 唐君毅:《中华人文与当今世界》（台北：学生书局，1988年），第885页。

③ 同上，第884页。

境，认为它可以成为世界哲学考虑人类最核心问题的一个重要参照。他把这种“几希”的良知称作“本体”和“源头活水”，与他所说的四个面向，即人与自我、人与群体、人与自然、人和天道都关联起来，甚至联系到宇宙大爆炸，从人的良知本体的根源性和独特性来认识人在宇宙中的地位。在2018年8月的世界哲学大会上，杜先生在其以“精神人文主义——己、群、地、天”为题的主题报告中，再次重申，他“坚信‘思孟心学’所体现的仁道必能扬弃启蒙心态所突出的凡俗的人文主义，而成为人类21世纪探究和平发展不可或缺的参照”。

这样的思考，其气魄和视野显然超过了四君子的《宣言》。如果说《宣言》的主调还是为中华文化做被动的辩护，杜先生的“精神人文主义”的主调则是基于对世俗人文主义所导致的精神层面的失落，要以中华文化的心性学为参照，为世界文化做出积极的建设性贡献。

宋儒张载以“为天地立心”来概括儒家心性学说之终极意义。此语提醒我们，对儒家的心性论可以有两种非常不同却又难以分割的理解。其一是把心性论当作与西方本体论相应的，有关客观世界之实在的理论，另一种是把它当作指导人生的基本信念，虽然它是借存有论的形态呈现。前者是把心性当作客体来研究，并把由此而得出的本体论当作价值观的理论依据，后者是以价值观为出发点来构建心性的本体论（即所谓“立心”），以作为人的自我认同和对宇宙之意义的认同。两者的形态相似，但作用和方向是正好相反的。“为天地立心”的说法反映的恰恰是后者。

《宣言》的作者们所面临的历史背景，与宋明时期有一共同点，即儒家文化再次面临巨大的挑战，但挑战的对象却很不一样。在东汉末年到隋唐时期，儒家被佛、道两家边缘化。佛家有“明心见性”和“轮回转世”，道家有“阴阳太极”“道法自然”，而儒家除了治经的传统和作为日常伦理的纲常规范，似乎缺乏可以当作人们安身立命之基础的形上理论。本来孔子之“不语怪力乱神”和不言“性”与“天道”，是现实主义的“即凡而圣”，从现实生活当中开发出神圣性，但是在当时的特定历史条件下，这反而成了缺憾。这种特殊的历史背景，使得通过发掘思（子思）孟（孟子）心性学说，以论证“天命”之性来应对佛老的挑战，成为当然之举。由于佛老的形上理论在其各自的体系中也是为其人生之道服务的，在论证的方法上，同样是倚重于其对人生的影响，而非仅就其本身的真假，因而宋明儒的心性论既可以借助佛老在这方面的丰厚资源来建构自身，又可以由此而回应佛老之学的挑战。

但《宣言》的作者们面对的已经不再是宋明时以形上学见长的佛老盛行的中国，而是一个以起源于古希腊，经历了休谟、康德的近代启蒙而集聚了巨大物质能量的西方文化为主流的世界。西方文化在自身经历了“形上学的迷梦”[①]之后，不再以形上理论引导人走向抽象超越的世界为己任，而是以肯定具体的人生和经验实证的理性为旗帜。面对这一新的语境，《宣言》的作者们重新祭起思孟心性学理论的大旗，以为中华文化确立其“超越的安立”，为世界文明重新建立其精神的维度，就难以取得与宋明儒一样的事功。

同时，在《宣言》发表六十年后的今天，西方文化面临的世界也已不同。那个曾经让日裔美国学者福山（Francis Fukuyama）声称西方社会的发展预示了“历史的终结”的年代，那个近代西方理性在实践领域的黄金时期，已经渐渐过去。启蒙理性本身所包含的种种局限正通过日益深刻的全球性危机而暴露。经过德里达（Jacques Derrida）、福柯（Michel Foucault）等后现代思想家对现代性的解构和宗教势力的反弹，世界正在进入“后现代”“后殖民”和“后世俗”的时代。在这个世界里，一方面人们感觉到真理的缺席和价值的失落，连最基本的道德底线都常常遭遇侵犯，所以亟须提倡精神性；另一方面人们又广泛存在着对形上语言的本能抵触和讥讽，对任何“精神性”、超越性和普世性抱有深度的警惕和怀疑。

在这样的大背景之下，试图通过复兴形上学存有论来发展儒学并为世界文明注入活力的努力，势必会被看作是已经被后现代哲学所否弃的形上学、独断论一类的回潮，与近几十年来在全球出现的宗教回潮归类在一起，

---

① 康德在其《未来形上学导论》中说，是休谟唤醒了他的形上学的迷梦。

被看作是对西方世界的威胁。出于政治正确性，它或许会被“容忍”而在世界哲学舞台上保留一席之地，但很难成为世界文化发展的资源。

更为重要的是，将作为形上本体论的心性理论作为中华文化之核心，会遮蔽儒家心性学的真实价值。心性学的真实价值并非在于它从学理上为道德和精神价值提供了理论依据，而在于它提供了决定人生态度和生活方式的重要概念框架和思想基础。归根结底，儒学合理性的根据在于成就“见而民莫不敬，言而民莫不信，行而民莫不说”和“动而世为天下道，行而世为天下法，言而世为天下则”（《中庸》第31、29章）那样的君子和王道，而不在于形上本体的证明。

套用宋明儒所经常使用的一个术语，这就是“功夫”的取向。当今儒学的复兴，当然不应该回到仅仅把儒学当作日用纲常，甚至心灵鸡汤式的肤浅说教。儒学的复兴和整个中华文化在当代的生命力，毫无疑问需要有一个坚实的理论基础。但这个理论基础不能是作为超越的形上理论的心性论。否定从存有论、本体论的角度去论证和理解心性学，并不等于否弃儒家的心性论。儒家心性论的真正内容从来就不是西方意义上的形上学理论。李泽厚先生说，整个宋明儒学的心性论在哲学上是失败的。[①] 确实，从西方形上学的角度去理解它，只能认为它概念不清、论证不严。但儒家心性论的真正价值在于它是功夫的指导，其概念和论证的特点需要从功夫角度，才能得到恰当的理解。作为功夫指导的心性论既是中国传统哲学的核心，也是中华文化能够为当代世界文化奉献的最好礼物。在后现代的理论对西方近代理性主义哲学全面解构以后的今天，世界范围的哲学亟须注入新的建构资源。对心性论的功夫解读不但不是放弃中国文化的核心以迎合世界，而且是揭示中国文化的核心，发掘其中的合理资源，以改变世界文化的图景。

现代人常常将功夫等同于武术。尤其是西方人，通常都是通过武打电

---

① 见李泽厚：《实用理性与乐感文化》（北京：生活·读书·新知三联书店，2005年），第61—67页。

影认识“功夫”这个概念的。一讲到功夫，他们就会想到李小龙、成龙、李连杰等功夫明星，想到《龙争虎斗》《醉拳》《卧虎藏龙》之类的动作大片。但其实在中文里面，功夫一词的含义要比武术的概念广泛得多。任何来自实践和修养的技能，如绘画、写作、舞蹈、烹饪，甚至待人接物、齐家治国等，都可以说是功夫。武术只是各种功夫当中的一种。在宋明儒学当中，功夫（工夫）[①] 一词频频出现，被当作整个儒家学问的概括。在道家和佛家中也有相同的情况。儒、道、佛的区别被看作是功夫的区别，它们内部的各个学派，也常常被理解为功法的不同。在他们那里，功夫一词指的是人生之道，是通过修身养性形成的能力和生活方式，或者说是广义的人生艺术。所以“功夫哲学”不等于把武术当作研究对象的武术哲学。它的内容是更为广义的，关于人生艺术的哲学。当然，武术作为一种身心修炼的方式，作为人生艺术的一种，包含了极为丰富的精神和思想内容，可以作为探讨功夫哲学的范例。真正的武术绝不是简单的打斗之术，而是以武为形式和途径的身心修炼；其目的不在打杀，而是身心状态和境界的提升。

对功夫的另一种误解，常见于中国哲学的学术圈当中，是把它仅当作宋明儒学中有关心性修养的学问。宋明儒学当中的功夫论显然是一个功夫哲学的宝库，而且正是通过作为宋明儒学之核心内容的心性修炼之学，功夫一词才得到了其广为后人所知的丰富内容。但这种丰富的内容也使“功夫”这个概念远远超出了宋明儒所提倡的功夫，而本质上涵盖所有的人生艺术。正如人们到近代才发现水的化学式是 H_2O，但这并不等于近代以前的人类生活与 H_2O 无关，先秦儒家，乃至道家、佛家等虽然最初都没有功夫概念，但它们本质上都可以看作是关于功夫的学说。甚至西方哲学也可以从功夫角度加以审视，从而显示出它们通常不为人注意的意涵。

---

① “功夫”和“工夫”这两个词在宋明儒那里交替出现，被作为同义词，没有任何明显的区别。今有鉴于“功力”“功法”“功效”等子概念都用“功”字，本人以“功夫”作为总称，而以“工夫”指称时间、人力、践行这一子概念。

许多人听到“功夫”一词的时候便以为自己已经了然其所包含的意蕴，实际上却多多少少地局限于以上两种先入为主的误解，连某些当代中国最有原创性的哲学家都难以避免这种不幸的偏见。但一旦打破偏见，就能够看到“功夫”概念是一把打开认识中国传统哲学之门的钥匙。中国传统哲学所关注的核心是如何生活，而不是探索镜像般地反映现实世界的真理。如徐复观所说，古希腊哲学起源于好奇意识，中国传统哲学起源于忧患意识。① 前者的核心关注是客观知识，后者的核心关注是“道”。如果说“道”就是合适的生活方式，那么功夫就是按照合适的方式去生活的努力（工夫），是达到道通为一、与天地同流、万物与我为一（功效）的能力（功力）和方法（功法）。

与儒家并列为中国传统文化三大主流的释、道两家，也都是以对生活的指导为其旨归的。人们常常把庄子的梦蝶与柏拉图的“洞穴假设”和笛卡尔《沉思录》里著名的梦联系起来，认为他们都是对知识的确定性提出了质疑。但它们之间有一个非常微妙却重要的区别。柏拉图和笛卡尔在提出他们的质疑之后，都走向了对绝对确定性的追求，认为感官知觉所提供的现象世界是不可靠的，只有理性才能提供确定的真理。而庄子的梦蝶虽然也是认识论的探索，它更是功夫的启示。庄子没有像柏拉图和笛卡尔那样继续追求对外部世界的确定知识，而是认识到他所看到的乃是“物化”，从而悟到人应该修炼与物同化的功夫，而不是徒劳地去以有涯之生求无涯之知，寻求到底什么才是真实。②

人们也常常把佛家“无我”的学说与休谟的无我观联系起来，认为它们是同样的哲学观念。③ 但这里也有一个重要的区别。休谟的初衷是像牛顿

① 见徐复观：《儒家精神的基本性格及其限定与新生》，李维武（编）《中国人文精神之阐扬——徐复观新儒学论著辑要》（北京：中国广播电视出版社，1996 年），第 197—211 页，及徐复观：《中国人性论史·先秦篇》（台北：台湾商务印书馆，1984 年），第 20—22 页。

② 《庄子·养生主》：“吾生也有涯，而知也无涯。以有涯随无涯，殆已。”

③ 休谟认为我们能够知觉到的只是感觉印象和呈现在外在知觉中的观念，因此我们无法断定知觉的背后有一个“自我”存在。我们所谓的自我，严格说来只能说是观念束。

在物理世界发现万有引力一样，寻找出联系心灵世界所有观念的本体。他的考察发现，所谓“自我”实际上是我们人心的创造，是人心基于记忆当中的相似性和因果联系而自然形成的假设。而佛家的无我观念虽然有浓厚的形上学色彩，也可以与认识论联系起来看，但这个学说最后的归结是说明痛苦的根源和如何才能脱离苦海。按照佛家的看法，一切苦难的最终来源都是对虚无的自我的执着。所以佛家对无我的觉悟是摆脱“我执”的修行功夫，而不仅仅是对形上真理的思想探索。

当代美国哲学家罗蒂（Richard Rorty）曾经形象地把西方哲学的主流传统概括为追求“自然之镜”——企图找到完全客观反映现实的真理系统，而把他所主张的实用主义哲学比作是寻求实效的“杠杆”。在这一点上，中国传统哲学确实与实用主义相似，它的核心关切是“道”，也就是最为恰当合适的生活之路。可以说，从追求真理的角度去看待中国传统思想，把中国哲学的语言当作“自然之镜”，好比把菜单当成了菜肴本身。

当然，求“道”者也应该关心客观世界的真理，因为真理的追求对寻找合适的生活之路是不可或缺的。即便是暂时看不到实用价值的纯理论思辨和概念分析也有其存在的理由。哲学的困境不在于对真理的追求，而在于把对真理的追求当作了哲学的唯一目标。当哲学局限于追求客观真理的时候，它不但限制了自身的视野，因而带有讽刺地也限制了自身对真理的追求，并且还使自己与鲜活的人生越来越脱节，成为一些专门人士的智力游戏。

中国哲学的功夫路向，正是对这种片面倾向的必要补充，是极为宝贵的建构性资源。哲学是对事物的理性思考，但这绝不意味着哲学只是对理性内容的思考。对“功夫”的哲学思考，像一盏射灯，会使人类生活当中大量超越理性范围的内容，如宗教、艺术、情感等等，显示出不同的色彩和光芒，让我们意识到哲学这门“爱智慧”的学问，像“皇帝的新装”一样，需要一块巨大的补丁。

近年来，随着中国传统文化的复兴，对功夫论的研究和传统功夫的实践出现了“春风吹又生”的状况，在文献的整理汇集、历史的追溯梳理，以及对古人思想观点进行对比分析方面，取得了一系列可喜的成就。[①] 这些工作有着不可或缺的重要意义。但总体而言，在如何超出以古人的词汇和逻辑来复述古人的思想，将功夫论作为思想资源进行深入的哲学分析探讨，将之与西方哲学进行碰撞和交流对话，从而实现中国传统功夫论在现代语境下的升华和哲学的重建等方面，还有巨大的开拓空间，缺乏一种积极建构的自觉。这应该是当代中国哲学所要完成的主要任务之一。

牟宗三先生和杜维明先生所持之“儒学三期”说，可以帮助我们建立这种自觉。以孔、孟、荀为代表的第一期，儒学在回应“百家争鸣”的挑战中得以完成其基本理论架构，成为中华文化的主流。以宋明儒学为代表的第二期，儒学在应对主要来自佛教和道家的冲击下，发展了儒家的宇宙观和心性论，把儒学带到了一个新的高度，也把儒家的影响扩展到了整个东亚。当代中国文化面临的是全球化的世界和来自包括西方文明与现代化的冲击。当代儒学，即儒学第三期的命运，取决于它是否能够超出东亚文化的范围，超出其自身的历史包袱，而与以西方文明为主的世界文明对话，对现代性和全球化所带来的一系列问题做出全面的积极的回应，并且在这个过程当中完成其自身新的转化。要完成这个使命，必须突破“照着讲”的思路，要“接着讲”；不满足于只有做“学问”的学者，要有能“思想”的思想家、哲学家。儒学的真传，本来就是“温故而知新”，从传统资源中开发出新的思想。超出宋明，超出东亚，让儒家功夫论在世界哲学的语境中展现出它的巨大潜能，成为当代的、世界范围的哲学，儒学的第三期既意味着为当代世界做出贡献，也意味着儒学的自新。

---

① 如屠承先《本体功夫论》（杭州：杭州大学出版社，1997 年），温伟耀《成圣之道：北宋二程修养工夫论之研究》（郑州：河南大学出版社，2004 年），杨儒宾、祝平次（编）《儒学的气论与工夫论》（台北：台湾大学出版中心，2005 年），王正《先秦儒家工夫论研究》（北京：知识产权出版社，2015 年），张卫红《由凡至圣——阳明心学工夫散论》（北京：生活·读书·新知三联书店，2016 年），吴启超《朱子的穷理工夫论》（台北：台湾大学出版中心，2017 年），王正（编）《儒家工夫论》（北京：华文出版社，2018 年），陈立胜《入圣之机：王阳明致良知工夫论研究》（北京：生活·读书·新知三联书店，2019 年），张昭炜《中国儒学缄默维度》（北京：中国社会科学出版社，2020 年）等。

正是出于这一建构的目标，本书采取了一个“三合一”的总体思路。其之为《儒家功夫哲学论》，是标明此书为“儒家”“功夫”和“哲学”这三个论域的交合。具体而言，它形成了“从功夫的视角诠释儒家哲学”“从儒学的角度发掘功夫哲学”和“从哲学的角度反思儒家功夫”这三个互相交叉的方面。

从功夫的视角诠释儒家哲学，是揭示儒学在过去一个世纪里被过分理智化、教条化的倾向，扭转以西方哲学框架为标准来裁剪拼凑“儒家哲学”的方向，还原儒学作为一个功夫实践体系或生活艺术的本质特征。因为儒学的这个特征同时也是包括佛、道在内的整个中国传统思想的特征，这里所做的，也是整个中国传统思想特征的还原。相比于当今盛行的其他诠释框架，如心性儒学、政治儒学、生活儒学、自由儒学、情感儒学、进步儒学等等，“功夫”更加准确地抓住了儒学的核心，以功夫为框架也不易割裂儒学的各个部分和各个层面。

从儒学的角度发掘功夫哲学，意味着运用儒家传统功夫论的资源，展示功夫概念的丰富哲学内涵，为世界哲学拓展发展空间，弥补西方哲学缺乏对功夫（尤其是人的修炼转化）的关注这一缺陷。以功夫概念为核心而展开的哲学研究，将有望为世界哲学提供新的方法，开辟新的论域，创建新的理论。因此本书是关于儒学的书，但它更是关于哲学的书。在选取和处理儒家思想史材料的时候，笔者偏向于从中获取资源来展开其中所蕴含和可以引申的功夫哲学义理，而不是仅仅按照其思想史的本来面貌进行梳理；是构建儒家功夫哲学，而不是还原一个本已完整现存的儒家功夫哲学。

从哲学的角度反思儒家功夫，是用哲学的方法梳理儒家功夫思想的丰富内涵，促进儒学的当代转化和发展。这一工作不同于纯思想史或哲学史的研究，不是以历史上的儒家功夫论的话语重复儒家功夫论的观念，而是以当代世界哲学所能够提供的资源为背景，去回望包括其源头在内的整个儒学思想系统，并由此而对其做出对儒学乃至中国传统哲学在新时代的重构。一旦认识到哲学的观念能够在深层影响和制约人的行为方式，整个人类的哲学资源就都成了提升功夫所能取舍的功法宝库。

因此就其性质而言，本书也就成了“三位一体”——它同时是“功夫儒学论”，也是“儒家哲学论”，还是“功夫哲学论”。就其意义而言，它可以看作是被旅美学者王治河与樊美筠称作“第二次启蒙”的努力[①]——在认可17—18世纪起源于欧洲的启蒙运动（包括日本的明治维新、中国的“五四”新文化运动和20世纪80年代的思想解放运动）的重要价值，并且承认那个启蒙运动在许多方面尚未完成，还必须深入进行的同时，它试图指出第一次启蒙的局限，并通过整合和重新诠释传统儒家思想文化，将启蒙提升到一个更高的层次。它承认，抛弃第一次启蒙的核心价值而实现的传统复兴，将是危险的倒退。同时，它也希望指出，如果不超越第一次启蒙的局限，在更高的层次完成其核心价值的批判性重构，第一次启蒙的理想也无法最终实现。

就结构而言，本书在对哲学与功夫论的关系做出一个总体考察（第一章）以后，将以《大学》的八条目（即格物、致知、诚意、正心、修身、齐家、治国、平天下）为框架来展开。朱熹在谈到《大学》八条目的次序时曾说，格物、致知，是穷此理；诚意、正心、修身，是体此理；齐家、治国、平天下，是推此理。要做三节看。[②]据此，本书的各章也可以大致分为三组：除了作为总论的第一章讨论哲学与功夫的关系，从第二到第七章讨论格物致知，内容涉及功夫认识论、功夫科学哲学、功夫本体论和功夫宗教哲学；第八到十二章讨论诚意正心修身，涉及内容可看作功夫伦理学和功夫美学；第十三到十五章讨论齐家治国平天下，涉及内容大致相应于功夫社会政治哲学。

当然，由于题目的宏大，本书的论述和分析都只能是粗线条的勾画。不过即便不成功，也至少可以为后人留下一些可资参考的脚印。书中涉及的许多问题，有待学界同仁一起来深入探讨。若能起到抛砖引玉、投石问路的作用，则幸甚。

---

① 见王治河、樊美筠：《第二次启蒙》（北京：北京大学出版社，2011年）。

② 朱熹：《朱子语类》（文渊阁四库全书/子部/儒家类）第15卷，第49页。

第一章　从功夫论到功夫哲学

【本章提要】中国传统的功夫论与哲学的关系，应该放到历史的语境中考察。尽管哲学在古希腊文中的本义是“爱智慧”，但它所指的是理性智慧，与中国传统儒学所追求的“道”或者功夫不同。在19世纪西方文明携其物质技术之强势与中国传统文明发生际遇的年代，功夫论学说能否归于“哲学”的门下一度成为其“合法性”的关键。然而，走向与实践智慧脱节的“智慧”亦面临蜕变为纯学问的困境。哲学的特点固然是理性的思辨，但不等于只有理性思辨才能成为哲学的对象。已经陷入理智主义的西方哲学也正处于危机之中，必须通过一个功夫的转向，才能重获生机。与此同时，功夫论的哲学转向，即对功夫论的哲学梳理和反思，也会促进功夫论的提升。

法国哲学家德里达2001年来中国讲学访问的时候，曾经颇为突兀地说，“中国没有哲学，只有思想”。这种说法对中国学界来说并不陌生，因为中国究竟有没有哲学的问题已经纠缠了国人一个世纪。但一个来访的客人当着主人的面否定中国在现代以前有哲学，还是令举座愕然。当时与他对谈的王元化先生当即委婉地表示不同意他的看法，并举了先秦名辩家及庄子《天下篇》等为例，说明中国传统思想中的许多命题是同西方哲学相近的，只是思维方式和表达方式不同，希望以此来帮助对方了解中国文化。[①] 但

① 见王元化:《与德里达对话访谈录》,《清园近作集》(上海：文汇出版社，2004年)，第29—30页。

事后有不少人指出，这样的直观反应实际上是对德里达的误解。德里达所说的“哲学”，是他一直致力于批评和解构的那种西方逻各斯中心主义、理性至上主义的哲学。所以当他说中国现代以前只有思想没有哲学的时候，并没有贬义。

如果本书绪论当中所表达的观点是对的，那么中国传统思想中那些与西方逻各斯中心主义和理性至上的内容不同的部分，尤其是“功夫论”的传统，对生活之“道”的追求，才是中国思想的主流。这个主流能不能看作哲学？或者它与哲学应当是什么样的关系？在什么样的意义上，我们可以提出“儒家功夫哲学”这样的概念？

一 “中国哲学的合法性”问题

中国传统上有没有哲学的问题，被称作“中国哲学的合法性”问题，从 20 世纪初以来，长期困扰着中国学界。[①] 尽管在许多人看来这个问题已经过时，但是中国哲学的现状在相当程度上是被此问题所纠缠的时代的产物，只有通过对它的理解，才能明白中国哲学的今天。这就像近代西方哲学虽然已经被当代的种种哲学思潮所取代，但却依然是理解当代西方哲学所必不可少的基础一样。而且，这个问题像一个没有彻底治愈的慢性病，其后遗症状会不时地出现，要彻底治愈并且保证中国哲学的健康发展，还需要去其病根，以免被其纠缠而入歧途。我们对功夫论与哲学的关系的考察，正需要先对何为哲学，以及在什么意义上我们说有“中国哲学”，有一个比较清楚的认识。[②]

---

① 虽然对此问题的讨论正式开始于金岳霖（1895—1984）在关于冯友兰 20 世纪 30 年代出版的《中国哲学史》的审查报告中提出的“中国哲学史”与“哲学在中国的历史”这一区别，但试图获取中国哲学的“合法性”的努力则可以至少追溯到 1919 年。比利时汉学家戴卡琳对这一历史有一个清晰的梳理和分析（Carine Defoort, “Is There Such a Thing as Chinese Philosophy? Arguments of an Implicit Debate,” in *Philosophy East and West* 51, No.3 [2001], pp. 393–413）。

② 见 Ni Peimin, “The Changing Status of Chinese Philosophy,” in *Journal of Chinese Philosophy* 40, No.(3–4)(September–December 2013), pp. 583–600。

或许在哲学圈外的人看来，中国哲学的合法性问题显得很奇怪。中国古代的诸子百家，难道不是哲学？这样一个问题难道还需要争论吗？但是对于20世纪初的中国学者来说，这却是一个不得不面对的门槛。在19世纪到20世纪之交的中国，“哲学”还是一个非常新的概念。在此之前的17—18世纪，西方传教士把中国春秋战国诸子的思想称为philosophy介绍到欧洲，而中国学者把西方的philosophy，如亚里士多德的著作，称为“穷理格物”之学、“性理学”，或者“理学”。直到1873年，日本学者西周（1829—1887）才第一个借用了古汉语当中的“哲”字，冠之于“学”，创造了“哲学”这个词，来作为对西语philosophy的翻译。但作为翻译，哲学首先指称的当然是西方在philosophy这个概念之下形成的学术体系。这个体系之与中国传统思想学术体系的巨大差异，把中国传统上有没有哲学的问题摆到了中国学者的面前。首创“哲学”一词来翻译philosophy的日本学者西周就特别声明，他选用这个词的用意就是要“将它与东方的儒学相区别”[①]。如果说17—19世纪初的西方传教士们对中国传统思想还是总体上求同，希望找到共通之处，甚至还谦虚地在中国传统哲学当中寻找他们所缺乏的养料的话，那么到了19世纪后期，西方的物质强势已经使学术界的总体倾向也发生了变化。在近现代转折时期的中国，西学对中国传统思想和学术体系造成了巨大的冲击。面对在物质强势的伴随下以正确和先进的面貌进入中国的西学系统，中国传统思想和学术体系成了需要被批判和抛弃的绊脚石，成了“五四”时期的新文化运动所要打倒的对象，或者即便不是如此，也成了“一半断烂、一半庞杂”[②]的“国故”。其中有些内容或许可以经过整理翻新，归在西学的框架之下而予以利用（如胡适与冯友兰们所做的工作），剩下的一大堆与现实生活已经没有关系，应该“整理”一下，与博物馆里的青铜器和竹简放在一起。

在那样的情势下，似乎传统中国思想能不能归到“哲学”的名下，就

① 转引自张汝伦:《中国现代哲学史上的张东荪（代编选者序）》，张东荪:《理性与良知——张东荪文选》，张汝伦编选（上海：上海远东出版社，1995年），第1—29页。

② 蔡元培为胡适所编《中国哲学史大纲》（北京：东方出版社，1996年）所作之“序”。

成了它能不能继续生存、有没有合法性的关键。“合法性”一词在英文当中是“legitimacy”，常常被用来指称“合法婚生”子女，以区别于法律承认的婚姻以外的“非婚生”（illegitimate）子女。所以“中国哲学的合法性”问题这个提法本身就带有一种能不能被西方“哲学”这个家庭领养以获得其“姓氏”冠名权的那种羞辱。其实同样的情况也存在于“宗教”和“科学”的领域。中国的儒家思想是不是宗教？中国传统上解释自然界的那套体系算不算科学？在那些问题上，西学的词语似乎也都一度成了判断中国文化的标准。

当然，中国传统思想当中不乏可以与西方哲学匹配的内容。近百年来，由于从胡适和冯友兰等开始的一代代中国学者的努力，“中国哲学”这个概念已经广为流传，在很多场合成了中国传统思想的代名词。但由于这两个体系的基本取向有很大的不同，在最能体现中国传统思想特点的方面，也就是功夫论的方面，却出现了一个深刻的悖论：中国传统思想越是被看作哲学，就越显得薄弱乃至荒诞，因为这种努力的“成功”恰恰建立在遮蔽它本身的特点之上。好比“飞流直下三千尺”这句诗被放在实证科学的框架当中，当作对庐山瀑布的客观描述来评价，那么其诗意的夸张恰恰会被作为缺点而首先受到批评和修改。人们越是习惯于用西方哲学概念体系来诠释中国传统思想，中国传统思想的核心内容也就越是被遮蔽和贬低。中国传统思想的哲学化过程也就因此而成了其自身失落的过程。如比利时汉学家戴卡琳（Carine Defoort）所说，诸子之学被接受为哲学的同时，也是这个传统的终结。“中国哲学似乎因其诞生而告死亡。”[①] 而如果像有些学者所坚持的那样拒绝使用西方哲学的术语和框架去解读中国传统思想，其结果就是只能使中国传统思想的研究游弋在现代学术框架之外，被当作是半宗教半伦理的说教，以“思想史”或者“智慧文学”的形式，在地域文化研究领域中置身。

---

① 见 Carine Defoort, “Is There Such a Thing as Chinese Philosophy? Arguments of an Implicit Debate,” p. 395。

如果说从 19—20 世纪之交以来大概有一个世纪之久的时间，中国传统思想除非被接受为哲学，否则就不能作为活的、继续发展的传统存在，那么近年来中国在经济上的发展已经从根本上改变了“中国哲学的合法性”问题产生的历史背景。“中国也能说不”从一种置气的情绪反弹而变为更有底气的不屑。有两个现象体现了这个重要的转折。一是中国高校纷纷建立国学院、儒学院、中国传统文化研究中心等等。这些院系机构与哲学院、哲学系并驾齐驱，搞得风生水起。二是西方哲学相对受到冷落。不论是在国学的牌子底下还是在中国哲学的牌子底下，中国哲学的学者们到处受邀演讲开班，而西哲方面却“门前冷落鞍马稀”。与这两个现象相应的是两种心态，一是以为现在中国传统思想已经无须再在“哲学”下面生存，它完全可以以“国学”的形态更好地复兴。另一种是心安理得地在哲学的牌子下面做中国思想史，似乎任何质疑中国哲学存在的，只是愚昧无知，或者是还生活在西方文化霸权主义的阴影底下没有走出来。无论是哪一种，都认为把“中国哲学的合法性”问题再翻出来已经没有意义，认为该问题已经成为“伪问题”了。

“国学”所代表的以本土观念和方式来解读本土文化的方向，对于防止本土观念被外来文化观念所曲解是有帮助的，但是它也极易导致自我封闭，退出全球学术对话的倾向。社会现实的改变，并不等于学术本身内在问题的解决。毕竟从原始的命名来看，“哲学”一词是对 philosophy 的翻译，而在希腊语中 philos-sophia 意为“爱理性智慧”。西方哲学在冠名上的优先意味着哲学必然是注重理性智慧的学问。在这样一个“名”底下，注重实践智慧或者功夫修炼的中国传统思想总还是有不合适的感觉。也正因此，直到今天为止，中国哲学在西方的地位与它自身的丰富性相比依然极其不相称。在北美，中国哲学领域的学者大多是在二三流的大学里。顶级高校的哲学系中几乎没有中国哲学的位置。2008 年的一则研究报告列举了许多相关数据，例如，美国和加拿大所有有博士学位项目的哲学系中，仅有 3 位中国哲学方面的学者，而在同样的这些哲学系里，共有 99 名康德学者和

58 名西欧中世纪哲学的学者，其比例分别是 1 : 33 和 1 : 19。[①]

这种情况不能仅仅看作是西方人对中国传统哲学的无知和傲慢，也不能期待仅仅用“政治正确”的方式来解决。其中内在的学术问题还是需要从学术上解决。要走出以上那个怪圈，关键是理解“名”的可塑性。用儒家的说法，即“正名”的可能和必要。从这一点出发可以看到，除了以上所提到的对待所谓“中国哲学的合法性”问题的那三种基本态度，即（1）抛弃自己的特点，接受西方哲学范式的招安而取得一个合法番号的态度，（2）游离在哲学之外，以国学之类的名目自行安营扎寨、闭关称王的态度，（3）简单地拿来哲学的番号为我所用，将不同意见简单归结为西方文化之傲慢与偏见的态度，还有一种可能的态度，那就是（4）对原有的西方哲学范式提出质疑和改造。如果一顶帽子戴着不合适，我们不应该削尖脑袋去适应帽子，也不一定要抛弃那帽子，或者将就顶着那新帽子过活，等着大家都来适应那尴尬。我们可以参照脑袋来修改那帽子。如果一种号称“爱智慧”的学问在崇尚理性智慧的同时漠视或轻视了实践智慧，那么需要修正的是这个学问，而不是智慧。换句话说，中国哲学需要完成一个从争取合法性到成为立法者的转变。

概念与专名不同，并不是一经创立其意义就永远不变的。各种概念在历史上发生演变的情况比比皆是，非常自然。托马斯·库恩（Thomas Kuhn）关于科学范式变更的讨论清楚地表明，科学这个概念也经历了多次演变。尽管各种科学范式之间缺乏可通约性，但这不妨碍我们把它们都看作是人类求知的科学活动。人们没有因为近代科学与亚里士多德的科学是不同的范式，而挑战近代科学的合法性。维特根斯坦（Ludwig Wittgenstein）提出过“家族相似”的理论，认为一个类名词所指称的东西，其实并没有一个共同的本质；它们之间只有某种家族的相似，好比一个人的眼睛和他的哥哥相像，而他的鼻子又和他的妹妹相像，但他们兄妹

① *APA Newsletter on Asian and Asian-American Philosophers and Philosophy* (APA Newsletter Vol.8, No.1, Fall 2008).

之间并没有一个共同的特征。如果从家族历代遗传的情况看更是如此。从曾祖到曾孙四代人就可能形成巨大的变化。西方哲学的内部也像家族相似一般，具有各种非常不同的形态，很难说有一个统一的定义。法国哲学家皮埃尔·阿多（Pierre Hadot）在20世纪80年代出版的《作为精神修炼的古代哲学》（*Exercices spirituels et philosophie antique*）及其90年代问世的英文版《作为生活方式的哲学》（*Philosophy as a Way of Life*）在西方哲学界引起了广泛的注意。此书通过对古希腊罗马哲学的考察，指出西方哲学在其源头上是一种精神的修炼，是生活的方式，而不是今天理解的那样，是纯粹的理论论说。作为精神修炼和生活方式的哲学，主要是塑造（form）学习哲学的人，培养人的素质和生活的倾向，而不只是给人添加一些知识（inform）。成为一个柏拉图主义者或者斯多葛主义者，不仅意味着在理论上接受他们的观点，而且像宗教上的皈依那样，意味着接受他们的生活方式。脱离了人的德行修养而进行论说的人，在古代属于“论辩家”或者“智者”之流，而不是哲学家。哲学是对智慧的热爱。在希腊语里，哲学（philosophy）是由爱（philos）和智慧（sophia）两个词合并而成。那些只接受理论观念的人所爱的不是智慧，而只是词语，所以恰当地说，应该称之为“学问家”（philologia）。

英国学者安东尼·朗（Anthony A. Long）也指出，古希腊的伦理学实际上是“生活的艺术”。斯多葛学派和伊壁鸠鲁学派伦理学的核心主张，是人可以自我塑造、自我完成。西塞罗把哲学称作为“生活的技艺”（ars vitae）[①]，而其雏形则可以回溯到苏格拉底和智者那里。伊壁鸠鲁说：“哲学家如果不能给人类灵魂的苦难提供医治，那么他的言辞就是空洞的。”[②]

这个传统在近代西方式微了（虽然没有完全消失）。部分地由于古希腊罗马哲学所说的“生活的方式”和“生活的艺术”主要是指理性的精神修

---

① 《论至善与至恶》（*De Finibus*），3.4，见 R. Bett, *Sextus Empiricus Against the Ethicists* (Oxford: Oxford University Press, 1997), pp. 186–187。

② 见 H. Usener ed., *Epicurea* (Leipzig: Teubner, 1887), p. 221，见安东尼·朗：《作为生活艺术的希腊化伦理学》，刘玮译，《哲学分析》2012年第3卷第5期，第60—72页。

炼，而不是像中国哲学传统所追求的整个身心的修炼。西方传统当中为了厘清不同的生活方式而运用的理论论说，包括概念的创造和分析、命题的形成和演绎、理论的构建和辩护，以及为了这些而制定的逻辑规则，成了一个独立自存的学术体系，逐渐异化成了脱离生活的学院哲学，存在于书本、刊物、会场和教室当中。[①] 在美国的书店里，哲学书籍属于学术类，是为学者准备的。对于寻找生活智慧的人，专门有另外一类书，叫作“智慧文字”（wisdom literature），那里是各种生活格言，自助式的精神疗法。属于“东方智慧”的老子《道德经》、古印度《吠陀经》、孔子《论语》等等，就经常被配上了具有东方神秘色彩的插图而陈列其中。

阿多和安东尼·朗的观点得到了广泛的呼应。在西方，近代以来成为主流的纯理智主义早已按照自己设定的框架打扮改造了古希腊罗马哲学，以至于在通行的哲学史著作当中和哲学史课堂上已经很难找到那个精神修炼层面的痕迹。人们兴奋地在阿多和安东尼·朗的著作当中重新找到了西方哲学的源头活水。对西方纯理智主义倾向持批评态度的学者，更是从他们的著作里找到了依据，可以理直气壮地对哲学的现状提出批评。他们的著作也为从事中国哲学的学者提供了有力的支持。虽然阿多与安东尼·朗从未提及过中国哲学，但他们所揭示的古代西方哲学本源与中国传统哲学之注重修炼践行的取向确实有异曲同工之妙。能够从西方哲学里找到相似的资源，这似乎为中国哲学的“合法性”提供了一个更为正面的依据：如果连柏拉图和亚里士多德那样西方哲学的正统祖师都是把哲学当作生活之道，而不是脱离生活的理论论说，那中国传统思想当然也就名正言顺地应该被称为哲学了。

但严格说来，仅仅从“西方哲学在源头上也是功夫哲学”这个角度去看待中国传统功夫论的价值，与“连外国人都翘起大拇指说 OK”之类的自诩没有根本的两样，依然是以“西方”的认可作为评价的标准。而以“家族相似”的标准去最大限度地放宽“哲学”概念的做法虽然能够有更大的

① 虽然在事实上，哲学始终对生活起着终极的指导作用。这一点以后会一再提到。

包容性，但毕竟也需要有个限度，否则最终任何事物都可能为某种遥远的“家族相似”所连接。

问题本身要求我们不仅考虑“哲学是什么”，而且考虑“哲学应该是什么”。让我们回到阿多的“作为生活方式的哲学”这个问题上来做一些进一步的思考。阿多通过他对古希腊罗马哲学的研究，指出西方古代哲学并不像今天这样是纯理论的论说，而是一种生活方式。但是，什么是作为生活方式的哲学？他是指哲学是生活的方式，而不是抽象的理论或论著活动，还是在说哲学“不仅仅存在于认知的层面，而且也存在于自我和存在的层面”[①]？这两者显然很不一样。对于现代人来说，后者就比较容易接受。为了克服哲学界唯理智主义的倾向，需要重申生活本身的根本性，让哲学与现实生活有更紧密的结合。但阿多指出，在古代希腊罗马，哲学也可以是生活的方式，而不涉及理论的思辨活动。他说，在古代西方哲学里，

> 每个按照克利西普斯或伊壁鸠鲁的观念生活的人，在任何意义上都和克利西普斯或伊壁鸠鲁一样毫不逊色地是哲学家。像乌提卡的卡陀那样的政治家，虽然没有写过或教授过任何东西，但由于他的生活是彻头彻尾的斯多葛学派的方式，所以他被看作是哲学家，甚至圣人。[②]

> 对于斯多葛学派来说，哲学的那些分支，例如物理学、伦理学、逻辑学，实际上都不是哲学本身的组成部分，而是哲学理论的组成部分。哲学本身，也就是作为生活方式的哲学，不再是各个部分组成的理论，而是作为一体的行为，它在于用逻辑的、物理的、伦理的方式去生活。在这里，我们不再研究逻辑理论，即如何更好地去思想和论述的理论，我们只是很好地思想和论述。我们不再研究有关物质世界

---

① Pierre Hadot, *Philosophy as a Way of Life* (Malden, MA: Blackwell Publishing, 1995), p. 83.

② Ibid., p. 272.

> 的理论，而是对宇宙进行反思。我们不再将道德行为理论化，而是以正确的和正义的方式去行为。[1]

无论对古希腊人来说是不是真的，这样的观念在今天很难为人接受。一个按照佛教的基本教义去生活的人，即便他不研究佛教理论，我们还是称其为佛教徒，一个据仁由义循礼的人，即便不从事儒学研究，也还是儒者，但人们不会将他们称为佛教哲学家或者儒家哲学家，因为今天的哲学概念已经与理论思辨密不可分。确实，我们有时会讲，事实上每个人不管他自己意识到还是没意识到，都是在按照一定的哲学世界观生活，但不能因此就说人人都是哲学家。因为我们已经习惯于把"哲学家"的称号给予那些把哲学世界观以理论概念的形式表达出来并加以研究的人。

然而，细审哲学概念的这一变化，我们发现当哲学越来越把理论思辨作为自己的特点的同时，它也产生了一种"理性的自恋"，即越来越走向把理论和命题思辨当作哲学的对象与目标。在它前行的路上，实践智慧不但不再作为哲学本身，而且渐渐不再作为哲学思考的对象，也不再作为哲学思考的视角。如果说把理论思辨作为哲学的特点是个进步，那么将实践智慧排除在哲学思考的对象范围之外就是一个极其不幸的错误了。

类似的情况在中国思想史上也存在。宋儒为回应佛老的挑战，刻意发展其形上的心性天理学说，由此也造成了与活泼具体的人生的脱节。陆象山和王阳明的心学在很大程度上正是对这一倾向的纠正。当代儒学的诸多"本体论"，从李泽厚的"情本体论"到陈来的"仁学本体论"再到杨国荣的"事本体论"和安乐哲（Roger Ames）、罗思文（Henry Rosemont, Jr.）的"关系本体论"，若得不到恰当的解读，也都可能产生为理论而理论、重理论轻践行、脱离生活实践那样的危险。以安乐哲与罗思文为例，他们认为古代中国哲学家与他们同时代的古希腊以及亚伯拉罕传统的先哲们相比，是非常不同意义上的老师。中国的先师们并不那么关注对世界的客观描述

---

① Pierre Hadot, *Philosophy as a Way of Life*, p. 267.

和相应知识的传授，他们更关注的是探讨怎样在这个世界上生活。[①] 但是他们同时又浓墨重彩地强调儒家的形上学是关系性和过程性的，而非实体论的。后者如果被当作纯粹的关于实存世界的一套理论，很容易让人误以为儒家学说的核心在于它提供了一套与“物 / 本质的本体论”相对立的“过程 / 关系本体论”，而《论语》当中的敬德修身的内容反而因此难以进入读者的视线。郝大维（David Hall）与安乐哲的英译《中庸》也有同样的问题，其中关于修身的指导层面也容易被他们对形上学的强调所遮蔽。[②] 从儒家功夫哲学的角度来看，形上学观念的根本意义不在于它提供了世界是什么的理论解释，而在于那种理论解释为人的生活态度提供了观念基础。如果认为儒家哲学的核心也是在回答世界的本体是什么的问题，就离开了儒家学说的本意，走向了近代西方主流哲学的方向。

概而言之，我们所需要的一种积极的进路，恰恰是强调在理智主义化过程当中被遗忘和抛弃的那个功夫的层面，将其重新引入哲学。这绝不是要以非理性的实践去取代理性的哲学思维，而是要拓展理性思维的对象，拓宽那本来属于西方的、狭隘的“哲学”概念，通过使中国传统思想的资源与西方主流哲学碰撞和互动，展示中国传统思想中的丰富意蕴，发展哲学本身。如果说“反向格义”指的是用外来的术语和框架来诠释中国本土的思想，在那里中国传统哲学是“被格义”的对象，处在被动的地位，而以前用中国的传统话语框架去解读印度传来的佛学是正向格义，那么我们这里所做的是第三种，即双向格义，让中国传统思想与西方哲学“互格”，进行相互的碰撞和互动。我们不能仅以中释中，或者以西释中，也不能仅以中释西，而要进入中西互释。它既包含借鉴西方哲学的方法范畴以梳理中国传统思想的概念和逻辑，也包含以中国传统思想的资源去批判和丰富

---

① 见 Roger T. Ames and Henry Rosemont, Jr., *The Analects of Confucius: A Philosophical Translation* (New York: Ballantine Books, 1998), p. 33。

② 见 Ni Peimin, “Reading *Zhong Yong* as *Gongfu* Instruction: Comments on Ames and Hall’s *Focusing the Familiar*,” in *Dao: A Journal of Comparative Philosophy* 3, No.2 (June 2004), pp. 189–203。中译见《求是》2005 年第 2 期，第 6—12 页。

当代主流哲学，参与当代哲学的建构，参与哲学的“立法”。这里“哲学”不是被设定为一个已经有了明确界定或本质的、不变的范畴，而是被看作虽有相对的稳定性，但也不断地随着历史的进展而被调整、规定的范畴。我们所说的“互格”就是这种调整和规定的过程。

二 西方哲学的合法性危机

实际上，当年“中国哲学的合法性”问题发生的历史背景之改变，不仅仅表现在中国的社会经济和政治条件的巨大变化，也表现在一个世纪以来西方社会和西方哲学总体状况的变化。

西方哲学在近代以普世立法者的姿态出现在中国，这里面有对其他文化的无知和西方文化中心主义的傲慢，但究其背后更深的原因，是启蒙理性所释放出来的巨大能量。这种能量改变了世界，迫使所有非西方的本土文化在其威力面前俯首归顺。它在物质层面的成功使其话语体系和价值观念成为绝对真理和进步的象征，将其他一切都视为前现代的、落后过时的东西，进行无情的破坏和摧毁，其威力一度使中国最优秀的知识分子集体倒戈，成为反中国传统文化的勇士。但是，正如黄万盛所指出的，一个令人深省的事实是，20 世纪上半叶“真正到了西方，并在西方长期求学的人，几乎都没有加入这个［反戈的］阵营”[①]。西方知识分子中，早就有马克思和尼采那样的西方文化和社会制度的激烈批判者。作为西方近代文化杰出代表的英国哲学家罗素，在 20 世纪 20 年代，就指出西方文明已经病入膏肓。[②] 而且其病症，都与作为其基础的近代启蒙理性主义哲学的价值观念有关！

---

① 哈佛燕京学社（编）:《儒家传统与启蒙心态》（南京：江苏教育出版社，2005 年），第 8 页。

② 见冯崇义:《罗素与中国——西方思想在中国的一次经历》（台北：稻禾出版社，1996 年），第 153—155 页。Bertrand Russell, *The Problem of China* (New York: The Century Co., 1922), pp. 11–12.

西方哲学的内在困境，在1987年出版的《哲学之后——终结还是转化？》[①]一书中得到了非常集中而且明确的表达。这本几乎囊括了当时欧美最具影响力的哲学家的文集，正如其标题所示，反映了西方哲学对自身状况的思考：哲学是走到了尽头，还是面临着某种深刻的转化？该书的编者在序言里指出，随着科学的发展把哲学作为“自然之镜”的地位挤到了边缘，（西方）哲学自身存在的合法性受到了质疑。哲学本身的发展已经揭示，作为世界的客观反映的知识是个美丽的幻想，因为人们不可能面对没有经过任何主体框架过滤的、纯客观的认识材料。认识的主体不是站在世界之外的、脱离了任何背景的中立观察者，而是本身就是这个世界的构成部分的、有血有肉的人。不存在超然物外的理性主体。人的无意识、前概念、与身体密不可分的情感因素等非理性的各个方面，以及社会、历史、文化等变量，都对理智和认识产生无法避免的影响。如果忽视了人的身体，就没法理解人的心灵，脱离了实践就没法理解理论，脱离了生活方式和语言系统就没法理解人这个主体。编者指出，虽然这本书所选取的哲学家们各有自己的特殊观点，但他们都意识到，从康德以来的对普遍理性的信念必须让位于对各种语言和生活方式的不可通约性的认识，让位于对各种真理、论证、合理性的概念都没法脱离地域性的特点的认识。他们也大都认为，必须用经验取代先验，用可错性取代确定性，用历史的和文化的可变性取代永恒，用多样取代统一。20世纪中叶，不少西方哲学家们曾经认为，哲学的合适场所和功能是清理语义的本源，为思维提供一种严格清晰的理想语言。但是正如此书的编者所指出的，语言哲学的兴起并没有给哲学提供天堂般的栖身之所。日常语言的复杂性、生活世界中的实践及约定俗成的背景等等，促使后期维特根斯坦对哲学做了诊疗式的告别和海德格尔的更加极端的超越。虽然这些哲学家对哲学的未来趋向有不同的意见，但他们都意识到，语言也必须在各种具体运用（包括政

---

① Kenneth Baynes, James Bohman, and Thomas McCarthy eds., *After Philosophy, End or Transformation?* (Boston: MIT Press, 1987).

治的、文学的、论辩的运用）当中来进行理解。基于这种基本认识，哈贝马斯要求对哲学进行扬弃，将它变成一种社会批评的方式；伽达默尔和利科建议把哲学变成哲学释义学；戴维森（Donald Davidson）和达米特（Micheal Dummitt）主张将哲学变成关于语义的学问；麦金泰尔（Alasdair MacIntyre）和布鲁门伯格等则要求将哲学变成哲学历史学；罗蒂和德里达干脆就提出要进入一个“后哲学的时代”，认为柏拉图以来的哲学传统已经超过了它的有效期。

虽然那本书很少涉及西方主流哲学在社会、经济和政治领域所面临的困境，而且也完全没有包括任何来自非西方哲学的声音，但它集中探讨的语言哲学、认识论、形而上学等，正是西方哲学的核心地带，而且这些地带也正是西方哲学里最保守和最难以突破的地带。在这个意义上，该书是从根子上探讨了西方哲学所面临的困境。这种状况当然也意味着一个旧秩序的动摇所显示的真空。西方后现代哲学对大写的“真理”的怀疑以及对真理的追求背后所隐藏着的权力较量的揭露（如尼采、福柯、利奥塔、德里达），对解构西方近代理性主义的神话和开拓对“他者”的承认，起了积极的作用。

但是同时，它也导致了后现代西方哲学“对任何一致、调解、和谐、总体性、全局性和统一的抱负的深度怀疑、抵触和讥讽”[①]。它所导致的相对主义，引起了道德虚无主义的普遍流行。多元性正在变为不仅仅是对我们的存在状况的描述，而且是取代对话的终止符号。将“他者”的原则推向绝对化的利奥塔自己也承认，它导致一种危险，即迅速扩展的信息网络的恐怖式的统治会把一切都纳入其可操作性原则之下。[②]另一方面，作为对虚无主义的反弹，宗教极端主义和原教旨主义开始盛行。既然笛卡尔和休谟的怀疑论从原来的否定教条和盲目迷信的积极力量，转变成了否定一切的消极因素，那么，它就反过来被用来证明盲目信仰的合理性。既然康德

① Richard Bernstein, “Metaphysics, Critique, Utopia,” in *Review of Metaphysics* 42, No. 2 (1988), p. 259.

② Jean-François Lyotard, “The Postmodern Condition,” in *After Philosophy, End or Transformation?*, pp. 88–90.

的绝对命令也从对人的理性主体价值的肯定，转变成了对多元性的压抑和理性的专制，那么反理性的原教旨主义也可以打着拒斥康德的旗帜，为宗教极端主义张目。既然多元性是无法统一的，既然我们都不可避免地根植于自己的文化、信仰的背景之中，那么种族中心主义或者别的什么中心主义也成为理所当然、无可非议的了。

在缺乏其他资源的情况下，对来自相对主义和原教旨主义双重威胁的回应，就往往表现为维护原有传统的惰性。前些年出现在网上的一篇美国罗格斯大学（Rutgers University）哲学系教授杰森·斯坦利（Jason Stanley）的文章《哲学的危机》说道：现在"哲学家们关心的问题好像都老掉了牙，又矫揉造作。他们喋喋不休地争论的问题看上去与当代世界所面临的威胁和解决方案脱了节。它那学究气的方法似乎专门设计出来为了让人望而生畏，而不是引人入胜的。……哲学家们似乎与现实生活越来越远，成了旁观者，而且不是旁观生活，是旁观那个抽象的、与生活无关的大概念的世界"①。那么作者是不是提出应该让哲学关注现实，应该有所改变呢？恰恰相反。他说，目前哲学的这种状况丝毫没有问题。因为哲学本来就是对永恒的问题的纯思辨，不管这些问题和生活是否相关！不仅如此，作者还指责那些自以为可以成为与包括其他社会、文化、国家、宗教、性别和种族在内的"陌生的团体"沟通的人文学者对哲学不尊重！这则网上的短文，确实反映了不少西方哲学学者的心态。一方面他们感觉到了自己所从事的教学与研究，无论从其关心的问题还是使用的方法，都陈旧了，与现实脱节了，其事业的合法性成了问题，有进行辩护的需要了。这是一种没有安全感的表现。另一方面，他们又习惯于传统的象牙塔所提供的那种封闭状态，看不到其他文化的哲学资源所能够带来的活力。在这一点上，他们远不如早年的罗素、杜威（John Dewey）等等。这个现象很像库恩所描绘的科学范式变换之前一个旧范式的守护者在面临危机时的典型表现。

但是，正如中国哲学的危机实际上有深刻的经济和政治背景，西方哲

① http://www.insidehighered.com/views/2010/04/05/crisis-phlilosophy.

学如果没有来自实际生活层面的压力，哪怕其内部出现很多问题，它总体上还依然会基本保持现状，依靠惯性生存下去。虽然有些西方哲学家也注意到了哲学与生活脱节的问题，如美国著名哲学家罗伯特·诺齐克（Robert Nozick）在1989年出版的《经过省察的生活：哲学沉思录》，就试图摆脱分析哲学聚焦语言分析而脱离生活的大势，探索一种以人类生活为中心的智慧理念，但许许多多的人还继续着他们的“永恒的”游戏，继续培养着相对主义和虚无主义，而对实际生活几乎没有积极的贡献。但实际生活层面已经有人多的现象迫使我们了以严重的关注。当今世界科技的高度发展与近代西方的哲学观念有关，这个世界的环境生态危机、金融危机、宗教冲突、高危流行病的出现，也同样都与近代西方的哲学观念有关。正是在近代西方哲学观念的影响下，自然界成了没有内在意义的、任人摆控的对象，人类的进步被等同于经济的发展和消费水平的提高，权利的意识遮蔽了义务……事实是，任何哲学的观念，都会影响我们看待世界的方式和我们的生活方式。当代世界的危机，有许多是不可逆转的。随着人类掌握的科技力量的迅速发展，人类离毁灭自身的危险也越近。人类现实的生存状态告诉我们，我们没有用不完的时间可以永远地沉迷于永恒的哲学游戏当中。

确实，尽管有后现代主义的挑战，近代发展起来的启蒙理性还是在西方哲学界占据着主导的地位。中国哲学近年来在西方所获得的影响的扩展，还主要来自于所谓“政治正确”运动，而不是来自于后现代主义的影响，不是来自于要真诚地与其他文化进行交流，从中汲取新的资源来帮助西方现代主义摆脱困境的要求。正是因此，才有了前两年美国那个小范围的关于“中国哲学的危机”的讨论。但是，严格说来，这也反映了西方哲学的合法性危机，或者是哈贝马斯所说的那种西方世界的“文化的困乏”（cultural exhaustion）。在西方世界继续占据着物质强势的时候，这种画地为牢可以维持下去。但一旦外部的条件开始消失，其内在的困境就会日益显露。面对这种情况，西方哲学保持自身合法性的最好途径，就是通过与其他文化中的哲学资源和它自己源头上的资源进行对话，从而实现其自身的创造性转化。

西方后现代思潮所做的工作主要是从理论的根本上动摇了近代启蒙理性的权威。这个工作的主流是解构性的，是“破”。在建构方面，也就是在“立”的方面，也出现了一些可贵的努力。20 世纪在西方出现了若干以行为或实践为关注中心的哲学潮流，如践行学（praxiology）、行为理论（action theory）和实用主义等。引领这些潮流的学者们在开拓人类实践行为的哲学研究方面做了不少工作。他们的注重实践的倾向确实与中国传统哲学的倾向比较接近。李泽厚也把中国哲学所体现的理性称作“实践理性”。

“Praxiology”一词对许多英美哲学界的人来说比较生疏，甚至很多研究实用主义的人都没有听说过它。这个概念一般认为是由法国哲学家和社会学家艾思比纳斯（Alfred Espinas）在 1897 年发表的《技术的起源》（*Les Origines de la technologie*）中提出的。艾思比纳斯用它作为对人的行为研究的总称，其地位相当于“认识论”之作为对人类知识的研究的总称。后来波兰学者柯塔宾斯基（Tadeusz Kotarbiński）将其称为“实践行为学”（praxticality of actions），与“幸福学”（felicitology）及严格意义上的“伦理学”（ethics）并列，作为研究人类行为的三大学科。实践行为学是“研究人类行为的有效性的科学”①，幸福学是研究包括效用主义（utilitarianism，或称功利主义）在内的有关某一行为是否导致幸福人生的科学，而伦理学则研究可耻与崇高，及“那些义务论伦理学所谓的普世行为准则”②。践行学的另一个重要奠基人是奥地利学者路德维希·冯·米塞斯（Ludwig von Mises），其主要研究领域是经济学。柯塔宾斯基和冯·米塞斯在 1937 年 8 月巴黎的第九届世界哲学大会上做的报告里都承认他们

---

① Tadeusz Kotarbiński, “The ABC of Practicality,” in *Praxiology and Pragmatism*, eds. Leo V. Ryan, C. S.V., F. Byron Nahser, and Wojciech W. Gasparski (New Brunswick and London: Transaction Publishers, 2002), p. 25.

② Josiah Lee Auspitz, “A Note on the Coherence of Praxiology and Ethics in the Philosophy of Tadeusz Kotarbiński,” in *Praxiologies and the Philosophy of Economics*, eds. J. Lee Auspitz et al. (New Brunswick and London: Transaction Publishers, 1992), pp. 431–432.

的理论源于法国的践行学。从这些源流来看，践行学总的说来是把人类实践行为研究作为哲学和社会科学的一个分支。它所涉及的题目包括一些有哲学特征的问题，比如怎么去定义“行为”，“行为”和“事件”的区别何在，行为由哪些要素构成，什么是“工具”，“工具”和“技术”的区别在哪里，等等，但更多的是社会科学的问题，如高效行为或优异表现的构成因素是哪些，什么是高效的团队行为，等等，以及更加具体的行为指南研究，如怎么做出明智的决断，如何对付微妙和复杂多变的环境，解决困境的各种模式，等等。这些问题的目标大致可归为两个，一是要达到对人类行为的更深的理解和合理的理论解释，另一个目标是提供导致有效行为的方法论准则。[①]

与践行学十分相近的是在分析哲学中松散地称作“行为理论”或“行为哲学”（philosophy of action）的领域。其主要代表人物有维特根斯坦、冯·赖特（G. H. von Wright）、安斯康姆（G. E. M. Anscombe）、贝内特（Jonathan Bennett）、戴维森、塞尔（John Searle）、查尔斯·泰勒（Charles Taylor）和理查德·泰勒（Richard Taylor）等。它虽然与源于法国的践行学没有明显的渊源关系，但其关心的内容却和践行学有相当程度的重合。这些哲学家多从两个角度研究人类行为：一是从本体论的角度，研究心智（mind）、因果、自由意志、事件和行为的区别，等等；另一个是将本体论方面的研究成果应用到伦理学和法哲学中，探讨作为道德主体的人所应负责的行为必须具有的各种条件。在方法论上，它比践行学更多地采用分析哲学的方法，而较少社会科学的色彩。

虽然实用主义和践行学、行为理论都属于实践哲学一脉，不幸的是它们之间极少沟通交流。在一本题为《践行学与实用主义》（*Praxiology and Pragmatism*）的论文集的编者按里，沃伊切赫·格斯帕斯基（Wojciech W. Gasparski）写道：“在此之前，既没有来自实用主义方面的对践行学的动向

---

① 见由践行学专家联合会出版的系列丛书《践行学：国际实践哲学和方法论年鉴》（*Praxiology: The International Annual of Practical Philosophy and Methodology*）。

的反应，也没有来自践行学者的对实用主义所提出的课题的反应。”① 他希望这本论文集可以成为双方“成功地互补”的机会。但令人奇怪和失望的是，在这本文集里，那两条“支流”仅仅是并排地列在了一起，两组论文之间几乎没有任何互相征引或批评。在我看来，实用主义与践行学和行为理论的区别主要在于这样一点：实用主义是一种注重实用效果的理论倾向，而践行学和行为理论则是把人类行为及其相关问题作为研究对象的学科。比如说，实用主义者皮尔士（Charles Peirce）认为逻辑学的意义和价值就在于它指导人的行为，而柯塔宾斯基则认为逻辑是人的行为的“语法”本身，是可以通过研究人的行为来发现的。将逻辑当作行为的语法，逻辑就成了科学发现的对象；而将逻辑当成指导原则，那么它就不是科学发现的对象，而是要通过行为的效用来做出评价的方法了。这里，从研究的对象来说，两者都是在讨论逻辑。可是皮尔士的结论更多地反映了他的哲学理论取向，而柯塔宾斯基的结论则更多地显示了他想客观地描述他所研究的对象。

由于实用主义是一种理论取向而不是一个学科，所以它的影响扩散到了哲学的各个分支领域当中，对当代科学哲学、社会政治哲学、伦理学（如环境伦理学、生命伦理学）等转向关注现实和关注效用起了很大的作用。而践行学或行为理论由于是学科领域，所以就较多地只是被看作和其他哲学领域并列的一支。事实上，后者迄今为止最骄人的成就不是在哲学上，而是被应用到特殊社会科学中去，例如经济学、社会学、人类学、政治学、心理学、人工智能、语言学等方面。

我这里并不是要列举当代在广义上可以看作实践哲学的所有思想。如果要把重视实践的哲学思想都列上，就至少还要提到马克思主义、存在主义、尼采哲学等等。

这些潮流对西方近代理性主义造成了有力的冲击。遗憾的是，在关注人类行为及其效果的同时，这些潮流对作为行为者的人本身未能给予足够

---

① Wojciech W. Gasparski, “Editorial,” in *Praxiology and Pragmatism*, p. 10.

的重视。这个情形有点像是在德性伦理学重新得到注意以前的伦理学界。有很长一段时期，伦理学的注意力都放在了研究人的伦理行为上，而伦理行为者本身则只是被看作对各种行为做出选择的主体。践行学和行为理论所关注的种种课题，大多是行为本身的特点和性质，很少有涉及主体本身转化的内容，似乎唯一导致人类行为的就是主体的抉择。实际生活经验告诉我们，人的行为只在一定程度上由个人的抉择所决定。大部分的“抉择”甚至在能够抉择的范围明确化以前就已经由包括各种社会关系在内的生活环境和主体本身的素养所决定了。一个人的个性、能力、情感、人际关系，以及长期的生活习惯和教养的背景等都规定了他的抉择范围。在这一点上，后期维特根斯坦和查尔斯·泰勒可以说是个例外。泰勒结合了海德格尔、梅洛-庞蒂等有关身体的理论，将我们对实在的“反映”式的认识放在了“非反映”的知识的背景下来理解，对现实的人生做出了更加符合实际的描述。在《规则的遵从》(“To Follow a Rule”）一文中，泰勒从维特根斯坦在《哲学研究》里所提出的一个命题出发，对“理智化”了的行为主体提出了疑问。按照理智化的行为主体概念，人在遵从规则的时候，必须对所遵从的规则有清楚的意识，而且脑子里有一套清楚的关于如何才是遵从规则的命题。维特根斯坦认为并非如此。他指出在遵从规则的时候，主体所具有的，是一个理解的“背景”(background)、一种“生活方式”(form of life)。对规则的遵从是一个实践行为，而不是理智的推论。泰勒指出，这实际上是体认之知(embodied understanding)，即习惯、倾向、技能等。[①]但是他和海德格尔及梅洛-庞蒂对于这种“背景”的改造或“生活方式”的修炼却依然缺乏关注。

实用主义的一般特点是注重理论和语言的效果或实用性，但是在缺乏“功夫”这样一个概念的情况下，尽管实用主义哲学家们也屡屡提及实践主

---

① Charles Taylor, “To Follow a Rule ...,” in *Rules and Conventions: Literature, Philosophy, Social Theory*, ed. Mette Hjort (Baltimore: Johns Hopkins University Press, 1992), pp. 167–185. Reprinted in his *Philosophical Arguments* (Cambridge, MA: Harvard University Press, 1995), pp. 165–180.

体的重要性，他们所说的“效果”和“实用”却总是难以与实践主体的修炼产生关联。和其他实用主义者如皮尔士、詹姆斯（William James）相比，杜威和米德（Herbert Mead）更重视行为主体的转化问题（比如杜威对于教育哲学的强调和米德对于人的态度的重视）。美中不足的是，杜威依然将他的哲学称为“工具主义”（instrumentalism），或更恰切地说是“设备主义”。“设备”之外在于主体并仅仅为主体所用的特点，决定了将这个概念作为核心的理论对于处理主体转化这个问题，存在着先天不足的毛病。[①] 而米德对“我”的两重意义（“I”和“me”）的分析，依然是从描述事实的角度，而不是从指导行为的角度展开的。

当然，西方语言中也有和“功夫”相近的概念，而且这些概念也可能发挥与功夫概念相近的作用。可是如果没有一个足够新的概念的冲击，它们也很容易被原来的框架所束缚。这一点在对西方主流哲学做出激烈批判的后现代思想家那里也有表现，比如福柯在他的后期思想中非常强调人生艺术和“自我的技术”（technique de soi）。所谓“自我的技术”，即通过对包括交友、言说、恋爱、婚姻、社会政治活动等活动在内的人类生活的各个领域的关照、关怀，去不断超越既有的自我，完成作为主体的自身的确立和构建，实现自身的自由。这种生存的美学是对前面所讨论的两个局限的突破，与中国传统的功夫论非常接近，以至于何乏笔（Fabian Heubel）干脆就把福柯的“自我的技术”翻译成“工夫”。但“技术”一词在日常语言中早已被看作和主体没有内在关系的、仅仅被主体“运用”的技巧和工具。也许正是由于这种观念的限制，他所说的主体的改造，也主要是摆脱传统主体性原则（即作为知识、权力和道德的主体）的束缚，恢复人之为

① 严格说来，原始的工具作为人的身体的延伸，要求使用工具的人有相应的使用工具的技艺，并且对工具的操纵对象也有相当的尊重（木工的刨子的使用，不但要有技艺，还要尊重木料本身的质地和木纹的方向）。所以工具不但和主体没有分裂，而且对主体提出了突破原始自我的要求，促进了主体的升华。但工具的长足发展，却导致了使用工具的主体的退化：现代各种工具的先进性是以它们对主体的低要求和对外在对象的“中性态度”为标准的。越是先进的工具，对使用者的知识和技能的要求就越低，对其所适用的对象的尊重程度也越低（电动刨的使用只需知道按哪一个按钮，它的力量之强大也足以使它对不同木料的质地和木纹方向忽略不计）。所以现代的先进工具更恰当地说是“设备”或“技术”。

具有绝对独立意志，敢于和善于满足自身的个人。这样的主体追求的是能够宰制欲望，而不是净化欲望，经过修炼来使欲望达到转化和升华。

近年来，阿玛蒂亚·森（Amartya Sen）和玛莎·努斯鲍姆（Martha Nussbaum）创导了一个叫作“能力取向”（capability approach）的理论，并参与发起了一个“人类发展与能力学会”（Human Development and Capability Association）。尽管“能力”和“功夫”的核心含义之一（功力）很接近，但是一进入到具体内容，就可以发现他们的“能力取向”强调的“能力”和儒家功夫所要培养的能力有很大的不同。他们说的能力是健康状况、经济实力、自然状态等，而且他们关心的是如何从经济上和政治体制上为人的生活和发展提供条件，而不是个人当如何通过修炼来培养其能力。也许还是由于西方近代哲学将人仅仅理解为自由意志的主体，使“能力”这个虽然很接近于“功夫”的概念，依然未能带出主体修炼的层面来。

西方哲学里与功夫概念最为接近的，恐怕是亚里士多德的 *arête*（德性）概念了。*arête* 与其说是现在通常所说的道德品质，不如说是能够导致好的功用的倾向或者习惯（excellence in function），用功夫的语言，可以说就是功力。亚氏的伦理德性（*ethike arête*）作为“习惯”，当然也指向它所需要的时间和努力（工夫），而其集中表现为“中庸”（虽然它与儒家的“中庸”在具体内容上只有部分的重合）则显示出功法的一面。如果我们能将这一德性概念从亚氏的目的论形上学中解脱出来，那么它也可以被看作需要在具体的关系、情境当中被调整、规定和创造的功夫，而不只是以主体本身的本质所规定的、等待实现的潜能或目标。换句话说，就是亚氏的德性可以被理解为具体的“善于”，而不是抽象的、为个体的本质所事先规定的“善”本身。但即便如此，德性与功夫似乎还是有区别。例如“于某处下工夫”里面的“工夫”和“集义的功夫”“思诚的功夫”等作为功法来用的“功夫”，就没法用“德性”一词来替换。这意味着功夫的概念比德性更加丰富。虽然中国古代的“德”接近于亚氏的 *arête*，但为何宋明儒者于“德”字外再要另用“功夫”概念？从这些研究中找到的功夫与 *arête* 的区别，将更能揭示功夫概念能给予我们的独特启示。

三　哲学的功夫转向

正如安乐哲和郝大维所说，“在试图走向对思维的新理解的途径上，我们［西方的］文化传统里可以运用的资源是否足以成功地解决那些关键的困境，是很可疑的”。“在我们的传统里理论与实践的分裂已经被预设得如此之久，以致构成我们思辨的词汇库的那些哲学概念本身就是依据这个分裂构造起来的。”[①] 虽然西方哲学在概念的清晰性和逻辑的严密性等方面有不可否认的优点，但这种优点由于其概念体系缺乏对生活实践进行充分哲学思考的词汇，所以往往是很多努力似乎刚有所突破，却又转了回来。在克服上述局限方面，作为中国传统文化核心内容的儒家功夫论，正好包含了后现代的世界所需要的思想资源。[②] 功夫概念能统括修炼与践行，将生活方式与主体的转化和提升紧密结合，把洒扫应对那样的日常活动和解牛斫轮那样的技艺与最高层次的精神修炼贯通。对西方主流哲学思维框架而言，它一方面是个全新的概念，能够带来足够的冲击力；另一方面，全世界的人都早已通过武术而熟知功夫一词，只需说明武术是功夫的一个例子，说明功夫作为生活的艺术可以体现在人生的各个方面，就可以帮助世人激活功夫论所代表的整个中国传统哲学的丰厚资源。

以功夫概念来担当后现代哲学建构大军的一员主将，可望推动哲学的功夫转向。这个转向将体现在以下三个方面：

首先，它将拓展一个哲学研究的领域——功夫学。这个哲学领域也许可以与传统西方哲学的三大领域相提并论：就像“真理”是认识论的核心概念，“实在”是本体论的核心概念，“善恶”是伦理学的核心概念，“功夫”

---

① David L. Hall and Roger T. Ames, *Thinking Through Confucius* (Albany: State University of New York Press, 1987), pp. 38, 39.

② 西方建构性的后现代主义理论往往就是从东方哲学里面寻找理论资源，这在加州克莱蒙研究中心的约翰·柯布（John Cobb）和大卫·格里芬（David Griffin）的一系列著作中表现得尤其明显。

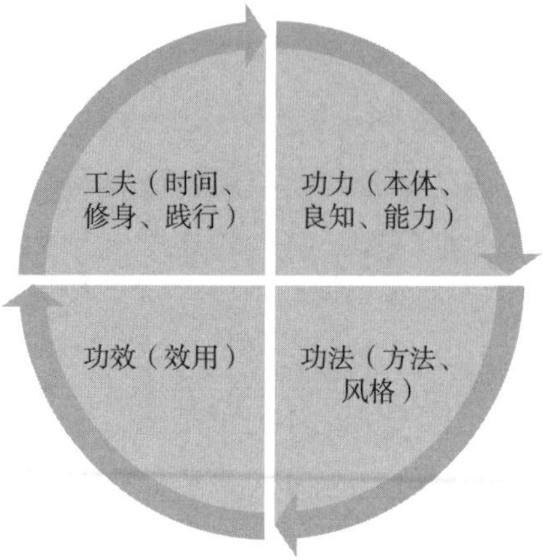

是功夫学的核心概念。

宋明儒经常使用功夫（工夫）一词来概括儒家的学问。其中，用得最多的当数王阳明。他的那本才8万字的《传习录》里就有205次用了工夫/功夫概念。

“工夫/功夫”一词大概最早出现在东汉到魏晋时期。它起初指的是“工时”和“夫役”，如陈寿《三国志·魏书·董卓传》，裴松之注引华峤《汉书》曰：“陇西取材，工夫不难。”同样的用法也见诸《晋书·范宁》。“工夫”也可以指在某件事情上所花的时间、努力和践行，如陈寿《三国志·魏书·曹芳传》云：“昨出已见治道，得雨当复更始，徒弃功夫。”《广汉长王君治石路碑》云：“功夫九百余日，成就通达。”[①]后者至今依然是中文中常见的用法，如说“一顿饭的工夫”“白费了许多工夫”“在某处下工夫”等。稍后，“工夫”一词又被引申来指称做某件事情所需要的能力、才艺和造诣，也称为“功力”，如“涵养功夫”“书法功夫”等。如萧子显《南齐书·王僧虔传》云：“宋文帝书，自云可比王子敬。时议者云：‘天然胜羊欣，功夫少于欣。’”这个含义与英文“virtuosity”一词大致相同。另一个主要的引申用法是指做某件事情的方法，也可称为“功法”，如程颐将“穷理”看作“知命尽性的功夫”，陆九渊所谓的“易简”功夫，等等。在“功法”这个意义上，“克己”“集义”“灭人欲”“主敬”等都可以说成是功夫。最后，“功夫”一词也可以用来指功效。比如有人问王阳明，“近来妄念也觉少……不知此是工夫否？”[②]为了适合现在用词的习惯，并考虑到“功力”“功法”“功效”等子概念都用“功”字，我用“功夫”一词代替广义的“工夫”以代

① 严可均：《全后汉文》（北京：商务印书馆，1999年），第991页。
② 《王阳明全书》（台北：台湾正中书局，1953年）第1册，第103页。

表此概念簇的总称，而保留“工夫”在“时间”“人力”和“践行”的含义上使用。“时间”“人力”和“践行”之所以能够归在一起，乃是因为在功夫论视角之下的时间并非没有内容的纯形式化的量度，而是人力和践行的量度。

虽然在作为中国传统思想奠基阶段的先秦并没有功夫这个概念，但宋明儒家频频地用它来表述儒家思想，确实是很有见地的。[①]“功夫论”一词可以很好地概括儒家乃至整个中国传统思想对修炼、践行和生活方式的关注。可以说，传统儒家早在先秦就已经形成了一个功夫论的框架。当然，宋明儒的功夫概念还具有相当的模糊性。宋明儒者没有提供一个统摄“功夫”各种含义的精确定义，也没有提供对以上几层含义的细致分析。通常情况下他们只是对这个概念不予说明地在以上各种含义上交叉使用。这大概是因为在他们看来，读者当能从语境和上下文中自行甄别。从当代西方分析哲学的角度来看，这是其缺乏哲学意味之处。然而这种模糊性就像一个待开发的矿藏，是有巨大潜力的模糊性（productive ambiguity）。宋明儒者对功夫概念的各层含义兼用，是基于它们之间的紧密联系，而非简单的概念混淆。如果把“功夫”看作一个晶体，那么上述几层含义就像这一晶体的不同侧面，从每一个侧面，都可以很自然地引导到其他侧面，或者说对每一个侧面的充分理解都需要从它与其他侧面的关系当中来看。

任何行为和努力（工夫）都蕴含了行为的能力（功力）。将实践行为与能力区分开来，可以获得概念上的清晰性，但面临的是将两者割裂的危险。“实践”和“行为”之所以无法取代“功夫”，正是功夫概念比“实践”和“行为”更贴近主体的修炼。从功夫概念出发，可以防止我们将实践行为简单地看作主体自由决断的结果，看到有效行为的根源不是抽象意义上的行为者，而是具备特定能力或功力的行为者。它与主体的紧密联系直接引发

① 宋儒很可能是受益于佛教和道教先此引入功夫概念的启发。见朱汉民、汪俐：《从工夫到工夫论》，《湖南大学学报》（社会科学版）2019 年第 4 期，第 13 页。

了宋明理学中“本体即功夫”的命题及由此而来的对此命题的各种探讨和诠释。由于功夫能力不只是理智上的决断能力，它也包括身体的和情感的素质，所以通过“功夫”概念，这些在西方主流哲学中被边缘化了的因素也可以得到恰当的重新组合，从而使我们对行为以及行为的主体都有一个整体的，而非片面的理解。主体不再会被简单地设定为人人都可以当并可以任意替换的抽象的“人头”，而是具体的具有不同功力的个人。

由于功夫通常是经过长期修炼才能得到的能力，这就把主体与实践的关系问题摆到了我们的面前。“本体即功夫”的说法和“体用一源，事理一致”“文犹质也，质犹文也”这些对立概念的既相区别又相统一的关系一样，首先是建立在“本体”与“功夫”这两个概念的区分之上的，否则连“功夫即本体”的命题都无法提出。但由于功夫是修炼的结果，所以主体又必然要像孟子所说的那样“必有事焉”，通过实践来开发、培养或彰显。

功夫概念也包含了方法论的、指导的层面（功法）。任何实践行为都包含着其展现的方式、方法。人的实践行为与自然界的事件之不同固然可以用是否为自由意志所致来区分，但这个区分不足以充分把握人的行为的特点。以武术的功夫为例，武术中的“术”，不是“方术”或“技术”的术，而是“艺术”的术。武术大师不是高级技术员。武术的高低，也不仅仅在于打斗时的输赢。“功夫”概念和“行为”一样，有意向性的特点，它也指向效用，但它不是一般的“善”，而是具体的“善于”。功夫的效用不局限于我们一般所说的实用性，它还包含了美学的、艺术的特点。艺术的掌握、创作和欣赏不是机械规则的遵从，它需要有自发性、创造性，有非功利的纯美学价值的追求。和一般行为相比，功夫的一个特点就是它常常可以导致芬格莱特（Herbert Fingarette）所说的那种令人惊叹的、看似毫不费力却又奇妙神奇的“魔术效应”，即功效。[①] 我们在看一个机器毫不费力地做出

---

① Herbert Fingarette, *Confucius—The Secular as Sacred* (New York: Harper & Row, 1972), pp. 4, 6.

一件复杂精致的产品的时候，也会赞叹，但不会说这是功夫。但当一个人手工做出一件复杂精致的产品的时候，我们就会赞叹其功夫的精湛。其区别就是后者是功效。在芬格莱特看来，儒家的“礼”也是可以产生魔术效应的、人所特有的行为方式。例如当你用微笑，用握手去招呼一个人的时候，你不用任何努力就会得到对方同样友善的回应。

从上述四层含义，即工夫、功力、功法、功效的联系的角度看，功夫是一个四维合一的概念簇。

从“工夫”的角度看，功夫是有功法指导、为了获得功效而运用功力的践行过程。

从“功力”的角度看，功夫是本体的性质，是通常需要长时间实践修炼（工夫），有恰当的方法（功法）指导而获得或者开发、彰显的，能够产生神奇效果（功效）的才艺、能力。

从“功法”的角度看，功夫是为了获得功效而调动功力的工夫过程所使用的方法。

从“功效”的角度看，功夫是功力、工夫和功法三者结合所达到的效用。

如果要为这个四维合一的概念本身下一个简单的定义，也许可以说功夫是“生活的艺术”。其中“功力”可以涵括德性和品性的内容（virtuosity，每一种德性［virtue］也都是一种功力）及阿玛蒂亚·森和玛莎·努斯鲍姆提出的“能力”（capability）；“功法”可以涵括各种取向、方法、行为规范乃至社会体制；“功效”可以涵括功夫的有效性（efficacy）和美学价值；最后，“工夫”可以概括“学以成人”的修炼过程和实践进展。

把功夫概念引入哲学，并不只是在厚厚的哲学辞典里加上无足轻重的一条。它对整个哲学领域的深远意义，可以毫不夸张地用“功夫哲学”来概括。功夫这个核心概念会带出一连串的哲学议题，如功夫行为与非功夫行为的区别、功夫的可能性、功夫的先天条件和后天条件、修身与调心的关系（从功夫角度看身心关系）、知和行的关系、功夫与效用的关系、功夫和技巧/技术的关系、功夫与本体的关系、功夫与伦理价值的关系、功夫思维与理论思维的关系[①]、德性与功夫的关系等等。

在这些问题当中，对于功夫主体的人的探讨显然会是一个重点。如果说形上学研究的是作为存在的人，认识论研究的是作为认识者的人，伦理学研究的是作为价值主体的人，那么功夫学研究的是作为实践者、修炼者的人。作为哲学研究领域的功夫学将会把人的修炼和转化作为研究的中心。

由于功夫是中国传统思想所关注的一个核心课题，对中国传统功夫论的内容进行哲学的梳理，就自然成为功夫学的一项基础性工作。曾经要被“领养”而取得冠名合法性的中国哲学，随着功夫哲学领域的开辟，将成为当代世界哲学争取维护其“合法性”的一个重要领地。

其次，哲学的功夫转向意味着为哲学提供一个功夫视角或方法论。哲学其实本身就是一种视角，或者说是看待世界的方法。正是从哲学的视角出发，才出现了作为学问或领域的哲学。所有的哲学问题都是从哲学角度（方法）看到的问题。当然，如前所述，世界上并不存在一个统一而精确的“哲学”定义，而且哲学的概念也是在发展变化的。但如果我们不因此而走向极端，就应当承认在每个历史阶段，人们对什么是哲学都会有一个相对稳定的基本理解。没有那样一个基本理解，就无法把哲学视角和文学、历史、政治等其他视角做出区分。

人们在思考哲学问题的时候，往往不注意自己正在使用的哲学方法。维特根斯坦在分析那著名的鸭—兔图时指出，观察者往往不是在有意“诠释”他所看到的东西，而是在“报告”他看到了什么。他看事物的视角不是和他的“看”相区别的一层外加的因素，而是他“看”的方式。在左图中“看到了

① 如在功夫的修炼当中，过度追求理论上的理解常常被看作是不利于修炼的，但学而不思又似乎不利于功夫的长进。这里的“理解”“思”是什么，都值得探讨。

（seeing that）鸭子”与把左图“看作（seeing as）鸭子”是一回事。[①] 每个人眼中看到的事物，不可避免地取决于他所持的视角。关于这一点，古人早有洞见，如古印度的“盲人摸象”、中国《列子》中的“疑人偷斧”这些古代寓言，乃至《周易·系辞上》里的“仁者见之谓之仁，知者见之谓之知”的说法等，都说明古人早已意识到观察者的视角在很大程度上决定了他能观察到什么。鲁迅的名言，同一部《红楼梦》“因读者的眼光而有种种：经学家看见《易》，道学家看见淫，才子看见缠绵，革命家看见排满，流言家看见宫闱秘事……”，说的也是视角决定感知的道理。只是维特根斯坦在哲学上做了更加透彻的总结。维特根斯坦的话有双重的含义。他既是在告诉我们“看到”里面有“看作”，又是在警告我们“看到”与“看作”在实际生活当中的结合是如此紧密，以至于是同一个事件，而非有先后次序的两个过程。领悟到这个事实，同时也就可以引以为启示。意识到“看到”也是“看作”，因此这个道理也就为我们区分两者创造了空间。观察者对自己所采用的视角有了清楚的认识，就有了选择其他视角的可能。看的过程既是对象揭蔽的过程，也是对象受到遮蔽的过程。好比在一个漆黑的山洞里看钟乳石，灯光从一个角度照去，你看到一尊佛，换另一个角度，你又看到一口钟。看到佛的过程也就是钟受到遮蔽的过程，反之亦然。这也就是为什么有些人学哲学反而越学越不会生活。哲学虽然能引导我们深入思考，但并非所有的深思都能启发智慧。戴了眼镜可能会使视野更清楚，也可能会更加模糊。当有些东西清楚了，另一些东西就相应地模糊了。借用禅宗六祖惠能的话来说，选对了视角可以“心转法华”，选错了视角则“法华转心”。[②]

---

① Ludwig Wittgenstein, *Philosophical Investigations* (New York: Macmillan, 1953), pp. 194–195.

② 惠能的《六祖坛经》里讲到，一个七岁就出了家的和尚法达来请教惠能，说自己把《法华经》反复念了3000遍，不但未解经意，反而越念越糊涂。惠能不识字，请法达代诵经文，还没等他读完一遍，惠能便已对经文的旨趣了然于心，以寥寥数语便使法达豁然开悟。然后惠能说了一句极具深意的话：“心迷法华转，心悟转法华。”这“迷”和“悟”之差，就在于采取什么样的视角，或者方法。

从以寻求命题真理为主要目标的西方主流哲学视角来看，中国传统哲学重视修身和践行的特点正是其不够“哲学”的缺点。但从修身和践行的角度来看，这也正说明为什么哲学需要功夫的补充。

总体而言，功夫视角意味着从功夫的角度去审视所有的对象。具体说来，则可以有至少以下四层含义。

功夫视角首先意味着把一个对象当作生活之道的功法指导，而不仅仅是对实在的观察。评判对实在的观察的标准是真伪，而评判生活之道的标准是它是否导向美好。比如作为中国传统哲学之源的《易经》，从哲学本体论的角度看是一个形上学的和宇宙论的理论体系，但从功夫的角度，它则是指导人生的思想方法，其意义和价值在于它所能产生的实际效用。郭店竹简《语丛一》说：“《易》，所以会天道、人道也。”它所蕴含的二进位制，即可转化成具有巨大潜力的人工智能。儒家眼里的梅、兰、竹、菊，道家眼里的流水、婴儿、母亲、山谷，代表的都是德性，是对生活的指导。如果从自然科学的角度去理解它们，就会完全错失其本意。从本体论的角度看，庄子的“齐物论”讨论的是事物的区别性和同一性；从功夫的角度，他是在矫正人的思路，以帮助读者掌握“道枢”，达到“道通为一”的境界。从本体论的角度看，笛卡尔的“我思故我在”是对“我在”的证明，其对错要以逻辑理性来判断，但从功夫论的角度看，他是在割裂身心，区分我与非我，其善与不善要通过对主体产生的实际效用来评价。佛家的“色即是空”当然可以看作本体论的哲学命题，但从功夫的角度看，它是摆脱执着、脱离苦海的功法，而且只有看到其功法的效用，才不至错失佛家此说的用意。

显而易见，在功夫视角下，各种哲学理论不再只是无关紧要的不同观念而已。它们有各自不同的功用，也有不同的副作用。像尼采哲学那样的“猛药”，可以治愈某些痼疾，但体弱年幼者确实需要慎用。学习哲学，也不再仅仅是使人增进知识，增加智慧。它确实可以帮助人深入思考，在一般人认为理所当然的地方发现问题，但正如有人略带调侃地指出的那样，“类似于建筑工的行业需要注意射钉枪失手或者跌落脚手架，精神失常是哲学家的职业性风险”[①]。

其次，功夫视角意味着重视话语的语用功能，而不是仅看话语的字面意思。语言的功能不仅是表述，还可以被用来“做事”，比如提醒、安慰、鼓励、期许、承诺等等。到极致处，“一言可以兴邦，一言可以丧邦”（《论语·子路》13.15）。法国汉学家于连（François Jullien）注意到，中国古代的语言运用常常“不是清理证据，而是发动起各种能量”，“不是意在建树普世的观点……而是为某种循环设定标志”，“不是挖掘表象性……而是在关联的基础上建立对世界的看法”。[②]孔子的“正名”（《论语·子路》13.3）就是“以名制实”的手段，是用语言调动能量、设定标志、建立看法、调整态度乃至改变人生和改变社会的功法，而不是科学意义上的给予事物以精确的描述性定义。

从这个角度去看，传统经典里的话语可能包含有各种语用行为，必须放到它的语境中，才能理解作者是在做什么样的“语言游戏”，试图达到什么样的效果。比如孔子既称赞颜回“三月不违仁”（《论语·雍也》6.7），“不二过”（《论语·雍也》6.3），又说“我未见好仁者，恶不仁者。……有能一日用其力于仁矣乎？”（《论语·里仁》4.6），“吾未见能见其过，而内自讼者也”（《论语·公冶长》5.27）。从字面上看，这些表述完全是相互矛盾的。难道颜回的“三月不违仁”还不能算“能一日用其力于仁”？如果颜回不是“见其过而内自讼”，又怎么能“不二过”？既表扬颜回之勤奋自勉，而又说“我未见好仁者，恶不仁者”，岂不是逻辑混乱？但从功夫角度看，前者是对颜回那样的行为给予肯定和鼓励，后者则是在挑战他的学生，这个口气像是一个严厉的父亲对孩子说，“我没见过你用功”，其实是希望孩子证明自己这个判断是错的。这样理解，那些话语的关系就是不同语用

---

① 见 Caleb Beers, https://www.quora.com/Can-reading-philosophical-works-make-you-mentally-unstable-For-example-David-Hume-s-writings-in-the-Treatise-about-cause-and-effect-really-bothered-me。

② 弗朗索瓦·于连：《迂回与进入》，杜小真译（北京：生活·读书·新知三联书店，2003年），第72、218、384页。

的关系，不能放到同一个逻辑系统里来比较了。再比如说，从字面上看，孔子声称“匡人其如予何”（《论语·子罕》9.5），“桓魋其如予何”（《论语·述而》7.23），似乎在说因为“天命在我”，所以无论匡人还是宋国大夫桓魋，没人能够伤害得了他。但既如此，他又何须“微服而过宋”（《孟子·万章上》5A:8），换上便服悄然潜出宋国？从功夫角度看，就可以看到，面临危急的情势，孔子是用这些话语来对天命做出担当，给他的弟子壮胆，而不是真的声称自己可以刀枪不入。

《论语》当中还有很多话，也需要从语用的角度看。比如“唯上知与下愚不移”（《论语·阳货》17.3），就可以理解为一种挑战：你不肯变动，是因为你是聪明过人还是因为你愚蠢呢？如果都不是，那你有什么理由不移？[①]“唯女子与小人为难养也，近之则不孙，远之则怨”（《论语·阳货》17.25）也不只是个描述句。这句话可以理解为对自我的督促，即要使自己做到让那些即使难养的人，也能近悦远来。同时这句话也可以理解为对小人的提醒：你是不是那近之则不恭、远之则怨的人？再比如，“子入大庙，每事问”（《论语·八佾》3.15）。一般认为他是谦恭好学，同时也是他表示对大庙的尊敬。但清代学者俞樾提出，“鲁僭王礼，大庙之中，牺牲服器之等，必有不循旧典者。子入大庙每事问，所以讽也”。“故子曰‘是礼也’，犹云‘是礼邪？’，乃反诘之辞，正见其非礼矣。”[②]通过提问来反诘，正是利用语言，曲折地提醒人们注意那些违礼的现象，对那些违礼的行为提出挑战。还有，“子所雅言，诗、书。执礼，皆雅言也”（《论语·述而》7.18）。为什么在那些场合要用雅言？这里的考虑，显然不只传递语言的内容，而更重要的是用雅言这种形式来显示对这些内容的尊重。从功夫的角度，我们还可以读出孔子的许多肢体语言也是在“做事”，而不只是表现他自己。为什么他入公门、过位、升堂的时候要显得那么毕恭毕敬，连大气都不敢出？其实他自己很清楚，“事君尽礼，人以为谄也”（《论语·八佾》3.18）。

① 正如王阳明所注解的：“不是不可移，只是不肯移。”（《王阳明全书》第1册，第26页）
② 《群经平议》，引自程树德：《论语集释》（北京：中华书局，1990年），第185—186页。

但从功夫的角度，孔子应该是在做给那些在高位者看，表示你的位子很重要，需要“敬事而信”(《论语·学而》1.5)。虽然这种功法的有效性可以讨论，但从这个角度去探讨肢体语言无疑是哲学领域一个有待弥补的空缺。当然，庄子的卮言和禅宗的公案等，也都只有从这些语言的运用和对听者的冲击效果上去解读，才能得其要领。

再次，功夫视角也是艺术的视角。如果说道德规范规定的是责任，是必须遵从而且不遵从就应该受到谴责的[①]，那么功夫则是生活的艺术。规范是对行为的外在制约，功夫是内在行为能力的培养。规范通过大脑来认识，能力则通过身体来“体现”。从道德规范而言，“君子远庖厨”至少是虚伪的，说重一点是借别人的手宰杀鱼肉以满足自己的口福，陷厨师于不义，但从修炼的角度，它和不让暴力和色情出现在公众媒体上一样，是保护心理的措施。从道德来看，禅宗的呵佛骂祖是不敬，庄子的妻亡而鼓盆而歌是不义，但从功夫角度来看，这都是破“执”而达到道通为一的功法（当然它们的功效如何，另当别论）。作为道德责任，周敦颐要求的“无欲”显然过于极端，不但不可能做到，而且还有害于大众健康的正常生活，但作为功法，它实乃矫枉过正，以达到“此心寂然”而能“一天下之动”的成圣途径。如果仅仅看作道德规范，“己所不欲，勿施于人”(《论语·颜渊》12.2,《论语·卫灵公》15.24）或“己欲立而立人，己欲达而达人”(《论语·雍也》6.30）都可以有反例[②]，而且与“无适也，无莫也，义之与比”(《论语·里仁》4.10）也有矛盾，但从功夫角度看，它们都像书法老师对初学者腕平掌竖的要求，目的在于帮助初学者走上正道，而不是僵硬的规定。事实上真正掌握书法，恰恰要超越那个阶段，学会灵活地运用腕和掌的翻转欹侧。道德规范是不允许有例外的，是当事人必须服从的责任，而

---

① 关于道德与非关道德的“善”之间的区分，后面有关功夫伦理学一章会有进一步的讨论。

② 如对一个喜欢受贿的人“己所欲，施于人”就不仅允许他贿赂别人，而且还会把贿赂别人变为他的道德责任；对一个自己不喜欢坐牢的法官，“己所不欲，勿施于人”会允许罪犯以此为理由来指责法官不道德。

艺术能力虽然最初通常产生于循规蹈矩的练习，它最后达到的是能“从心所欲不逾矩”，甚至是“反于经，然后有善者也”的“权”的境界。道德规范保证的是不做错事，艺术要求的是精彩，而且允许有各种不同风格的精彩。

最后，由于功夫的奥妙通常需要通过修身实践才能充分理解，功夫视角也意味着切身体验的视角。一个从未下过水的人，无论他对游泳的理论有多么精通，还是不知道怎么游泳。他对游泳的理论也没法有真正的“体”会。如朱熹所说，“读书，须要切己体验。不可只作文字看，又不可助长……读书，不可只专就纸上求理义，须反求自家身上推究”[①]。“君子欲讷于言而敏于行”（《论语·里仁》4.24）不只是出于“君子耻其言而过其行”（《论语·宪问》14.27）而已；它也在于没有践行的基础，就无法有言。能把四书五经倒背如流并不等于能切身体会到颜回那种“欲罢不能”的乐趣（《论语·子罕》9.11），而这里能够意会而不能言传的，正是那理论中最精妙的内容。没有自身的修炼基础，老子对“古之善为道者”[②]的形容、庄子的“朝彻”和“见独”、孟子的“万物皆备于我”（《孟子·尽心上》7A:4）、《周易·系辞上》里的“感而遂通”等充斥中国传统典籍的无数内容就都只能被认为是含混不清或者夸张无稽。即便是其他许多可以理解的内容，在没有实践体会的情况下和有实践体会的情况下，也会有巨大的理解上的差距。如黑格尔所说，同一句格言，出自饱经风霜的老年人之口与出自缺乏阅历的青少年之口，其内涵是不同的。同一部典籍，在一个修炼者和一个只用理智思考的哲学家的眼里，其含义也是不同的。[③]

功夫视角的引入，无疑地会开拓哲学的视野，甚至改变哲学界的基本格局。它允许我们从一个完全不同的角度，对所有的观念、理论进行重新

① 朱熹：《朱子语类》第 11 卷，第 9 页。

② “古之善为道者，微妙玄通，深不可识。夫唯不可识，故强为之容。豫兮若冬涉川；犹兮若畏四邻；俨兮其若容；涣兮若冰之将释；敦兮其若朴；旷兮其若谷；混兮其若浊。”（《道德经》第 15 章）

③ 见倪培民：《什么是对儒家学说进行功夫的诠释？》，《哲学分析》2013 年第 4 卷第 2 期，第 41—51 页。

审视。这不仅能帮助我们更好地理解中国哲学，更重要的是它也可以用于理解所有的哲学理论，并给世界哲学提供建构的资源。比如柏拉图的理念论固然无法经验地证实或证伪，但作为一种宇宙观，它对人的生活方式会有什么影响？作为一种推荐，它是不是一种好的“功法”？也许柏拉图的理念论从对实在的描述上来看和卢克莱修的理论截然相反，但从功法的角度看它们却可能各有利弊，形成互补。再以因果关系为例，我们可以从本体论的角度来探讨原因究竟是事物、事件还是状态，可以从认识论的角度来讨论因果关系的认识是来自经验还是先验的，也可以从功夫论的角度来讨论不同的因果概念（比如近代以来占主导地位的动力因概念和中国古代的生化模式的因果概念）对人的生活态度和生活方式都会产生什么样的影响①，从而发现相对于我们要达到的目标而言，什么样的因果观念是最好的。马克思墓碑上的名言说，“哲学家们只是用不同的方式解释世界，但重要的是改变世界”。功夫论认为，“哲学家们也许只是想用不同的方式解释世界，但不论他们意识到与否，他们的观念也总能影响人们的生活方式！”而且由于哲学所涉及的是有关世界和人生的最根本的问题，所以哲学观念对人的行为的影响往往是在最根本的层次，因而也是最深的！在这个意义上，所有的哲学理论和观念都有其功夫指导的那一面！

再次，功夫视角的运用和对功夫论领域的研究，自然会相应地产生新的功夫哲学理论。既然将功夫引入哲学意味着一个新的视角，会使人看到新的景象，那么此视角所到之处，便会有新的发现。既然将功夫概念引入哲学会开辟新的论域，提出新的哲学问题，我们就完全有理由期待出现关于该论域的哲学理论。在认识论领域，哲学的功夫转化意味着可望形成超出真理认知范围的功夫认识论。在本体论领域，哲学的功夫转化意味着可望对各种传统的本体论观念形成一系列新的评价。在宗教哲学领域，哲学的功夫转化意味着一种不再局限于鬼神信仰的精神性的可能。在伦理学领域，哲学的功夫转化意味着超出道德责任范围的功夫伦理。在社会政治理

① 见本书第四章第三节。

论领域，哲学的功夫转化意味着群体功夫理论的出现。“天地氤氲，万物化生”，倘若我们真能接续中国几千年的功夫文化脉络，并将世界其他哲学作为参照，那么我们一定可以期待哲学的功夫转化引发哲学各个分支领域的理论创新。这正是本书以后各章所希望展示的。

当然，笔者并不是主张将整个哲学改造成功夫论，而是认为应当开拓出功夫哲学的领域；不是主张用功夫视角取代其他所有的视角，而只是认为应当开辟这个视角；也不是意在用功夫哲学取代其他哲学理论，而是以功夫哲学丰富和完善哲学理论的宝库。

四　功夫论的哲学转向

中国传统功夫论是哲学之功夫转向的丰富资源，反过来哲学也可以促使中国传统功夫论得到进一步的梳理、反思和提升，形成功夫论的哲学转向。

在中国哲学领域，功夫论常被看作是宋明理学中以功夫概念带出的一系列修身养性的论说。但宋明儒者们从来没有犹豫过功夫概念是否能用于先秦的学说。在他们看来，不仅他们的功夫论源自于先秦儒学，道家、佛家的学说也都可以归结为功夫论。但功夫论并不自动地就等于功夫哲学。尽管在古代，不论是西方的希腊罗马还是中国的先秦或宋明，精神和身心的修炼本就常常以哲学的方式出现，但毕竟哲学的“智慧”指的是理性智慧。哲学的概念在今天已经与理性的思考密不可分。中国传统功夫论的论说当中，有些内容无疑已经是对功夫修炼的哲学反思，而且是高度哲学化的反思，但也有许多内容属于功夫的指导，其中蕴含的哲学内容还需要经过发掘、过滤、提炼、阐发，才能得到哲学理论形式的彰显。目前有关功夫论的研究多数还是属于思想史的研究，如思想脉络的追溯梳理、对古人思想观点的综述对比等等。这些思想史的研究工作无疑具有重要的基础意义，但总体来说，在如何超出以古人的词汇和逻辑来整理和复述古人的思想，将功夫论作为思想资源进行深入的哲学分析探讨，并将之与西方哲学进行碰撞、交流、对话，从而实现中国传统功夫论在现代语境下的升华和进行哲学的重建等方面，还有巨大的开拓空间。

功夫论之哲学化首先体现在提供概念和命题的分析。宋明儒虽然经常使用功夫概念，但都缺乏对此概念的哲学梳理。他们通常在人工、功力、功法、功效等含义下不加说明地使用“功夫”一词。当然，这些不同的含义能够在一个总体的功夫概念下面出现，表明了这些含义之间的密切关系，但是对这些含义缺乏梳理，则不利于我们深入理解它们的丰富性和它们之间的密切关系。如“知行合一”经常被理解为一个单个的命题。但在王阳明有关知行合一的论述中，我们至少可以梳理出四种不同的含义来：“不行则不知”，“知而不能行，只是知得浅”，“一念发动处，便即是行”，“知行要并进”。这四句话的意思各不相同，需要仔细地梳理与分析才能明晰和理解它们之间的相互关系。① 当然，功夫论的内容常常具有不可分析和不可描述的性质。有些内容一经分析描述，其原有的对整体和过程的把握就可能失落，其在原有语境中的特殊功用就可能在抽象过程中受到歪曲。但功夫论的这些特征本身也需要有哲学的探讨、分析和诠释。

其次，功夫论的哲学化也体现在对功夫实践和功夫命题的哲学反思上。比如《论语》当中有丰富的功夫论教导，也蕴含了深刻的哲理，但它表面上显得很不哲学。《论语》的哲学内容就像压缩了的电脑文件，需要经过“解压缩”才能充分显现和被理解。“七十而从心所欲不逾矩”看上去就是一个描述句，但里面包含了孔子的自由观，即自由不在于没有“矩”，而在于经过修炼以后“矩”不再是对人的自由的限制。②《论语》里记载仲弓问仁，子曰“己所不欲，勿施于人”，没有分析和说明，然后仲弓就说，“雍虽不敏，请事斯语矣”。它和“己欲立而立人，己欲达而达人”的微妙区别是什么？如果说它们分别是道德金律的反面表述和正面表述（即前者告诉人不要做什么，后者告诉人应该做什么），那么道德金律和“无适也，无莫

---

① 见本书第三章第一节。

② 见本书第十二章。

也，义之与比”的灵活性又如何能够同存于一个道德体系当中而不矛盾？这都是需要进行仔细哲学梳理的问题。“祭如在，祭神如神在”表面上看来只是描述了孔子献祭时的心态，但对之进行哲学的分析，就可能揭示出一种与有神论、无神论、怀疑论都不同的“如在主义”来。[①]“必也正名乎”的说法，是一个有关从政的功夫指导，但其中包含的对语言的本性的理解，则与当代西方语言哲学对语用的研究有深刻的关联。表面上看，《论语·乡党》篇中尽是一些对孔子日常生活习惯的零碎记录，但深挖其在功夫论中的含义，可以揭示功夫之为“学”和柏拉图、亚里士多德之所谓“学”的重大区别。总之，儒家功夫论中的哲理常常是需要提炼和阐发才能充分昭显的。

最后，功夫论的哲学化也表现为用各种哲学理论和哲学概念框架作为参照来理解和发展功夫论。这和刘笑敢所说的广义反向格义相似，即“泛指任何自觉地借用西方哲学理论解释、分析、研究中国哲学的做法”[②]。但笔者这里所说的参照是“双向格义”的一个维度，而不是单向的。它与前面所说的以功夫论来促进哲学发展（“以中释西”）形成一个双向的互补。另外，这和那种简单地把西方的哲学概念和学术框架套到中国传统功夫论上不同，它是以前者作为参照来理解和思考中国的功夫论。广义上来说，这就是比较哲学的方法。在此方法中，比较的双方产生一种交叉视角，由此而发现原先只用一个视角所看不到的东西。当然，这不意味着否定“以中释中”的价值。比较研究必须建立在对所比较的双方都有合理解读的基础之上。但今天的儒学功夫论需要超越简单的“以中释中”“以中释西”或者“以西释中”，也要超越“以古释古”，而要进一步立足于当代现状，从世界的版图上，带着当代的问题意识来看待中西文化遗产，对传统功夫论进行建构性的、创造性的转化。借用牟宗三、杜维明的“儒学第三期”的说法，如果说儒学第一期的孔、孟、荀等诸子以及汉儒的贡献是在与墨、

① 见本书第七章。

② 见《诠释和定向——中国哲学方法论的思考——访刘笑敢教授》，《哲学动态》2008年第7期，第26—30页。

法、道、名、兵等家的对话中产生，他们给当时的华夏文化立了法（提供了一个哲学思维的范式），儒学第二期的宋明儒家在与佛、道两家的对话中，进一步为整个东亚哲学文化的立法做出了贡献，那么儒学第三期的特征应当是在与以西方文化为主的其他文化对话中，为包括中国自身的世界文明（其中哲学当然是一个非常核心的方面）提供建设性的资源，并与此同时转化和提升自身。①

有人或许会质疑笔者是在主张以非理性的功夫取代理性的哲学。其实这种情况有点类似于康德对苏格兰哲学家托马斯·里德（Thomas Reid, 1710—1796）的误解。里德的“常识哲学”本来是对常识的严肃深刻的哲学思考，结果被康德误解为是求助于常识来反对严肃的哲学思考。② 功夫哲学提醒我们警惕那种以理智消解功夫、把菜单当作菜肴的危险。然而，哲学仍可以对非理性的或超越理性的对象进行理性的思考。宗教信仰本身可以是非理性的，但宗教哲学可以对它进行理性的分析，揭示信仰的本质和特点。性爱是无法还原为理性推理和决断的，但爱情哲学恰恰是要让我们对爱情的非理性特征及其在人生当中的作用有理性的认识。尽管菜单不是菜肴，对功夫的理解不能取代功夫的实践，但明确这一点并不意味着否认“菜单”的作用。其实提倡功夫哲学就是要求对功夫做出理性的理解。而对功夫论的哲学提炼，也有助于功夫的提升。功夫哲学与理智主义哲学的区别不在于后者使用概念和逻辑而前者拒绝使用概念和逻辑；它们的区别在于后者忽视了对功夫实践的理论思考，又把理论思考替代了功夫。

为了说明引入功夫概念的必要，我前面提到了包括践行学、行为理论、实用主义、德性伦理学以及当代一些哲学家的不足，但这绝不是意在否定这些理论和这些哲学家的积极意义，也不是说功夫概念所包含的视角

---

① 类似的看法在“儒学第三期的三十年”讨论会上张再林、陈祖为、郭沂、李翔海的发言中都有表述。见哈佛燕京学社（主编）:《波士顿的儒家》（南京：江苏教育出版社，2009 年），第 232—235、245—249 页。

② 见 Immanuel Kant, *Prolegomena to Any Future Metaphysics*, trans. Lewis White Beck (Indianapolis: The Bobbs-Merrill Company, Inc., 1950), pp. 6−7；Ni Peimin, *On Reid* (Belmont, CA: Wadsworth, 2002), pp. 1−2, 38−39。

和研究领域是全新的，未被以上所提到的那些理论所涉及，而只是希望通过功夫概念的帮助，让这些资源得到更充分的运用。反过来，我相信那些理论也能够丰富中国传统功夫论的内容，为其提供借鉴和启发，共同为哲学“立法”。实际上，在西方哲学界还有不少学者（如阿亨巴赫［G. B. Achenbach］、德意珍［Emmy van Deurzen］等）和学术组织（如美洲哲学实践者协会［American Philosophical Practitioners Association］、国际哲学实践协会［International Society for Philosophical Practice］、美洲哲学咨询协会［The American Philosophical Counseling Association］等）的工作与功夫哲学有着密切的关系。这些资源的整合，都可以与功夫哲学相得益彰。

上篇　格物致知

第二章　格物致知与功夫认知

【本章提要】哲学一向被看作是对知识的追求，而“知”也是功夫的必要特征，因而对“致知”的考察是功夫哲学自然的逻辑起点。西方哲学注重有关真理的命题之知（knowing that）。技能之知（knowing how）的长期缺位，源自于古希腊“人是理性动物”的理解，因为它意味着追求理性知识才是人的自我实现。20世纪中叶英国哲学家赖尔提出了不同于命题之知的技能之知，其立场被称作“反理智主义”。由此引发的争论中，出现了它与“理智主义”（主张技能之知实际上就是命题之知）和“极端反理智主义”（认为所有的命题之知实际上都是技能之知）三足鼎立的场面。然而更有说服力的应该是第四种立场“相偶主义”，即命题之知和技能之知如阴阳太极图中的双鱼，互不相同，却又互相蕴含，并可以互相转化。如果将整个知识的谱系称为“功夫认知”，那么，这个谱系就必须包括然而却不局限于真理认知。它不仅需要包括命题之知和技能之知，还要包括熟识之知、鉴赏力等，甚至包括知不知、弃知和欺骗的价值。“功夫认知”的评判最终在于其有效性和美学价值，而非其真理价值。但它与“有用就是真理”那种粗糙版“实用主义”不同。它承认真理认知的价值，因为它可以影响有效性。“功夫认知”将认知主体的培养置于中心地位。健全的认知主体不能没有德性的培养和训练，这决定了其学习方式不能只是接受信息和逻辑推理。从这个拓展了的框架出发，才能恰当地理解儒家的“格物致知”何以可以允许丰富的多种解释，因为“知”本身就具有丰富的内容，而且与功夫实践有密切的联系。

虽然知识与智慧并不是同义词，有知识的人并不一定有智慧，有智慧的人也不一定有很多知识，但本意为“爱智慧”的哲学（philosophy）一向被看作对“知识”的追求。当然，“知”也是功夫的一个必要特征。凡功夫大师，无论是武术大师，还是足球大师，抑或是语言大师，皆须具备某种与他/她所擅长的功夫有关的知识。虽然火能燃木、水可溺人，但我们并不把它们的这些能力称为“功夫”。如果一阵风偶然地把天上的云吹出一个字形来，就不能称作写字的功夫；一个人盲目射出一支箭，却碰巧射中了靶心，也不能算作功夫。书法家的运笔是为其知识所指导的，而风的动作则不是。箭手射中靶心是其知识引导的，而那碰巧射到靶心的人则不是。儒家经典《大学》所概括的八条目以“格物致知”为起点，《论语》以《学而》篇为开端，皆非偶然。如果哲学与作为功夫体系的儒家学说均致力于求知，则探讨儒家功夫哲学，自然当以考察“知”为起点。既然功夫是一种蕴含知识与智慧在其中的能力，那么，何种知识或智慧是功夫所具备的呢？

一　西方哲学中的“知”

诚如孟旦（Donald J. Munro）先生所指出的，西方哲学一向致力于“求真知”（the pursuit of truth）。对这种真知的追求却与素以“诸子学说”著称的中国哲学传统不同，前者所注重的是命题性的知识，而后者更关注于认识人生之道。中文的“知道”一词的含义就是“明了人生之道”。“在中国，一个哲学家接受一个信念或主张时，很少关心希腊意义上的真理或错误；这些是西方人关心的。中国人关注的重点是相关信念和主张的行为导向。”[①]

对纯粹的客观真理缺乏兴趣，或许可以说是造成中国自身科学技术滞后的原因。这是一个颇具争议的话题，须另作他议，但与此相应的注

① 孟旦：《早期中国“人”的观念》，丁栋、张兴东译（北京：北京大学出版社，2009年），第58页；英文原文见 Donald J. Munro, *The Concept of Man in Early China* (Redwood City: Stanford University Press, 1969), p. 55。

重行为导向，却使得中国的先哲们由此而开发出了被宋明儒者称作“功夫”的丰富资源。从功夫视角出发，我们发现被狭隘地限定在真理认知范围的认识论观念必须得到扩充，从而把那些被称作为实践之知（practical knowledge）、技能之知（know-how）、默会之知（tacit knowledge）、熟识之知（knowledge by acquaintance）以及程序之知（procedural knowledge）等的知识种类都包括进来。对知识概念的这种拓展，不仅可以使上述诸多知识得到彰显，也可以增进对真理认知本身的理解。

尽管早在古希腊时，哲人们就已经注意到了实践之知与理智之知的不同，但很大程度上是由于吉尔伯特·赖尔（Gilbert Ryle）富有开创性的著作《心的概念》（*The Concept of Mind*），哲学探究的灯光才照到了技能之知的领域。赖氏对命题之知和技能之知的著名区分，像指出皇帝没穿衣服的小孩那样大声地提醒了人们一个显而易见的事实：我们的知识范围不仅仅只包含关于“是什么”之类的命题，其中还有很大一部分是关于如何做事的知识。就技能之知的本质而言，大多数人会认为这种知识是无法用命题性陈述来加以把握的。纵使一个人可以把他所有骑单车的技能用命题性陈述表达出来，有关他如何骑单车的知识却并不存在于他这些命题性的理智意识中。就命题之知与技能之知的知识来源而言，虽然一个人可以通过读书或经验观察来学到有关骑单车的命题之知，但此人仍须从事相关的实践，才能最终学到这门功夫。最后，就如何评判知识而言，我们用真 / 伪来评判命题，但我们以有效性和美学价值来评判技能。

鉴于技能之知在人类生活中所具有的重要意义，它与命题之知相比所受到的关注之少，确实令人感到惊异。整个近代西方哲学以其对认识论问题的特别关注为傲，但技能之知却几乎完全处在它的盲区。是什么导致了它的缺位？

从历史上说，命题之知与技能之知的这种区分可以追溯至古希腊对“理论”（*theoria*/θεωρία）、“实践”（*praxis*/πράξις）和“制作”（*poiēsis*/ποιησις）的区分。希腊人把理论智慧称为 *sophia*，即理智智慧（intellectual wisdom）。“理论”（*theoria*）一词源于观察或思考某种神圣对象的行为，因此“理论”的对象是更高、更实在的永恒圣域中的存在。与“实践”（*praxis*）相对应的智慧则是明智（*phronēsis*）或实践智慧（practical wisdom）。对于亚里士多德而言，有文化的人主要以两种生活为追求目标——（1）关注公民追求正义城邦的政治实践生活；（2）关注为求知而求知的哲人理论思辨生活。“制作”（*poiēsis*）这一范畴指的是有关对客体对象进行工艺制作，或有关生产与制作流程的日常行为。与“制作”相关的知识被称为技艺（*technē*），或生产性知识。历史上，“技艺”被希腊人看作是与希腊城邦的自由领域有别且较之为更低级的域界，更不用说和纯粹理论思辨相比了。当然，这一概括只是对总体趋势的一个描述，并非意在否认这样一个事实，即诸如柏拉图、亚里士多德等希腊哲人皆对这些话题有着复杂的看法。正如孟旦所云：“在希腊人看来，学问的意义既在于它本身，也在于它对行动的引导（不管怎么说，柏拉图确实写了《理想国》，苏格拉底也认为‘知善者必行善’），但他们所青睐的，首先是以其自身为目的的学问。”[①] 古希腊的主要哲学家如苏格拉底、柏拉图和亚里士多德都明确地认为“人是理性的动物”。我不等于我的身体，而是拥有身体的那个灵魂，而灵魂的本质在于能够有知，就像一面镜子的本质在于能够反映镜像一样，所以求知才是最“属人”的活动。人的生活在毫无功利目的的纯哲学思辨当中得到最纯粹的实现。

古希腊哲学家们并不认为思辨与实践技艺的生活方式是完全相互排斥的。后者在当时还依然被公认为是古希腊人生活中所不可或缺的存在方式。对亚里士多德而言，“实践”指的是政治生活领域中的理性行为，因此无法与“理论”完全分离；“理论”同样需要训练和教导，而且是对第一原理、理性和知识的积极追求。[②] 然而，他们的观点已然包含了后来发

---

① 孟旦：《早期中国“人”的观念》，第 58 页；英文原文见 Donald J. Munro, *The Concept of Man in Early China*, p. 55。

② 皮埃尔·阿多表示，亚氏“无意构建一个关于实在的完备体系。相反，他希冀训练他的学生在逻辑学、自然科学和伦理学方面掌握使用正确方法的技巧”（Pierre Hadot, *Philosophy as a Way of Life*, p. 105）。

展成“理性的自恋”的基因，即他们设定了这样一种等级次序：理论比实践更完美，而实践又高于技艺。这些哲人自己的著作便多集中于探讨理智智慧。中世纪新柏拉图主义者们最终将实践与技艺流程归在了一起，把它们降格为平民领域的活动。同时，他们把思辨理论与完全超越的绝对者联系在一起，从而扩大了思辨生活与实践生活之间的距离。通常意义上哲人参与城邦生活或实践生活的需求则不复存在，或者说是被下放至那些亟待从对物质财富与权力的角逐中解放出来的俗人那里去了。结果是，技能之知的这种实践知识被进一步地贬低，成了不配哲学严肃考察的对象。“哲学”（philosophy）一词由 *philos*（爱）与 *sophia*（理智智慧）组成，而非 *philos-phronēsis*（爱明智）或 *philos-technē*（爱技艺），这一事实已然揭示出了上述命运。虽然对理智智慧的爱本身并不排除哲人们把实践智慧作为他们理智探究的对象，然而我们却很容易受“philosophy”（爱智）一词的诱导（或者毋宁说是误导）而更加关注甚至只关注理智理性。

西方近代启蒙运动虽然很具有革命性，但近代思想者们，无论是唯理论者还是经验论者，都明显受到了中世纪理智主义倾向的影响。真理认知占据了他们整个的哲学事业。技能之知的这种实践知识似乎要么是被看作不配成为哲学严肃探究的对象，要么是可以归约为命题之知的问题。这个过程也就是阿多所说的那种作为生活方式的哲学在西方式微的过程。正是在这样的背景下，赖尔对命题之知与技能之知的区分成了把研究的目光转向实践智慧的醒世之钟。[1]

然而技能之知与命题之知的关系远比表面上看来的要复杂得多。赖尔的这一著名区分在当时迅速获得了广泛反响，同时亦受到了来自各方的挑战。其主要的反对声音，来自“理智主义者”（intellectualists）。他们认为技能之知实际上是命题之知的一个种类。例如，杰森·斯坦利就表示，当

---

① 虽然“know that”与“know how”这两个术语是约翰·杜威于 1922 年首次提出的，但对此做较系统的发挥，当首推赖尔。

一个人学会如何游泳时，他学到的实际上是有关游泳的某些真理，尽管它们不过是一种特殊种类的真理。斯氏还表示，一个人关于如何去 F 的知识可以用命题描述为该人具备这样一种知识，即“w 是 F 这一行动的方法”。说张三知道如何开门或者说一条狗知道如何接住飞盘都是命题之知，并不意味着张三或者这条狗必须通过概念来描述或思考这种知识。虽然这条狗只能以实践的呈现模式（a practical mode of presentation）来显示它具有这种知识，但这并不意味着它所得到的知识性质不是命题性的。[①]

但是，我们可以用语言把这条狗的所知用命题性陈述表达出来，这一事实并不意味着这条狗有关如何做这些事的知识可以被归原为命题之知。而且，诚如休伯特·德雷福斯（Hubert Dreyfus）所云：

> 尽管当一个人在反思的时候可能把各种背景条件视为若干特定的信念，例如当你站立时应该与他人保持多远距离的信念，这些行为方式既不是作为信念而学到的，也不是作为信条从而以因果的方式对我们的行为举止发生作用的。我们不过是在做着我们已经被训练去做的事。而且，作为实践，当它们一旦被转变为命题之知时，其所具备的灵活性就会消失。[②]

斯坦利似乎从未明确表述过他所谓的作为命题之知之特殊类型的技能之知具有什么样的特征，但是他确实赋予了命题之知以理智主义者通常不会归之的内容。理智主义者通常把“知”仅视为是与认知有关的，即更多地体现为信念的心理表征而非行动，而斯坦利却不仅认为命题之知可以是“非惰性”的[③]，他还承认，要具备命题之知，就需要具备某些倾向性状态（dispositional states）[④]。上述这些，加之斯氏本人提出的技能之知的“实践

① 见 Jason Stanley, *Know How* (Oxford: Oxford University Press, 2011)。

② Hubert Dreyfus, “Holism and Hermeneutics,” in *The Review of Metaphysics* 34, No.1 (1980), p. 8.

③ 见 Jason Stanley, *Know How*, 4.4。

④ 见 Ibid., Chapter 5 末。

的呈现模式”或命题性事实的“实践的思维方式”，使他看上去更接近于所谓的“极端反理智主义”（radical anti-intellectualism），而非“反理智主义”（anti-intellectualism）。

极端反理智主义恰好是理智主义的对立面——理智主义主张技能之知实际上就是命题之知，而极端反理智主义者则认为所有的命题之知实际上都是技能之知。在过去几十年里，表象主义（representationalism）已经遭到了来自许多不同方面的攻击，如现象学、认知科学、科学哲学、语言哲学以及实用主义等。许多哲学家早已指出，我们的知识并非是简单的对实在的心理表征。希拉里·普特南（Hilary W. Putnam）表示，知道某一术语的含义并非是一例命题之知，而是一例技能之知——正确使用这一术语的能力；迈克尔·波兰尼（Michael Polanyi）表示，掌握语言并非意味着知道规则，而是意味着学会技能；大卫·刘易斯（David Lewis）表示，“黑白玛丽”（Black-and-white-Mary）[①]这则公案中缺乏的最重要的东西，就是技能之知——辨别红与非红的能力；后期维特根斯坦表示，理解本身类似于一种能力，它涉及“一项技艺的掌握”[②]。上述哲学家都指向同一方向——命题之知如果不是等于技能之知，也至少是依赖于技能之知。

斯坦利的立场与这些极端反理智主义者的相似之处在于，他比诸如赖尔等反理智主义者更加拉近了技能之知和命题之知之间的距离，从而使两者联系得更加紧密。当然，这两者的重大差别，就在于他们的趋向是相反的：像斯坦利和威廉姆森（Timothy Williamson）[③]这样的理智主义者设法运用有关命题之知的语言来描述技能之知，而极端反理智主义者则尝试反其道而行之。

---

① 一位假想的科学家，她具有关于颜色的所有科学知识，但却从未经验过颜色。问题是：一旦她经验到了颜色，她是否学到了新东西呢？

② Ludwig Wittgenstein, *Philosophical Investigations*, §199.

③ 见 Jason Stanley and Timothy Williamson, “Knowing How,” in *The Journal of Philosophy* 98, No.8 (2001), pp. 411–444。

二 功夫认知

除了上述三种立场，即（1）反理智主义[①]，主张命题之知和技能之知是知识中的两个不同种类，（2）理智主义，主张技能之知可以归约为命题之知，（3）极端反理智主义，主张命题之知可以归约为技能之知，应该还可以有第四种，也是更为合理的“相偶主义”立场，即技能之知和命题之知各自既无法归约为另一方，也无法完全分离。首先，技能之知和命题之知是彼此不同的，前者是做事的能力，后者是对命题的了悟，其性质不同。其次，二者却又紧密地交织在一起。所有的命题之知都牵涉技能之知，就连“知道 5+7=12”中也包含有运算能力。一个熟记 5+7=12 但无法进行运算的人，算不上是真正“知道 5+7=12”。在中国古代的墨家文献中，有一则关于儒家“知仁”的文字：

> 今瞽曰：“钜者白也，黔者黑也。”虽明目者无以易之。兼白黑，使瞽取焉，不能知也。故我曰瞽不知黑白者，非以其名也，以其取也。……故（我曰）天下之君子不知仁者，非以其名也，亦以其取也。（《墨子·贵义》）

确实，这与前面提到的“黑白玛丽”极为相像。黑白玛丽的例子说的是一个人如果从未经验过颜色，哪怕她具有对颜色的所有科学知识，她对颜色还是有所不知。墨子的这个“瞽者”的例子说的是，哪怕一个盲人具备所有关于黑白的命题知识，但他却无法在一堆黑白杂陈的物体中把黑色的物体和白色的物体挑出来，那么他实际上并不知道什么是黑白。也就是说，他关于“黑色是什么”的命题之知，必须包含他“能取”黑色的技能之知

① 这里的“反理智主义”是有关命题之知和技能之知的一种特殊观点，与平时人们所说的那种对理智的怀疑和敌视的“反智主义”无关。

在内。20世纪在欧洲兴起的日常语言哲学理论有一个深刻的洞见，就是语言的意义并非其所指称的某种实体。所谓知道一个语词的意义，就是能够在实践中正确地使用它。

另一方面，凡技能之知也包含有命题之知。诚如斯坦利所指出的，即便是一条狗所具备的接飞盘的知识，也包含有它知道飞盘在朝它飞来（尽管我们有一切理由相信这条狗并不知道该物名曰“飞盘”）——无论这种命题之知在这条狗的头脑中是以命题的形式还是“以实践的形式”呈现出来的。技能之知不同于本能的反应。本能的反应严格来说不能称为“知”，因为如果把一个婴儿本能地会吮吸奶头称为“知”，我们也就必须把一个乒乓球“本能地”会弹跳说成是“知”，而这样的说法显然是对“知”的误用。如果说“知”是某种通过学习而得到的有意识的了悟，那么它至少需要包含某些命题之知的成分在内。

技能之知和命题之知就像太极图里的阴阳两极，各有区别但又不可分离，每一方都包含在另一方之中，而且技能之知与命题之知还可以相互转化。显然，知道保险丝熔断可以使人知道如何修复电路，知道谁在犯罪现场可以帮助警方破案。反之，知道如何使用电表可以使人知道哪条电路出了毛病，知道如何用拐杖探路可以使盲人了解路况。命题之知能够使人获得技能之知，技能之知又可以产生命题之知。反理智主义的问题在于把二者过分严格地分离开来，而理智主义和极端反理智主义的问题则在于试图把其中的一方简单地归约为另一方。一个人唯有既具备了命题之知又具备了技能之知时，才得以有知，尽管某些“知”表现出更多的命题之知特征，而某些“知”却又表现出更多的技能之知特征。

鉴于以上考虑，功夫认知似应被理解为包含了命题之知的技能之知，即以技能之知为主要特性的知识。但这样的理解似仍不够全面，因为命题之知与技能之知这种二分的概念框架还存在着一个很大的局限性，那就是它仍把一些重要的知识种类排除在外。例如，它并未把“熟识之知”包括在内。当我们说张三认识李四或者说张三熟识他的家乡小镇时，这种知识就属于“熟识之知”。熟识之知是我们实践智慧的重要组成部分，但它既不是命题之知，也难以看作技能之知。熟识之知不同于命题之知的是，它不可以用真 / 伪来评价。它亦不同于技能之知。张三有从一大群人中辨认出李四的能力，这仅仅是他相识或熟悉李四的一种表现，并不等于他之熟识李四就在于他有此能力。假设李四做了整形手术，完全改变了样貌，以致张三无法认出他来，但这并不会改变这样一个事实，即张三熟识李四。

命题之知与技能之知的二分框架还没法包括鉴赏力（connoisseurship）。作为对艺术的良好而精微的品味能力，它一方面可以既是命题之知也是技能之知，如一位品酒师可以感知一种好酒所具有的微妙口感，同时他也知道如何将其同其他酒区别开来，另一方面，它亦既不同于命题之知又不同于技能之知。品酒师对口感的审美品味就既非可以用命题表述的事实，亦非做事的技能。然而鉴赏力又是功夫认知不可或缺的重要内容。

就这一点而言，使用与“理论之知”相对的“实践之知”这一概念也许效果会好些，因为这一术语要比技能之知更具囊括性，并且它可以更自如地把其他非理论之知容纳进来，诸如熟识之知和鉴赏力。不过，把实践之知同理论之知区别开来，会遮蔽理论之知亦具有的实践导向（practical implications）。

“默会之知”这一术语强调了实践智慧的一个重要特征，而且它可以恰到好处地把握住“熟识之知”。但由于它与非默会的“显知”（explicit knowledge）之间存在一个鲜明的区分，它略去了那些或多或少可以显性化的技能之知（如操作指南）。

最后，“程序之知”（procedural knowledge）是用来同“陈述之知”（declarative knowledge）形成对比的概念，但实践智慧中的知识却可以同样包含陈述之知在内。此外，把体现在技能使用中的知识定义为程序之知[①]，往往会使人们聚焦于技能的程序性方面，而忽视了技能的体身化（embodiment），即转化为储存在身体中的能力。

若把这些概念及其对应面视作语言手段而非构成宇宙的零部件本身，

---

① 见 Jeremy Fantl, “Knowledge How,” in *Stanford Encyclopedia of Philosophy*。

那么我们将会发现它们各有其特性，能够按照不同的使用目的而有效地发挥功用，同时它们各自亦存在着局限性。为了看到所有这些知识类型之间的联系以及这些语言手段的实践导向，除了现存的对各种不同知识的分类概念外，我们还需要一个总体的概念，这个概念能够超出真理之知，以包含所有我们能够在广义上称作“知”的内容。

“功夫”似乎就是这样一个理想的概念。它对于主流哲学界而言是足够新颖的，因此它不会携带太多的包袱；同时，它亦允许我们容纳上述概念簇所带来的各种洞见，并允许我们富有创造性和成效性地使用它。用“功夫认知”这一术语作为研究知识的视角，我们进而可以探索的不是它与哪一种知识不同，而是可以探索哪些知识在理智主义的倾向下被忽视了。在“功夫认知”这一概念范围内，我们可以确定这样一些知识维度，它们或者是技能之知的成分多于命题之知的成分，或者是默会之知的成分多于陈述之知的成分，等等。

三 超出真理的知识

真理认知与功夫认知的关键区别，就在于前者旨在获得真理，而后者则以有效性为旨归。因此，比如同样是“一阴一阳之谓道”(《周易·系辞上》)，便会有两种截然不同的诠释：根据真理认知式的解读，这句话是一个形上命题，是对实在之存在状态的描述，即宇宙之运行乃是包含有阴之翕力和阳之辟力的交互作用的统一，有如那阴阳双鱼构成的太极符号所示；然而根据功夫式的解读，该命题是指导人行动的指示或教导，它告诉人们要在翕辟、动静、常变等之间保持一种动态的平衡。

这样一个区别使我们发现，20世纪以来对中国传统哲学的诠释或者是从真理认知的视角来加以解析的，这就因此错失了对于中国哲学传统而言至关重要的功夫认知维度；或者是就功夫论功夫，没有进入哲学的反思。这也使我们认识到西方诸如斯坦利那样的理智主义哲学家的局限所在，他们无法想象除了对“真理”（truth）的认识，还能在什么意义上谈论“知”。

然而认知的内容远不止于真理，而且对于真理的认知也需要有对其他认知内容的了解才能完备。通过把对认知的理解限定为真理认知，把技能之知归约为命题之知的一个种类，这些哲学家代表的是拒绝珍惜功夫之知的自我遮蔽。假设张三是一名典型的学分析哲学的学生，他渴求真理，但是现在他也渴望获得对骑单车这门功夫的更好理解。在理智主义为显学的当世，张三通过阅读斯坦利的专著 *Know How* 能学到什么呢？告诉张三他需要知道的命题之知是“*w* 是 *F* 这一行动的方法，在这里 *F* 代表的是骑单车”，这肯定是毫无帮助的。恰恰相反，他将被误导，从而认为他所需要做的无非就是学习一些命题。这就是禅宗所说的“错把指月之指当作了月本身”。理智主义者呈现给我们的这个有关技能之知的理论，好比说一幅某人的照片就足以告诉我们她是谁。虽然这幅照片捕捉到了此人的形象，但她本人却因此而被平面化到了一个生机与精神并失的二维世界之中。

与此相反，反理智主义与极端反理智主义的各种论述则代表了对理智主义倾向的矫枉。鉴于理智主义在认识论界占据主导地位的事实，这种矫枉有助于克服理智主义的局限。在我们所举的例子中那个想从哲学中学到功夫的张三，便可以从反理智主义与极端反理智主义这些立场中获得启发。他可以学到，仅仅追求有关事实的理智之知不足以达到他的目的。但是，反理智主义与极端反理智主义这些立场亦有其潜在的问题。就反理智主义而言，对技能之知与命题之知进行对立二分可能会遮蔽这二者之间的联系；就极端反理智主义而言，它会混淆技能之知与命题之知二者之间的区别，并且会有走向拒斥理论之知的价值的潜在危险，尽管总的说来，这一危险的严重性比理智主义的问题要小。

说到真理，我们注意到同样是半杯水，既可以被描述为“半满”，又可以被描述为“半空”。这两种说法的真值并无差别，但它们却涉及两种截然对立的人生态度。“我将说出真相，全部的真相，且唯有真相”[①] 这一表述显然是一个虽然善良但不可能办到的承诺，因为实际上无人能够说出全

① 这一表述取自英美法系证人宣誓。

部的真相。首先人的感觉就已经是经过感官处理的材料，也就是已经带上“视角”了。那材料一旦进入脑子，马上就被进一步处理，比如我听到外面有割草机的声音——这里面就已经包含了我的判断：那一阵噪音是割草机的声音。任何判断，又都是带主观性的。即便是一个简单的行为，如我按一个开关，都可以有不计其数的真实描述，例如“接通电源”“开灯”“照明房间”“惊动一个正在行窃的盗贼”“在开关上留下指纹”“加剧全球变暖”等。每当你描述它时，你总是同时也忽略了它的某些其他方面，因此你选择的描述方式就已经把你的主观偏好引入了你的描述。没有一个真相可以在不涉及诸如语词选择、语调使用、微妙的肢体表达、表达时机的把握等因素的情况下说出来，也没有一个听闻者所接收的真相可以不通过听闻者的各种特定“背景”成分的诠释。这些因素都会影响到最后说出来的故事的“真实性”。的确，整个当代诠释学可以作证，不存在简单的真实故事。“诠释学”这个词本身就已经包含了“依赖于诠释”的意思，这使得“客观诠释学”这一表述成了一个自相矛盾的说法。

这并不意味着我们选择用以描述事实的各种方式都是半斤八两，毫无区别。说半杯水为“半满”是乐观主义的心态，它使人看到其已经拥有的，并由此而增强信心；不过，它亦能使人感到满足，从而不再去尝试实现更多的目标。说半杯水为“半空”则是悲观主义的心态，它使人看到了尚有提升的空间，却又有可能使人气馁，感到没有价值，以致放弃。真知应当包含对这些实际差异的理解，并促使人们去相应地使用各种不同的表述。庄子说过一个“朝三暮四”的寓言（今人将“朝三暮四”理解成见异思迁，反复无常，与庄子的本意完全无涉）。庄子说，有人以橡子喂猴，说“早上三颗，晚上四颗，如何？”众猴皆怒，于是改口说，“那就早上四颗，晚上三颗”，众猴皆喜。其实朝三暮四与朝四暮三总数一样，而猴子却一喜一怒，是为愚迷。庄子似乎是以此寓言讥讽猴子以“同”为“不同”，然而实际上他后面还有一层意思，是讥讽有人将“不同”为“同”，“劳神明为一”，以为万物全都一样，毫无区别，这和猴子之惑没有本质的不同。庄子说，

“唯达者知通为一”[①]。“知通为一”与“劳神明为一”不同。它不是没有好坏、对错、大小、上下之分的半斤八两。两种药也许药性相反，各有功用，又各有所蔽，它们虽然同样是药，但所适用的病症不同。看到它们同样是药，同样有所蔽，是“劳神明为一”。象牙塔里的哲学家看到这一点，自以为高明，但这只是智识层面上的一点理解，与“知（能够）通为一”的能力（功夫）完全不在一个层次。能够看到它们同样是药，而又能够对症下药的，才是“道通为一”。庄子将后者说成“和之以是非而休乎天钧，是之谓两行”。“两行”并非“不行”。抽象而言，半斤败絮与八两糟糠都需要清理。但处在具体生活情境中的人，无法抽象地“两行”，除非止步不行。真正能两行者“可乎可，不可乎不可”，“两行”是靠一步一步行来的。这时除了是与非、可与不可以外，还要引入一些功夫论的原则，比如自己与别人屁股都不干净，先擦干净自己的；屡教不改的和初犯的，先谴责那屡教不改的；迫在眉睫的与可以搁置的，先解决迫在眉睫的；明知故犯的与大意疏忽的，先惩罚明知故犯的；鸡蛋与石头都有错，先帮鸡蛋；……“子贡方人，子曰：‘赐也贤乎哉，夫我则不暇。’”（《论语·宪问》14.29）人有过，不是不要批评。夫子显然是在提醒子贡，自己是不是做得够好，有资格去批评别人了。这个道理很简单，但让待惯了象牙塔的哲学家理解，要兜一圈，不容易。

按照求真的要求，“知”总是好的，“不知”则是不好的。功夫认知却要求我们质疑这一预设。老子《道德经》中的“知不知，上；不知知，病”（第71章）这一表述通常被诠释为“知道自己的无知，是最好的；本是无知却认为有知，是一种病态”。但王弼却认为这句表述应当如此解读：“不知知之不足任，则病也。”[②]对这一段话的更与众不同的解读是把第一个“不”字当动词“弃”来读，即“抛弃尔之所知，乃为最佳；追求知尔所不知者，乃是病态”。[③]尽管最后这一种解读与我们的普遍观念相悖，它却与

---

① 《齐物论》，见郭庆藩：《庄子集释》（北京：中华书局，1982年）第1册，第69—70页。

② 王弼：《老子道德经注校释》，楼宇烈校释（北京：中华书局，2008年），第178页。

③ 造成这些解读各异的原因，是原文表达的简约。

老子的以下思想相一致："为学日益，为道日损。损之又损，以至于无为，无为而无不为。"（《道德经》第48章）常规的知识总是限制着我们的头脑。当我们说"这是一台洗碗机"时，我们常常忘记这亦是一台污水制造机。当我们学习一门语言时，我们得到的是一种特殊的理解世界的方式。一个人必须卸载掉常规的束缚、假设、思维习惯等，才能回归到思维原初无拘无束的自然状态。

庄子亦谈到过"弃知"的益处。《庄子》的《齐物论》通篇都在讲摒弃常规区分。他说，"六合之外，圣人存而不论；六合之内，圣人论而不议"。庄子的一则著名寓言极好地阐明了这一点：

> 南海之帝为倏，北海之帝为忽，中央之帝为浑沌。倏与忽时相与遇于浑沌之地，浑沌待之甚善。倏与忽谋报浑沌之德，曰："人皆有七窍以视听食息，此独无有，尝试凿之。"日凿一窍，七日而浑沌死。（《庄子·应帝王》）

庄子用其典型的嘲讽语气问道："弗知乃知乎？知乃不知乎？孰知不知之知？"（《庄子·知北游》）正如何莫邪（Christoph Harbsmeier）所说，"因此不知（not-knowing）绝不是无知，它是道家的 *docta ignorantia*［有学问的无知］的高级版。它不是对科学知识的反理智主义式的拒斥，它本身就是一种先进的科学理论化的产物"[①]。何氏指出，在西方传统中亦可以发现相似的洞见。库萨的尼古拉（Nicholas Cusa，1401—1464）的杰作《论有学识的无知》（*De docta ignorantia*）就是以题为《为什么知识就是无知》（*Quomodo scire est ignorare*）的章节作为开始的。塞克斯都·恩披里柯（Sextus Empiricus，活跃于180—200年间）和更早的伊利斯的皮浪（Pyrrhôn of Elis，约公元前360—前270）都像庄子一样"修炼培养一种怀疑的态度，

---

① Christoph Harbsmeier, "Conceptions of Knowledge in Ancient China," in *Epistemological Issues in Classical Chinese Philosophy*, eds. Hans Lenk and Gregor Paul (New York: State University of New York Press, 1993), p. 25.

以此作为达到心平气和、心神安宁（思想的安定平衡）的方法”。

在庄子的体系当中，“忘”是一个重要的功法。[①]“忘年忘义”（《庄子·齐物论》），“坐忘”（《庄子·大宗师》），“忘足，履之适也；忘要，带之适也；知忘是非，心之适也”（《庄子·达生》）。庄子之忘，是去蔽、解构，是让自身获得自由，从而能够“道通为一”。儒家传统当然更强调知而非忘。“日知其所亡，月无忘其所能，可谓好学也已矣。”（《论语·子张》19.5）“必有事焉而勿正，心勿忘，勿助长也。”（《孟子·公孙丑上》2A:2）知当然也是功法所必需。但儒家也有忘。孔子自述道：“其为人也，发愤忘食，乐以忘忧，不知老之将至。”（《论语·述而》7.19）从功夫的角度来说，有选择地知和有选择地忘，这自当是无须多费笔墨论证的。

出于同样的原因，我们须对“欺骗（无论是自欺还是欺人）总是一种不道德的行为”这一观点提出质疑。一旦我们将认识论的视野拓宽至一般意义上的对知识的哲学考察，并且从功夫的视角来反思对真话实言的执着时，我们就会发现，诚如罗伯特·所罗门（Robert Solomon）所指，“并非所有的假话都是恶意的，也并非所有的欺骗都是谎言。真话实言有时伤人甚至害人，而假话谎言有时也可以护人励人，欺骗有时亦可以出于高尚的目的”。“真话实言是为伦理服务的，而不是反过来由伦理为真话实言服务。”[②]尽管欺骗有明显的危害，但它有时却可以为产生积极效果发挥重要的作用。

儒家传统中有许多缺乏证据的传说，如古代圣王尧、舜和禹的种种故事。这些故事的真实性在儒家传统中几乎从未遭受过质疑，因为它们是儒家文化的重要资源。对它们提出质疑只会使人类的生活资源贫困化。有圣诞老人的世界要好过没有圣诞老人的世界。“汝终有一死”当然是一句真话，但并不适用于生日祝福。“无物常驻”亦是一句真话，但没有人愿意在婚礼

---

① 见魏孟飞：《功夫与时间：以〈庄子〉为中心的诠释》，《齐鲁学刊》2019 年第 3 期。

② Robert C. Solomon, “Self, Deception, and Self-Deception in Philosophy,” in *Self and Deception, A Cross-Cultural Philosophical Enquiry*, eds. Roger T. Ames and Wimal Dissanayake (Albany & New York: State University of New York Press, 1996), p. 92.

上使用它。在获得功夫的过程中，欺骗（或自欺）常常是掌握功夫之知的必要环节。对于某些人来说，“精明的自我修炼者可以通过说服自己他所期盼的自我转化触手可及，用自欺作为激发自我的工具”①。然而对于另一些人，则更适合反其道而行之。正如所罗门所提到的，一些高僧大德诱导沙弥相信他们自己“乃最恶之人”作为策略来促使他们提升自我。②我们当然可以对这些培养方法的有效性进行评估，但问题在于——我们的评估并非建基于哪一种方法揭示了真理，而是建立在何种条件下它们会趋向于产生什么效果或影响。激励法对于那些已经发现提升点但缺乏勇气和决心的人也许更加有效，而反激法会对那些尚未发现有提升必要的人有着更好的效果或影响。

事实上，正如所罗门非常确切地阐明的，“没有谎言这层隔膜，我们最简单的社会关系都将不复存在”③。从真理的角度来说，“我是对的，你错了”——这是非常重要的原则问题；从功夫论的角度来说，我们则会问：“这一问题的实际意义是什么？”厘清微不足道的真理果真有助于夫妻更加和谐同处吗？还是恰恰相反？无论是关于朋友为我们策划的惊喜派对，还是关于某个我们认为可以破解的谜语的谜底，或者是某个朋友的私生活秘密，乃至政府的机密信息，在许许多多的场合下，我们都会说“我不想知道”，“最好不要让我知道”。

当然，这一洞见绝非意味着拥有知识总是不好的而不知才是好的。恰恰相反，在通常情况下，追求真理才是最好的功法。那些忽视知识、无视真理的人将会一事无成，甚至更糟。虽然从认识论的角度我们很难证明真理认知的可能性，但在实际生活中，对认识真理的信心是不可或缺的。没有了认识真理的信心，我们就为不负责任的言说提供了依据，为用谎言和

---

① Amélie Rorty, “User-Friendly Self-Deception: A Traveler’s Manual,” in *Self and Deception, A Cross-Cultural Philosophical Enquiry*, p. 78.

② 见 Robert C. Solomon, “Self, Deception, and Self-Deception in Philosophy,” in *Self and Deception, A Cross-Cultural Philosophical Enquiry*, p. 92。

③ Ibid., p. 97.

扯淡来操控听众敞开了大门。放弃对真相的尊重，会使我们难以追究误导者或隐瞒真相者的责任。但这些考虑都恰恰是支持功夫认知论的依据，即认知态度和认知行为本身会影响生活的质量。从功夫论的角度看，抹去真假对错的界限会有极大的破坏性，因此即便承认我们难以得到真相，这并不意味着我们可以否定话语的社会作用和对自己的话语不负责任。中国文化传统在某些方面的过分早熟，造成了其机体在一些基础方面发育不全。其本身缺乏追求真理的传统，使中国在实证科学方面长期委顿不足，亟须在这方面“补课”。无知可以在某些角度下是有益的、不可或缺的，谎言也可以是善意的、真诚的和必要的，但一旦它们发展为一种对事实真相完全漠视的态度，一旦这种态度成了社会的普遍潮流，这个社会就没有了对邪恶的抵抗力。[①]“权”的艺术是一种高级功夫，需要有相应的德性才能够恰当运用。一旦被缺乏相应德性的人滥用，其后果不堪设想。

功夫认知与单纯真理认知的主要区别在于它认识到智慧并非总是以知识的拥有来衡量的。正如庄子所言，“道行之而成，物谓之而然”（《庄子·齐物论》)。我们通过认识某物是 *X*，从而不仅把它当作 *X*，而且亦使其成为 *X*！这亦是潜藏在佛教“思即行”的信念背后的道理所在。面对同样的半杯水，是那些视之为半空的人使之成为半空的，而那些认为是半满的人使之成为半满的。认为自己有病可以使你生病，认为自己良好就可以帮助你身体好转。对社会混乱产生的普遍焦虑可以导致社会混乱。当所有人都认为股市即将崩盘时，股市就会真的崩盘。大多数情况非如此极端，但仍然会或多或少地有自我实现的效应。新闻记者常认为他们所做的事情无非就是报道真实故事，但他们的报道往往会影响到他们所报道的事情，从而成为故事的一部分。威廉·詹姆斯揭示了这种现象在社会与人际关系中是多么常见：

---

① 读者可以见 Harry G. Frankfurt, *On Bullshit* (Princeton: Princeton University Press, 2005)，中译本见哈里·法兰克福：《论扯淡》，南方朔译（南京：学林出版社，2008 年）。作者指出扯淡不是说谎，却是真理更大的敌人。说谎者知道何者为真，却以假话掩盖真相，而扯淡的人则不关心内容的真假，只在乎话语能够给他带来的利益。

> 例如，你是否喜欢我？在无数的例证中，你是否喜欢我都有赖于我是否主动迈步迎向你，而且愿意相信你必定喜欢我，并给予你以信任和期望。就我个人而言，在这种情况下，能使你对我产生喜欢的条件就是我先前持有这样一种信念，即你对我的喜欢是存在的。……在此，对某种真理的希冀，就是导致这个特殊真理的存在的原因，这在其他不计其数的情形中亦是如此。①

简言之，对世界进行分门别类，就是在塑造我们的世界。一个人在很大程度上就是他自己选择的信念构成的，结论当然是：我们需要选择用哪些信念 / 知识来构建自己。我们需要的是如冯契先生所说的那种“广义认识论”，它“不仅把认识论看作是关于知识，而且也是关于智慧的理论”②。牟宗三先生提出，为了发展科学，需要有良知的自我“坎陷”（主动的退隐、让步）。但是在科学变得像宗教一样窒息了智慧的时候，我们同样需要有对科学真理认知的自我坎陷，以便智慧能够得以确立。

功夫认知虽然是对真理认知的补充，但它亦包括真理认知。与传统的真理认知忽视了大量的认知领域不同，功夫认识论并不忽视真理认知的合法性和在获取功效当中的重要性。相反，通过承认真理认知与其他认知模式的不可分性，功夫认识论可以说是对真理认知的一大推进。

同实用主义真理观一样，功夫认识论重视信念和思维方式的实用价值。但是，它又不像那种粗糙实用主义的真理观，把真理只视作能产生效果或有利的东西。功夫认识论并不改变我们通常的真理观念——对于实在的准确描述。它不否定获得真理的可能性，虽然它并不依赖于对这样一种可能性的认可。它提出了一套不同的问题，诸如一个相关的信念（无论它是真或是伪）是否有助于产生积极的影响或是否有益于生活。恰恰因此，功

---

① William James, *The Will to Believe and Other Essays in Popular Philosophy* (New York: Longmans, Green and Co., 1919), pp. 23–24.

② 冯契：《冯契文集》第一卷，《认识世界和认识自己》（上海：华东师范大学出版社，1996 年），第 65 页。

夫认识论会充分认识到真理对于实现美好人生和美好社会的重要性及其局限性。

功夫认识论亦不同于那种把认知主体当作简单给定的粗糙版的实用主义态度。相反，它把对认知主体的培养置于中心地位。实用主义（pragmatism）这一名词源自希腊文 πρᾶγμα（*pragma*），意即“行为”或“行动”，它更易于让人关注行为举动及其结果，而不易引人关注行为的主体。在缺乏“功夫”观念的情况下，实用主义者在谈到实践意义的时候总是容易陷入粗糙的有效性中去，却几乎没有迹象表明他们意识到有培养主体的需要。甚至连特别着重强调教育哲学的约翰·杜威都称其哲学为“工具主义”。工具通常被理解为外在于主体并且只被主体所利用的外在实用手段。一个把“行动”（*pragma*）和“工具”作为其自我身份认同的关键词的理论，从一开始就把它自身放在一个不利于探讨自我转化这一主题的位置。此外，与容易被误解为追求有用性的粗糙实用主义不同，功夫视角本身就包含了它所固有的艺术视角。这种起点上的细微差异会产生截然不同的影响。例如，对于功夫认识论而言，就很容易产生对“生活风格”（style of life）的重要性的认识，而这一点甚至通常都不会出现在一个实用主义者的词汇中。

四　知与德性的培养

随着对托马斯·里德的常识哲学的重新关注，也受德性伦理学复兴的启发，近二十年来西方认识论界兴起了“德性认识论”。德性认识论不再拘泥于认识纯客观的真理，而注重于合理的认识所要求的种种“德性”，如认识能力的培养、开放的心态、诚恳的求知态度、合理的认识过程等等。它关心的不是信念与其对象是否相吻合，而是人在形成信念时的有关德性、能力、禀赋，他是否值得信赖，信念形成的过程是否正当，信念本身是否有“合理的结构”（rational doxastic structure），等等。由于公正、清醒、勇敢、勤奋、果断、守纪、好奇、谦逊和坚毅等理智德性（intellectual virtue）对于获得知识而言具有至关重要的意义，因而它们备受德性认识论的关注。

德性认识论让我们注意到，为了得到知识，我们需要准备并磨炼我们已经具备的能力，克服或避免可能会妨碍我们认知能力的障碍，同时发展我们学习的能力以及做出适当回应的能力。比如东方茶道中的暖杯、洗茶等步骤，其实一大半是在让品茶的人进入状态，泡茶也在泡人。如果你一边喝茶一边看手机，你对那微妙而独特的茶香就会毫无知觉，即所谓“心不在焉，视而不见，听而不闻，食而不知其味”（《大学》第 7 章）。主体的预备工作对于“知”而言是必不可少的。功夫实践者常有这样的体会，在长期的功夫修炼后，通常有恍悟的瞬间。一个未经训练的耳朵并不会注意到一段音乐的错综复杂。品酒师需长期的训练以发展出其所需具备的敏感性。“理解一种特定的智力行为所需的知识，恰恰是在某种程度上能够做出那种行为的知识。”[①] 如果你不知道如何使用一门语言，你就无法理解其他使用该语言的人在说什么。[②] 同样地，如果你没有修炼过某种功夫，你也就十有八九没法领会修炼过的人在说什么。所谓“外行看热闹，内行看门道”，不是内行，功夫中的许多妙处是欣赏不了的。

与此相关的还有特殊认知功能的开发之可能。凡·高的“星夜”里那包围着物体的流动光亮，或许正是在他长期精神抑郁失常状态下才能观察到的现象。[③] 另外一种不常见的感知，在英文里称作 synesthesia（共感觉或副感觉），指的是对某种现象的感知会相应地引发另一种知觉的功能。据说人类中有大致 4% 的人有这种功能。[④] 如果确实那样的话，那么味道也许并

---

① Gilbert Ryle, *The Concept of Mind* (London: Hutchinson, 1949), p. 54.

② 见 Jennifer Hornsby and Jason Stanley, “Semantic Knowledge and Practical Knowledge,” in *Proceedings of the Aristotelian Society* 79, Supplementary Volumes (2005), p. 125。

③ “In summary, our results show that Starry Night, and other impassioned van Gogh paintings, parinted during periods of prolonged psychotic agitation transmitted the essence of turbulence with high realism.” (J. L. Aragón et al., “Turbulent Luminance in Impassioned van Gogh Paintings,” in *Journal of Mathematical Imaging and Vision* 30, No.3 [2008], pp. 275–283)

④ Synesthesia is a “hereditary condition in which triggering stimulus envokes the automatic, involuntary, affect-laden, and conscious perception of a sensory or conceptual property that differs from the trigger”, which affects four percent of the human population (Richard Cytowic, *Synesthesia*, Boston: The MIT Press, 2018, p. 203).

不一定只能来自品尝，而也可能来自倾听。据说这种功能是遗传的，但没有理由认为它不可能够通过修炼来诱发和培养。

从培养认识主体的角度来看待知识，也提醒我们注意知识形成所必须考虑的时机这个因素。在柏拉图的“洞穴寓言”里面，被拴在洞穴里的奴隶一旦逃出洞穴，稍加适应就可以看到外面真实世界的景象，从而领悟到过去他在洞穴墙壁上看到的影像世界只是假象。这当然是一个极具启发意义的寓言。但这个寓言的一个缺陷是它缺乏对“时机”和渐进过程的考虑。其实柏拉图完全可以进一步引申，指出那些山洞里的奴隶如果被拴在洞里时间过长，他们会丧失走出洞穴的能力，或者他们即便能够走出洞穴，他们的眼睛或许已经退化到了根本无法适应洞外的光亮。时机的把握对于功夫认知是极为重要的。20 世纪 70 年代在美国洛杉矶发现的一个“洞穴儿童”的例子足以说明这点。这个被称作基妮（Genie）（化名）的孩子从小被其父母锁在一个只有微弱自然光的睡房里，由于其父亲不喜欢噪音，不许她发出任何声音，她直到十三岁被解救出来时还不会说话。尽管后来在心理学家和语言学家的帮助下她很快学会了一些词汇，但仅此而已，在学会用三个词构成词组以后，便再也没法进步了。实验证明，她已经错过了能够学会掌握语言的时机。① 即便是正常人，学习也是一个渐进的过程，而不可能像柏拉图的洞穴寓言里的奴隶那样，能够从一个完全的虚假世界很快进入一个完全光明的洞外世界。②

毫无疑问，德性的培养是儒家思想的核心内容。从《论语》中与“时”相关的言论中可以看出，对孔子而言，时间的意义总是相对于人的生命历程的。“逝者如斯夫，不舍昼夜”（《论语·子罕》9.17）是对时间之流逝的感叹，时间不会因为人的意愿而有一刻的停止，因而需要珍惜。此语或许也可以理解为人应该像那江河的流水一样不舍昼夜地努力，盈科而后进，方能有所成就。“譬如为山，未成一篑；止，吾止也。譬如平地，虽覆一

---

① 见 https://en.wikipedia.org/wiki/Genie (feral child)。

② 见笑思:《家哲学——西方人的盲点》(北京：商务印书馆，2010 年)，第 118—161 页。

篑；进，吾往也。”（《论语·子罕》9.19）孔子对自己一生的总结，就是按照其功夫进度来标示的。子曰：“吾十有五而志于学，三十而立，四十而不惑，五十而知天命，六十而耳顺，七十而从心所欲不逾矩。”（《论语·为政》2.4）这些年龄段并不都是等价均匀的流逝量。子曰：“后生可畏，焉知来者之不如今也？四十、五十而无闻焉，斯亦不足畏也已。”（《论语·子罕》9.23）在年轻时，一个人的可塑性和功夫发展的可能性是极为丰富的，但随着年龄的增长和积习的形成，种种可能性逐渐关闭，面前可走的道路也越来越窄。[①] 到了四五十岁如果还没有方向，或者还没有引人注目的成就，那就没什么希望了。子曰：“加我数年，五十以学易，可以无大过矣。”（《论语·述而》7.17）这里的“数年”，是在前面五十年人生经验基础之上的数年，而不是任何时段的数年。这意味着学《易》是需要以深厚的生活积累为基础的，不是任何年龄段都适合学《易》。不同年龄阶段有不同的特点，因而也需要有不同的修炼方式。孔子曰：“君子有三戒：少之时，血气未定，戒之在色；及其壮也，血气方刚，戒之在斗；及其老也，血气既衰，戒之在得。”（《论语·季氏》16.7）这段话对于学习而言，也同样适用。

几乎所有的东方哲学传统都有关于“正心”的精致学说。其中一种常见的方法，便是“入静”（meditation）。入静不仅需要理智的参与，也涉及整个身心，其中包括调形（身体姿势）、调心、调吸，并运用观想来进入某种存在状态。庄子所谓“坐忘”（《庄子·大宗师》），朱熹所谓“半日静坐，半日读书”[②]，《大学》所谓“意诚而后心正”（《大学》第1章），都是在给予我们这类有关如何转化人生的教导。

对于中国哲学家而言，入静不仅与所思想的内容有关，也不仅是为了增加对外部世界的敏感，而且也是使“心”能够做出适当的回应。在佛、道两家的哲学中，“心”经常被比作“镜”。镜必须平滑，其自身不可有“成见”或“偏见”，以便能够清晰而准确地反映客观世界（《道德经》第10

---

① 对于“无闻”有两种理解，一为没有闻道，故为不知方向，二是默默无闻，是乏善可陈之意。

② 朱熹：《朱子语类》第116卷，第34页。

章）。但正如凯伦·卡尔（Karen L. Carr）和艾文贺（Philip J. Ivanhoe）所观察到的，对于中国古人而言，“镜子并非只是信息的被动‘反映者’；无论何物在其面前出现，它们都能提供精确而恰当的回应”[①]。镜样的心不仅能理智地接受，亦能在情感上做出回应，并以恰当的方式做出回应。而且，同样是静，还可以从最基本的安静状态到最高深的境界，在那里一个人能与万物为一，与宇宙产生共鸣。

同德性认识论一样，功夫视角把认知评价的关注焦点从真伪上转移开来，并更加专注认知德性。然而，当涉及解释为何认知德性有价值时，它们的意见就不同了。德性认识论学者要么退回到真理领域，如“可靠主义者”（reliabilists）表示认知德性的价值在于它们有利于导致真理，“责任主义者”（responsibilists）认为它们的价值在于能使认知主体为获得真理而肩负起道德责任；要么简单地拒绝这个问题，主张认知德性是具有内在价值的，因为这些德性本身就是构成良好理智生活的内容。就这一点而言，功夫视角对德性的看法与亚里士多德看待德性的观点一致——它们有利于实现生命之善，但它们并非生命之善本身。然而，功夫视角却又不同于亚氏，它并不依赖于目的论形上学来定义什么是生命之善。它也没有为人类生活设定一个前定的“普世之善”，而是相反着眼于具体效用——善于做某事（good at），擅长某方面（good in），宜于行某事（good to），有助于某人或某事（good for）以及适合与某类对象合作（good with）。功夫视角承认不确定性，因而对不同的卓越性保持开放态度。就像在对待艺术的时候我们不能说好的艺术形式或风格只有一种一样，功夫亦允许善和创造性的无限可能性。但这并不同于简单地否认有善的标准；相反，它把“善”扎根于具体的、可以被感知到的人类体验之中。同德性认识论一样，功夫认识论亦承认需要培养我们对善的鉴赏力。虽然衡量“某人知道如何跳好舞”的标准可能并不像衡量“某人知道桌子上有本书”的标准那样清晰而且“客

---

① Karen L. Carr and Philip J. Ivanhoe, *The Sense of Antirationalism, the Religious Thought of Zhuangzi and Kierkegaard* (New York and London: Seven Bridges Press, 2000), p. 38.

观”，但基于一个专家的鉴赏标准，我们可以合理地断言某些舞蹈是庸俗粗劣，有些则高雅优美。

五 对格物致知的理解

儒家的知识论，正需要在这样一个“广义”的框架中来理解。

按照《大学》所说，“欲修其身者，先正其心；欲正其心者，先诚其意；欲诚其意者，先致其知。致知在格物”。《大学》所谓格物、致知、诚意、正心、修身、齐家、治国、平天下，是一个功夫的逻辑系统。而这个逻辑的起点，就是格物致知。

对于格物致知，历代学者有各种不同的，甚至是大相径庭的诠释。按照刘宗周所说，“格物之说，古今聚讼有七十二家”[①]，而刘宗周距今又有三百来年，其间又不知有多少新说问世。这种歧义纷繁、莫衷一是的局面，按照真理认知模式来评价确实令人不知所从，甚至感到绝望，因为看来我们根本无法找到文本的确切含义，甚或本来就不存在那样的确切含义。但从功夫论的角度来看，各种诠释却又各有其价值。这里仅摘取各种诠释当中较有影响和有特点的几家做一窥探。

其一为郑玄和孔颖达之说。郑玄认为，“格，来也。物，犹事也。其知于善深，则来善物。其知于恶深，则来恶物。言事缘人所好来也。此致或为至”。孔颖达附和此说：“物格而后知至者，物既来则知其善恶所至。”[②]郑孔之说，认为格物致知的意思是“事（物）之所来（格）缘（致）于人之所好（知）”。此说从文本解释上比较勉强，因为如章太炎所指出的，这一解释将“致知”置于“格物”之先，认为人之好恶导致相应的事物的发生，这与经典本身的“物格而后知至”的因果顺序正好相反。但是如果不是把

---

① 刘宗周：《大学杂言》，《刘宗周全集》（台北：“中央研究院”中国文哲研究所，1997 年）第 1 册，第 771 页。

② 《礼记正义 · 大学》，郑玄注，孔颖达等正义，《十三经注疏》（上海：上海古籍出版社，1997 年），第 1673 页。

它当作《大学》文本的诠释，其本身无论是作为一种心理学的观察总结还是作为哲学命题，都颇有深意。它与萨特（J. P. Sartre）的“人无非是他自己的创造”“发生在我身上的事情无不经由我而起”的说法非常相似，有利于人认识到境由心生。

其二为司马光和印光之说。司马光曰：“格，犹扞也、御也。能扞御外物，然后能知至道矣。”[①] 民国时期的高僧印光也解“格”为御，但他解“物”为内心之私欲。他说，“此物，即心中不合天理人情之私欲。一有私欲，则所知所见皆偏而不正。若格除此幻妄不实之私欲，则不偏不易，即心本具之正知自显”[②]。这两种解释分别带有道家和佛家的意味，一个所欲格御的是外物，所致之知是“至道”，一个所格御的是私欲，所致之知是“本心”。但是这两者又互通，因为外物之所以能对人有危险，正是因为诱其私欲，扞御外物也就是扞御私欲，故御外物和御私欲可以理解为一回事。

其三为程颐和朱熹之说。程颐曰：“格犹穷也，物犹理也，犹曰穷其理而已也。穷其理然后足以致之，不穷则不能致也。”[③] “穷理亦多端，或读书讲明义理，或论古今人物，别其是非，或应接事物而处其当，皆穷理也。或问：‘格物须物物格之，还是格一物而万物皆知？’曰：‘怎生便会该通？……须是今日格一件，明日格一件，积习既多，然后脱然有贯通处。’”[④] 朱熹：“格，至也。物，犹事也。穷推至事物之理，欲其极处无不到也。”“所谓致知在格物者，言欲致吾之知，在即物而穷其理也。”[⑤] 程朱的“格”均为“穷究”，即今所谓彻底调查研究的意思。而致知有达至、推及之意，其所知是理，即事物之所以然。所以这里的格物与致知的关系是格物是功，致知是用，即事物而穷达其事理。

---

① 见卫湜：《大学第四十二》，《礼记集说》（文渊阁四库全书 / 经部 / 礼类 / 礼记之属）卷149，第33页。

② 《印光大师文钞》三编卷二《复念佛居士书》。

③ 程颐、程颢：《河南程氏遗书》，《二程全书》（台北：台湾中华书局，1969年）第1册，第25卷，第1页。

④ 同上，第18卷，第6页。

⑤ 朱熹：《大学章句》，《四书章句集注》（北京：中华书局，2012年），第4页。

王阳明之说与程朱之说正好构成一个对比，可以说是对程朱的否定。基于他自己“格竹”而不得的经验，王阳明认为朱子解“格物致知”为“即物穷理”，想通过“格天下之物”的途径达到“诚得自家意”之目的，是徒劳的，因为这样的修养工夫只会“析心与理而为二”，使“物理”与“吾心”不能统一。王阳明说：“物者，事也，凡意之所发必有其事，意所在之事谓之物。格者，正也，正其不正以归于正之谓也。”“致知云者，非若后儒所谓充扩其知识之谓也，致吾心之良知焉耳。”① 阳明以正训格，与程朱明显不同。以事训物，看上去与程朱相同而其实不然，其事乃“意之所发”“意之所在”。二者放在一起，格物就成了正意，而非程朱所谓穷究事理。总体而言前者内向，后者外求；前者与诚意正心重复（就此而言于经典之解读有所不安），是调整心意的“尊德性”功夫，后者是“道问学”的求知功夫。阳明又以行训致，格物致知就是“正其意，行其［良］知”，或者说是去恶，为事物立规范，推行和落实心之良知（尊德性）。

其五为颜元之说。“格物之格，王门训正，朱门训至，汉儒训来，似皆未稳。……元谓当如史书‘手格猛兽’之格，‘手格杀之’之格，乃犯手捶打搓弄之义，即孔门六艺之教是也。”② 颜元所理解的物，总体上依然是人事，具体而言是指三物（六德、六行、六艺）之六德（智、仁、圣、义、忠、和），其发见为六行（孝、友、睦、姻、任、恤），其实事为六艺（礼、乐、射、御、书、数）。所以孔门习六艺，就是“格物”。此说强调了动手实践或“行”对于认知的重要作用。

以上各家对格物致知的理解，总体上都不是近代意义上的自然科学。③ 也许正是为了弥补这一空缺，熊十力说：“古之格物学，犹今云科学。”（《原儒》）以熊十力的学问，他不至于不了解中国传统的格物致知学说与近代西方所谓科学有根本的区别。但如果把科学广义地理解为对真知的追求，

---

① 《大学问》，《王阳明全书》第1册，第122页。

② 颜元：《阅张氏王学质疑评》，《习斋记余》（谦德堂王灏畿辅丛书影印版）卷6，第7页。

③ 后面我们会专门讨论，其实儒家的哲学思想为自然科学提供了一套不同于近代科学体系的范式，它在中医当中得到最为典型的体现。

则这种“故意的曲解”又自有它的根据。从这里，既可以推动中国的格致之学朝近代科学的方向发展，以了解自然界的发生发展规律，也可以拓宽“科学”概念，使之与儒家传统接轨。这尤其明显地表现在他一方面把格物解为科学，同时又把致知理解为致良知这一点上。从真理认知的角度，这里蕴含的问题是为什么这个古代的格物致知学说没有导致现代科学，但是从功夫角度看，熊十力又是在通过解释文本而拓宽科学概念，将格致之学改造成科学。

上述六种理解仅为经学史上对格致之说的解说中较有影响的一部分。一方面，它们都与文本有密切的关联，不然不足以为诠释；另一方面，它们又都从文本里读出了其本身所可能展现的内容，而且这种内容又多多少少地能够自圆其说，并且都对人们有所启迪。从真理认知的角度来看，有些解释是相互矛盾、不能兼容的，但从功夫的角度而言，它们则形成了可以互补的功法推荐。郑玄和孔颖达的解释有助于人们认识到价值观（自己的好恶、所知）对人生的影响。司马光和印光的解释进一步指出格除私欲、抵制诱惑是获得真知的基本要求，由此出发才能让“道”或者“本心”发明光大。程朱强调了逐步渐进、即物穷理的学习方法对于人生修炼的基础意义，王阳明则指出了程朱功夫途径的局限，并提出了顿悟式的直指本心，以本心之良知去格正事物的功法。颜元之强调实践凸显了行之于知的重要，而熊十力的解释则开拓了儒家致良知之功夫与科学结合的空间。所有这些，都是构成中国传统格物致知说的组成部分，而不仅仅是对一个先已存在于《大学》文本里的“格物致知说”的诠释。那些组成部分的意义，与其说是解释了什么是“格物致知”的含义，不如说是提出了应该怎样去理解格物致知才能促进功夫的长进。

第三章　功夫认知的特征及其培养

【本章提要】为摆脱真理认知的局限，认识论需要开拓一系列过去被边缘化甚至完全忽视的领域。儒家思想为此提供了丰富的资源。就知行关系而言，既然功夫之知在于能行，则认知的主体便不能仅以旁观者的身份做静观。知必须与行结合起来考察。儒家思想史上有关知行孰难孰易、孰轻孰重、孰先孰后的各种观点，既提供了深刻的启示，也须做进一步的梳理。就知与身体的关系而言，知识不能只是头脑中的意识储藏，它还必须体之于身。这既意味着身体参与认知过程去感受和体验，也意味着使头脑中的知识转化为身体的技能和倾向性，成为身体的一部分，甚至使外物成为自己身体的延伸。就知与思的关系而言，这意味着重视修炼而成的直觉、象思维、间性思维等的作用。就认知的途径而言，由于功夫之知关乎德性的培养，学习功夫之知不能只是接受和处理言语所传达的信息，而更需要通过对师傅或楷模的模仿。挖掘这些方面的内容既是领会中国思想传统本身的需要，也是完善哲学认识论的需要。

哲学认识论长期被真理认知所占据，造成了它严重的半身不遂。探讨被真理认知所遮蔽的领域以克服这种弊病，需要拓展到它长期以来所忽视的真理认知以外的认知内容。在这方面，儒家功夫论提供了丰富的资源。本章的任务是进一步为那些被传统认识论所边缘化和忽视的内容做一个概览，以启发对功夫认知的思考。

一 知与行

如果将哲学的任务看作像镜子一样反映实在，以获取真理认知，那么“行”当然地就难以进入认识论所关注的视域。当然，在镜像式的认知当中并非毫无“行”的地位。科学实验要求通过行来开拓知的来源，纯化知的环境条件，检验知的结论。但在“保证客观性”的要求下，这样的“行”很少能够超出把镜子放到合适的位置下并调节好光线以更好地反映物像的要求。不但如此，行甚至会被看作是对认识的干扰。一面镜子最好是静止不动，才能不干扰其所反映的镜像，同样地，作为认识主体的人，应当尽量客观地作为一个旁观者来冷静地“观察”（observe）。①

然而近现代认识论的发展一再指向一个事实，即主体的认识过程不可避免地要受到其本身的“背景”的影响，无论这个背景是其先验的认知结构还是后天的历史文化条件。所谓的纯客观观察只是遮蔽了本来就不可避免的主体作用。然而，在镜像式的认知框架当中这样的认识往往导向怀疑论和不可知论。换句话说，主体的主动性被看作是一种无法避免的不幸，而不是构成知的必然条件，更不用说是有利条件。

但一个健全的认识论，必须将主体的“行”纳入其考察范围。既然技能之知主要在于能“行”，则认知主体便不能只是以旁观者的身份做静观。而且，如果我们前述那种“相偶主义”是正确的，那么所有的命题知识也必须包含能行的知识。由于中国传统思想所注重的知主要是功夫之知，知行关系就自然地成了其知识论的重要话题。在那里，中国思想家们开发出了一系列子论域，并提出了很多不同的观点。与前面一样，我们这里也仅

① 一个比较极端的例子是笔者所熟识的一位在美国攻读医学人类学的博士生。他在博士论文选题时提出要研究中国功夫实践，却被其导师告知，选这个题目的前提是他自己绝不能参与他所研究的那种实践，否则就不能保证其研究的客观性。该博士生表示如果不参与功夫实践就无法理解那些实践者的切身体会和他们之间交流的独特语言。但这并未能说服其导师，最后他只能退学而自己继续其研究。

仅是列举一些主要的问题和观点，以期对问题之所涉有一总体的把握。

首先进入中国哲人视野的是知行孰难孰易的问题。《尚书·说命中》曰："非知之艰，行之惟艰。"[①] 这其实是一种相当普遍的观念。人们常说，"说起来容易做起来难"，就是这个意思。与此"知易行难"观点相反，孙中山提出"知难行易"。他认为人类发展有三个阶段："其始则不知而行之，其继则行之而后知之，其终则因已知而更进于行。"从最初蒙昧阶段的不知而行，可见"不知亦能行"。而知则需要在行中摸索，行而后知，故知难于行。最后达到知而后行，是"知必能行"。即使在今天，人类也不可能凡事都"先知之而后行之"。许多事情也还是要从"不知而行"开始。

把行与知联系到一起来比较其难易，其前提是"知之"与"行之"所指的应该是同一个对象。然而就目的而言，自然就涉及知之与行之孰轻孰重的问题。对此，中国哲人比较普遍的观点是知轻行重，知的目的是为行。《荀子·儒效》曰："不闻不若闻之，闻之不若见之，见之不若知之，知之不若行之。学至于行之而止矣。"古希腊那种把知当作其自身目的纯粹的知，很难在中国传统里找到呼应。当然，孔子曾经说过，"朝闻道，夕死可矣！"（《论语·里仁》4.8）朱熹对此的解释是"道者，事物当然之理。苟得闻之，则生顺死安，无复遗恨矣"[②]。此说可能会引起误解，以为获得命题知识（"闻道"）乃是儒家最终目的。这显然与儒家的整体精神不吻合，也与《论语》中的其他论述不合。[③] 对此，何晏的办法是将"闻道"理解为"闻道之行于世"，谓孔子年已垂暮，道犹不行，心甚不慰，故叹曰若得闻道行于世，则死而无憾，有点像陆放翁"王师北定中原日，家祭无忘告乃翁"之意。然而此说需要为原文添加文字才说得通，故显得勉强。清儒黄式三的解释是，"此言以身殉道也。朝闻当行之道，夕以死赴之，无苟安，

---

① 方克立先生怀疑《说命中》是《伪古文尚书》中的一篇。他说"在商朝以至西周时期，提出'知之非艰，行之惟艰'的命题是不可能的"，因为"甲骨文和金文中都没有'知'字，只有'智'字"（方克立：《中国哲学史上的知行观》，北京：人民出版社，1997 年，第 3—4 页）。

② 朱熹：《论语集注》，《四书章句集注》，第 71 页。

③ 见《论语》5.7、6.12、6.17、7.6、15.29。

无姑待，成仁取义，勇决可嘉矣”[①]。不论黄的解释是否合理，其实朱熹也不可能以为对孔子而言“知”是其自身之目的。他说，“论先后当以致知为先，论轻重当以力行为重”。所以合适的解释是“闻道”是行道的前提，朝闻道，哪怕晚上就死，也已经不是虚度此生了。当然，不虚度并不意味着完满。

朱熹此语牵涉了知行孰先孰后的问题。在这一点上，朱熹与程颐一致，都认为知先行后。程颐认为“知之深，则行之必至，无有知之而不能行者。知而不能行，只是知得浅”[②]。不过，他们并不否认“知行常相须，如目无足不行，足无目不见”。按照朱汉民的解读，朱熹的观点既不是指时间上的先后，也不是讲逻辑上的先后，而是包含两者的功夫因果关系的先后。[③]从时间上说，一个人并不一定要知道他应该孝顺父母才能够在行动上孝顺父母。逻辑上说，或许有人会认为一个人在知道怎么弹钢琴以前是没法弹钢琴的，因为严格说来那时候他只是在摆弄琴键而已。但似乎朱熹也并非是这个意思。他应该是在讲功夫修炼当从求知开始，知道自己应该做什么，然后才能自觉地去做。

此说当然可以商榷。求知的活动本身亦可谓行。格物并非一种知道 *X* 为真的存在状态（非“know that *X* is the case”），而是去穷究 *X* 的行动。事实上朱熹把《中庸》的“博学之，审问之，深思之，明辨之，笃行之”的前四项都归结为知。如果将那些活动看作求知的“行”，也可以反过来说“行先知后”。所谓实践是知识的来源，似乎更符合功夫认知的情况。但须知朱熹是在“泛论知行之理而就一事之中以论之，则知之为先，行之为后，无可疑者”[④]。此理就是明白了事理，才能够去实行，否则“何故《中庸》不先说笃行之，却先说博学之，审问之，深思之，明辨之？”[⑤]

---

① 引自程树德：《论语集释》，第 244 页。

② 程颐、程颢：《河南程氏遗书》，《二程全书》第 1 册，第 15 卷，第 17 页。

③ 朱汉民：《朱熹工夫论的知行关系》，《湖南大学学报》（社会科学版）2005 年第 19 卷第 4 期，第 32 页。

④ 朱熹：《御纂朱子全书》（文渊阁四库全书 / 子部 / 儒家类）第 3 卷，第 16 页。

⑤ 朱熹：《朱子语类》第 120 卷，第 22 页。

人们通常认为王夫之持“行先知后”论，但这实际上是个误解。他说“力行而后知之真”，“盖天下之事，固因豫立，而亦无先知完了方才去行之理”，其实是认为不能一概而论。他的观点是知行无先后有缓急，“经言先后，不言前后。前后者，昨今之谓也。先后者，缓急之谓也”[①]。此缓急，亦有“轻重”意，如《孟子》之谓“民事不可缓也”，朱熹注谓“言民事至重，人君不可为缓而忽之”[②]。就此而言，王夫之的观点和朱熹是一致的。朱熹说：“论先后当以致知为先，论轻重当以力行为重。”[③]这实际上是涉及了一个功夫论的要点：就抽象的修炼过程而言，可以是知先行后，然而若就实践当中的优先次序而言，则不能凡事都等知完了才去行。王夫之在注张载《正蒙》“不待备而勉于礼乐，先进于礼乐者也”那句话的时候说，“先，谓未备物而急于行；后，谓备物而后行。礼乐不可斯须去身，故急于行者不待物之备”[④]。从功夫论的实践智慧而言，这确实是个重要的“知”。由此而理解“行有余力，则以学文”(《论语·学而》1.6)，则也是行“不容缓”的意思。[⑤]而王夫之对朱熹的批评，正是其“行后”说会误人，使人停留在知的阶段而不行。

与此相联系的是王夫之的“行可兼知”观。他承认行与知有不对称性，但那是“行可兼知，而知不可兼行”。“兼”字可以理解为“蕴含”，而蕴含又可以理解为目的蕴含和实效蕴含，即行可以是知的目的，亦可以检验知的功效，但知非行之目的，也不能检验行的功效。“且夫知也者，固以行为功；行也者，不以知为功者也。行焉，可以得知之效，知焉，未可以得行之效也。”[⑥]“下学而上达，岂达焉而始学乎？君子之学，未尝离行以为知也

---

① 王夫之：《读四书大全说》(《船山遗书》，湘乡曾氏金陵刊本，1865年［同治四年］）卷1，第16页。

② 朱熹：《孟子章句》，《四书章句集注》，第257页。

③ 朱熹：《朱子语类》第9卷，第1页。

④ 王夫之：《张子正蒙注》(《船山遗书》）卷6上，第6页。

⑤ 见解成：《王夫之“行先知后”说质疑》，《天津师大学报》1985年第1期，第34—37页。

⑥ 王夫之：《尚书引义》(《船山遗书》）卷3，第25页。

必矣。”[①]“凡知者或未能行；而行者则无不知。”[②]

就知行二者之轻重缓急和目的手段这方面讲，王夫之强调知行的不对称性：行为重，知为轻；行为急，知可缓；行为知的最终目的，知非行之最终目的。就认知过程而言，王夫之其实赞同的是“知行并进而有功”“知行相资以为用”。“唯其为致知力行，故功可得而分。功可得而分，则可立先后之序。可立先后之序，而先后又互相为成。则由知而知所行，由行而行则知之，亦可云并进而有功也。”[③]这也是张栻“知行互发”的观点。张栻曰：“知之进则行愈有所施，行之力则知愈有所进。……盖致知、力行，此两者工夫互相发也。”[④]“行之力则知愈进，知之深则行愈达，是知常在先，而行未尝不随之也。知有精粗，必由粗以及精；行有始终，必自始以及终。内外交正，本末不遗，条理如此，而后可以言无弊。”[⑤]吕祖谦也说，“致知、力行，本交相发，工夫初不可偏”[⑥]；“致知、力行不是两截，力行亦所以致其知。磨镜所以镜明”[⑦]。

与以上观点不同，而又影响甚巨的，是王阳明的“知行合一”说。人们常把王阳明的“知行合一”当作一个命题，其实它包含了四种不同的意思：不行则不知，不行不足以为知，知即是行，知行并进。

首先，不行则不知，故须知行合一。“学射，则必张弓挟矢，引满中的；学书，则必伸纸执笔，操觚染翰；尽天下之学，无有不行而可以言学者，则学之始固已即是行矣。”“哑子吃苦瓜，与你说不得。你要知此苦，还须

---

① 王夫之：《尚书引义》（《船山遗书》）卷 3，第 25 页。

② 王夫之：《读四书大全说》（《船山遗书》）卷 6，《论语・卫灵公》篇，第 63 页。

③ 同上，卷 4，《论语・为政》篇，第 14 页。

④ 《南轩集》（文渊阁四库全书 / 集部 / 别集类 / 南宋建炎至德祐）卷 19，《寄周子充尚书》，第 8 页。

⑤ 同上，卷 14，《论语说序》，第 5 页。

⑥ 《东莱别集》（文渊阁四库全书 / 集部 / 别集类 / 南宋建炎至德祐 /《东莱集》）卷 8，《与朱侍讲（元晦）》，第 5 页。

⑦ 吕祖谦：《丽泽论说集录》（文渊阁四库全书 / 子部 / 儒家类）卷 10，第 11 页。这样的观点在佛家典籍里也有，如天台宗自仁《四明尊者教行录》第 3 卷《教门杂问答》，《大正藏》第 46 册：“智为行本，则行藉智生；行能成智，则智藉行成。行解相资，缺一不可矣。”

你自吃。”这个意思与毛泽东的《实践论》上说的“要知道梨子的滋味，就需要吃一口尝尝”一样，认为行是知的来源。这看上去与朱熹所说的知先行后是对立的，是行先知后，但朱熹可以说，张弓挟矢是学射，也即获知的过程，由此而言，则知（学）先行（用）后，也说得通。关键是知的过程本身就离不开行，这是这一层意思的核心所在。

对王阳明而言，比较棘手的是这个说法似乎与阳明自己的良知说有矛盾。良知即不待后天所教所学，生而有之之知。但是阳明完全可以说，与真理认知当中的知识有先天后天之分一样，功夫认知也可以既有天赋的良知良能，又有需要从实践当中去获取的知识，而且即便是先天的良知，也需要通过后天的“行”才得以彰显，得以为人所意识到。

其次，知行合一也可以理解为不行不足以为知。程颐说：“知之深，则行之必至，无有知之而不能行者。知而不能行，只是知得浅。”王阳明说：“真知即所以为行，不行不足谓之知。”须要“如恶恶臭，如好好色”。“见好色属知，好好色属行。……闻恶臭属知，恶恶臭属行。只闻那恶臭时已自恶了，不是闻了后别立个心去恶。”[①]“知犹如水也，人心之无不知，犹水之无不就下也，决而行之，无有不就下者。决而行之者，致知之谓也。此吾所谓知行合一者也。”[②]这一观点实际上是为“知”定了一个高标准。这个标准甚至意味着如果知善而不行，就不能算真的知善。换句话说，真正的知“是何”还必须伴随有适当的感受和采取相应的行为的能力乃至倾向。例如，在孔子看来，所谓“知父母之年”应当包括“一则以喜，一则以惧”这样一种心态（《论语·里仁》4.21）——喜父母之寿考，惧父母之衰老也。所谓“知《诗》”[③]应当包括从《诗》中获得德育意义的能力（《论语·学而》1.15，《论语·八佾》3.8）以及在政务或外事中用《诗》应对的能力（《论语·子路》13.5）。所谓“知人”应当包括“善任”，能够“举直错诸

① 《传习录》上，《王阳明全书》第 1 册，第 3 页。

② 《书朱守谐卷》，《王阳明全书》第 4 册，第 12—13 页。

③ 《诗》乃指《诗经》，古代诗歌汇集，据说由孔子编订而成，其中有大量诗歌关乎政治。它们在外交对话中被频繁征引，是阐明或论证某人观点的一种方法。

枉”，以“使枉者直”(《论语·颜渊》12.22)。所谓“知礼”应当包括按礼而行的倾向(《论语·八佾》3.22)。

这里可以提一下黄勇和郁振华的一个争论。① 黄勇认为，王阳明的良知既非命题性知识(knowing-that)，也非技能之知(knowing-how)，而是第三种知识，即动力之知(knowing-to)(或许他应该说王阳明的良知是兼具上述三者)。后者具有前二者都没有的独特特征：知道应该孝顺父母(knowing-that)和知道如何去孝顺父母(knowing-how)都不足以概括何为良知。良知在于具备按照所知去做出相应行动的动力。对此郁振华提出不同的意见。他认为对良知的诠释不必诉诸命题性知识和能力之知之外的第三种知识，而需要区分道德德性的能力之知和非道德的能力之知。道德德性的能力之知本身就必须包含按照善去行动的意愿。阳明良知概念的实质是道德的能力之知。

仔细分析这个争论，可以发现其实他们两人都承认真知需要包括行的动力或者意愿。两人的分歧是如何将为善的动力这个没有明确显示在knowing-how/knowing-that中的内容妥善安置：是让它包含在knowing-that里，还是knowing-how里，或是独立一项？黄勇认为knowing-that包含知何者为善，knowing-how当中包含知如何行善，但两者都不包含为善的动力，因而动力之知是独立的一项。郁振华则把道德的动力之知作为能力之知里的一种，认为它就是“良知”，是德性和实践智慧之和。但无论概念上如何处理，是让knowing-how来承担此任，还是单独立一种“动力之知”，其实质都无非是对“知”提出了比一般观念中的知更高的标准。

熟悉西方哲学的人会立刻发现，这里涉及了一个从苏格拉底起就为人熟知的所谓“意志薄弱”(weakness of the will)的问题。苏格拉底表示，没有人明知是恶而故意为之。知包含着对所知者的信念(一个人不可能说

① 见黄勇:《王阳明的良知概念：命题性知识，能力之知，抑或动力之知？》,《学术月刊》2016年第1期；郁振华:《再论道德的能力之知》,《学术月刊》2016年第12期；黄勇:《再论动力之知：回应郁振华教授》,《学术月刊》2016年第12期。

"我知道 *X*，但是我不相信 *X*"）。而信念是一种承诺[1]——人们不可能真正地认识到某事而对它没有任何承诺。[2]或许有人会说，人不只是受自身理性（或最佳判断）的支配，我们的行为也受到自身的情感和欲望的控制。但苏格拉底会回答说：如果你以为自己知道某件事情是正确的，而且你能够做这件事，却选择不去做它，那就说明你其实并未真正领会到这事是正确的！真正的知意味着能够将自己的理智、情感和欲望和谐地统一在一起。

再次，知行合一还被理解为**知即是行**。王阳明提出，"一念发动处，便即是行了"[3]。前面所提到的"好好色属行。……恶恶臭属行。只闻那恶臭时已自恶了，不是闻了后别立个心去恶"[4]，说明在阳明那里，"行"也包括内在的意念之动。"知是行的主意，行是知的功夫。"这里包含着王阳明对语言的一种敏感。确实，行必在知的主导之下才成其为行，没有知（意向）在内的动作只能说是事件，而非行为。故而可以说"知是行的主意"。而意向之动本身又可以看作行。虽然它内在于一个人的心理世界，但它却是真实的发生。没有真实发生的"知"不可能存在，故可以说行是知的存在方式，或者"行是知的功夫"。所以王阳明说"知之真实笃切处即是行，行之明觉精察处即是知"[5]。由此而言，所有的知都是"行"。"盖学之不能以无疑，则有问，问即学也，即行也；又不能无疑，则有思，思即学也，即行也；又不能无疑，则有辨，辨即学也，即行也。"[6]"凡谓之行者，只是着实

---

① 见 Michael Polanyi, *Personal Knowledge, Towards a Post-Critical Philosophy* (Chicago: The University of Chicago Press, 1958)。

② 尽管如詹姆斯所指出的，承诺的程度取决于你所面对的选项是否"真实"（genuine）。所谓"真实的选项"，詹氏意指是活的而非死的，是无法回避而非可以回避的，是重大而非琐屑的。一个选项是活的还是死的，由当事者是否愿意按此选择去行动来衡量。由此，则信念被定义为行动的意愿。"在任何有行动意愿的地方都有某种信念的趋向。"（万俊人、陈亚军［编］:《詹姆斯文选》，万俊人、陈亚军等译，北京：社会科学文献出版社，2007 年，第 438 页；英文原文见 William James, *The Will to Believe and Other Essays in Popular Philosophy*, p. 3）

③ 《传习录》下，《王阳明全书》第 1 册，第 80 页。

④ 《传习录》上，《王阳明全书》第 1 册，第 3 页。

⑤ 《传习录》中，《答顾东桥书》，《王阳明全书》第 1 册，第 35 页。

⑥ 同上，第 38 页。

去做这件事。若着实做学、问、思、辨的工夫，则学、问、思、辨亦便是行矣。”[①]“知是行之始，行是知之成。若会得时，只说一个知，已自有行在；只说一个行，已自有知在。”[②]王阳明批评朱熹“今偏举格物而遂谓之穷理，此所以专以穷理属知，而谓格物未尝有行，非惟不得格物之旨，并穷理之义而失之矣。此后世之学所以析知行为先后两截，日以支离决裂，而圣学益以残晦者，其端实始于此”[③]。

此说之深意在于，一个人头脑里的念头并不只是雁过无痕，它们对人的生活是有实际影响的。詹姆斯指出，有时候怀疑是“放弃正确的机会”。这就是“一念发动即是行”的例子。这里“怀疑”虽然在“内”，是属于知的意识活动，但是“放弃正确的机会”则是行，不只是意识活动了。[④]

王阳明特别强调立志对于成圣的重要性。立志是心理活动，但它也可以说就是修行的行为。孟子也说，“夫志，气之帅也，体之充也。夫志至焉，气次焉。故曰，持其志，无暴其气”（《孟子・公孙丑上》2A:2）。佛家也有类似的见解。一个人的因果报应是人的各方面的活动引起的，包括心理活动。观念的力量是巨大的，不容轻视。这也可以与王阳明的所谓“唯心主义”观点联系起来看。

> 阳明游南镇，一友指岩中花树问曰：“天下无心外之物，如此花树在深山中自开自落，于我心亦何相关？”先生曰：“你未看此花时，此花与汝心同归于寂；你来看此花时，则此花颜色一时明白起来；便知此花不在你的心外。”[⑤]

---

① 《答友人问》，《王阳明全书》第 2 册，第 48 页。

② 《传习录》上，《王阳明全书》第 1 册，第 4 页。

③ 《传习录》中，《王阳明全书》第 1 册，第 40 页。

④ 然而詹姆斯也指出，这只是对于“真实的选项”而言。对于许多其他的选项，则没有这样的问题。所谓真实的选项，指的是活的（living）、不可回避的（forced）、重大的（momentous）选项。见 William James, *The Will to Believe and Other Essays in Popular Philosophy*。

⑤ 《传习录》下，《王阳明全书》第 1 册，第 90 页。

董平和郭齐勇等学者都多次明确指出，这不是唯心主义，不是否定心外有花的存在，而是说花的意义通过我们的观念而出现。这也是在提醒我们观念的重要性。

但是“知行合一”说本身也包含了被误用误解而走向极端的危险。把观念说成行，有其适用范围。王夫之批评王阳明说，“以知为行，则以不行为行，而人之伦、物之理，或若见之，不以身心尝试焉”，这是“销行以为知”。[①] 相应地，王夫之提出知行应当做出概念上的区分，它们两者各有其功用。

> 诚明相资以为体，知行相资以为用，惟其各有致功而亦各有其效，故相资以互用，则于其相互，益知其必分矣。同者不相为用，资于异者乃和同而起功，此定理也。不知其各有功效而相资，于是而姚江王氏知行合一之说得借口以惑世；盖其旨本诸释氏，于无所可行之中，立一介然之知曰悟，而废天下之实理，实理废则亦无所忌惮而已矣。[②]

这里，说王阳明的“知行合一”说是“借口以惑世”，显然是不恰当的。没有理由说王阳明提出此说的动机是要惑世。但是说王阳明的说法包含了“销行为知”、以知为行的危险，确实是值得思考的。唯有将知行做出区分，指出其各自的功用，才能了解它们之间的相互作用、相互补充。不然的话，就可能以知为行，认为知善就等于行善，不必另下功夫去行善，反而是为知而不行提供了借口。

其实走向那个极端是违背王阳明本人初衷的。阳明本人也把他的“知行合一”说成是“对病的药”。他说：

---

① 王夫之：《尚书引义》（《船山遗书》）卷 3，第 23 页。

② 王夫之：《礼记章句》卷 31，《船山全书》（长沙：岳麓书社，1991 年）第 4 册，第 1256 页。

> 某尝说知是行的主意，行是知的功夫；知是行之始，行是知之成。若会得时，只说一个知，已自有行在；只说一个行，已自有知在。古人所以既说一个知，又说一个行者，只为世间有一种人，懵懵懂懂的任意去做，全不解思维省察，也只是个冥行妄作，所以必说个知，方才行得是。又有一种人，茫茫荡荡悬空去思索，全不肯着实躬行，也只是个揣摸影响，所以必说一个行，方才知得真。此是古人不得已补偏救弊的说话。若见得这个意时，即一言而足。今人却就将知行分作两件去做。以为必先知了，然后能行。我如今且去讲习讨论做知的功夫，待知得真了，方去做行的功夫，故遂终身不行，亦遂终身不知。此不是小病痛，其来已非一日矣。某今说个知行合一，正是对病的药，又不是某凿空杜撰。知行本体原是如此。今若知得宗旨时，即说两个亦不妨，亦只是一个；若不会宗旨，便说一个，亦济得甚事？只是闲说话。[①]

这段话里说了三种病：一是只懵懵懂懂地“冥行妄作”，需要补充一个“知”以使其行得正。二是茫茫荡荡“悬空去思索”，需要补充一个“行”以使其知得真。第三种病是把知行分作两件去做，结果两件都做不好，故要说个知行合一。既然是对症的药，那么此药的价值就只是对那些“症”而言，并不一定在所有的场合都合适。王夫之指出的恰恰是此药本身运用不当而可能产生的第四种病，即在知行合一以后，把知就当作了行，于是便没有了行。针对那种“症”，又需要把知行说成两个，指出其各有功用。

对“知行合一”引起的“销行为知”还可以做进一步的分析。陈来曾经指出，“一念发动即是行”的说法，“只适用于‘去恶’，并不适用于‘为善’”[②]。在去恶的时候，我们需要严格一些，不要以为脑子里出现一些不

---

① 《传习录》上，《王阳明全书》第 1 册，第 4 页。

② 陈来：《有无之境——王阳明哲学的精神》（北京：生活·读书·新知三联书店，2009 年），第 120—121 页。

好的意念无所谓，只是想想而已，应该认为“一念发动即是行”，就会对自己发生影响，这样就可以严肃认真对待那些念头，而不让它任意发展，侵害心灵。而在为善的时候，我们就要用另外一种严格要求，不能以为“一念发动即是行”，我有个善念就可以了，而是还要落实到外在的实践行为当中去。杨国荣也曾指出，“如果善念即是善行，则一切道德实践便成为多余的了……同时，将善念等同于善行本身，亦易使善恶的评判失去客观的标准”[①]。

如果我们再进一步深入分析，还可以发现，上述说法只适用于对自己的要求。对己要严，所以一个恶念就应当看作“即是行”，不能听任其发展，也不能有一个善念就以为已经行了，而要进一步落实到外在行为上去。但是儒家又认为对人要宽，不能把对自己的严格要求变成对大众的普遍要求。对大众，需要反过来。举个例子来看，就更清楚。俗语说，“百善孝为先，论心不论迹，论迹寒门无孝子；万恶淫为首，论迹不论心，论心世上无完人”。这个俗语是对社会上普罗大众而言的。就是说在论孝的时候，应该主要看心意，不能要求一定有行，不然的话，那些没有经济条件尽孝的人都不能算孝子了。而在论淫的时候，则应该反过来，如果脑子里一闪念都算淫，那世界上就没有不淫的人了。翻译成知行关系的语言来说，在评价一个人是不是孝的时候，有孝心也应该算孝行，不能要求每个人都必须落实到外在行为上。这符合王阳明的“一念发动即是行”。但是在论淫的时候，一念发动就不能算作行，否则打击面太大。

所以总体而言，对于一个人自己的修炼，要严格要求。在论善的时候，应该要求自己除了善心，还要有善行，不能以“一念发动即是行”来自我安慰，否则就是销行为知，没有行了。而在论恶的时候，对自己要求严一点，告诫自己“一念发动即是行”，不能放任自己不正的念头占据心灵，但是对别人，应当宽一些。有善心应当予以肯定，而无恶行就不要揪住不放。从政治的角度看，更是需要特别谨慎，否则“一念发动即是行”的说法容

---

① 杨国荣：《良知与心体——王阳明哲学研究》（台北：洪叶文化，1999 年），第 228 页。

易导向“思想犯”的极端政治。

最后，知行合一还可以理解为知行并进。如果说上述“知即是行”的说法主要是针对把知行分为两件事去做的弊病，那么知行合一恰当的理解就不能是知等同于行。“知即是行”是指出了知中有行，但不等于只有头脑里的念头便可，无须付诸功夫实践。综合前述“不行则不知”和“不行不足以为知”，“知行合一”其实还是知行“合一并进”的意思。“只为后世学者分作两截用功，失却知行本体，故有合一并行之说。”[1] 此说之重点当然在于“合一”，但其“并行”二字又蕴含着两者有别，而非仅仅是一体二名。就其“知行本体”而言，只可说知中有行，行中有知。“知之真实笃切处即是行，行之明觉精察处即是知。”[2] 可见不仅“不行不足以为知”，也可以说“不知不足以为行”，即按照高标准而言，知行应该浑然一体，但是在修炼未臻至境时，依然可以有“不行之知”和“不知之行”，故需要“并行”的提醒。

以上四个含义，层层递进。从不行则不知，不行不足以为知，知即是行，最后落实到知行并进，也就是致良知。这是一个主体“自我实现”和“自我创造”的过程。它和朱熹的学说相比，显示了确立主体、要求主体在“行”中展现的积极精神。

以上概览，足以显示儒家传统在知行关系方面所做的探讨之丰富和深入。儒家在这方面的一个显著共识，是知行之不可偏废，必须交相互发并进。多数学者认为知行之间有不对称性，它主要显示在行之为目的，知之为条件，以及行不可缓，知可缓等方面。相比之下西方哲学在这个领域确实乏善可陈，这显然与西方哲学长期以来集中关注的是真理认知有关。相对于技能之知而言，真理认知对行的要求要低许多。在许多情况下，真理认知主体可以作为旁观者静观。

---

① 《传习录》中，《答顾东桥书》，《王阳明全书》第 1 册，第 35 页。

② 同上。

二 知与体

功夫之知的另一个特点是，它不仅仅是停留在大脑里的意识，而且还涉及“知识的体身化”（embodiment or somatization of knowledge）。对于理智主义者而言，或许“知识的体身化”这一措辞本身就显得颇为奇怪，因为“知”是心灵的职责，无关乎身体。但对于从未将身心截然区分的中国古代诸子来说，知识的体身化却是不言而喻的。如徐复观和杜维明所指出的，在中文中 experience 被称为“体验”，understanding 被称为“体会”，examination 是“体察”，knowing 是“体知”，reflection 是“体悟”，recognition 是“体认”，proof 是“体证”，所有的认知活动都冠以“体”字，标志着身体参与的不可或缺。[①] 孟子有一段话，“君子深造之以道，欲其自得之也。自得之，则居之安；居之安则资之深；资之深，则取之左右逢其原，故君子欲其自得之也”（《孟子 · 离娄下》4B:14）。从真理认知的角度看，此“自得之”当然是指自己经验，自己动脑子领会。但从功夫认知的角度，这样的理解就显得不够了。除了用眼睛、耳朵等感官去感知，用脑子去领会，还需要经过“体身化”的过程，才能彻底把它变成自己的东西，使其满足前面所说的“功夫之知”的要求，即变命题之知为技能之知和动力之知，成为身体的能力和倾向性。

具体而言，“体身化”可以包含两层相互关联的含义。它首先意味着身体参与认知过程，说明主体并非只是用感官接受知觉和用理智进行推理，而是通过身体的参与去体验，带着身体的倾向去体会，依靠身体的感受去体察。这里“体”字当动词解。师傅在教徒弟的时候，总是指点学生一个方向，然后让学生去在实践当中“体会”，而不是讲一套理论，用论证去“说服”学生接受一个结论。徐复观说：

---

① 见徐复观：《儒家精神的基本性格及其限定与新生》；杜维明：《论儒家的体知》，《杜维明文集》（武汉：武汉出版社，2002 年）第 5 卷。

我国文化，多由实际生活之体验而出。此与希腊文化之由冥想、思辨而出者大异其趣。故希腊文化系统下之各家思想，在其表现之形式上，皆具有理论之结构；读者循序研阅，即可得其思想之统纪。然其敝也，思辨愈精，距现实之人生愈远。我国传统文化中之各家思想，因皆出自生活中之体验，故多深入于人生之真实，使读者当下可以反躬自得，启其充实向上之机。然其表现形式，多为语录及论学书简；二者皆触机而发，分别以观，不足以具备一家思想之首尾。虽周秦诸子，及以后属于子部门类之著作，陈述较为完备；但仍出之以例证、譬喻者为多，出之以理论思辨者盖寡。今日知识分子读书之兴趣，多在理论形式之追求，而少有反躬自得之觉悟。于是对我国古典，恒因觉其条理不明，系统不清，稍一披阅，遂以为并无义蕴，废然而返。甚焉者，且越犬吠雪，妄肆雌黄。实则所谓生活体验，须经理智之反省而始明。在反省中对生活之锤炉澄汰，使体验之自身，已成为合理之存在。故由体验之出之零章片语，相互间亦皆有内在之关连，亦即含有实质之逻辑性。①

研究中国文化，应在工夫、体验、实践方面下手，但不是要抹煞思辨的意义。思辨必须以前三者为前提，然后思辨的作用才可把体验与实践加以反省、贯通、扩充，否则思辨只能是空想。②

中国哲学非出于思辨而出于功夫所得之体验。以西方哲学为标准来看中国哲学，则中国哲学非常幼稚，且与中国哲学之中心论题无关。③

徐复观在这几段话里把体验与思辨对照着讲。其实他说的体验，还不

① 徐复观：《中国学术精神》（上海：华东师范大学出版社，2004 年），第 270 页。

② 徐复观：《中国思想史论集》（上海：上海书店出版社，2004 年），第 217 页。

③ 徐复观致黄俊杰信，见黄俊杰：《东亚儒学视域中的徐复观及其思想》（上海：华东师范大学出版社，2012 年），“自序”。

同于西方近代经验主义所说的那种与理性推论相对而言的感觉经验。后者是一种“观察”，是主体作为一个旁观者在接受感觉材料信息，以供理性进行处理。而中国文化中所说的体验，是让自己身心沉浸在那主客体相互作用的场域里和过程中，充分地反躬自省，处理那感受。参与这种处理过程的不仅有人的理性，也有人的情感和精神世界。

徐复观还相应地提出了“追体验”的方法，来作为理解中国古代文学艺术的必要途径。

> 我把文学、艺术，都当作中国思想史的一部分来处理，也采用治思想史的穷搜力讨的方法。搜讨到根源之地时，却发现了文学、艺术，有不同于一般思想史的各自特性，更须在运用一般治思想史的方法以后，还要以“追体验”来进入形象的世界，进入感情的世界，以与作者的精神相往来，因而把握到文学艺术的本质。[①]

> 我们对一个伟大诗人的成功作品，最初成立的解释，若不怀成见，而肯再反复读下去，便会感到有所不足，即是越读越感到作品对自己所呈现出的气氛、情调，不断地溢出于自己原来所作的解释之外、之上，在不断地体会、欣赏中，作品会把我们导入向更广更深的意境里面去，这便是读者与作者，在立体世界中的距离不断地在缩小，最后可能站在与作者相同的水平、相同的情境，以创作此诗时的心来读它，此之谓“追体验”。在“追体验”中所作的解释，才是能把握住诗之所以为诗的解释。[②]

其实，这种方法对于理解中国古代思想史也是重要的前提。如果不是以“追体验”的方式设身处地去领会孔子在其钟爱的弟子颜回不幸短命而死

---

① 徐复观:《中国文学论集续篇》(台北：学生书局，1981 年)，“自序”，第 3 页。

② 徐复观:《中国文学精神》(上海：上海书店出版社，2006 年)，第 394 页。

时的哀痛，而仅仅是从概念逻辑上去分析，很难对孔子的“天丧予”(《论语·先进》11.9）有切当的理解。

其次，体身化意味着所获得的知识应当转化为身体的技能（know how）和倾向性（know to，disposition)。身体不仅在体验中介入功夫认知，通过身体去充分领会和处理感觉材料，而且让那处理后的内容转化为身体的倾向性和技能，以物质性存在的方式固定下来，从而进一步体现在行为当中。这在技能之知当中尤其明显。具备熟练键盘打字技能的人未必能够说出每个按键的位置，但无须思考，便可以准确地点击任何一个按键。他们对按键位置的知识与其说是储存在大脑中，还不如说是在手指中。这就是被称作“肌肉记忆”的那种知识。它已经转化成无意识或下意识的身体倾向性和技能。

严格说来，将知识转化为倾向性和技能已经不仅仅是对事物的认识，而是功夫的修炼。在生活中，父母和子女之间，兄弟姐妹之间，有自然的亲近。通过“老吾老以及人之老，幼吾幼以及人之幼”，通过“体身”化，把亲情扩充出去，对本来没有亲情的人产生仁爱之心，甚至对天地间宇宙万物产生民胞物与的感情和感觉到无法摆脱的责任感。当福特汽车公司推出一款 Pinto 型号的汽车时，发现一些部件存在安全隐患。他们做了成本测算，发现改进这些部件的成本要远远高于事故伤亡赔偿所需的成本，于是选择了不去改进部件。这种做法显然不道德（虽然任何汽车生产商都不可能为了万无一失而不计成本）。这个时候，人的生命被当作了数字，被冷血地做测算处理。如果汽车生产商能够体身化地把事故的死伤者当作自己的亲人，就不会忍心这么做了。当人们知道远在地球另一端有成千上万人的生命受到威胁时，也许会无动于衷，但看到眼前一个小孩有受伤的危险，反而可能冒生命危险去救，也是因为近在眼前的时候会有无法抗拒的感觉。[①] 体身效应并不都是正面的，它也可能成为生活的负担。人会倾向于

① 这种现象在生活中极为普遍。当笛卡尔在沉思“我思故我在”的时候，他切身感受到自己的“在”，这种感受的清楚明晰性（clarity and distinctness）使他无法怀疑这一（转下页）

眼前蝇头小利而无视其长远利益，因为眼前的小利是可见的，比需要想象力去把握的长远利益更具直观的诱惑力。佛家的“无执”就是帮助我们摆脱有害的体身性的功夫。

通过以上两层意思的体身化，物我（主客观）合而为一。在此意义上，儒家的仁不仅是伦理学的概念，而且是认识论的概念；不仅是认识论的概念，而且是本体论的概念；不仅是本体论的概念，而且是功夫论的概念。将仁作为动词，就是体身化，是设身处地去体会他者的感受。这既是伦理上的关爱，也是认识的方法。中文的“感通”一词是对此的精妙表达。王怀聿解释道：

> “感通”一词所蕴含的字面意义即“向对方开放自身，并使自身受到对方的影响”。在中国古代文本中，它常常在非常广泛的含义上使用，用以描述人与人之间或人与神、人与自然事物之间的各种交互作用与交流。[①]

王怀聿也指出，儒家的核心概念“仁”与“感通”有着密切的联系。中文中对于缺乏敏感性的一种常用表达即“麻木不仁”。而通过感通去深切逼真地感受对象的处境，又是使自身与对象融为一体，使对象成为自身的延伸。“程颢视‘仁’为宇宙内所有事物相融合的基础。因此，成仁就是向周围世界开放自身，以便参与到世界的运动中并对其做出回应，就好像所有其他存在物和自身都作为一体在发生作用。”[②]牟宗三“仁以感通为性”一语“揭

（接上页）命题之真。但当他要把“清楚明晰性”当作所有真理的标准的时候，他就没有了那种不可抗拒的“无法怀疑”了。于是他只好想办法绕出去，先去证明上帝的存在，再通过上帝不会让人系统地受骗为理由，确定“清楚明晰性”为真理的标准。当休谟在书桌前思考的时候，他怀疑因果联系，怀疑人的同一性，感觉世间的一切联系都没法确定，但哪怕一记轻轻的敲门声就可以把他拉回到不怀疑周围一切的心理状态。这些都是体身性作用的例证。

① Wang Huaiyu, “Ren and Gantong: Openness of Heart and the Root of Confucianism,” in *Philosophy East and West* 62, No.4 (2012), p. 464.

② Ibid., p. 465.

示了程氏这一表述的核心意义”。[①]“仁者以天地万物为一体”（程颢），“即虚以体万物”的能力甚至被张载看作是“性”。唐君毅说，“横渠所谓体万物之谓性，乃就一人物之能往体万物之‘能’，而谓之性”[②]。这“有似华严宗所谓一能摄一切之性”[③]。在这里，本体论上的性又成了提升功夫的方法。孟子的“万物皆备于我”就是由“仁”而发展出来的功夫境界。[④]

孟旦解释道：

> 当“体”在把自我与事物联系起来的语境中用作动词时，它的意思是使事物成为身体或自我的一部分——简言之，即“体身”之。“体认”这一复合词表明，“体身化”包含某人与某事物之关系的扩充，也即超越对有关事物的常规知识。[⑤]

这种体身化的过程也显示了我们自身与外在于我们的事物之间的弹性界线。“通常，我们都认为自己的手脚是身体的一部分，而不是外在物。这太理所当然了，以致只有在这些部分偶然受到疾病困扰的时候，我们才意识到那只是一种预设。”[⑥]另一方面，外在于我们身体的对象物通过我们的隐附意识亦可以成为我们自身身体的一部分。

> 事实上，我们运用锤子和盲人使用拐杖的方式都表明，在这两个例子中，我们都把我们与被我们视为处于自己之外的物体相接触的点向外延伸。当我们依赖于一件工具或拐杖时，它们都不被当作外部物

---

① Wang Huaiyu, “Ren and Gantong: Openness of Heart and the Root of Confucianism,” in *Philosophy East and West* 62, No.4 (2012), p. 464.

② 见唐君毅：《中国哲学原论・原性篇》（香港：新亚书院研究所，1974 年），第 331 页。

③ 同上，第 328 页。

④ 与本文中所涉及的许多其他议题一样，“知识的体身化”亦是一个大话题。该话题已被若干当代哲学家加以深入的讨论，如梅洛－庞蒂、迈克尔・波兰尼、汤浅泰雄、张再林等。

⑤ Donald J. Munro, *Images of Human Nature, A Sung Portrait* (Princeton: Princeton University Press, 1988), p. 97.

⑥ Michael Polanyi, *Personal Knowledge, Towards a Post-Critical Philosophy*, p. 58.

体来处理。……我们把自己倾注于它们之中，把它们吸收为自己的存在的一部分。[①]

我们越是能够吸收外部世界的事物，自我就会变得越广大，我们也就能够调动更多的外部世界事物。这种培养过程并非是试图涤除主观性，从而使人能够具备纯粹的客观知觉而毫无任何偏见。它毋宁说是转化我们的主观性，使之能够以一种最为和谐且最富建设性的方式与世界产生共鸣。在此过程中，人们既内化其所学到的东西，使之消化吸收为自身的主体条件，同时此主体又向外拓展乃至与天地同流。这就好像万事万物都变得与盲人手中的拐杖一样，成为我们身体的延伸。这个合而为一的过程是双向的。外在的东西进入到我们之中（犹如盲人的拐杖变成其身体的一部分）的过程，亦是我们自身——我们的主观性、价值以及目标——扩展到客观世界中去的过程。

三　知与思

功夫认知与真理认知在知和思的方法上也有不同。一些主流西方哲学家不愿承认中国传统思想是哲学，一个主要原因就是认为中国哲学著作常常诉诸直觉而不重分析论证，常常显得支离破碎、含糊其辞、自相矛盾而不连贯清晰一致。[②]为了使其名正言顺地归于哲学的旗下，从冯友兰、金岳霖那一代开始，中国哲学家就力图采取西方的方法来梳理中国哲学，使其理性化，诸如对关键术语提供定义和诠释，以辨析论证方式重构理论，将文本中无法以逻辑解释、不符合经验常识的内容作为神秘主义予以筛除和搁置，等等。但中国哲学这些被人们看作短处的地方，却往往正是其功夫

---

① Michael Polanyi, *Personal Knowledge, Towards a Post-Critical Philosophy*, p. 59.

② 确实，说有一种单一的“西方的方法”存在，是有问题的，因为西方人也采用多样的方法来思考问题。不过，在西方被广泛接受的观点是，思想的清晰性和推理的逻辑性是思维的两大基本要求。

导向所要求的。功夫认知之思维特点，如修炼以后的直觉、整体论的“象思维”、“间性思维”和“功夫逻辑”等，可以成为西方主流思维方式的重要补充。

基于修炼的直觉：直觉在东方文化中的地位是如此之重，以至于梁漱溟认为东西方文化的区别就在于直觉与知性的区别，并认为直觉的生活才符合生命本性。在他那里，界定、证成和运用直觉成为其重建新儒家的重要内容。确实，儒家功夫论里有许多关于道德直觉的内容，如宰我欲废为父母守三年之丧的礼，孔子问他这样做“于女安乎”（《论语·阳货》17.21）就是诉诸直觉。“反身而诚”中的“诚”字更是在《中庸》里面被提高到了本体论的高度，即所谓“诚者天之道，诚之者人之道”。其他新儒家人物也把梳理直觉和理智之间的关系作为回应西学的一个重要途径。陈永杰的《现代新儒家直觉观考察》指出，从梁漱溟的直觉与理智的对峙，到冯友兰的理智为主、直觉为辅，熊十力的直觉见体、理智为用，再到贺麟的融通理智与直觉，呈现了一个从指出西学重理智轻直觉的倾向，到逐步深入理解理智与直觉之关系的过程。

在西方哲学语言中，直觉大致是指不经过推理，仅以其直接呈现即令人认同的信念或者感受。在这方面，分析哲学与欧陆哲学又有不同。分析哲学里处理的直觉，一般是指可以用语言定义的自明真理，其直觉的对象是命题，诸如“如果不是非A，那就一定是A”“一个方形不可能有五条边”“殴打人取乐是不道德的”等等。“斯坦福哲学百科”里“直觉”条目处理的就是这个范围的直觉。直觉命题之真实性、合理性是直接呈现的，无须推论，似乎对象本身就带有一种说服力。

欧陆哲学则把直觉当作对事物自身的直接感受、直观。比如柏格森就认为直觉是超越语言和图片之类的媒介而直接认知物自身的方法。一组照片所反映的城市无法替代你对一个城市的直接感受，对荷马的诗句的解释无法替代对其诗意的直接领会。现象学也认为，我们的世界就是直接呈现于我们面前的现象世界，它是通过直观来把握，而非通过逻辑推演来认识的。这样的直觉是语言无法描述的，但依然有对于对象之真实性的认同之特点。

上述两种直觉理论，都有两个特点：一是它基本局限于真理认知而不涉及技能之知的直觉；二是其“直接呈现”通常是对于未经修炼的先天感知条件而言，对于修炼后形成的直觉几乎没有什么注意。

与西方哲学相比，中国传统哲学更加重视直觉。道之为道，无形无名，必须通过直觉领会。庄子的心斋坐忘，禅宗不立文字直指人心的顿悟，宋明理学里的逆觉体证，都强调非逻辑推理的直接感悟。儒家功夫论里的直觉，既包括真理认知的直觉，也包括技能之知的直觉，既有先天的直觉，也有修炼以后形成的后天直觉。如孟子所说的“不虑而知”的良知，即先天直觉的真理之知，“不学而能”的良能，即先天的能力之知。儒家所谓保“赤子之心”，就是保其先天的直觉。但儒家的直觉也包括经过修炼而得到的后天直觉。孔子的“在齐闻韶，三月不知肉味”（《论语·述而》7.14）、“七十而从心所欲不逾矩”（《论语·为政》2.4），《中庸》里的“发而皆中节”，就都包含后天修炼而成的直觉认知。当然，先天与后天并不一定泾渭分明。比如王阳明认为，“心自然会知”，“见父自然知孝，见兄自然知悌，见孺子入井自然知恻隐”。[①] 但慈与孝其实并不完全一样。相比之下，孝是更加需要后天保护和培养的先天直觉，它比较容易丢失。而父母对子女的“慈”则更加牢固。儒家强调孝，而较少强调慈，其缘由正在于此。[②] 保其赤子之心的最好的办法就是加强后天的修炼。[③]

在真理认知中，直觉的作用是揭示真理并作为推论出其他真理的基础。在功夫论中，直觉是功夫行为的出发点。真理认知的直觉会错，比如直觉上，我们看到太阳在“升起”，但科学告诉我们是地球在转动；我们看到一半浸入水中的筷子是弯曲的，但理性告诉我们那是光线折射造成的假象。直觉告诉我们下图里的两根线不一样长短，但事实上它们的长短完全一样

---

① 《传习录》上，《王阳明全书》第 1 册，第 5 页。

② 见张祥龙：《孔子的现象学阐释九讲——礼乐人生与哲理》（上海：华东师范大学出版社，2008 年）。

③ 道家同样。如婴儿，也有庖丁解牛。

（穆勒里尔错觉［Müller-Lyer illusion］）。错觉有时候非常顽固，哪怕理论证明这是错觉，脑子里明白这是错觉，但眼睛依然会产生错觉。

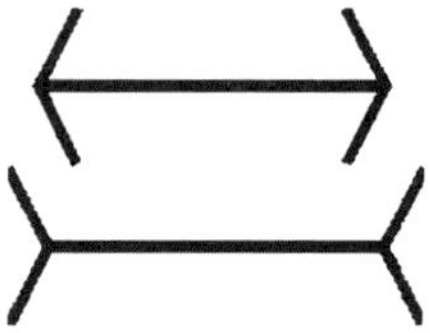

功夫直觉也可能会错。比如按照一般开车的常识，前面出现情况，直觉是应该踩刹车，但在冰面上，这恰恰是最危险的，会使车子失去控制。在摔跤倒下的时候，人的直觉反应是用手腕去支撑，但这最容易导致手腕骨折。功夫的修炼，就是培养有利于人生的功夫直觉，使人能够达到“发而皆中节”的境界。如果说真理认知通常允许人们从容地思考推论，功夫认知当中的情况恰恰相反。时间因素在功夫当中通常是成败的关键。一个哲学家可以在书桌前斟酌再三而选取一个合适的词语来表达其思想，但一个钢琴家就不能将手指悬空在琴键上犹疑不决。一个思想的表达是通过再三思考以后获得的还是当下灵感的直接发现，都不影响其思想价值，但是钢琴家落指的速度与节奏则直接就是其功夫的内容。可以说开发功夫往往就意味着培养功夫直觉。

认知主体之直觉的训练也牵涉波兰尼所谓的“集中意识”（focal awareness）和“隐附意识”（subsidiary awareness）的协调。① 在演奏音乐时，钢琴家需要控制其手指的动作，但他的注意力更须集中在音乐上而非集中在手指上。如果他把注意力转移到手指的动作上，那么他将会磕磕绊绊甚至无法演奏下去。在讲话的时候，说话的人需要控制其嘴唇和舌头的运动，但更要把注意力集中在所说的内容上。如果他把注意力集中在唇舌运动上，将会结结巴巴乃至完全无法说话。钢琴家对手指运动的隐附意识和说话者对唇舌运动的隐附意识，都是他们相应的活动所必不可少的，但这些意识必须退居后台，也同样是他们各自的活动所必需的。学习知道如

① 见 Michael Polanyi, *Personal Knowledge, Towards a Post-Critical Philosophy*, pp. 55–57。

何做某事在很大程度上就是使你的集中意识从隐附意识的拖累中解脱出来，同时又能够自然而然地以潜意识的方式对这两种意识加以综合并做出反应。这种修炼而成的直觉反应正是道家所谓的“无为”。

象思维：功夫认知思维的另一特点是它常常借助于王树人先生所说的“象思维”。顾名思义，“象”当然首先是指形象、图像，因而象思维首先就是依赖图像而进行的思维，但是“象思维”之象不能归结为“形象思维”。作为这种思维的起点或初级阶段，象思维与形象、表象相关联，但是它不能被归结为可感知的经验具象（sensible image）。

在今天，人类的思维已经如此依赖语言符号，以至于“象思维”的提法变得似乎新奇而费解。但其实人类在形成语言以前的漫长岁月中所依赖的思维方式全都是象思维，而且直到今天象思维在人们的日常生活当中依然占据重要的位置。从最简单的形象识别、行程规划、动作协调，到比较高级的音乐、舞蹈、戏剧、书法、绘画的设计创作，都离不开象思维。中国哲学最常用的类比推理，就是借助一个物象来推论出另一相似物象的性状。如“上善若水”，“岁寒然后知松柏之后凋”，就是通过“水”和“松柏”的物象来类比道家真人和儒家君子的品行。在逻辑学中，类比推理往往被看作是比较低级的推理，因为相比于归纳和演绎而言，类比推理最不严格，最容易被误用。但是如果从实用角度而言，它往往比归纳和演绎更加有效，能够使人非常直观地理解本来需要许多抽象语言来解释的内容。

理智主义者往往默认一种假设，即任何能够知道的事物都可以用抽象语词符号明确地表达出来。而中国传统哲学不但没有这样的预设，反而认为“道可道，非常道”，事物的本真是超出语言的。人生的大量经验都不能通过语词明确地传达出来。当一名品酒师表示一款酒的味道就好像在舌尖上跳舞，或者当一名书法鉴赏家说某一幅书法的行笔如“锥画沙”“屋漏痕”时，他们并不指望那些词语和它们所借助的图像本身能够一览无余地表述他们的意思。缺少了相关的经验或体验，那些词语和图像的内涵便注定是含糊不明的。对这些表述的理解，只能是一种更深的“意会”。

人们可能认为概念思维属于人类思维进化的产物，从而把概念思维看作是比象思维更为高级的思维。但我们也可以认为象思维是未经概念抽象的，因而更加接近直接呈现于我们的事物原貌。在其颇具新意的著作《回归原创之思——“象思维”视野下的中国智慧》一书中，王树人先生将象思维与概念思维做了对比，认为两者的“根本区别在于，概念思维诉诸主客二元的对象化思维模式，而‘象思维’则诉诸‘物我两忘’即回归‘本真之我’而与‘道’一体相通，或简言之，诉诸整体直观的非对象化思维模式”①。在王先生看来，这并不标志着象思维的原始落后，相反，由于象思维没有概念的对象化的干扰，因而使人能够体悟生生不已的本真，体悟“大象无形”之“原象”的流动与转化的动态。这种超越“象”（即无形之象）的思维还允许人走向蕴含在具体之象背后的“境界”。思维的深入在此意味着境界的提升，或者说是功夫的提升。“这种‘体道’功夫在提升境界过程中所带来的‘受用’，更是概念思维所不知道的，或者说是‘象思维’所独有的。”② 王先生举了《庄子·大宗师》里女偊教人得道的一段话来说明这种境界的提升：“吾犹守而告之，三日而后能外天下；已外天下矣，吾又守之，七日而后能外物；已外物矣，吾又守之，九日而后能外生；已外生矣，而后能朝彻；朝彻，而后能见独；见独，而后能无古今；无古今，而后能入于不死不生。”③ 在儒家传统里也有相似的例子。如司马迁的《史记·孔子世家》记载了一个关于孔子学琴的传说：孔子年轻的时候跟一个叫师襄的音乐家学习演奏。一次，师襄看到孔子不停地练习演奏同一乐章达十几天，便告诉他可以换一个乐章了，孔子回答：“我只是演奏得悦耳，但还没有演奏出韵律来。”过了一段时间，师襄对他说“现在你已经演奏得很有韵律了”，孔子回答说，“我还没有演奏出其精神来”。又过了一段时间，当师襄认为他已经把握了乐曲的灵魂时，孔子说，“我还没有把握到其生命的真谛”。在经过又一个阶段的进一步练习后，孔子似乎进入到一种庄严沉

---

① 王树人：《回归原创之思——“象思维”视野下的中国智慧》（南京：江苏人民出版社，2005 年），“导言”，第 6 页。

② 同上。

③ 同上，第 7 页。

思的状态，豪情万丈地目视远方，一副君临天下的样子。看到这一切，师襄离席起身拜道：“这就是周文王之乐啊！”[①]

以上两个例子都可以作为王弼的“得象忘言，得意忘象”的说明。功夫师傅教人功夫的时候或许会借助于语言，但语言只是引导学生进入象思维的手段。一旦进入了象思维，学生就可以“忘言”。而象思维又是进入意境的手段。一旦进入意境，学生就可以“忘象”。不但如此，这两个层次的进步，还恰恰要求“忘言”和“忘象”，也就是说，不忘言就无法得象，不忘象就无法得意。最后的意可以说是“无象之象”。这个递进过程是主体境界和功夫提升的过程，其背后是如张昭炜所说的整个“缄默维度”。

间性思维：王树人先生也把象思维说成是非实体性思维。概念思维的内容是对象化、固定化了的，而象思维的内容则是未被规定以前的原发创生和流变的本真，是“道法自然”的“朴”。非实体性思维也在近年来通过商戈令的“间性论”[②]、唐力权的“场有论”、小约翰·柯布和大卫·格里芬的“过程哲学”、安乐哲的“关系本体论”等观念和理论而得到了广泛的注意。

以笛卡尔为主要代表的西方近代理性主义哲学执着于清晰而明确的思考，以至于模糊性和晦涩性被认为是比谬误还要糟糕的情形——它们几乎与混乱、不通和无感知能力同义。笛卡尔把“理解”定义为具备清晰而明确的感知能力。他甚至提出把清晰性和明确性作为真理的标准。毫无疑问，清晰的思考与感知不仅对于认知真理，而且对于过上好的生活而言，都是非常重要的。但是，一旦成为思考的唯一方法，它就会阻碍我们超越那些可以被明确描述出来的东西的可能性。

---

① 孔子学鼓琴师襄子，十日不进。师襄子曰：“可以益矣。”孔子曰：“丘已习其曲矣，未得其数也。”有间，曰：“已习其数，可以益矣。”孔子曰：“丘未得其志也。”有间，曰：“已习其志，可以益矣。”孔子曰：“丘未得其为人也。”有间，有所穆然深思焉，有所怡然高望而远志焉。曰：“丘得其为人，黯然而黑，几然而长，眼如望羊，如王四国，非文王其谁能为此也！”师襄子辟席再拜，曰：“师盖云《文王操》也。”（《史记·孔子世家》）

② 见商戈令：《道通与间性》，《哲学分析》2012 年第 5 期。

这一点对于艺术来说尤其重要（须知功夫是一门生活的艺术），因为艺术需要体身性和创造性，需要体会超出语言能够清晰表达的神韵和意境。但这一点对于真理认知来说也具有重要意义。坚持主张清晰而明确地看待事物，将会使人们形成一种原子论的世界观，把每个对象都视作本质上无差异性、无变化且无实在联系的个体。在这种原子论的观点看来，“一物与一物毫无二致。……在这种存在被理解为没有变化的学说中，差异性恰好是对存在的否定。自我同一性严禁事物发生改变，除非它确实不再存在。由于有了这种自我同一性，真正的存在被看作是一成不变的”[①]。笛卡尔正是从其坚持主张的清晰而明确的思维方式出发，逐渐走向了身心分离、主客分离及物质和运动的分离。当他用明晰的方式去思考每一事物与众不同的抽象“本质”的时候，他不可避免地陷入了不可调和的二元论及两极分化的世界当中。

沿着相同的理性路线，休谟陷入了一个各自有别的观念世界之中。他发现自己找不到任何能够把那些观念“黏合”在一起的“黏合剂”。就因果关系而言，休谟发现我们能够经验到的不过只是“恒常接续”而已（即仅仅是一件事总是紧接着另一件事发生，在经验材料里找不到这两件事之间的任何实际联系）。就人格同一性而言，休谟发现自己有的不过只是“知觉束”而已（即知觉以“捆束”的形式出现，但没有任何一个存在于不同的知觉之间的“绑定”是可以被感知到的）。在这两种情形中，休谟的问题就是——“心灵在各别的存在物之间无法知觉到任何实在的联系”[②]。他所感知到的存在物都是惰性的（inert），既不能彼此相互关联，又不能发生任何变化。休谟认为，是我们把因果联系和人格同一性的观念投射到不同的知觉上去了。他并没有认识到他之所以无法感知到联系，原因就在于他预先

① Etienne Gilson, *Being and Some Philosophers* (Toronto: Pontifical Institute of Mediaeval Studies, 1949), p. 11.

② 休谟：《人性论》（下册），关文运译（北京：商务印书馆，1980 年），第 674 页；英文原文见 David Hume, *A Treatise of Human Nature*, ed. L. A. Selby-Bigge (Oxford: Clarendon Press, 1978), p. 636。

就把自己观察的视角设定在了“清晰和明确”那一档上。

与此相反，以《易经》为首要代表及后来反映在儒、道两家著作中的中国传统世界观，都是用整体论的视角来看待世界的，认为宇宙中的万事万物都处在相互联系和转化流变之中，世界的静止和单纯性只能在相对的情形下来加以理解。我们之所以会把事物看成独立的个体，部分是由于存在本身会有相对静止的凝聚收缩，部分也是我们主体将事物个体化的兴趣（即我们的价值取向）使然。由于关系和变易是事物本身的性质，因此个体与他物之间的模糊性和差异性并非是对事物存在的否定，而恰恰是每一个事物通过关系而获得自身的规定（如“父亲”通过其子女而成为父亲），通过转化为他物而彰显自身（如烟花通过燃烧成灰烬来彰显自身）的那种肯定。

陈汉生（Chad Hansen）把中西这两种观点同中西语言的差异做了一个饶有趣味的联系。他表示，在西方语言中，名词术语的单复数之分表明西方思想事先就有了把世界设想为由不同的个体对象集合而成的倾向。因而西方语言的使用本身就是将事物进行个体化来思考并感知的训练或程序化过程。学习如何使用“cow”这个英文单词，就是在学习何者才算是一头奶牛，以及何者才算是同一头奶牛。与此相对比，中文名词一般来说更接近于西方语言中所谓的“不可数名词”（mass nouns），没有“可数的多”与“不可数的多”（many/much）、“可数的少”与“不可数的少”（few/little）之分。这表明中国思想事先就有了把世界设想为一个连续统一体的意向或倾向，尽管这个连续统一体可以通过不同的方式加以分解。西方语言使其言说者们事先就有了把恒常不变者（它赋予个别对象以自我同一性）视作实在的意向或倾向，而中文则不是如此。[①]

这些属于本体论的观点，从功夫的观点来看，就是不同的看待事物的思想方式。以分析的方式清晰而明确地看待事物和以合乎情境的方式整体

---

① 见 Chad Hansen, *A Daoist Theory of Chinese Thought* (New York: Oxford University Press, 1992), pp. 46–51。

性地看待世界，都各有其实践价值。当你在驾车时，你不会想让你所能看见的东西的清晰度变得模糊不清，但同时你也会希望从整体的角度和在变化当中把握路况。在接受外科手术时，你会希望你的医生用刀非常精准，希望他能够运用精密的命名体系对你身体的每一个错综复杂的部位都加以区分；不过，你也会希望医生把你视为一个完整的人来看待，并认为你身体的各部位是与作为整体的你有着错综复杂的联系的，而不是武断地强行使二者判然割裂。问题并不在于我们不需要分析型思维方式，而是在于除了发现区别和“个体事物”之外，功夫还要求我们发现联系、趋势和事件。笛卡尔式的理性的问题恰恰在于它自诩是解读世界的唯一正道。笛卡尔的方法成为解读世界的主导方式后，确实成就斐然，尤其是在科技方面，但它也对我们理解和重视事物的联系、转化和虚无制造了诸多困难。在极端情况下，分析法甚至会要求我们把“我跑步”和“我以每小时 10 英里的速度跑步”当作两件不同的事情。[①] 不错，从逻辑上是可以把这些非常清晰地区分开来，但这样就丢失了万事万物之间的联系，最终也将无法理解何谓“变化”。在一个我们自以为明晰地看待事物，而恰恰因此对这些方面全然熟视无睹的世界中，我们需要肯定模糊性具有的建设性和富有成效性的功用。对此，我们在第六章“关系形上学？故意的偏颇”那一节里会加以进一步的论述。

四　楷模的学习与权威

功夫之知的这些基本特征对于获得功夫之知具有深刻的导向作用。确实，如果知与行不可脱节，如果所知的内容必须体之于身，如果健全的认知需要包括对直觉的训练，需要象思维和间性思维的能力，那么，如陈汉生所说，中国古代所谓的知识“是在训练的意义上的学习结果，而不是获

① 见 Jaegwon Kim, “Events as Property Exemplifications,” in *Action Theory*, eds. M. Brand and D. Waiton (Dordrecht: Reidel, 1980), pp. 159–177。

得所谓概念和事实资料意义上的学习结果”[1]。

由于功夫之知不只是关乎“真理”，它更关乎“道”，关乎德性的培养和训练，因此学习功夫之知的方法不能只是接受和在大脑里处理言语所传达出来的信息，而更需要通过对师傅或楷模的模仿，学会师傅或楷模所具备的德性能力。[2]

这种学习的一个特征，就是在遵循教导和楷模的时候不首先要求甚至永远也不要求有知性理解。诚如波兰尼所言：

> 透过示范学习就是投靠权威。你照师傅的样子做是因为你信任师傅的做事方式，尽管你无法详细分析和解释其效力出自何处。在师傅的示范下，透过观察和模仿，徒弟会在不知不觉中学会了那种技艺的规则，包括那些连师傅本人也不外显地知道的规则。一个人要想吸收这些隐含的规则，就只能毫无批判地屈服于另一个人来进行模仿。一个社会要想把个人知识的资产保存下来就得服从传统。[3]

功夫大师与哲学教师之间的差异是一个尚未得到充分关注，却有趣而

---

① Chad Hansen, *Language and Logic in Ancient China* (Ann Arbor: University of Michigan Press, 1983), p. 66. 他的“是此而非彼”的概括受到了何莫邪的质疑。何氏指出，在中国古代，“也同样存在事实和科学范式”（Christoph Harbsmeier, “Conceptions of Knowledge in Ancient China,” in *Epistemological lssues in Classical Chinese Philosophy*, p. 12）。麦高思（Alexus McLeod）对于早期中国哲学里的真理理论有过更加系统和公正的梳理（Alexus McLeod, *Theories of Truth in Early Chinese Philosophy: A Comparative Approach*, London and New York: Rowman and Littlefield, 2015）。的确，如果命题之知和技能之知如我们先前所希望厘清的那样，是明显不同但又不可分离的话，那么资料的获得和训练也应当是不可分离的。不仅所有的训练中都必须包含有资料的获得，所有的资料获得亦需要训练。命题之知和技能之知就好比阴阳统一体的两个不同方面。但是，考虑到人们通常倾向于把知识看作仅仅是有关信息的获得，陈汉生强调获得知识在于训练，是一个很重要的提醒。

② 楷模不一定是人，它可以是动植物乃至自然现象，如武术中对动物动作的模仿，儒家“比德”说以“玉”为君子之德的代表，等等。

③ Michael Polanyi, *Personal Knowledge, Towards a Post-Critical Philosophy*, p. 53. 中译文见迈克尔·波兰尼：《个人知识——迈向后批判哲学》，许泽民译（台北：商周出版，2004 年），第 69 页（译文略有校正）。

重要的哲学问题。源自理智主义传统的师生关系有一个基本的假设，即老师是来训练学生使用其已具备的理性的。其教导方式是使用语词或其他符号，通过言语的厘清及论证来诉诸学生的理性从而说服之。这种教育方式鼓励学生问“为什么”并寻求他/她所学到的一切事物的理由或原因（除非它是对理性而言不证自明的）。从具备理性这一点上来说，学生与老师是平等的。

东方哲学传统里的功夫师徒关系则肇始于一个不同的假设，即一个人的理性必须求助于开发了的直观与通过个人践行和体验方可获得的了悟。学习功夫须先假定修行良好的师傅处在较高的位置，他能够发现未经培养的徒弟所无法察觉和领会的事物或境界，同时师傅所察觉到的东西是无法单凭语词来传达给徒弟的。因此，徒弟以一种完全不同的方式接受教育——不是主要靠言语陈述和说服的方式，而是通过模仿典范，接受更多的作为徒弟应当遵循的个性化教导，并落实到相应的实践中去。有时，师傅甚至不允许徒弟问“为什么”，这是因为没有尝试去体验，言语的回答会误导学生，让他误以为他已经从语词中得到了答案。王阳明的功夫思想，是他经历了“五溺三变”，“从百死千难中得来”。他“不得已与人一口说尽”[①]，不是他吝啬自己好不容易得来的学问让人轻松得了去，而是听者对那一口说尽的话语往往没法有切身的体会，因而会忽以处之。

一个笛卡尔式的理性主义者会建立一套线性的理论体系，通过逻辑推理将其各个部分与一系列的结论联结在一起；而一个功夫大师的学说体系则通常依据修行水平、行为的实践导向以及对环境的特殊回应而建构起来，所有这些都旨在帮助人们在各自的艺术领域中有所长进。一位高僧大德会打发他的新弟子去扫地打水，很长时间也不去教授他任何东西。尽管扫地或打水与涅槃之间没有丝毫的线性逻辑联系，但是做一些烦琐的体力劳动有助于使一个人戒骄戒躁，调节心态。当然，一个人虽然不骄躁，却可能缺乏实现更高的完满境界的抱负。因此，师傅同时亦须在某一时刻促使其

---

① 《年谱》,《王阳明全书》第4册，第125页。

弟子看到希望，确立信心。当弟子错误地认为扫地和实现涅槃是完全分离的两个阶段时，师傅还必须进一步教导该弟子去发现通过平常行为亦可以立地成佛。这里的“逻辑”和儒家经典《中庸》里所说的“致广大而尽精微，极高明而道中庸”（《中庸》第 27 章）是一样的。由此我们可以理解为何诸子所教授的哲学与典型的哲学话语有巨大的差异。孔子从未以系统的讲学来表述其观点。他的学说大多是通过简短而直接的教导提出的。比如他对自己的儿子伯鱼的教导就非常简短。[①]有时，这些学说是孔子以自己的生活方式现身说法的形式提出的。[②]从《论语》可以看出，当弟子问“仁”时，孔子从未试图去描述“仁”本身。他谈及一个“仁”人会是何样，他们会如何行动，并根据每位弟子的特殊条件给予教导，从而使他们知道他们应当在哪种层次或水平上以及在哪一方面开始或继续他们的实践。这种教学方法确实是功夫大师而非哲学教师的典型方法。倘若孔子仅仅用言语来描述“仁”，他将会误导弟子们进入纯粹的知性理解的歧途中去。“仁”的真精神是不存在于知性理解中的，就像月亮不在指月的手指上一样。

正是因为如此，面对一位有修行的师傅，最好的立场就是做一名谦诚的学习者；最坏的立场则是自以为已经具备了认知所需要的全部条件，甚或是自以为已经知道了所有能够知道的东西，并且有能力去评判师傅。

这自然会导致一连串的难题，例如如何选择正确的师傅或模范来模仿，哪一种教导或传统应当遵循等。如果你不知道师傅引导的方向是否正确就盲目跟从，不是有违理性，而且很危险吗？要是错选了大师怎么办？要是受其误导怎么办？而且，从功夫的角度看，只会跟着师傅亦步亦趋、完全盲从的人，也鲜有能成大师者。整个西方启蒙运动的精神，可以说就是要摆脱对权威和传统的盲目信仰和依赖，并且只相信人的理性之光。康德著名的《什么是启蒙？》一文开门见山就表示，“启蒙就是人从他自己造成的

---

① 《论语》记载，孔子对伯鱼的教导就是简单的“学《诗》”“学礼”“不学诗，无以言”“不学礼，无以立”而已（《论语・季氏》16.13）。

② 如《论语・乡党》篇所记载的孔子的日常生活习惯和行为举止。

不成熟状态中挣脱出来。所谓不成熟状态就是指如果没有别人的指引，他就不能应用他自己的悟性”[①]。德国作家莱辛（Gotthold Ephraim Lessing）亦提出，“如果上帝一手拿着真理，一手拿着寻找真理的能力，任凭选择一个的话，我将选择后者”。这种理性精神告诉我们只能接纳经由我们自身理性批判性评估后的东西。在当代后现代哲学家瓦蒂莫（Gianni Vattimo）那里，这种精神被演绎得淋漓尽致，以至于他声称，“共同体越大，帝国主义越多”[②]。对于他和与其志趣相投的西方思想者而言，理想的认知主体是理性的、自主的个体。

在此，我们陷入了一个两难的困境：如果你无法辨识一位师傅，或者你无法理解这位师傅对你的教导，那么你就没有理由师从他；但如果你能辨识一位师傅，并且理解他的教导为何是好的，那么这就意味着你已经知道了什么是好的，然而这种能力应该只能在你已经接受了师傅的指引、践行了相关的艺术之后才能开发出来。

不过，这种两难困境不仅存在于功夫认知中，它也同样存在于柏拉图所谓的“研究悖论”（paradox of inquiry）[③]之中——如果你不知道你要寻找的是什么，你就无法开始你的研究，因为即便你碰巧遇到了正确的解释，你也并不知道这就是正确的解释。但如果你已经知道它是什么，那么你就无须通过研究来发现它（《美诺篇》80d）。这对于功夫之知以及有关命题之知的传统认识论而言都是一个难题。我们大多数的信念都有赖于天生的轻信。在我们出生以后到明白什么是谎言和什么是欺骗之前的那段时间里，我们不凭借任何证明，而是完全依赖于父母和老师的权威和证词，便接受了大量的信念。笛卡尔会认为这是十分不幸的。然而，正如托马斯·里德所言，轻信是来自造物主的恩赐，否则我们将因为缺乏知识而消亡。“正如在他们［孩子们］能够自食其力之前需要去喂养他们一样，在他们能够根

---

① 康德:《什么是启蒙？》，盛志德译，伯雅校译，《哲学译丛》1991 年第 4 期，第 3 页。

② 引自瓦蒂莫在 2006 年 5 月 31 日由俄罗斯社会科学院在莫斯科主办的“第二届比较哲学国际会议”上的发言。

③ 柏拉图:《柏拉图对话集》，王太庆译（北京：商务印书馆，2004 年），第 170—171 页。

据自身的判断去发现诸多事物之前，必须要让他们接受各种指教。”[①]的确，如果没有轻信，我们甚至就无法和任何人说话，因为言语交流是建立在这样一种信念的基础之上，即对方一定是像我们一样在使用他们的语词。如果我坚持要找出决定性的证据来证明对方是在与我一样的意义上使用语词，甚至在我和她打招呼之前就先证明她通常不会说谎，那么我怎么可能和她交流呢?

不要以为如果我们防范那些不确定的信念，我们就能成为毫无偏见的独立思想者。事实并非如此。一个人不可避免地会受到这种或那种力量的影响，并以某种方式形成这个人的生活态度。这些影响会封锁一些认知的可能性，它们有好有坏。诚如詹姆斯所正确地指出的，对于那些“活的”“不可回避的”和“重大的”问题，选择不去相信并不一定是把自己从犯错误的可能性中拯救出来，而可能是剥夺自己正确的可能性。[②]看来轻信不仅是不可避免的，它甚至是“知”的必要条件。这就把我们带回到了这样一个历史事实，即在传统中国，孩子们总是在能够理解经典之前就被教导要背诵经典，正如一名孩子在学弹钢琴的时候，被要求无条件地遵循老师的指导一样。对老师的言辞产生质疑或提出挑战不是被看作理性的选择信念的行为，而是阻碍自己成长的行为。

在真理认知的认识论领域中，这就意味着走入了绝境。现代认识论和科学哲学的发展都指向了这样一个结论，即不可能有绝对客观的真理，因为没有人可能拥有不带任何视角的观点。物自体永远都在彼岸，无法成为认知对象。然而，在功夫认识论中则不同。正如我们先前所讨论的，衡量功夫之知的显著标准，就是其有效性、适宜性以及审美性。其中没有一种

---

① Thomas Reid, *Complete Works of Thomas Reid* (Two Volumes), ed. Sir William Hamilton (Edinburgh: Maclachlan and Stewart, 1846), p. 450.

② 大致上说，“一个有生命力的假设，作为一种真实的可能性，对于面对这个假设的人有吸引力”，“它们［选项的生命力——译注］受思想者行动意愿的检验”（万俊人、陈亚军［编］:《詹姆斯文选》，第 438 页）。“强制性的”选择是不可避免的，而“重大的”选择是唯一的、举足轻重的和不可逆的。见 William James, *The Will to Believe and Other Essays in Popular Philosophy*, p. 3。

标准要求我们超越主观性从而走向物自体或自在之物（*ding-an-sich*/things in themselves）的领域。这些标准都与人类体验息息相关，而这些标准的价值也恰恰是在人类体验当中。当然，人的体验不可能都完全一样，人们赋予各种体验的价值也会有不同。功夫本身就是人生的艺术，而艺术显然会有风格和审美趣味的差异，但这并不等于没有高下美丑好坏之分。对大师的遵从，是建立在从其表现中看到道德和艺术的光辉的前提之上的，这与完全不分好坏的盲从，与由于自身的懒惰和无能而不独立思考，有本质的区别。

楷模学习的另一个困难之处，在于如何既模仿却又不机械复制楷模。[①]恰当理解和实践下的模仿应该有别于纯粹的复制。关键是在于把模仿同重复和单纯的形式相似区别开来。模仿应当理解为获得能力、艺术或功夫的一种过程。海德格尔坚持认为模仿并不是“重复”；相反，模仿是“跟着做：跟从而来的制作。模仿在本质上就在于距离，并且就是通过距离来定义的”[②]。德里达也发现，“真正的模仿［存在于］两个生产的主体之间，而非两个被生产物之间”[③]。实际上，模仿是人获得创造能力的过程本身——这里所说的“创造性”并不是指完全无中生有地制造出某种新东西，而是指把自身的创造力建立在学习模范的基础之上。例如，在中国武术和书法中，模仿大师总是作为一项基本功来强调的，这是因为多半情况下，一个全然没有根底的人的创造不仅是毫无价值的，甚至会成为此人获得其创造力的障碍。

但任何一种教导都既可以被适当地采用，也可以被不恰当地套用。对

---

① 孟旦把这种“机械复制”称作“问题解决模型”（problem solving models），不同于“品格楷模模型”（character models）。前者是不顾条件变化地机械复制同一种方法，后者才是楷模学习的适当方法。见 Donald J. Munro, *A Chinese Ethics for the New Century* (Hong Kong: The Chinese University Press, 2005), pp. 35–37。

② 马丁·海德格尔：《尼采》（上卷），孙周兴译（北京：商务印书馆，2002 年），第 205 页；英文原文见 Martin Heidegger, *Nietzsche*, Vol. 1 (Pfullingen: Neske, 1961), p. 215。

③ Jacques Derrida, “Economimesis,” in *Mimesis des articulations* (Paris: Flammarion, 1975), pp. 67ff.

典范的模仿本身就是一门艺术。功夫的典范是具体的个体，而不是抽象的普遍性，可以完全照抄。每个个体都是由无法完全复制的文化、历史及其他具体条件构成的，简单照搬照抄必然失去典范的神韵，成为蹩脚的赝品。[①]不学习典范，对典范没有敬畏之心，容易走上歪道，养成不良习惯和低级的品位，但学习典范而丧失自我，成为“巨婴”，也便一辈子都长不大了。优秀的教师绝对不会只让学生亦步亦趋。他们会允许学生在模仿的同时适度地试错，从错误的教训中学习，会引导和鼓励学生的独创性。永远被束缚住手脚的人会失去探索创新的能力。正如一个孩子在初学走路的时候，需要模仿大人的样子，也需要大人在旁边扶持保护，但该松手的时候必须松手，没有摔过跤是学不会走路的。作为学生，在模仿楷模的时候也必须要对自己所模仿的对象既保持敬畏，又不迷信而丧失自我。

---

① 见 Donald J. Munro, *A Chinese Ethics for the New Century*, pp. 35–37。

第四章　功夫认知与科学技术

【本章提要】“科学”既可以指认识世界的求知活动，也可以指这种求知活动中出现的特殊理论范式。近代科学与中国古代的“格物”之学显然不同，但这种不同不能简单地归结为关乎自然和关乎伦理的区别，或幼稚科学与成熟科学的区别。它们本质上是不同科学范式的区别。所谓中医的科学性之争，往往是以近代科学范式为标尺去衡量中医范式的科学性。但任何科学范式都不是绝对的、唯一正确的。审视不同范式本身的哲学预设及其相应的功效，可以发现近代科学范式（包括其原子论、实证论和还原论的预设）与中医背后的范式（整体论和生机论的预设）以及与这两个范式相应的动力因和生化因模式，正好形成互补。动力因模式具有直接快捷、精确和容易程序化的优点，容易外体化为技术，但如果成为唯一的行为方式，会带来巨大的危险。亚里士多德的四因说和中国传统的生化因模式能够对动力因模式做出重要的补充。中国传统功夫的科学化只有在若干对立的极端之间保持必要的张力才有可能。

如果说科学指的是对世界的命题化的认知，那么功夫在一定程度上是这种认识“体身化”（somatization）而成的能力。当代法国哲学家斯蒂格勒（Bernard Stiegler）认为，技术（technology）是人的记忆的“外体化”（extro-somatization）。[①] 在笔者看来，这个定义显然太狭窄了，应该把技术看

---

① 斯蒂格勒教授 2018 年 3 月 28 日在中国人民大学的讲座“Technics as a Philosophical Challenge Today”。

作人的功夫的外体化，即本来需要用功夫或者技艺、技巧（skill, technique）来完成的事情，变成了外在于人的、物化了的技术，从而使没有功夫的人也可以完成这些事情，而且技术的发展大大拓展了人的功夫能力，使许多过去没人能够做到的事情变为可能。

人与动物不同，许多动物生下来就会站立行走或者会游会飞，而人则几乎没有任何天生的技艺。如孔子所说，刚出生的婴儿，要三年才能“免于父母之怀”（《论语·阳货》17.21）。在这方面，人的天生生存能力远不如其他动物。人的生存在很大程度上取决于自己在成长过程中学会各种各样的功夫。作为科学与技术之间的中介，功夫概念对理解科学和理解技术都是至关重要的。

一 阳明格竹与李约瑟难题

按照熊十力先生的说法，“古之格物学，犹今云科学”（《原儒》）。在西学东渐的早年，指称西方自然科学的“science”就曾一度在崇奉儒家文化的中国被翻译为“格致之学”。[①] 但儒家学问当中最为明显的弱项无疑是自然科学。孔子似乎对客观冷静地探索自然界的规律从来不感兴趣。他谈到自然的时候，无一例外地是借自然现象发挥道德和美学的情操。儒家六经中最接近于探究自然世界的当属《易经》。据说孔子曾反复阅读此书，以至于“韦编三绝”（穿连竹简的牛皮绳磨断了三次）。但《易经》带有浓厚的神秘色彩，其基本的功用是占卜以示吉凶。20 世纪 70 年代出土的长沙马王堆帛书记载，孔子晚年喜欢读《易》，居家时书不离席，出门时还携于囊中随行。弟子子贡问道：“夫子曾教导弟子说，没有德行的人，趋求于神灵，缺乏智谋的人，寄托于卜筮。我觉得很有道理，故以此为行为的准则。夫子为何老了反而喜欢《周易》了呢？”孔子答道：“对我而言，卜筮是次

① 1876 年落成的上海格致书院，就是一所近代意义上的工科学校。同一年创刊的《格致汇编》，其英文名即 *The Chinese Scientific Magazine*，刊物宗旨是向中国人宣传西方科技知识。

要的。我看重的是其中的德义。……我与那些用它占卜的人同途而达到不同的归宿。君子通过德行来求福，故而很少祭祀求神，依靠仁义来求吉，故而很少使用卜筮。祝巫卜筮不是放在很次要的位置吗？”[①] 孔子说，“加我数年，五十以学易，可以无大过矣”（《论语·述而》7.17）。这里的“过”也应该是指人间事理上的过错，而不是对自然界的错误认识。[②]

儒家六经中的其他五经，即《诗》《书》《礼》《乐》《春秋》，唯有《诗经》与自然界有些关联。但如徐复观所说，《诗经》中的动植物名都是诗人情绪和道德的表达，而非植物学、动物学的名称。中国人用梅、兰、竹、菊代表四季，折射的不是四季的自然特征，而是道德理想：梅花代表不畏严寒；兰花代表含蓄高雅；竹子代表谦逊和气节；菊花代表隐逸高洁。西方科学把人看作自然界的一部分，儒家从人出发来看自然。这个鲜明的对比把我们带回到徐复观所说的东西两种文化的起源：一种起源于好奇，从而注重客观知识；一种起源于忧患意识，从而关注生活的方式和道德职责。[③]

若论“古之格物学”，最为著名的故事莫若王阳明的“格竹”。王阳明自己是这样回顾其格物的经历的：

> 众人只说“格物”要依晦翁（朱熹），何曾把他的说去用！我著实曾用来。初年与钱友同论做圣贤要格天下之物，如今安得这等大的力

---

① 夫子老而好《易》，居则在席，行则在囊。子贡曰：“夫子它日教此弟子曰，‘德行亡者，神灵之趋；智谋远者，卜筮之系’。赐以此为然矣。以此言取之，赐缗行之为也。夫子何以老而好之乎？”……夫子曰：“《易》，我后其祝卜矣！我观亓（其）德义耳也。……吾与史巫同涂而殊归者也。君子德行焉求福，故祭祀而寡也；仁义焉求吉，故卜筮而希也。祝巫卜筮其后乎？”（邓球柏：《帛书周易校释》，长沙：湖南出版社，1996年，第480—481页）

② 按照通常的理解，这句话的意思是说，如果让我多活几年，在五十岁的时候学习《周易》，便可以没有大的过错了。中国古代文献没有标点符号，所以不同的断句往往会导致非常不一样的解读。另外，当时的版本都是手抄的，容易出现舛误，发音相同的字又常常相互转借，造成进一步的不确定性。这段话中的“易”字在有的本子中写作“亦”字，所以有人把它读为“加我数年，五十以学，亦可以无大过矣”。如此则此语与《周易》毫无关系。

③ 见徐复观：《中国人性论史·先秦篇》，第20—22页。

> 量：因指亭前竹子，令去看。钱子早夜去穷格竹子的道理，竭其心思至于三日，便致劳神成疾。当初说他这是精力不足，某因自去格，早夜不得其理，到七日，亦以劳思致疾，遂相与叹圣贤是做不得的。无他大力量去格物了。及在夷中三年，颇见得此意思，乃知天下之物，本无可格者；其格物之功，只在身心上做；决然以圣人为人人可到，便自有担当了。这里意思，却要说与诸公知道。[①]

这个广为流传的故事，今天通常被用来作为王阳明不盲从朱熹的权威、独立思考并亲身实践的正面例子，认为阳明通过其自身的实践，证明了朱熹的错误。且不论王阳明对朱熹的理解对不对，从思想史而言，这是阳明一生当中经历的一个认真的思想探索，导致了其思想的重大转折，由此而最终产生了其"心即是理"的核心命题。从这一点而言，它自有其价值。但从科学探索的角度而言，这个探索却显得非常幼稚。钱穆曾风趣地说过，按照科学观察的要求去格竹，你拿把尺子去量一量它的长度，隔几天再去量一下，看看它长了多少就行了。或者干脆去问种竹的园丁或老农也行。没考虑好怎么去"格"就呆坐在竹子面前七天七夜，不但毫无所获，还劳思致疾，大病一场，可谓是十足的书呆子。薛富兴则批评王阳明的格竹为犯了双重错误：一是观察的方法不对——仅用静观，没有去实践，亲自去植竹养竹，测量土壤、水分、气候、季节条件，找出竹子的成长规律、习性，比较竹子与其他植物之异同。他既没有告诉我们他观到了什么感觉材料，也没有告诉我们他是怎么去处理那些材料的，只是告诉我们一个结果：一无所获。二是以偏概全，从自己的失败当中不但不认识自己格物方法上的错误，还一下子跳到"天下之物，本无可格者""格物之功，只在身心上做"的普遍结论，连本来格物的方向也否定了。他认为阳明以前的朱熹也有责任。朱熹对于如何去"格"物，也是语焉不详，只是说"即物穷理"，"用力之久，而一旦豁然贯通焉，则众物之表里精粗无不到，而吾心之全体

---

① 《传习录》下,《王阳明全书》第 1 册，第 100 页。

大用无不明矣。此谓格物，此谓知之至也”[①]。朱熹自己也没有“今天格一物，明天格一物”，去实证地研究草木昆虫之理的功夫。薛富兴犀利地批评了程朱陆王的草率幼稚，同时又以早于朱熹约一百年的沈括（1031—1095）为例，说明中国古代其实也有观察、设想、实验、推测、再实验检验的认知模型范例。只是在整个古代士人群体中，沈括那样的科学家只能是另类。那个士人群体“重书本而轻实践，扬人文而抑自然，尚伦理而贱科学，贵直观而忽分析”[②]。

正因为中国没有发展出近代意义上的科学技术，中国才在 19 世纪到 20 世纪被船坚炮利的西方列强所欺凌，沦为半殖民地的境地。也正因此，晚清的改革派才发起“洋务运动”，要向西方学习，“中学为体，西学为用”，“五四”时期的新文化运动才呼吁要引进西方的“赛先生”（science，即科学）。

中国传统思想之缺乏科学，是不争的事实。尽管中国古代在科技领域有过不少重要成就，但自然科学没有在中国得到全面的发展，工业革命也没有在近代中国发生。其原因究竟是什么？这一被称作为“李约瑟之谜”的难题，引发了很多思考。

有人会说，程朱陆王的格物理论其实不是在讨论西方科学所追求的知识，也不是西方近代哲学所探讨的知识。西方科学和西方近代哲学所探讨的都属于对实在世界的真实反映，用休谟的语言来说，属于“是然命题”。而程朱陆王的格物致知所追求的知，乃是“善”，是休谟所说的“应然命题”。从科学意义上来说，朱熹和王阳明都不严格，但就他们自身的论域而言，他们的取向都有重要的意义和贡献。

然而，虽然儒家所谓的“格物”主要指人事，即人际伦理生活，但它显然也包括格物之理，因此也可以被广义地看作是包括对自然界的认识。程颐说：“凡眼前无非是物，物皆有理，如火之所以热，水之所以寒，至于

---

① 朱熹:《大学章句》,《四书章句集注》，第 7 页。

② 薛富兴:《阳明格竹：中国古代认识论史上的一桩公案》,《社会科学》2015 年第 2 期，第 126 页。

君臣父子间皆是理。”[①] 朱熹说：“盖天下之事，皆谓之物，而物之所在，莫不有理。且如草木禽兽，虽是至微至贱，亦皆有理。”[②]“虽草木亦有理存焉，一草一木岂不可以格。如麻麦稻粱，甚时种，甚时收，地之肥，地之硗，厚薄不同，此宜植某物，亦皆有理。”[③] 在程朱那里，格物既是格性理，也是格物理，而且性理和物理是同一个天理的分殊。在明清之际，方以智（1611—1671）、王夫之等以其“质测之学”，已经把格致之说推向实证化。[④] 从这个意义上，熊十力把格物说成科学，又不无道理，只是中国的科学由此而显得十分幼稚。

但问题恐怕并不是幼稚和成熟的区别或者关乎伦理与关乎自然的区别那么简单。这些思考的一个出发点，即“科学”这个概念本身，就需要得到澄清。人们在提到“科学”的时候，常常混淆了两个不同的概念。一个概念指的是阶段性的科学体系，其核心就是库恩所说的科学范式，包括它用来认识自然界的最基本的词汇、它所认定为无须证明的公理、最基本的方法论原则和对真伪的基本检验标准等。在近代科学占据科学界的主导地位以后，人们说到科学，一般就是指近代科学这个体系。按照这个科学概念，只要是无法还原为近代科学的词汇，不符合近代科学体系所认可的公理、基本方法论原则及其判断标准的，便一律被当作违反科学的而遭到排斥。

“科学”这个词有时候又被用来表达另一个含义，即人类认识世界的求知活动，尤其是那种符合科学精神的，即严谨坦诚的，不抱成见和迷信，不计得失和荣辱，不畏权威和禁区的求知活动。在这个意义上，科学是无止境的。它不会以自身发展的某一阶段作为终点，不会将任何一个科学体系当作无须再接受质疑、挑战和检验的终极真理，并以它作为绝对标准去

---

① 程颐、程颢:《河南程氏遗书》,《二程全书》第 1 册，第 19 卷，第 1 页。

② 朱熹:《朱子语类》第 15 卷，第 23 页。

③ 同上，第 18 卷，第 52 页。

④ “物有其故，实考究之，大而元会，小而草木蠢蠕，类其性情，征其好恶，推其常变，是曰质测。”（方以智:《物理小识・自序》[文渊阁四库全书 / 子部 / 杂家类 / 杂说之属]，第 1 页）“密翁（方以智）与其公子为质测之学，诚学思兼致之实功。盖格物者，即物以究理，唯质测为得之。若邵康节、蔡西山，则立一理以穷物，非格物也。”（王夫之:《搔首问》）

检验其他体系。近代科学本身也只是科学发展的一个阶段，也需要接受科学精神的质疑和考问。

由于缺乏对上述两种科学概念的区分，在理论上就产生了相应的混乱。例如在中国古代有没有科学的问题上，任鸿隽、冯友兰等认为没有，而李约瑟（Joseph Needham）却认为中国古代有辉煌的科学成就。表面上看这两种观点是对立的，实际上却是在上述两种不同的“科学”概念下做出的不同结论，并不矛盾。任、冯二位并没有否认中国古代有认识世界的科学活动，并形成过一套对自然的独特观念体系和认识方法，而李约瑟也并不否认西方近代意义上的科学体系和科学方法没有在中国发生。

忽视了这两种科学概念的区分，人们往往简单地把科学等同于近代科学体系。如果从作为“科学体系”的近代科学出发，一般的科学活动就不能够算作科学了。在那种观念的指导下，科学不光要包含前面提到的那种求知精神，而且要符合近代西方发展起来的那套方法和标准。这种要求，无形当中就把作为人类科学活动历史长河中的一个阶段、一种形态当作了绝对真理和评判其他体系的标准。但是按照“科学活动”的概念，近代科学体系本身只是在符合科学精神的情况下，才得以冠有“科学”的美名。一旦它被当作绝对真理和评判一切体系的标准，它就把自己放到宗教信仰的位置上去了，由此，它也就失去了被称为科学体系的资格。如果我们认可库恩所提出的科学范式的观点，承认没有绝对的科学范式，任何科学范式在一定条件下都可能会发生革命性的转换，我们就可以像对待功夫的功法流派那样来评介和选择科学范式。功法流派的不同，不仅是艺术风格的不同，也常常会是各自的优点和相应的局限之不同。把近代科学体系和中国传统格物学所蕴含的范式看作不同的功法推荐，就可以较有成效地找到它们各自的价值之所在和互补的途径。

二　作为科学的中国传统医学

中国儒家传统的格物学范式与西方近代科学的范式之区别，也许可以从考察中医与西医的区别入手，因为最能体现中国传统自然科学的是中国传统医药学。如果说宋明儒家所说的格物往往涉及宇宙论和心性论中的一些最高范畴，如“理”“气”“性”“天”之类，它所对应的是身心修炼提升到精神领域的高级功夫（对此我们在下一章中会做专门的讨论），则中医所体现的是这个范式之更为基础的框架，它所对应的是保证身心健康的基础功夫，因而更适合于与西方近代科学范式做对比。正因为近代西方科学体系的范式与中医所依据的范式非常不同，所以才有了旷日持久的有关中医是不是科学的争论。在争论过程中，近代科学的范式通常被当作中医合法性的评判标准，因此中医始终是处在被动辩护的位置。有不少人认为中医的出路就在于走向“科学化”，也就是使之符合近代科学体系的标准。然而我们前面关于两种科学概念的区分，说明了在两种科学范式之比较当中使用其中的一个作为评判另一个的标准，就像刑事诉讼当中让控方或者辩护方来充当法官一样荒唐。

近代科学体系所取得的巨大成就是有目共睹的。从近处讲，正是拜其所赐，我能够坐在书桌前，通过一台小小的电脑调用和查询古今中外无数的图书资料。从远处讲，也是在很大程度上归因于近代科学技术的发展，人的平均寿命近年来不断提高，人类实现了过去在神话和科幻作品当中才能找到的梦想。这些成就，使近代科技在许多人的心目当中成了真理的代名词。但是承认其巨大的威力和成就不等于我们可以无视它背后的哲学基础所包含的深刻隐忧。

这个体系的哲学基础之一是**原子论式的本体论观念**，认为一切事物都可以还原为个体的、原子式的存在，而且均有其可以通过概念把握的本质，无须依赖与他物之间的关系而被理解。原子论思维方式的最典型例子是笛卡尔的身心观念。在笛卡尔看来，心灵的本质就在于能思（他所说的“思”包括心灵的所有意识活动）。心灵不但不需要通过它与身体的关系来理解，恰恰相反，只有通过剥除它与身体的关联等非本质的属性，才能显现它唯一的“能思”这一真实本质。一个没有身体的心灵依然是心灵，但不能思的心灵就不能说是心灵了。笛卡尔的著名命题“我思故我在”就是与这个原子论式的思想方式紧密相关的。由于“思”仅仅蕴含了心灵的存在，而不包含身体的存在，所以我首先就是我的心灵，而非我的身体。身体属于物质的存在，其本质规定在于有广延。把身与心看作两种截然不同的实体，就产生了笛卡尔的二元论。英国哲学家霍布斯（Thomas Hobbes）把以广延作为本质规定的物质概念推广到了整个宇宙，于是整个自然界被看作了一架没有目的和内在价值的物质集合体。

在物理学和生物学上，原子论的思想方式导致了以基本粒子、分子和细胞为最终解释的理论。无论是无机的物体还是植物、动物乃至人体，都被当作复杂程度不同的机器。比如人的心脏就被看作只是一个结构精致复杂的泵，本质上和机械的水泵没有不同。这种理论框架指导下的医疗实践，就自然会专注于人的生理机制，而相应地忽视包括精神在内的人的整体，以及个人与家庭、社会等的复杂联系。其治疗方法，也就往往容易是头痛医头、脚痛医脚，像贴“创可贴”一样，治标不治本，治病不治人。结果在减轻了一个症状的同时，往往引发了另一个症状；治了那另一个症状，却又导致其他的问题。

而中国传统的“整体论”世界观则体现了诺斯罗普（F. S. C. Northrop）所谓的“连续统的现实观”（Continuum view of reality）。这种本体论将宇宙中的一切都放在相互联系的、不断流变的整体中来理解；其中所有的差异和变化并不意味着割裂，因而都不能从它与他者的关系中抽象出来。反映在医学理论和实践上，就产生了中国传统医学的基本理念和治疗方法。无论是“阴阳”“五行”还是“气”，都把人看作一个和节气、时辰、地理位置乃至家庭、社会环境等因素不可分割的联系的纽结。没有心灵与物体、我与非我的截然分割，人就不再是纯粹的观察者，物也不是简单的操控对象。在这种思想框架的指导下，中医讲究辨证施治，从整体上考虑问题，从“本”上消除病因。《大学》把正心和修身看作紧密关联的两个环节，“心正而后身修”。“心不在焉，视而不见，听而不闻，食而不知其味。此谓修身在正其心。”（《大学》第7章）这种身心学说，充分体现在传统中医理论和实践里。西汉的中国医学经典《黄帝内经》说，“精神内守，病从安来？"[①] 中医的病理学理论把"喜怒哀乐悲恐惊"作为导致疾病的七个内因，与"风寒暑湿燥火"六个导致疾病的外因并列，并且建立了喜伤心、思伤脾、哀伤肺、恐伤肾、怒伤肝之类的联系。因此传统中医自然会超出对病人生理状况的关注，而把病人的心理状态和思维方式也看作个人健康的有机组成部分，甚至把正心看作比药物治疗更加重要和根本。《黄帝内经》还讲道，"圣人不治已病，治未病。……夫病已成而后药之……譬犹渴而穿井"[②]。唐朝儒医孙思邈有一句名言："上医医国，中医医人，下医医病。"[③] 这些思想都不仅把包括整个身心的人作为一个整体来看待，而且更进一步，把个人的健康与国家社稷的兴衰联系起来了。

这种观念体系当然远不如西医那样容易用简单明了的规律来表达，其指导下的中医实践也远不如西医那样容易形成严格的实践规范。由于整体论要考虑的变量是无穷的，每一个病人的状况又是独特的，所以一个好的中医必须要有长期的经验积累，形成那种"修炼而成的直觉"。相比之下，西医所掌握的知识系统则更有规律性和清晰性，并因此而容易"外体化"为技术。在这方面，中国传统的整体论思想与近代西方医学正好形成两种难以兼容的理论体系。在西医的系统要求看来，中医靠修炼形成的直觉去把握整体是无法形成科学的，而在中医的系统要求看来，西医的分析理性正是缺乏科学性的表现。

其次，近代科学的另一哲学基础是**实证的经验主义**。它不仅要求认知的材料能由感官所直接或间接观察得到，而且要求观察得来的材料具备可重复性。只有可被经验重复观察到的材料才被看作是有科学价值的。这样的要求当然是为了保证结论的客观性和可靠性，但是它同时也大大缩小了经验的范围。从功夫的角度很容易理解，有些现象只能被训练有素的人觉察到，比如脉象之间的细微区别就是一例。而且那些细微的表象，又需要放在对整体的直观中来把握，那更是未经修炼者所无法企及的。这就是为

---

① 高士宗：《黄帝素问直解》（北京：科学技术文献出版社，1998 年），第 2 页。

② 同上，第 16 页。

③ 孙思邈：《备急千金要方》（文渊阁四库全书 / 子部 / 医家类）卷 1，《论诊候第四》，第 9 页。

什么中医的训练更多的是体验的积累，而西医的训练则更多的是对操作规程的掌握。前者是内在的直观，因此难以程式化或“外体化”为技术，后者则相对而言容易为机械仪器和电脑程序等技术所取代。在处理一般性的、带有普遍性的健康问题时，实证经验的观察和程式化的技术处理往往比个人修炼而成的直觉体验更简单可信和更有效率。但由于事物的广泛联系、千变万化，没有任何一个事件是可以严格地被重复的。可重复性的要求本身是建立在把事物孤立化、简单化的方法论基础之上的。而且，心理状态和社会条件显然比物理状态更加难以放到实验室里进行重复验证。如果它们的作用又与荣格（Carl Jung）所说的集体无意识相关，那么其可重复性就更加微乎其微了。如果不对更多的变量予以考虑，不在一定程度上放宽对于重复性的要求，以达到对个案之特殊性的精确把握，要求中医像西医那样只按某些症状做出规范化的处理，那就无异于要求中医放弃其特长。著名中医大夫蒲辅周曾成功治疗乙脑 167 人，但由于他针对不同的病情使用了 98 组中药处方，因而在近代科学的框架下不具有统计学意义，其疗效竟得不到卫生部门的承认。笔者的一位华人医生朋友在美国从事中医治疗帕金森氏症的研究。她所挂靠的医院规定她不准对不同的病人用不同的方子，理由就是没法统计其疗效。在近代科学体系的框架里来看，这个理由固然很“科学”，但按蒲辅周的话来说，这是“执死方治活人”，否认每个事物的特殊性，恰恰是不符合科学精神的。

再次，西方近代科学有强烈的**还原主义倾向**，希望把所有的现象都归结为物理现象，并把所有的现象都进行量化，用数学公式来表达。在这个过程中，事物的无法量化的内容都被当作不相干的因素而忽略不计了。如胡塞尔（Edmund Husserl）所说，“通过伽利略对自然的数学化，自然本身在新的数学的指导下被理念化了；自然本身成为——用现代的方式来表达——一种数学的集”[①]。这一原则对于达到认识的严密性和确定性具有重大的意义，但它在避开神秘直观的同时，也剥除了一切不能用数字来表

① 胡塞尔：《欧洲科学危机和超验现象学》，张庆熊译（上海：上海译文出版社，1988 年），第 27 页。

述的内容，将世界片面化、抽象化了。自然的整体被过滤、拆卸，成了失去感性光辉和整体性的符号系统。人们对世界不再追求理解和解释，描述数量关系的公式成了理论的全部内容。在这种倾向的主导下，人的精神活动、情感、直觉等不可量化的东西被排斥在了科学领域之外。对人的理解要么被还原到非人的物理层面，要么不再成为科学，而是付诸文学、宗教等等。在这种倾向指导下的医学，很容易把人看成一些符号和数据，而不是活生生的，有思想、有情感、有家庭、有社会关系的人。医学诊断相信的是检测到的数据，而非病人的感受。由于身体被看作是本身毫无意义的量的集合，对它的预言和控制成了唯一的目标，病人也就成了因果链上等待撞击的“台球”。对病人的治疗，自然也就和对待一件等待摆布的事物一样了。当然，这并不是说在西医的实践当中，人都被当成物，而是说那把人当人看待的要求，被看成外在于医学的伦理规范，而非医学本身的内在要求了。

与此相对的，是中国传统的生机论模式（Biogenerative model）的世界观。按照这个模式，每个事物都有它无法被归结为数量的内在“性情”，而且都与环境构成特殊的关系，舍此就没法对其有恰当的理解。这就要求在中医的实践上，尊重个体的特殊情况及其周边关系，通过调节各方面的机制来达到内外的和谐，而非简单地从外部去摆控对象。其调节机制的方法不仅包括中草药、针灸推拿、太极、瑜伽，还包括饮食起居的改变、心理咨询、家庭和社会关怀，乃至儒家的“诚意正心”那样的修身方式，从而达到整个身心转化（transformation）的效果。这种观念指导下的实践当然远不如西医那样容易精确化、程序化。但如果我们承认人的生命是复杂的系统，那么，这也恰恰是中医的科学之处。要中医纳入近代科学的框架，等于要求它放弃自己的优点。

当然，近代科学体系也要求把各种有关因素纳入考虑的范围。但它的还原主义倾向使它很难真正接受整体论的思想方法。还原论本身就是排斥丰富性和复杂性的。人的思想、情绪、家庭和社会关系的复杂性，都很难被还原为可以量化的数据。即便是在今天和未来的大数据时代，一个活生生的人还是无法被一大堆统计数据所替代的。

最后，近代西方科学体系有一套自己的**概念系统、逻辑体系和评价标准**，它们构成了库恩所谓的科学“范式”（paradigm）的主要内容。在别的范式中被认作是解释了的内容，一旦纳入这个范式，就可能变得完全不可理解。在别的范式内可以互推的概念，在这个范式中会显得毫无关联。① 在别的范式里可以成立的结论，在这个范式中会被认为不合理。一个典型的例子就是，现代医学越来越依赖化验和仪器测量的指标来判断一个人有没有病，而不是根据人的经验感觉。一个概念系统就像一张网子。概念是我们认识世界所用的“网子”上面的“纽结”。不能说我所使用的网子是唯一合理的网子，别的网子与我不同，就不能有它自己的合理性。中医也有自己的一套概念和推论方法体系。要求对方按照我的框架来理解，这本身就是独断霸道，显示了前面所说的两种科学概念的混淆。库恩指出，不同的科学范式之间通常是不可通约的。它们只能在各自的体系内，通过其解释经验观察材料的能力和导致体系本身所认可的价值效用的能力，来得到评价。当然，传统中医理论的内容需要在与近代科学范式的际遇中得到更新转化，但不能仅仅因为它不符合另一套范式，就认为它毫无价值，认为对它的研究是浪费资源。把近代西方科学体系看作绝对的标准，这本身就是

---

① 比如有人提出，《黄帝内经》里的“肝主目。其在天为玄，在人为道，在地为化”“东方生风，风生木，木生酸，酸生肝，肝生筋，筋生心”之类的说法完全不可理解。肝明明在人的身上，何以有“在天”“在人”“在地”之别？何以肝“在天”可以为“玄”，“在人”又可以为“道”，“在地”又可以为“化”？何以风从东方生？何以《黄帝内经》的作者能够从“东方生风”这种自然现象做出“风生木，木生酸，酸生肝，肝生筋，筋生心”的推论？这六个“相生”过程的逻辑关系何在？该文的作者据此提出，“科学不仅需要追求概念指称的确定性，而且还要寻求概念之间确定不移的逻辑关系。‘中医科学化’那么多年，浪费了国家不计其数的科学资源，至今没有在‘中医概念的科学化’方面迈出任何有意义的步伐，我们怎么可以继续指望中医中药的科学化呢？”（张功耀：《“中医科学化”失败的原因分析》）其实上面所引的那些话，在中国传统的思维框架里并不难理解。“肝主目。其在天为玄，在人为道，在地为化”讲的是：“肝主目”这个道理属于“玄”的领域，或用西方哲学的话来说，是属于形上学的命题；将这一命题运用到医学实践中去，就是正确的“道”；而这个道一旦落实在地，成为现实，就能“化”，能治病。后面所引的“东方生风……”就是那“玄”的内容，对此历代学者都有注解。作者完全从现代科学范式的角度去理解，当然解释不通。

将中医预先放到了被审者的地位——它或者被看作不科学、伪科学而受到排斥，或者被改造得面目全非，成为“拼接在西方现代临床医学上的‘文化补丁’，进而成为一种点缀性的‘花边’”[①]。在这种框架下的“中医科学化”确实是不可能的。仅仅用植物化学方法来研究中药，其“性寒”“性热”之类的概念就必然被抛弃，仅仅靠统计指标来衡量中医的临床效果，也会迫使中医丢弃自身的特长而迁就重复性的要求。这样去“科学化”，中医没法不被“科学”所肢解。而且恰恰是这样的科学化道路，会严重阻碍中医的科学化。

总之，中医所体现的中国传统哲学与近代西方医学背后的哲学预设有很大的不同。中国传统哲学推崇天人合一，而非天人之分；讲求内在的体悟、体察，而非公共的观察；讲究整体的直观把握，而非孤立现象的公式化描述；讲究和谐共存，而非控制摆布。在这种哲学基础上确实很难生成现代科技，但它却包含了许多20世纪后现代哲学家们所寻找的智慧和方向。当然，这种文化需要克服自身的局限，在与现代科学体系的际遇和碰撞中实现自身的升华。长河千里，难免裹挟了碎石泥沙，更何况一个范式的优点常常伴随着其相应的局限性。来自现代科学体系的挑战，可以威胁中国传统医学这份文化遗产的生存，也可能帮助我们对它进行批判性的梳理，使之得到新的发展，以使它在吸收西医之长的同时，弥补西医的不足，成为世界医学发展的资源。

以上分析试图说明，近代科学虽然取得了巨大的成就，为人类文明的发展做出了杰出的贡献，但它所依据的哲学基础和方法论原则有严重的局限性。在得到充分了解和合理对待的情况下，这种局限性可以无妨大局，并可以通过与其他思维方式和行为方式的互补来解决。问题在于这个体系是如此有力，以至于它被当作唯一正确的体系，作为“启蒙”之光，介绍到全世界，并借助其物质化的力量，占据了全球各个角落，渗透到人生的各个方面，“帝国主义”和“新殖民主义”式地统治和排斥了其他的一切。

---

① 张闳:《中医不是现代医学的“文化补丁”》,《中华养生保健》2007年第2期。

这不仅是其他文明的不幸，也是其自身的不幸。

与之相比，虽然儒家传统缺乏自然科学的层面，但这并不意味着儒家反对科学。虽然现代医学在许多具体的专门领域有着无可争议的优越性，但是包括儒家哲学在内的中国哲学的整体性思维方法和从事物之间相互联系的角度来看待每一个具体事物的思维方法，形成了以中医为典型的另一种科学范式的基础。孔子发现的仁与长寿的关系（《论语・雍也》6.23），以及后来的儒家学者对中医和健康理论的贡献，表明了儒家对自然界的基本思维框架与那种把人看作一架精密机器，把生理和心理、道德、人际关系、社会等分割开来的思维框架相比，具有其不可否认的独到与深刻之处。

三 技术与因果观

前面说到，功夫包括科学知识在内的主体观念"体身化"而成的能力。这种能力本身就会受其观念框架的制约，从而成为一个人的行为模式。技术作为功夫能力的外体化（extro-somatization）或者"器化""对象化"，也会体现其观念框架和行为模式的特征。这种从观念框架到行为模式再到技术的总体关系，充分体现在因果观当中。

西方哲学界历来重视对因果观的研究。柏拉图在《斐多篇》里就说过，所谓对自然界的研究，就是寻找"每一个事物的原因；为什么一个事物会来到世上？为什么它会消亡？它为什么存在？"（96a6–10）亚里士多德继承了这一传统，认为所有的科学都在于寻找原因。"离开了原因，我们就无法知道真理。"[①] 他还提出了"四因说"，即认为所有的事物，都是由四个方面的原因造成的：质料因（因为有这些砖石，所以才有这房屋）、形式因（因为有了这房屋的形式设计，所以才有这房屋）、动力因（因为有这些建筑工的劳动，所以才有这房屋）和目的因（因为需要这房屋作住宅，所以才有

---

① 亚里士多德：《形而上学》第 2 卷，第 1 章，993b。

这房屋）。到了近代，尤其是在休谟那里，西方的因果观念发生了一个巨大转变。科学放弃了研究事物发生或存在的内在原因的努力，而满足于描述休谟所说的“恒常的连续”（constant conjunction），即现象之间的规律性联系。[①] 换句话说，科学不再试图回答“为什么”，而仅仅回答世界是“怎样”存在或发生的。任何无法还原为经验现象的所谓事物的内在原因，都被认为是玄思的假设而予以摒弃。罗素甚至宣布，原因概念已经过时，应当被放到博物馆里去了。“为什么物理学已不再寻求原因的理由是，事实上没有这样一种东西。我认为，因果律就像许多经历过哲学家检验的东西一样，是一种以往时代的遗物。它之所以继续存在，就像君主制一样，只是因为人们错误地认为它没有什么害处。”[②]

但罗素显然低估了因果观念的实用价值。在日常生活中因果观念依然被广泛运用，虽然它不像康德所认为的那样是理解客观世界所不可或缺的。休谟以后对因果的哲学研究，大多是在“恒常的连续”这一框架中进行的。[③] 对科学家来说，也许像罗素所说，能够揭示事物间的恒常连续就足够了。他们甚至不用关心原因在本体论上究竟是个什么东西。你哲学家要去研究它，与我们没什么关系。我只要知道，什么样的现象与另外一种现象有恒常的连续关系。但为了指导生活，人们依然需要有因果概念。既然 A 现象与 B 现象是恒常连续的，那么我们或许就可以通过制造 A（原因）来导致 B（结果）。也就是说，一旦恒常连续的知识被人所掌握，就可能成为导致某种功效的功夫。“原因”概念的运用，与人的行为方式有密切的关系。

---

① 见 W. A. Wallace, *Causality and Scientific Explanation* (Ann Arbor: University of Michigan Press, 1974)。

② Bertrand Russell, “On the Notion of Cause,” in *Mysticism and Logic* (New York: Doubleday Anchor, 1963), p. 174.

③ 研究的问题主要包括：原因的本体论身份（即原因究竟应当是事物、事件、状态，还是条件，等等）；原因和结果在时间上的关系（原因究竟应当是发生或存在于结果之前，还是可以或必须是与结果同时，以及时间上逆反的因果关系是否可能）；因果关系的方向性在本质上如何规定；因果概念是否必须包括某种必然性的概念在内，以及如果有必然性，它与人的自由意志又是什么样的关系，等等。见 Ni Peimin, “Hume and the Definiton of Cause,” Ph.D. Thesis (Ann Arbor, MI: UMI, 1991)。

麦基（J. L. Mackie）曾把原因定义为 INUS 条件。INUS 是“An Insufficient but Necessary part of a condition which is itself Unnecessary but Sufficient for the result”[①] 的缩写。就是说，它是一组本身并非造成该结果的必要条件，却是其充足条件的因素中的一个组成部分，这个部分在那一组条件中对于造成该结果是必要的，却又是不充分的。比如我划一根火柴，火柴点着了。我划火柴的动作就是火柴点着的一个 INUS 条件。对于火柴点着这一结果而言，我划火柴的动作在那特定的一组条件中是必要的，却又是不充分的。没有我这个动作，光是有火柴、有空气，还是没有火。所以它在这个特定的一组条件里是必要的。但光是有我划火柴的动作，没有火柴的干燥和氧气的存在，火柴还是不能点燃。所以它又是不充分的。再看这整个的一组条件。虽然当它们都具备的时候，形成了点燃火柴的充分条件，但是这一组条件却不是点燃火柴的必要条件。因为这火柴也可能由其他原因着火，比如你把它直接扔进一个火堆里。

在麦基那里，火柴的干燥程度、氧气的存在、划火柴的动作都是点燃火柴的 INUS 条件。他没有指出我们通常是怎样在一组 INUS 条件中选取其中一个作为原因的，或者用佛教的语言来说，他没有告诉我们如何区分“因”和“缘”。鸠摩罗什曰，“力强为因，力弱为缘”[②]。即在因果关系中起主要作用的条件叫作因，其他辅助条件叫缘。比如一支交响乐的演奏有许多人参与，其中每个人都对演奏的成功有贡献。但如果要区分其成功的因缘，则大概指挥的水平是最关键的，当看作因，乐队其他成员的发挥相对来说次要一些，可看作是助缘。这个原则对功夫实践的指导作用是显而易见的。要做成一件事，必须要分清主次，抓住要害。

僧肇对因缘的区分原则与鸠摩不同。他说“前后相生，因也；现相助，缘也”[③]。即在结果发生前那一刻的变化（即动力）是因，其他现存的条件

① J. L. Mackie, “The Direction of Causation,” in *The Philosophical Review* 75, No.4 (October 1966), pp. 445–446.

② 见鸠摩注《维摩诘经 · 佛国品》。

③ 见僧肇注《维摩诘经 · 佛国品》。

是缘。[①] 火柴本来就在那里，其干燥程度没有变，周围的氧气也一直都存在，为什么偏偏在某个时候点燃了？显然，是那新的事件，即那个划火柴的摩擦动作，直接导致了火柴的燃烧。因此我们将这个动作称为因，把其他的条件当作助缘。由于这最新条件的出现是一个直接的“动力”，因此这一原则也可以称作是动力因原则。它对功夫实践的指导意义也很明显——它要求我们找到在既有条件下能够导致功效的那种“动力”。在同等条件下，为什么有的人成功了，有的人却不成功？通过比较其差别，就可以找出制胜的关键。

英国哲学家柯林武德（Robin G. Collingwood）提出了一个与前述两者都不同的原则，即可以为相关主体所控制的因素为因，其他条件为缘。他用了一个简单的例子来说明这个道理：

> 一辆汽车在一个拐弯处打滑，撞上了道牙，翻了个底朝天。从驾驶员的角度看，这个事故的原因是拐弯车速太快，因而教训是必须谨慎驾驶。从城建部门的角度看，事故的原因是路面或路的弧度方面的缺陷，因而教训是必须使道路能够防滑。从汽车制造厂商的角度看，是车子的设计有问题，教训是车辆的重心必须要放低。[②]

上述每一方都从自己作为主体所能够控制的角度，来总结事故的原因，因为一个人最能够控制的是自己。如果上述三方都互相埋怨，责怪别人，问题的解决恐怕就困难得多。从这个角度看，儒家的“躬自厚而薄责于人”（《论语 · 卫灵公》15.15），“君子求诸己，小人求诸人”（《论语 · 卫灵公》15.21），也都是功夫的指导。子贡喜欢责备别人，子曰：“赐也贤乎哉，夫我

---

① 此原则有诸多表述，如密尔的“区别法”（见 J. S. Mill, *A System of Logic*, 8th edition, Longdon: Longmans, 1970, Book Ⅲ, Chapter V, Section 2），休谟的因果判断规则之六（见 David Hume, *A Treatise of Human Nature*, pp. 173–175），杜卡奇的“唯一变化”方法（见 C. J. Ducasse, “On the Nature and the Observability of the Causal Relation,” in *Causation and Conditionals*, ed. E. Sosa, Oxford: Oxford University Press, 1975, p. 116）。

② R. G. Collingwood, *An Essay on Metaphysics* (Oxford: The Clarendon Press, 1940), p. 304.

则不暇。”(《论语·宪问》14.29)有空去责备别人，不如自己把功夫修炼好。

上述三条区分因缘的原则，都可以当作是功夫的指导，而且它们应该是互补的。遗憾的是，人的惰性使人倾向于走捷径。在缺乏整体观念的情况下，人们往往直接把原因归结为动力因。海德格尔说，“长期以来，我们已经习惯于把原因看作是能导致某事件出现的东西。在这里，导致某东西的出现就意味着获得结果或后果。曾经仅仅是［亚里士多德］四因之一的动力因成了一切原因的标准，以致我们不再把质料、形式和内在目的当成原因了”[①]。在选取某一 INUS 条件的时候，能够不忘记其他因素的重要作用，能够综合考虑上述三种原则，我们就会较少犯错误。在理论上这并不复杂，但在现实生活中，往往不容易做到。

将原因归原为动力因的另一个副作用是，它容易使我们把他者看作没有内在价值意义的，“能用纯数量去确定和计算的可以被排列重组的信息系统”[②]，看作操控摆布的对象。如海德格尔所指出的，在当今世界，“人力资源”“客流量”等时髦用语说明连人也成了可用数据统计的“资源”。虽然这种思维方式对发展科学的社会治理是必要的，但在把生命归结为可以量化的物质运动，把人的价值归结为因果能力的同时，这种对人和对物的认识的不精确性（因为人和物都比简单的数据复杂和丰富得多）恰恰被追求精确性的名义所掩盖了。在对规律性的追求中，我们对特殊性的感知能力丧失了。在满足于认识恒常性的同时，我们对认识事物本性的兴趣减退了。

人们的观念决定了他们的行为方式。在动力因概念指导下，人的行为自然会以控制和摆布对象为目的。在一般的日常生活中，这通常没有什么

---

① Martin Heidegger, *The Question Concerning Technology and Other Essays*, trans. William Lovitt (New York: Harper & Row, Publishers, Inc. 1977), p. 7. 其实，即便是亚里士多德的动力因，与现代的原因概念也是略有不同的。海德格尔在同一本书里指出，亚里士多德的动力因不是指导致某结果的行为或运动，而是指和其他三因共同为结果的出现负责的行为者。这个行为者的贡献在于他经过仔细考虑而把其他三个因素结合在一起。所以严格说来，亚里士多德对现代的动力因概念并不熟悉。见 Ibid., p. 8。

② Ibid., p. 23.

不妥。当我们使用电动工具，以强力迫使手中的材料“噤声”，乖乖地服从我们的旨意弯曲变形的时候，我们无须有罪孽感。一般情况下，这种做法的副作用可以忽略不计。当一个人在寒冬的早晨启动他的汽车时，他也许会考虑到气温的影响，让车子预热一番才进入全速行驶。这是为了延长汽车寿命，节约成本。如果车子启动不了，他会想办法去修理它，甚至换一辆车。他不需要像非洲部落里祈雨的原住民那样，对汽车抱有虔敬的心理，他也不会觉得自己的道德修炼会是启动车子的 INUS 条件。但如果简单的动力因模式成为人类对待所有事物的普遍方式，那就会造成灾难性的危机。在一本题为《为何事物反咬我们——技术与意外后果的报复》（*Why Things Bite Back, Technology and the Revenge of Unintended Consequences*）的书中，作者坦纳（Edward Tenner）以大量的例子说明，当代技术的进步在带来巨大便利的同时，也导致了越来越多的意外后果的可能性。人类对自然界的肆意摆控，已经使地球气温升高到接近临界点，以至于人类自身的可延续性都成了迫在眉睫的问题。

在处理人际关系和国际关系的时候，简单的动力因模式也会造成巨大的威胁。当一个国家以军事或经济的强势逼迫其他国家就范，服从于它的利益，它也同时埋下了冲突的种子。

其实孤立的动力因观念不仅会导致对原因的片面认识，它也会导致对结果的片面认识，在这一点上，这两者是对称的。从逻辑上说，一个孤立地抽取出来的结果，也是其原因的 INUS 条件（An Insufficient but Necessary part of an Unnecessary but Sufficient condition for the cause），即它是其原因的充分（却不必然的）条件中的不充分（然而却必要）的一部分。[①]我们常说某人成功地完成了某个计划，但实际上这个成功只是所有后果中的一部分。在整个计划的实施过程中还必然地会有很多其他的后果。不考虑到那些副作用，也是很危险的。当医生给病人开处方时，如果是机械地

---

① 一个结果是一系列后果的一部分。那一系列的后果作为一个整体，足以解释其原因，因为有此因的话就必有其果，但这个后果的集合体不必定是那特定的原因集合体所引起。它也可能是由其他因素的集合体所引起的。

对症下药，不注意病人的病史及其身体的其他状态，就可能解决了那特定的病症，却引发出其他问题来，甚至可能危及病人的生命。当商人只考虑投资和盈利而不顾及其他时，就可能赢得了眼前的利润而同时失去了信用，或引起了环境的污染，被处罚而最终破产。当父母一味对子女施加压力，迫使其用功读书时，孩子的学习成绩可能会上升，但同时却导致孩子的畸形发展，性格扭曲。当年秦始皇不顾民生民意，大规模地造长城，建寝陵，扩宫殿，其王朝仅短短二十七年便告夭折，就是一个历史教训。

中国传统哲学的典籍里没有专门讨论因果概念的篇章，但这不等于中国古代没有因果概念。中国传统思想中的因果观需要通过我们的分析和整理去提炼出来。英国学者李约瑟和华人哲学家成中英在这方面做了有益的贡献。他们发现中国传统哲学中蕴含着一种“生化模式”的因果观。这种因果观把因果关系看成是一个网状结构中互相依存的结节之间的互动，而非独立事物之间的线性关系。① 这些结节之间不是简单的制约与被制约的关系，而是既相生又相克，既互相呼应和共鸣，又互相制约和转化的关系。这个生化因果概念具有三个特点。首先，它认为所有的事物都有其自然本性。其次，它认为所有的事物之间都有或远或近的联系，是在关系中存在和得到各自的规定的。最后，任何结果都是事物的内在本性与其他事物交互作用的产物，是内外结合，从事物内部展现出来的，而不是纯粹由外力所引起的。

这里所说的自然本性可以和亚里士多德的“目的因”结合起来理解。亚氏的目的因，“final cause”，也叫“telic finality”，它与“telos”概念相关。“telos”既可以译成“目的”（purpose），也可以译成“目标”（ends）。如斯雷德（Francis Slade）所说，“目的是从我们的意愿中产生的”，目标“则独

---

① Joseph Needham, *Science and Civilization in China*, Vol. 2 (Cambridge: Cambridge University Press, 1956), pp. 281–291. 另请见 Chung-ying Cheng, “Model of Causality in Chinese Philosophy: A Comparative Study,” in *Philosophy East and West* (January 1976), pp. 3–20，及 Carine Defoort, “Causation in Chinese Philosophy,” in *A Companion to World Philosophies*, ed. Eliot Deutsch (Oxford: Blackwell Publishing, 1997)。

立于我们的意愿而存在”，“它是所有的事物都具有的”。[①] 因此把 telos 译为目标更妥当一些。一颗鸡蛋有变成鸡的 telos，一棵橡树种子有长成橡树的 telos。这和中国传统哲学认为物各有其性，各有其情的观念非常吻合。如果说“性”字还有点静态，那么“情”字就更加接近于表达事物内在的倾向性。

与这一观念相应的行为方式，便要求有对事物的尊重——尊重事物的本性，也尊重各种事物所处的地位和关系。老子说，圣人“生而弗有，为而弗恃，功成而弗居”（《道德经》第 2 章），“不失其所者久”（《道德经》第 29 章）。能摆正自己在世间的位置，处理好与环境的关系，才能长久存在。孟子曰，“以力假仁者霸，霸必有大国，以德行仁者王，王不待大。汤以七十里，文王以百里。以力服人者，非心服也，力不赡也；以德服人者，中心悦而诚服也，如七十子之服孔子也”（《孟子·公孙丑上》2A:3）。这些话不只是劝人为善，也是讲因果，讲如何处理自己与他者的关系。只有尊重他者，不将自己的意志强加于人或物，才能得到和谐，并真正地成就自己。

尽管前面提到的那本《为何事物反咬我们》的作者没能对事物反咬我们的现象做出哲学的提高和概括，他说的以某种“策略”去取代那直接摆控对象的行为方式，其实就非常接近中国生化因果观模式。比如说，他认为在医学上，策略要求我们

> 认真关注人体健康和疾病的进化背景，关注发高烧对抵制感染等所具有的积极作用。有时，策略还要求我们和某种病菌共存，甚至故意引进某种病菌。……对办公室的工作环境而言，策略要求用增加休息次数来提高工作效率，用限制而不是成倍增加各种带颜色的文件的办法来传递更多的信息。在建筑业，策略意味着允许摩天大楼在风中

---

① Francis Slade, “Ends and Purposes,” in *Final Causality in Natural and Human Affairs*, ed. Richard F. Hassing (Washington D. C.: The Catholic University of America Press, 1997).

> 微微摇晃而不是单凭各种固定件去抵抗风力。在交通运输上，策略意味着更平稳的驾驶，在一般听任情绪支配的情况下会加速的时候反而减速，以此来提高整个行程的速度和效益。[①]

这些策略，在道家，是“以退为进，以弱胜强，以人配天”(《道德经》第68章)，“辅万物之自然而不敢为”(《道德经》第64章)，在儒家，是“仁者浑然与物同体”，是“尽物之性”，“赞天地之化育”(《中庸》第23章)，“万物并育而不相害，道并行而不相悖”(《中庸》第31章)。即便是被现代人看作宗教因素的敬天敬神，也都与因果观及行为方式有关。它们都蕴含着对周边事物的尊重和敬畏之心。

生化因果观的另一个基本特点，是认为宇宙万物都是互相关联的，都在互相作用和反作用、创造和被创造的过程当中。按照李约瑟的说法，生化因果观里的万物是一张没有编织者编织的巨网里的纽结，互相关联，互相应对。[②]决定它们命运(因果作用)的不仅是它们各自的本性，也包括它们各自在这个巨网中的位置。在道家，有“有无相生，难易相成，长短相较，高下相倾，音声相和，前后相随”(《道德经》第2章)，在儒家，有“乾称父，坤称母；予兹藐焉，乃混然中处。故天地之塞，吾其体；天地之帅，吾其性。民，吾同胞；物，吾与也”(张载《西铭》)这样的视角，近则可以使人认识到“杀人之父，人亦杀其父；杀人之兄，人亦杀其兄。然则非自杀之也，一间耳”(《孟子·尽心下》7B:7)的道理，远则可以使人达到举一反三，见一叶而知秋，甚至“万物皆备于我”的境界。

万物的关联性还表现在一样事物与其周围其他事物都处在同一场域之下，因而每一个事物的当下状态，也在一定程度上反映了其周围事物的状态。如果说每一个事物的当下状态都带有其所在场域的倾向性，那么

---

① Edward Tenner, *Why Things Bite Back, Technology and the Revenge of Unintended Consequences* (New York: Alfred A. Knopf, Inc. 1997), p. 276.

② Joseph Needham, *Science and Civilization in China*, Vol. 2, pp. 281–291.

它也就反映了其周围事物的发展趋向。这便是荣格所说的“同步性原理”（syncronicity）[①]。按照这个原理，不仅随机抽样调查可以作为整体状态的依据，用龟版、蓍草、铜钱之类来占卜预测人事，也不显得完全是无稽的荒谬了。荣格解释说，“为什么甲、乙、丙、丁在同一时间和同一地点发生？这首先是因为作为物理事件的甲、乙和作为心理事件的丙、丁有相同的性质，也因为它们都是同一个时态状况的表现”[②]。

生化因果观的第三个特点，是认为结果是在事物与周边环境相互作用的情况下，从事物内部展现出来的，而非纯粹由外力所引起。如果说动力因概念的典型例子是台球模型，即从外部施力以迫使台球朝某个方向滚动，那么生化因果观的典型例子是植物模型，即种子在适当的土壤温度、湿度和阳光的催化下，发芽生长，由内往外展现出来。种子的基因决定了植物的性状。毛泽东有关内因是决定的因素，外因通过内因起作用的思想，有着很深厚的传统基础。中国传统哲学一向重视内修。孔子说，“修己以敬”，“修己以安人”（《论语·宪问》14.42），“政者，正也。子帅以正，孰敢不正？”（《论语·颜渊》12.17），“其身正，不令而行，其身不正，虽令不从”（《论语·子路》13.6），“人能弘道，非道弘人”（《论语·卫灵公》15.29），这些论述都可以从因果观，抑或功夫的角度去解读。与动力因概念由外部施力去导致变化不同，儒家之道是通过对自身的修炼，将自身置于合适的“礼”的位置，使自己与他者产生和谐共鸣，以达到理想的效果。儒家和道家都主张“无为”。在道家，无为是“不争”，是“虚静”“自然”；在儒家，无为是“正己”以及发挥芬格莱特所谓的礼仪的“魔术效应”。虽然两者对“无为”的理解有很大的区别，但与动力因概念的“有为”相比，它们都属于“无为”的范畴。有学者曾经指出，“我们并不预言和控制自己和自己所

---

① 见荣格为尉礼贤（Richard Wilhelm）翻译的《易经》所作之“序”，*The I Ching or Book of Changes*, The Richard Wilhelm translation rendered into English by Cary F. Baynes (Princeton: Princeton University Press, 1950), xxivff.。

② Ibid., xxiv–xxv.

爱的人”[①]。所谓控制，就是使用动力因的模式，比如把孩子锁在家里以防止他出去闯祸之类。这种方式立竿见影，有时不得已用之，亦非不可，但孩子的健康成长，家庭的和睦，归根结底还是需要父母帅之以正，去引发孩子内在的良知良能。

以上分析绝非完全否认动力因的价值。当我需要喝茶的时候，伸手拿起茶杯放到嘴边是最直截了当的有效方法。当我需要开灯的时候，按下电源开关也是显而易见的有效途径。没有动力因的行为模式，我们的日常生活会完全无法维持。我们也必须承认，动力因观念是人类自近代以来所取得的巨大科技成就的一块基石。但动力因观念指导下的行为方式是追求控制摆布，如果它成为唯一的因果观念，成为唯一的行为模式，则人与自然环境，人与人，国与国之间，就会发生对立和对抗。

所以我们所需要的因果观，应该是一个立体的、多层次的因果观念簇。在这个观念簇的底部，是作为初级层面的动力因。它适用于日常简单的机械运动。在较高一个层次，是类似亚里士多德四因说的整体因果观，它看到一个结果是各种条件综合的产物。这个因果观适用于处理较复杂一些的系统。在这个层次上，功夫的主体可以参照前述三种区分因和缘的原则，来取得所期望达到的功效。在更高的一个层次，是生化因果观，适合于更加复杂而高级的领域，如人际关系、国际关系等。相比较于前两者，生化因果模式要求行为主体有更高的功夫——通过自我的修炼而改变他人和环境，又通过与他者的和谐共鸣而实现自己。这个层次的最完满境界是“天人合一”“从心所欲不逾矩”“万物皆备于我”，相应于庄子的“逍遥游”，和佛家所说的“法界缘起”“事事无碍”。

在上述因果观念及其相应的行为模式当中，动力因模式的功夫最容易“外体化”为技术。人类最先开发的技术大部分都是属于用动力因模式去控制摆布周围事物的。由于线性摆控涉及的因素简单直接，容易规律化，成

---

① Albert Borgmann, *Crossing the Postmodern Divide* (Chicago: University of Chicago Press, 1992), pp. 2–3.

本低，所以也就容易“外体化”，而且外体化后的技术很容易比人做得更好，威力更强。最高级的武功也敌不过手枪那样简单的技术。相比而言，生化因果模式的功夫不容易学，它的技术化也困难得多，因为它所要顾及的因素会复杂得多。

功夫技术化的后果，一方面是人的解放，是功夫的普及简化，同时也是人的贫穷化，退化。动力因技术的发达，会使原来需要生化因模式对待的事情变得可能用动力因模式解决。当一个人可以借助简单的技术去完成本来需要多年修习的功夫去做的事情，人也就没有必要去学习那功夫了。计算器的出现伴随着人的心算能力的退化，翻译软件的完善使学习外语成为多余。长期在技术发达环境下生活的人会产生对技术的依赖，其生存能力会比原始条件下生活的人差很多。生活在饥荒中的孟加拉男人的存活率都高于经济收入远远高于他们的纽约曼哈顿哈林区的男人。[①]一个现代人生下来就被前人所创造的技术包围，生活在他所不曾修炼过的外化了的“功夫”当中，使他无须修炼就能够做到古人无论怎么修炼都做不到的事情。但是同时，他本身也因此而贫困化到了离不开那些技术的地步。各种工具器材的发明，使未经训练的新手都可以完成过去工艺大师才能做到的事情。互联网和人工智能的出现，已经对会计、医生和律师等许多职业产生了威胁。以前需要多年训练才能胜任的职业变得可以为电脑所替代。技术的发展既使人的独立自主能力达到空前水平，也使人对他者的依赖增加到了空前的程度。技术日益变成一个个外在于人的黑匣子，没人知道里面是什么，人类比任何时候都更加依赖外化了的智慧和能力。

技术对人的挑战，不仅是技术有可能变得比人更加强大而反过来威胁

---

① 纽约曼哈顿哈林区的人口主要是黑人。阿玛蒂亚·森以统计数据说明，“虽然孟加拉妇女和儿童的低存活率使得总体上孟加拉人比哈林区人的存活率低，但就三十岁以上的男人的存活率而言，哈林人低于孟加拉人”（“Mortality as an Indicator of Economic Success and Failure,” Inaugural Innocenti Lecture by Amartya Sen at Istituto degli Innocenti, Florence, Italy, March 3, 1995. Florence, Italy: UNICEF International Child Development Centre, 1995, pp. 22–23）。当然，这并不能仅仅归结于技术的发展使人的生存能力退化。阿玛蒂亚·森以此说明存活率绝非仅仅用经济收入水平就可以解释的。

人的生存，而且还在于人如何在技术的包围下不失去自己，并发展自己。而如果说功夫是生活的艺术，功夫活动也是作为艺术的生活的活动，那么，技术也使生活失去了其艺术的意义。当一个厨师只需选择按钮就可以做出一道道美味菜肴的时候，他的成就感也相应地消减。当技术日益取代我们大部分日常生存所需的功夫的时候，它确实将我们从劈材挑水的功夫中解放了出来，让技术代劳（尤其是其中技艺含量少，体力劳动含量多，因而谈不上艺术的那些劳动），因此而为人提供了开发高层次功夫的时空条件，但是同时，技术也可能使人贫困化，简单化，退化成只会按控制器而不会自己动脑动手的弱能者，甚至被技术所控制。

四　功夫科学如何可能

生化模式的因果观所代表的科学范式很难与要求精确量化并重复观察实证的近代科学范式融合，也很难外体化为技术。这意味着它在很大程度上必须以功夫的形式，即人生践行艺术能力的形式存在，并通过其功效来展示其合理性。这在通常情况下不至于成为困难，但在对待不常见的，不能为常识所理解的现象时，则会引起许多困惑，需要做些理论上的梳理。

人类生存的一般技能当然也是功夫，但功夫的高层次发展，可以说是无止境的。修炼功夫的人往往会报告他们经验到一些科学难以解释的神奇体验和转化。在儒家文献中就不乏这类记述，但这些材料在过去通常被同情地忽视，或者善意地曲解了，因为它们无法纳入现代科学和常识的框架。如《中庸》里就有一些带神秘色彩的文字，比如“至诚之道，可以前知”“至诚如神”等。对此，现代的解读者往往视而不见，或者作为原始迷信思想糟粕而轻描淡写地扫落一边。在翻译这些文字的时候，理雅各（James Legge）直言道：“这一整章都充满了荒谬，并且赋予了所有关于至诚的滔滔雄辩以一种荒唐不经的性质。所谓圣人（配天者）的前知，只不过是通过谶纬、妖术或其他类似的蠢招。”[①]《孟子》的“万物皆备于我”(《孟子·尽心上》7A:4)，也显得费解。无论是读作“人之生也万物皆备足于我矣”[②]，还是“既冠(长大成人)，则万物皆知矣”[③]，都不符合常识。理雅各评论说，“这段话神秘费解。所谓万物，被看作是所有事物之理，而所有事物主要是指社会关系。如若将其理解得更加宽泛的话，我们就陷入了窘境”[④]。当然，我们可以善意地将其解释为是人把天地万物都看作与自己密切相关的那种胸襟。[⑤]但这样的解释，又显得孟子自己表达得不精确，因为从字面上看，它并不是这个意思。之所以那样解释，似乎是为了帮助孟子避免尴尬。

但是从功夫的角度来看，上述文字表述的很可能是修炼所达到的经验和境界。杜维明先生写道:“其实在孟子心学里，‘尽心知性知天’，不仅不是什么虚无缥缈的抽象观念，而且是可以由身体证知的人间真理。浩然之气，既是‘体之充’又可‘塞乎天地之间’，也是能够验之于身的实感。就连‘万物皆备于我’也不是主观意愿的投射，而是存有论的陈述。”[⑥]张荣明曾列举了丰富的典籍材料，说明许多宋明儒曾在进入深层的修习时达到过一种“万物一体”的经验。[⑦]如宋儒某人告诉谢良佐，自己“一日静坐，见一切事平等，皆在我和气中”[⑧]。明儒胡直静坐六月，“一日，心忽开悟，自无杂念，洞见天地万物皆吾心体，喟然叹曰:‘予乃知天地万物非外

---

① James Legge, *Confucian Analects, The Great Learning, and the Doctrine of the Mean* (New York: Dover Publiations, 1971), p. 418.

② 孙奭:《孟子注疏》,《十三经注疏》，第 2764 页。

③ 焦循:《孟子正义》(北京：中华书局，1987 年)，第 883 页。

④ James Legge, *The Works of Mencius* (New York: Dover Publications Inc., 1970), pp. 450–451.

⑤ David Hall and Roger Ames, *Thinking Through Confucius*, p. 94.

⑥ 杜维明:《从身心灵神四层次看儒家的人学》，岳华（编)《儒家传统的现代转化——杜维明新儒学论著辑要》(北京：中国广播电视出版社，1992 年)，第 52 页。

⑦ 见张荣明:《中国古代气功与先秦哲学》(上海：上海人民出版社，1987 年)，第 240—243 页。

⑧ 黄宗羲:《宋元学案》(上海：商务印书馆，1934 年）第 2 册，卷 24《上蔡学案》，第 9 页。

也！’”[①]。明儒蒋信“至道林寺静坐，久之，并怕死与念母之心俱无。一日忽觉洞然，宇宙浑属一身，乃信明道廓然大公无内外是如此，自身与万物平等看如此”[②]。明儒吕坤曰：“静中境界与六合一般大，里面空空寂寂，无一个事物；才问他索时，般般足，样样有。”[③] 邵雍：“心一而不分，则能应万变。此君子所以虚心而不动也。”[④] 宋朝经学家张九成曰：“孟子于古圣贤中独发一养气之说，卓然超越，议论深邃……皆其平日践履工夫中来，岂人所仿佛形似所可得者邪？”[⑤]

道家文献中也有类似的表述，如“身得则万物备矣”[⑥]，“气意得而天下服，心意定而天下听。抟气如神，万物备存”[⑦]，“是故此气也，不可止以力，而可安以德，不可呼以声，而可迎以音，敬而勿失，是谓成德。德成而智出，万物果得”[⑧]。佛家亦有“制心一处，无事不办”[⑨]，“湛然常寂，应用无方”[⑩]之类的说法。

有关这些体验及其相应力量的记述都显得神秘超常，难以为我们的常识及近现代科学所理解。其中或许有夸张和虚构的成分。但仅因神秘或难以置信就完全排斥，也不符合科学精神。当那样的记述出于那些在其他方面都极有见地的人士之口时，我们不得不怀疑，究竟是记述者在编造谎言，故弄玄虚，还是自己缺乏同样的修炼，因此无法企及修炼有成者的实感经验。

---

① 黄宗羲：《明儒学案》（文渊阁四库全书 / 史部 / 传记类 / 总录之属）卷 22《江右王门学案七》，第 16 页。

② 黄宗羲：《明儒学案》卷 28《楚中王门学案》，第 3 页。

③ 黄宗羲：《明儒学案》卷 54《诸儒学案下二》，第 19 页。

④ 黄宗羲：《宋元学案》第 1 册，卷 9《百源学案上》，第 115 页。

⑤ 黄宗羲：《宋元学案》第 2 册，卷 40《横浦学案》，第 92 页。

⑥ 《文子》卷 3《十守》（上海：上海古籍出版社，1989 年），第 21 页上。又见《淮南子》卷 1《淮南鸿烈解》（文渊阁四库全书 / 子部 / 杂家类 / 杂学之属），第 19 页。

⑦ 《管子·内业篇》（文渊阁四库全书 / 子部 / 法家类）卷 16，第 6 页。

⑧ 同上，第 1 页。

⑨ 《修习止观坐禅法要》卷下。http://www.guoxuedashi.com/a/633077/812416.html.

⑩ 《神会禅话录·顿悟无生般若颂》。http://www.guoxuedashi.com/a/63922/816292.html.

确实，只有科学家和修炼者携手合作才能使这类功夫现象摆脱扑朔迷离的神秘。但功夫与科学的际遇并不一定能一拍即合。前些年曾经在中国兴起过修炼和研究人体潜能的热潮，其中确有一些科学家参与。但那个热潮当中鱼龙混杂，夹杂了大量欺骗和迷信的成分。后来在某些流派危及修炼者的健康而被政府严格禁止以后，那个热潮就此消退。这段过程因此也蒙上了巨大的阴影，至今未见有人进行过认真的理论总结。在当时，某些功夫修炼者寻求过与科学界的合作，也得到过一些科学家的支持，但他们之间的关系很像一百多年来超心理学（parapsychology）和科学的际遇。[①]在近代科学的强势面前，任何与这一科学体系不符的现象都首先面临被认为根本不可能而遭拒斥的境遇，大部分科学家甚至不屑于一顾其证据；一些对人体特殊潜能持开放态度的科学家由于怕同行的取笑而不敢涉足这一领域的研究。站在近代科学立场上的怀疑论者占据着一种明显不对等的优势地位：当某个实验似乎证明这些现象存在时，怀疑论者会想方设法找理由去否定其结果，而当某个实验似乎不能证明其存在时，他们则毫不犹豫地作为证据加以引用。近代科学在当今世界的统治地位似乎已将问题定义为这么一个两难困境：要么特殊潜能不被科学所证明，于是就被指斥为迷信或伪科学；要么它为科学所证明，而这意味着它被归结为常规科学所熟悉的解释框架之中。不管哪一种情况，特殊潜能都没有作为一门特殊科学合法存在的前途。这和我们前面谈到的中国哲学的合法性问题里的悖论是一样的状况。正如我们前面分析"哲学"这个概念时所得出的结论，哲学要克服自身的局限性，就必须突破自身的盲点，拓展其领域和视角。科学面对超出其允许范围的可能性时，也必须要审视自身是否过于狭隘，而不是先入为主地以自身为立法者来判决一切异议者为非法。

当然问题并不是只存在于怀疑论者一边。合理的怀疑是科学所必需的。有些特殊潜能支持者的说法使特殊潜能变成不可证伪的，因而也变得难以

---

① 见 David Griffin, *Parapsychology, Philosophy and Spirituality* (Albany: State University of New York Press, 1997)。

成为科学。当特殊潜能的某项实验失败的时候，某些人就说那是因为接受实验者当时未处于良好的状态，或者说实验受到了实验者和旁观者的怀疑或拒斥态度所引起的气场干扰，或者说特殊潜能实际上已起了作用，只是其作用是自动的，它会优先解决更紧迫重要的问题，所以其作用的表现并不如预期的那样。这种说法似乎将特殊潜能变得不可证伪了，而不可证伪的命题，当然也就无法成为科学。

这说明整个有关特殊潜能的问题不只是“科学”的问题，它本质上也是哲学的问题。如果科学要成为特殊潜能合理性的检验者，那么对于科学及科学验证之本质的理解就是一个必要前提。基于这一事实，对整个问题就应当采取一个“康德式”的提问，即不是问特殊潜能是否“科学”，特殊潜能的现象是否能被科学地证明或证伪，而是问特殊潜能科学如何才是可能的，或者说，在什么条件下，特殊潜能才可能得到科学证明或证伪。这里的区别在于，第一类的问题预先设定现代科学的种种基本定理及要求的合理性，而后一类康德式的提问，则包含了对这一类设定本身的考察和质疑。

首先让我们考察怀疑论者的主要的论据，试析其如何将特殊潜能变得不可科学地证明。这些论据大致可以归结为下列四条：

怀疑论者否定特殊潜能的第一条论据是特殊潜能的种种说法违背了科学规律和常识，因此是不可能的。这条论据乃是基于一个非常普遍的、然而在哲学上却又非常幼稚的信念，即科学规律和常识是绝对的真理，因此，它们不仅不再受到检验，反而成了检验真伪及可能性的标准。如杜卡奇（C. J. Ducasse）针对超心理学所说的那样，“那些认为超心理学所研究的现象是不可能的人看来是把科学杂志的编辑误认作了造物者。至少是在他们的眼里只有科学杂志的编辑所能接受和发表的，才是造物者所可能创造的”①。持这类观点的人常常是那些学了一点科学但并不深入，也没有深

① 见 C. J. Ducasse, “Science, Scientists, and Psychical Research,” in *Journal of the American Society for Psychical Research* 50, 1956, p. 147。

究科学哲学的人，因为不然的话，他们就会懂得，科学观点不是必然真理。当然我们不应当一见到某个奇异的现象就抛弃原有的科学信念，但也不能教条式地拒绝考察一切与之不符的东西。科学也会发展，而有时其发展是以革命的形式发生的。在科学革命中，某些非常根本的概念和信念也会受到挑战甚至被新的概念和信念所取代。如托马斯·库恩在半个多世纪以前就已指出的，合理的态度乃是在两个极端之间保持必要的张力。[①]一个极端是拒斥一切与常识和现存的关于科学规律的信念不符的东西，另一个极端是无批判地接受任何新奇的东西，轻易抛弃已有的信念。

在哲学上这显得已是老生常谈，但在实践中却很难做到适当地保持这种张力。上述两种极端都很吸引人。一方面，怀疑自己长久以来深信的信念需要勇气和坦诚。这对于那些已将自己整个事业建立在那些信念之上的人来说尤为困难。受到挑战的信念越是处于一个人的信念体系的基础地位，就越难以使之动摇。另一方面，人又常常会被自己的轻信所引诱，特别是当它许诺种种人所期冀的前景的时候。在这二者之间保持必要的张力，就要求人能有一种“开放的确定性”——在持有信念的同时，对那些信念的可错性（或非必真性）有清楚的认识，并在面对充分的反面证据的情况下，愿意改变自己原有的信念。当然，什么样的证据才是“充分的”，这本身也是一个需要寻找适当张力的问题。

怀疑论者的第二条论据是特殊潜能的效果不通过潜能也可以做到，比如通过欺骗性手段，因此“大师”们只是在瞒天过海、鱼目混珠、欺世盗名。这是运用得非常广泛的一条论据。中国有一位人士就曾到处表演他如何能用魔术师的手段来重复特殊潜能现象，从而揭穿所谓的“神功内幕”[②]。无独有偶，美国的怀疑论者协会主席，《怀疑论者》杂志的主编麦克·舍默（Michael Shermer）曾到笔者所在的密歇根大溪城演讲，也用了同样的方法。

---

① 见 Thomas Kuhn, *The Structure of Scientific Revolutions*, 2nd Edition (Chicago: University of Chicago Press, 1970), pp. 92–110。

② 见司马南:《神功内幕》（北京：中国社会出版社，1998 年）。

确实，古往今来，有不少“特异功能”的骗局。这类欺世盗名、惑众谋利的骗术自然应当予以揭破。但是说由于某些现象可以通过骗术做到，因而所有这类现象均是骗术，则犯了简单的逻辑错误。一个人可以通过偷盗而致富，但这并不证明所有的财富均是偷盗而来。一个人可能通过贿赂而当官，但这不证明所有的官员都是通过贿赂买来的。我们当然应当谨防受骗上当。如果怀疑某个特异现象可能是骗术，我们可以对其进行严格的审查研究，或要求对象满足某些防止欺骗手段的条件。但如果特殊潜能要成为科学，则对受验证者必须有起码的尊重。如果他能排除我们的各种合理的疑惑的话，我们就不能简单地因为其特殊功能现象也可以用某种魔术来复制而予以否定。在科技高度发达的今天，可以说几乎没有创造不出来的魔术。如果以可以为魔术所复制为由而拒绝接受任何特异功能的话，那么同样的逻辑也可以用来拒斥任何常见的事件。在这个领域里，“在证明有罪之前，应当假定其为无罪”这条原则同样适用。

怀疑论者的第三个主要论据，是特殊潜能的现象均可被归原为“正常”的物理和心理现象，因而并没有什么“特异”可言。运用这个论据可以揭示某些表面上看来神奇的功能，例如赤足蹈火之类，实际上与特殊潜能无关，而是任何人在经过一定训练、掌握了某些技巧之后均可做到的。但它只能在某种程度上有效。美国哲学家福多（Jerry Fodor）指出：当归原主义被当作一个原则而非经验总结的成果时，它就成了一个具有一种奇怪效应的障碍——在它面前，被检验的特殊科学越是成功，就越是被看作是应予摒弃的。[①] 因为在它看来，可归原性证明了特殊科学之失败——它没有什么特殊可言；而不可归原性，则被看成是其荒唐无稽的表现。因此对于那些无法被归原为熟悉的心理和物理规律的现象，合理的态度是不排斥别的解释的可能性。比如有些特殊潜能治疗的效果往往被轻易地说成是自我暗示的心理作用，与服用毫无实际生理效应的淀粉药片无异。然而，这样的解

① Jerry Fodor, “Special Sciences, or The Disunity of Science as a Working Hypothesis,” in *Syntheses* 28, 1974, p. 77.

释有时非常缺乏说服力。我们没有理由仅仅因为一个现象无法为已有科学知识所消化而简单地将它说成心理暗示的结果。

怀疑论者的第四条主要理由是特殊潜能现象缺乏严格的科学证明。这当然是一条很合理的理由。某种说法要成为科学，必须接受科学家们所公认的一些基本原则。如果某人说他通过实验科学地证明了某种特殊潜能的存在，他就必须能回答，该实验之各种变量是否在实验中得到控制调节，受试者们在年龄、性别、教育、心理素质和特殊潜能修炼程度上是否具有可对照性，有多少次重复实验以供对照和统计其成功率，参加实验者本身是否与某种实验结果有利益关系，实验的初始状态、经过和后果是否尽可能地有详尽的记录，等等。这些都是可能影响到实验的可信性的因素。

但另一方面，对于科学的标准和程序本身也应当进行反思。怀疑论者和特殊潜能的支持者们（像超心理学的创造者们一样）常常不加批评地预设了一般的科学标准和程序对特殊潜能也同样适用，而不考虑到对象的特殊性或许要求对这些标准和程序本身做出适当的调整。例如，人们一般都认为在实验室里做的实验是最可靠的，但如布洛德（Stephen Braude）所指出的，这正是导致超心理学研究乏善可陈的一个大错误。在实验室进行实验的目的在于控制各种影响到实验结果的变量，但如果特殊潜能和超心理学的基本原理是正确的话，那么至少所有参加实验的人的心理状态都属于实验中的重要变量，应当考虑进去。由于心理状态只有在自然的条件下才能真实地产生，因而实验室恰恰成了最不理想的环境。要让一个受试者在实验室里重复他在自然条件下能做到的事，可能会像让一个人在众目睽睽之下有性高潮一样的难以做到。[①] 因此，布洛德建议对超心理学应当采用半实验性的检验或采用收集和调查各种报告的方法作为其基本的证明方式。

科学验证中的另一个要求是可重复性。前面我们在讨论中医的时候就提到过，严格说来没有任何一个事件是可以被丝毫不变地重复的，因此可

① 见 Stephen E. Braude, *The Limits of Influence, Psychokinesis and the Philosophy of Science* (New York and London: Routledge and Kegan Paul, 1986), pp. 7–11。

重复性的要求本身就有一定的局限性。心理状态显然比物理状态更加难以重复。当然，如果没有任何可重复性，就很难对现象做出概括总结，也无法确定事件之间是否有因果关联。这个问题可以通过允许考虑更多的变量和容纳统计概率的方法来解决。

最难对付的是那些使特殊潜能变得不可证伪的观点。其一是在超心理学中也有的"实验者效应"之说。① 这个观点认为实验的操作者和旁观者的心理状态，例如他们希望实验能证明特殊潜能效应或者证伪特殊潜能效应等等，会对实验的结果产生影响。这个观点常常被用来解释为何某些特殊潜能实验没有达到预期的效果，尤其是同样的实验由某个实验者操作时达到成功，而别的实验者在其他条件相同的情况下却无法重复该实验。

这个说法看似可以为任何失败做辩护，因而可以使实验本身失去意义。如果它成立的话，确会使对特殊潜能的科学实验变得非常困难，但它并不至于使特殊潜能科学变得不可能。它要求实验者放弃自己纯客观的旁观者身份，而对实验采取积极的肯定态度，甚至自己成为特殊潜能的修炼者。但它并不要求实验者自欺欺人。我们仍可以通过实验的结果来看，是不是在实验者和旁观者本身就是特殊潜能修炼者时或对实验抱有积极肯定的态度时，该实验的成功率有明显的提高。

比上述"实验者效应"更令科学家们难以接受的一个说法，是有的时候特殊潜能治疗之有效或无效，或者多大程度上有效，还取决于被治疗者本身是不是相信该治疗已经生效了。有修炼师在带功报告中提醒听众，在接受治疗之后，如果师傅问："你好一点没有？"你说"好像好一点"，那么你就只是好像好一点。因为你在这么说的时候，你实际上只肯定了"一点点"的信息，而把其余的信息拒斥掉、浪费掉了。观其背后的哲学基础，这个说法实际上包含着这样的思想，即语言所承载的不只是思想，它也是带有能量，能够影响实在的行为。由于这个论点包含虚拟事实条件陈述（counterfactual conditional statement），因而它的证明是极为困难的。它

① 见 James E. Alcock, *Science and Supernature* (Buffalo, NY: Prometheus Books, 1990), pp. 37–40。

实际上是说：如果你当时不是说“好像好一点”，而是说“好了许多”，或者“完全康复了”，那你就会好许多，或甚至完全康复！由于没人能把已说出的话吞回去重说另一句来检验其效果，因此这个说法就只能是无法证明的假设。更令科学家们难以接受的是，即便你说了“我已全好了”，而你的各种生理化验指标仍不正常，特殊功能的支持者会要求你仍然保持自己已经完全康复的信念，这对科学家来说，无异于自欺。

然而即便是这样的观点，也不能简单地排斥，因为在逻辑上这是可能的。而如果它的确如此，那么这个说法就可能是救命的药方。确实，没有人能通过收回已经做出的事情来证明虚拟事实条件命题，但人们也无法用同样的方法证明日常的虚拟事实条件命题。如果我不小心用刀割破了手指，我会说：如果我当时小心一点，就不会割破手指了。为什么对此我们不要求收回已做出的行为来证明其正确？因为类似的情况我们有其他的日常活动为对照。在我小心用刀时，我的手指割破的几率大大小于在不小心时的几率。在特殊潜能中，我们也可以用同样的方法去证明或证伪上述的说法。

至于不相信生理检查的指标，也不能简单地看作是错误。完全无视所有的经验材料当然是愚蠢的固执，但完全依赖化验数据来了解自己的身体状况则是另一回事。自我感觉应当是身体状况的一个重要指标。事实上当代西方医学最大的弊病之一就是过多地依赖生理化验而不顾病人的自我感觉。而且，病人乐观的心理状况有助于恢复健康，反之则不利于健康，是人所共知的常识。病人自己的语言和思想是作为影响治疗的行为，还是仅仅是对实在状况的反映，在这一点上也是可以用统计材料予以经验地验证的。

特殊潜能界中的另一个说法，也会令科学家们难以接受，即功夫能量有自动选择目标的功能，会帮人解决最迫切需要解决的问题。如果一个功夫师为我治疗而无任何显效，按照上述说法，就可以说实际上他已经为我解决了我所更迫切需要解决的问题；如果不是因为他的努力，那些潜在的威胁会对我引起更大的伤害。

显然，这种说法可以为任何特殊潜能实验的失败提供借口，而且这又是一个看来永远无法证伪的虚拟事实条件命题。但如果同样的治疗在其他案例中有相当明显的作用，而只是在某些个案中没有显效，那它就不失为一种解释。逻辑上来说这并非不可能的，当然要把它当作一个科学的假设，需要比逻辑的可能性更进一步。我们一般认为人的感知能力局限于生而就有的五官，眼耳鼻舌身。但是不是可能一个训练有成的人会发展出某种更高层的感知能力？科学家们长期以来认为科学事实必须是任何人都可以感知到的。但其实我们也都承认，有些感知能力是需要培养的。借用密尔（J. S. Mill）的术语来说，或许某些事实需要"有资质的判断者"（competent judges）才能验证。如果有相当数量的"有资质的判断者"从他们的经验中都得出同样的结论，那么这个说法就不是没有经验基础的了。当然，如果我们仅仅用是否持这个观点本身来看一个人的功夫修炼程度，那就成了循环论证。但这是个不难避免的错误。只要根据那些修炼者的总体功力来判断就可以了。这个说法虽然要求科学界在科学认识论上做出适当的调整，但它并不要求科学家们完全抛弃经验实证的立场。

从上述讨论中，我们可以得出一些可供讨论的结论：特殊潜能要成为科学，需要我们在以下诸方面保持适当的张力。第一，要在盲目地信仰任何"大师"和不经考察就拒绝相信任何功夫之间，保持适当的张力。对于作伪欺骗的防范是必要的，功夫师也应当尽量满足科学家们为防止作假而提出的要求。第二，需要在固执于已有的科学定律和幼稚的轻信之间保持适当的张力，用开放的肯定性来对待已有的信念，即在立足于现有信念的同时承认其可错性，并愿意在具有充足的反证时放弃这些信念而接受新的观点，才是健康的态度。第三，需要在将特殊潜能现象归原为已有的科学理论框架之内，不然就予以拒斥和随意引入新的概念、假设、变量之间保持适当的张力。任何科学理论都是有局限性的，不能作茧自缚。但一个没有限制，可包容一切观点的理论绝不是科学理论。第四，需要在把实验者完全当作外在的观察者和要求他们成为毫无批判眼光和能力的盲从者之间保持适当的张力。虽然实验者效应在一般的科学实验中是可以忽视不计的，但在功夫实验中，却是个必要的考虑。在实验中，实验者自己也是实验的一部分。他们的客观性不是通过把自己置身于实验之外来达到，而通过寻找到上述的张力点来实现。第五，需要在将语言和思想仅仅作为对实在的描述和反映与将它们仅仅看作带能量的行为之间保持适当的张力。科学既是发现真理的事业，也是创造实在的事业。在这方面还需要有许多哲学的探讨。第六，需要在要求所有的科学事实均可为任何人所能感知到，和相信只有某些独禀天赋的人才能有超常的知觉能力之间保持适当的张力。我们既要承认自己的感知能力之有限，有些现象需要修炼有素者才能感知到，也需要对别人的说法在更广阔的背景上加以综合判断以决定其可信度。最后，我要提出一点前面没有明确提到的方面，即我们应当在真理与价值之间保持适当的张力。功夫修炼并非仅在科学中才能取得其合法存在的身份。作为一种生活方式，它可以通过提高人的道德素质、精神境界、社会和谐等来取得其合法性。事实上将功夫修炼仅仅纳入科学是对它本身的限制，而开掘其道德、精神、社会层面也是拓展科学的地平线。我们可以对世界做出不同的理论解释，那些解释也许各有其优点。功夫修炼的道德、精神和社会层面的内容在与当代科学对世界的冷漠的、纯物理性的解释相比时有其特殊的意义。最有说服力的真理和最高的价值也许就存在于它们二者合一之处。

科学需要有对特殊潜能功夫研究的开放心态来开拓自己，功夫界也需要通过与科学家们的合作而洗去沾在它身上的“伪科学”“迷信”等污秽。可以说二者的发展是互为依赖的。

第五章　儒家心性之学与功夫本体论

【本章提要】儒家“格物致知”的重要内容是对“心性”的认知，但如果将儒家心性之学仅仅当作描述客观实在的理论，则错失了其真意。作为儒家心性理论的主要经典，《中庸》乃是传授儒家“心法”之作。它表面上是以形上的天命之性来确立儒家的价值，实际上相反，是从价值出发来定义天命。就《孟子》而言，其关于人性论的论述包含存有论、语义学、价值观和功法论等多个层次。是后两个层次的考虑决定了前两个层次的选择。作为孟子性善论之支柱的“人禽之辨”，就首先是孟子对人的身份认同，而不仅仅是基于某种偶然事实的逻辑推论。这种自我认同更是功法的推荐，即“立人之道”。同样，宋明时期程朱的“性即是理”和陆王的“心即是理”，表面上看是形上学的分歧，实质上是功法的不同。但是，功夫的吊诡在于有时候为了达到功效，不可说破正在使用的功法。熊十力和冯友兰之间关于良知是呈现还是假设的争议，就蕴含了这一吊诡：从真理认知的角度看，冯的假设说是对的，但是从功夫的角度看，却只有认为良知是呈现而非假设，才能达到确立道德主体性的功效。

格物致知的重要内容是对事物的本性和人的本性的认识。事物的本性是什么？人的本性是什么？这是中外哲学都关心的核心问题之一。孔子说自己“五十而知天命”,《中庸》开篇说“天命之谓性”。可见在儒家传统里，知“性”就是知“天”，是属于最高的知。徐复观关于中国哲学史的主要著作就是《中国人性论史》。而在西方，作为西方哲学的一个重大转折点的休谟，其最主要的著作就是《人性论》。休谟在此书的序言中说，他的人性论理论是受了牛顿的启发。牛顿发现了物理世界的万有引力，发现地球周围天体的运行都受到地球引力的牵制，了解那些天体的运行规律也就是在了解地球本身。休谟认为自己发现了心灵世界的"万有引力"，即人类的知识和理解，乃至于人的道德观念，都受人心本身"联系的法则"（principles of association）的制约。知万物离不开知人性，因而人性论其实又是理解自然世界的基础。康德从休谟哲学出发，提出了"人为自然立法"和"人为自己立法"的观点。而这一切，似乎都指向了这样一个古老而永恒的哲学课题——认识自我（"know thyself"）。康德以后的叔本华和尼采，乃至后来的弗洛伊德，也是在这一点上对康德做出了批判和修正。在他们看来，人的自我并非如康德所描述的那种"理性"存在，而是"非理性"的欲望与意志。

从思孟到宋明理学乃至当代新儒家，儒家的主流传统将"格物致知"最终落实到对心性的认知，并以心性论作为理据来支撑儒家的基本价值体系和功夫修炼，似乎就是基于上述东西方所共有的那种见解。其"格物"绝非以"形而下者"的"器物"为界，而直指形而上的"心体""性体""道体"和作为宇宙天地万物之本的"理"。其"致知"也绝非仅仅是致现在所谓的"科学知识"，而类似于西方哲学所谓的"形上学"（metaphysics）。与当代西方哲学在经验实证主义的驱使下否弃形上学，从而导致精神层面的失落不同，当代新儒家的扛大纛者唐君毅、牟宗三、徐复观、张君劢在其1958年的《为中国文化敬告世界人士宣言》中突出儒学心性论的价值，以此为中华文化的核心内容，作为中华文化能够对世界做出最大贡献之处，似乎是坚持了儒家的一贯立场。

但是如我们在"绪论"中提到的，将儒家心性论看作是对实在的客观描述，是把儒家心性理论放在一个经不起严格推敲的位置上，也有违于早期儒家心性论的本意。唯有从功夫论的角度，才能看出儒家心性论的真正价值，对其做出公正的评价，并摆正整个中国哲学的发展方向。

我们知道，在孔子那里心性论只是显示了一些萌芽。孔子虽然也说

"知天命"(《论语·为政》2.4),但他没有解释是如何知天命的,也没有解释天命是什么。从孔子思想的总体倾向而言,这个天命其实可以理解为就是他所追求和践行的仁道。他有时好像显示了强烈的信心,是上天把品德赋予了他,因此即便别人想加害于他,也"其如予何",奈何不了他(《论语·述而》7.23),但这更像是他在给学生们鼓气。其实他非常现实,所以他会"微服过宋"(《孟子·万章上》5A:8),而不是仗着天命在我而无所顾忌。他更相信的是"人能弘道,非道弘人"(《论语·卫灵公》15.29)。整本《论语》记录孔子言性之处只有"性相近也,习相远也"(《论语·阳货》17.2)这一句话。另一处出现"性"字是"子贡曰:'夫子之文章,可得而闻也;夫子之言性与天道,不可得而闻也。'"(《论语·公冶长》5.13)可以推见,对孔子来说,成为一个君子、仁人,与其说是某种天赋、天意,不如说是学习和践行修炼的成果。《论语》之首章以"学而时习之"开篇,历代学者多认为不是偶然。它反映了孔子所代表的,不是强调天赐而具有合法性的倾向,而是相信通过自己的学习和修炼,以人弘道。

心性论之成为一种学说,始于子思和孟子。据信为子思所作的《中庸》,开篇就说"天命之谓性,率性之谓道",所以知性就是知天命,属于最高的知;率性就是道,即行天道。这里,"性"与"天"相关联,天地正气和人格生命,宗教信仰和道德实践由此而合为一体,古代政治意义上的"天命"变成了人人皆有的神圣性。孟子进一步把人性当中的"四端",即恻隐之心、羞恶之心、辞让之心、是非之心,抽取出来作为天赋于人的"性",由此而形成性善论,使人心与天的联系显得更加直接和具体,存养四端的修炼方法也因此而获得了"事天"的高度。[①]

当然,孔子的倾向与思孟心性学所代表的倾向之不同,并不意味着它们相互矛盾。思孟心性学说背后的动机,不在于揭示形上学的真理,而在于和孔子一样,成就能弘道之人。孔子的途径可以说是"下学而上达",但它并不排斥"上学以下贯"之可能。

---

① "存其心,养其性,所以事天也。"(《孟子·尽心上》)

思孟之心性说在很长时期内一直不是中华文化的主流，甚至不是儒学的主流。其成为儒学主流，是直到思孟之后一千多年，通过宋儒的重视，并将其与《尚书·大禹谟》中“人心惟危，道心惟微，惟精惟一，允执厥中”的所谓“十六字心传”联系起来发挥，使之上接尧舜，构成一道统。[①]朱熹又相应地将心性论内容最丰富的《中庸》和《孟子》列入“四书”，作为儒家核心经典，取代以前“五经”的位置，才促成了思孟心性之学在儒学和整个中华文化中地位的大幅提升。

宋儒使心性理论最终成为儒学的核心话语，其中当然有学理上的脉络，但更为直接的动机是以此回应来自佛老的挑战，弥补儒学自身仅仅作为社会日用纲常而在“上达”天道，安置内心方面之不足。朱熹在其《中庸章句序》中明确阐述了建立此道统的意义在于应对当时“异端之说日新月盛，以致于老佛之徒出，则弥近理而大乱真”的局面,“以斥乎二家似是之非”。[②]整个宋明儒学对心性问题的探讨，都是在佛老心性论广为流传的背景上，以重新诠解和发挥先秦儒家心性理论而展开的。宋明儒学家们一方面吸收佛老理论的观念和话语，一方面又从先秦儒学中寻找资源，将儒学拔高到天道、天理的层面，在“理”“气”“心”“性”“天道”等本体论概念上展开论证，成就了儒学的复兴。也就是说，心性之学在宋明时期的成功，更多的是在社会层面，即从社会影响而言，它确实是促进了儒学的复兴。这与其学理思想上的成功与否不能混为一谈。学术思想之社会影响并不完全取决于其内在的理论价值和说服力，它往往也取决于许多外在因素，如社会的需要、思想家的语言技巧、追随者和出版者的重视和推荐等等。宋明时期心性学之兴起，其性质与商周时期的君主以“天命”来论证其政治上

---

① 按照朱熹的说法，“‘允执厥中’者，尧之所以授舜也；‘人心惟危，道心惟微，惟精惟一，允执厥中’者，舜之所以授禹也”（朱熹:《四书章句集注》，第 14 页）。唐君毅等四先生在其 1958 年的《宣言》中说，“古文尚书所谓尧舜禹十六字相传之心法，固是晚出的。但后人之所以要伪造此说，宋明儒之所以深信此为中国道统之传之来原所在，亦正因为他们相信中国之学术文化，当以心性之学为其本原”（唐君毅:《中华人文与当今世界》，第 885 页）。见陈良中:《“十六字心传”理论的形成及内涵》，《兰州学刊》2007 年第 4 期。

② 朱熹:《四书章句集注》，第 15 页。

的合法性相似。古代君主以“王权天命”来宣示其统治的合法性，后来周朝取代殷商，以“皇天无亲，惟德是辅”，“天命无常，惟德是从”的思想取代纯粹依赖上天赋予的权力，来为自己取殷商而代之正名。虽然同是天命，后者显然加入了人的主动性。如果说古时政治权力意义上的“天命”只属于个别的君主所有（无论是天赋的还是人自己修来的），思孟心性学则把天命看作是每个人都具有的，是天所赋予每个人的“性”。通过把人的“性”与天连接起来，从思孟到宋明儒这一道统为儒家学说作为正统文化的“合法性”提供了依据，或者按牟先生的说法，是给周公的文制以“超越的安立”（transcendental justification）[①]。

从学术政治的角度而言，这一理论曾经对儒学在宋明时期的复兴起了重大的作用，但从学理思想上来说，思孟以降乃至宋明的心性理论是否成功，则完全是另一回事。

一　作为儒家心法的《中庸》功夫

由于《中庸》乃是所有儒家经典之中最具形上学意味的著作，因此读者常常容易注意其形上学的内容，却忽视其更为根本的功法层面。此书开篇的三句话，“天命之谓性，率性之谓道，修道之谓教”，表达了形上学层面的天命与“性”的关系，以及人伦层面的“道”与“教”的关系，将儒家的“教”与超越的天、天命、天道结合了起来。《中庸》接着又说“喜怒哀乐之未发谓之中；发而皆中节谓之和；中也者，天下之大本也；和也者，天下之达道也。致中和，天地位焉，万物育焉”（第1章）。这里的“未发之中”在宋明理学中被理解为受之于天的“本”，或者“性”，是人道连接天道的根据。朱熹在《中庸章句序》里写道：

---

① 《牟宗三先生晚期文集》，《牟宗三先生全集》第27卷（台北：联经出版事业有限公司，2003年），第68页。

中庸何为而作也？子思子忧道学之失其传而作也。盖自上古圣神继天立极，而道统之传有自来矣。其见于经，则“允执厥中”者，尧之所以授舜也；“人心惟危，道心惟微，惟精惟一，允执厥中”者，舜之所以授禹也。尧之一言，至矣，尽矣！而舜复益之以三言者，则所以明夫尧之一言，必如是而后可庶几也。

夫尧、舜、禹，天下之大圣也。以天下相传，天下之大事也。以天下之大圣，行天下之大事，而其授受之际，丁宁告戒，不过如此。则天下之理，岂有以加于此哉？自是以来，圣圣相承：……既皆以此而接夫道统之传……子思惧夫愈久而愈失其真也，于是推本尧舜以来相传之意，质以平日所闻父师之言，更互演绎，作为此书，以诏后之学者。盖其忧之也深，故其言之也切；其虑之也远，故其说之也详。其曰“天命率性”，则道心之谓也；其曰“择善固执”，则精一之谓也；其曰“君子时中”，则执中之谓也。①

这两段话，一方面确立了《中庸》的道统，即它是从古代圣王尧舜那里一脉相承下来，以示其权威性，一方面又通过“人心”与“道心”的区分而为《中庸》中所建立的人与天道的联系做了解释。如果把人心看作一个大圆圈，则道心可以看作是其中心的一个“微”小的小圆圈。此小圆圈即“天命”之“性”，是人所需要精一固执的“中”，是包括人生在内的天下之“大本”。这个“中”也就是善之源头，故精一固执此“中”就是“择善而固执之”，也就是《中庸》所谓的“诚身”之道。就这样，《中庸》为儒家的伦理价值建立了其道统和形上的根据。

但是，且不说那个道统的历史经不起严格考证，作为其核心内容的“十六字心传”本身就早已为学界所公认为后人之伪作，而且其“人心”与“道心”的区别如果仅从本体论的角度来看也缺乏依据。《中庸》所说的“天命之谓性，率性之谓道，修道之谓教”在儒家传统当中一直被当作是定

① 朱熹:《四书章句集注》，第14—15页。

论，人们只是讨论如何去理解它，而没有人对此产生过质疑。但假如一个强盗说，我天生就想抢夺别人的东西，因此我的天命之性就是做强盗；我抢夺财物时率性而行，从不犹豫，所以我是按照道在生活；而且我不断修炼我的偷、抢的技艺，这就是我的“修道之为教”，这为什么不行？如果“喜怒哀乐之未发谓之中”，则“中”便是自己的心。“庸”的含义按照郑玄（127—200）的解释是“用也”，又曰“常也”。如此，“中庸”就是“用中为常道也”[①]。既然中庸是指用中为常道，也就是用自己的心为常道，小人也可以用自己的小人之心为常道，他为什么要反中庸？《中庸》又说“诚者天之道，诚之者人之道”，意思是天之道能“不勉而中，不思而得”，而人之道则需要“诚之”，即“择善而固执之”（《中庸》第 20 章）。但天道并不总是“酬勤”，好人也并不总有好报。颜回是孔子最为满意的学生，却不幸早死，孔子就曾大声痛呼“天丧予！天丧予！”（《论语·先进》11.9），可见天也并不总是“善”的。为何人需要“择善”而天无须择善？人若只是要按照天命之性去率性地生活，又何必要修身？人心当中哪些内容算是“道心”，是需要“率”之，需要“惟精惟一，允執厥中”地去维护培养的，哪些内容又算是“人心”，需要“戒慎恐惧”之的？

这些困难只能通过将《中庸》放到功夫论的语境中才能得到合理的解决。与“四书”中的其他三部，即《大学》《论语》《孟子》相比，《中庸》的特点确实在于其强烈的形上学色彩，然而它依然是一部典型的儒家著作——它的最终目的不在于得出世界是什么或如何的命题性的真实描述，而在于指导人们怎样为人处世。正因为如此，程颐在其为《中庸》所写的短短的引言中，没有说此书中的形上学是如何的正确，而是强调此书所传乃“孔门心法”，即修炼的方法。“善读者玩索而有得焉，则终身用之，有不能尽者矣。”[②]

《中庸》开篇的三句话“天命之谓性，率性之谓道，修道之谓教”表

① 郑玄：《礼记注疏》（文渊阁四库全书 / 经部 / 礼记之属）卷 52，第 4 页。
② 朱熹：《中庸章句》，《四书章句集注》，第 17 页。

面上是以“天命”来支撑儒家的价值（“教”），但实际上却是从价值出发来规定什么是天命的。在上述三句话后面，作者紧接着讲“道也者，不可须臾离也，可离非道也。是故君子戒慎乎其所不睹，恐惧乎其所不闻”，君子当“慎其独”。这就说明，这里的“道”指的是那能够引人走向生存的道，而不是纯自然的规律，因为自然规律既允许人走向生存也导致人走向灭亡。这里的“不可须臾离”的“道”不是指“无法离”的自然规律，而是指“不应当离”的正确道路。正因为“可能离”但却“不应当离”，所以才需要“戒慎恐惧”。如果“道”是指引向生存之道，那么“率性”也就必然指的是“率”那允许人更好地生存的“性”，而非所有的天赋本性，因为人的天赋本性当中包含了许多需要“克己”的内容，不能笼统地全都“率”之的。再倒推回来，既然那“性”是特指某些允许人更好地生存的天赋本性，那么“天命之谓性”当中的“天命”也就不是指天所赋予的一切，而是特指某些为了生存而“不可须臾离”的天赋本性了。

然后作者进一步用两个关键词“中”与“和”点出了前面的本体论与后面关于修道的功夫指导的联系：“喜怒哀乐之未发谓之中；发而皆中节谓之和。”“中”乃是人心“喜怒哀乐之未发”时的天赋可能性，“和”是“发而皆中节”的功效。正是通过“发而皆中节”与“天地位焉，万物育焉”那样的功效，才反过来说明什么是作为“天下之大本”的“性”——“性”是指能够允许人达到“和”的功效的那些天赋潜能，而不是一个人得之于天的一切本性。

这些分析说明，《中庸》看上去是以形上学支撑伦理价值，实际上是量身定制，按照确立伦理价值的需要来构建形上学。这一方面是为其伦理价值提供“天赋”的合法性（就像“天赋人权”的说法一样），让本来显得主观随意的价值观念获得一种客观性和确定性的色彩，同时也借此而使儒家功夫的修炼者提升自身的精神性，获得超越自身而与天地为一的神圣感。这种一举两得，都包含在了牟宗三所说的“超越的安立”这一表述当中了。

这样的功夫解读还可以帮助我们理解《中庸》概念混乱不清的问题。

“中”字在《中庸》里除了指“喜怒哀乐之未发”的“性”，还有另一个含义，即“无过无不及”，能发而“中节”之“中”。“子曰：‘道之不行也，我知之矣：知者过之，愚者不及也。道之不明也，我知之矣：贤者过之，不肖者不及也。’”（《中庸》第 4 章）“舜其大知也与！……执其两端，用其中于民，有斯以为舜乎！”（《中庸》第 6 章）在一个以描述实在真理为目的的理论体系中，这样的概念交叉绝对是令人头疼，需要避免的弊病，但是在一个功夫理论系统中，概念交叉可以起到令人发生联想的作用。如《吕氏春秋》里说“王者，往也，天下之所归往也；君者，群也，群天下万民而除其害者”，就是利用读音上的相似故意把本来并无逻辑关联的概念连到一起，看上去像是同一个字包含了多重概念，可以用其中一个概念“解释”另一个概念，实际上却是在用一个概念去“规定”另一个概念，是一种移花接木、暗度陈仓的手段，以“创造意义”，或者说“正名”。它并不一定意味着古代造字者早就看到了那些概念之间的联系而故意用相同的读音来表述那个联系。①

就“中”字而言，它本身就包含了不同的概念，可以被很自然地用来将这些概念贯通起来，使功夫修炼者得益：如果说修炼的目标是达到“发而中节”和“无过无不及”的“适中”，那么要做到这一点，就需要到自我“喜怒哀乐之未发”的“性”这个“中立”的本源里去寻找解决问题的资源。而这个本源又可以表述为“内在”之“中”。《中庸》引孔子的话：“射有似乎君子；失诸正鹄，反求诸其身。”（《中庸》第 14 章）子曰：“道不远人。人之为道而远人，不可以为道。《诗》云：‘伐柯伐柯，其则不远。’执柯以伐柯，睨而视之，犹以为远。故君子以人治人，改而止。忠恕违道不远，施诸己而不愿，亦勿施于人。”（《中庸》第 13 章）

《中庸》里的“庸”字也是个多义字。理雅各在将《中庸》译成英文时，干脆把书名翻译成了“The Doctrine of The Mean”，省略掉了“庸”字。

---

① 类似的还有很多，如“政者正也”“义者宜也”“仁者人也”“道者导也”等等。见 Roger T. Ames, “Paronomasia: A Confucian Way of Making Meaning,” in *Confucius Now, Contemporary Encounters with the Analects*, ed. David Jones (La Salle: Open Court, 2008), pp. 37–48。

他解释道，那是“因为中国学者本身及以前的翻译家都对“庸”字的恰切含义有相当的分歧”[①]。他所说的分歧，主要是对“庸”字的三种理解。一是朱熹的解释：“庸，平常也。”[②]二是程颐的看法：“不易之为庸。”[③]三是郑康成的观点：“庸，用也。”[④]如果中文的“庸”字可以允许有以上三种不同的理解，那么一个理想的翻译也应当可以允许有这几种理解。当然，要能找到这么一个理想的英文对应词很困难，但这并不意味着译者有理由简单地将这个概念在译文中省略掉。作为标题的一部分，“庸”字在表达《中庸》的核心思想中具有不可或缺的作用。对以上所说的三种“庸”字的诠释做一切近的审视，我们可以发现它们是可以互相关联的。人们常以为深刻的东西总是玄秘的，伟大的东西总是难以企及的，神圣的东西总是非凡的。《中庸》却告诉读者并非如此。“莫见乎隐，莫显乎微”（第1章）——没有比隐藏的东西更加近在眼前，没有比微妙的东西更加显而易见。“庸”的概念表明，人性就表现在我们事奉父母、抚养孩子、尊敬师长、帮助朋友等的日常生活（平常）实践（用）之中。这种日常生活就是人的神圣性得以表现的场域。虽然人皆有时可以“执其中”，但很少有人可以做到时时刻刻都如此（不易）。圣人就是那些能清楚地意识到那些日常生活实践的意义，能以身体之，恒常用之的人。一个人需要通过在日常生活中努力地实践“中”的功夫，使之产生功用、功效，以至于能既从心所欲，又“发而皆中节”。可以说，《中庸》的作者正是巧妙地利用了“庸”字的三种含义，将它们归结到一起，表达了“在日常生活中恒久不辍地运用（践行）‘中’”的功法。如果把这个句子里的“中”字也“解压缩”一下，“中庸”的含义

---

① James Legge, *Confucian Analects,* p. 382.

② 朱熹：“庸，平常也。”（《中庸章句》）“庸”字在先秦就已有“平常”之意。“君子……虽杂庸民，终无怨心，彼有自信者也。”（《墨子·亲士》[文渊阁四库全书/子部/杂家类/杂学之属]卷1，第1页）“圣人之功，时为之庸。”（《国语·越语下》[文渊阁四库全书/史部/杂史类]卷21，第9页）

③ 程颢：“不易为庸。”（朱熹：《朱子语类》第62卷，第5页）

④ 许慎：“庸，用也。”（《说文解字注》，上海：上海古籍出版社，1988年，第128页上）郑玄：“庸，常也。用中为常道也。”（《礼记注疏》卷52，第4页）

就是“在日常生活中恒久不辍地求诸其身以达到发而皆中节”。

从功法的角度看“中庸”，以下这些表述就容易理解了。子曰：“中庸其至矣乎！民鲜能久矣。”（《中庸》第3章）“人莫不饮食也。鲜能知味也。”（《中庸》第4章）子曰：“天下国家，可均也；爵禄，可辞也；白刃，可蹈也；中庸不可能也。”（《中庸》第9章）子曰：“君子依乎中庸。遯世不见知而不悔：唯圣者能之。”（《中庸》第11章）这是讲中庸功夫的“难”。最难达到的功夫不是偶然做一件惊天动地的好事，而是在日常生活中恒久不辍地运用通过求诸其身以达到哪怕琐细的生活小事都能做得恰到好处（发而皆中节）。“君子之道，费而隐。夫妇之愚，可以与知焉，及其至也，虽圣人亦有所不知焉。夫妇之不肖，可以能行焉，及其至也，虽圣人亦有所不能焉。……诗云，‘鸢飞戾天；鱼跃于渊’，言其上下察也。君子之道，造端乎夫妇；及其至也，察乎天地。”（《中庸》第12章）这是讲中庸是任何人都可以实践的功夫，虽然它的至臻完美境界是连圣人都不一定做得到的。

“诚”是《中庸》的另一个核心概念。许慎的《说文解字》释“诚”为“信”。信字乃“人”“言”之组合，意会“真实可靠”。“诚”在《中庸》里起着双重作用。它一方面作为一个形上学的概念，用来指称天之道。另一方面，它又是作为一个功法概念，指取法于天道，以指导人的修炼。这里我们看到的又是用一个词承担双重作用，以表达这两者之间的联系。《中庸》的作者写道，“诚者天之道，诚之者人之道”。天之道为“诚”，它能“不勉而中，不思而得”，即无须有择，而能从其所欲，发而皆中节。如果说“诚”字用在“天”上是把天拟人化，那么反过来它就为人提供了榜样。人的修炼要达到的最高境界就是能像天一样“不勉而中，不思而得”，如孔子在七十岁所达到的，能“从心所欲不逾矩”。儒家以“仁”作为达到完美人生最重要的德性，而同样是“仁”，就有层次的区别，即所谓“仁者安仁，智者利仁，畏罪者强仁”（《礼记·表记》）。在尚未达到“安仁”之前，人还需要“诚之”。“诚之者，择善而固执之者也。”（《中庸》第20章）作为天道的“诚”和作为人道的“诚之”之间的区别，在于“择”。对一般人而言，择善而固执之是达到完全天人合一之前所必须经过的阶段。它的目标是最终能像天一样，能自然地“诚”，即能不勉而中，不思而得。这就是圣人的境界。但在达到这个理想目标之前，却仍然需要付出努力，要反思，要做抉择。正如王阳明所说，圣人“率性而行，即是道。圣人以下，未能率性于道，未免有过不及，故须修道”[①]。但是达到这个理想目标又恰恰是成为一个完整的人而不是变成不同于人的什么其他存在，因此这个过程也是一个“成己成物”的过程。

这里《中庸》的作者没有任何论证地假设了“天”能够“不勉而中，不思而得”。如果说它指的仅仅是天之所“中”所“得”都无须有“勉”有“思”，这应该没什么问题。但天是不是总是能“中”，总是能“得”？大自然也会有海啸地震，有洪涝干旱，有病害施虐，会毁灭无数无辜的生灵，会把人间变为地狱般的黑暗痛苦。这个在宗教哲学里称作为“自然恶”的问题，在《中庸》里被完全忽视。但读者如果因此而与《中庸》的作者争论，去驳斥其观点，则完全误会了作者的用意。作者讲“天”能够“不勉而中，不思而得”并不是想要确立一个形上的真理，而是要确立一个值得追求的理想目标。就目标而言，其评价的标准不是“真”与“不真”，而是“善”与“不善”。

上述逻辑链中将“诚之”定义为“择善而固执之”也再一次透露了《中庸》的形上学是以价值观为基础而量身定制的。人需要“固执之”的不是其天赋的所有内容，而只是其“善”者。《中庸》第2章说：“小人之中庸也，小人而无忌惮也。”如果仅仅反求诸己，以用自己的天赋（中）为常道，则有可能变得肆无忌惮。所以要发挥哪些天赋，如何发挥天赋，就必须反过来迂回地通过功用或功效来规定“善”：那个需要“诚之”的“性”是能够使人们最终“发而皆中节”的潜力。所以与小人之用中相比，君子之用其中不是肆无忌惮为所欲为，而是带着敬畏之心，“戒慎乎其所不睹，恐惧

① 《传习录》上，《王阳明全书》第1册，第31页。

乎其所不闻”。“博学之，审问之，慎思之，明辨之，笃行之。”[①]《中庸》里的诚之之道，就是以种种功效为依据的：作者花了虽然不多，却很有分量的笔墨来描述这一功法的效用，如“诚”能导向“明”、“强”(《中庸》第20章)、“化”(《中庸》第23章)，能有“前知”(《中庸》第24章)，能“久”(《中庸》第26章)，甚至能“与天地参”(《中庸》第22章)。

《中庸》功夫的目标是那无须有择而发皆中节的自为境界，择善固执之则是功法。《中庸》进一步把这种功法分为两种：“自诚明，谓之性；自明诚，谓之教。”一个人可以由诚而致明（自诚明），也可以由明而致诚（自明诚）。二者代表不同的修炼方法。前者谓之性，因为它是通过率性而达到明，即通过自发地发挥自己内在的德性而能发皆中节，从而了悟“道”；后者谓之教，因为它是通过外来的教导，去达到诚，即在师长和典籍的指导下，明了应该培养哪些德性，从而能够发皆中节。其结果最后殊途同归，因为有诚必有明，有明必有诚。但通向此结果的方法或途径却不相同。[②]这类似于禅宗六祖惠能在《坛经》中所说的定与慧之间的那种互为因果的关系。定能致慧，慧能致定。一个人可以在定上下功夫，以得到慧，也可以在慧上下功夫，以获得定。虽然这里因与果是交互的，但这两者仍然代表了两种不同的功法，两种不同的因果联系方向。

综观《中庸》所包含的功夫指导，我们发现此书的标题“中庸”实乃对其最为精到的概括。它要求一个人在日常生活中恒久一贯地运用那人所共有的，喜怒哀乐未发时的人心天赋潜能。“诚”是用以阐明此功法的一个

---

① 《中庸》，第20章。

② 王阳明认为，“自明诚”的“教”是人之道，而“自诚明”的“性”是天之道(《传习录》上，《王阳明全书》第1册，第31页)。按照王阳明的理解，“择善而固执之”即是教。杜维明也认为，“教”的方法是《中庸》的核心。他说，“正如《中庸》的开篇语所提示的，虽然我们的性得自于天，但我们作为人有责任去修道，以顺此天赋之性”(Tu Weiming, *Centrality and Commonality, An Essay on Confucian Religiousness*, Albany, NY: State University of New York Press, 1989, p. 74)。虽然在理论上讲，一个人有可能不教而自诚，实际上这种可能性很小。而且从教学方法上讲，没必要去强调这种可能。如果能不教自诚，当然最好。在这种情况下，加之以教也不会有什么坏处。但若不能不教自诚，那么强调这种可能性只会鼓励一个人存有侥幸心理，想省略这一步骤，因而大大减低其获得功夫的机会。

关键词。虽然圣人能像天一样不勉而中，不思而得，无须有择，一般的人仍须经过教（修道），有“择善而固执之”的过程，才能达到中庸的境界。这个功法的依据是它所能导致的一系列功效，即使人充分发挥其潜能，成己成物。由此可见，《中庸》的形上学思想和它的功夫层面紧密相连。诚既是修炼的方法，也是能创能化能成的能量之源。它既是人与天的结合点，是人之能与天地参的存有论的基础，也是这种潜在转化为实有的方法。

从功法的角度来解读，可以使我们更清楚地看到《中庸》和别的儒家经典的同异。如《礼记·乐记》里面有这么一段话：

> 人生而静，天之性也。感于物而动，性之欲也。物至知知，然后好恶形焉。好恶无节于内，知诱于外，不能反躬，天理灭矣。夫物之感人无穷，而人之好恶无节，则是物至而人化物也。人化物也者，灭天理而穷人欲者也。于是有悖逆诈伪之心，有淫泆作乱之事。是故强者胁弱，众者暴寡，知者诈愚，勇者苦怯，疾病不养，老幼孤独不得其所。此大乱之道也。[①]

这段话完全可以用来作为《中庸》功法的依据。正因为人为知为欲所惑，失去了天赋的喜怒哀乐之未发时的静，才产生了种种的恶。然而，《礼记·乐记》里所提供的解决问题的功法却与《中庸》不同。紧接着上述那段话，《礼记·乐记》接着阐述道，这就是为什么古代圣王制礼以节民心，制乐以和民声。礼自外作故文，使民不争；乐由中出则静，使民无怨。而《中庸》则更进一步，要求人们直达其喜怒哀乐未发之时的本然之静，从那里汲取能源。正因此，《中庸》比其他儒家经典都更具形上学的和神秘的色彩。

从功法角度来看《中庸》也有助于我们看到它与佛家、道家学说的相通之处。《中庸》从本然之静中汲取能源的功法与佛家的禅定或“见其本来

---

① 《礼记》（上海：上海古籍出版社，1987 年），第 206 页。

面目”（惠能）有惊人的一致。它也使我们想起道家功夫中“载营魄抱一，能无离乎？专气致柔，能婴儿乎？涤除玄览，能无疵乎？”（《道德经》第10章），“中气以为和”（《老子》第42章），“不见可欲，使民心不乱”（《道德经》第3章），“天得一以清；地得一以宁；神得一以灵；谷得一以盈；万物得一以生；侯王得一以为天下贞”（《道德经》第39章），还有庄子的“坐忘”（忘记那由情、欲、偏见等等所编织起来的自我）等。正如佛家和道家那样，宋明儒者也通常使用静坐的修炼方法。[①] 当然儒家的中庸注重于日常社会生活实践，并以“平天下”为其目的之一，而不是超尘脱凡，只求自我的解脱或长生不老。

《中庸》的功法以及后来深受其影响的宋明理学显然是以诚意正心为核心关注，但这不等于它局限于“内圣”而与“外王”无关。它实际上反映了从孔子“修己以安人”而来的一贯思路，即“格致诚正”能导致“修齐治平”。《中庸》曰：“君子之道，辟如行远必自迩，辟如登高必自卑。”（《中庸》第15章）“子曰：‘舜其大孝也与！德为圣人，尊为天子，富有四海之内。宗庙飨之，子孙保之。故大德，必得其位，必得其禄，必得其名，必得其寿……’”（《中庸》第17章）《中庸》还以文王武王周公为例，承接前章说的“大德者必受命”，引出致孝而“践其位，行其礼，奏其乐，敬其所尊，爱其所亲”（《中庸》第18章），“郊社之礼，所以事上帝也。宗庙之礼，所以祀乎其先也。明乎郊社之礼，禘尝之义，治国其如示诸掌乎”（《中庸》第19章）。虽然这一从心性修炼出发的政治理论对制度安排方面关注不够，但这不等于这个理论与治国平天下无关。按照这个理论，“为政在人”，“其人存，则其政举；其人亡，则其政息”（《中庸》第20章）。

总之，《中庸》在本质上是一部高级功夫著作。它的高级体现在通天人之际，合外内之道。其通天人之际体现在融会形上形下，以“天命之谓性，

---

① 《中庸》和佛道两家的同异及联系本身是一个值得研究的很大的课题，见 Tu Weiming, *Centrality and Commonality, An Essay on Confucian Religiousness*, p. 130, note 23。

率性之谓道，修道之谓教”（《中庸》第1章）这三句话高度凝练地构建了一个天和性的形上层面的理论，然后以此导出率性修道的形下层面的功法。通过“自诚明，谓之性；自明诚，谓之教”“诚者，天之道也。诚之者，人之道也。诚者，不勉而中，不思而得，从容中道，圣人也。诚之者，择善而固执之者也”（《中庸》第21章）说明了除非一个人生来就能“诚”，也即生来就能“率性”，否则就需要“诚之”，而“诚之”的方法就是“择善而固执之”。由“诚”而能导向“明”“强”“化”“久”，甚至能有“前知”，能“与天地参”，能“至诚如神”（《中庸》第22、23、24章）。这种即凡而圣的功夫，“造端乎夫妇；及其至也，察乎天地”（《中庸》第12章）。

其合外内之道体现在此“诚之”的功法能够打通物我之分。“唯天下至诚，为能尽其性；能尽其性，则能尽人之性；能尽人之性，则能尽物之性；能尽物之性，则可以赞天地之化育；可以赞天地之化育，则可以与天地参矣。”（《中庸》第22章）“诚者，物之终始。不诚无物。是故君子诚之为贵。”（《中庸》第25章）“诚者，非自成己而已也。所以成物也。成己仁也，成物知也。性之德也，合外内之道也。故时措之宜也。”（《中庸》第25章）朱子注：“诚虽所以成己，然既有以自成，则自然及物，而道亦行于彼矣。”[①] 这里的“内”“外”当包括内圣外王。

二 孟子人性论的再认识

如所周知，孟子继承了子思的基本思路，故有“思孟学派”之称。他们的主要区别是在于《中庸》还只是笼统地称“天命之谓性”，然后通过“择善”回过头来规定什么叫“率性”——率天赋当中的什么德性和如何率性，而孟子则将此“天命”具体化为“四端”，即恻隐之心仁之端、羞恶之心义之端、辞让之心礼之端、是非之心智之端，直接就把天命之性规定为标志人禽之别的四个善端。经过孟子改造以后的心性论变得更加直接明了，

① 朱熹：《中庸章句》，《四书章句集注》，第34页。

即“以直道养其心”，也就是养其四端。孟子接过了《中庸》的“诚”字，说“诚身有道。不明乎善，不诚其身矣。是故诚者天之道也，思诚者人之道也。至诚而不动者未有之也，不诚，未能有动者也”（《孟子·离娄上》4A:12）。很明显，“诚”就是“明乎善”，而“明乎善”就是导致“动”的功法，而且按孟子看来，是唯一有效的功法。

孟子之说后来成了儒学的主流。然而中外学术界早有评论，指出孟子在论辩之中常常不够严谨。[①] 其实孟子性善说的真正的动机是提供一种功夫的推荐，即鼓励人将“四端”当作自己的天赋本性来认同和弘扬。他和告子、荀子的分歧也必须从功夫推荐的角度来看，才能领会其真意并得到恰当的评价。

毫无疑问，孟子的心性之学就其表达方式而言是一种存有论意义上的形上理论，即对形上实在的理论描述，阐述人性在事实上究竟是善是恶，希望能够对此做出符合真实存在的判断。从存有论的层次上说，孟子主性善，告子主张性无善恶，荀子则持性恶论。[②] 三人在这个层次上当然各有其论据，而且这些论据已经被反复引征，无须赘述了。不论是从经验上去论证，还是从形上的角度去理解，从这个存有论层面去概括孟子的人性论及其与荀子、告子之争始终是最为常见的说法。

孟子确实提出人性本善，认为人皆生而有“四心”或“四端”。孟子著

---

① 在中国思想史上，一方面由于思维方式的相同，另一方面在《孟子》成为经典以后，儒家学者多将孟子的言论当作权威来理解而不敢从批判的角度去审视，所以较少有人指出孟子论辩逻辑方面的问题；而海外汉学界则一方面由于逻辑分析的传统较强，另一方面，相对而言比较容易从旁观者的立场来审视，所以对《孟子》当中所牵涉的逻辑问题讨论较多。可见韩振华：《孟子是个讲“逻辑”的人吗？——基于对西方汉学视角的考察》，《复旦学报》（社会科学版）2014 年第 1 期，第 65—75 页。

② 近年来有学者对荀子持性恶论提出质疑。如周炽成认为荀子是性朴论者，《性恶》篇是后人加进《荀子》的（见周炽成：《荀子人性论：性恶论，还是性朴论》，《江淮论坛》2016 年第 5 期）。又如梁涛认为把荀子的人性论概括为“性恶”论不够全面，因为他除了说性恶，还说了“善伪”，即善乃人心所为，故而其人性论应该概括为“性恶心善”论（见梁涛：《〈荀子·性恶〉篇“伪”的多重含义及特殊表达——兼论荀子“圣凡差异说”与“人性平等说”的矛盾》，《中国哲学史》2019 年第 6 期）。本人此处关注的是澄清通常归结为荀子的观点蕴含了什么，无意进入有关荀子本人真正的观点是什么的争议。

名的“孺子入井”例子，说任何一个人如果乍见一个小孩子即将掉入水井，都会产生要去救那孩子的冲动。哪怕这个冲动非常短暂，哪怕有些人也许出于其他考虑并不真的采取行动去救那孩子，只要有那个本能的、先于功利或道德考虑的善念，就足以说明人有此本然之善。但孟子显然不是没有注意到这样一个事实，即人也有食色之欲、利己之心，而且人与禽兽之异“几希”（只有很小的区别），为何他独取四端为人性？一个人看到一个小孩有掉入井里的危险，会马上产生要去救的冲动，但同样，一个人闻到臭味就想避开，见到美色就想亲近，不也是同样未经社会影响就与生俱来的吗？孟子为什么不由此而得出人性自私自利的结论？

这一追问立刻显现在存有论的层次背后，还有一个对“性”字如何定义的语义学的层次。表面上孟子、告子和荀子对人性善恶有各自不同的回答，即孟子认为人性本善，荀子认为人性本恶，告子认为人性无善无恶，但这一争端背后，是三人有不同的“人性”定义。孟子以人与草木禽兽不同之处为性：

> 告子曰：“生之谓性。”
>
> 孟子曰：“生之谓性也，犹白之谓白与？”
>
> 曰：“然。”
>
> “白羽之白也，犹白雪之白，白雪之白犹白玉之白欤？”
>
> 曰：“然。”
>
> “然则犬之性犹牛之性，牛之性犹人之性与？”（《孟子 · 告子上》6A:3）

这是一种非常通用的定义方法，即找出“种差”之所在。人之为人，在于其与其他动物的区别。孟子说，“无父无君，是禽兽也”（《孟子 · 滕文公下》）。然而这显然不是定义人性的唯一途径。告子主张“生之为性”，即以生而有之作为性。荀子则又主张取生而有之者（“天之就者”）中的“不可学，不可事，而在人者”为性（《荀子 · 性恶》）。三家理论的不同，可以说是根源于各人所谓的“性”各不相同。若言“生之为性”，那么当然人既可为善亦可为恶，故可以说是“无善无不善”，或既有可以为善的趋向也有可以为不善的趋向。如果像荀子那样，先规定“性”是“不可学，不可事，而在人者”，那么就很能理解为什么荀子主张性恶了，因为人饥而欲饱，寒而欲暖，劳而欲休，均是既非学来的，也是无法改变的。而仁义礼智则是可学可事的。然而若按孟子，以生而有之者中使人之为人，使人与草木禽兽相区别之处来定义“性”，则以四端为人性，又是自然的结论。其实荀子也承认，那些饥而欲饱、寒而欲暖、劳而欲休的欲望并非使“人之为人者”。他说，“人之所以为人者，非特以二足而无毛也，以其有辨也。禽兽有父子而无父子之亲，有牝牡而无男女之别，故人道莫不有辨”（《荀子·非相》）。可见如果荀子接受孟子对性的定义，他也会同意人性是善的。

以上存有论层次的问题一旦推到了第二层次，即语义学的层次，就可以发现其实孟、荀、告三子的分歧并非像人们想象的那么大。因为孟子其实是在说“人与禽兽之别在于人有善端”，荀子其实是在说“人之不可学不可事而在人者乃人为恶之端”，而告子是在说“就人的生而有之的条件而言，人既可为善亦可为恶”。这三个命题其实是他们三人都可以接受的。告子和孟子的争辩，主要在于“什么为性”（难道牛的性、马的性和人的性一样吗？）和主张某种观点会导致什么后果。对于什么是生而有之，什么是人与禽兽之别，两人并没有明显的分歧。就荀子而言，他对于什么是人与禽兽之别的观点与孟子完全一样。他说：“水火有气而无生，草木有生而无知，禽兽有知而无义。人有气，有生，有知，亦且有义，故最为天下贵也。”（《荀子·王制》）换句话说，尽管孟子与荀子在结论上有分歧，但他们有一个共识，即都认为仁义是人之为贵的根本。而且在孟子那里，四端也只是“端”，是初始的、微弱的倾向性。从这个意义上说，荀子也从来没有否认人有生而有之的向善可能。孟子认为“人皆可以为尧舜”，荀子说“涂之人可以为禹”。荀子也没有明确否认人有那些四端，而是强调那仁义礼智是可以通过学和修炼得到的。

	“性”的定义	观点	结论
孟子	人与禽兽之别者为性	人与禽兽之别在于人有善端	人性本善
荀子	不可学不可事而在人者为性	不可学不可事而在人者，即人的自然欲望，乃人为恶之端	性恶
告子	生之为性	就人的生而有之的条件而言，人既可为善亦可为恶	性无善无恶

那么孟子、告子、荀子之争，是否纯语义之争，可以通过澄清语义来消解其争端呢？事情没有这么简单。这第二层次又有问题。这里一个突出的困惑就是，在讲了人皆有四端之后，孟子又说，“无恻隐之心，非人也；无羞恶之心，非人也；无辞让之心，非人也；无是非之心，非人也”(《孟子・公孙丑上》2A:6)。这无异于将他的关于“性”的定义变成了规定性的定义(stipulative definition)。本来“人皆有四端”是经验的发现，你去看张三、李四，都有四端，于是做出归纳性的总结。然而现在“四端人皆有之”成了不可证伪的命题了。因为你即便发现某人无此四端，孟子仍可以说，“按我的定义，此四端乃人的本性，无此本性者，非人也”。照这样去论辩，孟子永远不会输了。令人觉得费解的是，这一点似乎没有引起孟学界的注意。事实上，按照哈佛大学心理学家斯托特(Martha Stout)的研究，人类当中大约有4%是所谓的“冷血人”(sociopath)，即没有同情心的人。这些人生来就不会对别人的痛苦产生同情感，但是他们可以通过其他的经验而学会如何表现得有同情心，以便得到周围的人的接受。按照孟子关于无四端者“非人也”的说法，那些人就不能算作是人了。在休谟和康德以后，我们都知道，经验永远不会给我们提供普遍性和必然性。那么孟子关于人必有四端的普遍性和必然性来自于什么？他的论断是不是因为“冷血人”的存在而被证伪了？

我以为，解决问题的关键在第三和第四个层次，即价值论的层次和功法论的层次。所谓价值论，指的是对于相关对象的价值判断和取舍，其基础通常被看作是自由意志的选择。近代梁启超曾提出孟子的人性论是据自由意志而对善恶做出的选择。

> 持自力之教者，必以凡人皆有自由意志为前提。有自由意志，然后善恶惟我自择，自由然后善恶之责任始有所归也（持定命之说者，则必谓人类无自由意志，然后可。……持极端性恶之论，其结果亦必至使人不能负善恶之责任，盖吾性既本恶，则为恶乃生理上心理上当然之事，谓之有罪，毋乃冤乎）。故孟子于人之不以自力求向上者，呵之曰自暴，曰自弃，曰自贼。……盖谓本可以自由为善，而甘于为不善，故责任无可逭也。其发明自我本位之意，至深切矣。①

这一点后来得到牟宗三先生及其弟子李明辉的发挥和系统化。此论虽已超出从存有论角度理解孟子人性论，但没有明显地越出康德从形上学角度看“道德如何可能”的思路。它所强调的重点在于自由意志对道德的重要性，在于使责任成为可能。但自由意志不能作为性善论的依据。如果极端性恶论者会使人不能负善恶之责任，那么持极端性善论者也必同样会使人不能负善恶之责任了。盖吾性既本善，则为善乃生理上心理上当然之事，与我之自由何干？反之，若我本自由，则可善可恶，又与性善何干？孟子和性恶论者的区别不在于性恶论者否定自由意志而孟子肯定自由意志。荀子也认为人可以自由为善。所以孟子的真意不只在于指出人可以自由为善。指出人可以自由为善只是最基本的一点，在这一点上，孟子与告子和荀子都没有区别。孟子的独特之处在于他对善的价值认同，认为四端才是人所应然的本质。简单说来，这里的关键不在于可以自由为善，而在于择善的价值认同。

值得注意的是，孟子的选择并非任意的（arbitrary），而是基于三个发现。首先，他发现人皆有对善的自然认同感。他说，“生，我所欲也，义，亦我所欲也。二者不可得兼，舍生而取义者也”，“所欲有甚于生者，所恶

① 梁启超：《梁启超论孟子遗稿》，《学术研究》1983 年总第 60 期，第 86 页。

有甚于死者，非独贤者有是心也，人皆有之，贤者能勿丧耳”（《孟子·告子上》6A:10），“理义之悦我心，犹刍豢之悦我口”（《孟子·告子上》6A:7）。其次，他发现人之向善的倾向常潜伏于人心的深处。他有关“夜气”的观察，即人在夜间诸缘放下，尘虑不起时的气是倾向于善的，可以说明这一点（《孟子·告子上》6A:8）。最后，他发现这种深层的善一旦以气的形式充于体，可以使身体“生色”，“睟然见于面，盎于背，施于四体，四体不言而喻”（《孟子·尽心上》7A:21），甚至能达到“万物皆备于我”（《孟子·尽心上》7A:4）的境界。所以他的选择是对于本已有之的自然认同感和自己内在的深层倾向的确认，也是对这深层倾向之弘扬以后所能达到的境界的确认和向往。

这以上三个“发现”，似乎都是存有论意义上的事实，但由于其中有他自己的选择，所以和纯事实的描述是不同的。①

有了这一价值论上的选择，前面所提到的困惑就可以部分地解决了。这个困惑是孟子用规定性的定义，把“人皆有四端”变成了不可证伪的命题，从而使“人皆有四端”失去了经验总结的实证意义。孟子确实认为人皆生而有四端。“人之有是四端也，犹其有四体也。”（《孟子·公孙丑上》2A:6）此乃经验命题。但正如人可断臂截肢、失去四体一样，人之四端也可能失去。至于说断臂截肢，四体尽失，人尚不失为人，而四端失其一，就是“非人也”，这就是孟子对“人之为人”的标准的选择了。这里他是先经验总结，然后在此基础上做价值论的规定。在经验总结（包括内在的体证）中，人可以做不完全归纳，而做出人皆有四体，亦皆有四端的普遍总结。这个总结是永远也不可能被完全证实的，但却可以被经验证明为大致

① 这个“选择”可以对应于柯普曼（Joel J. Kupperman）所谓的广义的“选择”（modest sense of the word “choice”）。见 Joel J. Kupperman, *Learning from Asian Philosophy* (New York/Oxford: Oxford University Press, 1999), pp. 102–114。它和狭义的选择不同。狭义的选择是本身没有倾向性的主观抉择，广义的选择却可以带有极强的倾向性。只要行为者是有自由意志，有能力做出与此倾向不同的选择的，在这个意义上都可以说是选择。例如一般人不会想到要去行窃。但只要他们是有自由意志，有能力选择偷窃行为的，那么他们不去行窃就也可以说是他们的选择。

符合经验的合理总结。在此基础上，孟子进一步从价值论上对四端做出认同，即认此四端为人之本性，从而使之成为普遍、必然的命题。其普遍性和必然性，来自价值的认同。

认识到这一点也有助于我们理解孟子的人禽之辨。人禽之辨不仅是关于人“是”什么的问题，它还牵涉价值的认同，即人“应该是”什么。孟子的人禽之辨里蕴含了这样一个逻辑推论：

> 人之性在于人与禽兽之区别。
>
> 人与禽兽之区别在于人有四端，而动物没有。
>
> 因此人之性在于四端，人应当存养四端，按照四端来生活。

其实从逻辑上说，这是一个非常成问题的推理。首先，人禽之别在于人有四端就是一个可以争议的命题。经验告诉我们，禽兽并非都毫无恻隐之心。至少在比较高级的动物当中，就不乏同情、爱悯之类的表现。学界早有人指出，动物界在亲属和非亲属之间，乃至不同的物种之间都存在利他行为。恻隐羞恶等都不足以真正展现人禽之别，而人所达到的残忍程度，事实上远远超出了任何禽兽。[①] 从事实而言，孟子也承认在这一点上，人之所异于禽兽者“几希”。若仅就人和禽兽的区别这一点而言，也许语言能力、理智能力、自由意志、创造力、审美意识、宗教意识等更能标示人禽之别。

其次，也是更为重要的问题是，即便承认四端是人与动物的区别之所在，就能得出人应该按照四端这一本性来生活的结论吗？此推论之不安之处是，它把人性的确定建筑在了外在于人的事实上，那就是禽兽没有四端（姑且不论前面提到的对此的质疑）。它无异于说，因为禽兽没有四端，所以我的独特性就在于有四端，所以我就必须按照四端来定义我的“性”，并按照这个性来生活。反过来说，如果禽兽恰巧也有此四端的话，我们的人

---

① 见杨泽波：《新“人禽之辨”》，《云南大学学报》（社会科学版）2017 年第 3 期，第 35—39 页；及王觅泉：《进化论伦理学视野下的孟子人禽之辨》，《天津大学学报》（社会科学版）2016 年第 18 期，第 252—256 页。

性就因此而不是四端了，因此我也就不一定要按照四端去生活了。借用美国哲学家普特南在语言哲学方面用过的一个假想实验，假设地球有一个孪生“兄弟”，那个“地球二”与我们这个地球一在各方面都非常相像，只是在地球二上，禽兽都有四端，那里的人和禽兽的区别在于反而人有残忍之心，喜欢欺负弱小，残害同胞；仅仅由于社会法律和道德规范的约束，地球二上的人才理性地控制着自己，不至于灭亡。按照“人禽之辨”的逻辑，既然在那地球二上，人之有别于禽兽之处就在于人有残忍之心，那么那里的人岂不是就应该残忍，并且应该存养这种特质，并通过修养把残忍发挥到极致，把魔鬼奉为楷模？可是难道在那个星球上的人不应该放弃自己的独特性，向地球二的动物学习，争取让自己进化到动物的水平，从而增加自己的生存几率？事实上，在我们生活的这个世界里，“现代性”难道不正在提醒我们需要在许多方面保存与动物的一致，比如适当的户外活动，摄入绿色食品？

更进一步看，从一个事物的自然本性去规定其价值取向本身就有问题。从逻辑上讲，包括“人禽之辨”在内的试图从事物自然性状当中推出其价值的观念，蕴含了被摩尔（G. E. Moore）称作为“自然主义的谬误”（Naturalistic Fallacy）的问题。这个问题的核心就在于自然的并不一定就是好的。从是然命题中引出应然命题需要一个过渡的理由或者解释。历史上许多物种因为其种种弱点而湮灭了。如果进化论是对的，那么许多物种正是因为它不按照既定的自然本性去生活，而是面对生存的挑战，发生了进化变异，才得以生存下来。所以我的本性如何并不说明我应该按照这个本性去生活。儒家不是也认为人应该要修炼才能成人吗？在这一点上，荀子的逻辑反而显得更加合理。荀子虽然认为人性本恶，但这不妨碍他认为人应该有仁义，因为人“是什么”与人“应该成为什么”并不是一回事。

“人禽之辨”这样的观念在西方也很普遍。亚里士多德就也曾把人的独特性作为确定人的目的（telos）的方法之一，并且把他的德性伦理理论建立在由此得出的目的论形上学之上。但正因此，亚里士多德的观点同样需要质疑。黄勇在一篇书评里对这类观念背后的理由做了颇为有力的概括。

黄勇认为，如果我们不知道我们所评论的对象是什么，我们就无从评价它是好的还是不好的。评价一株仙人掌是不是好与评价一头狼是不是好的标准不一样。要评价仙人掌的好坏，我们先要了解什么是仙人掌。同样，要评价人的好坏，也需要先知道人是什么。换句话说，我们需要首先有一个客观的人性观念，不论这种观念是目的论的、功能论的、自然科学的，还是本质主义的，才能有关于人的好坏的标准。一颗好的橡树籽是能够长成橡树的，同样，一个好的幼儿是能够成长为有仁义礼智的。[①] 但是这个论证需要考虑到一个重要区别，即"有一关于 *X* 之性的观念"和"*X* 之客观本性"的区别。当我们说一颗好的橡树籽是能够长成橡树的，我们需要有"这是一颗橡树籽"的观念。如果我们把面前的这颗东西看作是"松鼠的食物"，那么判断其好坏的标准就成了"它能不能变为松鼠的一部分"了。同样，我们可以有各种对人性的观念。如果我们把人看作是理性的动物，那么人之"善"就取决于理智能力；如果我们把人看作是能从事创造性活动的动物，那么人之善就取决于其创造力。所以，与其说人之好坏标准取决于人之客观本性，不如说我们的自我认同就包含了我们的价值选择。用维特根斯坦对于那个著名的"鸭兔图"所做出的观察来说，我看到一个鸭子和我把面前的图像看作鸭子是同一个过程。[②]"我们是什么"的形上学观念通常与"我们希望把自己看成什么"密不可分。

"人禽之辨"能够起作用的关键不是人和禽兽的区别在哪里，而是它包含了人对自我身份的认同，这个认同本身是价值观的表现。一个人对自我身份的认同包含了他的价值认可。中国文化正是在"人禽之辨"的那个理论上建立起了自我身份的认同。虽然在事实上，人禽之间在这一点上的区别并不太明显，而且能够找到反例；虽然在逻辑上，"人禽之辨"有漏洞，但是通过"人禽之辨"，孔孟以来的中国传统已经牢固地树立了人之为人在于我们有仁义的观念，所以反过来，我们才说没有仁义的人"禽兽不如"。

---

① Yong Huang, "Confucian Ethics: Altruistic? Egoistic? Both? Neither?," in *Frontiers of Philosophy in China* 13, No.2 (2018), pp. 217–231.

② Luduig Wittgenstein, *Philosophical Investigations*, pp. 194–195.

其实身份认同并非表现价值观的唯一方式。有时候，我们的价值观恰恰是通过发现自身的不足和外在的榜样来表现的，即儒家提倡的“见贤思齐”。孟子通过“人禽之辨”来做出这个价值认同，其实是自己心里已经有了一个需要认同的价值，然后基于在我们这个星球上人恰好大部分有四端这样一个偶然的事实，以此来表述人应该发扬此四端。可以设想，如果孟子是生活在前面假设的那个孪生地球上，他就不会去讲“人禽之辨”，或者至少会换一种讲法。他会论证人应当通过学习而去改变自己，缩小人禽的差别，“见禽兽思齐”，从而让人能够进化到像动物一样。

总之，“人禽之辨”本身就是价值认同的行为，或者说是功夫的运用。如果把它当作一个逻辑推论，在其前提中排除了价值认同，它就是不能成立的逻辑推理。如果不排斥其中的价值认同而又把它作为价值认同的根据，它就陷入了循环论证。

以上的分析说明，孟子人性论不仅是个存有论层次上的判断，也还牵涉到语义学层次上对“性”的定义。就人禽之辨而言，从哲学上分析，得不出人的价值就在于与动物之别这一点上。人禽之辨能够起作用的关键不是人和禽兽的区别在哪里，而是它包含了自我身份的认同。一个人对自我身份的认同，通常包含了他的价值认可。这就是为什么各种文化当中骂人的一个基本策略是对一个人的身份的侮辱。人与禽兽的区别是个可以用经验观察决定对错的事实问题，而身份认同则是价值问题。

但是仅仅从价值认同的层次还是不足以充分解答为什么孟子选择四端为“性”。荀子也有同样的价值认同，可荀子的选择就和孟子不同。解决这个问题的答案在于存有论、语义论、价值论之外的第四层次，即功法论的层次。

功法论层次在孟子人性论当中的显证莫过于《孟子》中的这段话：

> 孟子曰：口之于味也，目之于色也，耳之于声也，鼻之于臭也，四肢之于安佚也，性也。有命焉，君子不谓性也。仁之于父子也，义之于君臣也，礼之于宾主也，智之于贤者也，圣人之于天道也，命也。有性焉，君子不谓命也。（《孟子・尽心下》7B:24）

这段话明确地告诉我们，从定义上、词义上讲，孟子并不否认可以取“生之为性”。所以他可以说“形色，天性也”，也可以说“口之于味也，目之于色也，耳之于声也，鼻之于臭也，四肢之于安佚也，性也”。人的追求舒适安逸和人的四端都是天赋的，都可以说是性，也都可以说是命。但他认为强调追求舒适安逸为性，在实践上不但没有好处，而且祸害无穷，会使人自暴自弃自贱，以为既然追求舒适安逸是我的本性，则我理所当然地应当满足这些欲望。反之，把人的四端看作是命，则会使人以为这些倾向只是命里带来的，有没有都无所谓，没必要去予以培养。所以孟子明确告诉我们，君子会故意把四端说成是性，让人觉得这才是人之为人的所在，有责任去培养发展此四端，而把追求舒适安逸说成是命，让人觉得这只是命运使然，非人性之所在。这种对名词的选择，体现的是儒家“以名制实”的方法，是通过名词的选择，来推荐人对四端的认同，以此作为功法来提升人的功夫。对此朱熹看得非常清楚。他解释说，“此二条者，皆性之所有而命之于天者也。然世人以前五者为性，虽有不得而必欲求之，以后五者为命，一有不至，则不复至力。故孟子各就其重处言之，以伸此而抑彼也”[①]。这段话告诉我们，孟子之所以不讲“生之为性”而突显四端，而是有意的选择，是劝人“伸此而抑彼”的功法。这里“伸此而抑彼”，正是出于对世人重彼而轻此而发的方法论或功夫论。近现代也有学者悟到了这一点。如钱穆曾明确地指出孟子道性善，其真意在启迪吾人向上之自信及鞭策吾人向上之努力。[②] 唐君毅也讲道：

> 吾初意从宋明儒之说……惟以人之心是善，故人皆可以为尧舜，而有其良贤，遂得言民贵。……然近忽有会于孟子言心性之善，乃意在教人缘此本有之善，以自兴起其心志，而尚友千古之旨。……吾对

---

① 朱熹：《孟子集注大全》（文渊阁本四库全书 / 经部 / 四书类 /《四书大全》）卷 14，第 23 页。

② 见钱穆：《孟子要略》，《四书要略》（台北：学生书局，1978 年），第 155—158 页。

整个孟子之学之精神，遂宛然见得其中有一“兴起一切人之心志，以自下升高，而向上植立之道”。……斯道也，简言之，可姑名之为“立人”之道。[①]

这些见解，可谓拨云见天，直入孟子心性学之核心。可惜这些儒学大师也只是点到而已，未畅其意，这些论述也一直没有引起人们注意，大部分学者还是停留在存有论的层面，把孟子人性论当作对实存的描述来处理。

从以上的分析，我们看到孟子人性论实际上有存有论、语意学、价值论和功法论四个层次。从存有论的角度看，孟子的四端说是人的自我发现（我内心有此四端），对此应当以“真”“伪”为标准。从语义学的角度看，它是人对自我的规定（这四端是人禽之别，因此人性当以此来定义），对此我们当以“清楚”与“混乱”，“合理”与“不合理”为标准。从价值论的角度，它是对自我完善所追求的目标的认同（发扬此四端，是成人的道路），对此我们以“好”与“不好”为标准。而在功法论上，这样的自我认同是成圣之道，即它有利于我成长为有生活功夫的人（对四端的认同本身是成人的功法），我们当以“有效”或“无效”为标准。这四层关系并非简单的并列。孟子之讲人性本善，其最根本的动机不在于“以名称实”或“以名指实”，用“性善”这样的词语去像镜子那样反映现实的状况，而是“以名定实”“以名制实”，用词语去宣示价值选择，以引导人们自信和向上，兴德立人。

孟子认为，养心之术，在于立志，以弘扬四端为志，志至气次。如杨儒宾所指出的，养心、立志、养气这三者与其说是有时间先后的因果关系，不如说是同时性的因果关系，或更确切地说，是如佛家所说的“缘起”关系。以直道养其心本身就包含立志。所谓立志，就是确立一种所要达到的目标的意念和决心。当然，一个人可以立各种志，与此相应，也就可以有各种相应的功效。确信自己人性本善，可以为善，而且应当为善，就是从

---

① 唐君毅:《中国哲学原论·原道篇》卷1（香港：新亚书院研究所，1974年），第212页。

根本上立志。这立志本身就是兴人立人的功法，就能培养气。它和现代儿童教育法中注重以鼓励为主，帮助孩子从正面去确立其自我，是一样的道理。当幼儿园的老师们对孩子说“你们都是好孩子”的时候，实际上是让孩子们从内心里确立这样的自我认同。孟子规劝梁惠王时就用了这个功法，指出梁惠王有不忍人之心，“是心足以王矣”（《孟子·梁惠王上》1A:7）。孟子强调“诚”也是此意。“诚身有道。不明乎善，不诚其身矣。是故诚者天之道也，思诚者人之道也。至诚而不动者未有之也，不诚，未有能动者也。”（《孟子·离娄上》4A:12）很明显，“诚”就是“明乎善”，这与《中庸》完全一致。“明乎善”就是导致“动”的功法。“志至气次”，“自反而不缩，虽褐宽博，吾不惴焉；自反而缩，虽千万人，吾往矣”（《孟子·公孙丑上》2A:2）。孟子引孔子语“‘操则存，舍则亡，出入无时，莫知其乡’，惟心之谓与？”（《孟子·告子上》6A:8），此处“操”字即是此功法的另一表述。其显义是“操持”。正因为善心如果不明之则可能会失去，所以要明之，要“诚之”，“操持”之。“操”字的另一义为“操练”“操习”“在事上磨炼”。从功法角度看，“操持”和“操习”代表了两种不同的功法。程朱重操持，以使“神清气定”引向内求，而王阳明及其门下的王龙溪重“操习”，主张身体力行。依我看“操”字的妙处正在于其双关。许多人之所以拒绝操练其四端，在于蔽而不见其四端，如梁惠王者。但操持不仅要有认识，有认同，要“思诚”，还要身体力行之，要“集义”。“志至气次”中的“至”不只是在头脑里认识到，还要具体到位，见于行中，要“必有事焉”（《孟子·公孙丑上》2A:2）。而“勿忘”“勿助”，才能使气至大至刚，充塞乎天地之间，而通于万物。

在孟子的时代，就有告子不同意孟子的理论。人们往往注重于他们在人性论上的分歧，然而其实质却是功法的不同。对于告子的理论，我们只能从孟子零碎的引语中略知一些。告子提出人性本无善无不善，于是“义”只能是外砾于心的。因此他的方法就是“不得于言，勿求于心；不得于心，勿求于气”（《孟子·公孙丑上》2A:2）。对此有不同的诠解。笔者大致取李明辉的说法，因为此说能较好地把这句话与告子的“义外”论结合起来。

按照这种解释，告子的功法是，如果在客观外在的言论中找不到义，那就不必求之于主观内在之心。心内是找不到义的。如果心求不得义，也无须求助于气，试图以气制心。如果心能得义于外，则心自有义，亦不必担心受气的影响了。这里首先他的目标与孟子大异其趣。孟子也说“不动心”，但孟子所要企及的是四根既定，“贫贱不能移，富贵不能淫，威武不能屈”的善心不动，不是无善无不善的中立心不动。给定了孟子的目标，孟子对告子的方法的评价是，“不得于心，勿求于气，可。不得于言，勿求于心，不可”。后者之所以不可，是因为它割裂了言与心。告子的功法固然能比孟子更快地做到“不动心”，但这个心是不明善恶之心。所以孟子说，“夫志，气之帅也，体之充也；夫志至焉，气次焉”。不明善恶，未立志为善之心，如何能帅气呢？

否定“不得于言，勿求于心”是说可以直接求之于心，从四端出发来求义，而不一定要在外在的言论当中找到义，才可以求心。但不一定先得言后求心，并不等于不可以先得言后求心。如果一个人从来没有反思过自己的四端，不知道善恶，他未尝不可以先从圣贤的教导当中得到启发，从中学到善恶，由此而得于心，然后由此而生出充沛的气来。

由此观之，荀子与孟子在性善性恶论上的分歧也可以得到更深切的理解。从存有论的意义上，孟子和荀子的人性论是互相矛盾的，不可同真，而且是永远也争论不出一个结果的，但在功夫论里，它们却可以是互补的不同功法。而且它们各自的功效是可以经验地得到客观评价的。荀子与孟子的分歧既有存有论层面的，也有语义学层面的。我们前面已经提到，在存有论层面，孟子曰人性是善，荀子曰人性是恶。但即便是在这个最为表层的层面上，孟子也没有否认人有“口之于味也，目之于色也，耳之于声也，鼻之于臭也，四肢之于安佚也”的那些自然的倾向，而且承认这些倾向也可以说是“性也”。反之，荀子虽然相信人性本恶，认为仁义道德需要通过学习来获得，但他也认为人心可以有是非善恶观念，认为仁义道德是人与草木禽兽的区别之所在。同时，他们也都认为，这种可能性是可能丢失的。即便是认为人皆有四端的孟子，也清楚地指出，“苟失其养，无物不消”。就像山上的草木，如果肆意砍伐，刚长出的嫩苗又让牛羊反复啃食，这山难免不成为秃山。而且从价值论层面来看，孟荀两人更是高度一致的，他们都认为为学的目标是成圣。所以归根结底，他们在存有论层面和语义学层面的分歧，都可以说是根源于功法的分歧：由于要指出人需要外在的规范，所以荀子强调人性中需要规范的成分。由于要指出人本身就有对善的认同和行善的可能，所以孟子强调人性中的四端。孟子是选择肯定我们所拥有的微弱的四端作为人性，鼓励人以直道养其心，好像一位母亲用“你是一个好孩子”来鼓励孩子，孟子性善论观点背后的真实意图不是对人性好坏做出判断，而是鼓励人们看到自己向善的可能。而荀子是通过提出“性恶”这种方式对人予以警告，指出我们的问题，指出我们需要节制管束之处，由外趼内，通过礼义规范，使人化性起伪，脱离庸野夷僻，以正其身，以正其行，转化提升自己。从这点来看，孟子的性善论与荀子的性恶论其实并不矛盾。孟子和荀子的目标是一致的：两位思想家都是在设法帮助人们成为真正的人，只是他们的“功法”不同。孟子是通过鼓励，荀子是通过警告。荀子不提道德价值的根本是在人心之中，不提人之为善是人的内在要求，无疑地会削弱人从善的动机，甚至可能为人之从恶提供人性论的依据。但这只能说明两者应当互补，而不等于荀子的理论在实践中没有价值。王阳明：“荀子性恶之说，是从流弊上说来”，“孟子从源头上说性，要人用功在源头上明彻。荀子从流弊说性，功夫只在末流救正”。[①] 但末流救正也是需要的。在幼儿教育中，孟子的鼓励和引导功法更加有效。儿童的血气欲望还没有强到会引导他们为恶的地步，而且他们尚未成熟到可以为自己的行为负责的地步，所以即便他们犯错，也是以引导为主，帮助儿童树立一个正面的自我认同。而对于酗酒、吸毒、嗜赌成性的成人，荀子的功法也许更为有效，因为那些人已经养成不良习惯，其内在的微弱德性很难抵挡那已经被放纵惯了的血气之欲，于是就需要首先认识到自己的问题所在，重点依靠外在的规范来制约，才能迁恶就善。但即便如此，也不

① 《传习录》下，《王阳明全书》第 1 册，第 96 页。

等于孟子和荀子的方法不可以兼而用之。对一个偷窃的惯犯，我们可以一方面用荀子的方法指出其毛病所在，同时也用孟子的方法去启发他的良知。其实孟子之对梁惠王，也是明知他有许多毛病，还是让他看到自己的善根，从而看到自己改变的可能。

扩展到社会政治领域，孟荀的功法也体现为“德治”与“礼治”和“法治”的不同。与孟子崇尚圣王德治的王道相比，荀子的贡献在于他彰显了人作为社会的承载体这一洞见，强调了礼义规范在社会治理乃至立人、弘人中的作用。这正是孟子强调得不够的。相比于孟子的功法使人觉得具有“超时空”的玄冥性，荀子的“功法”是在人文历史事物的具体时空中落实的，更容易落实而且快速见效。当然功法之优劣不能仅从难易上评价，还要看它们效果的不同。

三　朱王心性论之异同

宋明之际，儒家思想家重新提出心性问题，以回应来自佛家和道家心性之学的挑战。整个宋明儒学对心性问题的探讨，都是在佛老心性论广为流传的背景上展开的。而佛老之学，又都与告子在这一点上有相通之处。他们都认为生之为性，性本无善无不善。由此所引出的修炼功法，也都与告子之“不动心”相似。所以明确孟子与告子之争的核心分歧其实在于功法的不同，对于理解宋明时期心性论有很现实的意义。

宋明儒学家之间对人性论的论辩，最为引人注目的重头戏当然是以程朱为代表的理学与以陆王为代表的心学之争。以后明清之际的儒学可以看作是这一论争的继续。程朱陆王之争，则集中在程朱的“性即是理”和陆王的“心即是理”上。表面上看，程朱的“性即是理”和陆王的“心即是理”是不同的形上学命题，但从形上层面很难说这两者的区别有什么实质的意义。它们的区别不在于作为形上命题孰真孰假，而在于它们反映了不同的功夫指导。因而对它们的评价，也应当从它们各自对于功夫而言的优劣着眼。

从功法上说，程朱及其先驱周敦颐、张载都延续了《中庸》与孟子的思路，即通过将天性天理与人欲分开，一方面打通人心之中的向善倾向与与天理之间的联结，一方面又指出要通过修炼来排除人欲，以达到天人合一的境界。周敦颐将作为天地之道的阴阳刚柔与作为人道的仁义联结，把无欲作为合天道与人道的途径；张载区分了天地之性和气质之性，以为前者是义理之性，诚明至善，后者则是“理气杂而言之”，善恶兼具。如果从形上学本身的角度看，这些概念的区分和联结都多少有些勉强。为什么天地之道就是仁义而非私欲？凭什么说天地之性是纯然至善，而非善恶兼具？归根到底，周、张对这些概念的处理，都必须从功法的角度，才能理解其背后的用意。朱熹在《中庸章句序》中解释道：

> 盖尝论之：心之虚灵知觉，一而已矣，而以为有人心、道心之异者，则以其或生于形气之私，或原于性命之正，而所以为知觉者不同，是以或危殆而不安，或微妙而难见耳。然人莫不有是形，故虽上智，不能无人心；亦莫不有是性，故虽下愚，不能无道心。二者杂于方寸之间，而不知所以治之，则危者愈危，微者愈微，而天理之公卒无以胜夫人欲之私矣。①

换句话说，把人心中的“道心”点出来予以强调，正是因为这部分“危”“微”，而又为人生所不可或缺，需要强调之，所以他与二程才在孟子“性”“命”之分和“大体”“小体”之分的基础上，延续周、张的做法，并借《尚书·大禹谟》中的十六字，即“人心惟危，道心惟微，惟精惟一，允执厥中”，把心性与天道打通，使儒家倡导的仁义得到超越性和普遍性的意义。

但是与此同时，程朱也使儒家学说产生了两个危险倾向：一是抽象化的倾向，他们将气归于心的范畴，属时空之内，形而下者，而将四端归于理的范畴，属超越的形而上者。这种区分容易造成脱离经验内容，把人性

① 朱熹:《四书章句集注》，第 14 页。

理解为抽象的理性，忽视现实人生的感性存在。这个危险突出地体现在了后来流弊甚广的“明天理，灭人欲”的说法当中，体现为对实际生命的压抑和摧残。二是外在化的倾向，即理性在被赋予了超越普遍的性质以后，蜕变为异己的外在制约。这个危险突出地体现在理学成为官方意识形态后形成的理性专制，它切断了人心这个道德源泉和外在的道德原则要求之间的关系，于是天理很容易被看作是某种外在于人心，玄而又玄的形上学的东西。尽管程朱也认为心与理可以联系贯通，但主要是出自于心的认知，而“知”天理与孟子之强调人性为善已经不同了。一属智力理解范畴，一属人心之体验和在此基础上的自我认同。

王阳明对朱熹的不满，正在于他把孟子的善心变成了外在的理，又变成了抽象的形而上的东西，无异于将四端之根从人心中拔去。这样一来，朱熹的“集义”，也只能“从外面去检”了。王阳明说，“朱子所谓格物云者，在即物而穷其理也。即物穷理是就事事物物上求其所谓定理者也，是以吾心而求理于事事物物之中，析心与理而为二矣”①。又曰，“晦庵谓：‘人之所以为学者，心与理而已。’心虽主乎一身，而实管乎天下之理，理虽散在万事，而实不外乎一人之心。是其一分一合之间，而未免已启学者心理为二之蔽”②。

王阳明提出的“心即是理”这一命题，就是针对程朱观念之偏而“补偏救弊的说话”，是针对特定的症状所用的“药”。若就形上学理论而言，阳明的有些说法与程朱只是词语上的不同，或者是偷换概念的游戏。比如王阳明说，“心之本体原自不动，心之本体即是性，性即是理”③。这个说法一方面像是在承认性即是理，实际上是把性定义为“心之本体”，然后“性即是理”自然就变为“心即是理”了。④另一方面，王阳明又把心即是理中

---

①《传习录》中，《王阳明全书》第1册，第37页。

② 同上，第35页。

③《传习录》上，《王阳明全书》第1册，第20页。

④ 见陈来的分析：“当阳明说心之本体即是性的时候，并不表示他把心之本体理解为朱子哲学的性。比较合乎逻辑的是，他所说的‘性’，就是心之本体，而不是古典的人性观念或宋儒的性理观念。”（陈来：《有无之境——王阳明哲学的精神》，第77页）

的“心”定义为“心之本体”，于是其“心”又被纯粹化，似乎是把“心”朝朱熹所说的“性”靠拢。他甚至说，“心之体，性也”[①]。这些概念上的细微变化，其真实的意义唯有从功夫的角度来看，才能充分显现。通过强调“心即是理”，王阳明重新将道心落实到了人心，将超越重置于经验，将普遍体现于特殊。从功夫而言，则是让人可以直接在活泼泼的源头上用力，重新确立每个个人作为道德主体的自信和自决能力。

杨国荣将程朱与陆王两者的区别概括为一个是重普遍理性，一个是重随才成就。“程朱以性体立论，注重的首先是普遍的理性对个体的塑造……王阳明将心体作为出发点，这种出发点逻辑地蕴含着随才成就的原则。”[②]在阳明看来，只有充满个性的活泼泼的人才可能是圣人。如果按照外来的规范在生活，那就像是演戏，扮演一个角色，哪里来的真切？也就是说，相信自己本心具有良知，相信心即是理，是成圣的必要条件。蔡仁厚的说法略有不同，但依然是从功法不同来概括朱子与王阳明的区别。他分析道：

> 朱子析心与理为二，又想使理亦贯通下来，因此便不能不绕出去讲其他的工夫，这就是涵养、居敬、格物、穷理那一套。这些工夫并非不重要，但依阳明学的立场看来，这些只能是助缘，而不是本质的工夫。内圣成德之学的本质工夫唯在逆觉体证。人若以助缘为主力，便是本末倒置。[③]

上述评议从功法角度去看问题，方向是对的，但结论上尚不够全面公允。朱熹并不否认心中有理，只是反对心即是理。他的功夫包含了静时涵养和动时察识，因此兼顾了本质和助缘。既然心中有理，此理已经是一个既定的条件放在那里，强调外来的普遍规范作为助缘，是很自然的功法指

---

① 《传习录》上，《王阳明全书》第 1 册，第 28 页。

② 至于为什么康德的自律却能够与普遍性结合，杨国荣有较好的论述。见杨国荣：《杨国荣讲王阳明》（北京：北京大学出版社，2005 年），第 27—28 页。

③ 蔡仁厚：《王阳明哲学》（北京：九州出版社，2013 年），第 25 页。

导。普遍规范固然外在抽象，一个人未必不能在实践当中将外在的规范转化为个人内在的活泼泼的功力。

反之，王阳明的功法虽是克服程朱功法弊端的良药，但也有其自身的局限。朱熹曾批评陆象山说，“陆子静分明是禅”[①]，因为把心看成理，无异于释氏将那“能视、能听、能言、能思、能动”者均认作是性。王阳明在这点上，与陆象山一致。王阳明讲过，“这视听言动，皆是吾心。……这个便是性，便是天理”[②]，“日用之间，见闻酬酢，虽千头万绪，莫非良知之发用流行”[③]。对于这类观点，朱子批评道：“吾儒所养者是仁义礼智，他所养者只是视听言动。……他只见得个浑沦底物事，无分别，无是非。”[④]即便你认为自己良知呈现，安知你的良知不是错的？“文革”时期挥舞皮带抽打老师的红卫兵都认为自己赤心一片，是在伸张正义。身绑自杀炸弹袭击平民的恐怖分子也认为自己是在为崇高的事业而牺牲。这个世界上最最残忍的事情都是从某种崇高的观念出发而造成的。所以良知之“良”必须要有一个客观根据。没有客观根据，就滑向了道德的主观主义，而道德的主观主义必然会导致道德上的独断。阳明心学固然可以确立道德的主体性、自信心，但是它同时包含了过分自信的危险。阳明说他自己“孤肠自信终如铁”[⑤]，其后学王畿说“一念灵明，自作主宰”[⑥]，在没有确定主宰者确为“一念灵明”之良知的情况下，孤肠自信并不是一定是好事。

王阳明当然清楚地知道，人心当中除了良知，还有“心中贼”，就像孟子知道人心当中除了四端，还有口耳鼻舌身的嗜欲一样。其实王阳明看得很透彻，他的四句教就点破了事情的本质：

---

① 朱熹：《朱子语类》第123卷，第14页。

② 《传习录》上，《王阳明全书》第1册，第30页。

③ 《传习录》中，《王阳明全书》第1册，第59页。

④ 朱熹：《朱子语类》第126卷，第13页。

⑤ 《用韵答伍汝真》，《王阳明全书》第2册，第186页。

⑥ 王畿：《龙溪王先生全集》（明万历四十三年张汝霖校刊本）卷12《答周居安》，第40页。

> 无善无恶是心之体，有善有恶是意之动，知善知恶是良知，为善去恶是格物。[①]

心之本体其实无所谓善恶，这个观点与告子没有两样，这也是佛老的观点。然而他在价值认同的层次引入了善恶。他的学问之所以不能说是“无分别、无是非”，就是因为第三句：从功夫的角度看，知道自己应该怎么去做人，就是良知。良知就是功夫的本体，是能够允许你过艺术人生的功力。作为是非之辨的能力，它是先天的（“良知”的本意就是本有的知），但作为价值的理据，它最终是通过那“致”良知的过程当中展现的功效来证明的。为什么要致良知？很简单，因为它能使人生变得精彩美好！为什么要破心中贼？为什么我不应该去发挥我当偷盗犯、杀人犯的潜能？因为它有害于美好人生。这就是为什么并非所有的直觉倾向都应该遵从，并非所有的内在潜能都应该发挥。这个功夫伦理不依赖于外在的权威。心即是理，人为自己立法，然而又不失其客观性，因为它的有效性是在时空当中展现，能够得到验证的。其导致美好生活的有效性就是它的理据（justification）。王阳明的致良知，直接把本体与工夫合一。良知是本体，是人的道德的可能性，也是人皆可以为圣人的本体条件。这个条件是人人皆有的，吾性具足，所以满大街都是可能的圣人。其次，这个本体是要经过修炼，经过“行”或者“致”的过程（也就是工夫）而呈现的。这就是功夫与本体的合一。通过“致良知”的方法（功法），不断地在实践当中磨炼，就能达到功效。

实际上从《中庸》的“天命之谓性”到孟子的性善说，再到张载的“为天地立心”和王阳明的“吾心具足，天理流行”，都是最终落实在认同和发展人心或人性中能够使人生变得美好这一点上面的。和王阳明的“无善无恶心之体”一样，张载的“为天地立心”讲得也非常透彻。天地其实本无

① 《传习录》下，《王阳明全书》第 1 册，第 98 页。此语其他出处，见杨海文：《阳明“四句教”出处辑考》，《深圳大学学报》（人文社会科学版）2014 年第 2 期。

心，是人为天地立心！

朱熹和王阳明对于其各自理论的局限性和适用范围都有过反省和提示。朱熹说："大抵子思以来教人之法，惟以尊德性、道问学两事为用力之要。今子静（陆九渊）所说专是尊德性事，而熹平日所论却是道问学上多了。……今当反身用力去短集长，庶几不堕一边耳。"① 王阳明说，"利根之人，直从本源上悟入。人心本体原是明莹无滞的，原是个未发之中。利根之人一悟本体，即是工夫，人己内外，一齐俱透了。其次不免有习心在，本体受蔽，故且教在意念上落实为善去恶。工夫熟后，渣滓去得尽时，本体亦明尽了"②。也就是说，他的功法是针对"利根之人"说的。如果我们承认"利根之人"是少数，大多数人还是属于那"其次"者，那么此话实际上也就是说，能够直从本源上悟入的人是少数，大部分人还是需要功夫路径，包括程朱所强调的那些助缘。一般的人常常会被短视的欲念所驱使，会被社会上似是而非的观念所迷惑，因而经常会混淆是非，用那样的心去为天地立心是非常危险的。朱熹也有类似的说法："德无不实而明无不照者，圣人之德，所性而有者也，天道也。先明乎善，而后能实其善者，贤人之学，由教而入者也，人道也。"③ 按照《中庸》的说法，也可以看作是"自明诚"（从学习道理，然后能诚）与"自诚明"（从执其本心而后明其道理）的区别。"自诚明，谓之性；自明诚，谓之教。诚则明矣，明则诚矣。唯天下至诚，为能尽其性；能尽其性，则能尽人之性；能尽人之性，则能尽物之性；能尽物之性，则可以赞天地之化育；可以赞天地之化育，则可以与天地参矣。"（《中庸》第 23 章）

确实，这也是学界研究的结果所指向的共识。牟宗三认为程朱与陆王的区别在于，一个是从外面去寻找方向，一个是从内心去寻找方向；一个偏向于道德的横向他律，一个则明显地导向道德的纵向自律。牟宗三也说到，上

---

① 朱熹:《御纂朱子全书》第 55 卷，第 12 页。

② 《传习录》下,《王阳明全书》第 1 册，第 98 页。

③ 朱熹:《中庸章句》,《四书章句集注》，第 32—33 页。

述两者的区别类似于佛教中“渐悟”与“顿悟”的区别[①]；冈田武彦说朱的路径是“功夫”（修炼），王的路径是“本体”（让良知本体显现）[②]；安靖如（Stephen Angle）和田史丹（Justin Tiwald）认为他们一个是走“道问学”的间接发明，一个是走“尊德性”的直接发明。[③]陈来说心学的基本意旨是“向里寻求”，求之于心，理学则是“外求”。[④]杨国荣认为程朱的方法是注重“普遍的理性对个体的塑造”，王阳明则注重“随才成就的原则”。[⑤]

	朱熹	王阳明
牟宗三	横向他律	纵向自律
	渐悟	顿悟
冈田武彦	工夫	本体
安靖如 / 田史丹	间接发明	直接发明
陈来	向外寻求	向里寻求
杨国荣	普遍理性	随才成就
子思	自明诚	自诚明
朱熹	道问学	尊德性
王阳明	“其次”	利根者之学

可以说上述这些说法都对，因为它们都指出了两者区别的种种特征。把这些观点综合起来，可以更加全面地理解两者的区别。但这两方面的不同切忌绝对化。其实朱王只是强调重点的不同。王阳明大声说，“理在心

① 见蔡仁厚对牟宗三此说的概括，蔡仁厚：《朱子的工夫论》，《国际朱子学会议论文集》上册，钟彩钧主编（台北：“中央研究院”中国文哲研究所筹备处印行，1993 年），第 597 页，及牟宗三：《心体与性体》第 2 册（台北：正中书局，1996 年），第 239—240 页。

② 见冈田武彦：《王阳明与明末儒学》，吴光、钱明、屠承先译（重庆：重庆出版社，2016 年），第 56 页。

③ 见 Stephen C. Angle and Justin Tiwald, *Neo-Confucianism, A Philosophical Introduction* (Cambridge:Polity Press, 2017), pp. 135-138。

④ 陈来：《有无之境——王阳明哲学的精神》，第 258—259 页。

⑤ 杨国荣：《杨国荣讲王阳明》，第 34 页。

中”，但不否认学习的必要，更不否认必须在事上磨炼才能明理；朱熹大声说，“格物才能明理”，但不否认理也在人心中。相比之下，阳明的学说更加直达本源，可以使人在体上，也就是在源头上用力。但他的功夫也因而有较大的风险，更可能会把主观意见当作良知。他“孤肠自信终如铁”，“一念灵明自作主宰”，能够确立主体性，但也容易导致过分自信而忽视学习、交流的重要性。如果一念灵明自作主宰，文明对话的需要何在？而朱熹的理论更加稳妥，由小学以至大学，从洒扫应对，进退之节，礼乐、射御、书数之文，进而到穷理、正心、修身、治人之道，循序渐进，不容呆子、教条主义者。① 就像任何一种工具都会有它的局限性和被误用的可能，如果说程朱的功法容易导向空中建楼阁，失之于“玄”，陆王心学的功法则容易被“俗”化成小人的肆无忌惮。在这个意义上，这两种功法其实应该看作是互补的。②

王龙溪曾说：

> 君子之学，贵于得悟，悟门不开，无以征学。入悟有三：有从言而入者，有从静坐而入者，有从人情事变炼习而入者。得于言诠者，谓之解悟，触发印证，未离言诠。譬之门外之宝，非已家珍。得于静坐者，谓之证悟，收摄保聚，犹有待于境。譬之浊水初澄，浊根尚在，才遇风波，易于淆动。得于炼习者，谓之彻悟，磨砻锻炼，左右逢源。譬之湛体冷然，本来晶莹，愈震荡愈凝寂，不可得而澄淆也。根有大小，故蔽有浅深，而学有难易，及其成功一也。③

---

① “三代之隆，其法寖备，然后王宫、国都以及闾巷，莫不有学。人生八岁，则自王公以下，至于庶人之子弟，皆入小学，而教之以洒扫、应对、进退之节，礼乐、射御、书数之文；及其十有五年，则自天子之元子、众子，以至公、卿、大夫、元士之适子，与凡民之俊秀，皆入大学，而教之以穷理、正心、修己、治人之道。此又学校之教、大小之节所以分也。”（朱熹：《大学章句序》，见《四书章句集注》，第 1 页）

② 如果从更加广阔的视野来看，恐怕我们还需要激活荀子为我们留下的遗产，以礼法来补充心性修炼才行。

③ 王畿：《龙溪王先生全集》卷 17《悟说》，第 22 页。

这段话容易给人造成印象，认为只有最后那个途径，即从人情事变练习而入者，才是对的。但合理的说法应该是“从言而入”和“从静坐而入”都不彻底，需要最后在真实具体的人情事变当中磨炼，才能真正成功。好比学开车，从书本上学不够，找僻静无人的空旷处学也不够，只有最终在繁忙的路上磨炼，才能最终成为一个优秀驾驶员。但这并不是说另外两个方法就没有价值，应该一开始就直接到车水马龙的繁忙路段上去学开车。对大多数人来说，那样做是非常危险的。朱熹的意思也是如此：“不由其序，而舍近求远，处下窥高，则不惟其所妄意者不可得，而理之全体，固已亏于切近细微之中矣。此所以理无大小，而教人者尤欲必由其序也。”①

总之，程朱与王阳明的区别不在于一者绝对地对，另一者绝对地错，或者一者绝对地高，另一者绝对地低。他们的功法之不同，在于总体倾向性的不同，而不是绝对地互相排斥。朱熹在论述中也多次把致知与力行、大学与小学、穷理与居敬、进学与操存、道问学与尊德性作为互补的一体两面。而且这两种倾向性各有其长，也各有其局限性。当这两种倾向的一种走向极端而出现偏差的时候，就需要有来自另一个方面的纠偏。当年王阳明提出他的学说的时候，就是对程朱理学走过了头的纠偏。阳明开出的药方，是有针对性的。不知药性而乱服他的那剂药，会起到恰恰相反的作用。把阳明的药说成包治百病，表面上看是在抬高阳明，实则是对它的最大伤害，因为它会误导人们错用、误用阳明心学这剂良药，并将后果归罪于阳明心学。

四　良知是假设还是呈现？——功夫的吊诡

功夫论的一个吊诡之处在于，为了达到功效，有时候不可说破！这就是我们前面说到过的“语用”功能。在使用语言以达到某种效果的时候，往往需要把真实的意图藏起来才能够奏效。这就是为什么一方面宋

---

① 朱熹：《四书或问》（文渊阁四库全书 / 经部 / 四书类）卷 24，第 13 页。

明儒学家们把整个儒家的学问概括为功夫，一方面又总是在存有论的角度，把孟子心性论作为本体论来论证。他们之间的论争，常常表现为对“理”“气”“心”“性”等本体论概念的论争。偶然，他们也点出“本体即功夫”，但如果不具备很明确的功夫视角，读者很容易陷入迷惘。自觉地运用功夫的视角，有助于我们看清楚他们的论述和论争的症结和得失之所在。

牟宗三先生曾经提起过一宗学术公案，与我们这里讨论的问题相关。他写道：

> 二三十年前，当吾在北大时，一日熊先生与冯友兰氏谈，冯氏谓王阳明所讲的良知是一个假设，熊先生听之，即大为惊讶说：“良知是呈现，你怎么说是假设！”吾当时在旁静听，知冯氏之语的根据是康德。(冯氏终生不解康德，亦只是这样学着说而已。至对于一良知，则更茫然。)而闻熊先生言，则大为震动，耳目一新。吾当时虽不甚了了，然“良知是呈现”之义，则总牢记心中，从未忘也。今乃知其必然。[①]

对于这个公案，一般的观点都倾向于赞成熊十力和牟宗三，认为冯友兰从康德出发，不了解良知为何物。其实，对这个问题的回答，要看你从哪个角度去看。从知识论的角度，就是看良知究竟在事实上是呈现还是假设。从功夫角度，是看把良知当作呈现，对功夫有什么作用和效果，如果把它当作假设，又会有什么作用和效果。

牟先生说冯先生不懂康德，也许另有根据，但从康德的角度，也就是知识论的角度看，确实可以把良知看作是假设。我们知道王阳明的出发点是如何成圣。这是一个功夫论的问题，但它与康德的“知觉如何可能”“道

① 牟宗三:《心体与性体》(上)(长春：吉林出版集团有限责任公司，2013 年)，第 156 页。

德如何可能”“科学如何可能”“形而上学如何可能”这些先验问题有明显的相似之处。在康德，是探讨出静态的先决条件，比如虽然时间和空间不是知觉当中的可感内容，但却是可感内容的必不可少的形式。这就说明只有假设时间和空间的客观性，知觉的客观性才有可能。在这个意义上，可以说时间和空间是假设，但却是不可或缺的假设。同样，对于阳明的成圣功夫修炼的可能性问题，也可以说只有设定人本来就具有成圣的条件，也就是心即是理，并且这个理便是良知，成圣才是可能的。这是作为静态的条件而言。对这样的静态条件的论证，其结论只能是类似于康德的先验假设。说它是假设，因为首先，说每个人都有良知，这属于归纳逻辑，而归纳逻辑是不可能绝对可靠的。你无法调查过去未来所有的人，得出人皆有四端或皆有良知的结论。这里一定是有假设的成分在内。前面提到过的“冷血人”就是对此的否证。问题其实并不在于事实上确实像斯托特所说的那样有一部分人是没有良知的“冷血人”，而是只要这种情况是可能的，那么说人皆有良知就只能是不完全的概括，就包含了一定程度的假设。其次，当一个人内心有某种自以为良知的内容呈现时，他凭什么确定这呈现出来的是良知？如果我们不浑沦地把心中的一切都视为良知的发用流行，而认为需要有一个标准去衡量心里哪些是良知，哪些是“贼”，以便破心中“贼”，则那个标准又是什么？如果说那标准也在心里，心中之“贼”也在心里，本是同根生，都来自于天，凭什么说一个是另一个的标准，一个需要致之，一个需要破之？你怎知自己心中出现的不是“乡愿”心里的那种德之贼？在把良知作为一种对象化的存在看待的时候，说良知“呈现”是不够的，因为对所有呈现出来的东西必须要有甄别，知道哪些是良知的呈现，哪些不是良知呈现。若说这种判断能力本身就是良知，就陷入了循环论证，等于没有推论。当然，这种假设可以是“先验”假设，即它是人能成圣的必要条件。

虽然阳明及其后学有所谓的良知“自证”，但那是在另外一个意义上的“证”。它指的是其自身的实现方式，而不是有关对象之真理性的论证。比如说在伸手不见五指的黑夜里有人问道：“你在哪里？”你喊道：“我在这里！”——在此表述中，“我在这里”本身的意思其实并不重要。你完全可以用“你听见了吗？”来达到同样的效果。是那喊声“自证”了你在某个位置。这个喊声同时完成了两方面的自证（自我实现）。一是喊者在某个位置的存在，或者说是喊者的时空呈现，二是那嗓音的特征，即“我”的内容，从中听者可以大致识别喊者是男是女，是老是幼，甚至具体到是某个他所熟悉的人。在上述情况下，你很可能除了用这种自身实现的方式来自证，也没有更好的证明（论证）“我在这里”的方式。良知的自证也同样。良知的呈现一是证其本身本体之在，二是证其性质之“良”。其作为“良”的“证”，无外乎是其自身的具体显现，而不是任何额外的证明。正如托马斯·里德在讨论常识（包括道德常识）的时候说，常识具有“直接性”和“不可抵抗性”，即人在直面它的时候，会不可抗拒地直接接受其为真（或者善）。这里的“直接”，指的是既没法有其他进一步的证明，也不需要有进一步的证明——对它的否定直接就会被看作是荒谬的。但也正如里德所说的常识那样，对这种良知的接受，是我们赖以生存所必需的“轻信”（credulity），因为我们无法有进一步的证明。

由此可以理解，从哲学知识论的角度，也就是从对于作为对象的存有者的认识来看，冯友兰说良知是假设是有道理的。然而功夫论的吊诡在于它恰恰不是从知识论的“真假”角度，而是用功夫之“功用”的角度来看待一个命题的信念，可是在表面上，它又往往需要以对象化的“真假”形式出现（就像前述“我在这里”的呼叫是以命题的形式出现）。既然宋明儒的出发点都是功夫，其本体论的合理性也就只能从功用的角度才能理解。而在功夫的意义上，可以认为只有把良知当作呈现，才能确立人的道德主体性；并且只有秉持这种信念，相信所呈现的是良知，真正的良知才能发生功用。如果将良知看作假设而期待进一步的证明，则会使人搁置自己内在的道德可能性，缺乏道德的坚定性，丧失修炼成圣的方向和机会。借用蒯因（William van Orman Quine）所说的“本体论承诺”这个表述，这里，本体论的思想是作为一种“承诺”，而非对客观真理的发现、揭示。本体论的承诺是指我们承认某物的存在这一行为，与揭示一物的客观实际存在不是一回事，与康德所论证的先验条件也不是一回事。后者的评价标准纯粹是真与假，而前者的评价标准包含了这种“承认”或“认可”行为能够带来的实践效应。“承诺”本身是可以导致功效的功法。有了承诺而能有“呈现”，故而所“呈现”的，不是单纯的先在“本体”，而是修炼而后才有的，以“本体”形式呈现的功夫。

牟、徐、唐、张在《为中国文化敬告世界人士宣言》中说：

> 西方一般之形上学，乃先以求了解此客观宇宙之究极的实在，与一般的构造组织为目标的。而中国由孔孟至宋明儒之心性之学，则是人之道德实践的基础，同时是随人之道德实践生活之深度，而加深此学之深度的。这不是先固定的安置一心理行为或灵魂实体作对象，在外加以研究思索，亦不是为说明知识如何可能，而有此心性之学。此心性之学中，自包含一形上学。此形上学乃近乎康德所谓道德的形上学，是为道德实践之基础，亦由道德实践而证实的形上学。而非一般先假定一究竟实在存于客观宇宙，而据经验理性去推证之形上学。①

此语既是解蔽又是遮蔽。它所揭示的是，儒家心性论与西方一般的形上学有相似处，即它也包含一形上学，但此形上学虽然是“近乎康德所谓的形上学”，因为它也是“道德实践的基础”，它不是外在研究思索的结果，而是必须由道德实践而得到证实的。牟先生在自己的著作中特地用“道德的形上学”（moral metaphysics）与“道德底形上学”（metaphysics of moral）来表述这种区别。前者以“道德”为形容词，是需要通过道德实践而得到呈现的形上本体。后者则是理论的形上学，是站在一旁客观了解作为对象的道德的形上学。② 此语遮蔽的是，心性之学本质上不是一个知识体系（虽然它包含有知识的内容），而是一个功夫体系，因而其合理性最终不在于被

① 唐君毅：《中华人文与当今世界》，第887页。

② 见《牟宗三先生晚期文集》，《牟宗三先生全集》第27卷，第220页。

证实为真，而在于其显现的功效！它之作为道德实践的基础与康德所谓的道德实践的基础是不同的。在康德的体系里，道德形上学的论证要解决的是有关道德实践之可能的先验条件的问题，这本质上依然是个“是然”的问题，即道德的先验根据究竟是什么的问题。这个问题在康德之前的哲学传统当中被认为只有两种可能的途径，即综合的经验归纳或分析的理性推论，而康德则发明了第三种论证法，即先验的（transcendental）论证法。它避开了对事实究竟如何做出任何直接的判断，而是问：我们所说的事实（道德实践）必须具备什么样的形上条件才有可能。通过其先验论证揭示出来的道德实践的基础，回答的是道德实践之可能的必要条件。它之由后天的道德实践所“证实”，只能是在“先验的”意义上，即“在任何可能的世界里，如果这个世界有道德的话，那么它必须具备什么条件”；“如果我们进行的是道德实践的活动，那么这样的活动必须依赖那些条件才有可能”。儒家心性论之为道德实践的基础，当然也可以从康德的角度去理解，并得出它们有一致性的结论，因为儒家所说的心性，也是道德实践之可能性的必要条件。但同时，它又与康德所说的“基础”有一个重要的不同。儒家心性论形上学提供的是道德主体的出发点，是人的自我认同，其本身就是一种选择。这种选择提供了儒家道德实践的动力和方向。康德的道德形上学的证明方式是先验的思辨，而儒家的形上学的证明则是通过道德实践而使人感受到力量和功效，即它的最终依据不是在“良知自我呈现”的那种作为本体之存在的存有论意义上的证实，或者说是“实在”，而是在其后天的允许人生能够“发而皆中节”的、功效上的“实效”。儒家心性论中的“择善而固执之”不只是通过内观而发现良知本体，像康德式的“绝对命令”那样，理性按照自身的法则做出自我决定并固执之，而是突破自我封闭，进入实践的领域，就像射箭者那样，“失诸正鹄，反求诸其身”（《中庸》第 14 章），按照射箭的效果来确定什么是善，然后固执之，即继续按照成功的经验去做。儒家心性之学作为一种自我认同，当然可以成为道德实践的出发点（基础），但这个出发点的合理性的证明不在理性自身当中，而是在实践的结果所显现的“弘道”当中。

把那完全不同意义上的“基础性”作为类似而放到一起，笼统地使用“证实”会导致对儒家心性论的严重误解。好比把一首唐诗交给一份科学杂志的编辑去评审，在唐诗里“黄河之水天上来”是绝佳妙句，可是其真正的妙处，不在于比“黄河之水青藏高原来”看得更深一步，看到青藏高原的水也是天上降雨而来，而在于通过对自然现象的夸张想象，导致人心情感的特殊呼应。儒家心性论与康德心性论的区别，在于儒家的心性论是从属于其功夫论的，是以功夫看到本体论之必要性，甚至是为了取得特殊的功效而设计构造出来的，而不是相反，以本体论出发去论证其功夫之可能性或者以本体论来作为其功夫论的理据。前者的目的是证本体功夫之实效，后者的目的是证功夫本体之实存。

其实牟先生在《心体与性体》中说，“‘心性之学’亦曰‘内圣之学’”,“此内圣之学亦曰成德之教”[①]，并且将儒家的本心性体称作是“直接而自然”呈现的“具体清澈精诚恻怛之圆而神的境地”，是圣人才有的“襟怀”[②]。在《才性与玄理》中，他也区分了两种不同的形上学，一种是西方哲学所代表的“存有的形上学”，另一种是中国哲学代表的“境界的形上学”。[③]这些话语已经非常接近从功夫论的角度来解释存在论意义上的本体。前面引述过的唐先生关于孟子人性论的感悟，“吾初意从宋明儒之说……惟以人之心是善，故人皆可以为尧舜……然近忽有会于孟子言心性之善，乃意在教人缘此本有之善，以自兴起其心志，而尚友千古之旨。……斯道也，简言之，可姑名之为‘立人’之道”[④]，也道破了心性之学的实质：虽然表面上它是一个形上学、本体论，但它实际上是功夫论。或许唐先生在起草《宣言》的时候，尚处于“从宋明儒之说”的阶段，未达到那“忽有会于”的觉悟。

回到前述熊十力和冯友兰的分歧，从功法上来说，假设说和呈现说都

---

① 《牟宗三集》（北京：群言出版社，1993 年），第 308、309 页。

② 同上，第 357、356 页。

③ 牟宗三:《心体与性体》第 1 册（台北：正中书局，1968 年），第 8 页。

④ 唐君毅:《中国哲学原论・原道篇》卷 1，第 212 页。

有自我实现的功能。相比较而言，冯友兰的假设说[①]，有其开放性的优点，可以防止独断的自信，但它容易导致怀疑论而自我解除武装，成为没有承诺的形上学，或冯自己所谓的“空的形上学”[②]，于是心性之学所包含的功力也随之而失效。而呈现说的优缺点则恰恰相反。它有鲜明而坚决的认可和承诺，但蕴含着独断的危险。

---

① 陈来也把他的仁本体称作形上学的假定，见陈来:《仁学本体论》(北京：生活·读书·新知三联书店，2014 年)，第 396 页。

② 见 Youlan Feng, *The Spirit of Chinese Philosophy* (Connecticut: Greenwood Press, 1970), pp. 202–221。

第六章　儒家需要形上学吗？

【本章提要】儒家并不需要一套形上学理论来作为理据。其伦理观念的最后依据不是形上学意义上的关于实在的认识，而是其引导功夫或人生艺术的有效性。但作为人的自我认同，作为对人生意义和境界的追求，儒家不仅需要而且必须依赖形上学的理论，才能化凡俗为神圣，到达天人合一的高度。西方哲学的反形上学思潮在自称为实用主义者的罗蒂那里得到了突出的表现，但功夫取向比罗蒂在这一点上更"实用主义"，因为它承认形上学本身就是功夫。从这个角度出发，我们也能够更恰当地评价近年来中国哲学界建构形上学的努力，如李泽厚的"情本体/历史本体"论，杨国荣的"具体的形上学"或"事的形上学"，陈来的"仁本体论"，以及冯友兰和唐君毅先生的"境界论"。近年来影响甚广的安乐哲与罗思文的"关系形上学"与他们所持的"人性是一个形成过程"（human becoming）的观点形成了一个看似矛盾的理论机制。但细究他们的论述，则可以发现其实他们的"关系论"是为了纠正西方个人主义偏向而朝另一个方向的故意偏颇，即他们之强调"人是社会关系的综合"，实质上是希望"人被看作是社会关系的综合"。这是功夫哲学在特定历史条件下的实践。

有人可能会说，前一章有关思孟人性论和程朱陆王心性论的功夫解读是对本体论的消解。儒家的"心体""性体""道体"是人天相通、天人合一的基础，是中华民族的文化精神之维系，是其神圣感、虔敬感、根源意识、终极使命之寄托，是中国人的终极价值之根柢。把它说成是假设，就动摇了这个信念的根基。

这个说法在一个意义上可以说是对的。在功夫论的解读里，本体即功夫，本体论的意义也是从功效角度来予以评价的。在这里确实不再有离开了功夫含义的本体本身的地位和意义。但那种真理认知意义上的哲学本体论，并不符合儒家学说以追求生活之道为核心的传统。在思孟那里，其心性论的真正依据不在于揭示某种形上学的真理，而在于为人的安身立命，为人的自我身份 / 价值认同，提供一个能够贯通天人的理论框架，并为人的功夫修炼提供方向。在宋明儒那里，这是对来自释道两家的挑战的回应，以此弥补儒学作为日用纲常缺乏天道宇宙之维的不足。20 世纪 50 年代，唐君毅、牟宗三、徐复观、张君劢四先生面临中华文化花果飘零的局面，需要面对西方文化的挑战而维护中华文化，寻找全球四分之一人口的精神安顿，在其《为中国文化告世界人士宣言》中提出心性之学是中华文化的核心，显然是想重复宋明时期儒学借心性之学的发展而重振旗鼓的辉煌。然而 20 世纪的世界与宋明时期的东亚不同。此文发表了半个多世纪，在国际上几乎毫无影响。四先生借心性之学而复兴儒家学说的理想，始终只是在儒学界或者“国学”界内部被反复翻炒，换着方式提出，却无法在中西哲学交流中产生实质性的对话，也没有在提升国民素质上产生显著效果。中国传统心性之学一旦被当作镜像式的形上学理论，其论证本就不堪细究，要想在早已进入后形而上学的时代的世界里再继续通过知识论的途径去证明某种本体论的真理，并希望由此而建立一套普世的价值理念，可以说像是与风车作战的堂吉诃德，只能是徒劳无功。①

另一方面，前一章的结论并不是要完全否弃形而上学。承认形上学的

---

① 当然，四先生本身对此的认识其实并不完全一致，他们本人前后观点也有变化。唐君毅先生晚年对孟子人性论的认识变化就是一个例证（见第五章结尾处的引文）。徐复观在 70 年代曾明确批评熊十力和唐君毅先生“把中国文化发展的方向弄颠倒了”。他们“要从具体生命行为，层层向上推，推到形而上的天命天道处立足，以为不如此，便立足不稳。没有想到，形而上的东西，一套一套的有如走马灯，在思想史上，从来没有稳过”（徐复观：《向孔子的思想性格回归》，原载《中国人》月刊第 1 卷第 8 期，1979 年 9 月 28 日，《中国思想史论集续编》［台北：台湾时报文化出版事业有限公司，1982 年］，第 432—433 页）。

探索是人类心灵的永恒追求，并且承认形上学能够提升人的生命，建立人生的价值理念，这种被牟宗三称作为“境界形上学”的理论[①]，又是必须的。对这样的“以生命为它的对象，主要的用心在于如何来调节我们的生命，来运转我们的生命、安顿我们的生命”[②]的形上学，即便是实证主义者石里克（Moritz Schlick），也不会拒斥。在功夫论的解读里，本体论的观点是决定人生态度和生活方式的重要思想基础，因此不但不能消解，而且要认真地予以取舍，当作信念去牢固地确立，才能产生功效。以工具理性的心理，只是借用某种信念以图达到功效，结果是反而得不到功效。这就是前一章最后提到的功夫的吊诡。

从提升人生的角度去论证本体论的必要性和合理性，这就是我所说的功夫本体论。这个本体论不是说宇宙的表象背后有一叫作功夫的实体，而是从功夫的视角去评价任何一个本体论的理由和价值；不是从真理性的角度去为价值观寻求一个先验的本体论根据（justification），而是从功法之有效性的角度去寻求本体论的价值。后者是可以为经验所验证的。为什么儒家要讨论人禽之辨、心体、性体、道体之类？因为如果不提高到整个“人应该是怎样的一种存在”，“如何做人”的问题就只是浮在表面，没有深度，只能零碎地提出一些心灵鸡汤式的道德劝导，不能有一个提纲挈领的总则。如果不从人与宇宙的关系的角度去思考人的存在，对人自身的存在的定位就没有高度，人生的境界也就无法提升。只有通过这些观念，抓住自己内心为仁的可能性而操持存养，并通过这个方法使自己与天地万物建立起联系，所谓与天地万物一体，才能建立即凡而圣的境界。那样的本体，在本质上是提升人生的功法。无论是把那样的形上本体当作中华民族文化精神之维系，还是当作其神圣感、虔敬感、根源意识、终极使命之寄托，或是当作中国人的终极价值之根柢，其实都是从其对人生的价值的角度来看的。

功夫本体论不仅允许我们对儒家的形上理论做出恰当的理解，也可以

① 见牟宗三：《寂寞中的独体》（北京：新星出版社，2005 年），第 93—94 页。

② 牟宗三：《中国哲学十九讲》（上海：上海古籍出版社，1997 年），第 14 页。

允许我们扩大视野，把西方哲学当中的各种人性论纳入考察对比的范围。儒家可以承认，其实人禽之辨还可以有其他的选项，比如说认为人是理性的动物（亚里士多德），人是能够进行有目的的创造活动的动物（马克思），人是能够运用符号的动物（卡西尔），人是有自由意志，能够做出选择的动物（萨特），等等。作为功法推荐，这些本体论观点会导致不同的生活态度。它们之间的孰是孰非，在形上层面或许永远也没法得到确切的回答，但在功效方面，却可以显示其各自的得失。它们可以从不同的方面提供自我的身份认同，提升人的境界。从功夫的角度去看待各种本体论观点，显然更加有利于多元文化的互补，而不至于因为自以为是唯一正确的本体论而自我封闭，或因为提升至抽象而脱离具体，扼杀个性，走向极端主义。这种开放性同时却又保持了是非优劣之分，不至于陷入相对主义的泥潭。

一　对解构形上学的回应

众所周知，自从休谟的哲学问世以来，近现代的西方出现了否弃形上学的浪潮。休谟以令人信服的论证说明，以往的形上学观念都是既非基于自明定理的逻辑推断，也没有经验的依据，它们只是心理习惯的投射。休谟的《人类理解研究》是以这段著名的话来结尾的：

> 如果我们拿起一本书来，例如神学的书或经院哲学的书，那么我们就要问，其中包含着数和量方面的任何抽象推论么？没有。其中包含着关于实在事实和存在的任何经验推论么？没有。那么我们就可以把它投进烈火中，因为它所包含的没有别的，只是一些诡辩和幻想。①

后人由此而总结出了一种关于语义的理论：那种既非逻辑自明又无

① 休谟：《人类理解研究》，关文运译（北京：商务印书馆，1982年），第145页（译文稍有改动）。

经验依据的观念甚至比错误的观念更加糟糕。错误的观念至少还有经验的含义，可以被经验所证伪，可是形上学的论断连经验的含义都没有，属于没有认知意义的空洞观念。按照休谟的标准，笛卡尔的“我思故我在”也远非像他所想的那样自明而确定。“我思”中的那个“我”只是一个空洞的名词，严格说来我们所知觉到的只是“思”的存在，而不是在“思”背后的“我”。赖尔把笛卡尔的“我”称作为“机器里的幽灵”（Ghost in the machine）——如果一个人给你展示一台机器，你在看了整个机器的外观、内部结构、运作过程等等以后，提出还要看看那拥有如此这般外观和结构并能够如此这般运作的那个“机器”本身，对方就只能告诉你，你所谓的“机器本身”是不存在的，因为你已经看到了那台机器的一切。康德正是因阅读休谟而从他的形上学的迷梦中惊醒，看到了自己过去所持有的那些形上学信念都是独断，并由此而发展出了他自己独特的哲学理论。在康德看来，像“我”这样的观念（他称作为范畴）只是我们思维的必要条件。

在这样的背景下，当代西方哲学中出现了一股否弃形上学的浪潮。在这个浪潮中，美国著名哲学家罗蒂是一个非常典型的代表。罗蒂是当代少有的横跨欧美、纵贯古今的博学之士；又是才情恣溢、思路敏捷、妙语连珠的奇才。他的许多观点比较极端，但也正因此引起了很多争议，一定程度上帮助他成了当代世界上影响最大的哲学家之一。他的一个著名观点就是现在我们已经可以告别哲学，即将进入一个后哲学时代了。哲学已经被证明没有多大用处，应该以历史的和文学的叙述来取而代之。儒家思想与罗蒂的理论在许多方面是完全不同的。罗蒂的理论主要是批判性、解构性的。他为终结一个时代而呐喊。而儒家学说总体上是建设性的，旨在复兴一种传统。罗蒂理论反对任何形式的普遍性，而儒家喜欢说“普天之下”。罗蒂高度评价个体的自主性，对个人与公共场域加以严格的区分，而儒家则以强调社会责任和强调家与国的不可分离著称。这些区别说明为什么人们一般都认为二者的倾向是完全对立的。

与罗蒂的总体倾向相应，他的人性论观点其实可以概括为“人本无性论”。罗蒂写道：

> 传统哲学在说明什么是作为一个类的人的时候，总是说在我们每一个人的内部都有一种东西，一种基本的人的本性，它与其他人的同样的内在本性产生共鸣……而我们所坚持的偶然性以及与此相应的对“本质”“本性”“基础”之类的概念的反感，使得我们没法接受那种把某些行为和倾向当作按其本性就是“非人性的”那样的观念。[①]

他否认一切构成人性的确定范畴。人性在他看来是一个“自由回答的问题”。“人”这个词指的是“一个模糊的远景计划，而不是什么本质”[②]。这个观点在他不同的文章里多次重复过。根据罗蒂所说，寻求了解和讨论“人是什么”和在人性观点基础上建立乌托邦，在过去200年来已经“过时”了。这是因为“达尔文已经帮助大多数知识分子摆脱了那种以为人类有特殊附加成分的观点”[③]。在他看来，“我们有远远超过柏拉图和康德所能梦想的可塑性”，“我们越是看到重新塑造自我的机会，就越是不应该把达尔文的著作当作又一个关于人性的理论，而是看作他提供了一个我们不必询问我们真的是什么的理由”。[④]罗蒂告诉我们，把基础主义抛到我们身后的最好理由是：“这样做会更有效益，因为它会让我们集中精力处理我们的情感和情感教育。这样的教育使得不同类型的人们能够充分地彼此了解，从而不那么容易再去把与自己不同的人当作次等人。”[⑤]相反，对任何人性的肯定都容易导致人们不关心那些在这个圈以外的，被看作“准人类”的人们的苦难。[⑥]

在罗蒂的上述观点当中，有一个非常有意思的张力：在他看来，达尔文的进化论给了我们一个不必询问我们真的是什么的理由，那是因为达

---

① Richard Rorty, *Contingency, Irony, and Solidarity* (Cambridge: Cambridge University Press, 1989), p. 189.

② Richard Rorty, *Philosophy and Social Hope* (London: Penguin Books, 1999), p. 52.

③ Richard Rorty, *Truth and Progress*, *Philosophical Papers* (Cambridge: Cambridge University Press, 1998), p. 174.

④ Ibid., p. 175.

⑤ Ibid., p. 176.

⑥ Ibid., pp. 167–169.

尔文令人信服地证明了我们在事实上是可塑的，没有固定的本质。但对于“人是什么已经是一个过时的问题”这一论点，他用的主要是实用效果的论证：任何“人性”的论断都容易导致排斥那些在这个圈以外的人，把他们当作非人，或者“准人类”，对这种实际效果的反感，要求我们拒斥所有关于人性的论断。

罗蒂说，他的《偶然、反讽与团结》（*Contingency, Irony, and Solidarity*）一书的基本前提是，“哪怕人们很清楚地知道自己的一些信念只是历史的偶然因素造成的，他们还是会按照这些信念去生活，甚至于认为值得为这些信念而死”[①]。即使他的理论与那种在人和动物之间、理性和非理性生物之间进行天然分割的一切信仰不相容，他的立场依然可以促使我们扩大对“我们”的理解，去包括那些被认作“他们”的人。其办法是把那些过去看重的区别（种族、宗教、风俗等）看得不那么重要，尤其是与我们共同的苦痛和屈辱相比。[②]

在否认有人性这一点上，罗蒂与孟子的人性论，以及通常的儒家关于人是什么的观念看上去是完全对立的。孟子的观点是有普遍的人性，而且这个人性是善的。但是，正如我在前面已经分析过的，事实复杂得多。在说人性善的同时，孟子既做了经验的总结，也做了语义学的规定、价值观的认可，以及提出了功夫的推荐。他的人性论是由上述诸多层次构成的。仔细阅读罗蒂的著作，会发现他与儒家实际上有不少相同之处。他们之间有时甚至是可以互补的。从他们相似的角度来看，两者之间的差异会变得更加有趣和具有启发性。

罗蒂和孟子人性论上的共同之处首先在于，其实孟子也是像罗蒂所说的那样，不是在对人性做出一个纯客观的经验描述，不是在提供一个科学发现，或一种关于人性的纯形上的学说。从纯描述性的目的来看，荀子和告子比他更加有说服力，因为比较其他的自然倾向，四端并不更普遍地为

① Richard Rorty, *Contingency, Irony, and Solidarity*, p. 189.

② Ibid., p. 192.

所有的人所共有。即便是有，也通常是脆弱和不太容易发现的；即便没有，也不等于我们不应该去争取获得。《孟子·尽心下》（7B:24）的那段文字，即“口之于味也，目之于色也……性也。有命焉，君子不谓性也。仁之于父子也，义之于君臣也……命也。有性焉，君子不谓命也”，说明这个理论虽然常常以一种事实描述的形式出现，实际上它更多的是一种价值观的推介，以及怎样获得这种价值的方法指导。孟子所有的见解，用罗蒂的术语来说，是一种对人的“重新描述”，通过它来创造一种我们判断自己的“品味”，而且更为重要的是提供一种达到理想境界的方法。

罗蒂劝告我们接受杜威哲学“正在产生过程中的”自我概念。[①]面向可能性的开放和不断完善自己，早已是孟子和整个儒家学说的核心观念，因为自我修养毫无疑问是儒家学问的重点。罗蒂说，“这一扩展自我的进程所能达到的最终理想，是基督徒与佛教徒所追求的成圣的境界——成就这样一个理想的自我，对他而言任何人的饥饿和苦难（甚至或许还包括任何动物的苦难），都是不可忍受的痛苦”[②]。显然，罗蒂完全可以将儒家的圣人也列入这个境界范畴。

和孟子相似，罗蒂也认可我们的恻隐之心和羞恶之心。在罗蒂看来，人的悲悯感和羞辱感的存在是一种事实，虽然他不认为它们是我们生而为人不可缺少的普遍本质。他认为，“我们绝大多数人，至少部分地是通过我们家庭成员的关系来定义自己。我们与他们荣辱与共；如果他们不快乐我们也不快乐”[③]。罗蒂进一步承认，那些有更广大的同情心的人是道德上更加进化了的人。“个人道德的发展和人类总体的道德进步就体现在重塑人自身，以扩大构成我们自身的各种各样的关系。”[④]这和孟子的以四端的扩充程度来判断一个人的道德进步程度非常一致。

孟子与罗蒂人性论另一惊人的相似之处在于，他们都不将对理性和抽象道德原理的尊重作为道德的动机，而是将我们具体而独特的情感，如恻

① Richard Rorty, *Philosophy and Social Hope*, p. 77.

② Ibid., p. 79.

③ Ibid., p. 78.

④ Ibid., p. 79.

隐之心（孟子）或悲悯感（pity for pain and remorse for cruelty）（罗蒂）、羞恶之心（孟子）或羞辱感（humiliation）（罗蒂）等等，作为道德的动机。这些好恶倾向只要我们认真地去审视它们，就会自然地得到我们的承认。孟子的“四端”与其说是头脑里的抽象思想，不如说是心里的具体情感。正如罗蒂会说，它们更接近于休谟和杜威的观点，即认为人的情感是道德意识的中心。在这点上，孟子和罗蒂一样与柏拉图和康德的伦理传统相反。按照罗蒂的观点，那种将理性作为人性的主要成分的观点抹杀了这样一个事实：“我们先决定采取什么样的实践，然后才指望哲学家去修正‘人’和‘理性’的定义以与之相适。”①

因为孟子和罗蒂都集中关注具体的感情或情绪，因而他们都特别注意发挥故事和诗歌的作用，以唤醒人们对他人苦难和耻辱的同情。与抽象的形而上学概念不同，故事与诗歌直接作用于人的情感。当孟子接触君王的时候，他用故事、比喻以及摘引诗歌来唤醒他们的同情感、羞恶感等等，由此给他们展示这些情感如何可以导向他们所希望达到的理想。同样地，罗蒂也鼓励大家更多地阅读小说、新闻报道以及聆听诗歌等，帮助我们保持同情心和羞耻感。

与罗蒂和孟子理论的上述特征有关的是，他们都认可从地域性的（而不是普世的）和有差异的关系性作为道德发展的自然起点。对于儒家来说，爱有等差，应当从孝亲、尊师等切近处开始而逐步扩展到更远的关系。同样，罗蒂也说，在对待像美国城市年轻黑人生活贫困那样的情况时，“我们说这些人必须得到帮助，是因为他们和我们一样是属于人类？我们也许会那样说。但是无论是从道德还是政治上，将他们说成是我们的美国同胞，强调一个美国人生活在绝望当中是不能容忍的，会更加有说服力。这样的例子说明，当那些特别与我们相关的人被视为‘我们中的一员’，而‘我们’相对于整个人类来说又是更小范围更具有局部性时，我们的一体感是最强的”②。

---

① Richard Rorty, *Contingency, Irony, and Solidarity*, p. 194, note 6.

② Ibid., p. 191.

此外，罗蒂和孟子都主张尽可能地扩展“我们”的含义。下面一段罗蒂的话，使我们想起儒家所说“老吾老以及人之老，幼吾幼以及人之幼”（《孟子·梁惠王上》1A:7），以及“四海之内皆兄弟也！”（《论语·颜渊》12:5）。罗蒂写道：

> 理解“我们是人，所以我们必须对人类负责”这一口号的正确方法，是提醒我们尽一切可能去扩展“我们”的含义。这个口号激励我们从远古以来的发展方向去推断——把“我们”的范围扩大到隔壁洞穴的那一家人，扩大到河对岸的那个部落，扩大到跨越山脉的部落联盟，扩大到远隔重洋的异教徒们……这是一个我们应当努力继续的过程。我们应当继续关注处于社会边缘的人们——我们仍然把这些人本能地看作为“他们”，而不是“我们”。①

在列举了罗蒂与孟子人性论的若干共同点之后，我们再来看看他们的主要分歧及其各自的得失。

孟子和罗蒂的一个主要的分歧是，孟子努力将四端与人心中的其他欲望区分开来，并将四端定义为人性，而罗蒂则坚决反对把它们当作普遍人性。他反复强调这种心灵倾向不是什么人类的本质属性。“每个人都有关于什么事情更加重要的信念，并由此而形成自己关于什么人生才是精彩的理解。但是这些信念不需要也不应当以一种人性论的形式出现。”② 虽然罗蒂也推崇恻隐之心和羞恶之心，但他与孟子不同。罗蒂实际上是在说：

> 我向你推荐恻隐心和羞恶心，但并不意味着这是做人的唯一应该的方式。你可以做出自己的选择。虽然我相信我的推荐比较好，对应付这个世界比较有益，但这只是我个人的随机的意见，不是什么普遍的绝对真理。

---

① Richard Rorty, *Contingency, Irony, and Solidarity*, p. 196.

② Richard Rorty, “Philosophy-envy,” in *Daedalus* (Fall 2004), p. 21.

孟子是在说：

> 我推荐你们修炼自己的四端。它们就在你自己心中，是你应走的道路，把四端当作自己的本质对你有好处。这不仅仅是因为我正好相信如此，而是事实就是如此。

罗蒂的推荐是摆脱一切形而上学和永恒的关于人的本质的结论。而孟子的理论却紧扣于人是什么的观点，虽然从根本上他的动机也是在做出推荐。正如我在前面解释的，孟子的理论与其说是提供一个关于人性的形而上学理论，不如说是以形而上学理论形式展现的价值认同和推介。它不是在制造抽象的原理，而是在确认和提升某些具体的感情。但是，一种推介不能没有一个有关自我的，关于“我是谁和我应当是谁”的概念。这一点或许看上去有些混乱甚至自相矛盾，但是一旦认识到自我定义更多的是一种自我认同的实践行为而不只是真理认知时，就会发现一点也不混乱了。孟子认可的“事实”，是经过其自我认同的行为而确定的。有点像牧师的“你们现在是夫妻了”，或者似法官的判决“你将被监禁五年！”。这些句子看上去是在描述事实，但实际上是语用行为。牧师通过“你们现在是夫妻了”这句话，将一对人正式结为夫妻。法官以“你将被监禁五年！”这个句子，完成了判决。这些句子不能用真假值（true/false）来评判，因为它们不是描述，而是行为。

罗蒂会说，我对人性论的怀疑，不只是认识论意义上的怀疑，也是对其功效的怀疑。“因为坚持所谓的永恒人性论并没有导致什么有用的作为，大概本来就没有这种自然人性，至少没有那种与我们道德选择有关的自然人性。”① 他说人性论“应该是规范性的，即提供指导。它们应该告诉我们自己该做什么”。因此，“哲学和宗教的人性论曾经的繁荣是因为它们避免了经验论证，因而也没有被事实驳倒的机会。尽管它们既不提供预测

---

① Richard Rorty, *Truth and Progress*, *Philosophical Papers*, p. 172.

的能力，也不具备可能被经验证伪的性质，这样的理论在当时依然十分有用——不是因为它们是关于人类从根本上讲是什么的正确理念，而是因为它们提醒人们需规避的危险和应予服膺的理想”[①]。但是，他认为在近两百年来，这些理论已经“过时”。它们“已落得了声名狼藉的应有下场”。希望从这些理论中推出我们的理想，是“柏拉图式的幻想，而西方已在成熟中逐渐摆脱了这种童年幻想”[②]。

但是包括孟子人性论在内的所有完整性的概念，都已经失去了其实用价值了吗？在这一点上，罗蒂显然是太过于武断了。也许对于他这样“成熟”的西方后现代哲学家来说确实如此，就像某些药物对于一些人已不再有效一样，但对于大多数人而言，完整性概念依然是自我提升所必需而且有效的手段。当然，大多数人也会需要防止被抽象形上学概念误导的危险。在这个意义上，罗蒂的理论可以是有益的。但是孟子的观点其实比罗蒂更加实用主义，因为他看到了即使在认识论上我们缺乏将四端看成性而不是命的根据，为了有效修炼和扩展我们的四端，我们完全有理由将四端确立为人之为人的永恒品性。

罗蒂认为任何对某种固定人性的肯定都包含着把某些人排除在外，当作非人来对待的危险。这是一个非常值得重视的警告。它可与斯宾诺莎关于一切肯定都含有否定的观点联系起来看。但正如黑格尔在回应斯宾诺莎的观点时所指出的，任何否定也必须是肯定，否则，否定就是绝对虚无，在绝对虚无里面甚至连否定也没有了。如果罗蒂的人本无性观点是有意义的并且能够产生效果的，那么这个观点毫无疑问也是一个关于人性的肯定观点：这个观点肯定的是人的可塑性，就像告子所说的那样。我们的生活方式不可避免地受那些我们是什么、世界是什么的观点所左右。一个认为自己没有本质，认为自己是纯粹可塑性的人，会很开放，不固执己见，但其另一面的危险性是容易迷失方向，没有对错的原则，找不到生活的意义。

---

① Richard Rorty, “Philosophy-envy,” in *Daedalus* (Fall 2004), p. 18.

② Rorty, *Truth and Progress*, *Philosophical Papers*, p. 174, and “Philosophy-envy,” in *Daedalus* (Fall 2004), pp. 19, 21.

正如罗蒂在对笔者的回应中所承认的，“我同意倪的结论，即我的做法更多的是对病症的诊疗，而孟子的做法更多的是全面增强体质的健身术。如倪所说，我的那种实用主义有利于对付狂热症，而孟子那样的思想家有助于人们在内心‘奠定一种神圣感的根基’”①。罗蒂的方法帮助人们不要掉进形而上学抽象的陷阱，并能够帮助人们与宗教和其他形式的狂热相对抗。有了罗蒂的帮助，人们不会被“人性真的是善的吗？”这一类形而上学问题所困扰，他们也不会提“谁掌握了真理？孟子、荀子还是告子？”这类混乱的问题。但从这里推不出孟子的人性论是过时而无用的结论。没有孟子的帮助，罗蒂的理论不足以引导人们从内心深处培养起使命感。在今天这个过于“清醒”和更加荒谬的世界，一个人们难以寻找到生活意义的世界，孟子的理论有着自身的巨大优势，这个理论让人们充分地存有四心，积极投身于善行的实践活动，而这种善行不是因为那些外部的偶像和抽象概念，而是依照自己的内心进行的。

归根结底，所有的形上学观点都会对人生的行为模式产生影响。所以从功夫的视角来看，形上学的论断都不只是对世界本质的描述，而且也是功法。当代西方哲学里反形上学的倾向，一般都是从形上学的论断无法被经验验证这一点出发，认为它们没有任何意义。但是他们往往忽略了这些观点对人生的指导意义！功夫取向对形上学的思辨不但没有天生的抵触，而且承认形上学本身就是功夫。在这点上，儒家比自称为实用主义者的罗蒂更实用主义。罗蒂的重要贡献是纠正近代哲学偏重知识的倾向，引导人们注意人生的实践。然而具有讽刺意味的是，他自己却仍然停留在他所批评的认识论框架里。在他看来，一个命题要么可以被经验地认证，要么不能被认证，要么可以有一个裁判员给这个命题做出真假的裁决，要么没有这样的裁判员，如果是后一种情况，那么这个命题就仅仅是随机的（contingent）。罗蒂对笔者的回应是，“我同意倪的意见，我‘对人性理论

---

① 见 Richard Rorty, “Response to Peimin Ni,” in *Rorty, Pragmatism, and Confucianism: With Responses by Richard Rorty*, ed. Yong Huang (Albany: State University of New York Press, 2009), p. 285。

的一概排斥部分地是出于来自认识论的一个简单的两分法’。这个两分法虽然简单，但在我看来很管用”，因为它能帮助我们区分能够被经验所证实或证伪的命题与无法被经验证实或证伪的命题。像孟子、告子和荀子关于人性的争论是无法通过经验验证来得到解决的，而且，这种争论也“几乎不会有任何实际效果的区别”。[①] 他承认人性理论可以有规范性的目的，即提供理想和指导，而且他也承认，“抛弃这些理论可能会弊多于利，因为正如倪所说的，在没有这些理论导向情况下长大的人‘很可能会没有对错的原则，没有目标，也找不到人生的意义’”。但他同时又说，他宁可直截了当地提出人生理想的建议，而不是把那种建议包装在某种描述人性事实上是什么的理论当中。“鉴于人们可以有众多的途径去发现人生的意义——有众多的东西可以让他们倾入全身心去爱——我想他们可以无须追问‘道德的理据究竟是什么’，也无须求助于哲学家们对此问题提供的答案，而活得下去（get along）。”[②]

然而，儒家的功夫观显示了第三种选择——一个形上学的命题或概念可以是功夫的目标（比如“天人合一”），或者是功法（比如“诚”的概念），或者就是功力的概括。这些命题可以是认可或推荐的行为[③]，其目的在于确立主体的自我认同，促进主体状态的转化。这样的形上学概念和命题，既不能被经验证明或证伪（真或假），也不是简单的随机创造，而是如宋儒所说，“本体即功夫”，是功夫的表现。

形上学观念之重要性于此可见。但这个重要性，是功夫论意义上的重要性，而非真理认知意义上的重要性。换句话说，它之所以重要，是它对

① Yong Huang ed., *Rorty, Pragmatism, and Confucianism*, p. 285.

② Ibid., p. 286.

③ 这里我使用的“认可”（recognition）一词与罗蒂使用的含义不同（见 Richard Rorty, *Contingency, Irony, and Solidarity*, p. 196）。他是在识别事实的含义上使用这个词的，而我则是在认可一种状态的意义上使用这个词的。前者是一种认知行为，后者是一种操作行为，它可以既是对某一事实的识别，又是通过这个行为对该事实的某种状态做出认可（比如裁判宣布一个球出了界）。这种“认可”可以是对目标或者是达到目标的一种方法的推荐。在这个意义上，它也不同于一个任意的创造。推荐需要一个构成其有效性的合理基础。

人的观念和生活发展方向有决定性的影响，而不是因为它作为真理而为某种生活方式提供了依据（justification）。从真理认知的角度看，要想从某种关于人性的事实陈述中推出价值，是犯了自然主义的谬误。从功夫论的角度看，人通过某种自我认同（我是什么样的存在）来确定如何去生活，却是人本身的自我建构，是主体性的自我确立。一个没有形上学的功夫系统，只能是肤浅散乱的系统。

二 情本体？事本体？仁本体？

正是在这样的意义上，上海社科院的俞宣孟先生提出“将形而上学进行到底”的口号。他所说的“形而上学”，是“形而上者谓之道”的学问，指能够站在“性命之理”的根本立足点上来规划和实践人生，使自己的生存状态提升的学问。“进行”这样的形而上学，是“从与‘形’打交道转换到与‘道’打交道”，然后再返回来落实到器的层面，即日常生活的层面。统而言之，就是“极高明而道中庸”的过程。这种形而上学恰恰是对西方传统形而上学的超越，其目标不是“追求客观世界的真理”，而是“在于获得‘得道’的境界”。[①] 当然，并不是所有的形而上学都能够引导人获得同样高明、同样贯通的境界。然而，如果把形而上学的本质理解为人对自己是什么和应该怎么生活所具有的观念，那么，它就是功夫成为可能的必要前提。对自我的心性的理解，也从而成为一个人功夫发展的基础。

出于这样的理解，当代儒学继承宋明儒的本体论建构路径是完全必要的。虽然当代儒学呈现出众说纷呈的局面，但在多数学者的心目当中，建立本体论是最基础性的工作，似乎非此不足以确立中华文化在当代世界的地位。李泽厚的“情本体”论、杨国荣的“事本体”论、陈来的“仁本体”论，以及安乐哲和罗思文的“关系本体”论，都试图在本体论的层面为整个中华文化找到根基。这些努力的价值，也必须从功夫论的角度，才能得

---

① 俞宣孟:《将形而上学进行到底》,《南国学术》2014 年第 2 期，第 63—64 页。

到恰当的理解。如果仅仅将这些理论当作有关客观世界的真理，则不仅在当今世界哲学的语境当中，具体讲，是在作为“镜子”的形上学已经被全面解构的语境中，会显得陈旧而空洞，而且有悖于中国传统文化本身的功夫特质。

李泽厚先生明确表示不赞成宋明儒的心性论，认为宋明理学追求“天理”“道心”之类的超验道德本体，是失败的。[①] 他提出了一个“情本体”论作为替代，但是他明确表示，他所谓的“本体”，是“本根”“根本”“最后实在”的意思。“所谓‘情本体’，是以‘情’为人生的最终实在、根本。”[②] 他指出，“这个‘情本体’即无本体，它已不再是传统意义上的‘本体’，它的‘形而上’即在‘形而下’之中”[③]。他还说，“此‘情’是情感，也是情境”，总体而言，是“人间关系和人生活动的具体状态”。[④] 可以说，他的情本体论，就是用具体的情感、情境去取代宋明儒的抽象理性本体。不过既然情本体就是无本体，他为什么还要继续用“本体”这个概念就比较耐人寻味了。

李先生也将情本体论称为“人类学历史本体论”，这应该是就“情境”一方面而言。[⑤] 他认为包括数学、逻辑在内的人的思维，“不在对外在感性事物的归纳而在对主体感性活动的抽象”，而主体感性活动是随历史情境而变化的。如数学表面看来是分析的，实质上是综合，它“起源于对原始实践活动，例如计数的规定和描述”，“这种种活动最初是对某些实物的实际操作，其后才衍化为符号的操作”。[⑥] 与瑞士心理学家皮亚杰（Jean Piaget）的发生心理观和杜威的工具主义一致，他认为逻辑和数学都只能从原始动

---

① 李泽厚：《实用理性与乐感文化》，第 61—67 页 .

② 同上，第 55 页。

③ 李泽厚、刘绪源：《该中国哲学登场了？》（上海：上海译文出版社，2001 年），第 75 页。

④ 李泽厚：《实用理性与乐感文化》，第 56 页。

⑤ 李泽厚、刘绪源：《该中国哲学登场了？》，第 77 页。

⑥ 李泽厚：《实用理性与乐感文化》，第 7—8 页。

作中得来。“不是从所动作的对象抽象，而是从动作自身抽象。”[①] 李泽厚比皮亚杰更加广阔地“从人类学的社会历史整体行程中”[②] 来说明逻辑思维和数学观念的发生。杜威也认为人的一切概念思维均起源于人的操作活动，认为“经验主义解释数学观念的失败，就在于它不能把数学观念和从事动作联结起来”。但是李认为杜威也“只是从人们经验技艺的角度，其实更应该从人类历史宏观的角度来考察、讨论这一问题”[③]。“实用理性之不同于实用主义和杜威，在于前者……非常重视历史的积累，……特别重视和强调文化积淀为心理。……对历史本体论说，实践操作经由历史构建出来了一个不同于其他动物族类的‘人化自然’……由历史积累沉淀而成的文化心理结构是某种人类所特有的存在形式。”[④] “杜威强调了人的操作层面，忽视了人的文化心理的存在层面。”[⑤]

李先生的“情本体”论或“历史本体”论实质上是指出人类的各种观念、文化心理都源自人的功夫实践，是功夫实践的心理积淀。但这样的洞见用“情本体”和“历史本体”去概括表述，都不如用“实践本源”或“功夫本源”来得确切。也就是说，其“情本体”论或“历史本体”论，实际上是实践本源论或功夫本源论。尤其能够说明问题的是，李先生说他“以‘度’替代‘存在’(being)、‘本质’(essence)、‘实体’(substance)，以及物质(matter)或精神(spirit，soul，mind)来作为本体性的第一范畴”[⑥]。度是人在实践当中把握的行为尺度，大致相应于亚里士多德的“the mean”和儒家所说的“中庸”，即能够“发而中节”的能力。功夫主体通过不断地实践，使发而中节的行为方式积淀成为自身的能力和倾向，犹如优良的习惯一样，以至于每次遇到类似的情况，主体都会自动地以相应的方式去应

① 皮亚杰:《发生认识论》第一章。

② 李泽厚:《实用理性与乐感文化》，第 11 页。

③ 同上，第 15、16 页。见 John Dewey, *The Quest for Certainty: A Study of the Relation of Knowledge and Action* (New York: Minton Balch & Company, 1929), p. 156。

④ 同上，第 19 页。

⑤ 同上，第 19、20 页。

⑥ 同上，第 27 页。

对。能够“发而皆中节”，是功夫的最高境界。亚里士多德将这种倾向性称为“伦理德性”（*ēthikē aretē*），即允许人能够妥善地生活的品性。李先生借鉴了皮亚杰的发生认识论，进一步把度的掌握说成是人对整个世界的理解的本源，认为包括逻辑、数学和基本概念（范畴）框架在内的人类文化心理，都是来源于各种带有偶然性的实践的积累。[①]这确实是深刻的洞见。但是用“情境”和“历史”去概括这个观点，似乎不如“实践”或“度”的概念更为接近实质。变化和情境可以是完全脱离人的实践的，故以“情境”和“历史”去概括其本体论，虽然表述了其一部分内容，但没有抓住其核心。它既没有蕴含“实践”，也没有蕴含“人”。而如果我们对本体论的要求是如俞宣孟说的那样指出“道”，指出“极高明”的方向，则“度”的概念似乎要比“实践”更具指导性一些。

李先生认为，中国传统的实用理性缺乏抽象思辨能力。他说：

> 中国传统实用理性的最大缺陷和弱点就在于，对这一实践操作本性的感性抽象的意义和力量缺乏足够认识和充分发展。这也是中国缺乏高度抽象思辨的纯粹哲学的重要原因。
>
> 这使得中国人的心智和语言长期沉溺在人事经验、现实成败的具体关系的思考和伦理上，不能创造出理论上的抽象的逻辑演绎系统和归纳方法（墨辩略有而失传）。汉语缺少抽象词汇，哲学缺少形而上学，思维缺少抽象力度，说话作文不遵守形式逻辑，计算推演不重视公理系统。[②]

李先生的这一诊断，就其对症状的描述而言是正确的，但从功夫的角度来看，不能把这些症状笼统地理解为是“缺陷和弱点”，因为这样会遮蔽中国

---

① 这是李先生早在其《批判哲学的批判》一书中就已经表达过的看法。详见该书第二章第六节。

② 李泽厚：《实用理性与乐感文化》，第 12、13 页。

传统实用理性因其对于具体情境、历史变化的敏感而具有的优点，也因而违背了李先生“情本体”“历史本体”之类表述的初衷。对于“度”的掌握，最终需要根据“情境”而定。正是这种优点，使中国传统文化的理性有可能帮助我们超出机械的程序式操作，从而达到“权”（权衡、权变）的艺术境界。

同样是对生活世界的肯定，杨国荣主张建构立足于人的存在的“具体的形上学”。这个形而上学强调世界的存在与人自身存在的统一，从人的现实的知行活动当中来澄清存在的意义，而非企图提供本然世界的图景。杨国荣认为对存在的追问就是对存在的意义的追问，形上学的建构就是意义世界的生成。如果说“后形上学时代”指的是对本然世界的抽象形上学的超越，那么杨的“意义世界的形上学”，可以说是试图在此超越的基础上建构性地揭示具体的意义世界的形上构造。他从意义生成的角度，从人自身的存在的角度，来分析事实界、可能界和价值界的关系，认为这个世界是事实与价值的统一，正是看到了人在构建意义世界中的主动性，而不仅仅是实践活动的消极“积淀”。杨国荣对宋明理学的评价与李泽厚相反。在他看来，宋明儒的心性理论体现了他们对意义世界的构建。其中王阳明的“心外无物”的命题，即天地万物的意义只有对心体、良知才能展现，是心体的外化赋予了物以意义和价值，显示了这种构建在他那里达到了高度的自觉。

近来，杨国荣进一步将“具体的形上学”具体化为“事的形上学”。他认为，“事”是人之所作所为，并“表征着人的存在”。“人并非如笛卡尔所说，因‘思’而在（所谓我思故我在），而是因‘事’而在（我做故我在）。……‘事’在人的存在过程中，具有本源性的意义。”[①] 具体的、意义的世界，就是“事的世界”。“事本体”论有助于消解“物本体”那样的真理认知建构的形上学，转向正视这样的事实，即认识必然是人的认识，在事中的认识，或者说是在生活实践中的认识。要认识世界，必从事开始，

---

① 李念（主编）:《在这里，中国哲学与世界相遇——24 位世界哲学家访谈录》（北京：人民出版社，2018 年），第 279 页。

而非从单纯外在的物开始。事是认知的原始材料，其余都是抽象。

在谈到事的形上学与功夫的关系时，他承认“工夫［功夫］的展开过程就是具体做事（与对象打交道）、处事（与人打交道）的过程”[①]。由此推论，“事的形上学”与功夫的形上学有相当程度的重合。当然它们也有不同之处。比如功夫的形上学可以有两种含义。一是以功夫为对象的形上学研究，旨在揭示功夫所蕴含的形上学结构和本质。另一种是以功夫为视角去对待形上学的观念，旨在揭示各种形上学观念对功夫的影响。总体而言，杨国荣的“具体的形上学”或“事的形上学”属于前者。它是一种解释的框架，即解释“事”所蕴含的形上学。在这方面，它与传统的形上学一样。而功夫哲学则要求我们不仅把功夫修炼和实践作为哲学研究的对象，对其做出理论的描述和解释，更重要的是，它要求我们考察形上学观念对人生的深刻影响。

当然，这种不同并不意味着孰是孰非，而是坐标的不同。但把两个坐标系放到一起，可以允许我们看到一些从单一坐标系不容易发现的问题。比如杨国荣说，具体的形上学“既不追问何以有这个世界，也不关切这个世界之前或这个世界之后的存在，从而它不具有宗教层面的超越冲动和终极关怀”[②]。尽管功夫哲学对纯粹的“何以有这个世界”之类的“抽象的形上学”问题也不加追问，但功夫哲学绝不排斥那样的问题对人生会发生意义，比如相信上帝创造了世界的观点，会导致信奉上帝的生活方式。又如，杨国荣认为“只有这个世界”，“所谓只有这一个世界，既意味着不存在超然于或并列于这一个世界的另一种存在，也意味着这一个世界并不以二重化或分离的形式存在”。[③]但是对功夫哲学来说，承认有另一个世界的可能，或者认为世界以分离的形式存在，都是可能影响人生功夫的思维方式，因而都不会抽象地予以排除。而这恰恰也是“具体的形上学”所应该采取的立场。归根到底，形而上学本身也是“具体”世界的一部分，也是人所做

① 李念（主编）:《在这里，中国哲学与世界相遇——24 位世界哲学家访谈录》，第 281 页。
② 杨国荣:《道论》（上海：华东师范大学出版社，2009 年），第 12 页。
③ 同上，第 33 页。

的“事”，而且是影响人的整个生活方式的“事”。

与李泽厚和杨国荣相比，陈来显然更加直接地继承了从思孟到宋明理学，乃至当代港台新儒家的学统。他的核心理论构建就是以儒学为基本立足点的“仁本体论”。但是这并不意味着陈来不如李泽厚或杨国荣那样具有现代世界哲学的视野。他认为当代西方哲学否弃的只是如李泽厚所说的“狭义的”形而上学，而不是否弃广义的形而上学。前者是用抽象思辨的方式去探索存在，后者是对人生意义和宇宙根源的探求。与李泽厚和杨国荣一样，他同意形而上学必须回归到具体的生活世界。他说，“重要的不是抽象地反形而上学，而是把形而上学与人的价值、人的实践、具体的生活世界联系起来对其存在和意义做整体上的说明”①。他认为“儒家正是一贯重视生活、生命、生生，而不离日用生活去追求思辨，不离开历史文化去追求思辨。仁学本来就是以生活为基础，以生命为关注点，始终不离开日用生活的思想体系”②。“因此，如果世界哲学在后现代转向尘世世界的生活性，那正是合乎中国哲学特别是儒学传统的。”③

但同样的回归具体的生活世界，并没有把陈来引导到价值中立的“情”或“事”，而是带有明显价值倾向的“仁”。陈来明确表示，他所说的本体，“乃在设立世界存在、关联、生生与运动的根源”，“是宇宙时时而有、永不枯竭的内在根源”。④对“本体”的这种理解，确实符合中文的原义。中文中“本”的原义是根。根代表的确实是生存、生发、成长和关联（如根之与土壤、水分）的依据，而不是其消亡的原因。儒家从《易传》开始就把“仁”与天地之“生生”联系起来，赋予“仁”以宇宙论和形上学的意义。宋儒又进一步以“仁”之感通意（如中医之将手足麻痹称为“不仁”）表述万物的关联性，提出天地万物都是同生共体的命题，从而为“仁者爱人”建立

① 陈来:《仁学本体论》，第 4 页；李念（主编）:《在这里，中国哲学与世界相遇——24 位世界哲学家访谈录》，第 93 页。

② 陈来:《仁学本体论》，第 392 页。

③ 同上，第 393 页。

④ 同上，第 12 页。

宇宙论的联系。从张载的所谓“民胞物与”，到程颢的“仁者，浑然与物同体”[①]，乃至王阳明的“大人者，以天地万物为一体者也，其视天下犹一家，中国犹一人焉”[②]，都体现了这一贯的思路。

以“生生”和“一体”这两个方面为“本”，陈来完成了“仁”的概念从“自然”或“是然”（即对宇宙的描述）到“应然”领域（即伦理道德和功夫领域）的过渡。这似乎顺理成章，圆融无罅。但如果脱离了这一建构所要达到的目标，纯粹把“仁本体”作为对宇宙的“最根本最真实的存在、最后的存在”的揭示，作为客观存在的“天地之心”“天地之德”（哪怕这里“心”和“德”并不意味着意识、知觉、思维，而只是指谓宇宙运行的基本趋势或主导方向）[③]，则难免不造成理论上的困难。举凡天下生命，天无不令其生，也无不令其死。天既有生生之仁，也有杀生之不仁。凭什么说天之心是“生生”，而不是“杀生”？“天地不仁，以万物为刍狗”（《道德经》第 5 章）[④]，很难想象历代的儒家学者不知道这一点。从“生”的角度看，“春则生意之生也，夏则生意之长也，秋则生意之成，冬则生意之藏也”[⑤]，四季皆是“生”的过程。但同样，从死寂的角度来看，可以说“秋则寂之萌也，冬则寂之成也，春则寂之衰也，夏则寂之藏也”，四季便都变成了死的过程。

就“万物一体”这方面而言也是如此。确实，万物本来就处于“一气流通”的联系之中，但万物也因为有分而成为万物，不然就只有一物了，何来万物？为什么说一体才是仁，是本体，万体分殊不是仁，不是本体？而无论是合还是分，都各有相关的、无法先验确定的利弊。一对连体婴儿恐怕更希望他们不是一体，解散人民公社在特定历史条件下也未必不是一个进步。更何况事物之间的相互联系并不一定表现为“相生”，而也经常表

① 程颐、程颢：《河南程氏遗书》，《二程全书》第 1 册，第 2 卷上，第 2 页。

② 《大学问》，《王阳明全书》第 1 册，第 119 页。

③ 陈来：《仁学本体论》，第 17—18 页。

④ 当然，《道德经》里也有“天之道，利而不害”（第 81 章）的说法。

⑤ 朱熹：《朱子语类》第 6 卷，第 17 页；陈来：《仁学本体论》，第 423—425 页。

现为“相克”。在新冠大流行的时代，隔离以阻断一气之流通反而是人类生存的仁术，而非相反。

脱离了修炼的目标而谈论本体，谈论关系，将儒家的宇宙论和天道当作对世界的纯客观的描述，然后希望以此为基础来建立儒家的价值观，理论上很难说通。仔细体会陈来的“仁本体论”，会发现其实他的目标并不是纯客观地、镜像式地描绘宇宙的根本现实，而是如张载所说，是欲“为天地立心，为生民立命，为往圣继绝学，为万世开太平”[①]。陈来明确地表示，“从宇宙论来说明和论证，这是儒学价值论体系建构的需要”[②]。这表面上是以宇宙论作为价值体系的基础，实际上是按照价值体系的需要量身定制宇宙论。类似于当年董仲舒之构建其宇宙论以确立人间政治秩序，陈来认为传统儒家的仁学宇宙观体系可以拓宽而发展出当代形式的价值体系。这在其《仁学本体论》的最后一章表达得十分清楚。在那一章里，陈来立足于当今世界的大局，掂量古今中外之核心价值系统之得失，论证了“以仁为体”何以能够允许我们构建一个后冷战时期的全球文化。[③] 在此书的“后记”当中，他更明确地把自己与李泽厚的区别表述为“李泽厚表达的是要‘走进世界’即从世界秩序的范围对中国哲学登场的期盼，而我们的立场则以适应中国当代文化传承和创新发展，参与中华文化的复兴，发展新的儒家哲学的需要为主，并非专以世界哲学为思考基点，但无可否认也包含了针对现代世界的意义”[④]。比如他所提倡的以仁爱、自由、平等、公正为内容的“新四德”，就是在仁学本体论基础上对传统的“仁统四德”（仁统仁义礼智）的发展。“仁爱是仁之春，自由是仁之夏，平等是仁之秋，公正是仁之冬。”“这种对四德关系的处理，正是基于仁的宇宙论而有的。”[⑤] 当然，我们完全可以问，这两种立场是不是可以而且应该相互结合，相互促进，

---

① 见陈来:《仁学本体论》，第 27 页。
② 同上，第 421 页。
③ 同上，第 496 页。
④ 同上，第 502 页。
⑤ 同上，第 429 页。

才是更为全面而恰当的立场。

三　作为境界的和作为功法的形上学

儒家并不反对像“镜像”那样反映现实的形上学，但它最终关注的是能够作为杠杆的形上学。具体而言，又可以概括为作为境界的形上学和作为功法的形上学。

丁为祥写道，“虽然儒家将‘万物一体之仁’作为人与自然关系发展之一种根本性的方向，但却并不代表客观的自然界就真正能够体现万物一体之仁的关系，万物之间由生存竞争所导致的相生相克——所谓狩猎、杀戮每日都在进行；即便是人，如果离开了对其他生命体的消费，自身也就无从存在了。那么儒家所谓的万物一体之仁究竟指什么呢？这就是境界”①。

古汉语中早已有“境”字。《说文》云，“境，疆也”。至少在魏晋时期，“境”字便已经被用于指称与人的修养成就相关的精神状态。②学界一般认为，“境界”一词与梵文佛教术语 visaya 有关，翻译为“境”，指“心之所游履攀缘者”，如色为眼识所游履，谓之“色境”，法为意识所游履，谓之“法境”③，总体是指外界的对象因主体的观照而产生的世界。六朝时期的蔡邕、嵇康等就曾借“境”的概念来表述美学内涵，如蔡邕的“即造妙境”（《九势》），嵇康的“应美之境”（《声无哀乐论》）等。到了唐朝，这个概念已经非常普及，用来指表象所体现的精神。如“诗有三境，一曰物境……二曰情境……三曰意境”（王昌龄《诗格》），“夫诗人之始发，取境偏高，则一首举体便高；取境偏逸，则一首举体便逸”（皎然《诗式》）。欣赏一首诗或者一幅画，不仅要看它表面的形式，还要看它表达的精神意

---

① 丁为祥：《境界与生态：儒家哲学的终极关怀》，复旦大学上海儒学院（编）《现代儒学》第 2 辑（北京：生活・读书・新知三联书店，2017 年），第 324 页。见付长珍：《宋儒境界论》（上海：上海三联书店，2008 年）。

② 见方朝晖：《中国文化为何盛行境界论？》，《国学学刊》2020 年第 1 期。

③ 丁福保：《佛学大辞典》（北京：中国书店出版社，2011 年）。

境。所以“境界”所表达的是那关照对象的主体精神。晚清民初的王国维就试图用“境界”来作为美学的核心概念，认为有境界的诗词才堪称好的诗词。

尽管王国维的境界理论通常被看作是一种美学理论，但其实它也是广义的关于人生理想的理论。将这个理论放在王国维对康德、叔本华、尼采等哲学家的形上学理论所感到的不安联系起来，即“哲学上之说，大都可爱者不可信，可信者不可爱”，可以看出，他是希望在主体的类似宗教的精神境界中得到真善美的统一。[①]但如果我们前面的分析是对的，那么哲学并不需要在“可信”与“可爱”两个极端之间摇摆。形上学的“可信”并不一定是要在存有论意义上可信，它也可以在境界的意义上可信——能够被接受为是美的和善的。任何形上学都会影响人的行为方式，可以影响人的价值境界。形上学观念的选择就是价值的选择，是生活态度和生活理想的选择，因而是功夫论的核心关注。它不再是没有现实意义的玄思和空话，而是可以体验的，非常具体、特殊、偶然的生活内容，尽管它的表现形式可以是抽象的、普遍的语言。这并不意味着其真理性无关紧要，可以凭空构造而无须顾及事实。在功夫视角下，真理性的价值是使一个形上学理论显得更有说服力的条件。这种理论不需要武断地声称自己是绝对的真理，别的都是错误；不需要声称自己是人们必须服从的本质。它可以允许人们有其他的设想和实践。它之区别于那种“没有对错优劣，只有不同”的相对主义，在于作为生活态度，它所导致的结果是可以由实践检验其优劣的。正如武术中使用长矛短刀各有其利弊一样。在这个视角下，儒家的“一体之仁”，道家的“道通为一”，佛家的“缘起性空”，就都是各家所欲实现的理想人格的形上学表达，或者说其理想人格是它们各自的形上学的具体化。甚至柏拉图的理念世界、黑格尔的绝对精神、基督教的天堂，都可以看作是某种功夫境界。而当代西方后现代对那些形上学的解构，也就是突破那

---

① 见吴疆：《何谓“境界”？试论现代中国思想界中对儒家精神性的定义》，陈之斌译，陈来（主编）《儒家第三期的人文精神——杜维明先生八十寿庆文集》，原载 *Monuments Serica* 50 (2002)。

些以形上学真理面目出现的境界的独断，为人争取自由发展的可能性。正因此，包括尼采、福柯、德里达、德勒兹（Gilles Deleuze）、罗蒂等在内的后现代思想家，就都显示了“无境界”的特点。[①]但这种无境界本身可以说就是他们所追求的自由境界，是允许每个人都写出自己独特的“诗歌”，有自己独特的人生艺术风格的境界。

劳思光先生说，“儒学本来的艺术不在于‘你知道什么’‘你能说什么’，而在于‘你能成为什么’”。“儒学基本上想做两方面的工作：一是自我成为什么，由如此境界的自我转换成另一种境界的自我，也就是自我转化（self–transformation），这就是成德之学；二是社会要成为什么，这就是‘教’的问题，要讲‘立教’。……这些东西合起来，用传统的字眼来讲就是宋明儒的工夫论的问题。”[②]也许从“境界”一词如何翻译成英文的问题去考察，能让我们更深切地体会到这个概念与功夫的密切关系。如吴疆和方朝晖所指出的，“境界”一词极难翻译。[③]现有的一些译法，如 world，horizon，sphere，spiritual realm 等，都不够贴切，因为它们表述的都是一种场域，而没有能够带出“境界”一词作为功夫成就或功夫目标的那层意思。而英文中的 ideal，vision 之类的词能够表达目标、视域、眼光，却依然不足以表达作为修炼成就的存在状态。或许一个词组，如 cultivated existential state of the spirit，才庶几可差强任之。

可以说，作为功夫修炼的目标，儒学从一开始就有种种境界的描述。孔子的“从心所欲不逾矩”“游于艺”，曾点的“风乎舞雩”，孟子的“万物皆备于我”，就都是功夫修炼所欲达到的境界。朱熹及其弟子后学如陈淳、陈埴等多曾用“境界”来表述功夫修养的所达到的层次。[④]陈来的《有无之

---

① 见邓刚：《自身技术与精神世界——境界论视野下对于西方哲学发展脉络的若干考察》，《安徽大学学报》（哲学社会科学版）2019 年第 5 期。

② 劳思光：《从唐君毅中国哲学的取向看中国哲学的未来》，郑宗义（编）《中国哲学研究之新方向》（新亚学术集刊，第 20 期），香港：香港中文大学新亚书院，2014 年，第 6 页。

③ 见吴疆：《何谓境界？试论现代中国思想界中对儒家精神性的定义》；方朝晖：《中国文化为何盛行境界论？》。

④ 见方朝晖：《中国文化为何盛行境界论？》。

境》一书也从境界的角度阐释王阳明哲学的特征和成就。

至于当代儒学关于境界的论述，则当首推冯友兰的“四境界说”和唐君毅的“九境说”。冯友兰明确提出，“形上学的功用，本不在于增加人的对于实际底知识。形上学的功用，本只在于提高人的境界。它不能使人有更多底积极底知识，它只可以使人有最高底境界”[①]。“人对于宇宙人生底觉解的程度，可有不同。因此，宇宙人生，对于人底意义，亦有不同。……宇宙人生对于人所有底某种不同的意义，即构成了人所有底某种境界。”[②]冯把人生的境界划分为四等——按照自然本能或社会规范行事的“自然境界”、以自身利益为中心目标的“功利境界”、以仁义为原则的“道德境界”和超越世俗天人合一的“天地境界”。这四种境界相应于理、气、道体、大全四个形式的观念。

较之更为系统完备，而且是作为其一生学术生涯之最高总结奉献于世的，是唐君毅晚年提出的“九境说”。唐先生所谓的九境均是人生的境界或功夫层次。其中每一境都相应于某一类的理论观念，或者反过来说，某一类的理论观念就反映了相应的功夫层次。这九境分为客观境、主观境和超主客观境三组，每组三境，依次递进，代表层次的高低。其一到三境，即“万物散殊境”“依类成化境”“功能序运境”，属于“客观境”，乃面向主体世界之外的“他者”世界的境界。客观境的哲学表现为客观主义、现实主义。所谓“万物散殊境”，是把外物看作一一独立个体的原子式宇宙观境界。一切有关个体事物的认识论、形上学和人生哲学均属于此境。其二是“依类成化境”，即开始将特殊的个体按共相分类而理解其成化的境界。一切关于种类归属的知识和理论及以延续种类、延续家族为本的人生哲学，均属于此境。其三是“功能序运境”，为能够用因果联系来理解事物运行次序，并由此而把握手段与目的之关系的境界。一切以因果关系为对象的知识和理论及以手段—目的为本的效用主义的人生哲学，均属于此境。在

① 冯友兰:《贞元六书》(上海：华东师范大学出版社，1996年)，第552页。

② 同上，第863—864页。

客观境的层次，主体还没有对心灵自身的自觉，但这样的初级境界却为人生所不可少。它们相应于一个人最初只看到外在的一堆杂乱，只会孤立地一一应对，到后来逐步能够以“类”区分对象，从杂乱中看到秩序，从而对不同类的对象采取不同的应对，再到掌握因果关系，以目的来设计手段，这些都是人生学会如何生活所不可或缺的基本功夫。

九境中的第二组是主观境，其中包括“感觉互摄境”“观照凌虚境”“道德实践境”。所谓“感觉互摄境”是对自我感觉活动的反观（如经验论者之意识到他所感觉到的事物呈现为“印象”和“观念”），以及对心灵与对象之间和心灵与其他主体之间的互相涵摄。英国经验主义的诸哲学家，大体相应于这个层次。由此而来的人生哲学，注重与感觉的相适应。“观照凌虚境”是“观意义界”，即由语言文字符号等表达的，超出感觉素材（故谓之凌虚）的纯意义世界，属于心灵的理解活动。此境界对应的是一切对意义的直观和反思，包括逻辑学，现象学的知识论和形上学，理想的和审美的人生哲学，等等。“道德实践境”是主体从观念出发并超出观念而转向道德实践的层次，意图实现一个道德理想世界的境界。一切以道德理性为基础的理论均属于此境。

第三组为超主客观境，是心灵对超越、永恒和绝对的追求。这一组包括“归向一神境”“我法二空境”“天德流行境”。“归向一神境”指西方的“神教境”，追求超越主客之上的至高之神。“我法二空境”指“佛教境”，以见性空为真如实相，破除“法执”“我执”，来达到超越主客的分别。“天德流行境”指“儒教境”，“此要再论儒教指尽主观之性，以立客观之天命，而通主客，以成此性命之用之流行之大序，而使此德性之流行为天德之流行，而通主客、天人、物我，以超主客之分者”①。

唐先生所描绘的九境与各种哲学理论的对应关系可谓是当代的“判教”——从功夫境界的角度出发，将东西方哲学和宗教的主要流派的功夫归属和所达到的功夫层次做出系统的处理。虽然这个处理是否合理值得

① 唐君毅：《生命存在与心灵境界》（台北：学生书局，1986年）上册，第47—48页。

进一步的斟酌探讨，但是他把各种哲学理论和宗教看作境界层次的功夫视角，无疑是极具慧眼的。在这个视角下，所有形上学理论的价值不在于它们在多大程度上反映了真实的世界，而是在于它们代表了什么层次的人生功夫。值得注意的是，这九境不是平等排列的。它们代表了人心由自然状态出发而不断超越提升的过程。在这个过程中，主体初无自觉，只见客体，进而有自我意识；初为自然禀赋所驱，进而有理智自导；最后达到性命与天德，自然与理想，存在与价值的圆满统一。唐先生所说的境界并不只是一种思想观念，而更是一种存在状态。他的阐述也不只是描述，而是在教人如何由低至高地成就自我。在这九境中，唐先生把儒家所对应的“天德流行境”放在最高层次，并不见得就是其对儒家的主观偏爱，而恰恰是因为儒家的最高目标是“无适也，无莫也，义之与比”（《论语·里仁》4.10）、“游于艺”（《论语·述而》7.6），是灵活应对由各种因缘构成的“时机”情境，与时偕行、与时俱化的境界。孔子之为“圣之时者也”（《孟子·万章下》5B:1），正是功夫的最高境界。

四　关系形上学？故意的偏颇

境界的高低，对于功夫修炼的成效具有重要的作用。但形上学在功夫中的杠杆作用不仅仅体现为境界，还体现为功法。如原子论的宇宙观与关系论 / 过程论的宇宙观就会导致两种不同的生活态度或者倾向。

海外儒学一直是在当代儒学与世界哲学对话的前沿。十多年前，随着亚里士多德的德性伦理重新受到重视，一些海外儒学家率先将亚里士多德与孔子进行比较，把儒家伦理也看作是德性伦理。2007 年同时有两部著作问世，一本是沈美华（May Sim）的《以亚里士多德和孔子来重掌道德》（*Remastering Morals with Aristotle and Confucius*），另一本是余纪元的《儒家与亚里士多德的伦理学：德性之镜》（*The Ethics of Confucius and Aristotle: Mirrors of Virtue*）。两位作者都认为亚里士多德和孔子的形上学对于评价他们各自的伦理学有关键性的意义。沈美华认为，亚里士多德有自己的形上学来为他的德性理论提供理据，因而无须与任何特殊的社会政治条件相关联，而“儒家的缺点是缺乏一个有力的形而上学支撑”，因而儒家只能诉诸和特定社会历史条件无法分割的传统礼仪[①]，或者是像《诗经》那样其本身只是历史的偶然产物来作为权威。[②]余纪元同意沈美华关于伦理学需要形上学支撑的观点，但不同意她关于儒家缺乏形上学的判断。他认为儒家伦理学有足够的形上学支撑。“孟子至少试图论证为什么说人有本善之性，而亚里士多德却并没有真正论证他关于人之本质在于理性的论点。”[③]艾文贺也持有相同的观点。他说，“虽然孔子没有一个关于人性之特征的具体理论，但显然他的哲学是基于一个总体的关于人性及其发展的特殊观念之上的”[④]。

安乐哲与罗思文的观点与上述几位不同。在他们看来，儒家没有关于人性的形而上学结论，它也不需要预设一个形而上学。安、罗当然不是说儒学史上未曾出现过形上学的理论，但是在他们看来，早期儒家“并没有一个对人性的一致看法”。如果说有的话，那就是他们都认为具体的人是在成长过程中的人（human becoming）。“他们都认为，作为人类，或者对于儒家而言毋宁说是作为成人的过程，我们是开放的、由文化的行为模式和口味所塑造的。”[⑤]“由于儒家的人的‘潜能’是与人的始终变动不居的互动关系并举的，而非从开始就存在于一个人自身当中的，‘潜力’只能在成为

---

① 沈美华在其 *Remastering Morals with Aristotle and Confucius* (Cambridge: Cambridge University Press, 2007, pp. 36–37) 中引用了艾文贺及迈克尔·马丁（Michael Martin）来佐证其观点。同样持此观点的还有陈汉生。

② Sim May, *Remastering Morals with Aristotle and Confucius*, pp. 38–39.

③ Jiyuan Yu, *The Ethics of Confucius and Aristotle: Mirrors of Virtue* (New York and London: Routledge, 2007), p. 67，同时见 p. 53, pp. 63–64。

④ Philip J. Ivanhoe, “Kongzi and Aristotle as Virtue Ethicists,” in *Moral Cultivation and Confucian Character, Engaging Joel J. Kupperman*, eds. Chenyang Li and Peimin Ni (Albany: State University of New York Press, 2014), p. 48.

⑤ Roger T. Ames and Henry Rosemont, Jr., “Were the Early Confucians Virtuous?,” in *Ethics in Early China: An Anthology*, eds. Chris Fraser, Dan Robins and Timothy O’Leary (Hong Kong: The University of Hong Kong Press, 2011), p. 31.

事实以后才能确定。”①

安、罗的上述观点可以归结为两个要点，即“人性是一形成过程”的“开放论”和“人由关系所规定”的“关系论”。其开放论的主要困难是它难以与思孟以来儒学形成了一个人有天赋善性的主流观念这一事实相吻合。我想这也是安、罗总是强调他们所说的是“早期”儒家，而不是后来的宋明儒的原因。就孔子而言，他确实只说了“性相近，习相远”(《论语·阳货》17.2)，而且那似乎也与“夫子之言性与天道，不可得而闻”(《论语·公冶长》5.13)可以相契。问题是，如果不是依赖有关人性的本体论作为基础，仅仅从关系论中能不能得出善恶的标准？按照安、罗的“角色伦理”理论，每一个具体的角色，如张三的女儿，李四的朋友，就决定了每一个具体的善和不善——正确的行为就是按照一个特定角色的“相关者们所共有的意愿，能够适时增进这种关系的行为”②。但并不是所有的角色都是值得增进的。受害者的角色和失败者的角色恐怕就是需要努力摆脱而不是增进的。在角色中的人应该怎么做，也是无法完全依靠角色本身来提供答案的。在中国传统文化中就有“三从”的观念，即女子应当在家从父，出嫁从夫，夫死从子。什么才算是一个“好媳妇”，或者是“好的中国媳妇”，“好的19世纪30年代中国河南某村某家庭的媳妇”，恐怕从相关者的共同意愿里也无法获得令人放心满意的答案。一个心甘情愿做奴隶的人可以与他的主人达成共同意愿而无愧于一个“好奴隶”的角色，一个在洗脑后甘心受割礼的女孩可以被其社群接受为模范女孩，一个自告奋勇做人肉炸弹的宗教极端分子可以被其组织认作为英雄，但这样的自我认同不会是儒家所提倡的价值之所在。

进一步讲，“关系论”本身也是一个关于人性的形上学观点——人是关系型的存在。这是不是会与他们的“开放论”产生矛盾？如果人是开放的

---

① Henry Rosemont, Jr. and Roger T. Ames, *The Chinese Classic of Family Reverence: A Philosophical Translation of the Xiaojing* (Honolulu: University of Hawaii Press 2009), p. 41.

② Roger T. Ames and Henry Rosemont, Jr., “Were the Early Confucians Virtuous?,” in *Ethics in Early China: An Anthology*, p. 22.

成人过程，那么一个人能不能成为非关系型的独立个人？如果说不能，那么关系论本身就是一个需要证明的形上学论断，而我们的生活经验似乎既有可以支持关系论的内容，也有可以支撑原子式个人观念的内容。儒家经典既有“君君，臣臣，父父，子子”那样从角色和关系中来规定自我的陈述，也有“当仁不让于师”（《论语·卫灵公》15.36）、“三军可夺帅也，匹夫不可夺志也”（《论语·子罕》9.26）之类的突出个人独立性的言论。

正如罗思文所说：

> 其实我们究竟是独立的个人还是社团中的一员并不是一个可以通过经验来判断的问题，我也没见过任何能给这个问题画上一个句号的理性论证，无论是证明前者还是后者，也不论这种论证是先验的还是非先验的。更糟糕的是，这些不同的观点常常是自我实现的：我们越是相信自己本质上是独立的个人，我们就越容易变成那样的人。①

就对事实的形上描述而言，恐怕某种综合原子论与关系 / 过程论的形上理论才更符合我们的经验。在这方面刘潼福先生的“物质性与运动性”理论（或如他经常使用的另一个表述——“本体矛盾”理论）显示了比许多知名学者远为深入系统的思考。类似于中国古人以阴阳概念表述宇宙中两种基本存在状态，刘潼福以“物质与运动”“本体与矛盾”或者“粒子性与波性”作为一对概括宇宙一切存在形态的最根本的范畴，认为包括物理、社会、人生、思想在内的一切，都表现为这两种形态的对立和转化。从其早期以量子物理学的“波粒二象性”的论证和对古希腊哲学哲学史发展过程的考察，到他历年来对各种哲学和社会学理论、中国传统思想文化的进一步深入研究，甚至对考古学、生物学、遗传学、数论等各领域的关注和思考，刘潼福由博返约地在貌似全然不相关的各个领域中环环紧扣地归纳

---

① Henry Rosemont, Jr., *Rationality and Religious Experience: The Continuing Relevance of the World's Spiritual Traditions* (Chicago and La Salle, IL: Open Court, 2001), p. 91.

演绎出了一个圆融精致的理论体系。[①]就其与我们这里所考察的功夫哲学的关系而言，刘潼福的框架可以使我们认识到“波性/运动性”和“粒子性/物质性”既可以看作是宇宙的两个基本存在形态，也是两种基本的功法。这两者因为都是关乎“如何存在”而归于统一。当然，一旦进入实际的功法运用，则必须考虑到具体的时空情境而进行取舍和转换。

可以说正是出于具体时空情境的考虑，虽然罗思文明确意识到人究竟是原子式的个体（粒子性）还是在关系中、变化中的存在（波性）是个无法做出断论的问题，然而这并不妨碍罗思文公开地偏向于儒家对人的关系型理解。作为当代最有影响的比较哲学家之一，罗思文以其对西方自由主义的尖锐批评和对先秦儒家观念的张显而著称。罗思文自己非常清楚他的偏颇，而且明确表示他的偏颇是故意的，其目的是为了在一个更大的语境当中达到公平。早在1991年，罗思文就对自由主义个人观，即那把人看作是理性自主的、作为权利承担者的个体的观念，提出了批评，并主张以儒家的基于角色的人的观念来替代原子式的个人观念。他认为，我们都是在时空中的具体存在，具有身体的本能、情感和倾向，而且这些倾向都深刻地受制于我们的社会关系和文化传统。这一“厚”的观念与我们对人的直观更加吻合。我们所了解和交往的他人，都不是抽象的个体，而是各种特殊社会关系的集结。在罗思文看来，我们是如此本质地互相关联着，以至于与其说我们是在充当父亲或老师或朋友的角色，不如说我们就是这些角色本身。[②]

在他整个学术生涯当中，罗思文始终坚持了这个观点。他去世前的最后一部著作——《反对个人主义》(2015年)——将此问题放置在整个当代哲学语境当中，从描述性和规范性两方面对这一观念做了系统的阐发。他认为，从描述性的意义上说，自由主义所谓的理性自主个人只是一个幽灵，

---

① 见刘潼福:《论物质本体观的逻辑悖论及深化途径》,《学术月刊》1986年第2期；夏国美、刘潼福:《女性主义的东方之路》(上海：上海人民出版社，2015年)。

② Henry Rosemont, Jr., *A Chinese Mirror, Moral Reflections on Political Economy and Society* (La Salle, Ill.: Open Court, 1991), p. 72.

而从规范性的意义上说，它会导致深刻的社会弊病。与之相比，儒家的基于角色的人的观念则可以成为一个更合理的全球伦理的基础，也可以成为一个无须依赖形而上学或者神学的，以人为核心的宗教观的基础。他从对自由主义个人观的批评和对基于角色的人的理解之推崇出发，推出了一个系统的哲学理论，其内容涵盖了形上学、认识论、伦理学、社会与政治哲学、语言哲学、科学哲学和宗教哲学等各个方面。

值得特别注意的是，罗思文并不讳言其观点有片面性。他坦率地承认这是他故意的选择。仔细阅读罗思文的著述，可以发现他的故意偏颇出自以下诸多方面的考虑。

首先，这是对一种长期存在的不对称现象的矫正，以获取一个更大范围内的平衡。他认为在过去两百多年里，西方自由主义的观念在世界上占据了主导地位，以至于它塑造了社会政治哲学的语言系统，使其词汇当中就已经包含了对其种种预设的默认。人们很难超出这个语言系统来进行思考。要纠正这种偏向的主导，就需要开拓在这个语言系统之外的思考空间，展示与之不同的思考方式的可能性，哪怕那样做意味着朝着另外一个方向的偏颇。罗思文写道：

> 偏并不等于不公。恰恰相反，我这么做的主要目的之一就在于矫正那意识形态上来说是偏颇的主流观念所引起的失衡。那些主流观念在汉学研究、商业电视及各类印刷物的有关这个国家的介绍中是太普遍了。①

与这段写于1991年的话完全一致，在其2015年的《反对个人主义》中，他说：

> [在此书中]我将从头至尾批评权利至上、自由自主的个人，并推

① Henry Rosemont, Jr., *A Chinese Mirror, Moral Reflections on Political Economy and Society*, p. 2.

崇角色的、相互关联和负有责任的（因而有担当的）人的观念。当然，我这样做对个人主义的立场不是很公平。但是他们的旗手已经在制高点上盘踞了两百多年了，当然不会再需要我的帮助。①

当然，如果既有的主导观念十分完美，这样的做法也就没有了必要。罗思文之偏颇的第二个理由，就是自由主义的个人观有严重的弊病，而儒家的自我观念要比它合理得多。这可以从描述和规范两方面来说明。就其作为事实的描述而言，自由主义的自我观念只是一个幽灵，是一个无法言说的抽象。因为一旦剥除了自我的所有具体性，剩下的就只有一个空洞的指称——“我”。罗思文说：

不存在脱离了身体的心灵，也不存在独立自主的个人。人际关系构成并制约我们生命的绝大部分，以至于除非有至少两个人，否则就无法有人。……当代哲学与社会科学里的那种脱离了身体的、纯粹逻辑的和计算的独立个人的偏见，实在是与我们对人的感觉和想法相去太远了。②

相比较而言，我们的关系性的角色就具体得多。它可以通过经验来认定，而且也确实反映了我们在实际生活当中自我认同的方式，比如作为这个学校的教师，那个孩子的父亲，等等。

罗思文之偏颇的第三个理由是规范性层面的考虑。罗思文认为，自由主义那个自主理性的个人观念“在很大程度上要为越来越明显的由此而来的病态负责”③。以它为概念基础的第一代人权“虽然能够为在专制政府

① Henry Rosemont, Jr., *Against Individualism: A Confucian Rethinking of the Foundations of Morality, Politics, Family, and Religion* (Lanham: Lexington Books, 2015), p. xiv.

② Henry Rosemont, Jr., *A Chinese Mirror, Moral Reflections on Political Economy and Society*, p. 63.

③ Henry Rosemont, Jr., *Rationality and Religious Experience: The Continuing Relevance of the World's Spiritual Traditions*, p. 91.

的威权之下生活的人们提供某些保护，但它们也维护了当今世界巨大而且日益增长的财富不均，并为跨国公司为所欲为地侵蚀社团提供了法理依据”[①]。罗思文承认这一自由主义观念在历史上做出过的伟大贡献。

> 自从这个基础性的个人主义在启蒙运动初期以各种形式占据了主导地位以来，它作为美国和法国革命的概念支撑，起到了重大的作用，并因此而在过去的两百多年里为千百万西方人的政治和社会创造性的生活的改善做出了可观的贡献。如果说，就像我将在此所持的，基础性的个人主义现在对于西方和世界其他地方越来越多的人来说更多的是成为了不平等、压迫以及削弱民主的概念支撑，而不是正义和解放的概念支撑，我当然不是要低估、无视或者否认这一基础概念在其初盛阶段给人类带来的诸多益处。[②]

今天，整个的大环境变了。这个自由主义的个人概念“日益成为增长着的国际和国内财富不公平分配的帮凶”，而与之同属一个概念簇当中的“自由”概念，“是资本主义国家无法有效解决的诸多困境的同谋”。[③]

罗思文偏向于儒家观念的另外一个理由，是因为在原子论的个人观和基于角色的人的观念之间存在着一个不对称。在他看来，如果人们先接受了角色的观念，然后再去实现个人主义观念里面的好的价值，要比相反的顺序容易得多和自然得多。在将基于个人主义观念的第一代人权（公民的和政治的权利）和更多地基于角色观念的第二代人权（人的社会、经济和文化权利）进行比较的时候，罗思文说：

---

① Henry Rosemont, Jr., *Rationality and Religious Experience: The Continuing Relevance of the World's Spiritual Traditions*, p. 90.

② Henry Rosemont, Jr., *Against Individualism: A Confucian Rethinking of the Foundations of Morality, Politics, Family, and Religion*, pp. 60–61.

③ Ibid., pp. 68, 69.

> 一旦聚焦于自由理性自主的个人，就会很难跨越那将言论自由权与健康医护权分开的鸿沟。更糟糕的是，它会允许人们继续以“怪罪于受害者”那样的荒唐理由，来漠视不幸者的苦难。
>
> 与之相反，儒家关系性的角色承担者把第二代人权看得很重，但却不需要忽视，甚至不需要贬低那些美国宪法头十条的第一修正案所欲保护的权利。①

除了以上那些，罗思文还有另外一个采取其片面倾向的理由。作为一个西方人，他认为有责任对自己的（西方的）传统采取更加严格要求的态度。他引用了麦金泰尔的话来说明这一立场：“唯有从我们自己的立场出发，尽可能地将我们自己的观念视为是最成问题的，而且是最易被对方击败的最软弱的系统，才有可能使我们的立场在挑战者面前无可非议。”②

这一态度也完全符合罗思文主张的儒家角色伦理。从不同角色所承担的伦理义务而言，自我和他人确实是不对称的。儒家一贯认为人应当严于律己，宽以待人。站在一个西方人的角度，罗思文更多地看到自己的社会与文化的弊病，这些弊病正随着资本主义在全球的扩展而蔓延到全世界。罗思文没有排除那样一个事实，即在这个世界的许多地方，基础性的个人主义还没有丧失其有效性，但是站在他的角度，他觉得有责任提出警告，以防止在西方世界已经构成严重威胁的这一观念在其他地方受到毫无保留的拥抱，像接受那看似美好却内藏凶机的特洛伊木马一样，后患无穷。

以上的分析说明，罗思文的理论不是旨在提供一个超时空的普遍真理，

---

① Henry Rosemont, Jr., *Against Individualism: A Confucian Rethinking of the Foundations of Morality, Politics, Family, and Religion*, p. 111. 这里需要特别注意的是，罗思文绝不是在主张只需要第二代人权就可以了，不是说生存权是最重要的，其他都无所谓，而是说生存权是基础，是底线，而且从这里出发，可以更自然地要求其他的权利。当然，两代人权的关系问题是有争议的。持自由主义观点的人一般认为第一代人权是第二代人权的保障。

② Alasdair MacIntyre, “Incommensurability, Truth, and The Virtues,” in *Culture and Modernity, East-West Philosophic Perspectives*, ed. Eliot Deutsch (Honolulu: University of Hawaii Press, 1991), p. 121.

而是在特定时空语境当中，为了纠正一个有害的偏向而采取的一个诊疗的行为。它的提出是为了纠正一个久已横行于世并日益造成严重后果的片面性，从而我们可以有一个更为健康的生活态度和更为合理的世界。

上述分析并不意味着关系型的观念与个体的观念只是在具体情境下或者在“偏颇”的观念中才有不对称性。它们之间存在着一种先天的不对称。从逻辑上来说，关系概念本身就蕴含了对于在关系当中，并由关系所连接起来的个体的认可。没有了“两极”也就没有了“之间”。关系必然存在于个体之间，不可能存在没有个体的关系，这是一个分析命题，即无须诉诸经验，仅凭概念分析就可以得出的结论。父子间的关系必须依赖于父亲和儿子的存在，君臣间的关系也必然依赖于君和臣的存在。人们很容易想象一个孤岛上的罗宾逊，但难以想象没有夫妻的夫妻关系。这也是为什么如玛莎·努斯鲍姆这样拥护多元文化的哲学家也认为，“个人之间的分离性是人生的一个基本事实”①。

但是同时，没有了与子女的关系，父亲也就不成为父亲。没有了臣子，君主也就不再是真正的君主，而成了名副其实的“寡人”。实在本身是个巨大的混沌，无所谓个体。对个体的认可，也出自于认识的主体，是认识主体通过与周围世界的相关性和其价值的需要而将实在中的某些内容抽取出来，将其个体化，看作是构成实在的组成部分。如何随德（Peter Hershock）所说，“我们所谓的‘事物’——无论是山岳，人群，还是诸如历史那样的复杂事物——其实都是经验到的相对稳定的价值域或者相关性的结果。它们并不像常识所坚持认为的那样，是自然发生的实在或事物。确实，我们认作是独立于我们而存在的事物，其实只是关系的惯常形式的表现”②。按照这种理解，我们甚至可以说整个宇宙之作为一个整体也是我们将它整体化的结果，没有认识主体与呈现在我们面前的宇宙之间的关系，就没有作

① Martha Nussbaum, “The Feminist Critique of Liberalism,” in *Sex and Social Justice* (New York: Oxford University Press, 1999), pp. 10, 62.

② Peter Hershock, *Buddhism in the Public Sphere: Reorienting Global Interdependance* (New York: Routledge, 2006), p. 140.

为一个整体的宇宙。同样道理，我们的主体意识也依赖于认识对象的存在。没有与对象的关系，也就不可能有主体意识的出现。从因果关系上来看，个体的自我意识也必须是通过与他者的关系而获得的，因此，自我与他者的关系成了自我意识得以形成的先决条件。自我与非我的区别和关联性反过来规定每一个在关系当中的个体，以至于“我”之任何具体的规定，都涉及我和周围环境、周围的他人以及我自己的变化。脱离了那些关系的规定，我就只是一个抽象。如当代欧洲哲学家德里达所创造的著名概念“延异”（différance）[①] 所表达的那样，具体的个体是通过与他物的关系来显示自身的。每个单独的事物只有在与其他事物的比较而显示出差异的过程（延异）中才能完成其自身的意义之规定，因此个体的完成又依赖于关系的形成，而且个体本身就是关系的浓缩形式，是关系之网的网上纽结，如果抽取掉关系，那些纽结就不再是纽结，而成了抽象的个体。所以在这个意义上，他者反而是“我”的根基，“我”因为“他者”才成为我。反过来，除去了纽结，网就不存在了。没有纽结的网连抽象都不是。

但是由此而能够得出的，并非关系比个体在本体论上更具有原初性的结论。[②] 说个体是从关系当中生发和抽象出来的第二层次的现实，并不比说关系是建立在个体化基础之上的第二层次现实更有说服力。我们能够得出的其实是一个视角的格式塔变换。罗思文提请我们注意的那个不对称性并非建立在某种本体论意义上的不对称性上面，而是建立在概念的不对称性上面。从概念的发生过程来看，个体与关系其实是同一个过程的两面。但是一旦产生以后，这两个概念就不再对称了：关系的概念蕴含了所关联的个体，而个体的概念却不再蕴含它所由以产生的关系。这就是为什么分析理性会找不到“宇宙的黏合剂”，也就是为什么从第一代人权观念过渡到第二代人权观念要比相反方向的过渡困难得多。恰恰由于关系概念直观地蕴

---

① 每个词语的意义都取决于其所属的语言系统里的其他词语，通过它们之间的“差异”和关系来得到规定，因而也即超出其自身的“延伸”“延缓”。德里达在法语的 *différer* 这个词的基础上创造了“延异”（différance）这个概念。“延”指延缓，“异”指差异。

② Peter Hershock, *Buddhism in the Public Sphere: Reorienting Global Interdependance*, p. 147.

含了个体，而个体观念要进入关系概念则需要溯其因果来源，因而就造成了这样一种不对称性，即个体观念通常占据更为基础的地位，而关系概念总体而言是在一个更深更高的层次。这一点在功夫实践当中，即在把上述两个观念当作“功法”运用于社会生活的实践的时候，就显现出了其优缺点的不对称性。这也就是前述罗思文的故意偏颇第四条理由的学理根据。正因为在概念层次上关系蕴含了个体，而个体并不蕴含关系，并且在以关系为本的形上学观念里，个体要通过关系来得到规定，所以如果人们先接受角色（关系）的观念，在落实第二代人权的基础之上去实现个人主义观念所支持的第一代人权，要比相反的顺序（即先落实第一代人权，然后再落实第二代人权）更容易和自然。分析理性的逻各斯中心主义在独立运行的时候，个人被抽象化为最终只对自己负责的选择的主体，会导致一个缺失“黏合剂”的原子世界，这在社会政治领域就意味着人际间的关怀和责任需要另外寻找观念的支撑。

但是，正如孔子所指出的，各种美德都有其“蔽”。[①] 相应地，各种缺点也往往会有其相应的优点。[②] 在西方自由主义观念看来，人类的社群只是单独的个人按照其个体利益的需求而构建起来的集合。这样的观念使人们转而依靠外在的社会契约和程序正义来规范人的行为，以保证社会的公正和谐，导致了西方社会对法治和程序建构的重视，而在私人的领域，人们往往转而依赖外在的宗教信仰来作为自身伦理规范的根据，导致了对超越世俗力量的道德权威的敬畏。相比之下，关系概念先天地包含了由关系所连接起来的个体，因此在理想的情况下，它应该能够既顾及关系中的个体，又顾及个体间的关系。这也是罗思文对于儒家伦理的信心之所在，因为它立足于关系，通过关系来定义个人的途径能够避免原子式个人观的弊病。但概念是通过具体的人的理解发生作用的，而人的理解往往会偏向于

---

① 如“好仁不好学，其蔽也愚；好知不好学，其蔽也荡；好信不好学，其蔽也贼；好直不好学，其蔽也绞；好勇不好学，其蔽也乱；好刚不好学，其蔽也狂”（《论语・阳货》17.8）。

② 如狂者一般比较直率，狷者一般比较谨慎，天真者一般比较诚实（《论语・泰伯》8.16，《论语・子路》13.21）。

表面化。虽然关系概念包含了对个体的承认，并以此为前提，但在实际的社会实践中，关系概念却常常被当作是个体的对立面，使关系成为否定个体、压抑个体和窒息个体的力量。而由于强调了个人的道德修炼和自律，强调了“仁者与万物为一体”，在建立外在规范制约机制方面，儒家反而显得相对薄弱。就罗思文而言，他之明确指出自己的偏颇是故意的，其实也就是在纠正那样的偏颇可能造成的误解和副作用。他特地指出，他所推崇的儒家不是那种“专制的统治者、以权谋私的官员、剥削子女的父母和那些迂腐不堪的学究”所谓的儒家，而是那个其理想在封建中国从未实现过的传统儒家。① 因此，他不是在维护那僵硬的社会等级体系、集权政治和压迫民众的政权。他所推崇的是有关爱的人际关系，是人们在不同的社会地位上互惠的交往方式。他也声明，他的偏颇不意味着他认为儒家不需要经过任何批判的反思和现代的转化。罗思文承认传统儒家必须有所修正，以吸收发展着的当代道德共识，如男女平等和不同的性倾向等等。② 但他指出这样的修正只会使儒家思想中有关方面的观点和它本身的核心价值更加一致。

如果上述的分析是合理的，那么与罗思文方向相反的故意偏颇在特定的情境下就也可以是合理的和应当的。萨特主张的正是罗思文所反对的那种自由自主的个人观。萨特很清楚，这样的个人主体很难通过具体的经验来把握，因为它是经验背后的主体，其本身永远不会作为经验内容呈现。萨特很直率地把它称作为“虚无”。但是这个虚无不是真的什么都没有，而是纯粹的自由自主的可能。人与其他事物不同，他是自主的存在（for-itself），而不是自在的（in-itself）物体。其他事物的本质先于存在，而人则“不外是他自己造成的东西”③。人的“存在先于本质”。其本质只是在他做

① Henry Rosemont, Jr., *A Chinese Mirror, Moral Reflections on Political Economy and Society*, p. 74.

② Ibid., p. 75.

③ Jean-Paul Sartre, *Existentialism and Human Emotions* (New York: Citadel Press, 1993), p. 15.

出种种选择的过程当中才得以形成，而且面临新的选择之可能，刚刚产生的本质又不断地被抛到背后，复归于虚无。为了强调这一点，他把这个观点推到极端，乃至于说"不存在无辜的受害者"。成为一个受害者，也是一个人自己的选择，因为"凡发生于我的事情都是通过我而发生的"，"能够置我于险境的最最可怕的威胁也只有通过我的意愿才能产生意义"。[①] 由于我选择了不轻描淡写地将对我的侵犯搁置一边，因而我对于我成为受害者也负有责任。从这样的逻辑出发，他对于第二次世界大战的受害者做出了惊人的断语："我们活该承受这场战争"，因为"正是基于我，为了我，通过我，这个战争才成为了不应该发生的，而我决定它确实发生着"。[②]

把这些当作是对事实的描述来看，萨特的理论当然是片面的，甚至是荒谬的。经验明明白白地告诉我们，我们生活中的许多东西不在我们的选择和控制范围之中。我们无法选择自己的父母，无法选择我们的出生地，无法选择我们赖以成长的社会经济条件，也无法选择不受降临于我们的战争的蹂躏。萨特其实很清楚，人也具有自在的 in-itself 那一面。萨特的理论只有在他事先就规定了"人"的定义，即人不外是选择的主体，才显示出其合理性。这个逻辑有点像是一个人先做出规定，"我说的'钱'指的仅仅是美元"，然后说，"钱无非就是美元"。但是，由于人们经常有意无意地低估他们自己所能够选择的范围，把他们所遇到的一切都归结为外部环境所致，认为自己是无可奈何的受害者，萨特才认为需要强调人的自主性，指出我们可以选择自己希望成为什么，并由此而确立自己的主体性，承担起自己的责任，规定自己的人生。为了达到这个目的，萨特故意地使用了那些惊人之语，以使人从他们的"自欺"（bad faith）状态当中惊醒过来。你在生物学的意义上没法选择你的父母，但是你是否承认他们，你如何对待他们，你对他们为你所做的一切是不是当回事，都是在你的选择范围当中。正是通过那些选择，你显示出自己是"人"。从这个意义上，是你选择了你

---

① Jean-Paul Sartre, *Existentialism and Human Emotions*, p. 53.

② Ibid., pp. 53, 55.

的父母。这里作为选择主体的自我所唯一不能够选择的，就是自己是自由的。萨特在这里又用了一个故意夸张的表达："人被注定了是自由的。"[①] 你当然可以质疑萨特，问他如何解释那些被战争所摧残的无辜的儿童，他们是否也该为自己的遭遇负责。萨特会回答说，如果那些孩子憎恶那战争，他们就不应该把自己仅仅看作是战争的被动的受害者，而是通过自己选择的态度，去积极地表示对这战争的抵抗。这里，我们也看到了一个表面上看似描述性的人性理论变成了一种规范性的、治疗的行动，推动人们去过一种积极的、负责任的生活。

如果说罗思文所关注的是自由自决的个人观与关系型的个人观之对比，并由此得出了人是关系当中的存在，是被关系所定义，甚至直接就是关系之总和，萨特关注的是自由自决的个人观与把人当作自然界之一部分（in-itself）的对比，并得出了人是本质上自由的存在，以至于任何有关人性的标签都不适合，除非你把人称作为"虚无"。萨特强调说，人的自由蕴含了人的"孤独"——当你面临选择的时候，没有任何人可以替你做出决定，因为哪怕你让人家替你决定，那也是你自己选择的结果。当萨特的一个学生面临一个两难的抉择来向他讨教，问他自己应该怎么办的时候，萨特告诉他："你是自由的，去选择吧——也就是说，去创造（invent）吧。"[②] 但这同样反映了萨特的偏颇。他忽视了一个现实，即一个人所面临的选项域本身就是由包括他人的选择在内的情境所规定的。他萨特本人对那位学生的回答，实际上是一个造就那位学生孤独感的行为，因为他把来求助的学生推了开去，让他完全独立自主地去做决定，而没有像一位老师帮助学生那样去帮助他分析各种可能背后的得失并提出可供参考的解决方案，更没有像一个长辈或者朋友那样主动帮助该学生去排除困难，使本来两难的处境变得容易一些。

但我们有理由相信，萨特在这一点上的偏颇也是故意的。以他的智商，很难想象他会想不到上述那一点。他之所以那样做，是为了让那年轻人振

① Jean-Paul Sartre, *Existentialism and Human Emotions*, p. 23.

② Ibid., p. 28.

作起来，成为自己命运的主人。他的哲学正是为了达到这样的目的而构建的。正如英国作家莎拉·贝克韦尔（Sarah Bakewell）所说，“他为人类这个刚刚把自己吓了个半死，现在终于准备好长大成人、负起责任的物种，提供了一门量身定做的哲学”[①]。

通过他们各自的对比，罗思文和萨特不只是得出了某种形上学的结论，而更是分别做出了他们的强烈推荐。他们突出强调了在他们看来是被严重忽略但却极其重要的对自我的理解。虽然他们推荐的自我认同在方向上是相反的，罗思文强调的是人的社会性、关联性，而萨特强调的是人的自主性，但其观点之作为推荐是相同的。借用理查德·罗蒂的话语，他们的哲学理论与其说是反映客观现实的“自然之镜”，不如说是改造现实的“杠杆”。值得我们注意的是，在这样的视角下，原来相互矛盾的对现实的描述有可能变成互补的自我认同方式的推荐，因为它们可能适用于不同的目的，并能够带来不同的功效。也许如罗思文所说，我们永远都没法解决有关人究竟是什么的争议。但所有有关人是什么的观念都会铸塑我们的行为方式。关于人的不同的观念就是不同的自我认同，它们就像各种武术风格，各有其长，也各有其局限。基于角色的人的观念允许社会成员对彼此之间的相互依存产生清楚的认识，并由此而生发出对他人利益的关怀，但同时这个观念也容易滋养特权意识。在强调角色的社会当中，人们不断地被提醒自己的角色和与之相应的责任与义务，它同时也会促进社会等级意识和不平等观念。与此相对应，萨特那种自主理性个人的观念的强项是帮助一个人树立其主体性、尊严感和对自己的责任，但它也容易滋养个人中心主义的态度，并因而丢失责任心和关爱。虽然萨特本人补充说，“当我们说一个人对他自己负责的时候，我们不只是认为他对自己个人负责，而且也意味着他对所有的人负责”，一个人在选择其自我的时候也同时选择了所有的人，因为“在创造自己想要成为的那种人的同时，我们的行为无一不在同时创

① 莎拉·贝克韦尔：《存在主义咖啡馆——自由、存在和杏子鸡尾酒》，沈敏一译（北京：北京联合出版公司，2017 年）。

造一个我们所认可的人的形象”。[①] 但是这种对他人的责任在萨特那里是主体选择的副产品，即这种责任不是从我和他者的关系当中得出的，而是仅仅由于他人碰巧处在我的选择所覆盖的范围之内才变得相关的。在我们引用的萨特的这本书里有一节专门讨论“自由和责任”，但是在那一节里，萨特讨论的始终是个人对自己成为什么所负有的责任，而没有一句话涉及对他人的责任。这个事实也说明了萨特哲学所欲强调的重点。

萨特的这种反方向的偏颇，在理论的层面是一种抽象，在实践层面，它也难以为个体之间的联系提供观念基础，但在一个被片面强调关系而窒息了个体的情境之下，它可以有积极的功法价值。如果说关系型的观念在遭到曲解的时候（即被理解为与个体截然对立的时候）会导致反面效果，原子式的个体观念也可能在对实在世界的抽象曲解当中发挥积极作用。正因为关系型的理解认为人际关系或者角色规定了个体的行为规范，它就容易导致对外在约束之必要性的认识的不足，当一个社会以它为依据来设计社会制度的时候，就可能造成缺乏对善的制度性保障的问题。而建立在原子式的个体观念基础上的社会制度设计则恰恰因为看到外在制约的必要，从而可能在设立行为规范之底线方面反而更有成效。用一个也许不完全贴切的比喻，这就像武术功夫，并不是越高级的功法就越好。对于初学者，跳过基础的阶段而学高级功法，可能适得其反。在书法当中，处处腕平掌竖会僵硬呆板，但对于初学者，腕平掌竖又不失为必要的基础。

面对封建等级观念统治下的旧中国，具有传统儒家情怀和价值观的许多中国知识分子，出于麦金泰尔所提倡的那种“对自己的文化最严格的批判态度”，偏颇地选择了用历史上从来没有充分实现过的西方自由主义的自由平等的理想观念，来和儒家传统在实践当中由于被曲解利用而出现的最坏恶果做比较，试图纠正那在中国历史上长期存在的偏颇。他们反对专制统治，认为必须“打倒孔家店”才能消除专制政体的文化根基，让人民翻身作主，获得基本的政治权利。他们也反对“君君、臣臣、父父、子子”

---

① Jean-Paul Sartre, *Existentialism and Human Emotions*, pp. 16–17.

所蕴含的“角色”型的自我观念，认为这是造成中国社会等级制度和社会不平等的观念根源。随着西方现代性的发展，出现了种种与之相伴随的现代性危机，如财富两极分化的加速，金融危机的加深加剧，生态环境危机的扩大更是危及到了人类本身生存的可持续性。而这些危机的背后，往往都有以个人主义为概念基础的西方自由主义的根源。在这样的大背景下，同样的传统儒家情怀和价值观，就会导致不一样的“偏颇”。就海外儒学而言，几乎所有研究儒学的西方学者都或多或少地“偏颇”于儒家，从儒家观念的角度对西方传统做出批判。[①]面对西方自由主义占据制高点而中国传统文化花果飘零的状况，海外华人学者也多数偏向于以儒家思想的资源来平衡西方自由主义独大所导致的失衡。而在时空条件不同的中国大陆，则由于其现实状况同时兼具前现代、现代和后现代的多重特征，相应地在学术上也出现了更加多元的各种“偏颇”观念的共存和竞争。那里既有对社会抱有深切关怀的中国学者继续着“五四”新文化运动对自身文化的批判，呼吁继续那尚未完成的近代启蒙事业，或否定儒学，或要求儒学完成其现代性的转化，也有具有后现代批判精神的儒家学者，试图以儒家文化的复兴来防止中国重蹈西方世界已经陷入的种种危机，当然，还有因噎废食，主张回到前现代那种僵化的传统文化的倾向。从功夫的角度来看学界的各种“故意偏颇”，与特定的时空条件结合，来具体分析每一种倾向的得失，而不是简单地对某种观念做出超时空的判断，恰是最为公允、最不偏颇的态度。

总之，从功夫的角度来看，关系型的个人观与原子式的个人观各有其功效。这就是庄子所谓的“道通为一”[②]。但正如庄子所特地指出的，“唯达者知通为一”。这种“一”不是以为它们无非半斤八两[③]，没有好坏对错之

① 如安乐哲、孟旦、柯普曼、于连、贝淡宁（Daniel A. Bell）、安靖如等。

② 《齐物论》，见郭庆藩：《庄子集释》第 1 册，第 70 页。

③ 在《庄子》的那段文字中，是“朝三暮四”。今天人们对“朝三暮四”的理解是见异思迁，反复无常，与庄子的本义不同。庄子说：有人以橡子喂猴，说“早上三颗，晚上四颗，如何？”众猴皆怒，于是改口说，“那就早上四颗，晚上三颗”，众猴皆喜。其实朝三暮四（转下页）

分。两种药也许药性相反，各有功用，它们虽然同样是药，但所适用的病症不同，因此不能混淆。仅仅看到它们同样是药，还只是“劳神明为一”，能够看到它们同样是药，而又能够对症下药的，才是“道通为一”，是“和之以是非而休乎天钧，是之谓两行”。

黄宗羲直白地提出，“心无本体，工夫所至，即是本体”①。按照这种理解，世界本无心，是人为天地立心；生民本无命，是人为生民立命。人生本无先定的意义，是人自己与天地参，创建出意义来。建立一个本体论，也就是确立自己的主体性。这样的看法虽然有些“偏颇”，因为一个有说服力的本体论不能是完全凭空编造，毫无客观根据的。但这种偏颇对于纠正那种把本体论当作对存在的纯镜像式反映的观点，是必要的纠正。对人禽之辨的理解，不能脱离人的自我定位，身份认同，不能不看到这个理论也是把人提升到一般动物之上的行动。对“心体”“性体”的理解，不能脱离功夫之可能性的发现，不能不看到它们同时是功法的推荐和功夫境界的描述。从内容而言，那些理论是本体论，它们以不同的方式肯定了人之天赋善性，因而可以称作为“仁学本体论”“心本体论”“理本体论”等等。从其性质而言，这些理论都更是自我提升的功法，而不是纯粹的对实在的描述。儒家需要本体论，但归根结底，这种本体论的价值在于其能够当作境界或者功法，而不仅仅是为我们提供一种解释世界的精致理论。这种本体论的合理性证明，不光在于它是客观真理，而更在于其功夫效应。用故意“偏颇”一点的话来说，不是因为人的本性是如此这般，所以我们应该按照如此这般去生活，而是我们认定了如此这般的目标，认定了要按照它去生活，才需要把如此这般看作自己的本质；不是由于某种外在于我们的事实事先规定了我们某种使命，而是我们自己发现自己的能力，认定了目标，承担起那种责任。借用罗蒂的话来说，儒家的形上学是“杠杆”，而不是

（接上页）与朝四暮三总数一样，而猴子却一喜一怒，是为愚迷。然而有人混同万物以为全都一样，毫无区别，这和猴子之惑没有本质的不同。

① 徐世昌（编）:《清儒学案》卷2,《南雷学案·明儒学案序》（北京：中华书局，2008年），第3页。

“镜子”。作为镜子的形上学，其符合的方向是观念和理论符合现实。作为杠杆的形上学，其符合的方向是现实符合理论观念。但这与完全否定客观性的主观主义、相对主义不同，因为什么样的本体论会带来什么样的生活方式和功效，是可以由客观经验检验的。

第七章　如在主义：儒家功夫模式的精神性

【本章提要】儒家的形上维度常被当作其精神性之所在，但这种精神性是否属于宗教，至今争议不断。其原因主要在于儒家思想无法简单地纳入当代宗教研究的概念框架。它既非有神论，亦非无神论，怀疑论或不可知论。儒家的精神性可以用孔子"祭如在"一语来概括。这一"如在主义"关注的焦点不再是神是否真的存在，而是人应该怎样去参加祭典或广义的精神性活动。这一转折把人与鬼神的外在关系变成了人与其自身的精神状态的内在关系，于是人人皆可以成为鬼神之德的主体，同时又通过将"礼"从原先的祭礼拓展到日常生活的各方面，于是事事均可以有神圣性，由此而形成了一个即凡而圣的精神性传统。如在主义的合理性正是在于它的这种客观效应，而非在于提供一个对超越世界的真实信仰。如果说所有的宗教信仰都无法证明其真伪，因而在实际上都是对其所信之神的"如在"信仰，那么宗教对话就是各种"如在"的精神性之间的对话。这样的基础允许我们接受宗教信仰的自由和多元性，同时对于具有破坏性、威胁性的精神性做出批评，对具有建设性的精神性做出肯定，让信仰的主体承担起自己的责任，而不是推托给神。

儒家学说的形上维度常被当作其精神性之所在。但这种精神性的本质一直是个充满争议的话题。儒家学说究竟是不是宗教？它是有神论还是无神论，抑或是怀疑论或不可知论？儒家的精神性是对某种超越存在的信仰，还是某种内在超越本质的发现和展现，抑或就是一种与神和超越性无关的人文精神？①

奇怪的是，对立的观点似乎都可以在同样的儒家典籍中找到相应的依据。例如，《论语》中有“知我者其天乎”（《论语·宪问》14.35），“获罪于天，无所祷也”（《论语·八佾》3.13），“五十而知天命”（《论语·为政》2.4），“致孝乎鬼神”（《论语·泰伯》8.21）等说法，可以据以认为儒家信奉超越的、有意志的天，有鬼神崇拜，应当被看作是有神论，因而儒家的精神性与其他宗教一样，在于对超越位格神的信奉。但《论语》中同样也有“未能事人，焉能事鬼？”“未知生，焉知死？”（《论语·先进》11.12），“知之为知之，不知为不知，是知也”（《论语·为政》2.17），“子不语怪、力、乱、神”（《论语·述而》7.21），“敬鬼神而远之”（《论语·雍也》6.22）等说法，结合儒家学说总体上专注现实人生的特点，可以认为儒家本质上是无神论的、人本主义的伦理体系，在有关超越的鬼神和来世等问题上，只是谨慎地持怀疑论或不可知论的态度，实际上却并不依赖对鬼神和来世的信仰以建立其精神性的维度。

由于这些互相冲突的观点均可以在儒家最基本的经典里找到根据，人们会自然地怀疑儒家学说本身缺乏自洽性和清晰性。但这里的困难其实主要不在儒家学说本身，而在于人们套用了西方宗教的概念框架，而不是以儒家自身的功夫思维模式来解读儒家。以犹太教、基督教、伊斯兰教为主流的西方亚伯拉罕系宗教所关注的核心是对于位格神之真实存在的信仰。这与西方哲学自古希腊的源头开始便执着于对真理知识的追求是一脉相承的。从这一模式出发的宗教研究，自然会把位格神之有无那样的信念置于其探究的核心。由此出发来理解宗教，则基本的宗教态度就无非是有神论、无神论、怀疑论、不可知论。而儒家的核心关怀是生活之道，不是对客观世界的认知，与此相应，其精神性也不在于对位格神存在与否的信仰。这

① 这些争论涉及的范围之广和各种观点之繁多，可从段德智：《近三十年来的“儒学是否宗教”之争及其学术贡献》（《晋阳学刊》2009 年第 6 期）和黄勇：《儒家神学的三种模式》（“Confucian Theology: Three Models,” in *Religion Compass* 1/4 [2007], pp. 455–478）这两篇综述中窥见一大概。

一点从语言现象上也可以得到印证。中国的精神性传统，无论是儒家还是道家，都很少被称作为是“信仰”。在日常语言中说一个人“信基督教”显得非常自然，但是很少有人说自己“信儒家”或者“信道家”。或许说“信从儒家”或者“信从道家”会稍好一些，那也是在“从”字而不在“信”字。这是因为儒家和道家在本质上都不是信仰，而是生活之“道”。

《论语》中“祭如在，祭神如神在”（《论语·八佾》3.12）这句话为我们提供了一个儒家精神性的模式的精到表述——“如在主义”①。“祭神如神在”的态度不断定神的存在，故而不是有神论；它也不否定神的存在，故而不是无神论。它更不是怀疑论，因为它要求主祭者持“如神在”的态度，而不是持怀疑态度。它甚至不关心神的存在可知不可知，因此也不是不可知论。总之，它关注的核心不是神是否真的存在，而是人在参加祭奠时所应采取的态度和方式。以“如在主义”来概括儒家的精神性，可以准确地把握儒家精神性的特质，把握儒家精神性与中国原始宗教信仰既有联系又有重大区别的关系，并可以对当今世界的宗教文明对话提供有益的参照。

一　从原始宗教到如在主义的转折

对鬼神的祭祀，是原始宗教中通行的人神沟通的方式。②在中国古代，

① “如在主义”可以英译为“as-if-ism”。与此有巧妙契合的是，德国哲学家费英格（H. Vaihinger，1852—1933）曾于1911年出版过一部题为*Die Philosophie des Als Ob*的著作（Meiner, 1911），其英文翻译即*The Philosophy of "As If," A System of the Theoretical, Practical and Religious Fictions of Mankind*（《如是哲学：一个人类理论、实践和宗教虚构的体系》，New York: Harcourt Brace, 1924）。此书的作者认为，除了人的感觉和情感，包括逻辑在内的所有人类知识都只是虚构，尽管这些虚构也许是人类生活所必不可少的。这个观点与儒家的“如在主义”相似，不是将宗教和形上学的信念放在是否客观真理那杆秤上来评价，而是将它们当作生活的技艺，放在它们对生活有无益处的标准上来评价。但总体而言，费英格的著作属于认识论哲学，其核心观点是认为人类所有的知识都是有用的虚构。与有待证实的假设不同，它们是永远得不到证实，而仅仅由于其功效而被接受的信念（xlii）。本文所说的如在主义与此不同，它并不认为所有的知识都是虚构。它只是取一种与认识论不同的功夫取向来看待人的信念。

② 其他方式还有占卦、解梦、巫觋、童乩等。

“鬼”是指亡故的祖先，“神”则是指日月山川风雷社稷等的神灵。在鬼神之上还有“帝”和“天”。帝是相应于人间君主的超越世界的主宰，而“天”的概念则相比而言没有那么明显的人格神的含义。总体而言，从周朝开始，“帝”的概念出现的比例大大降低，逐渐为“天”的概念所取代。按照周朝社会的礼法规定，各种祭奠都必须按照社会地位和关系进行。一个宗族的族长同时也是该宗族的祭司。只有族长才有权组织家族的祭礼。天子则是天下的最高君主，只有天子才可以祭天。①

如果说祭鬼神的目的是为了示好于鬼神，以求得鬼神的护佑，那么它当然期待鬼神的到场以听取献祭者的祈求。“祭”字的构成就透露了这样的信息：其右上角是一个手（“又”部），在祭坛（下部的“示”）之上奉献作为祭品的肉（左上角的“月”），以飨所祭之鬼神（图示为春秋时期的邾公华钟铭文）。但要使鬼神到场，除了祭品之外，还需要献祭者的诚意。这就是为什么祭祀的过程通常要求献祭者斋戒沐浴，涤虑静思，以诚其意。《礼记·祭义》中说：

> 斋之日，思其居处，思其笑语，思其志意，思其所乐，思其所嗜。斋三日，乃见其所为斋者。祭之日：入室，僾然必有见乎其位，周还出户，肃然必有闻乎其容声，出户而听，忾然必有闻乎其叹息之声。

这段话颇为详细地描述了祭奠者洁净身心以感格鬼神的过程：首先是斋戒。在斋戒时，想象所祭者的居处和音容笑貌及其意愿爱好，经过连续三天的斋戒，就应当能够见到所祭的鬼神了。到了正式祭典那天，进入庙堂，就

① 如《论语·为政》曰“非其鬼而祭之，谄也”（2.24）。当身为鲁相的季氏祭奠唯有天子才可祭的泰山时，孔子批评说：“呜呼！曾谓泰山不如林放乎？”（《论语·八佾》3.6）《论语》中记载：“林放问礼之本，子曰：‘大哉问。’”此地“林放”为“知礼者”的代称。如果泰山确实有灵，能够感知对它的祭奠，那么它不但不会为受到季氏的祭奠而高兴，反而会被冒犯。季氏的行为显得可笑：难道他认为能够被祭奠而感动的泰山之神还不如林放知礼，可以被他愚弄吗？

会“僾然”（仿佛，隐约）看到所祭者就在其牌位的地方。等周转完毕出得门来，就会肃然感知到所祭者的气息动静。

问题是怎么才能确定所祭的鬼神真的受到感格？当你僾然有见乎其位、有闻乎其容声的时候，你究竟是感觉到了鬼神的真实存在，还是自己斋戒了三天，饿得精神恍惚，出现了幻觉？怎么得知鬼神确实存在，得知鬼神的意愿？由斋戒祭奠而得来的信息是否可靠？显然，以孔子那样的明智，不可能没有意识到这类问题。孔子的许多论述都显示了他对鬼神的保留态度，如前引“子不语怪、力、乱、神”“敬鬼神而远之”“未能事人，焉能事鬼？”“未知生，焉知死？”等。《说苑·辨物》中有一段记载，虽不一定可靠，但颇符合孔子的思想特点。子贡曾问孔子：“死人有知无知也？”孔子答道：“吾欲言死者有知也，恐孝子顺孙妨生以送死也；欲言无知，恐不孝子孙弃不葬也。赐欲知死人有知将无知也？死徐自知之，犹未晚也！”这段对话很有意思。子贡的问题是一个关于超验世界的问题，如果孔子直接回答的话，那么无非是“有知”“无知”或者“我也不知道”。但孔子的回答却把问题变成了对现实人生的道德反思，即如果相信死人有知，将会如何？反之如果相信死人没有知，又将会如何？前一类问题在现世是找不到答案的，而后一类问题则不仅有答案，并且是问题的实际意义之所在。而且孔子最后那句话又蕴含着，一个人只要在现世问心无愧地做人，那么无论有没有来世都无所谓。若有，则可以坦然面对任何鬼神；若无，亦可无怨无悔。司马牛问孔子什么是君子，孔子答道：“君子不忧不惧。”司马牛问：“不忧不惧，斯谓之君子已乎？”孔子说：“内省不疚，夫何忧何惧？”（《论语·颜渊》12.4）

这些确实是显示了孔子的现实主义精神。但孔子的伟大，更在于他代表了一种新的精神性的出现。很多学者认为，儒家宗教思想的最大特点是终极存在的内在性。在孔子之前，周朝的奠基者们已经逐渐用“天”的概念取代了商朝的“帝”和“上帝”的概念。这是个极其重要的转折。它标志了整个中国主流文化传统从对外在超越的崇拜转向了对内在的天人合一的追求。“天”与“上帝”有两个主要区别：一是人格神的含义大大减弱了，但却保留了宇宙主宰的含义。二是它开通了把宇宙主宰从高高在“上”的超越地位带到人间的渠道。“天”不一定是冥冥在上的另一个世界。它可以理解为是人们周围的一切自然，甚至人们自己。人本身就是天的表现。《尚书》中那段著名的话“天视自我民视，天听自我民听”很清楚地表明天实际上被看成了就在民间，天意就表现在民意之中，而不是高高在上，超越于人世的人格化神祇的意旨。天意既可以通过社会和自然事件以及人民的意愿表现出来，也可以受到人的道德行为的影响。君主的合法性也可以通过民意所代表的天意来衡量，即孔安国所谓“民所归者天命之”，“民所叛者天讨之”。[①] 这些话表达的与其说是因果关系，不如说是蕴含关系——民之所归就是天命之的表现，民之所叛就是天讨之的证据。从这一历史背景出发，《论语》里有关“天”的论述可以恰当地看作是终极存在由外在到内在的转化之继续。子曰：“获罪于天，无所祷也。”（《论语·八佾》3.13）当有人怀疑孔子有行为不当时，孔子发誓说：“予所否者，天厌之！天厌之！”（《论语·雍也》6.28）他自称“五十而知天命”（《论语·为政》2.4）。他也认为“天”是他的“德”的来源（《论语·述而》7.23），是维持万物运行的力量（“天何言哉！四时行焉，百物生焉”[《论语·阳货》17.19]）。有些人依据这些言论认为孔子将“天”看成是有意志的决定人类生活和行为的外在力量。但结合上述历史背景来看，它们可以被看作是拟人的表述方式，就像我们说一棵植物“喜欢”阳光，“不喜欢”干旱一样。以上那些言论中的“天”，都可以被理解成自然界中事物发生发展的原则和包括德性力量在内的各种自然力量的内在源泉。

但是这并不意味着孔子所代表的儒家转向了无神论。前引的“祭如在”那段话，就体现了中国精神性传统的一个微妙却又重要的转折。这段话中最值得玩味的是“如在”这个概念。它描述的是一种主体的态度。这种态度已经不把鬼神（或者“天”）本身的在与不在当作关心的重点，它关注的

---

① 孔安国、孔颖达：《尚书注疏》（文渊阁四库全书 / 经部 / 书类 /《尚书注疏》）卷 3，第 33 页。

是主体在献祭时要有“如神在”的虔敬，换句话说也就是怀有“如在”心态的献祭者自己的在场。所以在“祭如在，祭神如神在”后面紧接着的是，“子曰：吾不与祭，如不祭”。

宋儒程颢解释道：“祭如在，祭神如神在。敬以直内，义以方外，合内外之道也。”[①] 也就是说，“祭如在”是把内心调整到适合外在祭典形式的状态，以使内外两方面协调一起发生作用。如果说在传统观念中这种内外的契合是与鬼神沟通的方式，那么在孔子这里，它已经有了微妙而本质的不同。前者是要求通过内外的协调作用去导致“神在”，即作为客体的鬼神的到场；后者则是要求通过祭奠的仪式唤醒主体的“如神在”的状态。《中庸》有一段孔子的引语，可以看作是对“祭如在”的发挥和解释：

> 子曰：“鬼神之为德，其盛矣乎！视之而弗见，听之而弗闻，体物而不可遗。使天下之人齐明盛服，以承祭祀，洋洋乎如在其上，如在其左右。《诗》曰：‘神之格思，不可度思！矧可射思！’夫微之显，诚之不可揜如此夫。”（《中庸》第16章）

这段话说明祭奠的功用不再纠结于促成“神在”，而只需促成“神如在”；不再一定要让鬼神“洋洋乎在其上，在其左右”，而只需“洋洋乎如在其上，如在其左右”。前者是传统观念中作为神灵而自在的鬼神，后者是主体进入的“如神在”状态。促成这种洋洋乎如鬼神之德在场的，是“诚”，即“祭如在”的那种虔敬。这里“诚”与洋洋乎如在的鬼神之德的关系，可以理解为是直接的体用关系，即诚为神之体，神为诚之用，“祭如在”具有导向“神如在”的功能。

朱熹对此的理解也很有意思。有人问朱熹：“祭如在，人子固是尽诚以祭，不知其可使祖宗感格否？”朱熹没直接回答，而是引用了上蔡（谢良佐，1050—1103）的话，“自家精神即祖考精神。这里尽其诚敬，祖考之气

---

① 见程颐、程颢：《河南程氏遗书》，《二程全书》第1册，第11卷，第2页。

便在这里。只是一个根苗来。如树已枯朽，边旁新根即接续这正气来”[①]。与谢良佐同时代的宋朝学者范祖禹（1041—1098）也说，“有其诚则有其神，无其诚则无其神”[②]。这两段解释都指向了体用的理解。现代学者钱穆（1895—1990）讲得更加明确：

> 孔子说：“祭神如神在。吾不与祭，如不祭。”可见祭之所重，并不重在所祭者之确实存在与否，此即灵魂问题。灵魂之有其存在与否，早已为当时的中国人所淡漠。祭之所重，只在临祭者心理上之一番反映。临祭者对于所祭者之心理上的一番反映，其事不啻为所祭者之一番复活。[③]

从“如在主义”的角度看，《论语》当中看上去自相矛盾的种种说法也就不难理解了。首先，“祭如在”和“子不语怪、力、乱、神”“敬鬼神而远之”并不矛盾。相反，“敬鬼神而远之”清楚地告诉我们“祭如在”与古代鬼神崇拜既有联系而又有重大区别：“祭如在”显然包含了敬鬼神，而且它不仅仅是有礼貌的不理睬那种敬，而是主动献祭的敬。但“如在”却又不是鬼神自身之在，而是献祭者的体验。若言鬼神自身，则或在或不在，无所谓如在。“如在”只能是主体的感觉。就此而言，它确实是与自在的鬼神保持了距离，是对其“敬而远之”。

如在主义反映出的儒家精神性既根植于古代宗教又超出了古代宗教。它既与古代宗教所敬奉的鬼神之德相接，又与鬼神本身保持了距离，不依赖于鬼神，转而从自身中去开发出精神性。这体现了儒家“内在的超越性”和“即凡而圣”的特点，也就是儒家的“天人合一”。人本身通过“祭如在”而超越了自身的凡俗性，在礼仪的场境里成了神性的代表。在原始宗

---

① 朱熹：《朱子语类》第25卷，第27页。

② 同上，第28页。

③ 钱穆：《灵魂与心》（台北：联经出版事业有限公司，1966年），第10页。

教里也有作为神性之代表的人，如巫觋和童乩。巫觋是专业人士。[①]他们通过礼仪舞蹈而进入迷狂（ecstasy）状态，让神灵附体，从而传达鬼神的意愿。[②]童乩也不是所有的人都可以担任的。它是以家庭中一晚辈（如长子长孙）充当“尸”以让亡灵附体，接受献祭，并对家人表达嘉许和福佑。[③]孔子的“祭如在”可以说是巫觋和童乩的大众化。人人都可以“祭如在”，也就是人人都得以与鬼神沟通，可以成为神灵附体的“尸”。同时，它又与巫觋和童乩的原意不同。它不是消极地指望让鬼神附身，因为其自我并不因神灵在场而消隐。当神灵“洋洋乎如在其上，如在其左右”时，自我依然在场，只是这自我成了那洋洋乎如在的神灵。献祭者不但不是在神灵面前无能为力，听从神灵的摆布和等待神灵的恩典，反而是超出原有的自我，达到了人神合一。原先的祭礼在这里产生了一个根本的逆转，从用祭物去讨好鬼神变成了调动“鬼神之德”的过程。

孔子不仅通过“祭如在”跨越了人神之间的鸿沟，还通过把整个人生当作礼仪的实践场所，将祭礼拓展到了生活的方方面面。“礼”的原始含义是献祭之礼。按照《说文》的解释，是“所以事神致福也”。但在孔子那里，礼已经几乎无处不在，涵括了人际交往活动的各种范围。当颜回问仁的时候，孔子的回答是“克己复礼为仁”。颜回说“请问其目”，即克己复礼的具体内容，孔子答道：“非礼勿视，非礼勿听，非礼勿言，非礼勿动。”（《论语·颜渊》12.1）显然，若非处处事事都有相应的礼，就无所谓视、听、言、动皆要合礼了。而使之成为可能的，就是通过“如在”。当仲弓问仁的时候，孔子答道：“出门如见大宾，使民如承大祭。”（《论语·颜渊》12.2）把“出门”“使民”那样的事情都当作隆重的典礼来对待，这明显是对祭奠之礼的拓展。孔子生病，子路请求祷告神灵。孔子问道：“有

---

① 《国语·楚语下》记载：“古者民之精爽不携贰者，而又能齐肃中正，其知能上下比义，其圣能光远宣朗，其明能光照之，其聪能听彻之，如是则神明降之，在男曰觋，在女曰巫。”

② 《楚辞·招魂》里有非常戏剧性的招魂场面的描写。

③ 这就是“借尸还魂”的由来。这里的“尸”是指身体而非尸体。《诗经·小雅·北山之什·楚茨》里有记载：“礼仪既备，钟鼓既戒，孝孙徂位，工祝致告，神具醉止，皇尸载起，鼓钟送尸，神保聿归。”

诸？”子路曰：“有之。诔曰：‘祷尔于上下神祇。’”子曰：“丘之祷久矣。”（《论语·述而》7.35）这也蕴含了同样的意思。子路所请的“祷”，是传统民间宗教中祈求上下神祇的狭义的祷；而孔子的“丘之祷久矣”，却转换了“祷”的含义。显然，孔子不可能早就开始为他自己的疾病而祷告神灵。他指的是通过自己在日常生活中的视、听、言、动之合礼，从而达到与鬼神合德之“祷”。《太平御览》对这个故事的描述为我们提供了一个非常具体的诠释：“孔子病，子贡出卜。孔子曰：‘汝待也。吾坐席不敢先，居处若齐，食饮若祭，吾卜之久矣。’”[①] 我日常生活中处处都是像祭礼一样，不就是一直在“祷告”吗？

孔子的这个转折一方面将人与鬼神的外在关系变成了人与其自身精神状态的内在关系，使人人皆可以成为鬼神之德的主体；另一方面又通过将原先仅限于祭礼的礼拓展到了日常生活的各个方面，使整个人生都成了礼的实践。如美国哈佛大学普鸣（Michael J. Puett）等学者所指出的，其实礼的本质和戏剧相似，就是创造出“如在”的世界（as if worlds），即通过人心的想象而构建理想中的整全的宇宙，由此来弥补现实世界的缺陷。普鸣认为，对于当代的学者而言，这或许是在“揭蔽”，即貌似神圣的世界实际上是世俗的人所创造的，但就中国传统宗教而言，这种揭蔽简直是太容易了，因为那里的宗教仪式如孔子所说的，就是公开地以“如在”的方式进行的。那些仪式的运作与有没有神灵的实际参与并无关系。[②]

这种精神性的理想境界，就是即凡而圣的精神性人文主义。这间接地说明了为什么“慎终，追远，民德归厚矣”（《论语·学而》1.9）。祭奠先人之礼之所以重要，乃是因为所有的礼都是从那里生发拓展而来的。要是人们把“祭如在”的道理扩展到日常生活和政治生活当中去，这些领域也就因此而获得了精神性、创造性和建设性。在祭奠鬼神的时候，献祭者需

---

① 《太平御览》（文渊阁四库全书 / 子部 / 类书）卷 849（饮食部卷七），第 2 页。

② 见 Michael J. Puett, “Critical Approaches to Religion in China,” in *Critical Research on Religion* 1, No.1 (2013), pp. 95–101，及 Adam B. Seligman et al., *Ritual and Its Consequences: An Essay on the Limits of Sincerity* (Oxford: Oxford University Press, 2008)。

要把自己准备一番，沐浴熏香，斋戒数日，穿上盛服，然后才开始行礼膜拜。同样道理，人们在举行婚礼、毕业典礼、开业典礼的时候，穿上相应的盛服，不只是为了美观，而是以此使纯粹生物性的身体变成神圣意义的媒介。一个普通的条案，在祭礼上可以成为神圣的祭坛；同样，一个普通的讲台，在课堂的场境中就可以成为权威的象征。平常的食物是充饥用的，但在祭礼中成了“祭物”；同样道理，几个普通的菜肴，在聚餐的餐桌上就不只是一般的食品，而是共享的象征。

孔子“祭如在”所体现的这一转折，使人从对鬼神的依赖中摆脱出来，确立了人的主体地位，也确定了儒家精神人文主义的特征。这种精神性，通过《中庸》《孟子》的发展而逐渐完善，并进一步贯穿在宋明儒学当中，成为儒家的主流。《中庸》所采取的方式就是将人性与天命相接，把人性看作（“如”）天命，从而使“率性”带有履行天命的神圣感。《中庸》也把鬼神之德与天赋人性联结到一起，完成了孔子“祭如在”的那个从祈求外在的鬼神到发掘内在超越性的转折。孟子或许是受了《中庸》的启发，却又有感于《中庸》在什么是“性”这个问题上不够直截了当的缺憾，所以干脆提出一个“性善论”，又把它与“浩然之气”联系起来，把天人关系变得更加直接。孟子此说固然有其存有论的基础，但更是一种“如在主义”的功法。通过把自己内在的四端作为天赋之性“祭起”，如有天命在身，于是这个具备四端的大写的“人”就有了神圣性，成为了一个人自己的理想和力量的源泉！

同样的精神也贯穿于宋明儒学之中。诚如钱穆所说，张载的名句“为天地立心，为生民立命”其实是非常大胆和惊世骇俗的，因为按照此语“天地竟成一无心的……要待人来为它立心”[①]。但它却是对儒家精神性的极为坦率的表述。孟子说：“世衰道微，邪说暴行有作，臣弑其君者有之，子弑其父者有之。孔子惧，作《春秋》。《春秋》，天子之事也；是故孔子曰：‘知我者其惟《春秋》乎！罪我者其惟《春秋》乎！’”（《孟子·滕文公下》

① 钱穆：《灵魂与心》，第16页。

3B:9）著史书以明褒贬，这本该是天子的职责，因而孔子作《春秋》是做了天子应当做的事，所以说也许孔子会因为作《春秋》而受到怪罪。但也正是通过《春秋》这部书，人们可以了解孔子其实是在担当起为天地立心、为生民立命的事业。如果我们想象孔子作《春秋》时的心态，不正是“文王既没，文不在兹乎”（《论语·泰伯》9.5）那种“天命在我”的感觉吗？其实，从《中庸》、孟子，乃至程朱理学和陆王心学，都是一脉相承的。无论是把性说成是天命，把四端说成是性，还是把“天理”或者“心”的良知抬到天道的地位，都是在为天地立心，是神如在我、天如在我的担当。可以说，“如在主义”是儒家功夫当中一个核心的功法，是理解从孔子到思孟乃至到宋明理学和心学关于性、心、天理、良知、天道的一把钥匙。

二　如在主义是非辨

当然，如在主义不同于无神论。无神论否定神的存在，而如在主义则不仅不否认神的存在（当然这不等于承认神的存在），而且还可以“祭神”，把神当作某种高高在上的主宰，通过“祭”的方式调动“鬼神之德”来开发自身神圣性。儒家之祭鬼神和天，也具有政治的考量，既宣示君主作为有德之君以统治国家的政治合法性，同时又以鬼神和天来制衡君主的权力。这一点在汉代董仲舒那里尤为明显。董仲舒把天描述为“百神之大君”（《春秋繁露·郊语》）、“万物之祖”（《春秋繁露·顺命》）。他以知天者的口气不容置疑地说，“天之生民，非为王也，而天立王，以为民也。故其德足以安乐民者，天予之；其恶足以贼害民者，天夺之”（《春秋繁露·尧舜不擅移汤武不专杀》）。这些论述，就是通过确立天的权威来突出儒家的民本价值，并制约皇权。

如在主义要求人“祭如在”，即以如神在一般的态度参加祭礼，同时却又不要求确信有神在场。与简单直接的信仰不同，如在主义有一种吊诡。它要求行为的主体像戏剧中装扮一个角色一样，既明白自己是在装扮，又要像是真的一样。当一个幼儿园老师对孩子们说“你们都是好孩子”的时候，她与其说是在描述事实，还不如说是在鼓励孩子们以“好孩子”来自我定位。但如果她说完“你们都是好孩子”以后又补充说，“我其实并不肯定你们究竟是不是好孩子”，那么不但前面那句话会失去其预期的功用，还会对孩子造成困惑。这在功夫上称之为“不可说破”。在上述例子中“你们都是好孩子”这句话表面上是个描述语，实际上它是个帮助孩子们变好的语用行为。即便孩子们知道那老师的语用目的也无妨，但这个语用恰恰是不能说破的。就像剧场中的观众知道台上是在演戏，这无妨戏剧的效果，但如果台上的演员演到一半突然对观众宣布“我这是在演戏”，效果就完全被破坏了。所以为了功效，必须把语用目的遮掩起来，而仅仅以描述事实的形式出现。

语用行为在生活中无处不在，“不可说破”的情况也就相应地屡见不鲜。曾国藩曾写道：

> 圣人有所言，有所不言。积善余庆，其所言者也；万事由命不由人，其所不言者也。礼乐政刑，仁义忠信，其所言者；虚无清静，无为自化，其所不言者也。吾人当以不言者为体，以所言者为用；以不言者存乎诸心，以所言者勉乎诸身；以庄子之道自怡，以荀子之道自克，其庶为闻道之君子乎！①

这里，圣人所不言者并非谬误，只是不弘扬而存于心中而已。这是典型的功夫论的考虑方式——语言并不只是描述事实的工具，它也是行为的方式。就如在婚礼上不说“天下无不散的筵席”而说“天长地久”，在寿宴上不说“人皆有死”而说“寿比南山”，同样道理，儒家精神性在实践中强调“如在”而非“如在”。

这或许会被看作是自欺欺人。但如在主义与纯粹的自欺欺人有着微

① 曾国藩日记，咸丰九年（1859年）十一月初四日，《曾国藩全集·日记之一》（长沙：岳麓书社，2011年），第21页。

妙的，但也是实质性的区别。如果把祭如在仅仅当作是对事实命题的信念，那么它确实是自欺欺人。在这个意义上，它其实是说出了所有明知自己不确定有没有神，却偏偏要说服自己有神在场。如果康德的推论是正确的，那么人对于神的存在便只能有信仰，而不可能有知识。即便是最最虔诚的基督徒，或者最最极端的穆斯林，也只是“相信”神的存在，而不可能“知道”神的存在。如在主义不纠结于此。它把“祭如在”自觉地用作达到某种功效的功法。法国作家雨果的名著《悲惨世界》里所描述的米里哀主教，就运用了一种类似的功法。他收留了因偷窃而被判 19 年苦役后刚刚刑满出狱的冉·阿让（Jean Valjean）过夜，而后者却偷走了他的银器潜逃。当冉·阿让被警察捉回到教堂时，米里哀主教却不但谎称那些银器是他送给冉·阿让的，而且还再给了他两个银烛台，让警察相信是冉·阿让忘了带走的。从信念的角度来看，米里哀主教对冉·阿让的信任可以说是自欺欺人的。他明知对方偷了银器逃走，却还表现得好像他非但未偷，还少拿了两件。他欺骗了警察，也欺骗自己，还鼓励冉·阿让自欺。可是米里哀主教心中想的显然不是冉·阿让是否偷了东西，而是如何使他得到救赎。作为一个转化人的方法，主教的真诚举动是极具震撼力的感化手段，它成了冉·阿让人生道路上的一个关键的转折。

这类方法在日常生活中其实相当普遍。在战场上或竞技场上，必胜的信念往往成为制胜的重要条件；相反，心理上的认输会使自己丧失本来存在的胜机。医生的误诊会使本来无病的人真的生病，对股市崩盘的恐慌也能导致股市真的崩盘。这里的原因，就在于人的信念具有一种“自我实现”（self-fulfilling）的功能。信念不仅仅是对某种命题的接受，它也是行为！王阳明说：“今人学问，只因知行分作两件，故有一念发动，虽是不善，然却未曾行，便不去禁止。我今说个知行合一，正要人晓得一念发动处，便即是行了。”[①] 人们错误地认为头脑里的念想不是行为，却因此而忽视了念想本身对人的影响。美国实用主义哲学家詹姆斯注意到，任何一个社会组

① 《传习录》下，《王阳明全书》第 1 册，第 80 页。

织的存在都必须依赖其成员的信念。只有当一个组织中的成员在执行其职责时相信该组织中的其他成员也会同时各自执行他们相应的职责，该组织才可能存在下去。所有独立个体之间的合作都依赖于群体中事先的相互信任。[①] 这其实也是康德所说的实践理性的一个特点。实践理性与理论理性不同，它的存在先于现实。其"符合的方向"（direction of fit）不是让观念去符合现实，而是让现实来符合人的观念。

作为对信念的自我实现功能的自觉运用，如在主义非但不是自欺欺人，相反，与盲目的宗教信仰相比，它的特点恰恰是不自欺欺人。按照萨特的说法，发生在人们身上的任何事情都是经过人们自己诠释的，因而"人无非是他自己所造就的"。那种认为自己只是个被动的客体，只是"在自身中"（in itself）而非是"作为自己"（for itself）的想法，就是自欺（bad faith）。从这个意义上说，人不仅是在道德上为自我立法，也在精神性或宗教方面为自我立法。在这方面如在主义恰恰是以积极坦诚的姿态，承认自己是"祭神如神在"。它不把"如神在"偷换成"神在"，而是承认"祭如在"是一种建立精神维度的功法。当然，作为功法它也有适用范围。有的时候人也需要使用"如不在"的功法，比如在战略上藐视敌人、视死如归等。对于自视过高的人来说，就需要不把自己太当回事。而对于不够自信的人，则需要用相反的功法，相信自己是有价值、有能力的。

有人也许会把如在主义看作"帕斯卡的赌博"。所谓帕斯卡的赌博是基于17世纪法国数学家、哲学家帕斯卡（B. Pascal，1623—1662）关于该不该信仰上帝的论证。它的基本思路是：世界上或者有上帝，或者没有上帝，而你必须在相信上帝和不信上帝之间做出选择。假如你无神论者是对的，世界上没有上帝，那么我作为一个信徒在死亡之后，没有任何损失。我只是将生命献给了爱和道德。但是，如果你，一个无神论者，是错的，那么上帝将会把我带入天堂，而你将会在地狱受到永远的惩罚。所以，无论如何，上帝的信徒是不会有任何损失的，而无神论者则冒着损失一切的

① William James, *The Will to Believe and Other Essays in Popular Philosophy*, pp. 23–24.

巨大风险。不管有没有上帝，信上帝都是最理智的选择。与此相似，“祭如在”的思路似乎也可归结为：虽然我们无法确认有没有鬼神，但或许真的有。所以，不妨权当有鬼神在，祭一下。有许多人其实并没有信仰，但他们见庙就进，见神像就拜，就是出于那种“宁可信其有，不可信其无”的心理。

确实，儒家的如在主义与帕斯卡的赌博有相似的地方。两者最终都是以实用效果来作为一种生活态度的根据。但是，其重大的区别在于，后者确实如其名称所告诉我们的，是一种赌博。赌博的本质是碰运气。正如很多批评者早已指出的，帕斯卡的赌博的算计依赖于许多并不可靠的假设。比如，它预设了上帝会奖赏这样的赌徒，也预设了上帝是唯一可能的神。如果上帝不存在，存在的却是一个讨厌任何赌博心理和讨厌任何信仰上帝的人的神，那么，帕斯卡的赌博就输定了。如在主义不是碰运气。它是基于对自我精神状态所能够带来的效果的认识和信心。儒家的如在主义不是出于“万一真的有鬼神”。它是对主体本身的精神状态的要求。当孔子的弟子宰我对当时“三年之丧”（为父母守丧三年）的习俗提出疑问的时候，孔子的回答是：“食夫稻，衣夫锦，于女安乎？”（《论语·阳货》17.21）——你吃着稻米，穿着锦罗，自己觉得心安吗？而不是说：“你难道没有想到，万一你父母的灵魂还在，你不居丧三年会冒犯他们吗？”这种反思不是对有无鬼神的猜测，而是有关自己应当做什么和不做什么的认识，也就是生活之道。

这样的辨别标准，在儒家对待其他宗教的问题上，可以看到先例。崇祯十二年（1639 年），为反对利玛窦（M. Ricci，1552—1610）等西方传教士在中国传教，浙江海盐人徐昌治将明代群臣、诸儒、众僧有关反教卫道的文章汇编了一本《破邪集》。这些文章并没有把注意力放到去批评关于上帝存在的论证上面，也没有花力气去论证“天”或者“天道”的存在，而是集中在这两种信念所导致的实际生活态度和生活方式的不同。例如，他们认为天主教徒对上帝的态度是取媚，而儒家对天的态度是敬。这种区别，会导致生活态度的不同。天主教的态度会使人“乞道于耶稣，乞灵乞贵于天主”，而不知向内在自己身上下功夫。[①] 这里的思维逻辑，与赌徒的心理毫不相干。它不是让人们以赌徒的算计期待侥幸中奖，而是依赖自主理性指导，努力去取得期待中的效果。

回到本文开头提到的关于儒家的精神性本质的问题。尽管学术界在儒家是有神论还是无神论上意见不一，并与此相应地对儒家是不是宗教存在不同意见，但都认同儒家具有精神性，因此不能看作纯粹世俗的人文主义，那么，其精神性何在？如果说，如在主义本质上是一种功法，那么，它与其他各种功法有没有质的区别？是什么赋予了它精神性的特质？它与其他精神性或宗教又有什么不同？

如果说所有的精神性或宗教性都是对世俗物欲世界的超越，那么，儒家如在主义也具有这样的特点。按照孔汉思（Hans Kung）的观点，世界的主要宗教大致可以划分为三大系统，即西方亚伯拉罕系以信仰虔诚为特点的“先知”宗教，源自印度的以冥想经验为特点的“神秘主义”宗教和源自中国的以哲人智慧为特点的“圣贤”宗教。[②] 与此相应，我们可以说先知宗教的超越是对唯一的至高位格神的信仰和敬畏。神秘主义宗教的超越是放弃我执，通过神秘的体验把小我和宇宙之大我合一，化解两者的分裂。圣贤哲人宗教的超越是即凡而圣，在日常生活中注入精神性。在中国原始宗教里，对鬼神的祭奠显示出作为献祭者的我和作为受祭者的鬼神的分裂。神非我，我非神。这里的我，试图超越自己而感格鬼神，沟通此岸和彼岸。以如在主义为标志的圣贤哲人宗教从“敬”的自我状态中开发出神性，克服神人的对立。神不再是神，而是我的“神如在”状态；我不再是我，而成为神性之所在。而这同时也就是神即我、我即神的开端。神我合一的最基础的形式是对鬼神的祭礼中的“祭如在”，其扩展的形式是“出门如见大宾，使民如承大祭”，把所有的人间日常活动都当作礼，整个人生都成为

① 张晓林:《天主实义与中国学统：文化互动与诠释》（上海：学林出版社，2005 年），第 260—266 页。

② 秦家懿、孔汉思:《中国宗教与基督教》，吴华译（北京：生活·读书·新知三联书店，1997 年），第 2—5 页。

祭礼活动，在世俗的生活中“与鬼神合德”。其最高的形式，是以人自己的“性”或者“良知”为天命；人生之所祭就不只是代表自己祖宗先人的“鬼”，也不只是山川日月之类的“神”，而是至高无上的“天”。把性看作天命，是最高的自我超越，自我神圣化，天人合一。此即牟宗三、杜维明说的“内在的超越”。《诗》云：“伐柯伐柯，其则不远。”儒家的“如神在”，正是在自身中开启出神性。《中庸》告诉人们，正是在这个意义上，孔子说“道不远人”（见《中庸》第13章）。

如果说需要外在的神的约束才能不“无忌惮”是人本身不成熟的表现，就如同一个小孩子要家长管着；而没有任何精神性的无神论、怀疑论就像那反抗和怀疑所有外在权威，自己却无法自立自主的青少年，会“无忌惮”地乱来；那么，人的成熟，就表现为人能够用中而自律。这种自律，起初表现在人在生活中处处感觉到“如神在”，如有鬼神的监督，因此而能够“慎其独”，甚至“战战兢兢，如临深渊，如履薄冰”。徐复观认为，这种从对外在权威的畏惧到自己本身的谨慎与努力的转化在周初就发生了：“周初所强调的敬的观念，与宗教的虔敬，近似而实不同。宗教的虔敬，是人把自己的主体性消解掉，将自己投掷于神的面前而彻底皈依于神的心理状态。周初所强调的敬，是人的精神，由散漫而集中，并消解自己的官能欲望于自己所负的责任之前，凸显出自己主体的积极性与理性作用。”[①] 而一旦修养到“不勉而中，不思而得，从容中道”，就不是如神在场监督了，而是人在就是天在，直接就天人合一，“从心所欲不逾矩”（《论语·为政》2.4）。这就是“圣人”的境界（见《中庸》第22章）。

这个境界在形态上有似笛卡尔的“我思故我在”，它可以说是“我敬故（作为神的）我在”！但在内涵上，它们有天壤之别。笛卡尔的“我思故我在”是从我思中证明自己作为思者在思背后的存在，其中的“故”是逻辑关系。其所思为何是不相干的、无所谓的，而这个“我”也仅仅是思者，没有任何其他秉性，因而是“无忌惮”的随意的主体性。如在主义达到的

① 徐复观：《周初宗教中人文精神的跃动》，《中国人性论史·先秦篇》，第22页。

"我敬故我在"是通过我敬产生出主体的精神性，其中的"故"是因果关系。其所思是对其所事者的敬，通过思敬而使主体产生精神性。因而其所思的内容是能否产生功效的关键，而且它的功效应该是产生有自主自制能力的自我。

这个境界也类似于康德的道德自律。当康德说人是自己的道德立法者的时候，颇有儒家天人合一、"为天地立心"的气概。他要求人们想象，通过自己的选择，自己的行为法则成为普世律令。这其实也是在用"如在"法：虽然作为主体的"我"很明白这只是"我"的想象，但"我"通过把它当作是普世有效的律令而既为自己立法，也为天地立心。康德的道德自律和如在主义的关系是一个复杂而丰富的议题，需要有独立的专题论文来具体展开。这里我只想借此提及一个相关的论点：按照康德的看法，每个人得出的道德律令应该是完全一致的。但是按照如在主义，康德的理性的"如在"只是无数可能的"如在"当中的一种。每个人的如在之"神"会带上他自己的"个性"。别的如在可以是上帝、安拉、佛祖、天、祖国、祖宗、师长、爱人、良心、荣誉、气场等等，而这些不同的"神"就会构成百花齐放、百家争鸣的精神性。在这个意义上，如在主义与多神论也是可以兼容的。

三　"有保证的"宗教信念及其儒家的对应

西方亚伯拉罕传统的主流宗教以对唯一的至上神的信仰作为其精神性的基石。这种信仰本身究竟有多合理，是其无法避免的哲学问题。虽然几乎任何哲学问题都永远无法得到一致的意见，但近代以来的哲学发展显然偏向了不利于有神论的一边。种种关于上帝存在的"证明"都受到了严厉的质疑和否定。在休谟与康德之后，几乎没有哲学家再试图用理性去证明上帝的存在了。

然而，休谟与康德也同时开启了为宗教信仰辩护的大门。德国路德教哲学家哈曼（Johann Georg Hamann，1730—1788）就明确地说，休谟哲学

“是我的信仰理论的源泉”[①]，因为休谟证明了“我们自己的存在和存在于我们之外的所有的事物必须被相信，而不能用任何其他方式被解证”[②]。“既然高雅的哲学家需要信念来吃一个鸡蛋，喝一杯水，为什么他在判断高于吃喝的事物时违背了他自己的原理？”[③]哈曼的著名追随者雅各比（Friedrich Heinrich Jacobi，1743—1818）对此做了更加充分的发挥。1786年，他发表了一部著作，题为《大卫·休谟关于信仰或现实主义和理想主义的一个对话》[④]。此书把休谟当作非理性主义信仰的使徒来歌颂。他引用休谟的《人性论》和《人类理解研究》来证明，“我们相信我们的感觉，因此相信可感世界的存在；同样地，我们相信我们的内在感觉，因此也相信超感觉世界的存在”[⑤]。

依循了与哈曼和雅各比相似的思路，当代基督教哲学家阿尔文·普兰亭格（Alvin Plantinga）提出了一个更为精致的理论。他提出，虽然我们无法“证明”上帝的存在，但是我们可以认为基督教的信念是有“保证”的（warranted）。普兰亭格以其毫不回避各种批评的论证风格，展现了分析哲学的优秀特点，对传统宗教所面临的后现代的挑战做出了有分量的回应，也为我们进一步审视儒家的如在主义提供了一个很有价值的参照。

正如普兰亭格自己所说，他对于终极存在问题的取向，在广义上是里德式的。[⑥]在他的三部主要著作，即1993年出版的《保证：当前的论争》（*Warrant: The Current Debate*）和《保证与恰当的功能》（*Warrant and Proper Function*）以及2000年出版的《有保证的基督教信念》（*Warranted*

---

① Letters to Jacobi (April 22 and 27, 1787), Johann Georg Hamann des Magus in Norden, *Leben und Schriften* (Life and Writings), ed. C. H. Gildemeister (Gotha: Friedrich Andreas Perthes, 1857–1873), Vol. 5, pp. 496, 506.

② Ibid., Vol. 2, p. 35.

③ Ibid., Vol. 1, p. 441.

④ *David Hume über den Glauben, oder Realismus und Idealismus Ein Gespräch*, in *Friedrich Heinrich Jacobi's Werke* (Leipzig: G. Fleischer, 1815), Vol. 2, pp. 1–310.

⑤ Ibid., p. 152.

⑥ Alvin Plantinga, *Warranted Christian Belief* (Oxford: Oxford University Press, 2000), p. x.

Christian Belief）中，他多次提到苏格兰哲学家托马斯·里德，而且几乎每次都是以赞同的口气："在这个问题上，里德又是正确的。"① 在普兰亭格看来，托马斯·里德早已清楚地看到笛卡尔在理性基础上建立绝对可靠信念的企图是失败的。直到两百多年以后，罗蒂和蒯因才以笛卡尔的失败为由声称认识论的终结（罗蒂）或认识论已经变为经验心理学（蒯因）。② 里德认为，我们从知觉那里得来的信念不应当受理性的检验。

> 怀疑论者声称，理性是评判真理的唯一法官，你们应当抛弃所有不是基于理性之上的观点和信念。可是先生，为什么我在理性和知觉两者之间，要更多地相信理性？它们是同一个商店里出售的，也是同一个艺术家的作品；如果他塞入我手里的一件东西是赝品，那又有什么能阻止他再塞给我另一件赝品呢？③

同样的理由也可以用于来自记忆的和先验的信念。在里德看来，这些信念都有一种"原初性"（firstness），或者用普兰亭格的话来说，是"确实基本的"（properly basic），它们不是建立在任何命题基础之上的。虽然它们可能为某些条件所诱导，但却不是由那些条件所推出的结论。里德称它们为"第一原理"（first principles）。这些原理"只要一被理解，就会同时被接受"④。它们本身就携带一种令人不可抗拒的说服力，以至于其否定不仅被看作是错的，而且被看作是荒谬的。我们的日常经验中有很多信念属于这一类。比如说我们相信自己已经在世上生活了一秒钟以上。且不说我们是不是有办法证明我们已经在这个世界上生活了一秒钟以上，至少我们的

---

① 读者可以从普兰亭格的《保证与恰当的功能》一书最后的索引中一目了然地看到，他在那本书里提到里德的次数多于他提到任何其他哲学家的次数，从而可见他的思想在多大程度上得益于里德。

② Alvin Plantinga, *Warranted Christian Belief*, p. 221.

③ Thomas Reid, *Complete Works of Thomas Reid*, ed. Sir William Hamilton (Edinburgh: Maclachlan and Stewart, 1846), p. 183 .

④ Thomas Reid, *Complete Works of Thomas Reid*, p. 434.

日常信念“我已经在世上生活了一秒钟以上”不是通过证明而得来，而且我们也不认为自己需要证明才能相信这一点。

普兰亭格进一步把里德的论证方法运用到了有关终极存在的知识之上。他强调，我们的某些宗教信念，如上帝存在的信念，并不比我们最深信不疑的常识缺乏保证。我们能够用来辩护基本常识的所有的理由都可以用来辩护有关上帝的信念。他甚至认为从这个角度出发，基督教的那些具体信念，如基督的再生、神秘的三位一体说、神灵附体等等，都可能是有保证的信念。

普兰亭格的整个理论是围绕着“保证”（warrant）这个概念展开的。他所谓的保证，指的是能够使仅仅为真的信念变成知识的那种性质。[①]一个信念只有当它是由某些（1）本来就是为了获得真理的目的而（2）成功地设计的认知官能在（3）合适的环境条件下（4）恰当地发挥其功能时所产生的，才能被认为是有保证的。[②]通过这个“保证”的定义，普兰亭格提出，如果基督教关于上帝的信念是正确的，那么这些信念就有可能是有保证的[③]，而那些认为基督教信念没有依据或者违反理性等的驳难，就是无理的。

普兰亭格的“保证”定义及那个“如果 X 是真理，对于 X 的信念就可能是有保证的”假言命题本身并没有给我们提供实质性的“保证”。如果我

---

① Alvin Plantinga, *Warrant and Proper Function* (Oxford: Oxford University Press, 1993), 第 1、2 章，以及 Alvin Plantinga, *Warranted Christian Belief*, p. 153。一个信念如果仅仅为真，尚不足以成为知识，因为它可能只是幸运的猜测而已，所以必须还有某种其他的附加性质使之成为知识。

② 这个规定里面包含着四个条件：（1）官能的目的：相关的信念必须是由那些其本身的目的就是获取真理（而非为了其他目的，例如生存，获得心理安慰，等等）的认知官能所产生的。（2）成功的设计：那些认知官能的设计还必须是成功的。如果它们是由休谟所说的“婴儿神”设计制作的，即便其目的是为了获取真理，即便它们是在设计所要求的环境条件下按照它们的设计恰当地运作，它们所获取的真的信念仍然可能只是纯粹的巧合，从而缺乏应有的保证。（3）恰当地发挥的功能：好比心脏的恰当功能是导致血液的循环，一个事物的恰当功能就是它在没有失常的情况下，按照它所应当运作的方式发挥的功能。（4）合适的环境条件：好比人的肺脏本非用来在水底下呼吸的，一个官能只有在适合它发挥功能的环境中的运作才可以算是有保证的功能（见 Alvin Plantinga, *Warrant and Proper Function*, p. 7；Alvin Plantinga, *Warranted Christian Belief*, p. 155）。

③ Alvin Plantinga, *Warranted Christian Belief*, p. 188.

们想知道基督教的信念是否有保证，我们得到的回答是“如果基督教的信念是正确的话，那就有可能是有保证的”。如果我们问，那么基督教的信念是否为真？普兰亭格的回答是，“我无法证明这些信念究竟是否为真，但我可以说基督教的信念可能为真，因而也可能是有保证的。这就说明相信这些信念不是非理性的”。这样的循环论证，似乎是原地踏步，但一旦它和普兰亭格称为“阿奎那 / 加尔文模式（A/C 模式）”结合，则可以支持神学的信念在认识论的意义上可能有保证，而非仅仅是逻辑上可能有保证。[①] 按照加尔文的观点，人类有一种直觉，一种在某些条件下形成对上帝的信念的自然倾向。这些信念是由一个叫作神觉（sensus divinitatis）的感官所产生的。和我们由知觉、记忆以及先验途径得到的信念一样，这些信念也不是通过推论、论证或命题式的证据得来的，而且也带有强大的说服力，就像里德所说的“第一原理”一样。[②]

然而里德与普兰亭格还是有一个重要区别。里德虽然是上帝的虔诚信徒，但他从来没有声称人可以像获得日常经验对象的知识那样，有直接的有关上帝的知识。里德认为对上帝存在的信念是从我们自己和周围各种事物的存在，通过“第一因”的论证而间接地推论出来的。在里德看来，常识的第一原理依靠的“仅仅是一个没有偏见的正常心智和对相关问题的清楚意识。在这一点上，饱学之士和文盲，哲学家和普通劳动者在同一个层面”。因此，在这类问题上，“少数必须尊重多数”[③]。他会告诫普兰亭格，加尔文所谓的神觉与其他感官不同，它看不到摸不着，更像是为了给那些相关的信念寻找依据而构想出来的。如果仅仅为了说明某种感觉而可以随便构想出一种特设的感官来，那么其他人也可以同样为任何一种“感觉”辩护了。

---

① 这两者的区别可以用普兰亭格的一个例子来说明。“中国的人口少于 1000”在广义的逻辑意义上是可能的，但并不是认识论意义上可能的。认识论意义上的可能指的是它和我们的其他知识是吻合的。

② Alvin Plantinga, *Warranted Christian Belief*, p. 175.

③ Thomas Reid, *Complete Works of Thomas Reid*, p. 48.

但无论普兰亭格的理论成功与否，他的思考依然是值得尊重和借鉴的。就本章的内容而言，我们可以以他的理论作为参照，设想一下儒家关于“天”的信念可以有什么样的“保证”。

首先，儒家会认为普兰亭格的“保证”观念需要超出其认识论的框架，增加一个实践层面的考虑。并不是所有认识论意义上有保证的信念都可以是实践上有保证的。不论我们多么有权利持有自己的信念，只有当这些信念有利于，或者至少不有害于人类的繁荣昌盛，我们才有保证可以将之付诸实践。如果一个人的“原初的”和“不可抗拒的”信念告诉他，他的“神”命令他去屠杀无辜民众，以迫使人们接受对该神的信仰，这绝不意味着他可以有“保证”地实施这个信念。

除了给“保证”概念添加上述实践层面的要求，儒家也会对普兰亭格的“保证”概念中提到的几个条件做出修订。

普兰亭格的“保证”定义中蕴含的条件之一是“官能的目的”：相关的信念必须是由那些其本身的目的就是获取真理（而非为了其他目的，例如生存，获得心理安慰，等等）的认知官能所产生的。[1]这个条件可以与儒家的“天命之性”形成对应。事实上，“天命之谓性”可以很自然地解读成有意志的上天故意赋予人以某种“性”，以让人借此替天行道。所以“率性”也就是执行上天的意志，完成天的设计计划。

儒家与普兰亭格在这一点上的不同，首先是其“天命”的“设计计划”不仅仅是为了“获得真理”而设计的认知官能，而是包括仁义礼智四端在内的，允许人在生活实践中“发而皆中节”的各种潜在德性。其中“仁”更是被理解为人之为人的根本。其次，这种“天命设计”的保证不在于天是否真的有目的地赋予了人以如此这般的德性，而在于人将自己的德性当作（如）天为了某种目的而赋予的，会产生如此这般的功效。

普兰亭格的“保证”定义中蕴含的另一个条件是“成功的设计”，即那些认知官能的设计必须是成功的。如果它们所获取的真信念只是纯粹的

---

① Alvin Plantinga, *Warranted Christian Belief*, p. 155.

巧合，则仍然不能被看作是有保证的。这个条件显然也是无法验证的，它只是说明，如果这个条件存在，则基督教的信念就“有可能”是有保证的。即便一个信教者用其认知官能获得了相关的真理，他也没法证明这是造物主成功设计的后果。与此相比，儒家如在主义所理解的成功，即立人达人，修齐治平，等等，却是可以从功效中得到验证的。如果把以下两个命题相对比，可以清楚地看到两者的区别：(a)“这块岩石是为了生火而成功地设计的”，(b)“敲打这块岩石可以成功地生火”。在命题(a)中，人只是被动地面对那块岩石，并且永远都无法知道该岩石是否有创造者，更无法知道它是否是为了生火而成功设计的。而命题(b)中的人可以通过实践亲身验证该命题的正确性。如孟子便指出如果我们以善根为心去立志，就可以有浩然之气充斥于体，可以使身体“生色”，“悴然见于面，盎于背，施于四体，四体不言而喻”(《孟子·尽心上》7A:21)，并能达到“万物皆备于我”(《孟子·尽心上》7A:4)“浑然与物同体”[①]的境界。孔子在五十“知天命”以后，曾两次遇险。一次是桓魋试图谋害孔子，另一次是匡人误把孔子当作和他相貌相像的阳虎而欲加害于他。孔子在这种情况下，显得极其自信：“天生德于予，桓魋其如予何？”(《论语·述而》7.23)“文王既没，文不在兹乎？天之将丧斯文也，后死者不得与于斯文也；天之未丧斯文也，匡人其如予何？”(《论语·子罕》9.5)这两段话中显示出来的信心与其说是来自对外在的超越存在的信念，不如说是来自对他自己所拥有的德性之力量的信念。

徐复观说得很精辟：“若按照传统的宗教意识，天可以从上面，从外面，给人的生活行为以规定；此时作为生命主体的人性，是处于被动的消极的状态。但在孔子，则天是从自己的性中转出来；天的要求，成为主体之性的要求。”[②]正是如此，人才可以“与天地参”，成为和天地并列的宇宙的创造者。这种主体性的要求，在经过长期修炼培养以后，有着不同

① 程颐、程颢：《河南程氏遗书》，《二程全书》第1册，第2卷上，第3页。
② 徐复观：《中国人性论史·先秦篇》，第99页。

于一般主体性要求所具有的信心。孔子的“保证”虽然没有绝对的可靠性，但由于它所追求的不是与超越的客观的符合，而是内在的理想在客观世界中的显现和弘扬，所以对它所产生的信心就更有保证。对它来说，其保证并不取决于最后的成功。抱有此信念的人甚至会“知其不可而为之”（《论语·宪问》14.38），即便不成功也“不怨天，不尤人”（《论语·宪问》14.35）。

普兰亭格之“保证”定义中蕴含的第三个条件是“恰当地发挥的功能”。好比心脏的恰当功能是导致血液的循环，一个事物的恰当功能就是它在没有失常的情况下，按照它所应当运作的方式发挥的功能。确实，一个人在精神失常的情况下即便随意狂想出了爱因斯坦的相对论，也算不上是有保证的知识。但由于普兰亭格所说的“神觉”本身究竟是真实存在的，还是加尔文为了给基督教信念寻找依据而创造出来的都无法确定（它取决于设计者的目的和成功），所以根本无法确认其功能是否正常发挥。

对儒家而言，“心”的功能的正常发挥即“尽其心”或“诚”。显然，是否“尽其心”要比是否按照设计者的目的而正常发挥功用更加容易得到验证。而且，在当作功夫指导的时候，它会比消极地依赖上帝的恩典更为积极主动地发挥人的潜能。“尽心”正是被牟宗三看作儒家宗教性的主要特点的“任重道远，死而后已”，“知其不可而为之”那种精神的来源。[①] 唯有通过“尽心”，以负责的态度为人处世，才能达到真正的“心安”。

普兰亭格之“保证”定义中蕴含的最后一个条件是“合适的环境条件”。好比人的肺腑本非用来在水底下呼吸的，一个官能只有在适合它发挥功能的环境中的运作才可以算是有保证的功能。[②] 普兰亭格所说的环境条件是否“合适”，也是无法验证的，除非你预先知道造物主的设计目的。

对儒家而言，这个条件相应于适合于人的修炼转化，达己达人的环境要求。个人的修炼和功夫实践，离不开天时地利人和的条件。从“里仁为

---

① 牟宗三：《中国哲学的特质》（台北：学生书局，1974 年），第 94 页。

② Alvin Plantinga, *Warrant and Proper Function*, p. 7, and *Warranted Christian Belief*, p. 155.

美”（《论语・里仁》4.1），“毋友不如己者”（《论语・学而》1.8,《论语・子罕》9.25），到“知命者不立于岩墙之下”（《孟子・尽心上》7A:2），“时然后言”（《论语・宪问》14.13），“可以速而速，可以久而久，可以处而处，可以仕而仕”（《孟子・万章下》5B:1），儒家经典中到处显示出对环境条件的重视。只是在这一点上，儒家所说的环境条件“合适”与否，也是可以被经验验证的。

总结以上的分析，我们可以得出，儒家会把实践功效作为一个信念有无“保证”的重要考虑因素。如果以普兰亭格的理论为参照而得出一个儒家有关天命观念的“保证”概念，它大致会是这样的：“一个观念只有当它在合适的环境条件下能够帮助其持有者实现达己达人的功效，才是有保证的。”

四　如在主义与后世俗时代的两难困境

近代以来的启蒙理性对传统宗教信仰造成了巨大的冲击。伴随着知识与信仰的剥离，整个宇宙被看作无内在价值的物质和运动的集合，对终极意义的寻求成了信仰的事务，与知识无关。政教分离防止了教会对人类公共事务的干涉，但也同时意味着精神性在人类公共事务中失去了它的席位。世俗文明把精神性挤出了公共领域，边缘化为个人的事务，成为周末的仪式，甚至成为休闲和消费的产业。人类的生活和世界的走向日益被经济利益和市场所左右。在高度全球化的今天，种种高层国际论坛、峰会和合作机制，几乎都是经济、金融、政治、军事等方面的，联合国的功能似乎也只是协调危机而已。少数有关精神性方面的建设性对话，也只是由某些学者、企业家、各行业的专业人士和政治活动家发起的本职工作以外的业余社会活动。

从20世纪末到21世纪初，针对启蒙理性所导致的“失魅”，世界各地都发生了宗教复兴的反弹，以致有人提出人类已经进入一个“后世俗时代”。不幸的是，这一宗教复兴的形式往往是极端的原教旨主义。近几十年在世界各地频繁发生的恐怖主义活动，其后面大多有宗教的根子。“政治正确”的观念迫使人们尊重宗教信仰的权利，但它也传播了一种虚假的“平等”和“公正”观，似乎所有的信仰和文化价值体系都只有不同，而没有对错和高低；只能理解和欣赏，不能批评。从逻辑上看，这是把一个观念的对错与持有该观念的政治权利混为一谈的幼稚错误，但在实践上似乎又别无选择。既然宗教的信仰无法证明或者证伪，那么所谓对错高低也就无从谈起，宗教之间的相互批评便只会引发歧视和冲突。有鉴于此，有限的宗教对话通常也只能希望达到两个目标——增进宗教间的相互了解和寻找各方都能够接受的共识（一些抽象的普世原则）。超出这个范围之外的内容，就只能诉诸包容，或者搁置一边，而没法展开批评。

要么继续沿着失魅的方向下滑，要么品尝宗教极端主义复活的苦果，这就是后世俗时代面临的一个两难困境。普兰亭格的理论让人们找到了坚守自己宗教信仰的理由，但它也可以被宗教极端主义用作避难所。普兰亭格不否认基督教以外的其他宗教信念也可能有“保证”，持那些信念的人也可以有理由坚持他们的信仰。在他看来，宗教排他主义本身并没有什么违背理性之处。他所谓的排他主义者，指的是这样一种人，他在对其他宗教及其信仰者的智力、道德、精神境界等有充分认识和反思的情况下依然坚持认为与他的宗教不相兼容的信念（不管是宗教的信念还是别的信念）都是错的。① 虽然普兰亭格并不完全无视来自他者的挑战，而且承认，“一个对宗教多元的事实有清醒意识的人可能获得对自己生活的重新评价，新的觉悟，对自己的宗教信念的新的或重新的、更加深入的把握”②，但也仅止于此了。他认为只要一个人的宗教信念可能是有保证的，那么他坚持己见并且排他也是无可厚非的。这种底线型和辩护型的取向有助于防止进一步的“失魅”，但同时却也为宗教极端主义提供了护身的盔甲。如果允许这样的精神性重新进入公众政治领域，这个“瓶中的精灵”（Genie in the bottle）

① Alvin Plantinga, *Warranted Christian Belief*, p. 440.

② Ibid., p. 457.

一旦释放出来，世界是否会回到中世纪去？宗教裁判所会不会复活？以“神道设教”的愚民政策会不会还魂？

对此，如在主义提供了一个有望走出困境的方向。

首先，如在主义是合乎情理的。“祭如在”中的“如神在”是可以作为研究对象的，因为它是“神对我而言的显现”（things as they appear to us），而且是我自己唤起来的显现。作为一种精神现象，它是此岸的，不是彼岸的；是内在的，不是超验的。当然，它与人们看到的桌椅之类的客观事物的现象有不同。相比之下，后者是客观现象，人们对它们的感知总体上有被动的特点；而“祭如在”当中所出现的“如在”是特殊的精神现象，是主体自己带出来的显现。它的合理性不在于它是客观世界的真实反映，而在于它的客观有效性，即它能够改变人的存在状态，对人们的实际生活发生作用。从它是对自我的突破和升华而言，它是精神性的；从它是此岸的这一特性而言，它又是绝对现实的。即便是一个完全不相信任何超越位格神的无神论者，也可以对亲人的坟地敬献鲜花，恭敬地鞠躬，然后对着墓碑喃喃诉说，或做出承诺，一如其逝去的亲人就在面前，哪怕那个坟地只是个衣冠冢，或者仅仅是一块纪念碑。这类行为的合理性，不在于逝去的亲人能够听见，而是进行吊唁的人可以通过这样的行为来表达自己对逝者的思念和尊敬，能够激励自己和身边的人“如”逝去的亲友尚“在”似的去继承其遗愿，告慰其亡灵。

这样的合理性使得以如在主义作为基础的宗教对话能够包容各种宗教的精神性而不丧失互相批评的可能。它一方面能够与有神论、无神论、怀疑论等相容，同时又不拘泥于具体的宗教信念本身。它把注意力集中到考察各自的“如在”会使人怎样去生活，考察各种精神性所能够产生的行为效果。如果本着“知之为知之，不知为不知”的精神，各宗教的实践者都应该承认，所有的信仰在其实践的层面都是“祭如在”。没有一个人可以宣称自己对神和神的意志有绝对可靠的知识。如在主义承认每个人都有保持自己宗教信仰的自由，但每个人都需要对自己的宗教实践导致的后果负责。或许你我彼此的精神性有如不同的艺术风格，有着各自的美，但正如承认艺术风格可以有万紫千红并不等于否认丑恶的存在。并不是所有的精神性都同样有利于人类的生存与繁荣，如果某种精神性的实践是反人类的，它就理应受到批评、谴责和抵制。如在主义不允许把这样的行为推托给神的意志。

这是一个实际并有建设性的对话基础。把精神性放到实践理性的角度来评价，如在主义提供了一个既可以"复魅"世界，又不至于让宗教极端主义泛滥的可能。它要求人们不满足于只是互相尊重信仰的权利，不满足于自己不是反理性那样的自我辩解，而且能同时对于具有破坏性和威胁性的精神性做出批评，对具有建设性的精神性做出肯定。它既可允许精神性重新进入公共领域，又不致因噎废食，丧失批评抵制反人类宗教活动的能力。

当然，如在主义虽然兼具合理性和精神性的优点，但它的实践并不容易。任何一种高级功法的实践都需要以修炼作为基础。缺乏精准的把握，如在主义会很容易滑向前述困境的两个极端，从"如在"变成"在"的迷信或变成"如不在"。一方面，如在实践"不可说破"的特点使得其实践者很容易丢失那"如"而只关注"在"。一旦忘记了其作为功法的本意，"如在"仅一步之遥就可以滑向自欺，滑向"帕斯卡的赌博"。另一方面，说破了这是一种功法，又会使人觉得像是演戏，无须虔敬对待，于是那本应"祭如在"的礼就成了纯粹走过场的形式。在这一点上儒家自身也没有无可挑剔的历史记录。当儒家在汉代被认作官方意识形态以后，孔子就逐渐被神化。本来是类似于纪念堂那样的孔庙，成了考生和家长乞求科举考试"高中"的香火供奉场所。同时，缺乏对外在神祇的信仰，儒家的"祭如在"对一般人而言又难以使其真正产生敬畏之心。当儒家要求人们把整个人生当作"祭礼"的扩展，其理想的结果是即凡而圣，人人都把自己和别人当作神圣的存在而带有"敬"意地对待，使人本身有可能成为既是献祭者又是受祭者，从而达到天人合一，但在实际生活当中，随之而来的却常常是带神圣性的礼蜕化成凡俗世界的控制手段。当年正是因为大部分人无法自立，无法从自我当中去解决有关生死、最后归宿等问题，佛教东来才很容易地就为许多中国人所接受，而且大部分人接受的恰恰是那寄希望于外在的神佛、菩萨，而不是本心即佛的精义。

今天许多人依然把儒家看作一般的世俗道德体系或规范系统，觉得只有别的宗教里才有精神性。其实，这早已为《中庸》的作者所明察："人莫不饮食也，鲜能知味也。"（《中庸》第4章）"人皆曰'予知'，驱而纳诸罟擭陷阱之中，而莫之知辟也。人皆曰'予知'，择乎中庸，而不能期月守也。"（《中庸》第7章）虽说"我欲仁，斯仁至矣"（《论语·述而》7.30），作为一种无须外在权威的压力而从自身中产生精神性的功法，如在主义的实践本身是需要建立在诚意正心修身的基础之上的。如果一个人自暴自弃或自欺，不加修炼，再好的功法也无济于事。

中篇　诚意正心修身

第八章　诚意正心修身与学以成人

【本章提要】诚意正心修身是最能反映儒家特质的成人之道。宋儒朱熹之确立“四书”的儒家核心经典地位，他对于“小学”“大学”的思考，以及他对心性的理解，都是围绕修身的功夫实践展开的。儒家的修身常被狭隘地理解为修心，实际上它是儒家养护整个身心健康的方法。广义的健康指的不仅仅是无病痛，而且是整个身心的最佳状态。这一概念框架允许我们把身心看作一体，看到修身必须正心，看到儒家的整个思想体系也是一个养生健体的理论。正心的重要方面是如何对待欲望。先秦儒家对欲望以调理节制为主。及至宋儒，提出“明天理，灭人欲”，此虽乃功夫修炼的方法，而非道德责任，但因容易引向极端，导致对基本人性的压抑，因而受到明末清初众儒的反对。其中王夫之“仁化”人欲的思想，是对先秦“人能弘道”思想的发展。但近代以来对“人欲”的肯定，矫枉过正地导致了世界的“失魅”和人类的“单向度”化。不仅当代的教育为物质利益所左右，整个社会的发展模式也以经济利益为轴心，其严重程度已经威胁到人类的持续生存。借用马克思、恩格斯的“人的自身生产”的观念，儒家的“学以成人”就是“生产”大写的人。社会经济发展的可持续模式，应该是在保证基本物质生活的基础上，把重心转向文化教育，以“成人”为核心。

作为一个功夫体系，儒家格物致知的目的并非仅仅是获取知识本身，或者说是为知识而知识，而是为了人生的完善。人生都有一个成长的过程。儒家所谓的“学”，正是为了“成人”。《大学》将整个儒家的事业概括为格物、致知、诚意、正心、修身、齐家、治国、平天下这八个互相关联的步骤，通称为“八条目”，其中每个后继步骤都依赖于前一个步骤，并且也是前一个步骤的必然后果，形成一个“成人”的完整过程。其中诚意、正心与修身是格物致知的逻辑延伸，也是从内在的、个人的诸环节走向外在的、社会的诸环节的前提，地位十分重要。虽然它不是儒家思想的全部，但离开了诚意、正心与修身去谈“格物致知”，或者离开了诚意、正心与修身去谈“齐家治国平天下”，谈儒家的政治思想、制度安排，就会完全错失儒家的特质。

一　功夫与诚意正心

历代的儒家学者留下了大量关于“诚意正心”的论述。由于本书目的并非传授儒家功法，也不是梳理儒家思想史，而是对相关的儒家思想所蕴含的哲学内容进行梳理和分析，这里仅取最具代表性的宋儒朱熹的某些论述来大致说明一下儒学对此的主流理解。

朱熹对儒学的一大贡献是他以“四书”（即《大学》《论语》《孟子》《中庸》）取代了以前“五经”（《诗经》《书经》《礼记》《易经》和《春秋》，或云“六经”，即在以上五经外加上《乐经》）在儒学中的核心经典地位。在朱熹看来，“四书”更好地体现了修身这一儒家的核心关注，且其中的精神较容易领会。朱熹说，“《论语》之书，无非操存、涵养之要；《七篇》之书，莫非体验、扩充之端”[①]，“圣贤千言万语，无非只说此事。须是策动此心，勇猛奋发，拔出心肝与他去做！”[②]相比之下，读《易经》《诗经》等当然也有裨益，但不如“四书”那么直接和快捷。朱熹曾对朋友说，“《易》非学者之急务也。某平生也费了些精神理会《易》与《诗》，然其得力，则未若《语》(《论语》)《孟》(《孟子》) 之多也。《易》与《诗》中所得似鸡肋焉”[③]。

① 朱熹:《朱子语类》第 19 卷，第 28 页。“七篇”即指《孟子》。
② 同上，第 8 卷，第 13 页。
③ 同上，第 104 卷，第 6 页。“鸡肋”乃食之无肉，弃之可惜之谓。

他对“四书”的排列次序也颇为用心。《大学》居首，乃是因为它给儒家的为学勾画了一个总的框架。其格致诚正修齐治平八条目使学人对自己所应走的道路一目了然。“通得《大学》了，去看他经，方见得此是格物、致知事；此是正心、诚意事；此是修身事；此是齐家、治国、平天下事。”“《大学》如一部行程历，皆有节次。今人看了，须是行去。今日行得到何处，明日行得到何处，方可渐到那田地。”[①] 他把《论语》《孟子》放在中间，因为它们都是“肉菜”[②]，教人如何修身。这两部书侧重不同。“孔子教人就事上做工夫，孟子教人就心上做工夫。”[③]《中庸》放在最后，因为它传授了自远古圣人舜、禹那里流传下来的“心法”，教人如何在修炼中直接在连通天道或天理的心性本体上下工夫。

朱熹认为，儒家为学十分讲究次序，故有“小学”与“大学”之分。在为《大学章句》所写的序里，他写道：

> 三代之隆，其法寖备，然后王宫、国都以及闾巷，莫不有学。人生八岁，则自王公以下，至于庶人之子弟，皆入小学，而教之以洒扫、应对、进退之节，礼乐、射御、书数之文；及其十有五年，则自天子之元子、众子，以至公、卿、大夫、元士之适子，与凡民之俊秀，皆入大学，而教之以穷理、正心、修己、治人之道。此又学校之教、大小之节所以分也。[④]

可见“诚意、正心”乃属于大学的阶段。所谓小学，则是学习“洒扫、应对、进退之节”，大致相对于《论语》子张篇中所描述的子夏门人所学之事。按照那段文字记载，子游讥嘲子夏教其门人洒扫应对进退之类的末梢

---

① 朱熹:《朱子语类》第14卷，第3页。
② 同上，第19卷，第1页。
③ 同上，第3页。
④ 朱熹:《四书章句集注》，第1页。

琐事，而不务根本。子夏答道，修习君子之道，需要循序渐进。[①] 荀子曾经对子夏和子游两派做过如此描述：

> 正其衣冠，齐其颜色，嗛然而终日不言、是子夏氏之贱儒也。偷儒惮事，无廉耻而耆饮食，必曰君子固不用力：是子游氏之贱儒也。（《荀子・非十二子》6.13）

前者注重行为的端正恰当，却谨小慎微，后者不屑于实事上用力，却迂阔空谈。两个极端皆不可取。康有为评论道：

> ［子夏学派］寿至百岁，道行西河，而后学不闻大成，得无太守约所至耶？……子游后学有子思、孟子，为孔学大宗，发明天命性道，直指本心，岂非所谓得其本者耶？以此较之，则子游之讥子夏，未为过也。但小子则应从事于浅近，若名物象数，诵诗学乐之类。宋贤则欲小子皆从事于身心性命，是又过矣，则子夏之论为笃也。[②]

荀子和康有为都主张为学之道要循序而进。对儿童的启蒙，需要从基础的洒扫应对进退开始，但是要功夫精进，则必须要进入高层次的心性之学（前面已经说过，此心性之学乃是功夫之指导，而非镜像式的形上学命题之学）。这恰恰是朱熹的观点。因而康有为对“宋儒”一概而论的批评，对朱熹并不公正。朱熹甚至和他的学生刘清之一起编了一部题为《小学》的教科书，以应童蒙学习之需。他对此有深入的思考。《朱子语类》就提及朱熹在同安时曾夜宿在一佛寺，卧听杜鹃啼鸣而不能寐，反复思考着前引《论语》中子游与子夏之辩。因为尽管他认为学习需要渐进，他所尊重的学长

---

① 《论语・子张》（19.12）：“子游曰：‘子夏之门人小子，当洒扫应对进退，则可矣，抑末也。本之则无，如之何？’子夏闻之曰：‘噫，言游过矣！君子之道，孰先传焉？孰后倦焉？譬诸草木，区以别矣。君子之道，焉可诬也？有始有卒者，其惟圣人乎？’”

② 康有为：《论语注》（北京：中华书局，1984年），第290页。

程颐却说“洒扫应对便是形而上者，理无大小故也”①，似乎与此相矛盾。初看，程颐的观点似乎是洒扫应对与穷理无异，故无须渐进，其实他指的是前后虽是两个不同阶段，但它们都能把始终两端带到当下。洒扫应对属于形而下，然而其中蕴含的使其为“善”的天理是无形的“形而上”。穷理的活动和洒扫应对的活动虽然不同，其所含天理则一。他写道：

> 不由其序，而舍近求远，处下窥高，则不惟其所妄意者不可得，而理之全体，固已亏于切近细微之中矣。此所以理无大小，而教人者尤欲必由其序也。②

朱熹将这个道理与孔子所说的“下学而上达”（《论语・宪问》14.35）联系起来。这里面的深意可以通过他对谢良佐一段话的评价来看。③谢良佐以把“一金”赠人和以天下赠人同样是慷慨“不吝”，走平地之不恐惧和走高台的不恐惧同样是不恐惧，来比喻洒扫应对和谈论天理没有不同。朱熹指出，这里面的逻辑有问题。

> 不吝之心一也，而一金天下则其捐之有难易之殊；不惧之心一也，而平地高台则其习之有先后之序。必如谢氏之说，将使学者先获而后难，不安于下学而妄意于上达，且谓为学之道，尽于洒扫应对进退之间，而无复格物致知修身齐家之事也。其与子夏程子之意正相反矣。④

---

① 程颐、程颢：《河南程氏遗书》，《二程全书》第 1 册，第 13 卷，第 1 页。

② 朱熹：《四书或问》卷 24，第 13 页。

③ 谢写道：“凡事不必须要高达，且从小处看。只如将一金与人，与将天下与人，虽大小不同，其实一也。我若有轻物底心，将天下与人如一金与人相似；我若有吝底心，将一金与人如将天下与人相似。又若行千尺台边，心便恐惧；行平地上，却安稳。我若去得恐惧底心，虽履千仞之险，亦只与行平地一般。只如洒扫，不著此心怎洒扫得？应对，不著此心怎应对得？如曾子欲动容貌、正颜色、出辞气，为此古人须要就洒扫应对上养取诚意出来。”见朱熹：《论语精义》（文渊阁四库全书 / 经部 / 四书类 /《论孟精义》）卷 10 上，第 16—17 页。

④ 朱熹：《四书或问》卷 24，第 15 页。

与此相关的，是《中庸》里的所谓“自诚明”和“自明诚”的对比。前者“谓之性”，因为它是依赖天赋的性而达到“明”的途径，后者“谓之教”，因为它是经过学习，懂得道理，然后而达到“诚”，能够与允许自己为善的天性打通为一的途径。虽然途径不同，但最终殊途同归。在解释这部分的内容时，朱熹写道：“德无不实而明无不照者，圣人之德。所性而有者也，天道也。先明乎善，而后能实其善者，贤人之学。由教而入者也，人道也。”[①] 朱熹虽然不否认“所性而有”的可能，但他显然认为对大多数人而言，后者才是实际的途径。

按照孟子的说法，人有“大体”和“小体”：“心之官”能思，思而能得，故曰“大体”；“耳目之官不思，而蔽于物”，故曰“小体”（《孟子·告子上》6A:15）。诚意正心便是“立乎其大者”。这里的大小，并非体的尺寸，而是就其重要性言。故而修身之要在于诚意、正心。也正因此，整个儒家学问，被认作是心性修养的学问。其中“心性”指本体，“修养”是功夫。功夫与本体的关系，遂成为儒学的一个重要问题。宋明儒大致的共识是，离开心性本体而谈功夫，则泛然支离不得要领；离开功夫谈本体，则悬空玄虚误入迷途。

前面我们提到过，宋明儒将心性提高到形上学的层面，有两重动机。在社会政治层面，是为了回应来自佛教和道家的挑战，弥补儒学仅作为日用纲常而在“上达”天道，安置内心方面之不足。在学理方面，是为了确立人在价值上的自我认同。它虽然以揭示形上“本体”的形式出现，但根子上是修炼和提升自我的功法。儒家并不需要描述性的形上学真理作为其理据，但需要规范性的形上学理论作为功夫指导原则。朱熹和程颐用《尚书·大禹谟》的“人心惟危，道心惟微，惟精惟一，允执厥中”这“十六字心传”，确立其道统，以弘扬那“惟微”之道心。其“心法”不是佛教不立文字的心传之法，而是通过“正心”来修身之法。朱熹以其关于天理的理论著称。不仅他的学派被称为“理学”派，受其影响的宋明儒无不讨论

① 朱熹：《中庸章句》，《四书章句集注》，第33页。

“理”，以致整个宋明儒学被称为“理学”。他所理解的“格物致知”便是“穷理”“明理”。这不仅是获得形上学的知识，而更重要的是使“理”显现，明朗，变得不可拒绝。

最能体现其理论之真意的，莫过于朱熹从“中和旧说”到“中和新说”的转折。“中和”语出《中庸》:“喜怒哀乐之未发，谓之中；发而皆中节，谓之和；中也者，天下之大本也；和也者，天下之达道也。致中和，天地位焉，万物育焉。”(《中庸》第1章)这里的“大本”，便是喜怒哀乐未发之“中”。早年，朱熹受其老师李侗(1093—1163)的影响，试图通过“静”心而去体会那“未发之中”。但修习多年而未成功。李侗去世后，朱熹在与湖湘学派张栻(1133—1180)的交往中受到其在“已发”的喜怒哀乐中“察识端倪”的启发，他想到，“人自婴儿以致老死，虽语默动静之不同，然其大体莫非已发，特其未发者为未尝发耳”[①]。一个人即便是在睡眠当中，其心依然是在已发状态。唯有在已发背后的未发之性才是寂然不变的，这就是为什么它被称之为“中”。如果是那样的话，则唯有在“已发”上下功夫，察识那些“端倪”，才能间接地接触到“未发”之心体。这就是先察识、后存养的修炼方法。

有趣的是，在朱熹得出上述结论后不久，他就又改了主意。他发现，依照上述方法，他的心“如在洪涛巨浪之中，不容少顷停泊”[②]。在重读了程颐对《中庸》第1章的解释后，他得出了新的结论，由旧说主“心为已发”转为新说，主“心贯乎已发未发”。如果改用“性”与“情”的概念来说，则是“心贯乎性与情”；用“体”和“用”的概念来说，则“性”是“体”，“情”是“用”，“心贯乎体用”；用“动”和“静”的术语来说，则“性体”是“静”，“情用”是“动”。与此相应，他在修养方法上也一改过去单纯“察识端倪”的做法，而强调了二程“主敬”的涵养方法。“未发之前不可寻觅，已发之心不容安排。但平日庄敬涵养之功至，而无人欲之私

① 《中和旧说序》(文渊阁四库全书/子部/儒家类/《黄氏日抄》)卷35，第38页。

② 陆陇其:《读朱随笔》(文渊阁四库全书/子部/儒家类)卷1，第13页。

以乱之，则其未发也，镜明水止，而其发也，无不中节矣。此是日用本领工夫。”[①] 与张栻不同，朱熹的新理论不是让他等待喜怒哀乐之类的情发动以后再去“察识端倪”，而是允许他“静时涵养，动时察识，敬贯动静”。平时无事时注意涵养，使心虚明湛然，了无所亏。有事时经常反省自己，及时察觉到哪些意念是善，哪些是恶，扩充善念，克治恶念。

从这个转折可以看到，它既是一个形上学理论的转变，也是一个功法的转变。前者既是因为功法的实践而触发，也是通过功法而显示其意义之所在。作为一个形上学理论的转变，他从“心为已发，性为未发”转变成了“心贯已发未发”。这个理论在指导功夫实践中，从李侗所主之“静”变成了二程的“敬”。一个人活着，就不可能有绝对的静。“敬”也是一个情之已发状态，然而它是一种特殊的，面对他者自我抑制的状态，因而能够使人的自我相对地安静下来，去发现和欣赏对方，使对方的价值得以向我充分展现。

换句话说，通过转变自己的形上学理论，朱熹综合了李侗和张栻的功法，避免了他们两人功法中的缺陷。敬是一个企及“未发”之静的方法。它既避免了不切实际地要求自己绝对入静的极端，也避免了在“已发”之情的波浪中找不到平静的极端。

朱熹这个“中和旧说”到“中和新说”的转折引发了许多讨论，其中之一便是他的“新说”与陆王心学的关系问题。王阳明写了一篇《朱子晚年定论序》，说朱熹晚年转向了与他王阳明相似的观点。“予既自幸其说之不缪于朱子，又喜朱子之先得我心之同然。”[②] 王阳明未明说朱子在哪一点上与他相同，估计是指朱子强调内向的心的存养。然而朱子即便在早年也从未否认过心的存养。王阳明自己也多次引用朱熹的话来阐述心之本体为至善，而且良知如朱熹所说，是“他人所不及知而己独知之者”[③]。

---

① 朱熹:《御纂朱子全书》第 24 卷,《中庸一》，第 28 页。

② 《朱子晚年定论序》,《王阳明全书》第 1 册，第 108 页。

③ 朱熹:《大学章句》,《四书章句集注》，第 7 页。见 Wing-Tsit Chan, *Chu Hsi, New Studies* (Honolulu: University of Hawaii Press, 1989), p. 474。

这桩公案或许如有些学者所认为的，是阳明“陆化朱学”的策略，以消弭程朱后学与他的对立。[①]第五章中我们综述了一些对朱、王异同的看法，并指出其形上学之分歧背后实质性的还是功法的分歧，反映了宋明儒常说的“本体即功夫”。这里我们可以通过对朱熹的“敬”的概念做进一步的分析来理解其中的奥妙。

“敬”既是主体的态度，又是一个对待客体的态度。如美国学者安靖如和田史丹所分析的，敬“有一石二鸟之功：首先，我们必须对所涉的事物怀有恭敬态度，这就要求我们——第二——去除私欲，包括那些容易忽视的和误会的”[②]。作为主体的态度，它是通过虚化自我来倾心对待他者，允许他者向我展开。这在朱熹看来是儒家功夫与道家功夫的一个重要区别。儒家“居敬而行简，以临其民”(《论语·雍也》6.2)。“徒务行简，老子是也。乃所以为不简。”[③]人们通常以为虚化自己以向对象开放，这仅仅是“客观地反映”对象的手段。这当然是其中之意，但远非全部。朱熹常常喜欢在“理”的前面加一“实”字，曰“实理”。当用作形容词时，“实”字的意思是非虚幻、不虚妄，与佛家所说的“空”不同。“吾儒万理皆实，释氏万理皆空”[④]，“吾儒以性为实，释氏以性为空”[⑤]。“实”也可作动词，意思是“使成为”“使实现”“使坚实”“使落实”。君子之所以要“戒谨恐惧而谨其独焉，所以实乎此理之实也……盖此篇大指，专以发明实理之本然，欲人之实此理而无妄，故其言虽多，而其枢纽不越乎诚之一言也”[⑥]。这里的“实乎此理”，就是作动词用，即通过功夫实践来落实事物之“所当然”之“理”。回头看“敬”字，便会发现其实“敬”正是主体“实乎此理”的方法。而“性即是理”，故“实乎此理”也即“实乎此性”。这也是《中庸》

---

① 见束景南、姜美爱:《朱陆之学论战与〈朱子晚年定论〉的诞生——一桩五百年来“陆化朱学”理学公案的破解》,《孔子研究》2018 年第 5 期，第 39—53 页。

② Stephen C. Angle and Justin Tiwald, *Neo-Confucianism, A Philosophical Introduction*, p. 149.

③ 朱熹:《朱子语类》第 30 卷，第 8 页。

④ 同上，第 124 卷，第 14 页。

⑤ 同上，第 4 卷，第 14 页。

⑥ 朱熹:《中庸或问》下（文渊阁四库全书 / 经部 / 四书类 /《四书大全》），第 51—53 页。

里“诚之者，人之道”的意思——通过诚或者敬，理或者性得到落实，实现，成为现实。当然，朱熹认为“此理”本身也是“实”的理，非虚妄，非空，但它仍然是需要“实之”之理。对此的最合理的解读，便是以“潜在能力”“可能性”来解释：这种可能性或潜在能力是实在的，但需要“实之”的努力，才能将它变为现实。

二　诚意正心与健康

心性修养是修身之要，但并不等于修身与身体无关。这里有一个很大的误区。如果我们就“典型的儒家人物应当是什么样的？”做一个民意调查，估计人们会列出“仁慈”“孝顺”“知书”“达礼”等等，很少有人会把“健康”作为其典型特征之一。一个典型的儒家人物常常被想象成苍白孱弱、手无缚鸡之力者。因为儒生必孜孜于圣贤之书，拳拳于家国之治，劳心而不劳力，缺乏体育锻炼，他的身体一般不会很好。《论语》中就曾记载孔子被一老农讥为“四体不勤，五谷不分”（《论语·微子》18.7）。但实际上，儒学中有关仁、礼、中庸、诚等的核心内容都与生命的健康发展有密切的关系，以至于整个儒家学说可以被理解为一个养生的体系（虽然它不能被仅仅归结为这样一个体系）：其崇扬的礼义道德，可以被看成是（但不归结为）构成人的健康之定义的品质；其所追求的家齐国治天下平，可以被看成是（但不归结为）个人健康的结果和反过来又促进个人健康成长的条件。

“健康”一词可以有狭义的或者说是负面的理解，也可以有广义的或者说是正面的理解。所谓狭义的和负面的理解就是把健康仅仅理解为身体上无病痛的“正常”状态。在这种含义下，大多数人无须求医，因而都是健康的。对健康一词的广义的和正面的理解，则是把健康看成人的“完整的生理、心理和社会的最佳状态”[①]。在这种定义下，一个人可以没有病痛

① 此乃世界健康组织 1948 年给健康所下的定义（见《世界健康组织章程》，WHO, 1958, p. 459）。

却仍然不够健康，而且可以说没有一个人是完全健康的。按照狭义的健康概念，保健的手段是药物、手术、理疗等等，保健机构相应地仅限于医院、诊所和防疫机构。按照广义的健康概念，保健的手段包括读书、交友、旅游、欣赏音乐、练书法，甚至工作，因而学校、图书馆、家庭、剧院等等都可以看作是与保健有关。虽然在这两个健康概念之间的交接处，其界限是很难严格划分的。一个虚弱却没有病痛的人，很难说只是广义上不健康还是狭义上也不健康。但是，总体上来说，这两个概念的不同还是很明显的。

狭义的和广义的健康概念各有其利弊。前者在现代西方医学中应用广泛，有很实际的社会效用。现代的医疗保险制度，就必须基于这样的健康概念。但如果我们仅仅从狭义的角度来理解健康，就会很自然地把养生健体局限在治病防病的领域内，对病痛仅仅采取消极的防御和治疗，并且很容易忽视一个人的健康状态与其精神状态、道德修养、社会环境等等的联系。广义的健康概念在这些方面恰恰具有其突出的优越性。它虽然容易模糊个人健康与个人在经济上、政治上和社会生活的其他领域里的良好状态之间的界限，却有利于我们把人的存在的各个方面看成相互联系和影响的有机系统，并且有利于我们在有效地预防和消除病痛的前提下，进一步去追求更为完善的境界。

儒家养身所追求的显然是广义的健康。它是通过修身来达到整个身心的最佳状态。狭义的健康概念一般都把注意力放在作为生理机制的“身体”上面，而儒家的养生是建立在一个身心一体的观念之上的，而且在儒家看来，心为身之主，所以养生首先需要诚意正心。

在西方，早在柏拉图那里就已经出现的灵魂与肉体的二元分裂，在笛卡尔那里形成了明确的身心二元论。身体被看作与心灵（mind）截然不同的实体。虽然日常生活的经验告诉人们，身体和心灵是互相作用和影响的，然而二者的分裂在笛卡尔理性主义思想方法（即前面所说的原子论的思想方法）的支持下，变得如此顽固，以致笛卡尔以后多少代的哲学家们绞尽脑汁，都无法解决身心之间的因果联系如何可能这一难题。而西方医学在这种身心二元论的影响下，也片面地把人体当作一架精致复杂的，由细胞、神经等等作为基本部件的机器，专注于其生理的、细胞学的机制。虽然在西方的日常语言中，“身”字仍常被用来指称个人，而不仅仅是其物质的躯体（如英文里的“somebody”“nobody”就是例子），但是在学术的规范语言中，西方学术界早已不用“身”字去指称个人了。

与此不同，中国传统哲学则从一开始就采用了连续统的思想方法，因而没有受到身心二元论的束缚。在中文里有的时候“身”字也与“心”字相对而用，如“身心交瘁”“身不由己”“身在曹营心在汉”等等，有的时候则被用来指称整个的人，如“以身相许”“以身试法”等等，但在中国哲学传统内，身心分割从来没有走向二元论那样的极端。儒家所谓的“修身”就是指修炼包括心在内的整个的个人，而不是仅仅指其物质躯体。而中文的“心”字，在词源学意义上意味着心脏，因而它与笛卡尔式的思维主体“mind”不同。后者是完全非物质性的，而前者则同时也是物质性的器官，思维和感觉等等只是这一器官的功能。当“心”字与“身”字相对而用时，它指的是整个人的心智方面，而不是指一个非物质的、与肉体截然不同的精神实体。正如杜维明先生所指出的，对儒家来说，“我们的身体不是仆役，不是手段，不是过渡，也不是外壳，而是自我的体现”，“修身和修己是同义语，因此身和己有时可以互用，身等于是自身的简称”。[①] 杜先生特别强调“身体”的“体”字。他认为“体”字在儒家有“以身体之”的意味，如“体验”就是“活生生的有血有肉的人所感受的具体经验”。杜先生先从“知行合一”的角度阐释了儒家的体验之学，将体验与浮光掠影的印象做出区分，然后又进一步从身心关系上来考究，以孟子为例，指出儒家学说不讲纯粹的“心知”——在孟子那里，心的内容通过身来体验和体现。孟子的“求其放心”的功夫，也是与其“养气”分不开的。[②]

正是基于上述对身心关系的理解，《大学》里把正心和修身看作互相紧密关联的两个环节，并指出正心乃是修身的关键。“心正而后身修”，这是

① 杜维明：《从身心灵神四层次看儒家的人学》，第 447—448 页。

② 同上，第 448—450 页。

因为心是身的“主宰”。朱熹对孟子的“放心”之说做了这样的发挥：“为学大要，只在求放心。此心泛滥无所收拾，将甚处做管辖处？其他用功总闲慢，须先就自心上立得定，决不杂，则自然光明四达，照用有余。”[①]《大学》里也有一解释：“心不在焉，视而不见，听而不闻，食而不知其味。此谓修身在正其心。”（《大学》第7章）

儒家的修身养性，核心是修养“仁”。孔子一语道出仁与健康的关系：“仁者寿。”（《论语·雍也》6.23）为什么仁者寿？两方面的原因。一是孟子说的，“乐民之乐者民亦乐其乐，忧民之忧者民亦忧其忧”，“出乎尔者反乎尔也”（《孟子·梁惠王下》1B:4，1B:12）。故善养护自身者亦懂得善待别人。这是聪明人，即所谓“智者利仁”。另一个原因是如汉儒董仲舒解释说的，仁者之所以寿，乃是因为他们“外无贪而内清净，心平和而不失中正，取天地之美以养其身”（《春秋繁露·循天之道》）。中文古文字里的“仁”字，有一种写法，就是上面一个“身”字，加上底下一个“心”字，说明仁乃是一种身心状态。仁的一个含义就是敏感度。如“麻木不仁”，其中的“不仁”就是指失去了敏感度。程颐说，“医书言手足痿痹为不仁，此言最善名状。仁者以天地万物为一体，莫非己也。认得为己，何所不至？若不有诸己，自不与相干。如手足不仁，气已不贯，皆不属己”[②]。

儒家的这种身心学说，在传统中医理论和实践里得到了充分的体现。[③]中医的病理学不仅把人的心理情绪和身体状况联系起来，将心理健康看作比身体健康更加根本，并且从调节生活习惯，防病于未然着手，甚至把良好的人际关系和社会环境作为健康的条件。

这与西医的理论体系总体倾向不同。西医理论的基本倾向是从生理上

① 胡广：《性理大全书》（文渊阁四库全书/子部/儒家类）卷45，第4页。这里所谓“为学”，不只是追求心智方面的理解。它也包括求道或追求完善境界的方法、技艺。用西方哲学语言来说，即不仅仅是“know what”（知道“什么”），而且也包括“know how”（知道“怎样”）。

② 程颐、程颢：《河南程氏遗书》，《二程全书》第1册，第2卷上，第2页。

③ 见本书第四章第二节。

去理解人体，又从心理角度去理解心灵，所以其实践容易走向把个人健康分割成两个部分。生理方面有各种物理、化学和生物学手段进行诊治，心理医疗则有以催眠等手段辅助的心理分析去完成。当然，这不等于否定这样的事实，即大部分西医出于他们的医德和常识，会关心病人的心理状态，并且做得非常出色。但由于上述区别，在西医实践中，心理调整对身体的治疗主要是被看作外在的辅助作用，而不构成其不可或缺的内在组成部分；反之，身体的物理调节对精神的治疗也是如此。同样，社会层面的政策通常只被看作是和人的社会性相关，如人权、自由、平等之类，而不与个人的健康相关。

如果说修德，以德为本是儒家、佛家、道家等所共有的养生术，那么对礼的重视则是儒家养生术的更为独到之处。传统的礼为人们提供了非常具体的行为规范。它对于培养德性（即生活的能力）具有很实际的指导意义。在实际生活中，没有任何一个民族的基础道德教育是通过抽象的道德说教完成的。基础的道德教育通常都是在"礼"的教育中潜移默化地完成的。当我们教会一个孩子怎么说"你好""谢谢""对不起"的时候，就是在教会他怎样去节制自己的本能欲望，怎样去尊重别人，关心别人的利益，从而也使他成为一个有德之人。

芬格莱特指出，"礼是尤其能使人属人化的一种动态的人际交往方式"[①]。他确实看到，儒家所推崇的礼不是僵硬的、仅仅用来维护社会地位和社会秩序的行为规范和方式。当一个人真心诚意地循礼而行时，他是在调动一种看不见摸不着的"力"。实际上，礼的魔力不仅存在于人际交往中，它也存在于个人日常生活起居的行为方式中[②]；它不仅能调节人际关系，不费吹灰之力地获得别人的协作和帮助，而且也能使人延年益寿。当一个人确能时时刻刻做到非礼勿视、勿听、勿言、勿动时，就能起居有时，动静有度，饮食有节，达到一种身体舒畅、心境平和、气质高雅的状态。它

① Herbert Fingarette, *Confucius—The Secular as Sacred*, p. 7.

② 《礼记》中有不少有关个人起居饮食的礼，如《曲礼上第一》："游毋倨，立毋跛，坐毋箕，寝毋伏……"（《礼记》，第7页），《坊记第三十》：君子"食时不力珍"（同上，第288页）等。

不仅有利于身体的健康，而且在广义的健康概念下，它本身就是健康状态的表现。

但芬格莱特过分地强调了礼的外在形式。如果没有行为者的真诚，动作方式和礼仪程序的效果就会大打折扣，甚至会成为毫无意义的表演，不具备任何魔力。礼仪是人的诚意的适当表达方式。用握手为例——它的效果在很大程度上取决于握手者是真诚的还是勉强的，或者是毫无诚意的。在儒家思想和实践体系中，“诚”字的内涵相当丰富，其地位也非常之高。孟子说，“诚者，天之道也，思诚者，人之道也。至诚而不动者，未之有也；不诚，未有能动者也”（《孟子·离娄上》4A:12）。《中庸》也直截了当地说：“诚者天之道，诚之者人之道。”（《中庸》第20章）这里的“诚”，当然与我们平时所说的真诚（一种心地坦然、光明如昼的心态）有直接的关联。“《诗》云：‘潜虽伏矣，亦孔之昭。’（鱼虽潜伏于水底，仍然清晰可见。）故君子内省不疚，无恶于志。”（《中庸》第33章）作为“人之道”的“诚之”，也意味着认同、恪守、养护和充分发挥自己的天赋本性。人们通常是从儒家的社会政治哲学或道德规范的角度去理解“诚”字，然而陈荣捷先生指出，它其实也是“形上学和宗教性”的概念。其形上学的意义在于它“是一种能动的力量，不停地转化和完善事物，并同时将人与天合而为一”[1]。其宗教性的意义在于它是儒家修炼功夫所要达到的天人合一的目标。宋儒唐仲友曰：“保性如保子，养心如养苗，驭气如驭马，防欲如防川，待物如待寇，一言以蔽之曰诚。”[2]作为实践的原则，诚所能带来的能量极为巨大。“唯天下至诚，为能尽其性；能尽其性，则能尽人之性；能尽人之性，则能尽物之性；能尽物之性，则可以赞天地之化育；可以赞天地之化育，则可以与天地参矣。”（《中庸》第22章）朱子注道：“‘与天地参’，谓与天地并立为三也。”[3]《中庸》甚至说“至诚之道，可以前知”，“至诚如

---

① Wing-Tsit Chan, *A Source Book in Chinese Philosophy* (Princeton: Princeton University Press, 1973), p. 96.

② 黄宗羲：《宋元学案》第3册，卷60《说斋学案》，第68页。

③ 朱熹：《中庸章句》，《四书章句集注》，第33页。

神”(《中庸》第22、23章)。这说明在《中庸》的作者看来,“诚”作为一种修炼原则,其效果不仅是养生健体,维护狭义的健康,而是更进了一大步,能达到人之天赋本性所允许的最佳状态,充分发挥人的潜能,以至于开发出诸如能预知未来那样的特异功能。

显然,这种“诚”乃是长期修养陶冶而成的德性,而非仅仅是某种行为方式的功能。《中庸》曰:“君子之所不可及者,其唯人之所不见乎。”(《中庸》第33章)行为方式是可以看见,可以模仿的,然而诚却是无法用肉眼看见,不可触摸的内在功夫,是仅仅靠模仿所无法企及的。芬格莱特并非不知“诚”字在宋明儒家那里的重要地位。他之所以不愿意去正面接受它,主要是他怕因此又陷入西方的心身二元论(诚为心之思,礼为身之动)。他宁可相信仁是在人们所共享的时空中展现的行为所具有的功能。① 但这种现象主义的理解,仍非中国式的。在中国主流哲学传统中确实没有像笛卡尔那样的身心二元割裂,但身心、内外、文质、形神、体用等的区分仍是有的。只是中国哲学把上述种种区分看成是同一个实在的两个方面,而非两个不同的实体。在这里,诚是心内的“质”和“神”,礼是能适当体现诚的“文”和“形”;以礼所展现的诚是“体”,而“赞天地之化育”便是其“用”。

孟子有关修炼、养气的学说和他关于诚的心性学说密切相关。孟子说,“气,体之充也,志,气之帅也”,“夫志至焉,气次焉”,所以“不得于心,勿求于气”。气无法从一时的决断中获得,也不会仅仅随着某种礼仪的外在形式而来。气“是集义所生者,非义袭而取之也。行有不慊于心,则馁矣”。气必须“配义与道,无是,馁也”。这就是孟子所谓的“直养而无害”(《孟子·公孙丑上》2A:2)。这个“直养”与他自己和《中庸》所说的诚,都是指遵循和发扬人的天赋本性。在孟子那里,人的本性就是所谓“四端”:作为“仁之端”的“恻隐之心”,作为“义之端”的“羞恶之心”,作为“礼之端”的“恭敬之心”和作为“智之端”的“是非之心”(《孟子·公

① 见 Herbert Fingarette, *Confucius—The Secular as Sacred*, p. 55。

孙丑上》2A:6）。所以“诚”与“集义”乃是同一个意思的不同表述。

当人有集义所生之气时，可以独当千军万马而无惧色。此气“至大至刚”，可以“塞于天地之间”（《孟子·公孙丑上》2A:2）。孟子早就意识到，通过诚意正心，可以使一个人有浩然之气充斥于体，使身体“生色”。这种气色虽然不像血压、心跳那样可以测量，并用数据表述，但它会“睟然见于面，盎于背，施于四体，四体不言而喻”（《孟子·尽心上》7A:21）。按照后世儒家的解释，这种状态在精神上可使人大义凛然，无所畏惧，它体现在人体的“气象”或“气质”上，“气象好时，百事自当。气象者，辞令容止，轻重疾徐，足以见之矣。不惟君子小人于此焉分，亦贵贱寿夭之所由定也”[①]。如晋朝的葛洪虽然先儒后道，但他在成为道家以后，仍未放弃儒家的基本养生原则。他以自己的长期修炼经验，给人以如下的忠告：“欲求仙者，要当以忠孝和顺仁信为本。若德行不修而但求玄道，无益也。”[②]应当认为，以孟子为主要发端的这一儒家养气理论，是中国传统医学理论和实践的重要组成部分。

从这些论述中可以看到，在孟子和《中庸》的作者看来，伦理道德绝非仅仅在于根据某种道德原则或律令做出善的决断和行为，或在于按部就班、循规蹈矩地恭行礼仪，或心智上的获得道德良知和心性上的培养德性。它是直接关系到整个身心健康的修养和实践。这种实践对身体的影响是其目的和效果的重要内容。通过道德实践，道德主体能培养起至大至刚之气；此气先充塞于体，然后发放外溢而充塞于天地之间，以至于进入“万物皆备于我”（《孟子·尽心上》7A:4）的境地。

上述道德律令与个人健康的直接关联，在哲学上也意味着有关道德知识如何可能的问题将可望由此得到解决。因为它说明道德律令在一定程度上是可以被经验地实证的，而非只是主观好恶或纯粹由信仰支持。不过这种经验实证却必须建立在个人修炼的基础上，仅仅靠一般的感觉经验去消

---

① 黄宗羲：《宋元学案》第2册，卷23《荥阳学案》，第113页。

② 葛洪：《抱朴子·内篇》（文渊阁四库全书/子部/道家类）卷1，第25页。

极地感知是无法达到的。

当然，儒家的事业远远不止于为个人养生健身。孔子关于仁的论述绝大多数都要求人不自私，要求人关心他人，服务于社会。孔子用“爱人”和“恕”来说明何为仁：“仁者爱人。”（《论语·颜渊》12.22）“己所不欲，勿施于人。”（《论语·颜渊》12.2）“己欲立而立人，己欲达而达人。”（《论语·雍也》6.30）他也提倡许多本质上与人际关系有关的德，如忠、孝、信等等。如杜维明先生所说，儒家“修身（或说养心）的方法不是以个人为中心的‘小乘’道，而是‘己立立人，己达达人’的‘大乘’圆教”[①]。孔子甚至于提出“志士仁人，无求生以害仁，有杀身以成仁”（《论语·卫灵公》15.9）。孟子也说，“生，亦我所欲也，义，亦我所欲也，二者不可得兼，舍生而取义者也”（《孟子·告子上》6A:10）。然而这并不意味着儒家的上述道德要求与个人健康无内在的联系。相反，可以说在儒家看来，这些品德对个人健康至关重要，倡导这些品德也是儒家养生法的特征！作为儒家的立己达己之内容的“健康”远非仅仅生物学意义上的无病痛。尽管孟子以为人性本善，荀子以为人性本恶，但他们都认为人的完善状态也必须以一个人在何等程度上能达到仁义，做到天人合一作为衡量标准。正是在这个意义上，舍生取义，杀身成仁也是自我之完善状态之追求。因为在生与义，身与仁不能兼得时，舍生取义和杀身成仁就和截肢以保全生命是一样的策略。显然，在舍去了身和生以后的“自我”的完善状态仍属于广义的健康概念中，正如老子的“死而不忘者寿”（《道德经》第33章）中的“寿”字一样。

以上论述和分析说明，儒家的整个思想体系可以看作是一个养生健体的理论。当然，这里的“养生健体”是广义的，它指的是人的自我完善，或者“成人”。它包含但不限于狭义的养生健体。对于儒家来说，养生健身不只是维护生理和心理的健康，以使人能从事其他的事业。它本身就是人生追求完美的活动，是个走向至善的永无止境的历程。这个历程也不是仅

① 杜维明：《从身心灵神四层次看儒家的人学》，第451页。

仅由社会契约、法律和道德责任所外在地捆绑在一起的个人所独立进行的；它是由作为“能量站”和“传播中心”的个人所进行的与外界的能量和信息的交换活动。因而，个人的健身活动与个人为他人和为社会的完善所做的活动是同一的。

另一方面，养生健体的内容也远远超出正心诚意。导致人体疾病的种种因素不能仅仅归结为心不正意不诚。当一个人得了病以后，也不是仅靠正心诚意等道德方面的修养就可以救死扶伤。儒家的诚意正心是自我完善的必要条件，虽然它并非其充足条件。

三　儒家欲望观

儒家诚意正心的一个主要方式是对人欲的节制。“五四”新文化运动时期，儒家受到的一个激烈批评就是以传统道德规范来窒息人性。鲁迅以其犀利的文风无情地批判了以儒家文化为基础的封建礼教，控诉该礼教所维护的秩序为“吃人”的秩序。相比于鲁迅，台湾学者韦政通的以下这段话可以说是对儒家极其温和的批评了：

> 传统儒家特重道德理性，却轻视人的本能。人生的活动，有出于理性者，有出于本能者，后者的力量要千百倍于前者。不正视本能，就无法发掘生命的奥秘。儒家对生命了解不深，主要的原因之一就在于轻视本能。因轻视本能而主张禁欲，企图把发乎本能的欲求，统加压抑。传统儒家误以为人的本能越压抑，人的理性就越能发扬，这与贼人之性，戕人之生的出世思想何异？[①]

就儒家在历史现实中产生的某些实际影响而言，韦先生的评价不无理由，但就儒家思想的内涵而言，却有失公允。正如世界上其他精神遗产一

---

① 韦政通：《儒家与现代中国》（上海：上海人民出版社，1990 年），第 77 页。

样，儒家思想也受到了后人的曲解和利用。将曲解和利用的后果与儒家本有的思想精神混为一谈，不仅是对儒家思想的不公平，也会使我们将珍贵的利身补品当作毒药丢弃。但在近代以来西方文化冲击的大背景下，即便是儒家的同情者也难免对儒家修身思想产生误解。芬格莱特指出，"《论语》的很多现代阐释者试图以更'同情的'态度去解读孔子，也就是说，尽量使得他的哲学观点能在我们自己所熟悉、所接受的框架中显得合理"①。在这种熟悉的框架中，儒家的学说被描绘成带有浓厚理性主义色彩的社会政治哲学和伦理学的理论体系，其欲望观被看作是简单的道德约束，而不是修养功夫的一部分。这种倾向至今还严重地影响着我们对儒学的深刻内涵的理解。

1. 先秦儒家对欲望的态度

当孔子把他的核心概念"仁"概括为"克己复礼"（《论语·颜渊》12.1）的时候，他显然含有要人们节制人欲的意思。当有人问孔子，申枨能不能算"刚"，孔子回答说："枨也欲，焉得刚？"（《论语·公冶长》5.11）但孔子的"克己"并不否认满足人的基本欲求的正当性和必要性。他自己就是"食不厌精，脍不厌细"（《论语·乡党》10.8），而不是个光图果腹甚或饿着肚子追求精神生活的苦行僧。在性的方面，他只是告诫年轻人在"气血未定"之时当"戒"之。此处的"戒"，乃"慎"的意思，不要放纵而已，绝非西欧中世纪的那种禁欲主义。他一再鼓励学生阅读的《诗经》里面，充满了爱情和人生悲欢的主题及对基本生活欲望得不到满足的哀怨。他也不讳言自己喜欢"功名"。他说"君子疾没世而名不称焉"（《论语·卫灵公》15.20），虽然他也认为应当"人不知而不愠"（《论语·学而》1.1）。他很坦然地承认，"富与贵，是人之所欲也；不以其道得之，不处也"（《论语·里仁》4.5）。"富贵而可求也，虽执鞭之士，吾亦为之。如不可求，从吾所好。"（《论语·述而》7.12）关键是要"欲而不贪"（《论语·尧曰》

① Herbert Fingarette, *Confucius—The Secular as Sacred*, p. 4.

20.2）——欲望的满足要求之有道，而并非要做到无欲。

作为仁的重要内容，克己并非只是道德说教，并非只是要求个人压抑自我以顾全大局，它也是儒家养生和成就自己的方法。《论语》中与养生有最直接关系的一段话是“君子有三戒，少之时，血气未定，戒之在色；及其壮也，血气方刚，戒之在斗；及其老也，血气既衰，戒之在得”（《论语·季氏》16.7）。按《黄帝内经》的说法，“血气者，人之神”[①]。戒色、戒斗、戒得均是养护人之神，也就是人的生命之本的方法。

儒家克己的目标是达到“从心所欲不逾矩”（《论语·为政》2.4），即一个没有了“欲”和“矩”之间的对立的自由境界。最能表达孔子内心所向往的生活的，莫过于后来被称作为“曾点气象”（《论语·先进》11.26）的那段文字。它记录了孔子和几个学生在轻松的气氛下的谈话。在听了几个学生们述说自己的志向以后，孔子喟然叹曰，他的心愿是和曾点一样，在暮春的和风里，穿上新做的春服，邀上五六个朋友，带上六七个童子，在沂水河里畅游沐浴，然后咏唱而归。这种完全是人世间的享乐，哪里有一点“灭人欲”的影子？

与孔子相比，孟子更注重积极地转化人的基本欲望，使之提升到属人的高度。他的目标也显得更充满了爽直、激情和沛然充塞乎天地之间的豪气。但他也说，“养心莫善于寡欲”（《孟子·尽心下》7B:35）。清朝学者焦循引《庄子》以注解孟子这句话：“鲁有单豹者，岩居而水饮，不与民共利。行年七十，而犹有婴儿之色。”[②]他在七十多岁时尚很健康，当归功于其清心寡欲。《黄帝内经》也指出节欲与长寿的因果关系：

> 余闻上古之人，春秋皆度百岁而动作不衰，今时之人，年半百而动作皆衰者，时世异耶？人将失之耶？岐伯对曰：上古之人，知其道者，法于阴阳，和于术数，食饮有节，起居有常，不妄作劳，故能形

---

① 高士宗：《素问·八正神明论》，《黄帝素问直解》，第193页。

② 焦循：《孟子正义》下，第1017页。

> 与神俱，而终其天年，度百岁乃去。今时之人不然也，以酒为浆，以妄为常，醉以入房，以欲竭其精，以耗散其真，不知持满，不时御神，务快其心，逆于生乐，起居无节，故半百而衰也。夫上古圣人之教下也，皆谓之虚邪贼风，避之有时，恬淡虚无，真气从之，精神内守，病安从来？是以志闲而少欲，心安而不惧，形劳而不倦，气从以顺，各从其欲，皆得所愿。故美其食，任其服，乐其俗，高下不相慕，其民故曰朴。是以嗜欲不能劳其目，淫邪不能惑其心，愚智贤不肖，不惧于物，故合于道。所以能年度百岁，而动作不衰者，以其德全不危也。①

但孟子从未要求人们无欲。他甚至说，“可欲之为善”（《孟子・尽心下》7B:25），把“善”直接定义为“可欲”。孟子与当时的一些侯王的谈话，虽然是劝告他们“何必曰‘利’”，但实际上几乎都是从他们自己的所“欲”出发，说明只有将自己一己之私欲扩展到与民同乐，才能真正满足自己的所欲。他坦诚地告诉齐宣王：你要满足一己之私欲，而又不愿推己及人，功不至于百姓，好比“缘木求鱼”，甚至比缘木求鱼还要蠢。缘木求鱼的人虽然得不到鱼，却无后灾。而以你之所为，越是尽力去做，就越必然地会导致后灾！（《孟子・梁惠王上》1A:7）这里的道理和老子所说的“圣人唯其无私，方能成其私”（《道德经》第 7 章）是一样的。如果把孟子和效用主义（通常译为“功利主义”）相比的话，那么孟子的不同之处在于，他认为处处以“利”出发的人恰恰不能得利。只有从仁义出发，才能带来最大的利。

前面讨论孟子人性论的时候我们已经提到，在孟子看来，人之喜好安乐和富贵，与人之有恻隐之心、羞恶之心、辞让之心、是非之心一样的自然。它们都可以说是人的本“性”，也都可以说是“命”运所致（《孟子・尽心下》7B:24）。只是为了让人们不要因为那“四端”是“命”就不去“养”

① 高士宗：《黄帝素问直解》，第 1—3 页。

之，孟子（君子）才不说四端是“命”，而说它们是“性”，是人之所以为人之处，必须要护持之，不让它们受损，让它们扩而充之。另一方面，为了让人们不要以为“口之于味，目之于色，耳之于声，鼻之于臭，四肢之于安佚”是“性”而没有“命”，所以就坚持一定要满足它们，所以他（君子）把它们说成是“命”，而不说是“性”。这也是从如何有利于养心的角度，而不是从揭示存有论真理的角度来考虑的。[①] 孟子对告子的“性无善无不善”论的批评，根本上也是针对它会导致的实际效果：如果说“义”由外铄的话，就会误导人们从外面去寻求“义”，而丢失了自己安身立命之本。所以他说告子的“不得于言，勿求于心”的说法“不可”（《孟子·公孙丑上》2A:2），因为在孟子看来，真正的大勇和浩然之气只能从内心的“志”出发才能培养出来。

孟子认为，“人之所以异于禽兽者几希，庶民去之，君子存之”（《孟子·离娄下》4B:19）。在这句话里，他首先明确承认人和动物有很大的重合之处，而不是说人和禽兽完全不同。君子和庶民的不同不在于君子和庶人没有共同的动物性，而是君子能保存那和禽兽“几希”的不同，庶民却做不到。在这一段话的后面紧接着的几句非常重要，但很少引起人们的注意：“舜明于庶物，察于人伦，由仁义行，非行仁义也。”舜的杰出之处，不是他不谙事理，不近人情，去到处以仁义束缚人；恰恰相反，他明白事理人情，“由仁义行”，而不是“行仁义”。这两者的区别在于前者是“仁义已根于心，而所行皆从此出，非以仁义为美而后勉强行之”[②]。如果说后者是把仁义当作和人的自然倾向、欲望、情感无关的道德命令（类似康德的“绝对命令”），那么前者就是在仁义根植于心以后的自然的“从心所欲”，是道德理性和自然倾向的高度一致。有意思的是，孟子此语是紧接着“人之所以异于禽兽者几希”的。这似乎意味着，如果一个人不是从仁义之心而出，而仅因为仁义是道德的而勉强规范自己，就还不能算是完整的人！

---

① 见本书第五章第二节。

② 朱熹：《四书章句集注》，第116页。

人们常引孟子所说的“饮食之人，则人贱之矣，为其养小而失大也”（《孟子·告子上》6A:14）来证明孟子把道德置于饮食男女之类的欲望之上，但后面紧接着的那句更为重要：“饮食之人无有失也，则口腹岂适为尺寸之肤哉？”也就是说，如果饮食之人能够举止得当，“无有失”的话，那么他的身体（口腹）也就不再仅仅是“尺寸之肤”了。这句话的含义非常深刻。表面上，口腹只是动物性的身体的部分，饮食活动看上去仅仅是动物性的活动，但在适当的生活方式下，它们就变成“属人”的了，和动物的口腹活动不一样了。口腹的活动也成了人的道德和美学理想活动的一部分，并因此而获得其属人的意义。可以说，孟子早在两千多年前就有了马克思在他的《1844年经济学—哲学手稿》里提出的人与动物之别的思想的萌芽。①

荀子对礼的养生作用有极高的评价：“凡治气、养心之术，莫径由礼”，“凡用血气、志意、知虑，由礼则治通，不由礼则勃乱提；食饮、衣服、居处、动静，由礼则和节，不由礼则触陷生疾；容貌、态度、进退、趋行，由礼则雅，不由礼则夷固僻违，庸众而野。故人无礼则不生，事无礼则不成，国家无礼则不宁”（《荀子·修身》）。这段话告诉我们，如果我们任凭自然欲望所驱使，必会造成“不生”“不成”“不宁”的后果。礼正是制约和调节欲望的方式，可以为生活带来合理的秩序和节奏。

2.“明天理，灭人欲”说的再理解

前面提到，《中庸》所谓“天命之谓性，率性之谓道，修道之为教”中的“性”，乃是指“道心”。虽然《中庸》将此性描述为“喜怒哀乐之未发”的中，但它是允许一个人“发而皆中节”的潜能，而非天赋于人心的所有一切。按照程颐和朱熹的说法，人心与道心不同，前者有形气人欲之私，后者才原于性命之正。在孟子那里，它被说成是“四端”，即恻隐、羞恶、

① “饥饿总是饥饿，但是用刀叉吃熟肉来解除饥饿不同于用手、指甲和牙齿啃生肉来解除的饥饿。”见《经济学手稿导言》，《马克思恩格斯全集》（北京：人民出版社，2006年）第46卷上，第29页。

辞让、是非之心，它们分别是仁、义、礼、智之端。因此，它们是与荀子所认作人性的那些欲望相区分的。人心惟危，道心惟微，要“率性”“养性”，恰恰是需要“正心”，需要克服那充满欲望的“人心”。到了程朱那里，这一理论被总结为“明天理，灭人欲”。

《礼记·乐记》就已经把“人欲”与“天理”作为对立的范畴提了出来：

> 人生而静，天之性也。感于物而动，性之欲也。物至知知，然后好恶形焉。好恶无节于内，知诱于外，不能反躬，天理灭矣。夫物之感人无穷，而人之好恶无节，则是物至而人化物也。人化物也者，灭天理而穷人欲者也。[①]

虽然《礼记》中已经有了“天理”和“人欲”的对立范畴，但并没有提出“明天理，灭人欲”的命题。宋儒周敦颐是儒家传统中最先提出“无欲”概念的。周子曰：“圣可学乎？曰：可；有要乎？曰：有。请问焉。曰：一为要。一者无欲也。无欲则静虚，动直。静虚则明，明则通。动直，则公，公则博。明通公博，庶矣乎！”[②]以后，程颐、程颢兄弟从伪《尚书·大禹谟》里“人心惟危，道心惟微，惟精惟一，允执厥中”这句话中，引申出“人心，私欲，故危殆。道心，天理，故精微。灭私欲，则天理明矣”[③]。此说经朱熹的发挥，以“明天理，灭人欲”的口号，广为传播。一时之下，似乎整个孔孟之道，就变成了一句话：“圣贤千言万语，只是教人明天理，灭人欲。”[④]朱熹曰：“人于天理昏者是只为嗜欲乱著他。庄子言其嗜欲深者其天机浅，此言却最是。”[⑤]正是这种简单化、极端化的说法，通过宋明理

---

① 《礼记》，第206页。

② 周敦颐：《周子全书》中（上海：商务印书馆，1937年），卷9《通书三》，第165页。

③ 程颐、程颢：《河南程氏遗书》，《二程全书》第1册，第24卷，第2页。

④ 朱熹：《朱子语类》第12卷，第13页。

⑤ 《近思录》（文渊阁四库全书/子部/儒家类）卷12，第6页。

学在当时社会里的权威地位，导致了以后鲁迅所切齿痛骂的“吃人”现象。

虽然周敦颐和程朱的欲望观是通过那些口号而广为人知的，如果我们仔细地去阅读他们的著作，就会发现他们关于欲望的思想远比那些简单的口号要来得精致复杂和合理得多。程朱多次指出，他们所说的“灭人欲”并非要人们做到彻底没有欲望。程颐说，“凡人欲之过者皆本于奉养，其流之远则为害矣。先王制其本者，天理也。后人流于末者，人欲也”[①]，清楚地表明“人欲”本来是“奉养”之需，只是其“流之远”才带来了危害。在谈到佛家的时候，程颐说，“人之有喜怒哀乐者亦其性之自然。今强曰必尽绝为得天真，是所谓丧天真也”[②]。朱熹也说过，“人欲便也是天理里面作出来。虽是人欲，人欲中自有天理”[③]。他所说的寡欲，“是合不当如此者，如安饱之类。若是饥而欲食，渴而欲饮，则此欲亦岂能无？”[④]在有人问，周濂溪之“无欲”说与孟子之“寡欲”说是否有出入时，朱熹回答：“孟子所谓欲者，以耳目口鼻四肢之欲，人所不能无，然多而无节，则为心害。周子则指心之流于欲者，是则不可有也。所指有深浅之不同，然由孟子之寡欲，则可以尽周子之无欲矣。此谓私欲耳。克去私欲，当自寡而至于无。若饮食男女之欲，发而中节者，是理义之当然，虽大圣不能无。”[⑤]简而言之，程朱所说的人欲，是指“合不当如此”的私欲，而非生存所必需的欲，更不是像求知欲之类的“好底欲”。

更重要的是，儒家的批评者几乎都忽视了一个基本的事实，即宋明儒学中的灭欲观实际上是作为修心的功法，而不是作为道德要求提出来的。功法是对修炼者的一种推荐，而非要求人人都必须遵循的准则。功法的目标是得到相应的功夫、功力和功效，而道德准则的目标是制约人的行为。这两者的区别可以用医生的处方和法律的条令做比喻。医生的处方是养生

---

① 程颐：《伊川易传》，《二程全书》第3册，第3卷，第37页。

② 程颐、程颢：《河南程氏遗书》，《二程全书》第1册，第2卷上，第9页。

③ 朱熹：《朱子语类》第13卷，第3页。

④ 同上，第94卷，第76—77页。

⑤ 《近思录》卷5，第2页。

治病之法，如欲祛病延年，则遵之，不欲祛病延年，则不必遵从。后者或许被看作是愚蠢，令人感到遗憾，但不会被看作不道德而需要受到惩罚（哪怕只是舆论的或者良心的谴责）。法律条令则是必须遵守的规范，由不得自己喜欢或不喜欢。如果违背了，则须受罚。从健康的角度看，也许素食主义是值得推荐的，但将素食主义作为道德准则，要求人人遵守，就是另外一回事了。

周敦颐提出无欲观的动机，正是作为一种功法。他说，"无［欲］则诚立明通；诚立，贤也；明通，圣也。是贤圣非性生，必养心而至之"①。这里周敦颐甚至没有把无欲作为仁义的必要条件。无欲只是成圣贤的途径。在儒家里从来都有"人皆可为圣贤"的说法，但从来没有要求人人都必须成为圣贤。朱熹在注解周子的观点时说："苟非此心寂然无欲而静，则又何以酬酢事物之变而一天下之动哉？"②这分明是说，无欲乃是以不变应万变，"一"天下之"动"的内圣外王之道，是君子修身的方法而非道德责任。

周敦颐的"无欲"功法和他著名的《太极图说》里提出的"无极"概念有密切的关联。他的"无极而太极"从形上学的角度看，是说无极乃太极的本体。朱熹解释道："不立无极，则太极同于一物，而不足为万化根本；不言太极，则无极沦于空寂，而不能为万化根本。"③但实际上无极也是个功夫概念。它对应于《中庸》里的"中"，"中也者，天下之大本也"。有了"中"，才能"发而皆中节"。在具体功法上，它要求练功者静心内敛，直到心中了无杂念，连功名，求胜之心都不再有。孔子所说的"克己"和孟子所说的"夜气"，即半夜或平旦之时，诸缘放下，尘虑不起时的静气，似乎也可以联系起来看。这样的"中"，不是绝对的虚无，而是内心未受干扰时能够自如地调动一切潜能的状态，是经过适当的修炼以后能够允许修炼者一旦"发"功，就可以"发而皆中节"，以行"天下之达道"的能量和智慧

---

① 周敦颐：《周元公集》（文渊阁四库全书 / 集部 / 别集类 / 北宋建隆至靖康）卷 2，《养心亭说》，第 1 页。

② 同上，卷 1，《太极图说》注，第 5—6 页。

③ 朱熹：《御纂朱子全书》第 52 卷，第 47 页。

的源泉。这样的修炼，由于从根子上去做功夫，就可以使人得到整体的转化，使人的思想、情绪、欲望、倾向，乃至身体的健康状态都发生彻底的更新。朱熹在给一位朋友的信中说，“病中不宜思虑，凡百事且一切放下，专以存心养气为务。但跏趺静坐，目视鼻端，注心脐腹之下，久自温暖，即见工效矣”[①]。很多儒家人物记录了自己修炼的效果。如颜山农（1504—1596）曾写道：“忽觉夫子教颜渊曰：‘一日克复，天下归仁’……即是敦敦打坐，默默无语，缚目不开，塞耳不听，两手擒拿，两足盘旋，回思内省，肫肫凝结，自己精神，融成一片，胸次抑郁，若醉懵愁苦，不可自解以放松。如此忍耐一日二日，不上三日，即自顿冲然，潜伏孔昭之灵洞开，焕发启明，如东日之出现，如龙泉之滚趵。”[②]类似的记录还有很多，只是由于过去人们习惯于从道德规范的角度去解读儒家著作，这些内容都被忽略了。

如果我们留意一下中国武术的发展，也可以看到周敦颐的“无极而太极”对形意拳、八卦拳、太极拳等的深刻影响。它们往往将“无极”看作是统驭其他各种功法的最高原则和修炼的最高境界。如陈鑫在《陈氏太极拳图说》里写道：“学者上场打拳，端然恭立，合目息气，两手下垂，身桩端正，两足并齐，心中一物无所著，一含无所思，穆穆皇皇，浑然如大混沌无极景象。故其形无可名，名之曰‘无极象形’也。”[③]这样的状态，不但自己能应万变，而且对手会因为看不到任何破绽而无从下手。

当然，作为功法，“无极”概念的有效性也可以有争议。在程朱之前，张载便反对周敦颐的无欲说。张载写道：“饮食男女皆性也，是乌可灭？”[④]“耳目虽为性累，然合内外之德，知其为启之之要也。”[⑤]陆九渊（1139—1192）批评朱熹袭用了周敦颐的功法，认为朱熹的区分天理人欲，

---

① 陆陇其：《读朱随笔》卷3，第16页。

② 见杨儒宾、祝平次（编）：《儒学的气论与工夫论》，第145页。

③ 陈鑫：《陈氏太极拳图说》（太原：山西科学技术出版社，2006年），第95—96页。

④ 《正蒙·乾称篇第十七》，《张载集》（北京：中华书局，1978年），第63页。

⑤ 《正蒙·大心篇第七》，《张载集》，第25页。

乃“叠床上之床，架屋上之屋”[①]，是“裂天人为二”[②]。他主张“动”“静”都是同一个心的状态。割裂两者，在功法上是将本应属于人心之体验的内容放到了形而上的超越领域，变成了抽象的智力理解范畴，无异于将四端之根从人心中拔去。他指出，一旦将四端看作是抽象的理，它们就成了理性和理智认识的对象，而不再是心脑的具体情感。

然而，朱熹批评陆象山的“心即是理”的理论为告子之学，因为按照告子的理论，无论来自人心还是来自四端都是一样的，那样就会导致人们善恶不分，无所适从，所以陆象山的功法无异于禅，是养那“无分别，无是非”[③]的心。陆氏死了，朱子“率门人往寺中哭之。既罢，良久曰：‘可惜死了告子！’”[④]但是正如黄宗羲指出，陆认为“心即理也”，正与告子相反，因为告子认为正理和歪理都来自外面的世界。“象山谓心即理也，正与告子相反。孟子之所以辨告子者，恰是此意，而硬坐以告子，不亦冤乎。”[⑤]在此意义上，其实可以说朱熹本人更像告子，因为他将道义转向某种外来的价值。

另外，同一个功法，也有理解得恰当和不恰当之分。再好的功法，一旦到了那些只会机械地搬用的人那里，就会肤浅化，甚至变成荒唐。如《明道编》卷二记载明儒黄绾“以册刻‘天理’‘人欲’四字，分两行。发一念由‘天理’，以红笔点之；发一念由‘人欲’，以黑笔点之。至十日一数之，以视红黑多寡为工程”[⑥]。袁枚还记载，“宋儒以绝欲为至难，竟有画父母像置帐中以自警者……阅书至此，为之欲呕”[⑦]。

由于功法和道德规范在表述的形式上没有明显的区别，两者的界限常

---

① 《陆九渊集》（北京：中华书局，1980 年）卷 2，《与朱元晦书》之二，第 553 页。

② 同上，卷 34，《语录上》，第 396 页。

③ 朱熹：《朱子语类》第 126 卷，第 13 页。

④ 同上，第 124 卷，第 20 页。

⑤ 黄宗羲：《黄宗羲全集》（杭州：浙江古籍出版社，2005 年）第 1 册，第 134 页。

⑥ 黄绾：《明道编》（明嘉靖刻本，国家图书馆藏）第 2 卷，册 2，第 3 页。

⑦ 《随园三十种》，《牍外余言》1，引自王育济《天理与人欲——理学理欲观演变的逻辑进程》（山东：齐鲁书社，1992 年），第 105 页。

常容易混淆。尤其是当它们的倡导者自己都对两者的区别没有明确意识的时候，就更容易发生窜位。而且一个功法一旦传到社会上，它也可能由于得到普遍的认同或与政治权力结合而变成束缚人的道德规范乃至礼法。在这方面，程氏兄弟和朱熹等宋明儒者显然要负很大的责任。他们对“灭人欲”的强调有时就明显地成了要求一般平民都要遵守的道德规范。如程氏兄弟那著名的“饿死事极小，失节事极大”①的说法，看上去就是对每个寡妇下了一个不准改嫁的死规定，而不像是在教导一个寡妇如何成为圣贤。虽然程氏兄弟和朱熹都承认没法灭尽人欲，但他们的总的倾向给人的印象是他们对“欲”的肯定只是不得已而为之，“是以人勉强可以活命为限的”②。

3. 明末清初的回归

任何功夫的理论指导都可能被作为教条或被用作达到其他目的的手段。“明天理，灭人欲”之类的功夫指导在实践的层面难免不成为僵化的说教，成为谋取功名的台阶。明末清初，商品经济的发展促使社会文化转向追求欲望的满足和生活的丰富。社会的变化要求打破理与情的对立，要求知与行的重新结合。如果在网上搜索“明代瓷器”和“清代瓷器”，然后将所得结果加以对比的话，就会发现明显的不同。前者淡雅、素静、简约，后者浓烈、活泼、繁复，说明在文化上产生了一个由一元论到多元论，由理性主义到抒情主义，由精英文化到平民文化的转折。在儒学里，相应地出现了理学向心学的转折。

那个时期的一大批儒家人物对宋明理学所造成的负面效应做出了不同程度的反弹。罗钦顺（1465—1547）、王阳明（1472—1529）、王廷相（1474—1544）、王艮（王心斋，1483—1541）、王畿（王龙溪，1498—1583）、何心隐（1517—1579）、李贽（1527—1602）、刘宗周（1578—

---

① 程颐、程颢:《河南程氏遗书》,《二程全书》第 1 册，第 22 卷下，第 3 页。

② 王育济:《天理与人欲——理学理欲观演变的逻辑进程》，第 143 页。

1645)、陈确(1604—1677)、王夫之(1619—1692)、戴震(1723—1777)等，掀起了一股持续数百年的批判程朱理学的浪潮。虽然这些人在批判宋明理学的程度上深浅有别，有不少人仍然是在理学的框架内做出改良，但总体上来说，他们都不同程度地表达了对“明天理，灭人欲”的不满。而且他们对这种极端性的纠正，都是从早期儒家的经典里面引申出来的。就连这些学者当中最为激进的李贽，也常引用孟子的言论为据来表达他对宋明理学的反叛。他们以身心之不可分来重新肯定人欲的必要性和合法性[①]；强调尊身就是尊道，安身就是安家、安国、安天下[②]；强调“欲”乃是“生机之自然而不容已者”；“其无过不及者”即“理也”[③]，“天理正从人欲中见。人欲恰好处，即天理也。向无人欲，则亦无天理之可言矣”[④]。“克己亦非无欲义。……克者，胜之之辞，非灭之之词。”[⑤]“无欲安可作圣，可作佛耳。……二氏［按指佛、道］之学所以大谬于圣人者，专在乎此。”[⑥]

在这些儒者当中，王阳明的影响最为深远。王阳明道：“大抵养德养身只是一事。……果能戒谨不睹，恐惧不闻，而专志于是，则神住气住精住，而仙家所谓长生久视之道亦在其中矣。”[⑦]他批评朱子的格物穷理是“以吾心而求理于事事物物之中”，故而“析心与理而为二矣”。[⑧]王认为：“所谓汝心，却是那能视听言动的。……这个便是性，便是天理。有这个性，才

---

① 王龙溪：“无身则无心矣。”(《龙溪王先生全集》卷5《颖宾书院会记》，第20页)

② 王艮：“身与道原是一件……尊道不尊身，不谓之尊道。”“立本，安身也。安身以安家而家齐，安身以安国而国治，安身以安天下而天下平也。”(《王心斋先生全集》卷3《问答补遗》)

③ 刘宗周：《刘子全书》卷7《原旨·原心》(董玚编，沈运照校刊，崇祯癸未，1643年)，第1页。

④ 此黄宗羲所引陈确语，见《南雷学案·与陈乾初论学书》，徐世昌(编)《清儒学案》卷2，第15页。

⑤ 陈确：《瞽言四·与刘伯绳书》，《别集》卷5，《陈确集》(北京：中华书局，1979年)，第469页。

⑥ 陈确：《瞽言三》，《别集》卷4，《陈确集》，第445页。

⑦ 《与陆元静》，《王阳明全书》第2册，第30页。

⑧ 《传习录》中，《王阳明全书》第1册，第37页。

能生。这性之生理，便谓之仁。”[1]阳明提出“吾性具足”，“心即是理”，“六经者非他，吾心之常道也”。[2]但他也承认人心有私欲之蔽。“破心中贼难”，要“去心之不正，以全其本体之正”。要做到这点，需要知行合一，“一棒一条痕，一掴一掌血”[3]地“在事上磨炼”。

论影响，晚明清初时的这批学者中当然是王阳明，但论哲学理论成就，王夫之多有其独到而超越阳明之处。如他对孟子“口腹岂适为尺寸之肤哉？”的发挥，值得仔细玩味：

> 若论异，则甘食、悦色处亦全不同；若论其异仅几希，则仁义之异亦复无几。……苟知（人与禽兽）其所以异，则甘食、悦色之中井井分别处，即至仁大义之所在，不可概谓甘食悦色便与禽兽同也。……若概爱、敬以为人，断甘食、悦色以为禽兽，潦草疏阔，便自矜崖岸，则从古无此苟简径截之君子。而充其类，抑必不婚不宦，日中一食，树下一宿而后可矣。[4]

人们一般以为，孟子所谓的人与禽兽之分在于人虽和禽兽一样有食色之欲，但人有禽兽所无的仁义。王夫之则明确提出，人和禽兽之异，也表现在人的“甘食”“悦色”之类的日常生活当中。正所谓“私欲之中，天理所寓”[5]。

王夫之还更进一步指出，即便是一般的庶民，也或多或少地与禽兽有别：即便是容貌不恭不敬的人，也不至于都野蛮到站在高处赤身裸体，即便是桀骜不驯的人也不至于都辱骂自己的父亲和君王，即便是视力不佳的人也不会说狐狸是黑的而乌鸦是红的。听力不好的人也不至于讨厌歌曲而

---

① 《传习录》上，《王阳明全书》第1册，第30页。
② 《稽山书院尊经阁记》，《王阳明全书》第1册，第214页。
③ 《传习录》下，《王阳明全书》第1册，第103页。
④ 王夫之：《读四书大全说》（《船山遗书》）卷9，《孟子·离娄下》，第39—40页。
⑤ 王夫之：《四书训义》卷26《孟子·公孙丑章句下》，《船山全书》第6册，第90页。

喜好哭声。不聪明的人不至于都认为盗跖和想要谋害孔子的桓魋是仁义的。连杀害自己的君王的宋万、商臣都要找些托词来为自己辩护，以欺骗自己和欺骗世人。① 虽然这些话里没有直接提到欲望，他实际上指出了即便是最缺德的人，在满足其欲望时也还会有一些是非的观念，因而也就还带有人性的痕迹。

如果把王夫之的观点和康德有关性爱的论述做一比较，我们会对其意义有更深刻的理解。康德说，"性爱把所爱的人变作了欲望的对象。一旦欲望得到了满足，其人就像一快挤干了的柠檬一样被扔到一边。性爱当然也可能与属人的爱结合在一起，并因而获得后者的特性，但是就其本身而言，它仅仅是物欲"，"因此，性爱使人面临着被放到和动物相等的地位的危险"。② 可以看出，康德的重点是在指出性爱在没有和属人的爱结合的时候的危险，而王夫之的重点在指出一旦和属人的爱结合，性爱便成了人性的表现方式，成了应当庆贺的、肯定人性的途径。当然，王夫之并非对康德所说的危险没有知觉。他说，"天之使人甘食悦色，天之仁也。天之仁，非人之仁也。天有以仁人，人亦有以仁天，仁万物。恃天之仁而违其仁，去禽兽不远矣"③。天赋予了人甘食悦色并将其提升到属人的层次的可能，但人不是天生就已经能在属人的层次上甘食悦色的。实现这种可能就是人对天的仁，就是孔子所说的"人可弘道"。

王夫之也对孟子的"大体""小体"之说做了有意思的发挥。他说："故耳目之小，小以其官而不小以其事。耳以聪而作谋，目以明而作哲者，惟思与为体。孟子固未之小也。思而得，则小者大，不思而蔽，则大者

---

① "且夫貌之不恭，岂遂登高而弃衣？言之不从，岂遂名父而叱君？视之不明，岂遂黑狐而赤乌？听之不聪，岂遂恶歌而喜哭？思之不睿，岂遂义跖而仁魋？极之宋万、商臣，必有辞焉以为之名，而后自欺以欺世。"（《尚书引义》［北京：中华书局，1962 年］卷 4《洪范三》，第 102 页）

② Immanuel Kant, "Duties Towards the Body in Respect of Sexual Impulse," in *Philosophy Perspectives on Sex and Love*, ed. Robert M. Stewart (Oxford: Oxford University Press, 1995), pp. 140, 141.

③ 王夫之：《思问录》，《思问录　俟解》（北京：古籍出版社，1956 年）内篇，第 6 页。

小。”[1] 换言之，如果耳目（小体）能做人所当做之事，则不为小，而心（大体）若是不思人之所应思，则也会堕落到动物之器官的档次。

王夫之的上述思想，是对先秦儒家传统的回归和发展。它说明，将儒家学说看作窒息人欲的道德说教，是对儒家极不公正的评价。和历史上所有伟大哲学家一样，孔子和孟子认识到调节人欲的必要，但他们的目标是肯定人性，是包括自我完善和基于自我完善的社会的完善。它在本质上是一种生活的艺术，是一种能让人生艺术化的功夫，而不是一个硬套在人们头上的僵硬的道德规范体系。他们所说的对欲望的调节，不是要窒息人的活生生的生命，也不是要人们过一种令人感到艰难的原始生活。这正是儒家居以自豪的、有别于佛家和道家之处。儒家对人性的肯定包括将人的动物性的欲望提升到属人的高度，而且在儒家看来，在世俗的日常生活之外，没有另外一个超越的道德世界。人欲的满足不是简单的动物性满足，而是在仁、义和礼的规范调节下，将世俗生活神圣化的过程。

来自明末清初儒家内部的这股浪潮为儒家欲望观提供了必要的校正。它像是中国的一场文艺复兴，为人的世俗生活和公民社会的发展做了必要的理论铺垫。但是它也有矫枉过正之处，如宋明理学里的修心的功夫在明末清初反而式微了。越是对宋明理学批评得激烈的人，就越显得对这个功夫层面缺乏认识。在反对以天理压抑人欲的时候，有些人走向了另一个极端，变成了简单地肯定自然欲望。比如李贽就将道德理性完全地等同于人的穿衣吃饭[2]，并且简单地用满足物质生活作为道德的标准[3]。而戴震则将更适合于自然科学的方法来看待人的修炼，因而在他所谓的从“自然”到“必然”转化的途径问题上，远逊于宋明理学所达到的高度。[4]

---

① 王夫之:《尚书引义》(《船山遗书》) 卷 4,《洪范三》，第 33 页。

② “穿衣吃饭即是人伦物理。”李贽:《李氏焚书》(明万历刊本) 卷 1,《答邓石阳》，第 5 页。

③ 见罗国杰:《李贽伦理思想新探》,《中国社会科学》1989 年第 1 期。

④ 见曾亦:《戴震对宋明新儒学的误读及其思想的时代意义——兼对心之诸能力的阐发》,《孔子研究》1997 年第 2 期。

四　教育、经济与“单向度”的人

近代以来的西方世界，正是这种由矫枉而过正的时期。在打破了中世纪神权一统的天下后，欧洲开始了文艺复兴、启蒙运动和工业革命，出现了思想、艺术、科技、经济等各方面的空前繁荣。但这个祛魅而导致的个性高度解放的世界，也是一个精神层面失落的世界。如卡尔·施米特（Carl Schmitt）所说，“启蒙了的18世纪相信的是一个人类直线上升的进步趋势，这本该首先促成人类智力的提升和道德的完善，但具有讽刺意义的是，如果说还有人依然对道德进步感兴趣的话，那也似乎是经济成就的副产品”[①]。20世纪60年代后期席卷欧美的学潮运动的精神领袖马尔库塞（Herbert Marcuse）提出，资本主义社会创造虚假需求，把人纳入一个由广告、传媒、研发、管理、销售乃至思想所构成的生产—消费框架之中，形成了一种以利己、占有、消费为主要内容的“单向度人”[②]。

这种“单向度人”的威胁，突出表现在当今世界教育体系中。这个体系可以说是保障人类广义健康的重镇，但它已经为三大病症所侵扰。首先是唯“物”主义，即物质利益和经济效应成了教育体系运作的轴心。[③]如约翰·霍金斯（John Hawkins）所描述的，当今世界占主导地位的教育范式是“教育投资导致经济增长”[④]。1998年发表在《哈佛杂志》上的一篇文章以大量调查数据为据，指出当代高等教育正以三条标准来衡量一个专业的成功：第一，该专业是否提供可预期的高收入（如医药业、律师业等）；第二，该专业是否提供有关财富的知识（如商业、金融和投资）；第三，该专业是否

---

① Carl Schmitt, “The Age of Neutralization and Depoliticizations,” in *Telos* 96, No.2 (1993), p. 131.

② 他也批评了苏联那种官僚体制的社会主义模式，同样把人变成了单向度的社会构件。

③ 此“唯物”与一般哲学上所说的唯物主义不同，故加了引号以示区别。

④ John N. Hawkins, “The Intractable Dominant Paradigm,” in *Changing Education*, eds. Peter Hershock, Mark Mason, and John. N. Hawkins (Hong Kong: Comparative Education Research Center, 2007).

吸引投资（如研究经费）。在这三杆标尺下，人文学科显然得不到重视和尊重，因而得不到足够的经费和生源。[①]

其次是经营主义。学校的行政管理层不断扩大[②]，人员聘用、财务预算、课程设置和制定各项校规的权力也从教师那里日益转移到行政机构手中。学校被当作企业来管理，教授被看作是"服务人员"。教育质量的评估数据化、程式化不但迫使教授花费时间去填写各种僵硬划类的表格，伤害教育本身的整全性，反过来也助长了行政层的优越感。

最后是消费主义。"比以往任何时候更甚，教育机构的政策、课程、薪酬不再服从学校认为学生和公民应该怎样去准备自己的人生……而是越来越服从学生从一个教室走向另一个教室的脚的投票。"[③]学生在学校里像是商场的顾客，环顾四周看什么能够满足他们的兴趣和欲求，而不是接受化育者。课程和专业设置的主要依据是"学生的兴趣"，就像商场里"顾客是上帝"的原则。随着学生对课程教学的评价标准化为一份份供机器阅读的选项表，教授们被迫在评分数据面前弯腰，不敢对学生提出具挑战性的严格要求。模范教师常常是能够讨学生喜欢的，为他们带来娱乐的，而不是能够督促和指导学生正心修身的。

人类的单向度化问题不仅表现在教育方面。围绕经济效益的指挥棒走

---

① 文章指出，在从 1970 年到 1994 年之间的 25 年里，美国学士学位的总授予量增加了 39%，其中电脑与信息、安保、物流这 3 个专业增长了 5 到 10 倍，医疗专业和公共管理专业增长了 3 倍，已经非常热门的工商管理增长了 1 倍，而英语、外语、哲学、历史、宗教等专业均缩减了。在 20 世纪 60 年代，文科教员占教员总比的 1/6。28 年后，变成了 1/13。1960 年，16% 的学生修习外语课程，到 1970 年，变成了 12%，而在 1995 年，降至了 8% 以下。文科教师与学生之比，在 30 年内下降了 50%。文科教师的薪金在所有教师当中垫底。在美国，1976 年的时候，一个新任职的文学助理教授的年薪比一个新任职的商学助理教授平均低 3000 美元，而到 1996 年，这个差距变成了 25000 美元（James Engell and Anthony Dangerfield, "The Market-Model University, Humanities in the Age of Money," in *Harvard Magazine*, 1998, 05）。

② 依然引用上述《哈佛杂志》文章的数据：从 1985 年到 1990 年这 5 年之间，美国 3000 多所高等院校的教员总量增加了 8.6%，而这些学校的行政管理人员增加了 14.1%，为他们服务的工作人员增加了 28.1%。

③ John McMurtry, "Education and the Market Model," in *Journal of Philosophy of Education* 25, No. 2 (1991), p. 214.

已经成为整个人类社会发展的模式。它不但导致了人的生活的贫乏化（虽然也许我们中的有些人在物质享受方面并不贫困），甚至使人类本身的可持续性发生了问题。近代以来日益占统治地位的社会发展模式，是通过刺激消费来扩大市场，通过市场需求来带动投资和生产，通过投资和生产来提高就业率，然后就业的人有了钱就有了消费能力，又促进生产，如此循环发展，达到经济的繁荣和社会的发展。这幅理想的图景虽然也伴随着阵发性的经济危机和金融危机，但以美国为主导的西方在20世纪后半期的辉煌，似乎已经把这个模式变成了天经地义，理所当然。但这样的发展模式是无法长久持续的。它造成了大量的浪费和环境的破坏。地球的资源是有限的。在刺激消费的经济模式下，一次性的消费品越来越多。不仅衣服破了不再有人补，雨伞坏了不再有人修，连手机、电脑都不断地更新换代，不是因为坏了，而是因为有了更好的和更"酷"的。出产这些产品的公司会让旧的设备不再匹配，迫使人们更新换代。连教科书的出版商都通过不断更新版本，以迫使学生购买新书。勤俭节约、物尽其用的观念被认为是落伍、陈旧，而奢华铺张、铺张浪费不但不被看作可耻，还被当作成功的象征，高消费被看作是经济发展的动力。尽管有趣的是，英文里的"economy"一词意味着俭朴节约，与现在的经济模式完全是反意！

与经济发展相对应的，是人类在以惊人的速度毁灭我们赖以生存的地球。以往人们总是认为，我们只要能够发明清洁能源技术，比如充分利用太阳能，就会有取之不尽用之不竭的能源。这样的前景确实让人感到一些宽慰，但不能从根本上解决问题。我们排放到大气和河流中的废气废水，我们强加给土壤的各种化肥，以几何级数加速破坏着人类后代赖以生存的地球生态。面对这样的趋势，如果不改变整个依赖高消费的经济发展模式，如果只是在某些方面减少破坏，减弱破坏的程度和速度，同时却还在规模越来越大的基数上促进高消费、超前消费，那就只能是杯水车薪，无法挽救人类走向灭亡的命运。

与此同时，人类还面临另一个严峻挑战。人类在18世纪曾经面临的机器大量取代人工的现象，导致许多工人失业。如果那个时候机器取代的还主要是人的体力劳动，今天的人工智能发展正在造成颠覆性的变化，它日益取代了人的大脑！不仅自动生产线上是成片的机器人手臂在飞快而精准地完成各种复杂的操作，连需要高度知识化的医生、律师都将成为濒危职业，面临着被人工智能取代的危险。面临这一危机，诺贝尔经济学奖获得者保罗·克鲁格曼（Paul R. Krugman）提出，唯一的解决方案是建立一个强大的社会保险体系，这个体系不但包括保健康险、车祸险之类，而且能提供失业救济。其资金来源靠向投资收益者收取高额税金来支持。[①] 可是如果这样的话，那么一向用来批评马克思主义的一个问题就冒出来了：投资者的动机何来？

人的单向度化也许有很多根源和表现，但其中最主要的，是人把本该是基本需求的物质资料消费看作了人的主要需求，从而把自己单向化为物质资料的消费者了。如果我们对自己之成为“人”有稍高一点的要求，就会知道教育的目的不能限于谋生的技术培训，而更应该是提升自身的文化。如果我们的经济发展模式不是依赖物质资料的高消费，而依赖开辟文化艺术和精神生活的丰富性，就能为社会创造无限的发展空间。

而这，正是儒家“诚意正心修身”所推动的方向。儒家理论显然主张要让百姓富有，但不主张物质资料的无节制的高消费。“子适卫，冉有仆，子曰：‘庶矣哉。’冉有曰：‘既庶矣，又何加焉？’曰：‘富之。’曰：‘既富矣，又何加焉？’曰：‘教之。’”（《论语·子路》13.9）这句话一般的理解是，君主要首先让百姓能够生存，然后让其富有，有了物质保障，然后才谈得上施行教化。但它还应当进一步理解为：有了物质保障，然后应该把重点转移到教化上，以文化之，使人提升到更高的存在状态。

马克思和恩格斯曾经提出过物质资料生产和人的自身生产的区别，并且认为，在远古的原始社会，人的自身生产曾经是一切社会活动的中心，是决定社会关系和社会上层建筑的因素。随着物质资料生产力的提高，人

---

① 见 Paul Krugman, “Sympathy for the Luddites,” *The New York Times* 6/14/2013. http://www.nytimes.com/2013/06/14/opinion/krugman-sympathy-for-the-luddites.html?ref=paulkrugman, accessed 9/1/2014。

类由远古社会进入了阶级社会，人的自身生产的主导地位被物质资料的生产所取代。共产主义可以说是人性的复归。在这个意义上，也可以说是从物质资料生产占主导地位，又转化为以人的自身生产占主导地位。只是这里的“人的自身生产”不再是指人的生物体意义上的传种接代，不只是生命体的延续，而是广义的“学以成人”的那种“人”的生产。这种生产是把人从生物学意义上的人转化为文化、道德、精神意义上的人。我们常说教育是“培育人”，其实也就是生产大写的人。这样的人不再只是生物性的homo sapiens，而且是有文化的，具备人的素质的人。对儒家来说，就是培养具五德、通六艺的君子。而在西方的教育传统中，便是博雅教育（liberal education/general education）。如果人不只是物质资料的消费者，而更是精神的艺术的存在，那么，物质的消费就不应当是定义我们的指标，不是我们存在的价值之所在。人类的未来，不应该是物质消费的无止境的增长，而是精神性消费的无止境提升。

表现在经济发展模式上，这个转化就是从重点鼓励物质资料的高消费转移到鼓励教育、文化和艺术方面的投资和消费的提升。这些方面的消费原则上可以做到不破坏自然生态，不产生不可循环的无机垃圾。这个转化也意味着物质资料方面的炫富将不再引人羡慕，而成为令人不屑的行为。人们所向往和不断追求的，将是知识、文化和品位的提升。这反过来又会促进俭德，促进浪费可耻的观念。建立在这个基础上的经济，不但包括不会与俭德和环境保护相悖，反而会促进俭德和环境的保护。

第九章　艺术人生：儒学的最高目标

【本章提要】各种哲学体系往往通过确定人的本质来论证人应该如何生活。就孔子而言，人性是个开放的可能性，通过“习”而走向不同的道路。这种开放性观念允许多元人生观的竞争和互补，但并不意味着无价值倾向的相对论。儒家关于“士”“君子”“圣人”等人格层次的思想提供了一幅走向至善的图景。长期以来学界的通行观点是认为儒家以伦理道德和社会责任的建构为最高目标，其艺术审美精神是经过道德过滤、为道德服务的工具。但基于《论语》《孟子》等基本经典的精神，可以认为儒家学说的终极目标不是道德责任，而是人生艺术的美学境界。在儒家的价值观中，道德的价值在于它是人生艺术的方法，或者是人生艺术的一部分。中国书法的美学可以作为一个典型的例子，说明儒家的美学是美与伦理价值的高度合一。

“学以成人”就是人的塑造。这个提法当然要求有对“成人”的理解。何谓“成人”？成什么样的人？在人们通常的理解中，儒家的成人指的是道德的自立和完善。当我们将儒家的体系看作一个功夫体系的时候，就包含着对上述通常理解的纠正。作为人生的艺术，功夫应当包括一个人的全面修炼。如果我们把一个人的修炼看作是由多个层次组成的，从养生的层面、道德的层面到包括精神性的艺术层面，那么儒家学说就是这样一个全面的功夫体系，而不是像人们通常所认为的那样，只是一个关于道德修养、待人处世、治国平天下的学说。当然，这些层面在儒家思想当中不是互相割裂的。它们互相包含，你中有我，我中有你。一个儒家的基本德性，可以既是养生的诀窍，也是道德的要求，是艺术的能力，还是精神性的提升。在这一章里，我们将进一步考察儒学当中一个常常被忽视的内容，即作为艺术境界的儒学。

一　开放式的“成人”

各种哲学体系几乎都包含了对“人”的本质的理解，而这种理解，同时也包含着人应该怎样去生活，什么才算是“成人”的观念。

从苏格拉底、柏拉图到亚里士多德和被看作西方近代哲学之父的笛卡尔，都把人看作是“能知”者，即真理认知的主体。苏格拉底认为“未经反思的生活不值一过”。既然人的本质在于灵魂而非肉体，而灵魂的优劣在于是否有意识，那么没有自我意识的灵魂还不如没有。从这个源头而来，柏拉图的“洞穴假说”把逃出无知的洞穴而进入真知的理念世界看作是灵魂的解放。亚里士多德的“目的论形上学”把“能思”（contemplation）看作人所能做的最高级的事。笛卡尔的“我思故我在”的命题更是把“我”直接归结为能思的心灵。所以一个最好的人生也就是能够求知并拥有真知的人生。

在以信仰最高的创世主（上帝、耶和华、安拉）为核心理念的西方三大教（基督教、犹太教、伊斯兰教）看来，人是为神所创造的，因而人生的目的就是服从神的意旨，最后回到神的身边（天堂），理想的人生也就是虔诚地服从神的旨意，成为神的仆人。

康德的“人是目的”“人为自己立法”和萨特的“存在先于本质”“人无非是其自身的创造物”，强调的都是人的自由抉择能力。在他们看来，能够自我决断的人生才是真实的人生。[①] 不是自决自断的人生道路，哪怕其他方面再好，也不值得追求。

---

① 当然，在康德那里，自我的抉择必定是理性的抉择（而不是被自身的自然倾向性所决定）。这种抉择会导致具有普遍有效性的绝对命令。而在萨特那里，自身的抉择具有更大的主观性。

在道家看来，人无所逃于天地之间，“人法天，天法道，道法自然”，简朴自然无为是人生之道。在庄子那里，这不是生活的减损，而是成为“至人”，达到至善的功法。[①]佛家认为五蕴皆空，故而通过无执而达到无碍才是人生的理想。这种无碍的最高境界是超脱生死轮回的“涅槃”。

在马克思看来，人是能够通过自己构想而完成创造性实践活动的存在。因而理想的人生是劳动实践的人生。资本主义社会的生产方式以及建立在其基础之上的社会结构把劳动变成了谋生的手段，是人生的异化。只有通过革命改变社会，才能消除异化，使劳动真正成为实现人生价值的活动本身。

儒家当然也有对人的基本看法，其中最为核心的内容当然是“仁”，“仁者人也”(《中庸》第 20 章)。但前面（第五章）我们已经分析过，围绕这个核心而构建的儒家心性理论与其说是描述性的形上学，不如说是作为价值论和功夫推荐的形上学。儒家并不需要一个关于人的描述性的形上学观念来作为其价值论和规范推荐的理据。

孔子说：“性相近也，习相远也。”(《论语・阳货》17.2）但是孔子并没有告诉我们人有哪些相近的本性。从子贡所述，我们知道孔子慎谈这个问题。子贡说：“夫子之文章，可得而闻也，夫子之言性与天道，不可得而闻也。”(《论语・公冶长》5.13）后人对此做出了许多推测。有些人相信，孔子不谈性与天道，是因为性与天道只有高人才能理解，大多数弟子不具备领会这些问题的条件。也有人相信，性与天道是超越的论域，只能静悟或直觉，无法用语言表达。还有人觉得，孔子慎言性与天道，是因为抽象的理论会误导弟子空谈阔论，不在具体人事上修炼。[②]然而最合理的解释或许相当简单：人性与天道都具有开放的潜能。人性的相同在于我们都有能力朝各个方向发展。成人并不限于某种特定的模式，而天道也是在其展现中

---

① “至人神矣：大泽焚而不能热，河、汉沍而不能寒，疾雷破山、风振海而不能惊。若然者，乘云气，骑日月，而游乎四海之外。死生无变于己，而况利害之端乎！”(《庄子・齐物论》)

② 见 P. J. Ivanhoe, “Whose Confucius? Which Analects?,” in *Confucius and the Anelects: New Essays*, ed. Bryan Van Norden (New York: Oxford University Press, 2002), pp. 119–133。

才变为现实。或者说，性和天道不是命题性知识的对象，而是需要在生活中寻找和发挥的功夫潜力。孔子不谈性与天道，以强调后天之“习”的重要性，强调人生之初，只是个毛坯意义上的人，还需要“如切如磋，如琢如磨”（《论语·学而》1.15），才能成人。

在这一点上，安乐哲和罗思文所说的“开放性”命题可谓是对儒学的一个有洞见的贡献。如果说思孟以来的儒家传统长期以来一直是在努力建树一个有关“人”的形上学，以弘扬那“惟微”的价值倾向，在今天的世界哲学语境下，具体而言是在后现代哲学解构了种种独断论的情况下，有必要指出这与其说是对形上实在的断论，不如说是一种推荐。

这种开放性的特点，既允许多元的人生观之间的比较、竞争和兼容、互补，把各种“成人”的模式看作各种艺术风格的差别，也不至于陷入那种否认一切善恶的相对主义。儒家的开放性当然不是毫无价值倾向的那种开放。它的价值决定了其人生目的不是把自己变成某种生存技能的肉身化。“樊迟请学稼，子曰：‘吾不如老农。’请学为圃，曰：‘吾不如老圃。’”（《论语·子路》13.4）孔子提供的是人文教育，而非单一的职业培训。人文教育的目的是转化人，让受教育者成为更加完善的人。但儒家思想与反对人之“单向度化”的马尔库塞有许多不同。最主要的，是如王治河与张璐莹所指出的，马尔库塞的理论主要是解构性的，缺乏建设性的方案。他提出的解决单向度的方案是“拒绝”“否定”“批判”“解放”，而且将人的解放归结为爱欲的解放或人的器官的自由消遣。[①]而以功夫为主要倾向的儒家文化则包含了积极建构的态度和建议。功夫儒学追求人的全面发展。它不是把艺术当作博物馆的展品或生活中的装饰和业余消遣，而是当作生活本身的内容，是生活的品质。儒家的“游于艺”，包括了对知识的追求，而不局限于对知识的追求；包含了通过“祭如在”而使自身得到精神性的升华，而不拘于“在”与“不在”的本体证明；包含了对“择善”的重要性的认

① 王治河、张璐莹：《马尔库塞“单向度人”理论的建设性后现代反思》，《理论探讨》2015年第5期，第56—58页。

识而要求通过修身以达到无须“择”的“诚”；它可以吸收自然无为和无执以为功法而又积极进取，以期能够“无不为”和“从心所欲不逾矩”；它希望能够不仅在劳动中体现人的创造活动能力，而且在所有日常生活中展现发而皆中节的美。

人的完善当然有层次的不同。儒家使用的有关词语有“小人”“士”“君子”“贤人”“成人”“圣人”等。“小人”“士”“君子”本来都是指称社会阶层的词语，“小人”是指平民，“士”是泛指有公职者或“从政”者，“君子”则是统治者或贵族。但是这些名称在孔子那里都发生了变化。在《论语》中，虽然它们偶尔还依然被用作指称社会阶层，但大部分情况下都被用来指人的品质高低了。

在孔子那里，“士”变成了具有基本文明素质的人。士志于道，并以仁为己任，不耻于恶衣恶食，不留恋舒适的家居（《论语·里仁》4.9,《论语·泰伯》8.7,《论语·宪问》14.2）。他们“切切、偲偲、怡怡如”，既能互相切磋勉励，又能和睦相处（《论语·子路》13.28）。一个士应该“宗族称孝，乡党称弟”，“行己有耻，使于四方而不辱君命”，最起码也要“言必信，行必果”，能说到做到。按照这种标准，孔子明确说当时代的那些从政者们只能算是“斗筲之人”（挣薪水的人），够不上“士”的称号了（《论语·子路》13.20）。

如果说“士”是儒家修炼起码的要求，那么成为“君子”是应当争取的目标。“君子喻于义，小人喻于利。”（《论语·里仁》4.16）“君子谋道不谋食”，“忧道不忧贫”（《论语·卫灵公》15.32）。这不是说谋生不重要，也不是说君子不欲富贵，而是说，君子应当以道义为上。一意谋食谋利，反而得不到利。君子最重要的品质是“仁”。孔子说：“君子去仁，恶乎成名。君子无终食之间违仁，造次必于是，颠沛必于是。”（《论语·里仁》4.5）君子要仁以为质，同时还要礼以为文，“文质彬彬，然后君子”（《论语·雍也》6.18）。他们举手投足都能恰当得体，“动容貌，斯远暴慢矣；正颜色，斯近信矣；出辞气，斯远鄙悖矣”（《论语·泰伯》8.3）。君子“矜而不争，群而不党”（《论语·卫灵公》15.22）。“躬自厚而薄责于人”（《论

语 · 卫灵公》15.15），凡事严以律己宽以待人。对自己，“食无求饱，居无求安，敏于事而慎于言，就有道而正焉”（《论语 · 学而》1.14），“先行其言，而后从之”（《论语 · 为政》2.13），过不惮改（《论语 · 学而》1.8，《论语 · 子张》19.21），“不患无位，患所以立；不患莫己知，求为可知”（《论语 · 里仁》4.14）；对别人，不求全责备（《论语 · 微子》18.10），既不以言举人，也不以人废言（《论语 · 卫灵公》15.23）。

这样的人格，本身就是“可欲”的，即孟子所谓“可欲之谓善”（《孟子 · 尽心下》7B:25）。对自己而言，有此素质，君子能够“内省不疚”，无忧无惧（《论语 · 颜渊》12.4），“坦荡荡”，而不是像小人那样“长戚戚”，总是局促忧愁，一副不得意的样子（《论语 · 述而》7.37）。这种坦荡不同于骄傲，“君子泰而不骄，小人骄而不泰”（《论语 · 子路》13.26）；它也不等于接纳一切，“君子和而不同，小人同而不和”（《论语 · 子路》13.23）。对周围的人而言，君子会让人感到“温而厉，威而不猛，恭而安”（《论语 · 述而》7.38），其人格的魅力会使人“近者说（悦），远者来”（《论语 · 子路》13.16）（恰恰与“远之则怨，近之则不恭”相反）。如程颐描述程明道（程颢）说，“纯粹如精金，温润如良玉……视其色，其接物也，如春阳之温；听其言，其入人也，如时雨之润”[①]。但君子也有其所恶，会令小人有敬畏之心。君子“恶称人之恶者，恶居下流而讪上者，恶勇而无礼者，恶果敢而窒者”（《论语 · 阳货》17.24）。

儒家也常用“贤人”“善人”评价一个人的高低。按照皇侃的《论语义疏》，善人就是贤人。“贤人”指有才德之人。现在谈论儒家政治所常用的一个概念就是“贤能政治”，指择用有才有德的贤人来担任公职。“贤人”概念显然与“君子”有部分重合，即两者都是有德之人，但“贤人”概念更突出“才”的方面一些。《说文》：“贤，多才也。”另外“君子”偏向于对整个人的评价，而“贤”则偏向于一个人所具有的某些才德而言（如“见贤思齐”，就是特指优秀品质），因而“贤”字也多用于能辅佐君王者。

---

① 程颐：《明道先生行状》，《二程集》上（北京：中华书局，2004 年），第 638 页。

按照荀子的看法，贤人是比君子更高的一个层次。《荀子·哀公》篇说：

孔子曰："人有五仪：有庸人，有士，有君子，有贤人，有大圣。"……哀公曰："善！敢问何如斯可谓贤人矣？"孔子对曰："所谓贤人者，行中规绳而不伤于本，言足法于天下而不伤于身，富有天下而无怨财，布施天下而不病贫。如此，则可谓贤人矣。"

儒家偶尔也用"成人"这个词。按照朱熹的解释，成人"犹言全人"[①]。这里的"全"是"整全"，而不是像有些人所理解的"完美"[②]。一架整全的机器并不一定是完美的机器，一个整全的人也不一定是完美的人。《论语》中唯一谈及"成人"之处，是以下这段对话：

子路问成人。子曰："若臧武仲之知，公绰之不欲，卞庄子之勇，冉求之艺，文之以礼乐，亦可以为成人矣。"曰："今之成人者何必然。见利思义，见危授命，久要不忘平生之言，亦可以为成人矣。"（《论语·宪问》14.12）

此段文字中臧武仲、公绰、卞庄子、冉求四人分别以知、廉、勇、艺为长。孔子显然认为，一个"成人"应当兼有以上四德，并"文之以礼乐"。这确实是不低的要求。从"亦可以为成人矣"的口气来看，似乎孔子认为严格来说"成人"的标准应该更高一些。《说苑》记载：

颜渊问于仲尼曰："成人之行何若？"子曰："成人之行达乎情性之理，通乎物类之变，知幽明之故，睹游气之源，若此而可谓成人。既

① 朱熹：《四书章句集注》，第152页。

② 如钱穆"犹完人，谓人格完备之人"（钱穆：《论语新解》[北京：生活·读书·新知三联书店，2002年]，第361页），古棣等"完美的人"（古棣、戚文：《孔子批判》下[长春：吉林时代文艺出版社，2001年]，第456页）。

知天道，行躬以仁义，饬身以礼乐。夫仁义礼乐成人之行也，穷神知化德之盛也。”（《说苑·辨物》）

这个标准显然比前述的知、廉、勇、艺四德之和加上“文之以礼乐”更高。而《论语》那段对话中后半段之“今之成人者”，应该是就当时的乱世而言所能够要求的较低的标准，因为在乱世之中要保持整全的人格显然比平时更加困难，不能苛求，所以说能够做到“见利思义，见危授命，久要不忘平生之言”，也就可以说是整全的人了。①

儒家修炼的最高层次当然是圣人。孔子在后世被尊为“至圣”，是“圣集大成”者，但他自己说“若圣与仁，则吾岂敢？抑为之不厌，诲人不倦，则可谓云尔已矣”（《论语·述而》7.34），并遗憾他没有亲自见到过一个圣人。又说，“圣人，吾不得而见之矣；得见君子者，斯可矣”（《论语·述而》7.26）。在孔子眼里，只有极少数人才曾经达到过圣人的高度，如尧、舜、禹、文王和周公。这些都是孔子所继承发扬的文化的奠基者。圣人超乎一般君子之处，大致为如下几点。首先，圣人能“大而化之”（《孟子·尽心下》7B:25），即不仅自己身居仁德，而且能够光大仁德，感化世人世风。其次，圣人能“有始有卒”（《论语·子张》19.12），坚韧不拔，持之以恒，不仅在大是大非面前经得起考验，在最最琐碎的日常小事上也能始终如一。最后，圣人能够“从心所欲不逾矩”（《论语·为政》2.4），即不仅能够有君子的言行，而且这一切言行都已经无须戒惧谨慎才能做到，而可以完全自在自如。用《中庸》里的语言来说，“诚者天之道，诚之者人之道”，圣人就是修炼到了已经无须“诚之”的水平，而直接“诚”就可以了。

值得注意的是，儒家的圣人并非只有一个刻板的模式。孟子说，“伯夷，圣之清者也；伊尹，圣之任者也；柳下惠，圣之和者也；孔子，圣之时者也。孔子之谓集大成”（《孟子·万章下》5B:1）。

---

① 历代注疏者对后半段话是孔子所说还是子路所说有争议。

> 伯夷，目不视恶色，耳不听恶声。非其君，不事；非其民，不使。治则进，乱则退。横政之所出，横民之所止，不忍居也。思与乡人处，如以朝衣朝冠坐于涂炭也。当纣之时，居北海之滨，以待天下之清也。故闻伯夷之风者，顽夫廉，懦夫有立志。
>
> 伊尹曰："何事非君？何使非民？"治亦进，乱亦进，曰："天之生斯民也，使先知觉后知，使先觉觉后觉。予，天民之先觉者也。予将以此道觉此民也。"思天下之民匹夫匹妇有不与被尧舜之泽者，若己推而内之沟中其自任以天下之重也。
>
> 柳下惠不羞汙君，不辞小官。进不隐贤，必以其道。遗佚而不怨，厄穷而不悯。与乡人处，由由然不忍去也。"尔为尔，我为我，虽袒裼裸裎于我侧，尔焉能浼我哉？"故闻柳下惠之风者，鄙夫宽，薄夫敦。
>
> 孔子之去齐，接淅而行；去鲁，曰："迟迟吾行也，去父母国之道也。"可以速而速，可以久而久，可以处而处，可以仕而仕，孔子也。

每一个圣人都有自己独特的人格魅力，而孔子之为"集大成"并非其他圣人之德的简单相加，而是应时而变，"无可无不可"(《论语·微子》18.8)，"无适也，无莫也，义之与比"，掌握了"权"的艺术。它标志着《大学》所说的"止于至善"，不是一个最终达到的固定不变的点，而是一种功夫境界。

二　通行观点及其否定

当代新儒家的主要代表之一徐复观曾提出，儒道两家所反映的中国美学精神志在消解人的生理作用和凸现人的主体性。一旦主体与客体、自我与社会、人类和自然的对立在不断的修炼中得以消解，人就可以在参天地之化育的过程中从心所欲地遨游了。这里所说的主体性的凸现，既是人性的完善，又是主体与万物的统一。因此，中国文化和西方文化最突出的区别之一是，在中国文化的根源里，主体与客体、个体与群体之间不是分裂的。[①] 在这点上，徐复观认为儒道两家是相同的。

但是徐还是把道家，特别是庄子，视为中国美学精神的最典型代表。他认为，儒家的美学精神是经过其道德观过滤的，而在道家，特别是在庄子那里，生活与艺术的统一更加直接。儒家的主体性较多地体现为一种道德的主体性，而道家的主体性则更明显地呈现为一种审美的主体性，或者说是一种“纯艺术精神”[②]。

徐的观点反映了一个普遍的见解，即认为儒家的基本关注是伦理道德和社会责任。在儒家那里，艺术行为和艺术欣赏只有在有助于道德修养和教化的时候，才有价值，或者至少也是次要的。冯友兰先生在他的《中国哲学简史》中就断论，“儒家以艺术为道德教育的工具”[③]。李泽厚也持相同观点。他说，儒家和道家相比，“前者强调艺术的人工制作和外在功利，后者突出的是自然，即美和艺术的独立。如果前者由于以其狭隘实用的功利框架，经常造成对艺术和审美的束缚、损害和破坏；那末，后者则恰恰给予这种框架和束缚以强有力的冲击、解脱和否定。……所以说，老庄道家是孔学儒家的对立的补充者”[④]。叶朗在他的《中国美学史》一书里写道：“孔子为什么肯定审美和艺术呢？因为他认为审美和艺术在社会生活中可以起积极的作用”，“孔子认为，审美和艺术对于人的精神的影响特别深刻有力，所以审美和艺术在人们为达到‘仁’的精神境界而进行的主观修养中就能起到一种特殊的作用”。[⑤] 这种观点也被西方研究中国哲学的学者认同。史蒂芬·戈德堡（Stephen J. Goldberg）在为《世界哲学导读》（*A Companion to World Philosophies*）一书所写的《中国美学》一文中写道，儒家传统“追求道德至善、成为仁者的途径之一，就是将艺术行为当作一

---

① 徐复观：《中国艺术精神》（上海：华东师范大学出版社，2001 年），第 79—80 页。

② 同上，第 82 页。

③ Fung Yu-Lan, *A Short History of Chinese Philosophy* (New York: The Free Press, 1948), Chapter 2.

④ 李泽厚：《美的历程》（北京：文物出版社，1981 年），第 54 页。

⑤ 叶朗：《中国美学史》（台北：文津出版社，1996 年），第 31—32 页。

种自我修炼的手段”[①]。

这个被广泛接受的观点并不准确。有很多证据表明，儒家学说的最高目标其实是美学的，而不是道德伦理的。换句话说，儒家的终极目标是达到一个审美欣赏和创造的理想境界。在儒家的核心价值观中，道德或者是达到审美和艺术创造的一种方法，或者是作为这个最高目标的一部分而得到肯定的。我这样说，并不是要否定儒家对道德伦理和社会有着深切的关怀，也不是要否认在人的修炼成长的进程中，艺术实践也可以是道德修养的一种手段。道德和艺术生活的关联是相互的。我想说明的只是，儒家学说的最终目标是美学目标，而不是道德目标。

我们可以从这样一个事实入手：前面所说的那个被广泛接受的观点难以与《论语・先进篇》里记载的被称为“曾点气象”的那种精神相符。那段文字生动地描述了孔子和他的四个亲密弟子子路、曾皙（即曾点）、冉有和公西华的一段交谈。孔子显然是有意要创造一种无拘无束的气氛，鼓励学生大胆地说出自己的志向。他说：“以吾一日长乎尔，毋吾以也。居则曰：‘不吾知也！’如或知尔，则何以哉？”别以为我比你们年长一些，就有顾忌。你们平时常常抱怨别人不了解你们，怀才不遇。如果有人能够按照你的才能来用你，你想干些什么呢？在孔子的诱导下，四个弟子先后表达了自己的志向。子路说，他希望能挽救一个“千乘之国”于危难之中；冉有希望治理一个方圆几十里的小国，通过三年的努力，使其百姓富足起来；公西华谨慎地表达了他的愿望，说他只想做个小司仪官，做好本职工作。唯有曾点，在其他人都说完以后，并且在老师的催问之下，他从容地弹完了乐曲的最后一个音符，放下手里的古瑟，才直起身子说，他的选择与以上三位不一样。曾点说他的志向是在暮春时节，穿上春服，携五六个好友和六七个童子，到沂河里戏戏水，在舞雩台上吹吹风，然后一路唱着歌儿回家。

---

① Stephen J. Goldberg, “Chinese Aesthetics,” in *A Companion to World Philosophies*, eds. Eliot Deutsch and Ron Bontekoe (Cambridge: Blackwell, 1997), p. 226.

按照前面所说的那个通行观点，人们会预期孔子将会认可前面三个弟子的志向，因为他们都表示了愿意积极效力于国家和社会，而曾点的志向则无非只是个人的享乐。然而令人惊讶的是，孔子的表态是："吾与点也！"他认同的是曾点的志向！

让我们回头再仔细看看曾点的志向以及他表达志向的方式。他希望在暮春时节出去郊游。这是一个万物复苏，正在蓬勃地自我展现的时节。气候已经温暖得可以穿上轻薄的春服进行户外娱乐。曾点似乎领悟到了，儒家学说的理想，就是达到一种不必忙于事务，不必道貌岸然，只须在万物苏醒的季节，分享和庆祝天地之化育这样一种境界。相比之下，其他三个弟子的志向则显示了孔子力戒的"意"（过于想当然）和"必"（苛求确定性）的痕迹（《论语·子罕》9.4）。这段会话的记录者很仔细地描述了曾点提出他的观点的方式，让人体会到这种表达方式本身就构成了他观点的一部分：他不急不躁，即使其他三人结束了他们的发言，等到老师问他"你呢？曾点"，他还悠然自得地继续将他的乐曲弹完，然后从容地放下古瑟，说，"异乎三子者之撰"（我与他们三位的想法不同）。宋儒程明道解释说，曾点这种"万物各遂其性"的气质，"正好看尧舜气象。且看暮春时物态舒畅如此，曾点情思又如此，便是各遂其性处。尧舜之心，亦只是要万物皆如此尔"。[①] 曾点表达自己意愿的这种方式本身与《论语》里所提到的舜"恭己面南"（《论语·卫灵公》15.5），以无为的方式治理国家的理想境界有一种神妙的呼应。

当然，这种儒家理想的阐述很容易滑向禅宗或道家，因为禅宗和道家也主张万物各遂其性。但在儒家眼里，禅宗和道家的问题不在于主张万物各遂其性，而在于缺乏实践理性智慧，对"仁"和"礼"的价值认识不足。仁与礼非但不是与万物各遂其性相对立的，反而是实现万物各遂其性的方法与途径。由于人们僵硬地理解了仁与礼，把仁与礼当成了目标本身，才导致了它们与万物各遂其性的对立。有关曾点气象的那段对话，其深意恰

---

① 朱熹：《朱子语类》第40卷，第17页。

恰就是要告诉我们，那些硁硁于“仁”和“礼”，未能超越日常事务、未能有曾点气象的人，是看不到儒家学说的美学目标的。[①]

从《论语》的其他很多语录里也能看出同样的意思。比如“志于道，据于德，依于仁，游于艺”（《论语·述而》7.6）这段话，如果将其看作一种对修炼过程的描述，就会发现，“志于道”“据于德”“依于仁”都是达到进入“游于艺”的手段或者功法。把“游于艺”放在最后，说明它才是最终的目标。从孔子所选择的用词来看，“志于”“据于”“依于”都有明显的手段的痕迹，唯有“游于”才不再是手段，而是目的本身了。一旦达到了“游于艺”的境界，就可以“从心所欲不逾矩”（《论语·为政》2.4），或如《中庸》中所说的“发而皆中节”（《中庸》第1章）。人们受前面所说的那个广泛接受的观点的束缚，往往把儒家的“矩”和“节”都看作道德的规矩和尺度，似乎儒家修炼的目标是使人能够自我节制，不再去想到要逾越那规矩和尺度。但实际上儒家并不先定地假设外在的限制自由的尺度和规矩；相反，它所提出的规矩和尺度都是指导人得到自由的方法，或者功法。从“游于艺”的角度来看，那些“矩”和“节”就像是初学书法艺术的人要从临帖开始，先学会腕平掌竖、横平竖直一样：这些规矩本身不是目的，而是从实践中总结出来的把字写好的方法。真正的书法家不是那些循规蹈矩，从来不越雷池半步的书匠。对他们来说，那些规矩不是制约他们自由的外在束缚，而是使他们能做到随意挥洒而一点一画无不精妙的内在功夫。一旦达到了那个境界，就像是恩爱夫妻之间无须婚姻法的约束一样，那些“矩”也不再有意义了。孔子说，“可与共学，未可与适道；可与适道，未可与立；可与立，未可与权”（《论语·子罕》9.30），也是讲功夫的层层递进。这里的最高境界，是能权衡，权变，在无“矩”的领域里都能“发而皆中节”的功夫。

同样地，“兴于诗，立于礼，成于乐”（《论语·泰伯》8.8）也把“乐”

---

① 当然，仅仅从曾点能够看到儒家的那个大理想并不意味着他已经知道如何去达到那个理想。这段文字表达的是孔子肯定了那个理想，而不是曾点达到那个理想的能力。

作为目标、作为修炼的成功阶段放在了最后。这里的“乐”字无论是读成yue（指“音乐”）还是读成luo（指“快乐”），都清楚地显示了在孔子看来，一个人的修炼应当从《诗》开始，获得灵感和兴发，通过习礼而能自立于社会，而修炼的成功在于能够最终达到艺术创造和审美的境界。对于孔子来说，虽然他的事业很难成功，但他“知其不可而为之”（《论语·宪问》14.38），很大的支撑就是他以此为乐。当叶公问子路，你老师是怎样一个人，子路没有回答。孔子说：你为什么不告诉他，“其为人也，发愤忘食，乐以忘忧，不知老之将至云尔”（《论语·述而》7.19）。这里的“乐以忘忧”，显示出了孔子非功利的纯美学理想。对于治理社会来说，也是如此。“天下有道，则庶人不议。”（《论语·季氏》16.2）他要达到的是“必也无讼乎”（《论语·颜渊》12.13）的和谐社会。这是个以“和”为贵的社会，而不是以道德为至高目标的社会。当然，在孔子看来，道德是达到和谐社会的主要方法。

这些章节都说明，孔子的最高理想不是道德，或者更准确地说，不是康德式的为道德而道德。孔子的最高目标是艺术的人生。在他看来，道德的价值在于它具有实现审美理想的功利作用，而审美理想本身则是非功利的。他所教授给学生的，不仅是道德规范，而更是生活的方式。当我们想象孔子所欲培养的理想人格的时候，脑子里出现的不应该是一个拘谨古板，唯恐逾矩的腐儒，而应该是一个活泼生动，从心所欲而发皆中节的人生艺术家，虽然要达到这个境界，需要从模仿典范和学习基本的规范开始。从这个角度出发，《论语·乡党》篇为什么不厌其烦地描述孔子的日常生活举止细节，也就容易理解了。

孟子可以说也具有同样的观点。虽然孟子没有很多关于艺术与美的论述，但是从修炼艺术人生的角度来读《孟子》，该书整体上都可以被看作是一本关于如何达到美的境界的论著。《孟子·尽心下》的这段话很好地概述了这一点：

> 浩生不害问曰：“乐正子，何人也？”

> 孟子曰："善人也，信人也。"
>
> "何谓善？何谓信？"
>
> 曰："可欲之谓善，有诸己之谓信。充实之谓美，充实而有光辉之谓大，大而化之之谓圣，圣而不可知之之谓神。乐正子，二之中，四之下也。"（《孟子·尽心下》7B:25）

在这一节里，"可欲的"或者是"令人喜爱、向往的"被称为"善"。而当这种善充实于体的时候，就是"美"。后面的三个层次，"大""圣"和"神"，都是"美"的扩展：当这种美焕发出光辉的时候就成了"大"；大到这种光辉能感化人的时候就成了"圣"；而当这种感化不露痕迹，使人们被感化了却又没法知道是如何被感化的，那就简直是"神"了。这使我们想起《论语·子罕》（9.11）里颜回在描述孔子的时候说的"瞻之在前，忽焉在后"，自己"欲罢不能"的感觉。确实，没有比美学更合适的角度来描述这种儒家理想境界了。孟子很有深意地选择了用音乐和射箭来刻画孔子的伟大。他说：

> 孔子之谓集大成。集大成也者，金声而玉振之也。金声也者，始条理也。玉振之也者，终条理也。始条理者，智之事也。终条理者，圣之事也。智，譬则巧也；圣，譬则力也。由射于百步之外也，其至，尔力也；其中，非尔力也。（《孟子·万章下》5B:1）

音乐和箭术都是艺术，而要完善音乐和射箭的能力，一个人不仅需要有关优劣的知识，而且需要技巧和力度。与此形成对照的是康德的观点。在康德看来，道德的善仅仅与人的善良意志有关，与人执行善良意志所需要的技艺和力量没有任何关系。[①] 由此亦可以看出，孟子所昭示的儒家圣人的境

① 虽然"应然"需要以实践主体之"能够"为前提（ought implies can），但这个"能够"与道德之善本身没有关系。康德之善良意志是无条件的善，不依赖于执行的能力。

界更像是艺术的境界，而不仅仅是道德的善。

近年发现的早期儒家文献郭店竹简《五行》篇里也有一个主题，就像一支乐曲里面的主旋律，重复出现好多次，而且都是在每一段文字的结尾处："不仁不安，不安不乐，不乐亡德。"[①]这个"乐"字——音乐或快乐——作为主要概念贯穿在全篇章中。从这三句话来看，仁是安的条件，安是乐的条件，乐显然是作为最终的目标。最后一句"不乐亡德"，指出"不乐"是"德"之匮乏的表现。这里的"德"字，含义超出了现在一般理解的"道德"，是指广义的才华和优秀品质。这些话和《乐记》里的"德者，性之端也；乐者，德之华也"（《礼记・乐记》）完全吻合：毕竟，华（花）才是植物的美丽和成熟之所在，德本身不是目标。

儒家将礼、乐、射、御、书、数称为"六艺"，也颇具深意。今天，人们常常将"艺"狭义地理解为美术和表演，但无论是中国还是西方，传统意义上的艺术概念都要广泛得多，包含了整个人文领域。由于传统的"艺"的概念被狭隘化了，我们现在不得不将英文里的"liberal arts"这个概念翻译成"人文"，其中"艺术"的概念整个被遮蔽了。其实中国传统儒家就直接用"艺"来涵括所有这些学科。这些学科就是关于人生的艺术，而生活本身就是艺术的领域。学习这些艺术的过程是一个人转化成一个生活艺术家的过程，同时也是一个人将自己的生活艺术化的过程。比如儒家六艺之一的"礼"，就是对人的身体举止的艺术训练，让一个人学会在日常生活中的饮食起居、待人接物、言谈举止，乃至于穿着打扮，都能适当、优雅、得体。这样的举止，能够提升身体的自然美。相反，缺乏得体的举止和仪表，一个人的自然美也会黯然失色，大打折扣。一个外貌漂亮的人如果没有任何教养，她的美就完全只是一个肉身的美，毫无人文之美可言。由于儒家的目标是实现艺术人生，所以它非常注重"仪（仪表、仪态）"和"（方）式"。如果一个人虽然心地善良，却不知道如何艺术地将他的意愿表达在自己的行为仪态当中，我们会认为这个人缺了点什么，没法作为一个

---

① 魏启鹏：《简帛文献〈五行〉笺证》（北京：中华书局，2005年），第6、8、17页。

可以景仰的榜样。《论语》里面有关孔子待客方式、穿着等的细微描述以及儒家对榜样的重视，都可以从这个角度得到理解。

安乐哲和郝大维在《孔子哲学思微》(*Thinking Through Confucius*)一书里，向我们展示了另一种将整个儒家自我修炼和追求社会和谐的学说理解为一个美学系统的方式。在他们看来，儒家的理想就是达到一种不同于逻辑和理性秩序的美学秩序，在这个秩序里，没有来自外部的或者超验的规则和原则的强制，只有通过自我修炼和相互合作形成的具体规则和原则。在逻辑和理性的秩序里，没有创造力，只有一致性和连贯性；反之，在美学秩序里，个人与社会能够创造地解释和重新解释规则和原则。在逻辑和理性的秩序里，人人均等，因为每个人都被视为抽象的个体，因此是可以被其他任何人取代的；而在美学秩序里，个体是具体独特的、不可替代的。在那里不平等表现为对优秀者的尊敬。

我们在前面已提到过，按照徐复观的观点，庄子是中国美学精神的最典型的代表。现在，在展开了上面的那些要点以后，我们发现他以下那段文字里"庄子"的名字完全可以被置换成孔子的名字：

> 庄子所体认出的艺术精神，与西方美学家最大不同之点，不仅在庄子所得的是全，一般美学家所得的是偏；而主要是这种全与偏之所由来，乃是庄子系由人生的修养工夫而得；在一般美学家，则多系由特定艺术对象、作品的体认，加以推演、扩大而来。因为所得到的都是艺术精神，所以在若干方面，有不期然而然的会归。但西方的美学家，因为不是从人格根源之地所涌现、所转化出来的，则其体认所到，对其整个人生而言，必有为其所不能到达之地，于是其所得者不能不偏。虽然他们常常把自己体认所到的一部分，组织成为包天盖地的系统。此一情势，到了现象学派，好像已大大地探进了一步。但他们毕竟不曾把握到心的虚静的本性，而只是"骑驴求驴"地在精神"作用"上去把握。这若用我们传统的观念来说明，即是他们尚未能"见体"，

未能见到艺术精神的主体。①

如果我们将“孔子”取代上述文字中的“庄子”，唯一需要修正的是引文中“心的虚静的本性”。对于儒家来说，是道德的主体使那些他所际遇和创造的事物闪耀出美的光辉。

三　对通行观点的分析

通行观点背后的主要论据，大致有以下三个：（1）在儒家经典著作里很少涉及美学经验和艺术，相反，大量的篇幅是专门讨论道德的。（2）当儒家谈到艺术如音乐、诗歌以及对自然界的审美时，他们多半会（如果不是总是）强调背后的道德意义以及艺术体验对个人与社会的净化功能。（3）儒家的主要审美理想“中和”，有时表现为“温柔敦厚”的特征，这显然是一个道德理想。在这一节里，我将对这三个方面加以分析，以说明它们实际上并不足以支撑那个“权威”论点。

上述第一个论点也许是最容易驳倒的。即便儒家经典里大部分的内容都致力于道德研究，也未必就意味着儒家学说的基本目标就是提倡道德。战争是《孙子兵法》探讨的主题，但这绝不意味着《孙子兵法》的目的是战争，而是恰恰相反。马克思的《资本论》谈论的主要是资本，但这不等于它的目标是获取资本。儒家有强烈的忧患意识，因此也不能说儒家的目标就是忧患。同样，儒家经典著作里有大量的道德范畴，也不能说儒家的理想就只是道德理想。人们所谓儒家很少谈艺术的印象，其实出于他们自己狭隘的“艺术”概念。在孔子心目中，他所传授的六艺全都是“艺”。从这个角度，他的所有论述几乎都与艺术有关。对儒家来说，艺术不是画廊里的展品，不是点缀我们生活的娱乐活动，而是整个人生。

第二个论点更值得推敲。首先我要花点时间来理清这个问题以及阐明

---

① 徐复观：《中国艺术精神》，第79页。

它的前提。这个论点是：当儒家谈到艺术，他们总是强调其背后的道德意义以及艺术体验对个人与社会的净化功能，而不在乎艺术的审美经验本身。尽管我们在第一部分里提供的一些引文已经提供了反例，但从总体上来看儒家经典著作的时候，我们还是可以认为这个论点有一定的根据。这里我先列举一些这样的根据，然后再提出我的不同观点。

提起诗歌，孔子说，"《诗》三百，一言以蔽之，曰：'思无邪'"（《论语·为政》2.2）。他也说，"诵《诗》三百，授之以政，不达；使于四方，不能专对；虽多，亦奚以为？"（《论语·子路》13.5）后来，这成了诗教。诗教这个概念第一次出现，是在《礼记·经解》里。"孔子曰：'入其国，其教可知也。其为人也温柔敦厚，诗教也。……其为人也温柔敦厚而不愚，则深于诗者也。'"①

谈到音乐，孔子对"韶"与"武"的区别是大家所熟知的。前者"尽美矣，又尽善也"，而后者"尽美矣，未尽善也"（《论语·八佾》3.25）。他谴责来自郑国的音乐，要"放郑声"，因为"郑声淫"（《论语·卫灵公》15.11），它会"乱雅乐"（《论语·阳货》17.18）。《乐记》强调了音乐的和谐作用，"乐者为同，礼者为异。同则相亲，异则相敬。……礼义立，则贵贱等矣；乐文同，则上下和矣"。还指出"礼节民心，乐和民声……则王道备矣"，以及"致乐以治心"和"治世之音安以乐，其政和；乱世之音怨以怒，其政乖；亡国之音哀以思，其民困。声音之道，与政通矣"。②

至于评价自然美，儒家总是借鉴自然物体来体现道德主张："岁寒，然后知松柏之后凋也。"（《论语·子罕》9.28）"仁者乐山"，那是因为山是安稳坚实的；"知者乐水"，那是因为水是灵动自如的（《论语·雍也》6.23）。站在河岸，孔夫子感叹道："逝者如斯夫！不舍昼夜。"（《论语·子罕》9.17）面对山梁雌雉的"色斯举矣，翔而后集"，夫子赞叹曰："时哉时哉！"（《论语·乡党》10.27）儒家依据德行来赞美自然这一特征发展成为了"比德

① 《礼记》卷38，第273页。

② 《礼记》，第207、206、219、204页。

论”。这个术语最早出现于《荀子·法行》：

> 子贡问于孔子曰：君子之所以贵玉而贱珉者，何也？为夫玉之少而珉之多耶？孔子曰：恶！赐！是何言也！夫君子岂多而贱之少而贵之哉？夫玉者，君子比德焉，温润而泽，仁也；缜栗而理，知也；坚刚而不屈，义也；廉而不刿，行也；折而不挠，勇也。

在承认这些事实的同时，需要补充几点：

第一，审美活动有重要的道德功能这一事实，并不意味着审美价值就简单地只是在于其道德功能。我们应当将审美的非功利特征与审美活动的实用功能区别开来。自由女神像是一件艺术品，但同时也发挥着纽约城标的作用，我们不会仅仅因为它有城标的功能，而否定它是一件艺术品。同样，儒家的生活方式不必为了保留美学精神而规避实用功能。生活与艺术的统一蕴含着效用与美学的统一。在这个意义上，儒家的生活方式比起道家来说，更具有我们前面提到的中国美学精神特征，即生活与艺术的一体化。当徐复观把无用当作纯艺术精神的必要条件时，他似乎是沿用了19世纪西方“为艺术而艺术”的说法。这个说法很容易推向一个其实逻辑上并不成立的结论——那就是，一种行为只有当它无用或无功利的时候，才具有美学意义。自由女神像不会因为被当作地标而减少了它的审美价值，反之，它也不会因为不被当作地标而增加其审美价值。

第二，这一通行观点在很大程度上是建立在一个不成立的假设上，即我们可以在道德与美学价值之间进行截然的分割。的确，在孔子评价音乐“韶”与“武”的区别时，也似乎有这种假设。但考虑到任何语词的使用都是对现实的抽象，我们必须防止被语词所误导。正如那禅宗的“指月”公案所示，文字仅仅是那指月的手指，而非手指所指之月。当我们在概念上把美与善区分开来的时候，我们并不能因此而断定善本身不能同时亦是一种美，或者因为其善而被看作是美。虽然“武”乐在区分美善概念的情况下可以说是尽美而未尽善，但如果我们把善本身看作一种美的话，则也可以说它是未尽美。孔子的那个说法，应该被看作是在把美与善做出一个鲜明的对比，用以突出“武”之未尽善。考虑到其具体的语用语境，纯语义的分析在这里就未必合适了。

可以说“比德论”也同样体现了这种观点。对“比德论”的合理的理解是，它显示了儒家的道德审美观，即一种把道德品质作为美的特征来欣赏的观点。在西方美学里有一种“prospect-refuge”的景观欣赏理论。根据这种理论，欣赏景观基本上就只是一种生物反应。我们喜欢景观的某一部分，是因为流连其中从生理上觉得舒服。[①] 不管这种理论是否令人信服，它至少可以当作某些人的审美观，即对他们而言，什么是美。同样，我们可以说儒家对自然界的欣赏是一种道德审美。这种观点并不意味着儒家眼中只有道德而没有美，或者说他们不把美视为一种享受，相反，它意味着在儒家看来，德行本身是美，而且是他们所特别欣赏的美。儒家不仅仅是根据他们自己的道德理想来描述自然物体的美，他们还认为，一个君子能用自己的德性来美化其周边的环境。当孔子欲居九夷，有人为其地之简陋担心时，夫子说：“君子居之，何陋之有？”（《论语・子罕》9.14）也就是说，即使自然环境并不美丽，道德的光辉可以使它变得美丽！

上面这一点导出了我对来自通行观点的第三个论据的回答。这个观点认为，作为儒家主要美学理想的“中和”（“温柔敦厚”背后的原则），实际上是个道德理想，而不是美学理想。换句话说，儒家的审美标准来自于它的道德标准。叶朗在他的《中国美学史》中写道：“乐而不淫，哀而不伤”（《论语・八佾》3.20）是“孔子的审美标准”。之所以这样，是因为这种情绪与他的礼节规范一致，孔子的注重点不在于音调本身的和谐，而在于音乐表现的情感要受到礼的节制，要适度。这种礼的节制，也就是孔子的中庸，既非过度也非不足的“适度”，而“适度”就是“美德”或“德行”。[②]

虽然叶朗的观点隐含了道德与审美的一致性，但他是将美归结为道德，

---

① Jay Appleton, *The Experience of Landscape* (Chichester: John Wiley and Sons, 1996).

② 叶朗：《中国美学史》，第 36、38 页。

而不是将道德归结为美。在他看来，儒家把美作为手段，道德及社会秩序才是其目的。可是我认为，对孔子而言，道德理想之所以有价值在于它们能服务于孔子的审美理想。换句话说，“中和”与“温柔敦厚”或者是有助于儒家审美的价值，或者其本身就是儒家眼中的美的体现。事实上，中庸之为德性，绝非一个严格意义上的道德范畴。意识到可能出现这种误解，安乐哲和罗思文将“德”翻译为 excellence。[①] Excellence（优秀）既可以是道德的也可以是无关于道德的。“中”既有不过分亦无不及和维持平衡的意思，也有内部的意思，用于人的时候指人心。“庸”有三种基本的解释：“庸，平常也”（朱熹），“不易之为庸”（程颐），“庸，用也”（郑康成）。将这几种含义糅在一起，“中庸”就是在平常普通的生活里恒常不息地用心实践，以至时时处处能够做到恰到好处。作为这种行为的结果，一个人能够在日常生活中获得“和”的状态，从而将人的生活本身转化成一种艺术活动。作为审美原则，中庸要求人将创造性的艺术行为带进自己的整个生活，包括最普通和平凡的，看上去毫无艺术可言的活动当中。这样的美学理想是人生与艺术的完全合而为一，通过艺术的形式将平凡的人生艺术化，同时，也通过这种艺术实践而完善自己。“子温而厉，威而不猛，恭而安”（《论语·述而》7.38）便是对这种艺术人生的很好说明。

虽然“温柔敦厚”有时被当作“中和”的同义词，但“温柔敦厚”与《诗经》有特殊的关联。它起源于我们前面引用过的那段《礼记》的引文。“子曰：‘入其国，其教可知也。其为人也温柔敦厚，诗教也。……其为人也温柔敦厚而不愚，则深于诗者也。’”把“中和”笼统地等同于温柔敦厚，可以说是过于片面化了。“温柔敦厚”是儒家所欣赏的艺术风格的一种，但很难说是儒家对于美的总体描述。从上述对“中庸”与“和”的简要分析出发，我们可以合理地推测，在推崇“温柔敦厚”的同时，儒家并不一定排斥其他的审美标准。没有理由说儒家不能接受屈原诗歌的美，尽管屈原

---

① Roger T. Ames and Henry Rosemont Jr., *The Analects of Confucius: A Philosophical Translation*, p. 110.

的诗充满了悲愤。我们也不能说因为崇奉“温柔敦厚”，儒家就不能同时崇奉孟子的“浩然之气”。在孔子对于《诗》的作用的描述中，我们也可以发现一条线索。子曰，诗“可以兴，可以观，可以群，可以怨”（《论语·阳货》17.9）。这里的“可以怨”就是表达不满，倾诉哀怨。这表示孔子不排斥倾诉怨恨作为艺术的一种合理形式。清朝的吴乔说：“诗以优柔敦厚为教，非可豪举者也。”[①] 但同是清朝的张谦宜说：“豪放而独存忠厚者，少陵是也！”[②] 在书法界，颜真卿也是一个既敦厚又豪放的典范。因此，即使难以做到既敦厚又豪放，或者既敦厚又严格，也并不是说一个人不能在保持“适度”的同时表现出豪放和严格等其他品质。换句话说，儒家推崇“温柔敦厚”，并不意味着它就必须拒绝其他形式的美。

总之，我认为儒家学说的最高理想是审美理想，并且可以斗胆地说，儒家美学比起道家来说更具有中国美学精神的典型性（虽然道家比儒家显示出更加自觉的审美意识，更能够欣赏自然美）。通过道德价值与审美欣赏的统一，儒家学说更彻底地示范了一种整体和连续的世界观，而这种世界观正是中国思维方式的特征。儒家把艺术看作生活，也把生活看作艺术。它的目的就是把人类的日常生活变成艺术的场域，美化整个人生，使人不但成为艺术家，而且成为“艺术品”——他本身就是艺术，散发出包括风度、气质、涵养、情操在内的人格美的光辉。艺术成为其人生的内在意义。

四　艺术人生之为道——以书法为例

艺术人生是对纯动物性、物质性生活的超越，从而开发出人生的意义。它要求我们克服人生与艺术的隔离，不再把艺术当作生活的点缀，当作业余的休闲，当作博物馆和画廊的藏品，而把艺术融入生活的各个方面，从个人的日常起居到社会政治生活的全面艺术化。

---

① 吴乔：《围炉诗话》第 2 册（上海：商务印书馆，1936 年）卷 5，第 108 页。

② 张谦宜：《絸斋诗谈》卷 8《台髦》，第 6 页。https://ctext.org/library.pl?if=en&file=45263&page=78&remap=gb(2020/02/01).

人生的艺术化可以表现在许多方面。人的着装打扮，言谈举止，声色容颜，待人接物，举手投足之间，都会有仪态风格的表现，或高雅得体或粗陋恶俗，或痛快淋漓或拘谨猥琐，或含蓄蕴藉或张狂失态。有的人风趣大度，散发着难以抗拒的人格魅力，令“远者来，近者悦”，有的人却乏味小气，“远之则怨，近之则不恭”，令人生厌而避之不及。人们常用“名士风度”“贵族气质”“豪杰气概”等词汇，来描述人身上透露出来的各种艺术风格和境界。确实，我们有“画家”“雕塑家”“摄影家”“表演艺术家”，甚至与生活非常接近的“行为艺术家”，为什么不能有“人生艺术家”这个称号？人在日常生活中的所有行为不都可以艺术化吗？福柯的“生存美学”，查克瑞·辛普森（Zachary Simpson）的《人生作为艺术》，理查德·舒斯特曼（Richard Shusterman）的身体美学，就都是把审美创造力在人的日常生活中的意义作为关注的核心。杜威也提出要反对把美学的对象“博物馆化”或“人行道化”，即不把艺术限制于博物馆和画廊的那种仅仅装点生活的“燕尾服艺术”，也不把艺术局限在“人行道”边脱离主流的世俗生活的场域。

如果说“解牛”都可以用来昭示人生的艺术，那么中国书法就绝对是更为理想的范例了。正如徐复观指出的，中国美学精神的最高目标和中国传统哲学的最高目标是一样的，都是要达到一种天人合一，在参天地之造化中实现自己和实现道的自由境界。孔子有“游于艺”，庄子有“逍遥游”，这里的“游”字与今天通常所理解的不同。它不是“娱乐”，也不是“徘徊漫游”“闲逛”的意思。在孔子那里，“游”是指人们能够“从心所欲不逾矩”地进行创造性活动，是指通过领会道、遵从道，以及经过长时间修炼实践，能够自如和创造性地践行道而所达到的一种自由状态。在庄子那里，“游”既是艺术人生的一种状态，也同时是与道为一。当庖丁解牛时，他有如在音乐中起舞，游刃有余，手法自如。在他操刀解牛时，没有人与牛的对立，没有意愿与手法（技巧）的对立。在他的面前的牛不是“他物”，他可以用精神而不是用眼睛和手去痛快淋漓地解牛，“官知止而神欲行”（《庄子·养生主》）。这是道家艺术境界的很好写照。书法的创作当然要比解牛更具有艺术创造性。与书法相比，解牛更多的是技巧，而不是艺术的创作。虽然庖丁的精彩解牛与好的书法创作都需要与道为一，但书法能更多地体现艺术家本人的修养品性。评论书法时所用的词汇，有气、韵、神、情、境、法、意、风格、气度，等等，比评论解牛所需的词汇丰富得多。基于这样的理解，唐朝学者张怀瓘说，书“与大道不殊”[①]。宋代学者朱长文说：“书之至者，妙与道参。”[②]

书法本是日常生活的一部分。中国早期的书法不是纯粹的艺术，而是书写文字的表达形式，其原初目的是用来表述语义的。无论是王羲之的《兰亭序》还是颜真卿的《祭侄稿》，都不是为了书法艺术而创作的，但其书法形式之美不但与其文字内容形成了高度的一致，丰富了其内容的表现力，而且获得了超越其内容的独立的审美价值。它的高度可以“与道为一”，但它无须把自己打扮得像是天生贵族，以傲慢的姿态远离芸芸众生。舒斯特曼以说唱音乐作为其“身体美学”的典型例子，说明艺术不等于被动的审美，而是有身体参与的活动。它不仅仅是理智、头脑的娱乐，而且是积极的创造。书法也是如此。其“具体性”是严格意义上的具“体”的，但同时它又是文化的、精神的。

在中国，书法曾经是基础教育的重要组成部分。[③]就像一个受过教育的人应该言行举止文雅有礼，一个受过教育的人写出来的字也应该端庄有度。一个人写出一手七歪八扭的字，不啻于举止粗俗无礼，让人侧目。这种教育不仅仅是懂得某些道理，记住某些事实，它需要日积月累的修炼过程。佛家有“顿教”和“渐教”的讨论。对此《楞严经》说得非常透彻：“理则顿悟，乘悟并销；事非顿除，因次第尽。”[④]德性的形成和习气的消除，都

① 张怀瓘：《六体书论》（文渊阁四库全书/子部/艺术类/书画之属/《书苑菁华》）卷12，第1页。

② 朱长文：《续书断》（文渊阁四库全书/子部/艺术类/书画之属/《六艺之一录》）卷288，第2页。

③ 近几十年来，随着电子技术的普及，人们越来越少使用手写来记录和传达信息，相应地，书法也就日益脱离了日常生活而成为纯艺术形式了。

④ 《大佛顶首楞严经正脉疏》（上海：商务印书馆，1936年）第10册，卷40，第1057页。

需要有渐进过程，不像理智的觉悟，可以在刹那间发生。当然两者有密切的关联。理的顿悟可以促进习气和德性的转变。

书法练习也有助于人们认识到规范的作用。书法规范不是任意的规则，它们反映了某些支配运动和生活的自然法则。如“逆入平出”笔法，就与一个人起跳前需先弯腰，落下后需略往后靠，以保持平衡的道理一样。初学者学习那些规则，是走向自由发挥的必经之路。在能够写出端庄工整的字的基础之上，如果能够把字写得漂亮悦目，则又上一档次，体现了书写者的文化程度高于一般的“得体”而已。在其更高的层次上，书法甚至成为精神境界的修炼和表现方式。①

确实，欣赏中国书法，绝不仅限于看字写得是否工整，甚至也不限于看字是否“漂亮”，还要看其中的个性、风格，甚至领悟其中的精神意蕴、意境。南朝齐梁时期的画家和绘画理论家谢赫在其绘画理论代表作《古画品录》里，提出了绘画六法，其中首要的一条便是“气韵生动”。这个标准在中国艺术界被普遍认同为衡量艺术的最高准则。照字面意义，“气”是能保持万物鲜活的生命力，“韵”引申为韵律、节奏。“气韵”就是生命力运动的韵律。按照“气韵生动”的要求，一件优秀的艺术作品必须是有生气的、充满活力的，而且这种活力之张显是有韵律的，而非呆板僵硬、千篇一律的。“气”，可强可弱、可续可断、可纯可浑、可细可粗（可隐可显）、可匀可折、可含蓄可外露。不仅仅是动物有气，高山、岩石、云朵以及大海的波浪都有自身固有的生生不息活力并与周围环境和谐共鸣。一个好的艺术家，能够从大自然中捕捉气韵，利用他的工具材料，以某种艺术形式

---

① 当然，书法在中国之所以有如此高的地位，与一些外在因素也有关系。比如，汉字是从象形文字和表意文字发展而来，即汉字的最初形式是用图象来图示或者意会，不同于其他大多数由字母符号构成的表音文字。字母文字依靠有限的字母排序的变化而形成不同的词，因此其字母的重复率极高，变化的空间十分有限。而汉字的符号数以千计，可以变换无穷。另一个重要的因素是中国发明了毛笔和宣纸。使用这些工具书写，笔法可以做到能粗能细、能楷能草、能流畅能粗犷；运笔可慢可快；用墨可浓可淡、可湿可干；纸张吸水可多可少；加上书法结构横直相安、意思呼应，分布错综复杂、疏密得宜，通篇贯气。所有这些都为书法者充分发挥自己的想象和创造力提供了条件。

（无论是绘画、雕塑、书法、诗歌、音乐、舞蹈、戏剧或建筑）为承载表现出生动的气韵来。为了能够捕捉到气韵，艺术家必须用敏锐的眼光观察自然：不仅仅要观察自然物体的无生命外形或自然元素分布，而且更重要的要发现它内在的生命力、精神活力以及和谐之美。艺术家还必须进行自身修养、将艺术技能锤炼到相当高度，从而拥有无穷的创造力，凭借自己手中的材质，点睛成龙，在作品里体现出艺术家自身的修养和境界。

由此可见，中国的美学和艺术创造绝不仅仅是学习技术的问题，更是一个关乎自身修养以及悟道的问题。如果一个人粗俗、卖弄、做作，那么不管他多有技巧，他的作品一定会是庸俗无趣的。如果一个人是高尚的，充满生气，同时又加以适当的技能训练，他的作品就会是高雅的——具有灵气，自然，和谐。

作为艺术，“道”也可以有各种风格特点。儒家、道家和佛家对道的不同理解，就也反映在他们对书法的审美趣味里。儒家的价值观决定了儒家的书法审美趣味。其最典型的表现莫过于颜真卿的书法。颜是唐代的一位受人尊敬的官员。身为平原太守，颜真卿在面临叛乱时，以巨大的勇气独闯敌营劝降，最后，当叛乱分子向他提出或加入叛乱或者被处死的选择时，他毫不犹豫地选择了以身殉国。颜真卿的书法鲜明地体现了他的人格特征。他的笔画充满力度而又温厚儒雅。其中锋运笔（将笔锋保持在点划中线的运笔方式），使线条粗不臃肿，细不瘦弱，显示出内在的力量、正义、高贵和自信。其逆入平出这种起笔时欲纵先收，收笔时力贯锋梢，笔收力尤不尽的用笔技法，显示出敦厚包容而坚定彻底的风度。其宽博外拓的结字布局显得雍容磅礴，大气凛然。

与儒家书法的审美风格不同，道家崇尚简朴和自然。东汉时期的摩崖石刻《石门颂》就相当典型地反映了道家风格。此石刻书风质朴而韵高，神闲而气足。其运笔犹如“屋漏痕”“锥画沙”一般自然质朴，笔势起止无迹，笔意却意味无穷。清末杨守敬在《平碑记》中评价说：“其行笔真如野鹤闲鸥，飘飘欲仙。”整体风格重简轻繁、重淡轻浓、重生涩轻流贯，非常形象地体现了道家“无为而为”，灵动而不凌乱、超然而不出世的理念和生活态度。

道家崇无，佛家尊空。在佛教看来，包括人在内的宇间万物皆如沙滩上的脚印和天空中的云烟，随因缘而生灭，其性为空。我们所有的痛苦都来自我们对事物的执着。我们希望永葆青春而却不可能长生不老，渴望物质财富但又不能永久拥有，期冀荣誉亲情却终遭遗忘。一旦看透了万事皆空，就能了无牵挂，脱离苦海。法号弘一法师的李叔同的书法可谓佛家教义的一个典型形态。他极富才华。在出家为僧之前，他同时集知名作家、戏剧家、书法家、画家和音乐家身份于一身。但在名望达到顶峰的三十八岁，他却突然出乎公众所料地遁入佛门，削发为僧，其书法也在出家前后经历了一个惊人的变化。其字不再像以往那样漂亮优雅和符合世人的口味，而表现出出奇的冷淡和简约，像是穿着未经熨烫的麻布衫的清癯老人，显示出对红尘世界的淡漠。其书法作品里布白多于笔墨，点划平直而无起伏，结体稚拙淡漠。这样简朴无华，看似学龄稚童的字，出自一位才华横溢大师之手，可见是其自觉的选择，彰显了佛家无执无我、四大皆空的境界。[①]

书法的风格受书法家的哲学和价值观的影响，书法的练习反过来也影响习书者的哲学观和价值观，因此可以作为修养身心的手段。书法是一种

---

① 当然，佛教的境界并不一定是以这样的特殊方式体现。同为佛家，怀素的狂草就是完全另外一种气质。米芾、苏轼、黄庭坚都受到了佛教的影响，而他们却各自有着不同的书法风格：米体奔放豪爽、富有表现力，苏体深刻沉稳，黄体苍劲跌宕。就其本质而言，对“空”的执着本身亦是一种执着，故而“无执”并不一定要像弘一那样。

动态艺术。我们看书的时候，只是看到了作者说什么，而我们欣赏书法作品时，却像是目睹作者在眼前举手投足一般，因为一幅书法作品是笔触运动轨迹的记录，它像录像带一样记录了书家运笔的轨迹。内行看书法，会自然地沿着点、线这些固定的构成特征去看其中的运笔，就像在观看一个影片一样，可以看到节奏、韵律、速度，感受到书写者的动感甚至气场。评赏者可以重复地观看这个“影片”，反复回放他特别欣赏的任何一个部分，任何一个动作，通过想象复原作者在创作时的精神状态，挖掘作品里所有的奥秘。而且像一言既出驷马难追一样，书法创作过程当中细微的不安、犹豫都会在作品里得到显现，因而描摹修补至多只能偶尔为之，不能作为主要依赖的手段。吴玉如说“作字能令心静，然后气足神完，一涉匆遽，笔墨皆非矣”①。也就是说，书法能显示一个人的修炼水平，无法装腔作势。书法作品虽是一气呵成，但在它的背后则是渗透了作者经年实践和自我修养的积累。因而，我们可以从一个独特的角度直接从古代大师那里学习指导人生的方法。

以书法大师为榜样，人们不仅学到他们的技巧，还可以学到他们的品德和哲学观！学习颜真卿的书法，人们会被他的力量、正直和宽广的胸怀所感染；而习《石门颂》，会让人崇尚朴素和自然，变得沉着和宁静。因此，选择书体也就是选择所要师从的哲学和道德精神的楷模。懂书法的师长通常不会建议儿童临摹赵孟頫的字体，就是因为它那秀逸的外表容易使人追求表面的华丽，而忽视内在的修养和功力，从而走向肤浅、谀媚、油滑。这种谀媚比粗率更不能令人容忍。明代学者和书法家傅山（1607—1684）写道，当他大约二十岁的时候，他想效仿晋、唐的书法家习书，然而总是不得要领。在一个偶然的机会，他得到了一幅赵孟頫的书法作品，喜欢上了赵的笔画流畅、华丽迷人，从而日日临摹之，仅仅过了很短的一段时间，他就能写得以假乱真了。他叹道：“即如人学正人君子，只觉觚凌难近，降而与匪人游，神情不觉其日亲日密，而无尔我者然也。”赵是“用心于王右

① 转引自杨鲁安：《天然去雕饰——书法艺术创新刍议》，《书法》1998 年第 6 期，第 4 页。

军者，只缘学问不正，遂流软美一途”[①]。为此他特地用夸张的口气警告后学：“宁拙毋巧，宁丑毋媚，宁支离毋轻滑，宁真率毋安排。”

在学习书法的过程中，一个人会无形地受到自己所描摹的碑帖的影响，从而改变自己的审美情趣。并不是所有大众喜欢的，都是最好的，因为欣赏水平是对应于一个人自身的修炼水平的。（当然，这也绝不意味着大众无法欣赏的就一定是好的。）可以说学习书法的过程就是一个道德教育和人品修炼的过程。汉代的杨雄说，“言，心声也；书，心画也。声画形，君子小人见矣”（《法言・问神》）。唐朝的张怀瓘说：“文则数言乃成其意，书则一字已见其心。”[②] 后来，柳公权也表达过同样的观点。当穆宗皇帝问柳公权如何写好书法时，柳答道：“心正则笔正。”[③] 宋朝的大文豪、大书法家苏轼写道：“世之小人书，字虽工而其神情终有睢盱侧媚之态。”[④] 就像一个细胞中蕴含着人的遗传信息一样，一件书法作品也包含一个人的精神和道德品质的信息。“人貌有好丑，而君子小人之态不可掩也。言有辩讷，而君子小人之气不可欺也。书有工拙，而君子小人之心不可乱也。”[⑤]

当然，具体情况要比上述公式化的表述复杂得多。德性之美与非关德性的美有时很难区分，而且在实际生活层面，常常很难说是德性被看作了美的一部分还是美被德性所取代。南宋时陷害民族英雄岳飞的秦桧，书法生动率意，可谓高手。奸臣蔡京更是“字势豪健、痛快沉着”[⑥]，被米芾誉为冠绝一时，自愧不如[⑦]。“文革”时期位居“四人帮”之首的江青，也写得一手豪放雄健的好字。相反，道德高尚的人却往往字迹平凡。孔、孟均不

---

① 傅山：《作字示儿孙》，《霜红龛集》（太原：山西人民出版社，1985 年）卷 4，第 91—92 页。

② 张怀瓘：《文字论》（文渊阁四库全书 / 子部 / 艺术类 / 书画之属 /《法书要录》）卷 4，第 18 页。

③ 陶宗仪：《书史会要》（文渊阁四库全书 / 子部 / 艺术类 / 书画之属）卷 5，第 11 页。

④ 苏轼：《书唐氏六家书后》（文渊阁四库全书 / 集部 / 别集类 / 北宋建隆至靖康 /《东坡全集》卷 93），第 12 页。

⑤ 苏轼：《跋钱君倚书遗教经》，《苏轼文集》（北京：中华书局，1969 年），第 2186 页。

⑥ 蔡絛：《铁围山丛谈》（文渊阁四库全书 / 子部 / 小说家类 / 杂事之属）卷 5，第 9 页。

⑦ 同上，卷 4，第 8 页。

以书法著称。

事实也许是在两个极端之间。正像书法当中不可能每一笔都彰显书写者的道德品质一样，书法也不可能丝毫不受书写者道德品质的影响。某些书法作品可能比另一些更能彰显书写者的精神境界。当一个人用印刷体来书写时，这个作品也许仅仅是工整，并无其他。另一方面，不同的道德品质影响书法的方式也不同。例如，心胸的宽窄比是否关注生命的价值更容易在书法里得到体现，而雄心与野心的区别则在书法里区别不大。心不仅仅代表道德品质。它含有许多其他特征，如性情、心境，等等。白蕉将心境统称为“书髓”，包括心境、性情、神韵、气味。晚清书法家杨守敬（1839—1915）就前人所谓“学书三要”，即“天分第一，多见次之，多写又次之”，又补充了二要：“一要品高，品高则下笔妍雅，不落尘俗；一要学富，胸罗万有，书卷之气自然溢于行间。古之大家，莫不备此，断未有胸无点墨而能超轶等伦者也。”①

苏轼还提出过一个值得关注的观点。他说：“古人论书者，兼论其平生，苟非其人，虽工不贵也。”②换句话说，在评赏书法时，道德标准高于其他标准。如果一个人道德恶劣，他的书法作品不管多么地美也无任何价值。这种观点得到了黄庭坚的支持。黄庭坚写道：“学书要须胸中有道义，又广之以圣哲之学，书乃可贵。若其灵府无程政，使笔墨不减元常、逸少，只是俗人耳。”③的确，书法历史上很少有无良人士被提及。据说北宋的苏、黄、米、蔡四大书法家中的蔡最初指的是蔡京，后来因为蔡京的不良声誉，才被换成了另一位同样姓蔡，却人书俱佳的蔡襄。道德价值高于美学价值，因而虽然蔡京的书法非常杰出，他的道德品性使他无缘跻身北宋四大家之列。

但是对这个现象还可以有另外一种理解，即道德价值成了美学价值的一部分，甚至是更重要的一部分。道德标准本身就成了艺术标准，并且是所有艺术标准中的最高标准。这个解读似乎与中国传统艺术精神更为一致。

---

① 《学书迩言》，转引自谷鸿：《杨守敬书法思想管窥》，《书法》1997年第4期，第42页。

② 苏轼：《书唐氏六家书后》，第12页。

③ 《书缯卷后》（文渊阁四库全书 / 别集类 / 北宋建隆至靖康 /《山谷集》）卷29，第8页。

在中国知识分子的传统观念里，审美从来不会离开道德观。道德本身因其善而获得美的魅力，因而也就成了衡量艺术价值的最高标准。虽然蔡京的书法在其他方面都很杰出，但他的品性还是令人难免将对他的憎恶投射到对其书法的评价上。此外，道德品质影响书法时，不一定每一笔每一画都彰显无遗。有时是不易被察觉的，这就给人们留下了主观评赏乃至移情投射的巨大空间。苏轼事实上已经意识到了这种主观投射的可能。他说："观其书，有以得其为人，则君子小人必见于书。是殆不然。以貌取人，且犹不可，而况书乎？吾观颜公书，未尝不想见其风采，非徒得其为人而已，凛乎若见其诮卢杞而叱希烈，何也？其理与韩非窃斧[①]之说无异。然人之字画工拙之外，盖皆有趣，亦有以见其为人邪正之粗云。"[②] 这里的情形有点像是"牛顿摆"，一旦其中一个球的摆动导致另一个球的摆动，它们之间就会来来回回互为因果。人的道德品性会影响其书法之品质，而对其书法的评价又因其道德品性而受损。

但是即便是把道德标准当作审美标准，它也只能是其中的一部分。人生的完美要求有比道德丰富得多的内容。在中国美学史上，有著名的司空图的《诗品》，列举了诗的 24 种风格类型：雄浑、冲淡、纤秾、沉着、高古、典雅、洗练、劲健、绮丽、自然、含蓄、豪放、精神、缜密、疏野、清奇、委曲、实境、悲慨、形容、超诣、飘逸、旷达、流动。在他的影响下并模仿其形式，出现了黄钺的《画品》，杨曾景的《书品》，郭麐的《词品》，许奉恩的《文品》等。[③] 其中大部分可以用来表述"人品"。周敦颐在

---

① 在韩非子的故事里，一个人丢了斧子，怀疑是邻居所偷，因为在他眼里邻居的一举一动都像小偷。然而当他找到斧子后，邻居的举止看上去就是一个道德高尚的人。邻居的前后举止其实并无区别，区别完全在于丢斧者的心理因素。

② 苏轼：《题颜鲁公帖》（文渊阁四库全书 / 子部 / 艺术类 / 书画之属 /《六艺之一录》卷 329），第 14—15 页。

③ 黄钺《画品》：

气韵 神妙 高古 苍润 沉雄 冲和 淡远 朴拙 超脱 奇僻 纵横 淋漓
荒寒 清旷 性灵 圆浑 幽邃 明净 健拔 简洁 精谨 俊爽 空灵 韶秀

（转下页）

其《爱莲说》中以三种花来代表三种人品境界："菊，花之隐逸者也；牡丹，花之富贵者也；莲，花之君子者也。"① 这里虽然没有绝对的道德善恶，却都有高下和风格之别。

（接上页）

杨曾景《书品》：

神韵 古雅 潇洒 雄肆 名贵 摆脱 遒炼 峭拔 精严 松秀 浑含 淡逸
工细 变化 流利 顿挫 飞舞 超迈 瘦硬 圆厚 奇险 停匀 宽博 妩媚

郭麐《词品》：

幽秀 高超 雄放 委曲 清脆 神韵 感慨 奇丽 含蓄 逋拔 浓艳 名隽

杨夔生《续词品》：

轻逸 绵邈 独造 凄紧 微婉 闲雅 高寒 澄淡 疏俊 孤瘦 精炼 灵活

许奉恩《文品》：

高浑 名贵 超脱 简洁 雄劲 典博 精炼 整齐 放纵 畅足 谨严 质朴
恬雅 浓丽 清淡 鲜明 老当 险怪 流动 细密 奇谲 空灵 缠绵 神化
圆转 纯熟 轩昂 幽媚 快利 峭拔 沉厚 和平 悲慨 得意 停蓄 游戏

见张法：《中国美学史》（成都：四川人民出版社，2006 年），第 163—164 页。

① 周敦颐：《爱莲说》（文渊阁四库全书 / 集部 / 别集类 / 北宋建隆至靖康 /《周元公集》卷 2），第 2 页。

第十章　功夫伦理

【本章提要】伦理思想无疑是儒家体系的主要内容，但脱离了功夫的框架，就无法对它有恰当的理解。如“己所不欲，勿施于人”在被看作“道德金律”的时候，就会有将是非曲直建立在个人好恶之上的问题。只有将它作为“为仁之方”的功夫教导，以此引导人最后掌握“权”的艺术，才能避免道德金律的局限。“信”的遵守也需要提升到“诚”的高度，才能不至于成为“德之贼”。功夫和道德属于两个不同的范畴，前者是生活的艺术，后者是道义的责任。但所有的道德善恶都对应相应的功夫能力或其缺失。一个人在没有达到功夫境界时，需要用道德责任来规范自己。一旦道德规范转化成了内在功夫，就可以超脱道德约束，从而成为道德中性的了。这种功夫伦理包括道德善恶，却不局限于道德善恶。功夫伦理与德性伦理相似，也重视培养德性，但它超出了将德性作为责任的范围。而且功夫的概念框架更容易解决仅仅拥有美德而不知如何恰当运用美德的问题，以及如何确定一个品性是否美德的问题，也能够更好地解释伦理规范的作用。功夫伦理与效用主义相似，也注重效用，但功夫伦理注重主体的转化，注重功夫本身的美学价值，而且明白“何必曰利”之利。功夫伦理与道德相对主义相似，不对道德信念的真理性做绝对的肯定或否定，但它不搁置“伦理学的承诺”，因为各种道德价值观所能导致的功效是客观的。

在前两章里，我们讨论了为什么儒家的诚意正心修身的基本目的应该看作是获得广义的健康，获得艺术人生的能力（功夫），而不能狭隘地认为是满足某种道德的要求。但把儒家的思想体系归结为功夫体系，并不意味着否定儒家思想同时也是一个伦理系统，而且伦理思想是其最突出的部分。它意味着儒家的伦理应该被放在功夫的框架里来认识，或者说是应该看作是功夫伦理。

一　功夫伦理与道德律令

人们通常以“仁”来概括儒家伦理。子贡问仁，孔子的回答是：“己所不欲，勿施于人。”（《论语・卫灵公》15.24）这句话被认为是“道德金律”的否定表述式。说它是“道德金律”，是因为它似乎抓住了道德的基准，可以看作是所有其他规则的基础。说它是“否定表述式”，是因为与西方人所熟知的基督教的金律表达式“己所欲，施予人”相比，它是告诉人们不要去做什么，而不是要去做什么。“己所不欲，勿施于人”也是孔子的所有语录当中最广为人知的一句，所以我们不妨从分析这个“金律”出发，来解释什么叫功夫伦理。

的确，上述道德金律的各种大同小异的版本几乎在全世界的各种宗教教义中都能找到，似乎各宗教都有此共识。如犹太教的经典里有“己所厌恶者，勿施于邻”（Hillel, Talmud, Shabbat31a），伊斯兰教的经典里有“除非你能够希望别人得到你自己希望得到的，你就还不是一个真正的信教者”（Hadith），印度教的教义里有“如果一件事加诸你会导致痛苦，就不要加诸别人”（Mahabharata 5:1517），佛教有“如果一个做法会让你受到伤害，就不要去对别人那样做”（Udana-Varga 5.18），道教有“见人之得，如己之得；见人之失，如己之失”（《太上感应篇》），等等。1993 年在芝加哥举行的世界宗教大会上，代表四十多种不同信仰传统和精神社团的二百多位宗教界领袖签署了一份由德国学者孔汉思起草的文件，标题为《走向全球伦理宣言》，其中就有“我们必须像希望别人对待我们那样去对待别人”的原则。

但是，人们早就注意到了道德金律的局限。其中，爱尔兰作家萧伯纳的那句话也许最广为人知："不要以你希望别人对待你的方式去对待别人。他们的喜好也许不一样。"你喜欢臭豆腐，并不意味着它是招待所有客人的美味佳肴；你希望找人与你聊天，并不等于你就应该拽着别人聊天，不管人家是否愿意。如果不但把道德金律作为"允许"做什么的标准，而且当作是道德责任的话，则会导致更加荒唐的结论，因为那样的话，对一个喜欢受贿的人来说，"己所欲，施于人"就不仅允许他贿赂别人，而且还意味着他有义务向别人行贿；对一个喜欢吸毒的人来说，"己所欲，施于人"不仅允许他诱导别人吸毒，而且意味着他有义务去扩大他的吸毒圈；对一个希望其邻家的妻子爬到他床上的人来说，"己所欲，施于人"就意味着他不仅可以，而且有义务要爬到她的床上去了。

有的学者因而认为，基督教的道德金律的正面表达式不如儒家的否定表达式，即"己所不欲，勿施于人"，因为后者只是告诉人们什么是不应该做的，它表现了对他人的尊重，不会把自己的意愿强加于人。其中还蕴含了容忍的原则，有助于促进相互的交流、倾听和相互理解。但是，孔子与西方主流的道德金律思想之间的主要区别，并不在于肯定或否定的表述形式。事实上，孔子也有过"金律"的肯定式表述："己欲立而立人，己欲达而达人。"(《论语·雍也》6.30)《中庸》的作者在引用《诗经》那句"伐柯伐柯，其则不远"后，紧接着说，"忠恕违道不远，施诸己而不愿，亦勿施于人。君子之道四，丘未能一焉：所求乎子以事父，未能也；所求乎臣以事君，未能也；所求乎弟以事兄，未能也；所求乎朋友先施之，未能也"(《中庸》第 13 章)。显然，这里既有"金律"的反面表达式，也有其正面表达式。更令人不安的，是"金律"的反面表述也同样会导致困境。按照"己所不欲，勿施于人"，教师给学生低分数就会成为不道德的了，因为学生可以说，老师你自己不愿意得到低分，为什么给我低分？同样道理，"一个罪犯也可以以此为由与惩罚他的法官去争辩"①，因为如果法官自己不愿意坐

① Immanuel Kant, *Grounding for the Metaphysics of Morals*, trans. James W. Ellington (Indianapolis: Hackett, 1981), p. 37, note 23.

牢的话，按照“己所不欲，勿施于人”的原则，他也不应该让别人去坐牢。

这些问题的根本困境在于，这条“金律”无论是正面表达式还是负面表达式，都将是非曲直建立在了个人好恶欲望之上，而个人的好恶欲望可以是道德的，也可以是不道德的。即便是人己均所欲者，也不一定是人己均所当欲者。一个被洗脑的非洲女孩也许与她的家长和周围的族人一样，认为她应该接受割礼，但这并不意味着这是对的。孔子对个人的好恶从来就是持批判态度的。事实上，孔子关于“仁”的一个著名表述，就包含着“克己”（《论语·颜渊》12.1）。在孔子看来，心之所欲只有在经过长时间的修炼以后，才可能达到可以从之而“不逾矩”的境界。

其实，孔子并未将“己所不欲，勿施于人”说成是道德律令，更没有将它当作至高无上的“金律”。他曾清楚地表示：“君子之于天下也，无适也，无莫也，义之与比。”（《论语·里仁》4.10）孔子讨厌僵化和死板（《论语·子罕》9.4，《论语·卫灵公》15.37）。他本人被后人形容为是“圣之时者也”（《孟子·万章下》5B:1），即圣人中能灵活应变者。这在孔子教学的风格中显示得最为清楚。虽然“仁”在孔子的学说中占中心地位，孔子也没有一概用“道德金律”去解释仁。当颜渊问仁时，子曰：“克己复礼为仁。”（《论语·颜渊》12.1）仲弓问仁，子曰：“出门如见大宾，使民如承大祭。己所不欲，勿施于人。”（《论语·颜渊》12.2）司马牛问仁，子曰：“仁者，其言也讱。”（《论语·颜渊》12.3）樊迟问仁，子曰：“爱人。”（《论语·颜渊》12.22）孔子把通权达变的艺术看得如此之高，以致他说：“可与共学，未可与适道；可与适道，未可与立；可与立，未可与权。”（《论语·子罕》9.30）“权”字最初是指衡量轻重的秤，后引申为权衡、通变，与“经”“常”相对。《春秋公羊传》中说，“权者，反于经，然后有善者也”（桓公十一年），就是说，“权”指的是恰恰需要违背已经确立的原则才能得到善的那种艺术。皇侃的《论语义疏》曰：

> 权者，反常而合于道也。自非通变达理，则所不能。故虽可共立于正事，而未可便与之为权也。故王弼曰：“权者道之变，变无常体，

神而明之，存乎其人，不可豫设，最至难者也。”①

孟子也把“权”的艺术看得很重。“淳于髡曰：‘男女授受不亲，礼与？’孟子曰：‘礼也。’曰：‘嫂溺则援之以手乎？’曰：‘嫂溺不援，是豺狼也。男女授受不亲，礼也；嫂溺援之以手者，权也。’”（《孟子·离娄上》4A:17）孟子曰：“杨子取为我，拔一毛而利天下，不为也。墨子兼爱，摩顶放踵利天下，为之。子莫执中，执中为近之，执中无权，犹执一也。所恶执一者，为其贼道也，举一而废百也。”（《孟子·尽心上》7A:26）

如果孔子的“己所不欲，勿施于人”不能理解为道德“金律”，甚至根本就不能理解为一条道德律令，那么我们究竟应当怎样看待它？怎么理解孔子一方面教导他的弟子要“己所不欲，勿施于人”“己欲立而立人，己欲达而达人”，似乎这些可以作为总体的规范和作为“仁”的概括而终身行之，另一方面又说君子“无适也，无莫也，义之与比”，似乎“权”的艺术才是最高的，在某些情况下“道德金律”都可以违背？如何解决这里的矛盾？

让我们看一下它在《论语》里的上下文。“子贡问曰：‘有一言而可以终身行之者乎？’子曰：‘其恕乎！己所不欲，勿施于人。’”（《论语·卫灵公》15.24）在另一处，紧接着“金律”的正面表述式的那句话，即“己欲立而立人，己欲达而达人”后面，孔子又加上一句：“能近取譬，可谓仁之方也已。”（《论语·雍也》6.30）这两段话的关键是“恕”字。《说文长笺》曰：“如心为恕，会意。”即恕字是由“如心”两字组成的会意字。“如”字意为“好比”“如果”“好像”，与“心”字结合，意为将心比心，“能近取譬”，用自己的心去体谅他人之心。“为仁之方”说明它无非是为仁的方法。对道德律令的评价在于对或错，而对方法的评价，则是有效或无效。作为方法，“能近取譬”不保证在所有的场合都能适用，但它却有助于培养同情心。道德律令是不允许有例外的，而且它通常是从外部加诸当事人的一种限制，是当事人必须服从的责任，而方法却是由当事人所掌握的，帮助当

① 皇侃：《论语义疏》（北京：中华书局，2013年），第231页。

事人执行正确行为的能力。在拥有那种能力以后，是否运用该方法就依靠当事人自己的判断了。好比一个人学开车，教练员所教的动作规范实际上就是方法，而不是律令。一旦学会了开车，驾驶员在具体情况下就能自动掌握，不需要在所有的情况下都严格遵从教练员所教的动作规范。这就是“反于经，然后有善者也”的“权”的艺术了。

将所谓的“道德金律”看作是功夫的指导，而不仅仅是道德的律令，这就是功夫伦理的取向。这个取向能够很好地理解为什么孔子可以一方面以“道德金律”的正反面表达式教导他的弟子，另一方面又讲君子“无适无莫”，因为前者是引导弟子入门的手段，而后者是功夫达到成熟阶段以后的能力。一个人一旦达到功夫的成熟阶段，就可以不亦步亦趋地按照那并不总是可靠的“金律”而达到能够“权”的境界了。可以说，“权”的境界正是通过遵从“律”的规范去修炼而获得的本事。从功夫指导的角度看所谓的“道德金律”，前面所提到的各种反例不证明“道德金律”之无效，它们只是证明了“道德金律”的有效范围。

要达到能够“权”的境界，之前的“经”的阶段是必不可少的。朱熹曾引洪氏（洪兴祖，庆善）曰：“权者，圣人之大用。未能立而言权，犹人未能立而欲行，鲜不仆矣。”[①] 还没有学会站立就想跑步，没有不摔跟斗的。此言既解释了“经”的必要性，也警告了“权”的危险性。它本来是“反经合道”，但很容易变成反经离道，也可能被用作借口而离经叛道。[②] 这在

---

① 朱熹:《四书章句集注》，第 116 页。

② 或许正是出于这种担心，程颐曰：“汉儒以反经合道为权，故有权变权术之论，皆非也。权只是经也。自汉以下，无人识权字。”对此，朱熹以为然，但却加了一句“然以孟子‘嫂溺援之以手’之义推之，则权与经亦当有辨”（朱熹:《论语集注》，《四书章句集注》，第 116 页）。程把“可与权”解释为“权轻重，使合义”，“权只是经所不及者，权量轻重，使之合义。才合义，便是经也”（程颐、程颢:《河南程氏遗书》，《二程全书》第 1 册，第 18 卷，第 39 页）。他首先承认，“经”有“所不及”，二是倒过来，“合义便是经”。这是把经等同于道了。所以他的策略不是反经合道为权，而是以合道之权为经。他还承认，“若夫随时而动，合宜适变，不可以为典要，非造道之深，知几可与权者，不能与也”（程颐、程颢:《程氏粹言》，《二程全书》第 3 册，第 1 卷《论书篇》，第 39 页）。这说明他承认“随时而动，合宜适变”，只是认为不可以为典要，无法以典要或者原则的形式固定下来，表达出来。

道德的层面，容易为后世之无忌惮者得以借权以自饰，而在政治上，则可能造成更大的危险。试想如果官员们都可以那“权”来作为理由而置法规于不顾，则无章可循，必天下大乱。在此意义上，“权”乃“圣人之大用”可以理解为“权”之“力”必须掌握在圣人手里，而不能随便赋予人。①

另外一个理解功夫伦理的切入点是诚信。诚信往往被看作道德的底线。一个不讲诚信的人，什么都做得出来。他可以伪装、欺骗、毁约，破坏人际间最最基本的交往条件。因此，“信”在儒家传统中与仁、义、礼、智并列为“五常”之一。孔子说：“人而无信，不知其可也。大车无輗，小车无軏，其何以行之哉？”（《论语·为政》2.22）一个人不诚不信，就像是没有了连接辕和前横木销钉的车，是没法依赖的。孔子的弟子曾子和子夏，也强调过“信”的重要性（《论语·学而》1.4，《论语·学而》1.7）。

然而，如果说诚信的基本要求就是要诚实，不能欺骗，那么儒家传统似乎展现了自相矛盾的另一面。“叶公语孔子曰：‘吾党有直躬者，其父攘羊，而子证之。’孔子曰：‘吾党之直者异于是，父为子隐，子为父隐，直在其中矣。’”（《论语·子路》13.18）父子互相隐瞒对方所做的错事，被看作是正当的。更有甚者，“孺悲欲见孔子，孔子辞以疾，将命者出户，取瑟而歌，使之闻之”（《论语·阳货》17.20）。孺悲托人传话，想要与孔子会面。孔子显然不愿意见他，故撒了个谎，推说有病，不能会见。但传话的人刚出门，孔子便取过瑟来边弹边唱，故意使传话的人听到，让他知道适才所说只是个借口。这不是公开撒谎吗？孔子还说：“言必信，行必果，硁硁然小人哉。”（《论语·子路》13.20）孟子也附和说：“夫大人者，言不必信，行不必果，惟义所在。”（《孟子·离娄下》4B:11）

这种矛盾普遍存在于人的生活实践当中。人们一方面普遍认为说谎是不道德的，人应该诚实，但另一方面又都会认为在某些场合，谎言不但是可以容忍的，而且是正当的。康德的道德理论严格禁止任何谎言，但这种

① 当然，也可以有保守一些的解读：此权乃“共同权衡”，而非共同掌握“权变”（见吴震：《从儒家经权观的演变看孔子“未可与权”说的意义》，《学术月刊》2016年第2期）。但这两者的界限恐怕不应当划得很僵硬。

僵硬性也恰恰是他的理论经常受到的批评。如果纳粹来到你家搜查一个藏匿在你家的犹太人，你难道应该诚实地将那犹太人交出来？柏拉图在其《理想国》里，就将为了维护社会和谐或推进善举而撒的谎称为"高贵的谎言"。

在理论上，这就出现了康德那样的理性主义者最不能容忍的"自相矛盾"。然而从功夫的角度来看，这个矛盾完全可以消解。就像"道德金律"一样，"不能说谎"也是一个功夫指导。因为它是一个非常基本的功法，所以把它当作道德律令来教育初学者，对于奠定一个人的德性基础，为社会提供良好的道德秩序，都是必须的。但在某些情况下，又需要有变通，也就是前面讲到过的"权"的艺术。康德认为在任何情况下说谎都是不道德的，因为这是不尊重对方。但是，像"他甚至不屑对我撒谎"这种说法，却显示有时候撒谎也可以是对一个人的尊重。任何一个有基本情商的人，都不会对弥留之际的祖母说："你看来快要死了！"而会安慰她说，"你放心，你会好起来的"。这话并不是在描述她的真正状况，而是在鼓励和安慰一位垂死的老人。将这句话作为描述语，它无疑是个谎言，但是作为一种行为，它表达的是真诚的善意。一个有情商的老人听了此言，不会觉得这是对她的不尊重。相反，她恰恰会感到这是对她的尊重。在对待孺悲这件事上，孔子确实是撒了个谎，但从功夫的视角来看，孔子是看到了直言不讳的尖刻性，所以以间接的方式传递了不想见孺悲的信息，避免了直接拒绝的尴尬。他用"取瑟而歌，使之闻之"透露了真意，所以他是明确地告诉了信使，前面的"辞以疾"是个托词。这种明确告知，恰恰表明孔子的整个行为是个诚实的行为！

后儒用"诚"来表达这种比简单的"信"更高境界的诚信。与"诚"相比，按照"信"的律令去行事要简单得多。"诚"需要有对特定情形的辨别能力，需要学会"反于经然后有善"的"权"的艺术。然而，掌握了"诚"的艺术的人却常常被那些"言必信，行必果"的"硁硁然小人"所指责，被那些表面上处处遵循道德律令，行为上无可指责的"乡愿"所诟病，孔子和孟子对那些人是深痛恶绝，斥之为"德之贼也"（《论语 · 阳货》17.13，《孟子 · 尽心下》7B:37）。

但另一方面，这种艺术的掌握和运用实为不易，而且灵活性很容易被作为借口而滥用。既然孔子不能准确地告诉人们何时何地可以使用托词，何情何景可以掩盖真相，这就事实上给人留下了“看着办”的空间。结果，受儒家传统影响的人相对而言比信基督教的人更容易诉诸谎言。但是，当我们责备孔子和孟子没有把“信”作为严格的道德律令的时候，问题是出在我们的读解上，而不是孔子和孟子本身。因为他们的“经”（律令）与“权”（艺术）是同一个功夫体系中的不同阶段。以“权”的名义去否定“经”同样是德之贼。

二　功夫与道德

功夫与道德的关系与“经”和“权”的关系有一定重合，但性质不同。为避免误解，让我们先声明一下，本书中所使用的“道德”一词，指的是作为责任的道德，而本书中所用的“伦理”，指的是更广义的“善”，它也许与我们的道德责任有关，也许没有。在古代中国与古代希腊，道德与伦理是混为一体的。而在现代，人们在谈论道德的时候已经基本上都是指与责任所关联的义务了。在这个意义上，现代的道德理论已经脱离了古代的轨道[①]，使道德的范围严重窄化了，以至于它遗弃了生命中大部分与“好坏”“善恶”相关的领域。因此我们不得不启用“伦理”的概念，让它来覆盖那更为广义的道德范围。

对功夫与道德的关系这个大问题的探讨，或许可以从一个比较具体的问题来切入：坏人能不能有好功夫？

1. 功夫与道德的区别

假设李连杰的武功高于成龙，这并不意味着李连杰一定比成龙更加道

① 见 Bernard Williams, *Ethics and the Limits of Philosophy* (Cambridge, Massachusetts: Harvard University Press, 1985), p. 32。

德。我的中文水平或许高于一般的美国人，但这并不等于我比他们道德上更加优秀。当代伦理学家们一般都会同意，道德所涉及的是有关道德义务或责任的范围，而功夫涉及的是生活的艺术，后者是“道德中性的”——这有别于“不道德”，它指的是与道德无关。道德与功夫属于两个不同的范畴。有些道德上的美德可能与功夫能力重合，对此我们将在后面详细讨论，但道德与功夫的区别明显地显示于它们不相重叠之处。例如我们可以谈论烹饪的功夫、绘画的功夫、跳舞的功夫、演讲的功夫。所有这些都与道德没有任何明显的关联。我们既不能说不会做饭是缺乏道德美德，也不能说厨艺优秀是道德美德。其实功夫几乎涵盖了生活的所有领域，但道德只涉及其中一小部分。正如柯普曼所说：“一个人生命当中的大部分内容都是在传统道德规范意义上中性的；也就是说，生活当中牵涉道德选择和道德行为的内容，只在一个人生命当中占很小的一部分。”①

按照康德的观点，道德涉及的是无条件的、绝对的责任，而与道德无关的善恶，则是有条件的，依赖于个人喜好。比如说，“不要说谎”在作为一个道德责任的时候，它是无条件的，没有余地。如果我们加上一个条件，说“如果你希望人家信任你，那就不要说谎”，这就变成了一个“假言命令”，成了基于你想获得别人信任这个条件的手段了。当我们评价一个道德律令的时候，我们使用的词语是“对”或“错”，但评价一个假言命令的时候，我们使用的词语是“有效”或“无效”。“不说谎”完全可以被视为一个功夫指令，以获取人的信任，但是作为一种达到目的的手段，它在性质上不属于道德范围。一个把诚实当作功法的人，可以说是聪明的，但不能说是道德上优秀的，当然也不是在道德上是错误的——他在这一点上是“道德中性”（amoral）的。作为一个手段，它与“你如果要抢银行，就得先制服银行的保安”一样，都是用“有效性”来评价的。康德甚至区分了道德动机和自然倾向，认为一个行为只有在出自于道德动机的时候才能够

① Joel J. Kupperman, “Confucius and the Nature of Religious Ethics,” in *Philosophy East and West* 21, No. 2 (1971), p. 192.

说是有道德价值的。同样是为人家做一件好事，如果我的动机是“这是道德的”，当人家感谢我的时候，我会说，“不用谢，应该的”。这句话里面蕴含的是，做此事是我的道德责任。如果我本来就乐意去做这件事，我做此事的动机就是自己的爱好，当人家感谢我的时候，我就会说，“不用谢，我乐意”。这句话里蕴含的意思是，做此事是出于我的乐意，因此它没有道德的价值。虽然我也许同时是在道德上有责任去做此事，那也只是巧合。

这也是为什么柯塔宾斯基把研究幸福生活的学问称为“幸福学”，与严格意义上的伦理学区分开来的原因。[①] 这个区分完全符合康德的观念。按照这个观念，效用主义严格来说不能成为道德理论，因为不然的话，不会说英语也可能被看作是一个道德上的缺陷了，因为它没有能够使只懂英文的人得到最大可能的幸福。如果我们把伦理等同于道德，这样的结论确实是很荒谬的。为解决这一问题，效用主义哲学家密尔提出了一个区分道德和他称为“单纯审慎”（simple expediency）的标准。密尔划分两者的标准是，如果在某件事上，我们认为那个未能尽可能导致所有相关者幸福的人理应受到惩罚，那么这件事就是不道德的；如果我们认为此人做的事情虽然不好，但不至于要接受惩罚，那么这就是单纯的不够审慎的问题。这个标准是他从日常语言的用法当中总结出来的。“我们不会把任何事情称作为不道德，除非我们的意思是做这件事情的人应当为此受到某种惩罚——如果不是法律的惩罚，那就是其同类的舆论谴责；如果不是其同类的舆论谴责，那就是他自己的良心责备。”“责任是一个能够向一个人索要的东西，就像索取债务一样。除非我们认为能够向一个人索取它，否则我们不称它为他的责任。”[②] 因为我们一般不认为你不能讲一口流利的中文就应该受到惩罚，因此，即使你因此而未能最大限度地使所有相关者得到幸福，我们还是不说你是不道德的。我们谴责违背道义的行动，但我们对于那些因功夫欠佳而未能带来更多幸福的人，只能表示遗憾、失望或者怜悯。

---

① Tadeusz Kotarbiński, “The ABC of Praxiology,” in *Praxiology and Pragmatism*, p. 25.

② J. S. Mill, *Utilitarianism*, ed. George Sher (Indianapolis, IN: Hackett Publishing Company, 1979), p. 47.

质言之，功夫和道德属于不同的范畴。功夫的善是非关道德的。完全可以设想一个道德恶劣的人可以比一个道德高尚的人有更好的功夫。希特勒可以说是具有功夫的——制造人类灾难的功夫。其实这并不像乍一听上去那么荒唐，因为这和说希特勒可以有比甘地更好的体能没有两样。希特勒之恶，不在于他有鼓动大量追随者的能力，而在于他把这种能力用来做什么。在一头牛的眼里和素食主义者的眼里，《庄子》里的庖丁应该受到谴责。但不管怎样，他的解牛技能依然可以被看作是优秀的功夫——那种与道德无关的技艺的优秀。

与康德伦理学和密尔的效用主义伦理学相比，亚里士多德的德性伦理学没有提供一个明确区分道德善与非道德善的标准。亚里士多德把能够做到避免过与不及的"中庸"（the mean）的能力称为伦理德性（*ethike arête*），这在英语中通常被翻译为"道德的美德"（moral virtue）。看来，在亚里士多德的心目中，我们有道义上的责任吃得不多不少，穿得不冷不热，甚至有义务获得足够的饮食男女的愉快，否则就会被认为在道德上是有缺陷的。这听起来至少是有点怪。但这种怪异不是因为亚里士多德缺乏判断力，而是因为概念的变化。[①] 在亚里士多德的术语中，"*ethike*"是由 *ethos*（习俗、倾向性）和 *technē*（技艺）合成的一个复合词。这个词源显示，其原义是以习惯或倾向性的形式存在的技艺。至于"*arête*"，它意味着卓越的功能，而不是局限于道德义务所要求的德性。[②] 由于"美德"一词如今已经加载了浓重的道德含义，因此"*arête*"实际上更适合于被理解为"技能"。如厄姆森（J. O. Urmson）所说，"亚里士多德的中庸不是作为一项道德义务而制定的规范，而是作为优秀人品的定义的一个部分"[③]。由此可见，

---

① 见 J. O. Urmson, "Aristotle's Doctrine of the Mean," in *American Philosophical Quarterly* 10, No.3 (July 1973), p. 223。

② 亚里士多德说，"按照一般的观点，*arête* 是提供和保持好的事物的那种功能，或者是提供许多巨大利益，在所有情况下对所有的事物都有利的功能"（*Rhetoric*, 1366a36–b1, in *The Revised Oxford Translations of the Completed Works of Aristotle*, ed. J. Barnes, Princeton: Princeton University Press, 1984）。

③ 见 J. O. Urmson, "Aristotle's Doctrine of the Mean," in *American Philosophical Quarterly* 10, p. 223。

ethike arête 应是“优秀的生活技艺”，或简单地说，就是“功夫”。在亚里士多德伦理学里，*arête* 与道德义务的关系是由其目的论的形上学提供的：由于我们形上学意义的本质决定了我们应该如何去生活，而那些德性能力能够帮助我们按照那种方式去生活，所以我们有责任去培养这些德性能力。我们在多大程度上有义务去开发和运用一个德性能力，取决于它在多大程度上有助于实现我们先天预定的目的。

像希腊字 *arête* 一样，中文的“德”在字源学的意义上也是指道德上中性的品性和能力。[①] 它最初是指一个人天赋的魅力，因此而具有当君主的合法性。后来，“德”开始被视为一种可以由自己培育的品性。在儒家的经典里，“德”进一步被赋予了道德的含义，但它从来也不局限于道德上的义务。

有自由主义倾向的人可能会责怪亚里士多德和孔子把道德的范围扩展得过宽了。他们会要求把生活方式的选择留给个人的偏好。而另外一些人可能会责怪康德和其他有类似想法的伦理学家把伦理学限制得太窄了，局限到了仅仅是有关道德责任的范围，从而使道德善以外的生活领域脱离了伦理学关注的范围。我们可以同意康德，不把生活的艺术作为道德责任，但我们不应把伦理学局限在研究道德责任的范围，如柯普曼所说的那样，将其外面的广阔领域变成一个“皇帝的新装”上的巨大破洞。尽管有尼采的冲击和亚里士多德德性伦理的复兴，这个破洞依然被许多人所忽略。忽略这个破洞可以给人一种舒适感，因为它会保留一个巨大的无须关顾的自由区域。按照那种伦理学，人们所需关心的一切仅是柯普曼称作为“重大时刻”的那些状况，比如母亲与媳妇同时落水应当先救母亲还是先救媳妇，是不是应该举报一个朋友的罪行，可不可以对恐怖袭击嫌疑人使用酷刑，等等。由于一个人很少会面临这类情况，人们通常认为我们的伦理学课堂里讨论的那些道德两难问题虽然有趣，但与每个人的实际生活没有多大的关系。正是由于这一原因，探讨功夫伦理能帮助人们认识到，虽然功夫的

---

① 葛瑞汉（A. C. Graham）就将“德”翻译为能力 potency（见其 *Disputers of the Dao*, La Salle, IL: Open Court, 1989, p. 13），阿瑟·威利（Arthur Waley）将“德”翻译为力量 power（见其 *The Way and Its Power*, New York: Grove Press, 1958）。

善与道德的善不同，但它与人生的质量有很大的关系。

2. 功夫与道德的重叠

如果功夫不同于道德，那为什么功夫大师经常强调道德，并对他们的追随者规定严格的道德守则？这在武术当中尤其如此。[①] 武馆的道德规约通常都非常严格，违规者甚至会被逐出山门。对此的通常解释是，那些规约是维护正常武功修习的必要条件，更重要的是为了确保功夫的恰当应用。正因为坏人也可以具有功夫能力，所以需要道德规范来制约修习者不会滥用其所学。

道德一方面可以提供功夫修习和恰当运用的外在条件和规范，另一方面也可以与功夫有更内在和直接的关联。道德律令可以作为功夫的指导，道德的美德可以作为一个取得功效的功力，道德修养可以直接就是养生健身、获取功力的行为。例如，诚实通常被看作是一种道义责任，但它也可以是功夫修炼的指导。一个人所具备的诚实美德，也是他获取信任的功夫。反之，缺乏诚信的德性，也是缺乏取信于人的功夫。[②] 通常我们认为孝是一个人对父母的道义责任，但它也是“为仁之本”(《论语·学而》1.2)，是和谐人际关系的能力的根基。在笔者参加过的一个功夫实修班上，主讲老师反复强调说，“万法归宗，以德为本”，德是功夫的根本技术。在提问环节，有人问道，自己会经常莫名其妙地感到恐惧，是怎么回事，怎么办？那位老师答道：“你应当多孝敬父母。”此话乍一听来让人一头雾水。克服

---

① 例如，少林武术就有“武德十戒”：一戒立志不坚，徒染虚名；二戒轻浮虚夸，不知深浅；三戒心胸狭窄，不纳忠言；四戒狂妄自大，唯我独尊；五戒逞强斗狠，虚荣好胜；六戒舌无禁忌，议人之过；七戒虚担师名，误人子弟；八戒铜臭之躯，奸商气息；九戒自矜自赏，故步自封；十戒不敬师道，无情无义。武当武术也有五戒：不得杀生，不得偷盗，不得邪淫，不得荤酒，不得口是心非。

② 严格说来，诚实的德性是获得信任的一个条件，虽然不能说是必要条件（见 J. L. Mackie 关于因果条件的论述，“The Direction of Causation,” in *Philosophical Review* 75, No.4 [October, 1966], pp. 441–466）。一个不诚实但却有着完美演技的人或许会比一个诚实然而却不善于表达的人获得更多的信任。诚实作为一种获取信任的功夫，就像一种艺术手段是创作一个艺术品的功法一样。逻辑上，一个猴子的随机跳跃创作出一幅超过莫奈的画作也并非完全不可能。

恐惧感与孝顺父母有什么关系？显然，这位老师是直截了当地把儒家的“孝”作为排除心理恐惧的技术了！对此，人们本能的反应是质疑其根据，因为两者似乎毫不相干。但或许这里有一种为常识所不知的逻辑。如王夫之所说，“气是个不恐惧的本领”[①]。而这个气的修炼，按照儒家的经验，就是从孝亲开始的。由孝亲而逐渐培养自己的善心，最后达到孟子所说的心无所慊，“君子所过者化，所存者神，上下与天地同流”（《孟子·尽心上》7A:13），其至大至刚之气“塞于天地之间”（《孟子·公孙丑上》2A:2）。这种气可以使他藐视侯王，不畏权势，更不用说其他了。

很难想象任何道德上的美德不同时也是功夫的能力。我们可以合理地认为，所有的道德美德都是能够使人生变得美好的功夫能力；同样，所有的恶劣品性都可以被认为是功夫的欠缺。一个人之善，就是在相关的方面具有功夫；一个人之恶，也就是在相应的方面缺乏功夫。这里我不是在主张所有美德的统一性。一个人可能具有诚实的美德而没有慷慨的美德，此人因此也就有取信于人的功夫，而没有获取他人帮助的功夫。一个人可能对他人是残酷的，但又是一个爱子女的父亲。此人因此而缺乏获取他人支持的能力，但仍有引发其子女亲情的能力。

如果确实是这样的话，那么道德良善就成了功夫的内在组成部分。这里所说的内在，是指它不仅仅是规范功夫的应用（比如“你不得说谎”的规范禁止一个医生欺骗他的病人），也不仅仅是为修炼提供有利条件（比如一笔捐赠使人能够继续修炼）。正如胆固醇的适量是健康的构成要素，一种道德上的美德将会同时是一种功力，是功夫本身的构成要素，比如儒家的“仁”就同时也是调动周围人物能量的功夫。

这与我们前面说的道德与功夫属于两个不同的范畴并不矛盾。自由女神像既可以是一个艺术作品，也可以作为纽约市的标志。这取决于你如何看待它。同样，一个相同的品性特征既可以被看作是道德上的美德，也可以被看作是功夫。使用弗莱格（Friedrich Ludwig Gottlob Frege）的术语，

---

① 王夫之：《读四书大全说》（《船山遗书》）卷 8，《孟子·公孙丑上》，第 27 页。

我们可以说，就指称而言，它们只是同一个“体”的两个属性，但就其属性或者含义而言，功夫仍然不同于道德，因为道德是有关责任的，功夫却不是。“什么是道德的？”与“什么能够增进功夫？”将得到外延相同的答案，但这两个问题的内涵还是不同的。“己立立人，己达达人”就既是道德要求，同时也是立己达己的技术，而且这两方面又是紧密相关的。作为道德命令的立人达人，事实上能作为立己达己的技术；作为技术的立人达人，又要求人把立人达人作为绝对的道德命令去实行。康德理论给人一个印象，似乎“绝对命令”和“假言命令”是截然对立的。如果我是为了生意的兴隆而讲诚信，那就还不是真正的道德。真正的道德必须是绝对的、无条件的，不是“如果你想得到顾客的信任，就要讲诚信”（假言命令）。但为什么只能二择其一，非此即彼？为什么不能兼而有之？按孟子的看法，道德在作为一种技术时恰恰有这样一个特点，即只有当行为者的目的是为道德本身，而非外在的目标（包括健康）时，它才能作为有效的手段而发挥作用。正因此，孟子对急于求利的梁惠王说，“何必曰利？亦有仁义而已矣”（《孟子·梁惠王上》1A:1）。显然孟子不是说不要利，而是说弃仁求利，如“缘木求鱼”，适得其反。（《孟子·梁惠王上》1A:7）所以儒家也有“仁者安仁，智者利仁”的说法。儒家的“己欲立而立人，己欲达而达人”不仅意味着道德上每个人都有立人达人的责任，它也意味着只有通过立人达人，才能真正立己达己；并且只有在不从立己达己出发，一心一意立人达人时（即不把立人当作假言命令，而是当作绝对命令时），才能最有效地立己达己。正如老子所说“圣人……以其无私，故能成其私”（《道德经》第7章）。这里没有绝对命令和假言命令的截然对峙。这样的思想其实也切合许多宗教的教义。如基督教认为行善积德能帮助人死后进入天国，但却不能只为了进天国才去行善积德。佛教也提倡积功德，以脱离苦海，进入涅槃，但如果只是为了进入涅槃才积功德，则最多只能使人免堕地狱，而不能成正果。

安东尼·朗说，古希腊伦理学本质上都是幸福论的，即设定一个最终目的，如通常被翻译为幸福的 eudaimonia，然后提出一系列关于实现这个

目的的技术。现代的道德理论与古代分道扬镳，把道德限制在义务和责任的范围，这种

> 个人幸福与道德疏离的代价非常高昂。它完全没有解决动机的问题，而是将这个难题在心理学的意义上留给了个人气质的偶然性。……这种现代进路使道德在理智的兴奋感和挑战性上毫无吸引力，它仅仅告诉我们：应该履行义务，应该遵守道德规则，应该促进最大多数人的幸福。如果我们认为这些律令在个人层面没有吸引力，那么也就没有确定的动机遵守它们。[1]

这个说法虽然有些过分，因为不能说现代道德理论“完全没有”解决道德动机的问题，但绝对可以说它们“没有完全”解决道德动机的问题。康德的责任伦理学把道德的动机归结为理性的自律，而不是心理学意义上的偶然性，但对于很多人来说，理性自律显然不足以使他们遵从道德。反而是密尔的效用主义伦理学比较现实，他虽然认为，人有责任追求最大多数人的最大幸福，但在讲到动机时，他指出，哪怕出于个人的功利，一个人也很少有理由自私自利。

一个康德主义者会说，当我们将道德的美德和功夫的能力划分为不同类别的时候，功夫能力在这个意义上与行恶的本事没有本质的不同。在这种分类的框架下，功夫能力与道德之善的重合只是巧合，即功夫能力恰好与它们相应的道德美德相“符合”（in accord with）。但我们有理由相信，它们之间的关系不是单纯的巧合。道德美德之所以被看作是道德的，可能正是因为它们是保证生活质量所必不可少的底线，它们因此才被看作是人的责任。毕竟，在好多事情上，人们需要毫不含糊的“可以”或“不可以”（道德的无条件律令），而不是假言命令式的功夫推荐（“如果你想要获得功夫，就该如此这般”）。在这一问题上，功夫伦理学会同意密尔的观点，即

① 安东尼·朗：《作为生活艺术的希腊化伦理学》，第70页。

我们日常生活中奉行的道德原则之所以会成为原则，正是因为总体而言，它们是效用的基本保障。

当然，人们并不总是做出相同的判断，更不会总是做出正确的判断。这可以解释人们为何有不同的道德原则。我们的某些功夫判断可以非常恰当地被认为是对或错，而另一些则更像美学的口味，没有正确和错误可言，只是不同而已。这两个极端之间不存在清晰的界限，答案很可能取决于主观性和具体情况（这一点我们会在后面予以讨论）。从功夫的角度来看，所有这些都可以得到很好的理解，而不导致逻辑的不一致。

3. 功夫对道德的超越

上述分析表明，我们也可以从人的成长的角度来看道德与功夫。一个行为或许本身是道德所要求的（是责任），但是当一个人能够超越道德的约束，不是将这个行为当作道德所要求的事情去做，而是自觉地为了自身的成长去这么做的时候，就是对道德的超越。安东尼·朗曾经引用爱比克泰德《谈话录》里的一段话，作为对此的说明：

> 当我看到一个美貌的男孩或女人，我并不对自己说："要是能跟她做爱有多好"，或者"她丈夫真是个幸福的人"。因为称她丈夫幸福就好像称通奸者幸福。我不会在头脑中勾画接下来会发生什么——这个女人和我在一起，脱掉衣服，躺在我旁边。我会轻轻敲一下自己的脑袋，说："爱比克泰德，干得好，你已经解决了一个逻辑上的难题……"

安东尼·朗解释道："值得注意的是，爱比克泰德并没有对通奸内在的恶性进行道德说教。他关注的不是那个在原则上错误的违背伦理的行为，而是心理上克服诱惑的策略。""在他看来，摆脱激情与在某个严格技术化的领域达到成功［如解决一个逻辑难题］类似。""抵制某些表面上有吸引力但违背伦理的行为，实际上是为自己赢得了更好的东西。”[①]

如果说用自我的技术取代道德的制约已经是对道德的超越，那么当一个人完全与道为一，甚至不感觉到自己是在运用任何技术的时候，就是对道德的更加完全的超越了。让我们借用一个庄子的例子略加修改，来说明这个问题。[②]如果你在一个拥挤的市场里不小心踩了别人的脚，你会为你的举动做出正式道歉。但是，如果你不小心咬了自己的舌头，你需要给自己一个正式的道歉吗？为什么不一样？为什么我们很少对自己动用道义责任，而通常认为道德只是处理人际关系的？这个简单的事实表明，越是与你亲近的人，越不需要动用道德责任。道德只是在功夫结束的地方发生作用。中国有句古话，“小隐隐于野，大隐隐于市”。一个功夫不高的人需要隐于山林来避免与人发生冲突，来保持自己的心境的平和，而一个有高功夫的人，可以安处闹市而与人无争。[③]今天，大多数人都赞成文化的多元而反对用单一的普世系统来独霸天下。但正如柯普曼所指出的，当人们主张多元化的时候，他们通常引用的是诸如动物的权利、尊重宗教习俗、同性恋婚姻之类的例子。而那些主张普世价值的人往往会引用大规模屠杀、强奸之类的例子。对于后面这类例子，人们能够容忍多元化的程度就大大降低了。[④]情况似乎是，有一个“道德的核心”，是人们普遍觉得应该遵守的，不能够被归结为道德中性的生活艺术。但实际上恰恰相反，当我们从功夫的角度来看，那个道德核心地带的问题恰恰是最容易通过功夫修炼或者通过法律来解决的。即使是最低限度的教育和修炼，都会大幅度减少那些令人发指的罪行。在那些问题上，也比较容易达成禁止这些罪行的普遍共识。

---

① 安东尼·朗：《作为生活艺术的希腊化伦理学》，第70—71页。

② 庄子的例子是“蹍市人之足，则辞以放骜，兄则以妪，大亲则已矣”（《庄子·庚桑楚篇》）。

③ 在其 *The Moral Fool*（New York: Columbia University Press, 2009）一书中（第44—47页），汉斯-格奥尔格·梅勒（Hans-Georg Moeller）引用了庄子的例子并且提供了更多的例子来说明在生活的大多数领域，道德都是多余的。

④ Joel J. Kupperman, *Ethics and Qualities of Life* (New York: Oxford University Press, 2007), p. 120.

道德规范则通常适用于那些既没有达到需要法律禁止，也不属于能够通过常识性的功夫知识就可以防止的有害行为。我们一般不需要制定道德规范来禁止我们虐待自己，因为我们很少发现有人缺乏这种生活的基本功夫知识。但正因为此，我们觉得有必要推广功夫伦理，以便人们可以看到，道德的提升不仅与功夫的提升完全一致，而且正是功夫提升所要求的。通过这种认识，人们将不是因为外部强加的道德约束而行善去恶，甚至不是把道德的行为当作“自我的技术”去运用于人生，而是像《大学》中所说的“如好好色，如恶恶臭”一样，自然地行善去恶了。

如果我们同意上述《庄子》和《大学》的观点，那么功夫修炼的一个理想目标就是减少对道德的依赖，扩大通过功夫修炼来生成和谐的人际关系。作为生活的指导，功夫伦理将建议，在理想的情况下不仅道德的对错不会不停地占据我们的思想，而且所有的价值都应该“被遗忘”。此处“遗忘”的意思是它已经融化在我们的血液中，成为我们的倾向性，或者说是第二天性，成为我们不用去想着它的功夫，而不是时刻惦记着的原则或道德律令。真正的好人不是那需要控制自己“我不应该欺负孩子来取乐”的人，而是那种欺负孩子取乐的念头根本就不会出现的人。让我们再次引用庄子：

> 至德之世，不尚贤，不使能；上如标枝，民如野鹿；端正而不知以为义，相爱而不知以为仁；实而不知以为忠，当而不知以为信。（《庄子・天地》）

儒家的理想一点也不比这样的境界低。虽然很多人有一种错误的观念，认为儒家的核心是建立制约人的道德原则和规范，但其实儒家的最高目标是“从心所欲不逾矩”（《论语・为政》2.4）和“游于艺”（《论语・述而》7.6），是“仁者安仁”，而不仅仅是“智者利仁”（《论语・里仁》4.2）。孟子说：“由仁义行，非行仁义也。”（《孟子・离娄下》4B:19）这两者的不同在于，当你行仁义时，你的目的是为了道德，而不是出自你的心。当你由仁义行的时候，你不是为了道德而行，而是顺从自己的心意在仁义的道路上行。这就是《道德经》第 38 章说的：“上德不德，是以有德；下德不失德，是以无德。”

其实即便是康德的伦理学也可以从这个角度去予以同情地解读。毕竟，康德并不是说我们所有的行动都必须出于道德的理性动机，而不能出于心理倾向性。按照康德的理论，出于爱的道德中性行为并没有什么不好。康德只是想说明在何种条件下我们才能正确应用道德的判断。如果特蕾莎修女所做的一切都是出于爱，而不是出于道德上的义务，那其实更好（虽然是在道德中性即“功夫”的意义上的“更好”）。如果她是为了道德上的义务去做善事，而不是出于她的爱心，我们会说，她作为一个人仍不够完美。

当然，这里说的是美德的最高境界。对大多数人来说，我们还没有达到美德的充分体身化，因此，仍然需要时不时地调动道德责任的动机。例如在战争当中，面对既没有足够的爱也没有法律的机制去阻止残酷的情况下，或在经济交往中，面对一个非常有诱惑力却不应得到的利诱的时候，就需要道德责任的约束了。但这恰恰是因为人们尚没有修炼到使道德观念失去其必要性。

也许我们可以用这样一个问题来概括本节的内容：恶人能不能有好的功夫？我们的第一个答案是肯定的，因为功夫和道德属于两个不同的范畴，一个是关于生活的艺术，另一个是关于道德的责任。但这只是从理论上讲，也就是说从范畴归属而言，功夫和道德不同类。我们的第二个答案是否定的，因为在现实生活中每一个道德上的善或恶都对应各自的功夫能力或缺失。有理由认为，道德的善和恶之所以获得它们的道德地位，正是因为它们各自完善或伤害人生的功能。从这个意义上说，道德的良善正是功夫。我们的第三个和最后的答案是：不仅恶人无法具有良好的功夫，善人，只要他们仍需要调用道德责任，其相应的功夫就还不够完美。真正的功夫大师是道德中性的。

三 功夫伦理与其他伦理学理论

为了进一步说明功夫伦理，有必要将其与现有的最具影响力的一些伦理学理论，比如德性伦理，效用主义伦理、责任伦理和相对主义做一个简单对比。

1. 功夫伦理与德性伦理

功夫伦理显然强调人的修炼。在这方面，它和德性伦理的确很相似。柯普曼指出，与孔子和其他亚洲哲学家之重生活风格和礼节仪态的培养相比较，西方的伦理学家们在过去两百年来，注意力都集中在那些需要做出重大道德决断的“大时刻”，而将人们生活当中大部分的每时每刻的生命弃置一边，使其成为一个“自由发挥的区域”。[①] 然而虽然人们相互交往的多数情况不涉及道德上的问题，它们依然可能是令人遗憾的或者是值得称赞的，依然会影响到生活的价值和美。康德的伦理学和效用主义的道德理论在很大程度上忽视了人们的道德选择受到人品的制约，似乎人的道德选择只是遵从什么原则的问题，并且永远都是苦涩的无乐趣的义务，而不是生活之美好的组成部分。心理学和人类的共同经验告诉我们，一个人对一个道德状况的反应，在很大程度上是在他做出决断以前就已经被他的品性所决定了。柯普曼指出，人们的直觉以为，所谓道德就是在面临选择的时候做出正确的决断，但其实相反，道德更多的是培养一个人的品性，以使其选择范围越来越小，因为不道德的事情已经对他来说变得不可想象而被排除在选项之外了。“在极端的情况下，比如说一个儒家圣人，将会无须做任何选择，因为各种不值得考虑的行为已经不再是活的选项。”[②]

所有这些似乎都指向了德性伦理，即重点关注德性而非行为规范的伦

---

① Joel J. Kupperman, *Learning From Asian Philosophy*, pp. 167–169.

② Ibid., p. 136.

理。这里“德性”是英文里的“virtue”，起源于希腊文 *arête*，原义指能够使一个主体（无论是物还是人）发挥最佳功能的品性。比如锋利就是刀的德性，灵敏的嗅觉就是鼻子的德性，能够让人生活幸福的，就是人的德性。这个词的延伸“virtuosity”，就大致相当于中文的“功力”，所以在概念源头上，确实德性伦理学与功夫伦理是非常一致的。只是在此基础上发展出来的德性伦理，把德性的培养作为道德责任，于是德性也就逐渐专指人的道德品性了。一旦作为责任，它就和作为艺术的功夫拉开了距离。

与“德性伦理”这个标签相比，柯普曼更倾向于“品性伦理”（character ethics）。他注意到孔子提到过，一种美德通常也有与之相伴的局限。他认为《论语》中“人之过也，各于其党。观过，斯知仁矣”（《论语 · 里仁》4.7）这句话意味着一个人的过失与他所具有的德性像一枚硬币的两面，或者说“套餐”，是跟随着而来的。[①] 其实《论语》里还有另外一段话，也是同一个意思：“好仁不好学，其蔽也愚；好知不好学，其蔽也荡；好信不好学，其蔽也贼；好直不好学，其蔽也绞；好勇不好学，其蔽也乱；好刚不好学，其蔽也狂。”（《论语 · 阳货》17.8）可以说，所有的德性都有其相应的“蔽”，因此我们不可能仅仅从一个人的行为是不是符合某种德性或原则来判断其对错。在柯普曼看来，“德性伦理”这个标签太容易把每个德性孤立起来，并绝对化。儒家的伦理与其说是培养一个个可以孤立看待的德性，不如说是培养包含各种德性在内的完整品性。因此，儒家伦理应该更恰当地说是“品性伦理”，而不是德性伦理。[②]

---

① 其他有关的论述还有：“孔子曰：‘入其国，其教可知也。其为人也：温柔敦厚，《诗》教也；疏通知远，《书》教也；广博易良，《乐》教也；洁静精微，《易》教也；恭俭庄敬，《礼》教也；属辞比事，《春秋》教也。故《诗》之失，愚；《书》之失，诬；《乐》之失，奢；《易》之失，贼；《礼》之失，烦；《春秋》之失，乱。其为人也：温柔敦厚而不愚，则深于《诗》者也；疏通知远而不诬，则深于《书》者也；广博易良而不奢，则深于《乐》者也；洁静精微而不贼，则深于《易》者也；恭俭庄敬而不烦，则深于《礼》者也；属辞比事而不乱，则深于《春秋》者也。’”（《礼记 · 经解》，上海：上海古籍出版社，1987 年，第 273 页）

② Joel Kupperman, *Character* (Oxford: Oxford University Press, 1991), pp. 108–109, 167–169.

这一点确实值得我们认真思考。任何功夫老师都会同意，品性的全面培养对增进功夫具有重要意义。实际上像亚里士多德那样的德性伦理学家意识到，美德的恰当运用需要有实践智慧的指导，因此“功夫”一词也许能比“德性”更好地抓住亚里士多德的理论的精髓。如果一个人仅仅具备了诚实、慷慨、同情、勇敢等各种美德，却不知道如何在各种具体的情境当中恰当地运用这些美德，他一定会到处把好事搞砸。中国古代有许多被认为是过于坚执某种美德而不知其蔽的例子，如荀息之忠、季札之让、尾生之信、仲子之廉、子路之勇、申生之孝、直躬之直、宋襄之仁[①]等。这些例子都说明单个的德性不是“善”的最后标准。以儒家的仁、智、勇“三达德”为例，有同情心是“仁”的基本含义。一个只要人家骗他说“有人掉到井里了”就会马上跳进井里去的人，确实很有“仁”心，而且不是一般的仁，是愿意舍己为人的仁。这样的“仁”很容易被人愚弄。可是不受骗上当，其实与“仁”无关，而是与“智”有关。用“智”来定义什么叫真正的“仁”在逻辑上不通。再比如，聪明是“智”的基本含义。一个能巧妙利用法律漏洞而成功逃避惩罚的人确实很聪明。我们不愿意说他“智”，其实是认为这样的“智”不义，这和智的本来含义无关。除非我们把“不义”也定义为

① 荀息之忠——荀息为晋献公之股肱之臣，受献公托孤，以死殉职。其举虽忠于他对献公的承诺，却是为献公坚守了一个错误，故被诟病为愚忠。季札之让——季札为吴王之子，德才兼备，然三让王位，隐遁民间，不能为国展其雄才，反为吴国埋下了危机，其让因以招致非议。尾生之信——尾生与女子相约在桥下相会，久候女子未至而水涨，尾生为了守信，抱桥柱而死，同时成为坚守信约和不懂权衡利害的典型。仲子之廉——仲子宁可饿死也不食乱世之食，被孟子讥为“蚓廉”，即以为清廉就必如蚯蚓一般无求于世，是为迂腐。子路之勇——孔子的弟子子路好勇而“无所取材”（《论语·公冶长》5.7），“暴虎冯河（赤手空拳去和猛虎搏斗，不用船只桥梁而欲徒步涉河），死而无悔”（《论语·述而》7.11），最后如孔子所预言，“不得其死”（《论语·先进》11.13）。申生之孝——申生为晋太子，其父晋献公宠骊姬，意欲废申生而改立骊姬之子奚齐。申生自尽以成全其父。后世以为其父不义而他仍顺从之，只可以说是恭顺，称不上孝。直躬之直——《论语》记载，“叶公语孔子曰：‘吾党有直躬者，其父攘羊，而子证之。’孔子曰：‘吾党之直者异于是，父为子隐，子为父隐，直在其中矣。’”（《论语·子路》13.18）宋襄之仁——宋襄公在面临楚军渡河来犯时，以为乘敌军渡河，军队尚未排好阵势之机袭击对方为不仁，最终导致大败。

“不智”。[1] 又比如“勇”的基本含义是大胆。一个敢于冲进火场去抢救一包方便面的人，确实很大胆。我们不愿意说这个人有勇，其实是因为一包方便面不值得冒生命危险。这样的勇很愚蠢。但愚蠢却也和“勇”的基本含义无关。用智慧来定义勇敢的德性，逻辑上也有一个跨越。反之，单个的“恶”也不是“恶”的标准。柯普曼用了一个简单的例子来说明这点：一个极为固执而又有强烈控制欲的人在许多情况下会非常有害，但他却可以是一个值得钦佩的反抗暴政的斗士。[2]

大多数人陷入德性之蔽是由于其“似是而非”的“是”，或者说出于善心，善德。德国总理默克尔在大规模引入中东难民的时候，无疑是出于善心。但她这一政策所造成的副作用，令整个欧洲面临极大的危机。曼德拉推翻南非种族主义统治，实现种族平等的功绩，更是令举世敬仰，但他所带来的变化，也有负面的影响。有人甚至说他是全世界的圣人，南非的罪人，因为他的改革也导致了南非的经济停滞与倒退、治安的恶化，使南非从一个准发达国家断崖式地跌落到一个发展中国家。这都可以说是作为副作用的德性之蔽。

但另有一类人则是利用德性的似是而非这一特点，故意地绑架了德性来行恶。绑架德性的人做的是坏事，却以德性的面貌自居，因而他总是显得很正确。这就是孔子和孟子所特别讨厌的“乡愿”。子曰：“乡愿，德之

---

① 可能有人会说，他没有看到其不义，就是不智。但这个人完全可能明知其不义，但因为自己能够成功逃脱任何后果而依然为之，他不智在哪里？

② Joel Kupperman, *Character*, p. 168. 这里蕴含了一个很复杂的理论问题。苏格拉底有一个观点，叫“德性统一论”（the unity of virtues），意思是所有的德性都互相蕴含，而且都可以归结为“智慧”这一种德性。所以实际上只有一种德性，就是智慧。一个人要么具有所有的德性，要么什么德性都没有。如我们说“见义不为无勇也”，苏格拉底说，实际上这不光是不勇，也是“不智”。如果真的知道这是对的，为什么不为？如果说胆小，那就意味着你认为自己的安全更为重要，因此在你心中真正的“义”在于保全自己。苏格拉底的这个观点或许逻辑上可以成立，但其代价是需要扭曲我们对德性词语的基本理解。在日常语言当中，我们完全可以说一个慷慨的人不一定有勇气，一个有勇气的人不一定谨慎。换句话说，日常语言更倾向于同意孔子的每种德性都有其蔽的观点，而不是苏格拉底的每种德性都蕴含其他所有德性的观点。我们之所以认为苏格拉底的德性统一论违背常识，实际上是它违背了我们日常语言当中对德性概念的用法。

贼也。”（《论语·阳货》17.13）所谓乡愿，就是那种貌似正确，实际上却混淆是非的人。子贡曾问孔子：“君子亦有恶乎？”子曰：“有恶。恶称人之恶者，恶居下流而讪上者，恶勇而无礼者，恶果敢而窒者。”然后他回问子贡：“赐也亦有恶乎？”子贡说他也有厌恶的。他“恶徼以为知者，恶不孙以为勇者，恶讦以为直者”（《论语·阳货》17.24）。这里孔子和子贡所列举的几项大多是似是而非的德性之蔽的恶，如“称人之恶”就是以挑别人的毛病来显示自己的正确，“勇而无礼”就是把无礼或傲慢（不逊）当作有勇气，“果敢而窒”就是把乖张暴戾（窒）当作果敢，“徼以为知”就是把剽窃别人的知识成果（徼）当作聪明，“讦以为直”就是把揭露别人隐私（讦）当作直率。

孔子憎恶乡愿，甚至迁怒于紫颜色。紫色不是红（红被认为是“正色”），但它显得比红色更红，“恶紫之夺朱也”（《论语·阳货》17.18）。乡愿比明目张胆地行恶的人更可恶，因为他们有欺骗性。比如“爱国”本是德性，但当年日本军国主义者绑架了“爱国”的名义，发起侵略战争。一些貌似日本最爱国的人，后来甚至迫使日本政府做出袭击珍珠港那样疯狂的举动，把国家推到几乎灭绝的境地。最近，亚美尼亚的爱国主义者也逼得政府首脑主动挑衅实力强得多的阿塞拜疆，结果被打得满地找牙，最终投降，割地赔款（当然，这不等于阿塞拜疆是正义的一方）。绑架德性的人确实会得到很多盲从者的喝彩。他们打着德性旗号，四处套用德性的标签，振振有词地维护德性，总是会得到一大群人的盲从。德性之蔽的似是而非性质也使那种阉然媚于世者总可以找到理由为任何行为辩护。孟子说，对这样的乡愿，“要批评他，你举不出他错在哪里；要指责他，你找不到可指责之处。他符合大众化的观念，与污浊的世道也不冲突，其为人看上去忠信方正，其行为貌似廉洁无瑕，他讨众人的喜欢，而他自己也以为总是正确，但却无法与他一起践行尧舜之道，所以说他是‘德之贼’”[1]。

① “非之无举也，刺之无刺也，同乎流俗，合乎污世，居之似忠信，行之似廉洁，众皆悦之，自以为是，而不可与入尧舜之道，故曰‘德之贼’也。”（《孟子·尽心下》7B:37）

但是如果“德性”无法定义儒家伦理，那么“品性”恐怕也会导致同样的顾虑。品性是由各种德性组合构成的，大致相对于李晨阳所说的“价值的组合配置”[①]。如果单个的德性因有德性之蔽而没法用以判断一个人的行为之对错，那么各种德性的组合配置构成的品性也同样有各自的“蔽”，也没法据以判断其行为的对错。能够克服德性之蔽的，是经过“学”而获得的“发而皆中节”的功夫。

同时，“品性伦理”与“德性伦理”这两个标签还有一个共同的问题，那就是不足以概括儒家伦理的丰富性。比如，儒家思想固然重视德性和人品的培养，但也以倡导传统的礼仪著称，以至于儒家体系甚至被称作为“礼教”。孔子说：“恭而无礼则劳，慎而无礼则葸，勇而无礼则乱，直而无礼则绞。”（《论语・泰伯》8.2）由此可见，孔子认为克服德性之蔽的“学”，主要是学礼，因此礼也是儒家伦理的特点。孔子自己直到七十岁才达到了“从心所欲不逾矩”的境界，表明在此之前，他还是需要“矩”来约束自己的。更重要的是，由于礼仪习俗和法律规范是超越了个人存在的社会现实，所以它们有一种客观的稳定性和可靠性。没有了这一点，很难解释儒家传统能够有如此持久的历史延续。

相比之下，作为一个概念簇，“功夫”包含了“功法”“功力”“功效”和作为实践的“工夫”四个子概念。其中“功力”可以涵括德性和品性的内容（virtuosity，每一种德性 virtue 也都是一种功力），“功法”可以涵括实践智慧（phronesis）及其外体化而成的礼仪规范和社会体制的内容，“功效”可以涵括功夫的有效性（efficacy）和美学品位和价值（connoisseur）的内容，最后，“工夫”可以概括学以成人的重要性，修炼所需要的实践过程和进展的层次。

更重要的是，功夫的视角为德性提供了一个有说服力的根据。德性伦理理论的一个难题是如何去解释某种品性特点是好的，属于美德，而另外

① 见李晨阳：《文化传统的价值组合配置》，《北京大学学报》（哲学社会科学版）2013 年第 2 期，第 32—40 页。

一些品性特点又是不好的，属于恶习。无论是经验的论证还是先验的论证，都无法确定一颗橡树籽的德性应当是使它能够成为一棵橡树的品性特点，还是那使它能够成为松鼠（作为松鼠的食物）的品性特点。在休谟提出“是然”与“应然”的区别以后，任何试图纯粹以事实（是然）来作为价值（应然）的理据的努力似乎都是注定要失败的。没有一种理论能够无可争辩地仅仅以某些事实为依据来确定人应该如何。它们的最终依据必须在某种程度上取决于人们对于“优秀”的看法，而这些看法不仅在历史上和文化上没有必然性可言，因此也就只能是多元的，而且甚至是个人的，具有无限的变体样式。功夫伦理学把优秀的生活看作是艺术，从而为对于“优秀”的理解开启了多元性和创造性的空间。它并不依赖于任何关于人性的形上学理论来作为理据，尽管它承认形上学的信念可以引导人类的生活方向。一个接受亚里士多德形上学的人显然将更加努力地培养他的理智，而一个遵循儒家关系型形上学的人会更加注意学习礼仪和协调人与人的关系。虽然互相矛盾的事实陈述不能同真，相互竞争的关于优秀的理解却可以像不同的艺术风格一样共存。

2. 功夫伦理是一种效用伦理吗？

确实，如果我们把效用定义为包括所有的好的效果，那么是的，功夫伦理可以被理解为效用伦理（虽然我会解释为什么最好不要这样理解）。我们不会仅仅因为一个人有提供美味的意愿就称他为好厨师。康德的“善良意志”可能本身就是善的（good-in-itself），而不是因为引导到其他好的结果才被认作是善的，但功夫的“善”不是简单的“本身就是善”，而是相对于功效而言的“有利于”“适宜于”“擅长于”“专精于”。

然而，我们需要仔细地将功夫伦理与一些粗糙的效用主义区别开来。其中的一种是工具主义，即把功夫仅仅看作是满足任何意愿的“技术”或“工具”。功夫与其说是技术，不如说是希腊人所说的 *technē*（技艺）。[①] 技

---

① 不同的是，历史上 *technē* 在希腊人那里主要是指家庭层面的农业和奴隶的活动，而不是在自由领域的希腊政治生活当中存在，因此它只适合于较低的阶级，而上层阶级，（转下页）

术通常被看作是为了实现某种实用目的而被人“运用”一下，似乎与作为主体的人没有任何关系。我们一般认为自己可以使用一种技术而不影响到我是谁（尽管这也是可以质疑的）。功夫却显然意味着人的转变。[①] 网上一篇呼应笔者《纽约时报》文章 [②] 的博文，对此表述得比我更好：

> 成为一个功夫大师（无论是武术大师还是烹饪大师）不只是成为掌握了某一套武打技术或者烹饪技术的技术师。毕竟，我们不是毫无理由地把武术看作是艺术，而不只是技术，把武术大师称作武术家，而不只是武术技术员。一个人不可能正确地练习功夫而不使自己开始以某种特定的方式来看世界，并且使自己发生转化。掌握功夫之于获取一种全新的世界观，并让这一世界观来转化你的为人，一点也不逊色于获取特定的武术技巧。[③]

换句话说，学习功夫就是学习成为一个更好的人。我们把功夫定义为生活的艺术，艺术本身就往往是超功利的、“无用”的。

（接上页）即那些“自由人”，则在人文（liberal arts）的领域活动。另一个历史的限制是，它被放在与知识 *episteme* 相对的位置，虽然两者都需要有对于原理的认识，但知识对应的是理解，而 *technē* 对应的是制作。相比较之下，功夫一词可以用来涵盖所有的生活艺术，无论是家庭的还是公共领域的，或者是无关乎特定利益的还是出于特定实际利益考虑的。

① 这也是为什么尽管功夫哲学与实用主义有相当程度的类似，我还是不想把功夫哲学归结为实用主义。实用主义本身是一个非常复杂的阵营，很难被看作是一个划一的理论，因此本文难以涉及这个题目而不把问题过于简单化。实用主义的名称是来自希腊字 *πρᾶγμα*，其意思是“行为”，因而这个词更容易把注意力引向行动及其后果，而不是作为行为主体的人。但我不认为实用主义可以归结为粗糙的工具主义，而且 pragmatism 翻译为中文的“实用主义”也有不当之处。我们可以探讨实用主义与功夫取向的异同，但用它来取代“功夫”不但削减了功夫本身的优点，还会把实用主义本身所携的种种包袱带到功夫取向当中。

② “Kung Fu for Philosophers,” in the *New York Times* forum “The Stone,” December 8, 2010. (http://opinionator.blogs.nytimes.com/2010/12/08/kung-fu-for-philosophers/)

③ 博客 “Yoga in the Dan of Dragon,” December 9, 2010 的博文，作者 Ashtangi Nobel, “The Yoga of Kungfu and the Kungfu of Yoga” (http://yogadragonden.blogspot.com/2010/12/yoga-of-kungfu-and-kungfu-of-yoga.html), retrieved June 30, 2014。

另一种粗糙的效用主义版本是把效果看作物竞天择，优胜劣败。但在历史上，有不少先进的文明被落后文明征服的例子，如好斗的斯巴达征服了民主的雅典，游牧的蒙古横扫了文化上成熟得多的宋朝。对非音乐的耳朵，巴赫的《勃兰登堡协奏曲》无非是一些奇怪的噪音；对大多数未受过训练的眼睛，毕加索的画不比一个三岁儿童的蜡笔画好多少。如果我们用全民投票来判断它们的价值，它们很难受到市场的青睐。在判断功夫的时候，我们当然不应该单看他们的受欢迎程度或其市场价。事实上，世界上许多非物质文化遗产正是因为很少有人能够了解它们的价值而面临灭绝的危险，从而需要保护。

前面引述过的那篇博文提到，在电影《猛龙过江》开始的地方，李小龙主演的角色把武打描述为功夫高手和他的对手之间的“舞蹈”。换言之，武术里面的“优秀”不仅仅在于赢得一场打斗，更多的是其展开的方式中的高妙与美。笔者本人曾与一位围棋高手对弈。我能感觉到对方不是仅仅想着赢得一场比赛，他更在意的是那行棋的风格——因为他丝毫没有因为我与他在水平上的巨大差距而以“欺着”来取胜。在这里，功夫的展现本身成为了目的。①

当然，我们可以以这样一种方式来定义“效用”，让它包含功夫所展现出来的所有的“优秀”，如行为的艺术风格、对人的转化作用，甚至包括康德伦理学所依据的自由意志的展示。但即使这样，也不会使效用主义与功夫伦理完全一致，因为在实践当中坚持效用主义并不总是带来最好的效用！经验告诉我们，一个人如果不停地在想着他正在做的事情是否对他或对这个世界带来好处，他反而会把事情弄砸了。

这对功夫来说似乎是一种普遍的情况。作为技艺的道德可能就属于这种特殊的种类，即当你用它来获得某种效用的时候，你必须不把效用当作

① 这是功夫视角与实用主义视角的另一个微妙的差别。功夫直接就是艺术或艺术的能力，而在艺术和实用的行为本身是分裂的概念框架中，“实用主义美学”（这是理查德·舒斯特曼的术语）总是像实用主义关于美学的理论，而不是直接就是把人生当作艺术的理论。

你的动机。只有在不把效用放在心里的时候它才最有效。“如果我们所做的大多数事情都出于与效用无关的动机，如传统的道德义务、爱情、对朋友的忠诚、奉献的精神等等”，这个世界和其中的每一个人都会更好。[①] 孟子对直愣愣求利的梁惠王说，“王何必曰利？亦有仁义而已矣”（《孟子·梁惠王上》1A:1）。欲求利而不行仁义，如“缘木而求鱼”（《孟子·梁惠王上》1A:7）。其实许多宗教的道德教义里都包含着这一洞见。在基督教中，善行会帮助一个人进天堂，但人不应当是为了进天堂才做善事。在佛教中，做善事是达到涅槃的路径，但为了达到涅槃而做善事反而达不到涅槃。老子说，“圣人后其身而身先，外其身而身存。非以其无私耶，故能成其私”（《道德经》第 7 章）。庄子教导我们“无用之用”。我们还可以加上，为了获得最佳的结果，我们甚至不应过多地关注什么是正确的做法，而应该多关注一些如何成为一个更好的人。德性伦理的一个最有力的论据就是好的行为通常来自好的行为者，而效用主义最大的问题之一就是不够重视行为者的培养，因此它无法达到最佳的效用。

这个论证显示，即使我们重新定义效用主义，将其“效用”定义为“包括一切由相关行为所导致的善”，效用主义依然不是完全可取的理论。其原因正是这种效用主义理论是不彻底的效用主义，因为它们往往会把自己的原则排除在需要考虑其效用的名单之外。而功夫伦理则更加彻底。在功夫的角度看来，所有的伦理学理论，无论是原则主义的责任伦理、效用主义伦理，还是德性伦理，都成了虽然互相有别，但却不是互不兼容的指导。它们都有各自的功效，也都有各自的局限。[②]

3. 功夫的视角是否意味着道德相对主义？

功夫伦理看待问题的角度不涉及对道德真理的肯定或否定。因为这个

---

① Joel Kupperman, *Ethics and Qualities of Life*, pp. 170–171. 无为的功夫艺术也蕴含了同样的关于效用主义之局限性的洞见。

② 功夫伦理视角的这个特点恰恰与那些否定其他非实用主义伦理之价值的实用主义相区别，后者受二元分裂思维框架的局限，反而不如功夫伦理更实用主义。

特点，它与道德实在论、道德怀疑论或任何其他类似的“主义”没有矛盾。功夫视角评估的是一个品行是否有利于卓越的生活，而不是某个品行是否符合道德真理。尽管人们对于什么是“优秀”的看法可以有不同并可能是主观的，功夫的效应却是可以客观地判断的。一个人赞同人格的独立性，这可能是主观的，但人在心理上是否倾向于社会性，生活在一个和谐的社团环境里是否比生活在孤独中更有利于健康，以及什么功夫会有效地创造团结或独立，却是可以客观地做出调查的。有关好坏对错的各种观念会被视为不同的建议，根据它们是否符合一个人的“优秀”观念来判断它们是否有效。那些相信道德真理的人可以把马丁·路德·金的“梦想”当作道德真理的表达，而那些不相信道德真理的可以说，它只是一个梦，虽然是一个美丽的、我们应该争取实现的梦。双方都可以使用功夫的视角，来探讨我们需要怎么做才能使这一梦想变为现实。这就是为什么功夫伦理并非是赞同道德相对主义和主观主义；它实际上超越了判断道德命题是否真理的问题。

这样的观点会不会降低马丁·路德·金的“梦想”的感召力？如果马丁·路德·金说:“这仅仅是我的梦（不是真理），你可以有你的梦。”这难道不会使其失去效力？如果希特勒想把他的“优秀”观念灌输给每一个人呢？功夫伦理会不会使文明撤防，使我们无法战胜希特勒呢？如果我们不相信他在道德上是错误的，而认为他仅仅是代表了一个对于“优秀”的不同看法，我们如何能战胜邪恶？

确实，这些都是非常重要的问题。但请注意：这些问题恰恰都是从功夫的角度提出的！它们不是说马丁·路德·金的梦想是道德上的真理，而是说，不将它作为道德上的真理将使它失去效用；它们不是说希特勒在道德上是错的，而是说如果不那样看，我们就会解除武装，丧失击败他的功夫！其实人们经常用这样的理由来为实在论意义上的道德真理辩护，但它们并不证明道德真理，而是说为了解决这个世界的各种迫切的问题，需要道德真理的观念。而这样的论证通常比试图直接证明有道德真理的声音更容易让人接受。

功夫视角并不把有关道德真理的信念看作是不相干的，也不会妨碍人对道德真理有坚定的信念，因为相信或不相信道德真理显然会有实际的功夫意义。借用蒯因“形上学的承诺”这一术语，搁置道德真理问题并不等于搁置我们的“伦理学承诺”。一方面，从功夫的角度来看，坚定地相信道德真理是有好处的，而且是必要的。在教育方面，我们要毫不含糊地告诉孩子们什么是对的，什么是错的，而不是过早地引导他们去怀疑所有的价值观，否则他们就会无所适从，并会容易受到不良的影响。（我相信没有一个当父母的会认为在孩子尚未成熟到一定程度时就让他们去读尼采是个好主意。）在选择导师的时候，我们必须要对导师有一定的信任，才能够从他那里学到东西。如果你怀疑师父所教的一切，执意要在绝对无可置疑的条件下才接受师父所教的功夫，我们便不能进入那能够允许功夫显示其有效性的状态。在许多其他事情上也有这种情况。在使用一种语言的时候，我们就必须假定其他人也在与自己一样的意义上使用这种语言，否则我们之间的交流就是不可能的。在认识世界的时候，我们必须假设自然界的一致性，例如火总是能烧伤人的，虽然严格说来，我们所知道的充其量只是迄今为止火是能够烧伤人的，而不知道将来会怎样。在科学领域，我们必须依赖于某种范式，否则我们将无法进行任何科学研究，虽然科学哲学已经揭示没有绝对唯一的科学范式。在体育运动中，我们必须假定既有的规则是公平的，否则就没法开始比赛。在司法体系中，我们必须假定现有的法律是有效的，否则法官没法做出任何判决。在所有上述例子中，我们都必须接受那种被托马斯·里德称为“轻信”（credulity）和被汉斯-格奥尔格·梅勒称作“对偶然性的盲点”（the blindness for the contingency），才能使所有这些系统的运作成为可能。[①]

在承认信念的积极价值的同时，功夫视角也会提醒我们保持开放的态度。认识到自己的价值观念的可错性也是有益的和必要的。就像在认识论里我们不得不怀疑绝对真理的存在，在伦理学的领域，保持对绝对道德

---

① Hans-Georg Moeller, *The Moral Fool*, p. 117.

标准的适度怀疑，也是合理的。任何人都不可能超越一切特殊的成长背景和超越每个道德判断出现的特定环境。这意味着，即使我们同意有道德真理，我们可能仍然只能依赖伯纳德·威廉姆斯（Bernard Williams）和托马斯·内格尔（Thomas Nagel）所说的“道德运气”而碰巧站在了正确的立场上。有人甚至可能会争辩说，如果我们把自己的道德立场作为绝对真理，我们可以为任何行为找到理由，包括令人发指的行为。可以说，人类历史上大多数令人发指的残酷行为都是在实施某种“道德真理”的名义下发生的。功夫的视角可以帮助我们认识到，开放的态度和确定的信念之间不是相互矛盾的关系。如我的同事史地文（Stephen Rowe）教授所说，“开放的肯定性”（open-definiteness）[①] 要求我们在没有充分理由去怀疑的情况下坚守我们的信仰，同时也意识到自己的局限性，愿意听取和考虑其他不同的观点，并且当与己相左的观点足以推翻我们的信仰的时候，愿意改变自己的观点。当然，在开放与肯定之间保持适当的度，这本身就是一门艺术，或功夫。

由于功夫伦理看的是理论的实际影响，而不是命题的逻辑一致性，它会带来伦理学领域整个场景的变化。曾经被看作是相互矛盾的理论在功夫视角下很可能成为互补的观念。例如，按照劳伦斯·科尔伯格（Lawrence Kohlberg）衡量道德进步的标准，能够运用普世原则来为自己的道德选择提供理由的人，是道德上最为成熟的。这种理论把抽象理性思维和理性交流的能力放在最高层次。而道家哲学却建议我们把婴儿当作榜样，因为婴儿是纯真的、自然的，能自发而有创造性地对各种情境做出恰当的反应。这种能力通常会随着年龄的增长而消退。这两种互相矛盾的观点可以很容易地在功夫视域下融合在一起。显然，为自己的道德抉择找到有普遍性的理由和对道德选择做出自然的和有创造性的反应的能力，对于引导到一种好的生活都是有价值的。研究表明，随着年龄的增长，人的理性思维能力

---

① 见 Stephen Rowe, *Rediscovering the West* (Albany: State University of New York Press, 1994), p. 93。

会增加，但创造力会下降。鉴于这些事实，我们可以让儿童跟从成人学习理性思维，同时鼓励成年人花更多的时间来与儿童为伴，从他们那里找回自己的童真。

当然，不管你有多开放，肯定还是会有一些分歧是无法通过展示其实践效果来消除的。在你摆出所有的事实和理由以后，人们仍然可能持有不同的最终价值。例如，有些人主张宁可丧失更多的生命也要让正义得到伸张，另外一些人则主张宁愿放过一些确证了的罪犯，也不希望看到进一步的伤害发生。有些人可能会更喜欢理性的、宁静的生活，而另一些人则可能选择有激情的人生。有些人可能会更喜欢有个性和独特性，哪怕在别人眼里他们会显得另类，而另一些人则喜欢合群，被人们接受。但在这里，差异将不再被看作是相互冲突的真理陈述，而是不同的生活风格。按照功夫的视角来看，所有道德的理论，无论它是效用主义，是康德的责任伦理，还是佛教伦理，都会成为人生的不同取向。效用主义会引导人追求幸福，康德伦理会鼓励人坚持普遍理性，而佛教伦理则引向清静。通过这样的审视，我们未必能够达到统一的结论确定哪一个人生的取向一定是更好的取向。实际上，更可能的情况是我们最终依然会保持我称作为“相互竞争的优秀观”，但这并不总是一个令人遗憾的不得不接受的事实；像色彩绚丽的艺术风格一样，多样性可以是我们应该拥抱和珍惜的礼物。

以上所述只是功夫伦理的一个基本理念框架。简而言之，功夫伦理是一个可以从中国传统哲学里读出来的伦理观，它从生活艺术的角度去看待一切。在这个伦理观的核心，是这样一个基本理念：与德性伦理相似，它不是理所当然地把人看作是理性选择的主体，而是把伦理学看作是关于主体修炼转化的学问，以使人成为生活的艺术家。这种修炼包括训练自己的身体和情感，而不仅仅是思考的能力。在修炼的最高境界，一个人能够艺术地生活（这当然包含了“恰当地”生活），而不需要经过犹豫才能做出合适的选择。成为一个道德的人将不再是履行令人痛苦的道德义务；相反，这将是追求一种米哈伊·奇克森特米哈伊（Mihály Csikszentmihályi）称作为“流”（flow），而孔子和庄子称作为“游”（游于艺、逍遥游）的状态，在这种状态里，人能够完全沉浸于他所做的事情，能够“发而皆中节”并且“乐在其中”。

这种观点将伦理学的范围恢复到整个人生，而不仅仅是一些牵涉道德责任选择的“重大时刻”。它也把伦理学的目的恢复为对优秀的永无止境的追求，而不是一个贫乏的、归约到仅仅是不做错事的道德底线。如安东尼·朗所说，在这个系统里，“‘必须’‘必要’‘基本’都是模态词，但它们并非义务论的（deontological）；基于希腊词根，我们可以发明一个词，称之为‘需要论的’（chreontological），也就是为了生活得好，我们实际上需要什么”[①]。

像德性伦理学一样，功夫伦理的方法不提供一个确定对错的绝对公式。用一个公式去整齐划一地应答所有的伦理问题本身常常会成为问题的根源。它也不为所有伦理问题提供绝对的答案。它指向了一个对问题本身更加成熟的认识：实际生活的世界是极其复杂的、动态的，它不能被编进一个固定的程序模式里去。伦理归根结底是生活的能力，就像一门艺术，要求一个有德之人能知觉到和恰到好处地应对不断变化的情况。出于这一原因，学习伦理也像学习艺术一样，需要以模拟大师的榜样作为基本的方式。

与德性伦理不同的是，功夫伦理并不因此而低估规范的重要性，因为它是一个人达到完美的生活艺术之前所不可或缺的。但是，通过指出规范归根结底是防止邪恶的措施，虽不完善却不可或缺，功夫伦理避免了规范伦理学常见的把道德律令僵硬化、绝对化的问题。同时，它也摆正了道德和功夫之间的关系。虽然在概念上道德有别于功夫，但功夫为道德提供最终的理由。从这个观点出发，“是然”与“应然”之间、自身利益和他人的利益之间、道德中性的动机和道德上的责任也就都没有了不可逾越的鸿沟。关爱他人也就是关爱自己的生命——这是一个早已被孔子所揭示的洞见，即所谓“学以为己”（《论语·宪问》14.24）。

通过把伦理当作为艺术，功夫伦理避免了常见的认为只有真理命题

① 见安东尼·朗，《作为生活艺术的希腊化伦理学》，第 65 页。

（无论是形上学的、宗教的、生物学的、还是心理学的真理命题）才可以成为德性之理据的假设。它为文化上具体的、历史上偶发的、对个人而言独特的想象力和创造性打开了空间，并因而能够接受多元主义而不同时落入道德相对主义和主观主义的陷阱。正如我们所看到的，它允许我们既能够保持坚定的价值承诺、对传统的继承、对师表的信任，同时又能够是开放的，能够欢迎差异性和创造力。

事实上，通过把伦理当作是开发生命的艺术，功夫伦理体现了后现代思想的许多特点，如强调特殊性、情境、身体的维度、过程和创造性，但同时它又不像许多后现代理论那样走向纯粹的解构。它为我们重新评估、重新解释和重新构建所有现有的理论提供了一个建设性的基础，即把它们都看作是不同的功夫建议和功夫流派。就像一个格式塔转换，看起来很熟悉的东西一旦置于功夫视角之下，就会出现不同的、新的面貌。有了这样一个视角，我们可以看到，我们需要争取道德底线的普遍共识，但不能把达成道德的普遍共识作为全球对话唯一可能的积极成果。这种对话将更像武林大会中不同功派的相互切磋交流，他们既彼此竞争也相互学习。这种交流所要得到的最后成果不是所有功派都皈依为同一个功派，而是开发相互的了解，增进相互的尊重和促进各自的进步。

第十一章 “求而得之，舍而失之”：儒家尊严观

【本章提要】儒家功夫哲学不依赖“天赋普遍尊严”（Menschenwürde）作为人权的概念基础。天赋普遍人权观念包含着两个两难困境：第一，如果将人的价值建立在某种性质上，则这种性质的缺失就会成为排斥一些人的理由；反之则又难以将人区别于万物。第二，如果说人的尊严之不可剥夺指的是没法被剥夺，那就没有了保护它的必要；如果说它指的是不应被剥夺，这种尊严又是可丧失的，而不再具有普遍性。儒家的尊严观以仁义的潜能为依据，将人的尊严看作是需要修炼而获取的成就，而非简单的自然馈赠。由于仁义是一种“成人”的指导，而且首先是对自己作为人的要求，以此为基础的尊严观不会因他人缺乏仁义而不以仁义待之。同时，因为这个尊严是“求而得之，舍而失之”的，为仁由己，它就变成他人所无法剥夺的了。儒家尊严观不但避免了上述两个困境，而且不依赖对任何超越存在的信仰，强调了“自重”、“成人”、德性的“体身化”，以及通过人际关系实现自身尊严的必要性。儒家尊严观打开了尊严从底线到至善的进步空间，以具体的普遍性补充了抽象的普世性，以生活的艺术补充了道德与政治的原则。

前述功夫伦理和对儒家人性论的“开放式”解读有一个令人担忧的重要问题——它是否意味着对人的基本价值的否定？如果人是开放式的，需要在生活中“学以成人”，如果功夫伦理最终通过功效来确定善恶对错，那

会不会威胁到有些通常被认为是需要看作“天赋”的价值，如人的尊严、平等、自由？

虽然前面相关章节已经包含了儒家功夫哲学对这个问题的总体倾向，但那并不能代替对这些重要价值的具体分析。这是我们在本章和下一章中所欲处理的问题。

著名的联合国《世界人权宣言》在第一条中宣称，“人人生而自由，在尊严和权利上一律平等”。这里所说的“尊严”被认为是天赋的，人皆有之。无论是男人或女人、白人或黑人、老人或孩子，也无论贵族或乞丐、圣人或罪犯、天才或智障，都拥有同样程度的尊严。一个人不会因为是乞丐或罪犯就比别人少一些尊严，也不会因为是贵族或高官就比别人多一些尊严。这样的尊严也被认为是不可剥夺的，因为它来自人之为人这一事实，而不依赖任何其他条件。正是基于这样一个基本概念，所有的人都应当享有同样的基本人权。

这个在近代西方才开始流行的尊严概念，似乎不存在于近代以前和非西方文化的背景中。[①] 它与近代独立个人观念相应。在很多学者看来，儒家没有抽象的、普遍的“人”的概念。儒家的人是具体的、关系型的，是父母、兄弟、夫妇、师生、君臣、朋友。但这是否意味着在儒家的经典里找不到与普遍尊严相对应（虽然也许不完全相同）的观念？或许我们的问

---

① 荷兰学者马库斯·杜威尔（Marcus Duewell）指出，“看来要想在非西方的和近代以前的（pre-modern）背景里寻找‘人的尊严’这个概念，会碰到好几个解释学的难题。现代的人的尊严概念，其核心就是每个个人具有不可剥夺的价值的观念。它具有一个带普遍性的雄心壮志，并且在人权的论域中起着基础的作用。虽然我们难以将这个和人权密切相关的概念投射到非西方的和近代以前的文化背景中去，但对我们自己是如何在使用这个概念的反思，仍然至关重要：在多大程度上古老的荣誉观念与现代的尊严术语相关联？我们也可以怀疑在缺乏相应于现代的独立个人概念的文化背景和传统下，是否可以找到尊严概念的成分。”（“对在拉巴特摩洛哥皇家学院召开的第二届‘人的尊严之路’研讨会‘社会、伦理、生命伦理学方面的人的尊严’（2007 年 6 月 27—28 日）的反思”，见“ESF-LiU Conference on Pathways of Human Dignity: From Cultural Traditions to a New Paradigm”（Vadstena, Sweden, Oct. 31–Nov. 4, 2007）会议手册，第 9—10 页。另见 Irene Bloom, “Mencian Confucianism and Human Rights,” in *Confucianism and Human Rights*, eds. Wm. Theodore de Bary and Tu Weiming (New York: Columbia University Press, 1998), p. 104。

题应该提得更进一步，不仅问儒家思想中“有”或是“没有”普遍尊严的观念，也不仅问儒家思想与人的普遍尊严观念是否可以相容，而是更加深入地探讨，作为一种功夫体系，儒家会怎样看待人的尊严？儒家的功夫思想对人的尊严能否提出独到的观点，对西方的主流尊严观做出有意义的补充？

一 “天赋普遍尊严”概念的得失

在实践上，人的天赋普遍尊严概念对保护人的基本权利无疑具有重要的意义，发挥了重要的作用。这一点依然需要强调。为了讨论的需要，让我们暂时将一个观念的实践意义和它本身的学理依据区分开来考察。

人们通常将“天赋普遍尊严”（Menschenwürde）当作逻辑起点，当作不证自明、毋庸置疑的公理，由此出发讨论人权，讨论如何保护人的天赋权利，讨论什么样的社会政治制度和物质生活条件可以保障人的尊严得到尊重和不受侵犯。然而此概念的学理依据是什么？为什么说人有天赋的普遍尊严而其他草木动物没有？

对此的通常回答是：人具有与生俱来的、天赋的内在价值。如按照康德的观点，“人是目的”本身。一颗钻石或者一个宠物的价值在于它们被我们所珍视，因而它们的价值是有条件的，即依赖人的存在。而人是理性的、能够做出自由选择的主体，是其他事物之价值的来源，能够用理性为自己立法，因而人就具有无条件的价值，或者说是超出一般价值的“目的”本身。按照基督教的“Imago Dei”（拉丁文“上帝的形象”）的观念，人是上帝按照他自己的形象创造的，所以具有本质上不同于其他所有物种的地位，天生就有权得到尊重。

这两种信念在实践中对人的尊严的保护都起过很大的作用，而且依然起着重大的作用。康德的“人是目的”的口号，成了现代人权运动的主要理论支柱，为扫除和防止种种不人道的行为做出了极大的贡献。近现代历史上，基督教会的人道主义救助，也曾经使许多被战争、动乱和灾害所蹂蹒的民众得到救助。但是从学理上看，将人的尊严建筑在人的某种天赋特性或功能之上，会碰到一个棘手的问题。神经科医生兼医学伦理学者切希尔（William P. Cheshire）曾抱怨：

> 如果尊严概念可以用一种可计量的性质来替代，哪些人将不再能符合那优选的标准？如果该标准是一个可以计量的尺度，哪些男人和女人，谁的祖父祖母，谁的孩子们，将被看作不够格？既然功能是随着年龄逐渐增长的，那么就会有许多人只拥有少许，甚至有些人完全丧失那些功能。……我们所有的人都会有处在弱势的时候，都会有被排斥在外的可能。①

确实，康德的观念只允许我们把所有“理性的存在者”（rationsal beings）当作目的本身。成为“目的王国”成员的关键资格条件，是道德的主体性，即能够为自我立道德之法和能够有善良意志。②如罗尔斯（John Rawls）所概括的，康德所谓的“人”指的就是“那些让我们在自然世界当中显示出是理性的和讲道理的人的那些能力”③。这个概念没有任何直接的方式告诉我们精神失常者、无自控能力者、新生婴儿和处于昏迷状态的人也包含在“人”的范围之内。这些人因此也就可能被排除在有“尊严”者的范围之外，而相应地可能被当作仅仅是达到某种目的的手段。

把人的尊严建立在上帝创造人的宗教观念基础之上也会导致困难。这样做不仅对于不信上帝的人缺乏说服力，会将尊严问题与上帝存在的证明问题等纠缠在一起，而且即便承认上帝存在，也即便承认人确实是上帝按照自己的形象创造的，也还是会产生问题。首先是谁也没有见过上帝。按

---

① William P. Cheshire, “Guest Editorial—Toward a Common Language on Human Dignity,” http://www.ethicsandmedicine.com/18/2/18-2-guest_editorial.htm.（2007 年 11 月 8 日）

② 见 Immanuel Kant, *Gesammelte Schriften* (Academy Edition. Berlin: Prussian Academy of Sciences, 1900), Vol. 2, pp. 68–71, 434–436。

③ John Rawls, *Lectures on the History of Moral Philosophy* (Cambridge, MA: Harvard University Press, 2000), p. 188.

照最普遍的观念，上帝的形象是男人，而非女人；是白人，而非黑人或黄种人。其次，形象的相似是可以有程度之别的，而这就打开了认为有些人比其他人更像上帝的大门。如果我们不是从形体上去理解人与上帝的相似，而是理性能力或做出自由选择的能力上去理解，则我们又碰到了与康德理论同样的困难，即这方面能力较弱的人依然会受到歧视。要是我们只是坚持人是上帝创造的这一点，不在“Imago”问题上纠缠，上述两个问题当然就不存在了，但同时，我们也就没法理解为什么在上帝创造的万物当中，唯有人才独受恩宠地享有尊严，而其他物种没有。

当然，以上这些简短的分析不足以作为对康德和基督教的尊严观的完整评价，更不足以在学理上成为对它们的定论。① 但上述分析表达了将尊严建立在某种对人性的描述之上的担忧。正是出于这样的担忧，当代美国哲学家罗蒂拒绝了所有的人性理论。他说，一旦某种人性理论被付诸实践，某种划分什么是人、什么不是人的模式得以确立，人们就有可能心安理得地去残酷地对待他人，如实行奴隶制、种族清洗，认为自己并没有做任何非人的事情，因为那些人早已被排除在“人”的范围之外了。②

但如果不依赖天赋功能或者特性，人的尊严的根基又是什么？为什么人有尊严而其他万物没有？前面我们提到过的切希尔建议说，既然按照性状区分人与非人行不通，那么不如将人的尊严直接归结到通过“直觉”所领悟的“实体”。③ 但是脱离了任何性状的“实体”概念是空洞无用的。它无法将人类与其他实体区别开来。要区分人的实体与其他实体，就需要回

---

① 比如康德的伦理学包含了他所谓的“非直接责任”（indirect duties）。这类责任也可以制止人们虐待动物甚至无生命的物件。这个问题本身值得专题讨论。我们这里可以提到的是，支持这些“非直接责任”的理由，确实是非直接的。我们有责任不去拧断玩具熊的脑袋，这不是因为如果那样做的话，玩具熊会受到伤害，或者玩具熊本身有某种尊严，而是因为那样做会伤害到爱护玩具熊的人的感情。这个责任的理由与我们后面要分析的儒家尊严观更加接近。

② Richard Rorty, *Truth and Progress*, *Philosophical Papers*, pp. 167–169. 见本书第六章第一节。

③ 切希尔在我上面所引的同一篇文章里说：“‘尊严’一词因此适用于实体，而不仅仅是性质的集合体。……尊严表达的是某种与人性不可分割的东西，某种实在的，人所共有的东西。人更多的是以一种人类普遍能够理解的直觉，而非通过理性来认识它。”

答：是什么使“人”这个实体具有尊严？结果还是要回到某种天赋性质上去。也有人提出将人的基本尊严建立在人的基本生命形态上，即“具有人的基因组和人的生命特征”[①]。但这样做依然没法说明为什么人的基因组和生命特征就比别的基因组或生命形态更加尊贵。如果说它的根据是我们对同类的认同，那么其普遍性就会随着认同的范围不同而带入主观因素：为什么不能仅仅把同种族的人看成同类，而必须把所有的人看成同类？为什么我们不能把所有的动物看成同类，而要将它们排除在外？如果以基因结构的复杂性为依据，越复杂的基因就越值得尊重，那么依据同样的逻辑，某些人也可以用遗传基因优异或智商的高下为理由来歧视其他人了。

罗蒂的建议是完全抛弃所有有关人性的形上学理论，不要去讨论什么实体或人的天赋本性。但回避问题并不能解决问题，因为这样的话，我们似乎又回到了起点：什么是人的尊严的依据？抛弃了所有人性理论，我们有理由担心自己的直觉是否可靠，因为直觉都是受到文化制约并未经批判的。总之，如果将人的尊严安置在某种天赋特性上，就很难确定“人”的范围，而且一个本来是为人的尊严提供依据的理论，可能恰恰变成为否定某些人的尊严的理论基础。但如果不依赖某种天赋的特征，又无法区分人和其他物种，“人的尊严”这个概念也因空洞而失去了它的意义。

通常理解的普遍尊严观念还蕴含了另一个两难困境。一方面，人的普遍尊严被看作是不可剥夺的，另一方面，人们却又认为它是容易受到侵犯，因此需要加以维护的。如果说“不可”剥夺指的是“无法”被剥夺，也“无法”被削弱（因为人的尊严是没有层度上的差别的），那么说它可以受到侵犯和需要加以维护，就自相矛盾了。既然无法被剥夺和削弱，有什么必要去保护它？

或许有人会说，即便是没法被剥夺的东西也还是可能会受到侵犯，受到侮辱，甚至受到伤害。比如一个人可以犯法，但并不因此而能废除其所犯之法；一个人可以侵犯一个神圣的地方，但并不因此而能使该地方不再

① 见韩跃红、孙书行：《人的尊严和生命的尊严释义》，《哲学研究》2006年第3期。

神圣。但这两个例子里，“不可剥夺性”与应该受到保护之间没有逻辑关系。相反，为了说明需要保护，应该强调的不是“不可剥夺性”，而是“可受侵犯性”。如果所有的人都违反一个法律，该法律就形同虚设。一个地方的神圣性与一个法律的有效性不同。它是由历史事件决定的（比如某个宗教领袖的出生地），而不是通过人为的立法形成的。但是同样，其“不可剥夺性”不但与其需要保护没有逻辑的联系，相反，强调“不可剥夺”反而会被当作借口而侵犯它。

所以更合理的理解是将它作为道德命令，把“不可”剥夺看作是“不应当”被剥夺，即人们应当无条件地尊重每个人。借用休谟的词语，人的尊严的“不可剥夺性”只有在被看作是伪装成“是然”表述的“应然”表述（disguised prescriptive statement），才能够作为它不应该受到侵犯的理由。一个人的尊严虽然在事实上可以被侵犯（比如把一个妇女当作性奴）乃至剥夺（比如将一个人彻底洗脑而成为盲目服从的工具），但这样做是不应该的，是必须受到谴责和禁止的。问题是如果这样的话，就等于承认这种尊严是可以丧失的，于是也就不再是人皆具有的、普遍的了。而且这会使这个命题的特有力量消失，因为它的价值正在于为人的尊严提供依据或支撑点，在于说明由于每个人都事实上具有尊严，所以不能不对每个人都有起码的尊重。一旦把它诠释为道德命令，认为它说的实际上是应当对每个人都有起码的尊重，那无疑是等于说“因为不可以不尊重，所以应当尊重”，这显然是切断了普遍尊严不可剥夺性命题的生命力，将其变成了简单的同义反复。确实，自从休谟做出了“是然命题”和“应然命题”的区分以后，所有以是然命题面貌出现的应然命题都似乎失去了事实的依据，道德实在论变成了无本之木，或者说变成人的主观好恶了。这也是人们总是想方设法重新找回那“是然命题”和“应然命题”之间的桥梁的原因。

上述两个两难困境迫使我们重新审视当代所流行的普遍尊严概念。如果我们不是把 Menschenwürde 这个概念奉为圭臬，当然也不假设这个概念所包含的上述困难完全无法解决，我们至少有足够的理由去比较广义地看待人的尊严问题，比如看看儒家在这方面的观点。

二 儒家关于人的尊严的基本立场

除非我们误将历史上教条化、僵化了的儒家当作儒家正统，把那些借儒家的名义实行的种种劣迹都算在儒家头上，不然的话，应当说儒家学说无疑是极为重视人的价值的。在孔子看来，所谓“仁者”可以归结为“爱人”(《论语·颜渊》12.22)。当马厩失火被焚时，孔子首先问“伤人乎？”，不问马(《论语·乡党》10.17)。孔子不但反对人殉，他对以人俑代真人殉葬的风俗也深恶痛绝，因为人俑太像真人了(《孟子·梁惠王上》1A:4)。可以说，传统儒家的突出特点就在于将人的价值提升到神圣的高度。[①] 但是在传统儒家的观点里，究竟是什么构成了人的价值？

《礼记》曰：“人者，其天地之德，阴阳之交，鬼神之会，五行之秀气也。”又曰：“人者，天地之心也。”(《礼记·礼运》)这些话语意味着人是天地之间最尊贵者，是宇宙的中心和良心。孟子和荀子提供了更具体的答案。孟子提出，人皆有“四端”，即恻隐之心、羞恶之心、辞让之心和是非之心。此四端即人之有别于草木禽兽之处(《孟子·告子上》6A:3)。荀子虽然认为人性本恶，仁义道德需要通过学习来获得，但他也认为“水火有气而无生，草木有生而无知，禽兽有知而无义。人有气，有生，有知，亦且有义，故最为天下贵也”(《荀子·王制》)。正因此，有的学者认为荀子的人性论应该更为全面地概括为“性恶心善”论，即性虽然倾向于恶，但人心有先天的是非感。[②] 换句话说，尽管孟子与荀子在人的天赋本性上有分歧，但他们有一个共识，即都认为仁义是人之为贵的根本。而且在孟子那里，四端也只是“端”，是初始的、微弱的倾向性，需要经过修炼才能扩而充之。荀子也并不反对人有向善的内在可能性。孟子说“人皆可以为尧舜”(《孟子·告子下》6B:2)，荀子说“涂之人可以为禹”(《荀子·性恶》)。正

---

① 见 Herbert Fingarette, *Confucius—The Secular as Sacred*。

② 见梁涛：《〈荀子·性恶〉篇“伪”的多重含义及特殊表达——兼论荀子“圣凡差异说”与“人性平等说”的矛盾》，《中国哲学史》2019年第6期，第10—17页。

是成仁成义的可能，使人有别于草木禽兽而为贵。从这一点来看，可以说儒家有一个共识，即人的道德潜能就是人的尊严的基础。越是能把这种潜能发挥得充分的人，就越有尊严。[①] 在《说文》里，许慎就把“义”字定义为“己之威仪也”。

同时，孟子和荀子也都认为，人的尊严是可能丢失的。即便是认为人皆有四端的孟子，也清楚地指出，“苟失其养，无物不消”。就像山上的草木，如果肆意砍伐，刚长出的嫩苗任凭牛羊反复啮食，这山难免不成为秃山。他引孔子曰：“‘操则存，舍则亡，出入无时，莫知其乡’，惟心之谓与？”（《孟子·告子上》6A:8）

这个观点是否有说服力？把人的尊严置于仁义的基础之上，能够避免前面提到的那些困难吗？

我们首先注意到的，是这样的观点似乎又将人的尊严归结于某种性质了。如果人的价值基于道德潜能，那些没有道德潜能的“冷血人”算不算人？如果哈佛医学院玛莎·斯托特的调查是对的，这些人占人类总数的 4%！[②] 孟子一方面说“人之有是四端也，犹其有四体也”，另一方面又说，无此四端者“非人也”（《孟子·公孙丑上》2A:6）。按照这种理论，那些“冷血人”岂不是要排除在人类范畴之外，不能享受其他人所有的尊严了吗？

我们的进一步考察可以从这样一点出发，即儒家基于人的道德潜能的尊严观念既是描述性的“是然”，又是指导性的“应然”，而且主要是后者。

---

① 张千帆的文章 “The Idea of Human Dignity in Classical Chinese Philosophy: A Reconstruction of Confucianism”, in *Journal of Chinese Philosophy* 27, No.3 (September 2000), pp. 299–330 和 Irene Bloom 的文章 “Mencian Confucianism and Human Rights”, in *Confucianism and Human Rights* 都为这一点提供了更为详尽的原始资料依据。需要说明的是，这里所用的“潜能”与亚里士多德所说的潜能（*dunamis*）有所不同。亚氏的潜能是与他的目的论观点相联系的，即所有的事物的潜能都由其自身的本质或者说“目的”所规定，这种目的也规定了该事物应当朝着什么方向发展。而儒家观念中的“潜能”与目的论没有必然的联系。可以说儒家的潜能是更接近于艺术创造的潜能。孔子所说的“成人”（《论语·宪问》14.12）也不能简单套用亚氏的目的论来诠释。至少在孔子那里，圣人就不只有一种模式。这一点我在后面还会谈到。

② Martha Stout, *The Sociopath Next Door* (New York: Broadway, 2005).

它有描述性的那一面，因为它基于对人的道德潜能的经验认识。但经验观察总是有限的，因而其概括也不可能是绝对普遍的。从纯描述的角度我们永远无法得出人皆有此潜能的结论。所以这里的“普遍”不是抽象的普遍（universal）或概念的规定，而是具体的、经验概括的普遍（general），是“总体而言”，不是所有生物学意义上的人（homo sapiens）都必然具有的。而且，如果人虽普遍（总体而言）有“四体”（四肢），但不幸失去四体者仍不失为人，凭什么说丢失了四端就是“非人”？更何况四端是人的内在潜能，因而一个人生来就不是完整意义上的人。如果遇到恶劣的外部环境而自己又不注意修身，一个人不但无法成为有尊严的“成人”，还可能堕落到禽兽的层面。因此从描述性的层面来说，四端理论确实没有为人的尊严提供有力的保障。它或许会比康德的理性标准排除掉更多的人。要能够保障所有人的尊严，还需要一个关键的跨越。

这个跨越就是通过将道德潜能变成指导性的“应然”来完成的。借用罗蒂的术语，一种理论可以用作“杠杆”，而不仅仅是反映自然的“镜子”。[①] 换句话说，理论可以用来改变世界，而不只是描述世界。我在前面已经详细地说明了，孟子的人性论与其说是对人性的客观描述，不如说是功夫的指导。他实际上是在鼓励人们相信人皆有四端，并将此四端作为自我身份的认同。[②] 从孔子“正名”的角度来看，孟子也是在为“人”正名，即“以名制实”，用“名”去规定应当怎样看待和对待一样事物。《中庸》的“仁者，人也”（《中庸》第20章）就是一种指导，而非纯客观的描述。它不是在说，按照某种科学观察发现，凡具有仁爱之心的动物都属于生物学意义上的人，而是在规定，仁就是为人之道，作为人必须要仁。这种建议或指导可以变为一种信念（或信仰），即相信所有的人（包括那些看来是冷血的人）都具有道德的潜能。这种信念又促使人们不得以别人“冷血”为由而放弃对他们的尊重和关心帮助，或者以自己“冷血”为借口停止向善的努力。

---

① 见 Richard Rorty, *Contingency, Irony, and Solidarity*, p. 174。

② 见本书第五章第二节。

在人的成长过程中，自我身份的认同非常重要。它为人的行为处世定调。用四端来认同自己的身份，意味着自己应该人道地对待他人。这里，该理论的“描述”层面与“指导”层面形成了一个有趣的张力。一方面，它通过描述层面揭示了至少大多数人都有仁义礼智这四端，而且这四端是可以丢失的，需要保护和滋养。任何人都没有理由声称，无论自己做了什么，都有权得到无条件的尊重。另一方面，它又通过指导的层面指出，“人”的称号包含了一种期待，即要求我们按照四端去生活。这就既蕴含了尊重和关爱他人的要求，也蕴含了自重自爱的要求。冷酷地对待别人就是伤害使自己成为人的四端，就是对自己最大的伤害。[①] 伤害自己的尊严同时也就是对别人的伤害（比如使家人朋友感到痛心、羞愧或难堪）。[②]

如果说“尊严内在论”认为人的尊严来自人的内在性质，“尊严外在论”认为人的尊严来自外部的认可，那么孟子的观点巧妙地结合了两者：我的四端（内在的性质）之所以构成我的尊严的基础，就在于它们是外向的、关系性的，在于它们要求我们与家人、邻居、朋友等之间有相互的认同和尊重（这里也包括了自重，因为对自己的不尊重也就是对家人、亲友的不尊重），在于“老吾老以及人之老，幼吾幼以及人之幼”（《孟子·梁惠王上》1A:7），从尊重父母兄弟姐妹开始，最后达到“君子敬而无失，与人恭而有礼。四海之内皆兄弟也”（《论语·颜渊》12.5）的博大仁心。按照这个理解，不尊重他人就是在贬损自己的人格，而贬损自己的人格，同时也是伤害他人。

这样的尊严观巧妙地避免了前面提到的（普遍尊严概念的）两大困境。

---

① 这一点与康德有关不应伤害动物的理由相似，但这是康德与儒家的相似而不是相反，因为其理由不是道德的戒律，而是自我完善的方法。

② 从这个意义而言，将自己卖身为奴或以自身的残缺为资本供人取乐都不仅是个人自由的问题，也是对人的不尊重。当然，这里需要把握保护个人自由与维护人的尊严之间的平衡。禁止卖身为奴的法律较少会引起争议，而禁止用自身的残缺供人取乐就容易引起争议（法国和德国曾以损害人的尊严为由，禁止抛掷侏儒取乐的竞赛，即便参与那些竞赛的侏儒是自愿的也不允许）。见 David Feldman, “Human Dignity as a Legal Value–Part I,” in *Public Law* (Winter 1999), p. 701。

首先，由于四端是我们可以直接认同的具体情感和倾向，是根源于自己、通过自己去培养的德性，而不仅仅是对人的某种普遍客观性质的认识，所以即便我们没能在一些人身上发现四端，并因此对这些人缺乏同情心的时候，我们会首先查找自身有没有问题，是否缺乏同情、理解和耐心，即自己是否够得上“人”的称号。孟子曰：

> 爱人者，人恒爱之；敬人者，人恒敬之。有人于此，其待我以横逆，则君子必自反也：我必不仁也，必无礼也，此物奚宜至哉？其自反而仁矣，自反而有礼矣，其横逆由是也，君子必自反也，我必不忠。自反而忠矣，其横逆由是也，君子曰：“此亦妄人也已矣。如此，则与禽兽奚择哉？于禽兽又何难焉？”（《孟子·离娄下》4B:28）①

这段文字告诉我们，一旦把“人皆有四端”的观念植入内心，它就会变成一种信念，一种波兰尼称作为“承诺”（commitment）的心理，成为待人接物的倾向，不再依赖经验的确证或反证。我们会反而以这种信念去判断经验的观察。当我们面对一个“冷血的”邻居时，首先想到的不会是去弃绝他，而是怀疑自己的观察不够深入细致，尽最大的努力去唤醒他的道德感，尽力将他作为我们中的一员来接纳，而不仅仅是去“科学地”观察他是否符合“人”的标准。孟子努力说服梁惠王等君主就是这一信念的明证。只有在可能做出的努力都无效以后，君子才会归咎于他人。而且，即便是对丧尽天良、无可救药的罪犯，基于我们自己是人，出于我们自己的尊严，

---

① “爱别人的人，别人通常爱他；恭敬别人的人，别人通常恭敬他。假定这里有个人，他对我横蛮无理，那君子一定反躬自问，我一定是有不仁，一定是有无礼，不然怎么会遭到如此对待？反躬自问以后，发现我实在是仁，实在有礼，那人却依然不改其横蛮无理，那君子一定又反躬自问，我一定是有不忠。反躬自问以后，发现我实在是忠心耿耿的，那人的横蛮无理却依然如故，君子就会说：‘这人不过是个混妄之人罢了。既然如此，他同禽兽有什么区别呢？对于禽兽，又有什么可以责难的呢？’”（杨伯峻：《孟子译注》[北京：中华书局，1984 年]，第 198 页。本人引用时略做了修改润色。）

也不能侮辱和虐待，尽管我们可以对他们进行严厉的惩罚。[①] 在这里，把孟子的“无四端者，非人也”用在自己身上，显然更符合儒家的思想方法，因为儒家的为仁之方就是“己所不欲，勿施于人”的“恕”（《论语·卫灵公》15.24，《论语·雍也》6.30）。所以是否将某些人排斥在人道考虑之外，就是对我们自己的文明程度的考验，而不是对他们是否为人的判断。我们对他们的尊重与其说是因为他们也是人，不如说是首先因为我们自己是人！我们的文明程度越高，就越能“泛爱众”（《论语·学而》1.6）。

这个“哥白尼式的转变”将人的尊严问题从判断外在规定的普遍性变成了内在的道德水准的要求，将本来是对别人的判断变成了对自我的道德标准，从而避免了前面所说的“天赋特性的困境”。它固然失去了尊严的明确外延界定，却为人的尊严提供了与其他尊严理论截然不同的依据。就外延而言，它允许甚至要求我们将恻隐之心、羞恶之心等拓展到动植物，乃至河流山川，人造和非人造物件，以天下为一家，以宇宙为一体。这是一种不同的“人类中心主义”——不是作为控制和利用宇宙万物的权利的中心，而是与万物和谐共存，为天地立心，为生民立命的责任中心。在这个基础上，法律可以规定公民必须遵守的道德底线，即对所有的人都必须有起码的尊重，否则就要得到法律的制裁——不仅仅因为对方是人，而更因为我们自己是人！至于“所有的人”包括多大的范围、什么样的行为应受舆论的谴责，什么样的行为又应进一步受到法律的制裁，其间的区别会有一定程度的模糊性。这类学理上的含糊性可以由法定标准上一定程度的任

① 当然，在具体实践中有时会难以区分虐待和正当的惩罚和制止其恶行的手段。比如为了拯救无辜的生命，可不可以对一个恐怖主义分子实行拷打，以迫使他交代出恐怖袭击的计划，就是一个在高举人权旗帜的国家也难以两全的棘手问题。但这里的困难不是难以确定恐怖分子是否“人”的一员，恰恰相反，正因为对方是人，才使能否对其施行拷打成了问题。换而言之，这不是是否应当对作为人的对方有起码的尊重的问题，而是这种尊重的责任和保护更多无辜生命的责任之间的冲突问题。其实，这也是康德的“绝对命令”在具体问题上所陷入的困境。按照康德的理论，欺骗是对人的不尊重，所以在任何场合都是不道德的。然而如果是为了救一个被追杀的犹太人而欺骗一个盖世太保呢？为此，罗斯（W. D. Ross）提出了“实际义务”（actual duty）和“显见义务”（prima facie duty）的区分，并指出，当多种显见义务之间有冲突的时候，需要根据具体的情况来确定什么是我们在该情境当中应当优先考虑的实际义务。

意性来弥补。就像公路上的车速限制，为什么设定在 100 公里 / 小时而非 99 公里 / 小时或 101 公里 / 小时？这在学理上不可能做出精确的论证，其理由只能有一定的任意性。就人的尊严的道德底线而言，儒家的标准甚至会谴责和禁止以虐待动物取乐，而况人乎！[①] 与此同时，儒家的尊严观又不是局限在道德底线上。它允许我们在此基础上，通过“恕”而推己及人，从身边的家庭成员开始，推而广之，既因亲疏而有程度的区别，又将尊重和关爱扩展到所有的生灵乃至自然环境。这种从自我出发向外扩展的普世关怀，就是杜维明先生称为“anthropocosmic vision”的天人合一或天人和谐的境界。

对人的尊严的这种理解，也摆脱了 Menschenwürde 包含的“不可剥夺性”困境。在上述儒家观念里，人的尊严之不可剥夺，在于它之有无在己。“为仁由己，而由人乎哉？”（《论语·颜渊》12.1）“求则得之，舍则失之。”（《孟子·告子上》6A:6）在这个意义上，人的尊严变得真正是无法被剥夺的和神圣的——不是别人无法对我们施虐，也不是说我们生来就具有某种特权，而是只要我们自己维持了做“人”的标准，别人就奈何不得。如果有人对我施虐，它显示的也是对方的人性缺失，而不是我的尊严的缺失。《论语》中记载，当孔子的弟子子贡听说叔孙武叔在诋毁孔子，他回答说：“无以为也！仲尼不可毁也。他人之贤者，丘陵也，犹可逾也；仲尼，日月也，无得而逾焉。人虽欲自绝，其何伤于日月乎？多见其不知量也！”（《论语·子张》19.24）这段话中的道理其实不仅适用于孔子，也适用于所有人。一个人的品德本身是别人的诋毁伤害不了的，可能伤害到的是一个人的名声，而不是所诋毁的品德。而当一个人诋毁别人，给别人抹黑的时候，他的行为显示的是他自己的缺德。

当然，这并不意味着人的尊严不可能受到伤害。一个人如果不自重，那就难免自招其辱了。“天作孽，犹可违；自作孽，不可活。”（《孟子·公孙丑上》2A:4）人的尊严的普遍性在于只要一个人能够自重，能自己维持

① 孔子：“钓而不网，弋不射宿。”（《论语·述而》7.27）

作为人的基本标准，他就具有这个尊严。在这个意义上，人的尊严是凡人皆可有的，同时，它又不是不可受到伤害的——能伤害它的最终是我们自己。其次，正如孟子所承认的，外在的“斧斤砍斫”和“牛羊的啃啮”都会伤及人的四端的生息。人的尊严无法被别人剥夺，但这并不意味着不需要有对人的尊严的保护，也不意味着施虐者伤害的只是他自己，而不是对方。只是严格说来，外来的施虐伤害的不是受害者的尊严本身，而是受害者的名声和生存条件。被强奸者是受伤害者，所以她应当感到愤怒，而无须感到羞愧自惭。被伤害的不是她作为人的尊严，而是她的自由和自主权，是她的身体和精神的完整性（integrity）。由于这些都是一个人维护自己的基本尊严的必要条件，所以人们也确实通常宽泛地说她的尊严被剥夺了。比如说为生活所迫不得已而靠四处借贷乞讨为生，或者迫于政治压力不得不沉默不言，甚至说违心的话，做违心的事，在此宽泛的意义上都可以说是活得缺乏尊严。但严格说来这些都属于缺乏按照人的尊严去生活的必要条件，而不是缺乏尊严本身。就像一个钢琴家被剥夺了弹钢琴的条件并不等于他就不再是钢琴家，一个为外在条件所迫而无法有尊严地生活的人并不是没有了尊严。明确这一点本身就是对受害者的保护——因为只有这样，受害者才可以理直气壮地要求社会的保障，而不是受到鄙视。也只有这样，我们才不会天真地以为人的尊严反正是天赋的、不可剥夺的，所以就不需要加以培育、呵护和滋养。对人的尊严的保护不仅仅是个人的责任，也是社会的责任。

三　儒家尊严观与天赋普世尊严观念的比较

以上的概述说明，虽然儒家没有 Menschenwürde 这样的观念，但这并不意味着儒家没有一个可行的尊严观念。它与 Menschenwürde 不同，而且在某些方面比 Menschenwürde 更加合理。以下我们从八个方面来分析两者的区别，并借此而对儒家的尊严观念做进一步的梳理。

1. 内在与超越

我们首先可以注意到的是儒家尊严观的内在性，即它的根基是人对自己内在的仁心的体验和认同。与之相比，Menschenwürde 观念的主要支柱是超越的和超验的。康德的“人是目的”的论证是超验的（transcendental），因为他并没有能够直接证明我们确实是道德的主体，而是说，只有在我们具有自由意志，能够为自己立法的条件下，我们才能够成为道德主体。而如果我们具有自由意志，能够为自我立法，那么我们就是价值的来源，因而我们是目的本身。这是在说明道德主体的概念蕴含了什么，而没有对任何一个具体的个人是否是道德主体做出任何断言。严格说来，我们无法断定我们确实有自由意志，因而也无法断定我们是道德主体，并且因而也无法断定我们确实是目的本身。在实践中，这种“超验”的论证方式有可能使“人是目的”的命题变得空洞。一旦一个人的自我决断能力受到质疑（如被怀疑为有精神病），他的尊严的保障也就岌岌可危了。基督教上帝造人的学说也不是建立在任何经验事实之上的。它的基础是对超越的上帝的信仰，而正因此，它也永远无法摆脱难以证明上帝存在的困扰。

与康德和基督教的观念相比，儒家的尊严观不需要依赖任何超越性或超验证明。人的尊严的源泉是人本身。如当代新儒家徐复观所说：“孔子开辟了内在地人格世界……人只有发现自身有此一人格世界，然后才能够自己塑造自己，把自己从一般动物中，不断地提高，因而使自己的生命力作无限的扩张与延展，而成为一切行为价值的无限源泉。”这种自觉及其实践的工夫“是可以经验得到的。这正是孔子对我国文化，也即是对世界文化，最大的贡献”。[①]

2. 依赖自己与依赖天赋

Menschenwürde 观念认为人的尊严是纯粹天赐的馈赠，而儒家尊严观

---

① 徐复观：《中国人性论史・先秦篇》，第 69—70 页。

则认为，天之所赐主要的还只是成人的可能性，是“端”。对它的开发还需要依靠修炼。人的尊严是“求而得之，舍而失之”的。儒家强调要通过自我的修炼来开发自己的人性，而不能仅凭天赐来期待他人的无条件尊重。人之为人要求我们以仁心待人，在实际生活中活出人样来，而非单纯依赖别人的保护和认可。在孔子看来，要赢得别人的尊敬首先要自重。孔子说，“恭则不侮”(《论语·阳货》17.6,《论语·学而》1.13)。“君子言不过辞，动不过则，百姓不命而敬恭。”(《礼记·哀公问》)“不患人之不己知，患不知人也。”(《论语·学而》1.16)孟子也说:“仁则荣，不仁则辱。今恶辱而居不仁，是犹恶湿而居下也。如恶之，莫如贵德而尊士。”“祸福无不自己求之者。”他引用《诗经》“永言配命，自求多福”(《孟子·公孙丑上》2A:4)，并将人心的修养比作箭术，“射者正己而后发；发而不中，不怨胜己者，反求诸己而已矣”(《孟子·公孙丑上》2A:7)。

孔子有一句话受到广泛和激烈的批评:“唯女子与小人为难养也，近之则不孙，远之则怨。”(《论语·阳货》17.25)笔者无意为其中歧视妇女的内容做辩护[①]，但人们往往没看到此语背后的另一层意思。清儒汪烜在解释这段话的时候写道:“此言修身齐家者不可有一事之可轻，一物之可慢，毋谓仆妾微贱，可以惟我所使，而忽以处之也。”[②]从这个角度来理解，这段话不是在抱怨他人，而是在告诉我们自己如何做人、如何修炼。修炼的理想境界应当是能够让那些即使最难“养”的人也能“近者悦，远者来”(《论语·子路》13.16)。而要做到这一点，就应该像孔子那样，能一贯地做到“温而厉，威而不猛，恭而安”(《论语·述而》7.38)。

人的价值来自将自己提升到超出生物学意义的、大写的人。获得高度的尊严也就是成为更完整意义上的人。它与个人的“成”人是同步的。我们的任务不只是知道人有尊严，而更是努力去成为有尊严的人。我们与其说是因为拥有某些人所共有的属性就有了尊严，不如说是因为我们懂得自

---

① 虽然我们很容易发现，儒家有关“仁”的核心思想并不包含歧视妇女的内容，甚至可以说是与歧视妇女的内容相悖的。

② 见程树德:《论语集释》，第1244页。

己应该成为什么样的人而能获得尊严。它要求我们实现德里达所谓的“延异”（différance）——从执着于现在转向开放，从男性主义的自足态度转向女性主义对潜能的珍惜。

这种对人的过程哲学式的理解可能会引起担心，因为它似乎将人的尊严落实到了一种“缺失”，一种尚未实现的潜能之上，以致我们没法简单地肯定每个人的尊严。这在实践当中被证明为儒家尊严观的一个隐忧。在这一点上，儒家尊严观确实不如 Menschenwürde 更能有效地保护每一个人。以堕胎和溺婴为例，尽管儒家强调仁爱，但深受其影响的传统中国却比受犹太教和基督教影响的欧洲更容易接受堕胎，而且没有能有效制止中国许多地方曾经习以为常的溺婴。[①]这个问题凸显了允许尊严有层度高低之分所带来的一个可能后果。确实，儒家不会把胎儿和新生儿当作完整意义上的人。如果尊严以及建立于其上的人权是一种求而得之的成就，那么胎儿和新生婴儿也就没有多少尊严和权利可言。胎儿和新生儿的权利在这一思维框架里就相比于在 Menschenwürde 框架下更加容易受到伤害。

但是无论是胎儿还是新生儿，在儒家的框架里都不会被看作只是一堆血肉。尽管按照儒家的观点，人的尊严主要是伴随着人的德性而增长的，但这只意味着儒家会认为胎儿和婴儿需要更多的关爱和养育（儒家文化会很容易接受胎教的观念）。从仁爱出发，儒家肯定是在原则上反对堕胎的。只有在特殊情况下，比如不堕胎会造成更加不人道的后果，儒家才会勉强接受堕胎的选择。至于溺婴，儒家更不会愿意接受。宋儒杨时就曾促使当时担任顺昌县令的朋友俞仲宽下令禁止溺婴，结果拯救了几千条人命。朱熹的父亲朱松曾作“戒杀子文”。朱熹本人也为设立当时的弃婴收容所（“举子仓”）付出过许多辛劳。

所以儒家在这方面之不如其他宗教文化传统，应该被看作是像每个德性都有与之相应的“蔽”（《论语·阳货》17.8）。“缺失”一方面增加了上

---

① 感谢柯爱莲（Erin Cline）在评论笔者有关儒家尊严的一篇论文时提出的这个问题（见 *Dao, A Journal of Comparative Philosophy*, 03, 2016）。这里的分析解释基于笔者在同一期刊物中对柯爱莲教授的回应。

述问题发生的可能性，另一方面也提供了增长、创造和开拓意义的空间。把人的尊严看成是需要通过努力去实现的潜能，可以使我们认识到自身的不足和提高谦逊意识。美国的教育从婴幼儿开始就提倡让孩子“相信自己”，让每个孩子都认为自己是“王子”或“公主”，或与王子公主平等（虽然事实上并非都能做到这样），其结果有非常积极的一面：它减少了歧视，提高了孩子对自我价值的认可和自信心。但同时它也造成了严重的副作用，即对自我权益抱有不切实际的“理所当然”态度，忽视了努力完善自己的必要。我们当然应该期待从别人那里得到起码的尊重，不仅因为我们是人，而且因为他们也是人。但这种尊重在整个尊严系统里是最基本的、最低的要求。在儒家看来，满足于这种最低的要求而不去通过努力争取更高的、自己更有资格享受的尊重，是一种更需要担忧的“缺失”。

弗勒斯特（C. Forest）在比较儒家与西方的人性观时说得很透彻：

> 有别于西方的（根源于自我的）人性定义，儒家的定义是逆向的：一个人的人性在他的生命结束以前是不会被固定和终结的。也就是说，一个人的人性演变贯穿其一生，展现于他与他人的关系中所持的价值和操行之中。在这些经历和操行的汇合中，其人性在日复一日的、与他人的不断遭遇中得以成型和塑造。简而言之，自我在其一生的旅途中一直是一个未竟的事业，因为他不断地在学习如何做人。[①]

3. 关系性思维与个体性思维

上述关于开放性的概述，已经涉及了儒家尊严观的另一个重要特点——关系性。儒家尊严观以人的道德潜能为尊严的基础。按照伊斯兰学者塔斯克伊里（Mohammad-Ali Taskhiri）的观点，伊斯兰教的尊严观也以

① C. Forest, “Where I am, is Chinese Culture,” in *New English Review*, http://www.newenglishreview.org/custpage.cfm?frm=5172&sec_id=5172.

潜能为基础。但是伊斯兰教的道德潜能表现为以让安拉（上帝）满意的宗教方式去生活[①]，儒家的潜能则是伦理的潜能，即人际间的关爱。通过把个人放在首先是其家庭成员组成的特殊关系里和特殊环境里来理解，儒家的观点提供了一种洞见，即人的价值可以通过这些关系来实现。一个人不仅应当出于道德责任去“己欲立而立人，己欲达而达人”（《论语·雍也》6.30），而且正是通过立人达人，一个人才可以立己达己，实现自己的价值和尊严。通过这样的方式，儒家避免了“是然命题”与“应然命题”间的鸿沟，沟通了“描述性”和“指令性”。我在“是然”的描述性的层面上是不是“人”的不确定性，通过“应然”的指令性层面得到了确定：在尊重你的尊严的同时，我确认了自己作为人的尊严。

Menschenwürde 里面所包含的那种自主自足的个人概念会让每个人都觉得自己很重要、很有资格，但也会使人成为一个个孤岛，把自己看成一个竞争社会里的孤独赢家或输家。而且它需要建立在一个确定“人”的范围的客观标准之上，因而容易产生将某些人排斥在“人”的范围之外的问题。而儒家尊严观以关系中的个人去展现他自己的价值和尊严，避免了这样的困境，因为别人是否为人已不再是他们的问题，而变成了我们自己是否有资格为人的问题——我对别人的冷酷首先是我的耻辱，是我缺乏尊严的表现。

《论语》里有一段颇为费解的对话，也与尊严有关。子贡问孔子：“赐也何如？”（你觉得我怎样？）孔子答道：“女，器也。”（你犹如一个器皿）子贡问：“何器也？”孔子说：“瑚琏也。”（一种祭礼上用的玉器）（《论语·公冶长》5.4）孔子为什么把子贡比作献祭的器皿呢？芬格莱特的解释很有启迪：

> 这样的容器是神圣的、庄严的……这个器皿的神圣不是归于它的

① Kai Hafez ed., *The Islamic World and the West: An Introduction to Political Cultures and International Relations*, trans. Mary Ann Kenny (Leiden: Brill, 2000), p. 50.

> 贵重的青铜、华美的装饰、稀有的玉料或里面盛放有可食的粮食。它的神圣性从何而来呢？它的神圣不是因为有用和美观，而是因为用于典礼，它的神圣在于参与了祭典，在于神圣的典礼。如果不是由于它在典礼中的角色，它就只是一个用来装粮食的昂贵容器而已。……以此为比喻，孔子或许在暗示个人也有最根本的尊严，这种神圣的尊严依赖于他在仪式、在典礼、在礼中担任的角色。[①]

如果按照我们前面解释过的，把人生的各种日常活动都看作“礼”的范围，那么，人的尊严就依赖于人在这些“礼”当中的角色，也就是关系。

但应当而且必须补充的是，一个人的尊严绝不仅仅是由其社会角色地位决定的。与仪式中的器皿不同，一个人不是仅仅被放置在仪式的某个位置上；他还必须是仪式的参与者。参与仪式的人还需要明了自己在仪式中的责任，并有良好的素质和教养去承担这些责任，才能使仪式获得生命，并使自己获得神圣性。所有表达社会地位的头衔都承载着人们的相关期待。一个人也只有在满足这些期待的时候，才配享有其头衔地位所附带的尊荣。人的自我修养不同于礼器的打造。礼器的打造只有等待典礼来赋予其神圣性，而仁心则是礼仪及其神圣性的生命之源。在这个意义上，孔子也许同时也在告诉子贡加强自身修养，以使自己不像一个礼器那样只是在仪式中占据一个位置。这恐怕就是为什么孔子也说“君子不器”（《论语·为政》2.12）的原因。

4. 体身倾向与理性命令

儒家尊严观的第四个重要特征是强调道德情感的体身性。它要求的尊严不是仅来自理性的、冷冰冰的、苦涩的责任感，而且是从心里发出的，得到充分体认和体现的情感和态度，是有激情的投入和创造，是把自己修炼成值得尊重和会尊重别人的人，而不只是在大脑里接受某种道德规则。

---

① Herbert Fingarette, *Confucius—The Secular as Sacred*, p. 75.

只要一个人还是出于责任去尊重，甚至尊重而不感到快乐，就说明这尊重还不够真、不够纯。如果一个人只是由于理性的道德责任感而控制自己不去虐待儿童，这个人显然不如那热爱儿童，因而根本不存在虐童倾向的人更为值得敬重。这就是孟子所说的“由仁义行，非行仁义也”（按照仁义的道路去行，但不是为了仁义而行）（《孟子·离娄下》4B:19）的境界，也是简帛《五行》篇中反复出现的“不乐则无德”[①]的那种超出一般道德的“德”。

当一个人的德性得到充分体身化时，他也会变得更有尊严。如孟子所说：“君子所性，仁、义、礼、智根于心，其生色也睟然，见于面，盎于背，施于四体，四体不言而喻。”（《孟子·尽心上》7A:21）就像在许多宗教传统中提到的圣者身上的光环一样，一个大德之人的人格魅力甚至会通过其身体四肢散发出来，使人不令而敬，不令而从。

虽然人一辈子都有可能发生转化，但其转化的可能性会随着年龄的变化而变小。一个人的品性通常在年轻时便已形成，年纪越大就越难改变。所以孔子叹道：“后生可畏，焉知来者之不如今也？四十、五十而无闻焉，斯亦不足畏也已。”（《论语·子罕》9.23）“年四十而见恶焉，其终也已。”（《论语·阳货》17.26）从功夫的角度看人的尊严，按年龄发展阶段来安排教育计划的重要性是非常明显的。

5. 从底线到至善

上面的那些论述和分析已经涉及了儒家尊严观与 Menschenwürde 的另一个对比，即追求至善和保护底线的对比。Menschenwürde 所提供的是底线，即所有的人都必须得到最起码的尊重，并因而享受最基本的人权。儒家尊严观则指向把整个人生高尚化、价值化，使之成为艺术，它开辟了把尊严贯彻在人生各个方方面面，并且朝着最高级形态发展的空间。如果说 Menschenwürde 可以作为法律的基本概念，用以守护道德的底线，允许我

---

① 见魏启鹏：《简帛文献〈五行〉笺证》，第 6、8、17 页。

们对突破该底线的行为做出法律的惩罚，一般意义上的道德准则[①]守护的则是人生的基本和谐的条件，允许我们对破坏这种和谐的行为做出谴责，那么，艺术的人生是在前面两层基础之上对人生的进一步完善。法律和道德都不是人生的全部。除了维护我们基本的尊严，为社会提供基本的尊严的保障，儒家尊严观还为"求而得之"的尊严开拓了无限的空间。

如果我们不把 Menschenwürde 作为尊严范围的预设，那么人的尊严应该包括广泛得多的领域，即人的所有值得敬重的品质或状态，而不局限于仅仅是与生俱来的天赋人性。在西方，"人的尊严"的拉丁文 dignitas hominis 原意指的是由人的社会地位、职位或人品所带来的尊荣。[②]《牛津英语词典》(*Oxford English Dictionary*) 在"dignity"的条目下列了好几个定义，如"有价值的或应当得到荣誉的品质""高尚的或光荣的称号或地位""高度的敬意或评价"。这些定义都不是 Menschenwürde 所指的那种抽象的、人所共有的和无条件的尊严。在中国古代，"尊"字指高贵、敬重，如《易・系辞》里的"天尊地卑",《论语・子张》里的"君子尊贤而容众",《韩非子・有度》里的"法审则上尊而不侵"，都是这个意思。"严"是指威严，如《诗・六月》里的"有严有翼"，是一种值得敬重的端庄的姿态。"尊严"这两个字在中国古代也常合用，如程伊川解释《易经》里"师贞丈人吉无咎"一语时，就说"丈人者尊严之称"。[③]在那些用法里，也找不到抽象的"人"所无条件拥有的尊严，而是具体的人所能够获得的特殊的尊严。

超出"底线"的限制，意味着打开一个广阔的尊严类型的光谱[④]，如才

---

① 这里所说的"一般意义上的道德"指的是作为责任的道德。广义上的道德不限于责任，还包括允许我们生活得更加美好的"道"与"德"。

② 见 Thomas D William, *Who is My Neighbor? Personalism and the Foundation of Human Rights* (Washington D.C.: The Catholic University of America Press, 2005), p. 150。

③ 程颐:《伊川易传》,《二程全书》第 2 册，第 1 卷，第 27 页。

④ 诺顿菲尔特（Lennart Nordenfelt, "Varieties of Dignity," in *Health Care Analysis*, Vol. 12, No.2, June 2004, pp. 69–81）一文试图对尊严的种类做出一个系统的划分，但他的划分既有相互的重合又不完整。各种尊严之间的界线确实很难严格区分。本人倾向于认为各种不同种类的尊严是同一个连续统（continuum）里的层次。一种划分并不排斥可以从其他的角度对尊严予以不同的分类。

德的尊严和身份的尊严。才德的尊严包括美德、智慧、才能以及其他值得赞美的品性所带来的尊严。如果我们追随孟子，把四端作为人之为人的最基本条件和基本尊严的基础，那么，培育发展四端和其他德性将会使一个人拥有更多的尊严。作为人的修养所致的结果，这种尊严可以有增有减、因而其分布也会因人而异。所谓德高望重，才高也会受到人的尊重。德才兼备被看作是理想君主应有的资质。[①]

一个人的尊严通常与他的身份相关，并通过身份体现出来。[②]人们据以认同其身份的性别、种族、出生地、国籍、血统、社会阶层、信仰归属，乃至个人性格、身体特征等等，也是构成人的尊严的重要内容。身份的尊严可以因为身份的变化而变得与一个人直接相关或不相关。其另一个特征是它也可以属于一个组织、团体或国家，而不只是属于个人。当一个人的身份（如上述性别、种族、国籍、血统、社会阶层、信仰归属、个人性格以及身体特征等）被羞辱时，他会感到深受伤害；而这些特征被赞美时，他会感到自豪。

在儒家看来，身份的尊严与其他尊严一样，也不是简单给定的。人们常常需要通过努力去获得自己的身份及相应的尊严。杜维明先生曾提到，即使作为一个中国人也是一种成就，因为“中国人”这个身份包含着这样

---

① 中国历史上有一个非常有趣的现象，即皇帝往往以其书法造诣来证明自己值得臣下的尊重。

② 中文的“身份”一词通常的英译是“identity”，但严格说来两者是有区别的。“identity”更多的是指个人的自我同一性或与他人的区别，而“身份”一词却是与个人和他人的关系或者说他在人际关系中的角色（role）密不可分的。“身份”既表达了一个人与他者的区别，也通过这种区别表达了他在人际关系中的地位或角色，因此更恰切的翻译应当是“role-identity”。从区别总是与关系相关这一点来说，“身份”一词比“identity”更加深刻。广义地说，前面所说的人的基本尊严也与人的身份（role）相关，只是人的基本尊严是从人之为人的身份（即人与非人的区别和联系）来说的，而这里所说的身份的尊严是从个人与他人之不同的身份（这也是个人与他人的联系）来说的。相对于后面所说的社会地位的尊严而言，这里所说的身份，又是指人的某些客观属性（如种族、性别等）所带来的和通过个人自我认同（如宗教）而获得的身份，而社会地位所规定的身份更依赖于社会的赋予或认同。但它们的区别也不是绝对的。如“女人”的身份，虽然主要是天生的客观属性，但一旦作为身份进入社会，就会有社会对“女性”角色的期待掺入其中。

的期待，即他在某种意义上承载了中国的传统文化！如果把“人能弘道，非道弘人”（《论语・卫灵公》15.29）这句话应用在身份问题上，也可以说“人使身份尊严，而非身份使人尊严！”

6. 尊严的高低与平等

对于 Menschenwürde 而言，所有的人都具有同等层度的普遍尊严。儒家尊严观显然为尊严的高低层度区分打开了大门，从而引起习惯于 Menschenwürde 概念的人的担忧，认为儒家的观念可能会导致社会的不平等和对某些身份、等级的歧视。

确实，儒家在 20 世纪初受到激烈批判的原因之一就是认为它维护了尊卑高下等级，被认为是一种“精英主义”文化。但如果撇开对儒家的歪曲利用，我们能够发现，首先，儒家思想中有一种基本的平等观念。孔子“有教无类”（《论语・卫灵公》15.39），他的学生中有贵族，如鲁国三桓家族的孟懿子和宋国的贵族司马牛，也有来自社会最底层的“贱民”，如冉雍和子张。有成功的商人如子贡，也有一生贫困的颜回和颜路父子。这在他那个年代，这是非常了不起的平等观念。他“三人行，必有我师”（《论语・述而》7.22），推崇“不耻下问”（《论语・公冶长》5.15）。在孔子那里，过去标志社会地位的“君子”“小人”变成了描述道德品质的词语。这意味着如果道德低下，社会地位高贵者也应被看作是小人，如果道德高尚，社会地位低下者也是君子。

其次，儒家对身份和社会地位的尊重与欧洲中世纪的贵族制度和印度的种姓制度不同。后者主要与世袭的或血缘的特权相关，而儒家观念则主要是出于对特殊身份和社会地位所承载的优秀及其相关责任的尊重，而非对权位的畏惧。一个人需要足够优秀，才能配得上他尊贵的身份和社会地位。在这个问题上，孟子又可以对我们有很大的帮助。孟子将伴随着社会等级和地位而来的社会地位的尊严称为“人爵”。他说：“有天爵者，有人爵者。仁义忠信，乐善不倦，此天爵也；公卿大夫，此人爵也。古之人修其天爵，而人爵从之。今之人修其天爵，以要人爵；既得人爵，而弃其天爵，则惑之甚者也，终亦必亡而已矣。”（《孟子·告子上》6A:16）这段话告诫人们，“修其天爵”乃是“人爵”的根本依据。唯有德者才能稳居人爵，保持自己的社会地位。如果得了人爵而放弃了天爵，其人爵也终将丧失。德高才能望重。当一个人的德行不配拥有其头衔的时候，他就应当被剥夺称号。这样做正是对这个社会地位的尊重。孟子明确地说杀暴君不算弑君：“贼仁者谓之‘贼’，贼义者谓之‘残’。残贼之人谓之‘一夫’。闻诛一夫纣矣，未闻弑君也。”（《孟子·梁惠王下》1B:8）尊贵的身份和社会地位伴随了更高的责任和期待。由于社会阶层地位往往可以世袭，祖上的功德也常常为后代带来荣耀，人们往往以此为贵。但这些无形的遗产也需要通过自己的修炼才能真正继承。

再次，尊贵的身份和社会地位本身有其独立的意义。它们像是人体上的针灸穴位那样，起着连接社会经络、调动社会能量的作用。在儒家看来，公卿大夫、局长经理之类的“名”不仅仅是指称一个人的语词，也是礼仪符号，是该符号所代表的权威与责任的承载体，它含有与此权威相应的尊严。对这些地位和身份的尊重不仅是对其重要性的认同，而且也是提醒人们这些位置所代表的责任和期待。同样，与“名”相关的礼器，包括权杖、鼎彝、服饰、旗帜等，也是社会地位的权威和尊严的物质承载。孔子最心爱的弟子颜回去世时，颜回的父亲颜路提请孔子卖掉马车，为颜渊置办个外椁。孔子答道：“才不才，亦各言其子也。鲤也死，有棺而无椁。吾不徒行以为之椁。以吾从大夫之后，不可徒行也。”（《论语·先进》11.8）马车在这里不仅是个代步工具，也是礼器。以孔子的身份，没有马车而徒步跟在其他大夫的马车后面行走，是对孔子所居的地位的伤害，会影响到孔子的话语的权威性和尊严。所以即便是孔子自己的儿子孔鲤死的时候，孔子都没有卖了马车来给他置办外椁。社会活动的许多场合都有着装要求和座位排序等的礼节讲究，服装和座位在这些地方就成了某些社会意义的物质载体。它们的尊严不仅仅属于个人，而更是属于社会的。因此保护社会地位的尊严，既是社会的责任，也更是相关个人的责任。孔子拒绝卖马车为颜回置椁，不是为了他自己的面子，而是在代表社会去维护一个社会身份所承载的功能。人们往往诟病儒家重位置等级，而缺乏对其真正意义的理解，而儒家的这一心意也确实有被利用而导致官本位文化的危险。

7. 抽象的普世与具体的普遍

儒家尊严观另外一个令人不安的问题是，它在认同身份尊严的同时，似乎也为身份歧视开了方便之门。的确，儒家常常被归咎为要对中国的职业歧视、性别歧视和侵蚀社会正义的裙带关系负责。

但需要注意的是，“歧视”通常指的是带有偏见的区分，而不是一般的区分。后者是多元性的基础，是承认每一个人以及每一个社会和种族文化的独特性的必要条件，是促进多样性协调和相互补益的前提。事实上，缺乏对差异的认识，正是人的尊严所需要解决的问题的一部分！为何许多文化需要为他们的文化身份做出抗争？在抽象普世原则的名义下摧毁其他文化不是司空见惯的现象吗？可见这里的问题不是要不要有区分，而是如何适当地加以区分。

传统儒家提倡的和谐是以承认差异为前提的。“君子和而不同，小人同而不和。”（《论语・子路》13.23）孔子相信的是互补和互益。互补意味着既不完全放弃自己的身份和消除差异，也不通过分裂和对抗来维持自己的身份。例如儒家对两性关系的基本看法，就是在承认男女差异的基础上，主张通过互补来既充分实现两性各自的独特潜力，同时又更加珍视对方对自己的意义，就像阴阳符号所提示的那样互补。儒家因此会对当代某些激进的、主张男女绝对平等的女权主义者说，她们的出发点是可钦可敬的，但她们选择了否认性别差异的错误方向。这样做恰恰会伤害女性的尊严。

虽然身份的区别不是排他主义，但它的确不排斥优先考虑自己的核心圈。儒家因此被批评为是任人唯亲和裙带关系的根源，甚至要为中国历史上种种非正义负责。[①] 但是首先，爱自己的父母甚于爱他人的父母是非常自然的事情。正如罗蒂所说，“当某个人被认作为‘我们中的一员’时，这种

---

① 见刘清平：《儒家伦理：道德理性还是血亲情理？》，《中国哲学史》1999 年第 3 期。

休戚相关是最坚固的。这里的‘我们’指的是相对于人类来说更小的和更局部的范围。这就是为什么对一种慷慨的行为来说，‘因为她是人’这句话是苍白无力的解释”[①]。另外，乡土团体的身份意识也是对生存在动荡冲突环境中的人们的一种保护。千百年来，这种意识帮助了海外华人团体应对极为恶劣的社会环境。在印尼的持续排华暴力下幸存的华人，就是一个就近的实例。这里的“乡土性”不是与“泛爱人”相矛盾的；恰恰相反，正如孝是为仁之本的论证所显示的那样（《论语·学而》1.2），它被儒家视为扩展爱的基础和保障。儒家正是从这一点上批评墨子的博爱缺乏“本”或根。

法国社会学家马费索利（Michel Maffesoli）很好地概述了这种观点。他说：

> 我们需要对那写在我们这些爬行动物的大脑里的那个“一”以及它与“多”之间的张力做出新的思考。人类需要一种新的认识。我们缺乏一个词来取代那个已经泛旧了的“普世主义”。也许已经到了该抛弃那“本质上是西方”的、来源于犹太教与基督教和逻各斯中心主义的统一概念的普世追求，而代之以文化地理意义上的“东方”概念的时刻了。在那里有着各种新的不同的共同生活方式。这些方式是地域中心的。它们根植于其所在地或地域性。对一神论式的完美的追求应当让位于具有异教色彩的大成的愿望。这既不是那种被恰当地称作为相对主义的理想——除非我们在斯梅尔（Simmel）的意义上使用“相对主义”，因为他把相对主义视为不同文化之间的联系——也不是简约为统一性。它是一个协调而又“开放的”关联方式，在那里交互性代替了普世观念，从而克服了所有的二元对立。[②]

近来有一个流行的英语新词，glocal，是由 global（全球的）和 local（地域

---

① Richard Rorty, *Contingency, Irony, and Solidarity*, p. 191.

② “‘尊严之道’国际研讨会”，联合国教科文组织，巴黎，2005 年 11 月 14—15 日，“总结报告”。

的）两个词合并而成，也许正可以表达这个意思。这种具体的普遍性是从地域的、具体的层面出发，延伸和拥抱全球的、普遍的内容，并通过这个过程，既显示其本身的普遍性，又显示其地域特征的独特价值。

这种立体的理解要求我们将对人的尊重不仅建立在普遍人性的基础上，而且也建立在各自的独特性上。当然，这里对独特性的尊重并不单纯地是因为其独特，而是因为优秀或者精彩可以有各种独特的形态。

8. 道德和政治原则与生活艺术

也许儒家尊严观与 Menschenwürde 的最大区别在于后者是作为道德原则构建出来的，而前者则最终归结于生活的艺术——它追求的是一种有尊严的、值得尊敬的生活。作为一种艺术，儒家尊严观希望每个人都能够成为生活艺术家。

我们可以通过分析两个对儒家的批评来理解这一点的意义。其一是有人批评儒家对于那些缺乏同情心和不尊重他人的人，除了道义谴责和传统礼制的约束外，缺乏任何其他的有效约束。它强调了自我修炼以及更高的乐善境界，却没能赋予弱者以足够的免受侵犯的权利，因而弱势群体的尊严难以依靠儒家得到有效的保护。当儒家提出那更高的艺术境界的时候，联合国人权宣言所依赖的 Menschenwürde 反而受到了削弱，变成了可有可无的艺“术”。

对此，我们可以复习一下在功夫伦理学一章里已经讨论过的道德原则和艺术的关系。就像纽约自由女神像是一件艺术品，但这不妨碍它同时是纽约的地标，儒家尊严观把人的尊严看作“求而得之，舍而失之”的生活艺术，并不妨碍它同时接受 Menschenwürde 以作为道德底线。但是儒家也会指出，正如前面分析过的“道德金律”在学理上会有局限，只有认识到它最终实际上是一种功法指导才能妥切地理解其本质和功用，前述 Menschenwürde 的学理困境也只有在功夫论的框架下面才能得到妥善解决。功夫尊严观的框架完全可以与保护基本人权和尊严的法律体系兼容。

道义和礼的制约力需要通过健全的法制来补充，反之法治也需要道义和礼为补充。即便在民主法制健全的社会中，道义和礼也是必不可少，而且是更为根本的。在没有公民社会和民主政体的历史条件下，礼制和社会舆论的机制远比期盼偶尔出现明君、清官更加稳固可靠。还需指出的是，儒家的理想社会是“必也无讼乎”（《论语·颜渊》12.13）的社会，是人们不再需要时刻用“这是我的权利”那样的语言来保护自己的社会（就像一个和谐美满的家庭中无须使用这类语言一样），但这和建立必要的法制体系保障及在必要的时候使用权利的语言并不矛盾。公平地说，在传统的中国，礼的制约力和儒家“羞恶之心”观念所构成的社会舆论力量，不但在相当程度上制度化和法典化了，而且由于它们的基础是在社会的底层，所以它们不会因王朝的更替或某个帝王的意志而发生剧变。相反，自从儒家成为中国文化的主流以后，历代的帝王也都受到它们的制约。这种文化上的超稳定结构，印证了孔子“道之以政，齐之以刑，民免而无耻；道之以德，齐之以礼，有耻且格”（《论语·为政》2.3）的思想，说明孔子的“著《春秋》，寓褒贬”，以令“乱臣贼子惧”（《孟子·滕文公下》3B:9）的策略，在当时的历史条件下取得了相当的成功。

另外，人们也可能批评儒家将尊严过分地与道德挂钩，似乎只有道德才是衡量尊严的标尺，道德越高越有尊严。为什么不能有其他的标杆，比如科学发明、艺术创造、企业效益，甚至普通人的幸福感？是否儒家把做人和道德过分地等同为一了？是否应当允许人们有不同的追求，不同的梦想？

对此，也需要有对儒家更加全面的认识。儒家确实把仁义作为人的基本要求，但它并不否认人在其他方面的要求。孔子说，“富而可求也，虽执鞭之士，吾亦为之。如不可求，从吾所好”（《论语·述而》7.12）。“富与贵，是人之所欲也；不以其道得之，不处也。贫与贱，是人之所恶也；不以其道得之，不去也。君子去仁，恶乎成名？”（《论语·里仁》4.5）这两段话既肯定了仁义的基本性，也肯定了谋求富贵的正当性。君子去仁不可成名，但孔子也并未说有仁就有名，或仁之外不能有别的名。更重要的是，孔子追求的目标远非只是一般意义上的道德，而是“志于道，据于德，依于仁”之后的那个“游于艺”的最高境界（《论语·述而》7.6），是“吾与点”中所透露出来的那种在暮春时节，穿上春服，携若干好友和童子，到沂河里戏水，在舞雩台上沐风，然后一路唱着歌儿回家的那种看似平常，却高度天人合一的“曾点气象”（《论语·先进》11.26）。

同时还需要注意的是，功夫体系与其他理论不同的一个重要特点，是看具体情况决定需要强调的内容。如前面提到的孟子之强调“四端”（而非其他欲望），孔子之强调“孝”（而非父母对子女的“慈”），都基于现实需要之考量，可以推论，儒家之强调仁义修养对于尊严的基础意义，也是出于现实的考量。毕竟，人往往容易倾向于要求别人尊重自己，而不那么容易看到首先需要转化自身。

以上讨论是希望说明，虽然孔子和其他儒学的奠基人从未使用过“人的尊严”（Menschenwürde）这一概念，儒学中还是蕴含了一个相当完整的有关尊严的理论，而且其独特之处，正是它可以对 Menschenwürde 概念做出重要修正补充之处。通过将尊严看作是“求则得之，舍则失之”的成就，看作是具体的情感世界里生发出来的自我要求，看作是通过“立人”“达人”而达到的自我实现，它避免了当今盛行的普世尊严概念的那些困境，开通了人的基本尊严与其他尊严之间的联系，并超出了作为责任的道德，开辟了无限的艺术人生的境界。儒家的尊严观允许我们不仅把尊严看作是政治的和道德的原则，也是功夫，是艺术。

通过把人心当作人身最重要的部分，儒家将人的尊严交付给了每个人自己。在强调心的地位的时候，儒家未预设笛卡尔式的心物二元论。相反，儒家相信人的精神与身体紧密相连，以至于一个人的才德可以弥漫全身，散发在人体周围，往那里一站，不用说话，就会博得他人的尊敬。诚如柯普曼所概括的，儒家思想有三个鲜明特征：儒家为伦理学提供了一个可以覆盖整个人生，而不仅仅是某些“关键时刻”[1]的广阔范围；儒家不只是考

---

① 他指出，西方主流伦理学如康德的责任伦理和效用主义伦理都只覆盖牵涉道德责任的那些关键时刻，而将人生中绝大部分时间的生活内容付诸个人的喜好，不纳入伦理学考虑的范围，尽管那些内容也可以是精彩美好的或者是令人厌恶不齿的。

虑怎样做选择，而更多地考虑性格的塑造；儒家为伦理学提供了由低到高的一系列衡量尺度，因此与普通的道德观相比，它具有更高的目标。① 它提出的不只是我们有责任不做不道德的事情，而且是怎样使人生更加完美、更加艺术。在那个层次上，它提供的不是道德的律令，而是修养和完善自我的方法。

① Joel Kupperman, *Learning from Asian Philosophy*, pp. v–vi.

第十二章　修炼而成的自发性：儒家自由观

【本章提要】儒家思想在当代最受诟病的是它压抑人的自由。近来许多学者提出儒家思想与自由观念可以兼容，但也一般是以西方的自由主义为标准来证明儒家文化在现代社会中的合理性。实际上儒家思想蕴含着一种独特而富启发意义的自由观，即自由是修炼而成的自发性。儒家的“不欲人之加诸我”和“无加诸人”展示的不仅是类似于伯林的消极自由的观念，而且是修炼所及的成就。其“从心所欲不逾矩”也不是简单的没有外在限制，而是通过修炼，化“矩”为功夫能力的升华。与“酸葡萄”式的自我消解不同，它是使自己能“发而皆中节”的自我成就。与“布里丹的驴”那种没有倾向的中立不同，它是理性与心理倾向高度一致后达到的无须选择的自由。以伯林为代表的自由观念最为缺乏的，就是自由的主体所需要的功夫能力和作为个人自由之必要条件的他者。一个人不仅通常需要来自他者的限制才能保证其更为根本的自由，他人的支持甚至是一个人自由的构成成分。伯林式的自由观对凸显自由的底线和对弱势群体的保护有重要的作用，但它窄化了自由的内容，需要有儒家自由观对其做出纠正和补充。

“自由”是启蒙的一面旗帜，也是中国“五四”新文化运动所追求的一个目标，是现代化的一个标志。然而儒家思想恰恰在这个问题上饱受诟病。自由的观念似乎在儒家学说中无一席之地；相反，20 世纪以来，儒家学说常常被批评为极端专制和限制个人自由的礼教。儒家提倡维护的传统礼仪不仅要求人们有外在行为的遵从，即所谓“非礼勿视，非礼勿听，非礼勿言，非礼勿动”（《论语·颜渊》12.1），更要求人们“思无邪”，非礼勿思（《论语·为政》2.2）。儒家学说给中国社会制定了一整套等级秩序规范，从个人、家庭、社团到国家层面，无所不包，成为封建王朝统治的思想理论基础。在曲阜孔庙中有众多历代皇帝所立的碑，其中明宪宗朱见深（1464—1487 年在位）所立的成化碑最为醒目。碑文曰：

> 朕惟孔子之道，天下一日不可无焉。何也？有孔子之道则纲常正而伦理明，万物各得其所矣。……生民之休戚系焉，国家之治乱关焉。有天下者一日不可无孔子焉。

在这种社会秩序里，“三纲”，即所谓“君为臣纲，父为子纲，夫为妻纲”，被看得与天尊地卑一样理所当然，亘古不变。传统本身成了“正确”的代名词。一旦搬出“这是祖上传下来的规矩”，就是天经地义，其他的理由都不需要了。

中国传统文化中偶尔也有个性解放的呼声，但多属于远离庙堂，逍遥方外的山林隐士，属于饮酒邀月、赋诗弹琴的浪漫文人。它们与道家文化有天然的亲近，和儒家传统则似乎鲜有关联。即便从儒家内部出现改革开放的声音，它们通常也很快就被保守势力压倒。美国汉学家狄百瑞（Wm. Theodore de Bary）指出，在 20 世纪初的中国革命浪潮中，特别是 1919 年“五四”新文化运动这一新旧之交的转折点，儒家被视为旧中国一切愚昧和落后的根源，包括政治上的腐败和专制、对妇女的歧视压迫，乃至纳妾、溺婴、文盲等等。“自由女神（一个法国的产物）……绝不代表任何中国的或儒家的传统。”[①] 孟德斯鸠说：“一种奴隶的思想统治着亚洲；而且从来没有离开过亚洲。在那个地方的一切历史里，是连一段表现自由精神的记录都不可能找到的。那里，除了极端的奴役而外，我们将永远不见任何其他

---

① 见 Wm. Theodore de Bary, *The Trouble with Confucianism* (Cambridge, MA: Harvard University Press 1991), pp. 103–108。

东西。”[①] 密歇根大学法学院教授惠特曼（Christina B. Whitman）更尖锐地批评说：“儒家抵制法家，恰恰是因为法家为人们留下了某些自由的空间。以说服教育取代法规的强制不是为了给老百姓背离社会规范留下更多的余地，而是为了取得更普遍的一统天下。”[②] 中国“五四”时期的旗手鲁迅先生以讽刺的口吻说，中国的历史是两个时代的循环：一、想做奴隶而不得的时代；二、暂时做稳了奴隶的时代。这一循环，也就是“先儒”之所谓的“一治一乱”[③]。

但如果我们不是把先秦儒家的思想与后世所有以儒家的名义所行之实混为一谈，即可发现儒家思想与自由的观念并不像上述那么简单。在“自由”被看作现代性之重要标志的今天，如何对待自由这一当代核心价值成了儒学复兴所不可避免的问题。不少人依然坚持儒学与自由价值对立的观念。持自由主义立场者认为，要确立现代性就必须批判和否弃儒家传统，而“儒家原教旨主义”者则拒斥西方自由主义，全面否定西方价值，认为儒学的价值正在于它与西方自由观念的对立。这两种观点都认为儒家思想与现代西方的主流价值互不相容。今天，持这两个极端的还是大有人在，但更多的学者都认为事实并非那么极端，儒家思想与自由观念并不是截然对立的。新儒家的重要代表人物张君劢、徐复观，哥伦比亚大学的汉学家狄百瑞等，都曾试图从儒家传统中发掘自由思想的因素。另外一些学者则以为儒家思想与自由主义不同而可兼容。如吴根友指出，许多有关论述“的一个隐性前提大体上都是以西方的自由主义为标准，然后在儒家的文化传统中寻找与此标准相近似的思想内容，从而为儒家文化在现代社会中的价值找到合理性的证明”。吴根友将这种把西方自由主义的价值当作“取舍儒家仁学是否具有现代价值的唯一尺度”的取向称作为“文化比较上的西

① 孟德斯鸠：《论法的精神》（上），张雁深译（北京：商务印书馆，1963 年），第 333 页。

② Christina B. Whitman, “Privacy in Confucian and Taoist Thought,” in *Individualism and Holism: Studies in Confucian and Taoist Values*, ed. Donald J. Munro (Ann Arbor: Center for Chinese Studies, the University of Michigan, 1985), p. 93.

③ 鲁迅：《灯下漫笔》，杂文集《坟》。

方中心主义”。[①] 他提出，应当将儒家思想与自由主义的“可通约性”放在两者都共同认可的“人道主义”层次，把儒家的仁学和自由主义看作“具有不同精神气质的人道主义”。[②] 这个观点拒绝把人的个性自由发展当作现代性的唯一标志，虽然它并不否认个性自由发展是现代性的标志之一。陈少明也提出，儒家的仁爱与自由主义的权利，是各自独立、互不代替的价值，但它们不必相互排斥。“自由无须借助儒学伸张，反过来，儒学也不必依靠自由拯救。儒学有自己的核心价值，那就是仁爱。”[③] 当然，既然两者可以兼容，则原则上双方可以互相借鉴和吸收。以“自由儒学”为口号的青年学者郭萍明确地提出，要将现代自由观念接纳到儒学系统中来，“以民族性的话语来表达现代自由的价值诉求”[④]。

但是即便如此，我们还是需要明确儒学对自由本身的态度。儒学的复兴要求我们对“自由”的含义做出深入的考察，并在此基础上，探讨儒家思想当中有没有自由观念，儒家思想能够接受的是什么样的自由观念，以及儒家思想能否为自由观念做出有益的贡献。

一　作为消极自由的“从心所欲不逾矩”

在许多人的印象中，“自由”这个概念似乎十分简单，它无非是指不受约束的状态。其实不然。我们说一个关在牢房里的囚犯是不自由的，他受牢房的约束而无法逃脱。但是我们不会说一个弃之荒野的物件是自由的，即便它不受任何外来的约束。这里的区别在于关在牢房里的囚犯是能做出决断和自主行为的人，而物件则没有掌控自己的能力。我们可以借用伯林

---

① 吴根友：《从人道主义角度看儒家仁学与自由主义对话的可能性》，哈佛燕京学社、三联书店（主编）《儒家与自由主义》（北京：读书·生活·新知三联书店，2001 年），第 358 页。

② 同上，第 363 页。

③ 陈少明：《儒学与自由——一个仍然有待商讨的问题》，《华东师范大学学报》（哲学社会科学版）2019 年第 2 期。

④ 郭萍：《自由儒学的先声——张君劢自由观研究》（济南：齐鲁书社，2017 年），后记。

（Isaiah Berlin，1909—1997）的“消极自由”（negative freedom）和“积极自由”（positive freedom）这个概念框架来解释上述例子。[①]“消极自由”也被称为“无约束的自由”（freedom from），指的是没有外来的限制和强制。“积极自由”也称为“能动式自由”（freedom to），指的是掌控自己行动的能力。根据这个区别，一个关在牢房里的囚犯虽然不具备消极自由（他无法逃脱），但他仍具有积极自由（他至少可以掌控自己是不是试图去逃脱）。而且他的积极自由正是构成其消极不自由的条件——正因为他可以有自己的意愿，可以选择是不是按照其意愿来行动，才决定了他在消极的意义上是不自由的，即他的行为客观上受到了外在的限制而无法成功。而一个物件缺乏的是积极自由，虽然它可以有消极的自由。

尽管伯林对这两种自由的区分本身并不是十分清楚，因为它们相互交集，有时似乎可以说就是同一个自由的正反两面[②]，而且如有些学者所怀疑的，它似乎并未涵括自由的所有内容[③]，这个概念框架还是受到了非常广泛的接受，被看作现代自由主义理论的一面旗帜。而且毕竟有无自控能力和有无外在限制至少是看待自由的两个不同角度。有鉴于此，我们可以借助这个概念框架来理清儒家自由观及其与伯林所代表的那种当代自由主义的异同。

---

① 其实在伯林之前就已经有人提出过消极自由与积极自由的区分，如 T. H. Green, “Lectures on Liberal Legislation and Freedom of Contract,” in *Lectures on the Principles of Political Obligation*, eds. Paul Harris and John Morrow (Cambridge: Cambridge University Press, 1986), pp. 194–212。

② 如邓晓芒说“就连伯林自己也觉察到”他对“积极自由”的阐述“怎么看都像是对积极自由和消极自由的关系的阐述”，所以他说，“成为某人自己的主人的自由，与不受别人阻止地做出选择的自由，初看之下，似乎是两个在逻辑上相距并不太远的概念，只是同一个事物的消极与积极两个方面而已”（邓晓芒：《伯林自由观批判》，《社会科学论坛》2005 年 10 月，第 21 页）。麦克勒姆（Gerald MacCallum）说，自由总是牵涉一个由于能够免于某种约束（free from something）而能够能动地去做某件事情（free to do something）的能力（Gerald MacCallum, “Negative and Positive Freedom,” in *Liberty*, ed. David Miller, Oxford: Oxford University Press, 1993, pp. 100–122）。

③ 见 Quentin Skinner, “The Paradoxes of Political Liberty,” in *Liberty*, pp. 183–205；Philip Pettit, *Republicanism: A Theory of Freedom and Government* (Oxford: Clarendon Press, 1997), pp. 17–27；“Republican Political Theory,” in *Political Theory*, ed. Andrew Vincent (Cambridge: Cambridge University Press, 1997), pp. 112–131。

伯林提出积极自由与消极自由的区分，其目的是要强调消极自由，即个人不受干扰和强制的权利。在这一点上，儒家其实也有非常相似的说法。比如《论语》中记载，子贡说："我不欲人之加诸我也，吾亦欲无加诸人。"孔子回答说："赐也，非尔所及也。"（《论语·公冶长》5.12）这里子贡的话就可以理解为是消极自由的观念。历代注家多将子贡的话看作是"己所不欲，勿施于人"的另一表述。其实它们之间有很重要的区别。"己所不欲，勿施于人"虽然比"己所欲，施于人"显示了更多的对他人的尊重，因为它包含了"不加诸人"的含义，但它还没有完整地体现消极自由的观念。"己所不欲"还是具体的个人之所不欲，尚未脱离个体的特殊性，而子贡的话是总体的"不欲人之加诸我"，不管加诸于我的东西是我所欲的还是我所不欲的。这就更具普遍性了，因而与消极自由的观念更加接近。

有意思的是，孔子对子贡的回应，"非尔所及也"，显示出他不是将这种消极自由看作个人的权利，而是看作一种需要获取的成就。康有为解释说："子贡不欲人之加诸我，自立自由也；无加诸人，不侵犯人之自立自由也。"[①] 这里的"自立"，实际上是"不欲人立我"的含义。康有为认为："子贡尝闻天道自立自由之学，以完人道之公理，急欲推行于天下。孔子以生当据乱，世尚幼稚，道虽极美，而行之太早，则如幼童无保傅，易滋流弊，须待进化至升平太平，乃能行之。今去此时世甚远，非子贡所及见也。盖极赞美子贡所创之学派，而惜未至其时也。"[②] 无论孔子的"非尔所及"指的是子贡本人尚做不到无须别人"保傅"，还是指整个"天下"尚达不到人人都能自立而无须保傅，作为一种理想，都是指人之达到自立或成熟的成就。[③]

康有为的这个解读并非简单地把近代西方的消极自由观加诸孔子，而是揭示了孔子的功夫视角，即把人和社会都看作具有发展过程，需要经过修炼而走向成熟完美。他把"不欲人之加诸我"看作了一种成熟状态。无

---

① 康有为：《论语注》，第61页。

② 同上。

③ 康有为甚至认为子贡此说经田子方而传给庄子，是庄子思想的来源。

论是个人还是社会中的广大民众，都只有达到一定的成熟度以后，才可以无须别人的干预而能够自立。这与西方自由主义观念不一样，因为自由主义通常把消极自由看作是超越于个人和社会发展阶段，或者说是普遍适用于所有个人和社会的绝对价值，是一种人人皆应享受的权利，而不是经过修炼而获得的成就。

程颐和朱熹对这段话的解释虽然与康有为有别，但他们的解读也还是功夫解读。他们指出，“己所不欲，勿施于人”中的“勿”是“禁止之谓”，换句话说是规范性的原则，而子贡所欲达到的“无加诸人”中的“无”是“自然而然”的境界，是“仁”。孔子认为子贡还没有达到能够“无加诸人”的高度，还需要从“恕”开始做起。[①]与康有为的解读不同，程朱把“无加诸人”看作是一个高功夫的境界，而康有为是把“无须人加诸己”看作是高功夫的境界。但是两者都是功夫修炼的成就，而不仅仅是个人的权利。

与子贡的话相比，《论语》里那句著名的孔子自述“七十而从心所欲不逾矩”，更能表现儒家自由观“为仁由己”（《论语·颜渊》12.1）的特点。此语虽短，其中的含义却非常丰富，而且与自由这一主题直接相关。

首先，“从心所欲不逾矩”也可以被看作是表达了“消极自由”的状态。显然，此语不是说到了七十岁，所有的人都对孔子开绿灯，不加限制，让他可以从心所欲。“不逾矩”这三个字显示了“矩”的存在，因此不是伯林所说的无外在限制的消极自由。但是，经过长年的修养，孔子的心已经不会有不恰当的欲望，因此那些曾经对孔子来说是限制的矩已不再是限制了，因而也是没有外来强制的状态。对于一个不想抢银行的人来说，银行里的监控摄像不是约束。对于一个没有想超速的驾驶员来说，公路上的时速限制不是约束。对于一个不抽烟的人而言，公共场合“禁止抽烟”的标示也不是约束。只有当人们有逾越它们的意愿，而外在的规范限制其意愿的实现时，它们才有约束的意义。

---

① 见朱熹：《四书章句集注》，第78—79页。

其实在大部分情况下，我们都享受着许多消极自由，只是我们把那些自由都看作是理所当然的，因此也就完全不当回事。比如任何一个正常的社会都不允许以虐待儿童取乐。而一个正常的人也不会有这样的欲望，因此，所有正常的人都享受着不受到“不准虐待儿童”这一道德原则（矩）约束的自由，因为这样的原则对他而言根本就没有约束的意义。一个人欲望越多，外在的限制也就越多。只是因为大多数人的欲望其实相当有限，许多限制对一般人而言也就无所谓是限制了。

当代自由主义也并不主张无条件地取消对个人的所有限制。一个对个人的行为完全没有限制的社会是无法生存的。社会对人的限制的“底线”也是随历史发展而进化的。越是文明的社会，各种规则规范也就越多。在医院、电梯之类的公共场合禁止吸烟，在影院剧场禁止大声喧哗，在各种大小公路上禁止超速超载，都是过去千百年里所从未有过的对自由的限制。这个底线随社会的进步逐渐提高。因此可以说社会越发展，人也越受限制。但同时这些也都是自由的升华——因为它们给予了人们呼吸清洁空气的自由、安静地欣赏演出的自由、安全行车的自由。但是随着人的文明素质的提高，那些新的限制也就相应地不成其为限制了。一个文明的人不会觉得自己不能随地吐痰，不能随意闯红灯，或者不能在影院剧场里大声说话而感到不自由。自由不只是一个量的概念，也是一个质的概念。除了多一点或少一点自由，还有高级与低级自由的区分。限制随地吐痰的低级自由，同时是提供干净卫生的活动场所的高级自由。一个对不文明行为毫无限制的国度可以在许多地方比文明发达的国家更“自由”，但那并不意味着社会的进步。政府对商品质量的监管，对最低工资、劳工福利的规定等对自由的限制，都是社会进步的表现，而这种进步其实也意味着更广泛和更高级的自由的落实。

上述获得自由的途径，体现了功夫自由观的核心，即通往自由的途径常常是由接受一些“矩”的限制开始，通过修炼而使“矩”不但不再成为限制，而且成为自由发挥的条件。儒家的“如切如磋，如琢如磨”（《论语·学而》1.15）、“克己复礼”（《论语·颜渊》12.1）是如此，其目的是使人能够从心所欲不逾矩。佛教里的“戒”也是如此，其最终目的是让修行者获得脱离苦海的自由。教育体制中的课程要求和考核体制还是如此，其目的最终是为了学生在相应的领域获得自由发挥的能力。如果从一开始就让人完全没有约束地自由发展，他在当下是享受了自由，但却会因此而丧失了今后长久的、更为广阔的自由。

有人可能质疑，通过修炼而使自己不再有“逾矩”的意愿，或者使“矩”内化成为自己的意愿，是不是指向了一个逻辑的结论，即如果一个人没有任何欲望，他也就完全自由了？伯林就认为，古希腊的斯多葛派、基督教禁欲主义、康德的“自律”以及“东方圣者的寂静主义”，是通过减损自己的感性需求，通过摆脱欲望，来达到不为外界所限制和强制的自由的。“这不折不扣是一种酸葡萄学说：我没有把握得到的东西，就不是我真正想要的东西。”由此所获得的抽象的自由“绝非政治自由，而是其反面”[①]。

“酸葡萄”学说指的是虽然葡萄本是甜的，自己也想要吃葡萄，只是因为吃不到葡萄，才说葡萄是酸的，以此自我安慰。鲁迅笔下的阿Q，也用“酸葡萄”式的精神胜利法来获得他的“自由”。阿Q这个形象揭示了一种难以救治的深层的自我否定。鲁迅说：“做奴隶虽然不幸，但并不可怕，因为知道挣扎，毕竟还有挣脱的希望；若是从奴隶生活中寻出美来，赞叹，陶醉，就是万劫不复的奴才了！”[②]当代的一些心灵鸡汤式的说教也起着同样的麻痹作用。它们在使人解脱欲望束缚的同时，也消解了有欲望的主体和生活本身。欧洲文艺复兴的积极意义就是人性的解放，摆脱宗教禁锢。当人的合理需求受到外来人为限制的时候，我们不应该鼓励人们压抑或者减损自己的需求来获得自由，相反，应该打破和去除那些限制。这是伯林所说的消极自由的本意。孔子和孟子都从来没有否定过合理的欲望。儒家对财富的欲望从来都是“取之有道”的态度。“子曰：‘富而可求也，虽执鞭之士，吾亦为之。如不可求，从吾所好。’”（《论语・述而》7.12）“不

① 伯林：《自由论》，胡传胜译（南京：译林出版社，2003年），第189页。

② 鲁迅：《南腔北调集・漫与》。

义而富且贵，于我如浮云。”（《论语·述而》7.16）“一箪食，一瓢饮，在陋巷，人不堪其忧，回也不改其乐”（《论语·雍也》6.11），颜回所乐，乐在求道，而不是乐于其贫困。孟子说：“鱼，我所欲也，熊掌，亦我所欲也；二者不可得兼，舍鱼而取熊掌者也。生，亦我所欲也，义，亦我所欲也；二者不可得兼，舍生而取义者也。”（《孟子·告子上》6A:10）这里完全没有说自己得不到的鱼是“酸葡萄”。

但另一方面，我们也必须承认确实有吃不得的酸葡萄。这就需要我们在讨论自由的时候区分何种“欲”与什么“矩”。对于合理的需求和欲望，不但不应该否弃，而且应该予以保护，但是对于非分的欲望，则不能说是因为吃不到葡萄才说葡萄酸。合理的“矩”当然应该遵守。对所谓“恋童癖”，即以儿童作为性欲对象的性倾向，即便是天生的，也必须予以禁止。满足这种欲望是对儿童健康的摧残和对其自由发展的侵犯，会对儿童的一生造成不可抹去的负面影响。笼统地把经过修炼，转化欲望而得到的自由称作“酸葡萄学说”，表面上是维护了自由的纯洁性，即自由与欲望的对错无关，但实际上是为了维护狭义的自由而牺牲了广义的自由，维护了低级自由而牺牲了高级自由。

儒家的基本经典清楚地反映了儒家获取自由的方式主要是自我的修养，而不是摆脱来自他人的外部约束。《论语》的许多话语可资佐证，如“躬自厚而薄责于人，则远怨矣”（《论语·卫灵公》15.15），“见贤思齐焉，见不贤而内自省也”（《论语·里仁》4.17），“不患人之不己知，患不知人也”（《论语·学而》1.16），“朕躬有罪，无以万方；万方有罪，罪在朕躬”（《论语·尧曰》20.1），“君子求诸己，小人求诸人”（《论语·卫灵公》15.21），等等。《大学》里所展示的儒家“八条目”，其前五项，即格物、致知、诚意、正心、修身，就是展示了这种自我修养的过程，而其后三项，即齐家、治国、平天下，可以看作是前五项所造就的自由状态在家、国、天下各层面的拓展。

东方哲学的各个主要传统确实都把自我修养作为取得自由的途径。印度教的核心教义是“真我是宇宙我”。对于印度教徒来说，获取自由的方式就是去除虚假的自我，即那种把自我认作为与世界隔离并与世界对立的实体的观念，而将真我与宇宙看作一体。佛教否认实体自我的存在，认为无论是所谓的真我还是宇宙我，其实质都是“空”。他们相信，苦难的真正原因就是人的“执”，是渴望抓住那本来是空的自身。对于佛教徒来说，获取自由本质上就是摆脱这个“自我”的幻念，并相应地改变自己的生活方式，做到无执。道家主张通过“无为”“日损”“坐忘”“顺物自然而无容私”，以取得“道通为一”的“逍遥游”（自由）。[①] 与上述东方传统相比较，儒家是最积极和最具有建设性的。如果说其他三种东方传统都更多地表现为主体性的消解，儒家则更多地强调主体性的构建。如果说这四种东方传统的目标都是“天人合一”，而且都是试图通过自我修养来达到天人合一，那么其他三种传统主要是倾向于通过减损自我从而达到不再有“物”“我”的对立，而儒家传统则更注重将自我从本来与禽兽区别“几希”的状态，构建为大写的人，通过人的主体性的发展来达到“游于艺”的自由境界。儒家的修身会让我们打消“吃酸葡萄”的欲念，因为有些“葡萄”确实是酸的，吃不得，但它也是让我们得到“吃天鹅肉”的本事，即能够“发而皆中节”。这就自然地把我们带到了“积极自由”的概念。

二　作为积极自由的“从心所欲不逾矩”

“从心所欲不逾矩”也可以说是一种“积极自由”的状态。按照伯林的意思，积极自由的关键在于自己是自己的主人，能够决定自己的行为，所以“从心所欲”毫无疑问包含“积极自由”的内容。[②]

---

① 但中国化了的佛教和道家都反对极端的禁欲。

② 张佛泉在其《自由与人权》（台北：台湾商务印书馆，1993 年）一书中曾以“从心所欲不逾矩”概括孔子所代表的自由观，认为儒家把自由看作人的内在道德生命状态，属于积极自由，和作为外在保护的，作为政治权利的消极自由不同（第 15—16、23—24 页）。笔者认为这种内在与外在，道德与政治的截然区分并不准确。两者的不同是倾向的不同和视角的不同。“从心所欲不逾矩”也可以从消极自由的视角去看。儒家相比之下更为注重内在道德修养。

但其中的复杂性在于，如果一个人的行为是受其本能所驱动的，则虽然他在某种意义上也可以说是“从心所欲”，却还很难算是自由的。当一个人情绪激动的时候，我们说他“失去了自控能力”。按照康德的观点，自由的“自”是人心中的理性部分，对它而言人的欲望、情感等等都是外在因素。如果一个人的行为是来自于自己的心理倾向，那他就不是真正的自决自断（autonomous），而是在受其心理倾向的决定（heteronomous），因而也就不是自由的了。这种只把理性决断的主体作为自我，而将自己的情感、欲望都作为“他者”的观点，被伯林称为“城堡”式的自我观。住在城堡里的是那纯理性的自由意志，对它而言，一个人的情感和欲望与来自物质世界和社会的各种影响都是外在的，受因果规律控制的。只有纯理性才是主体自身的习性和所有行为原则和指导方针的最终裁决者。[①]

伯林不主张那样的自我观。他的“自我”是包括自己的欲望、情感的，这与他的政治上的自由主义立场相关。如果把欲望、情感作为外在的因素，而把理性看作真正的自我，这就为别人代表那个“真我”来限制我的欲望情感敞开了大门。他希望的是对自我欲望、情感的最大保护，最少干扰。但是他又承认，在逻辑上，作为“自主”的积极自由的主体概念最终会逼着人接受那理性的“真我”，这也就是为什么他认为积极自由的概念最终会导致集权政治。

这里，语言的不同也反映了哲学思想的不同。在英文里，情感和欲望的主体是“heart”，理性思想和意志的主体是“mind”，两个概念各自承担不同的功用。而中文的“心”字，则同时既是欲望和情感的主体，也是思想和意志的主体，所以“心”字不容易导向自我决断的理性那样的核心城堡概念。“从心所欲不逾矩”的表述很清楚地显示“欲”字也同时有欲望和意愿的意思。如果我们借用西方语言来分析的话，可以说这句话蕴含了这样的意思，即在七十岁以前，孔子的“心”里的心理倾向部分和理智意愿部分还没能完全一致。当头脑（理智意愿）告诉他“矩”在那里的时候，

---

① John Rawls, *Lectures on the History of Moral Philosophy*, p. 280.

他的心（情感和欲望）仍想做“矩”以外的事情。因此，他的理智还不能让心牵着去为所欲为。他必须行使大脑的意志去选择正确的道路，以使自己不逾矩。到了七十岁，孔子才达到了心脑的一致，可以信赖他的情感和欲望了，因为他的情感和欲望已经通过修炼而变得不会再想要逾矩。

如果说中文语言不区分思想意志与心理倾向，缺乏明确的自由意志的概念，是逻辑上的含混不清，那么，它也有它的好处，那就是不容易割裂心脑之间的联系。这或许应当被认为是中国哲学的幸事，甚至是有智慧的洞见。其实像哥德尔定理所揭示的，任何一个系统，如果它是自洽的，就是不完备的，如果它是完备的，就不是自洽的。康德的二律背反之一就是关于自由意志的。他论证到，自由意志只能是属于物自体的领域，换而言之，它属于信仰的领域，无法成为知识。在服从因果律的现象界，没法有自由，因为凡是在因果链中的事物都是不自由的。不被任何原因决定的第一因没法被理解，但却又是构成完整的宇宙观和道德观所不可缺少的。这里的困难也可以通过这样一个简单的论证来揭示：所谓的自由意志，是做出自主抉择的能力。这种能力本身或者是被更深层的原因决定的，如此则它并不自由；或者它是不被任何原因决定的，如此则它只是随机的发生，而随机发生即意味着不在任何主体的控制范围，因此也没有自由。这样的分析，逻辑上固然是清晰了，但是自为（自由）的世界与受因果律支配的自在世界就被截然割裂了，而且自为的世界就变成了只能信仰、无法理解的世界。为了接受自由意志的观念，从而使我们的体系完备，我们必须接受一个非常奇怪的形上学假设，即有那样一个实体，它能够无端肇事，即在毫无原因的情况下肇始行为，而其自己的行为却又不是随机的偶发。

如果我们将积极自由看成是对任何倾向的中立，即自由的主体不受自身任何倾向性的制约，那么绝对的积极自由恰恰是自我否定的，因为它一方面要求主体不受任何约束，另一方面，这个要求本身又使主体的决断成为不可能，因为如果不受任何知识、品性以及其他成功履行任务所必需的素质的指导，所谓的“理性自我”根本无法做出任何抉择。

孔子和其他中国古代哲学家从不把个人当作那样的中立选择者，也不认为主体可以脱离其品性和素质进行选择。不带倾向的自由是不存在的。即便我们假设有完全理性的，不受任何心理倾向影响的人，这人也一定会像那头“布里旦的驴”①，饿死在两堆完全一样的干草之间，因为它找不到去吃一堆草而非另一堆草的理由。也许有人认为“布里旦的驴”是一个例外，因为很少有人会面临两个完全等质等值的选择。但是在任何理性的选择里，如果一个人没有任何倾向，他如何能找到选择一个目标而非另一个目标的理由呢？即便那两堆干草有区别，那头驴也必须是出于倾向于好的质量才能够选择那堆好的干草，否则他凭什么做此选择而不是相反？可见，倾向性的影响是自主选择不可缺少的依据。

孔子的“从心所欲不逾矩”并不是一种对心理倾向的中立状态，而是一种修炼而成的自发性，一种无须内心挣扎就自觉自愿地倾向于符合道德规范的状态。这些倾向性包括从孟子所谓的“四端”（恻隐之心，羞恶之心，辞让之心，是非之心）中生发出来的仁义礼智，以及在后天的家庭与社会教育下培养而成的礼节习惯。它们经过修炼可以深植于人心，以至成为人的第二天性，可以据此而从心所欲，同时又能“不逾矩”，甚至“发而皆中节”。这种状态无异于道家的“无为”（或“无为而为”）。正如庄子的“庖丁解牛”里那个厨师庖丁能“奏刀騞然，莫不中音。合于桑林之舞，乃中经首之会”，达到游刃有余的自由境界，儒家的修养目标也是使一个儒者通过“志于道，据于德，依于仁”的进程而进入“游于艺”（《论语·述而》7.6）的自由王国。

---

① 布里旦（Jean Buridan）是14世纪法国哲学家。他曾经写道：“如果有两个选项被判断为是等值的，自由意志就没法打破僵局。它唯一能做的是悬置其决断，等待事态发生变化，以致正确的选项变得明确无疑。”（Should two courses be judged equal, then the will cannot break the deadlock, all it can do is to suspend judgement until the circumstances change, and the right course of action is clear.）后人以调侃的口气把这个观点形象地描述为一头完全理性的驴，在它又饥又渴，却面临一堆干草一桶水的情况下，必然会因为不知道应该先吃草还是先喝水而死于饥渴。

这种基于修炼的自发性有别于康德的所谓“绝对自发性”[①]。康德的绝对自发性是脱离于人的好恶倾向的纯理性自发性。而儒家则认为，如果绝对自发性可以算作是自由的一种状态，那么我们有更多的理由把修炼而成的自发性看作是自由的一种状态。在康德的绝对自发性里，纯理性还没有与人的好恶倾向性达到一致，因此面临着被来自于好恶的自然力量先决地排斥的可能。在儒家的修炼而成的自发性里，好恶是经过修炼的调整转化的，因此已经不再是纯自然的力量。它们通过主体的净化和重建从而与人们的道德理性相协调一致，变成了道德理性的化身或体身化了的道德理性。相对于康德的绝对自发性，这种协调使个体的道德行为更完整地出自于道德主体自身，而在康德的绝对自发性那里，道德行为仍然随时可能与道德主体相对抗。

此外，如果自由意味着中立，那么主体对他的“选择”和“不做选择”本身也应该采取中立态度，并在这两者之间先中立地进行选择。由于同样的原因，他还必须对“选择做与不做选择”和“不选择做与不做选择”这两者本身再做出一个选择。这种后退显然是无穷的。结果只能是，除非在某点上他不再选择，否则他就无法做出任何选择！康德的绝对自发性依然是自发性——理性不可能作为无穷尽地上诉自己的终裁者。也许这就是为什么当孔子被问及一个人是否要三思而后行时，孔子说：“再，斯可矣。”（《论语・公冶长》5.20）显然，孔子知道过于犹豫不决也是一种约束。正如完全被盲目的冲动所驱使是缺乏积极自由的表现，没有任何倾向性驱使而茫然无所适从，同样是缺乏积极自由的状态。在这两种状况下的自我，都没有真正的自主能力。

儒家经修炼而成的自发性，就是这样的中庸之道。儒家修炼自由的过程，是一个将自己的选项不断缩小的过程，直到最后凭直觉就能自然地倾向于最好的选项。一个人在面对一个孩子的时候，确实具有“踢他一脚”

---

① 见 Immanuel Kant, *Religion within the Limits of Reason Alone*, trans. T. M. Greene and H. H. Hudson (New York: Harper and Row, 1960), note 45。

的选项存在。这样的选项在存有论意义上是开放的，是他可以选择去做的。但对绝大多数的人来说，这显然不是一个有意义的选项。他们的头脑里根本不会出现要去踢那孩子的念头。所以这个选项在他们的心里是关闭的、无意义的，根本就不能算是个选项。与一个确实有这样的邪恶意念，因而需要在心里选择不去踢那孩子一脚的人相比，那些无须选择的人是更加自由的。儒家的修炼，就在于将所有不恰当的选项一一从自我的倾向性中排除，以至于最后能无须选择，从心所欲而能不逾矩，甚至“发而皆中节”。他的自由就是他的“自然”。由于经过修炼后的自发倾向性是得到监控其心愿的头脑认可的，所以“从心所欲不逾矩”依然满足了伯林所谓积极自由的条件。有趣的是，在此意义上，儒家的自由可以说是“无须选择的自由”，因为真正自由的境界是清楚地知道什么是善，并自然地倾向于那善，而无须做出选择的那种境界。修炼有层度的深浅。越是修炼得好的人，就越自由；一个人越是自由，就越无须选择。如《中庸》所谓，“诚者，天之道，诚之者，人之道”。两者之间的区别，就在于后者还需要付出努力，需要“择善而固执之”，前者则已经无须“择”了。“诚者，不勉而中，不思而得，从容中道，圣人也。”这就是柯普曼所敏锐地发现的：“在最极端的情况下，一个儒家的圣人将没有选择可做，因为各种无价值的行为都已经不再是活的选项。”①

由于在孔子的“从心所欲不逾矩”那句话里，此“心”是已经变为心理倾向的规范，陈汉生等学者认为儒家伦理学成了“描述心理学”，认为它实质上是对圣人的倾向性的描述。陈汉生由此而断定“儒家没有关于自由的学说”②。葛瑞汉说，要想在中国文化里寻找与西方的民主和自由观念严格对应的观念是天真的。他指出，中文里自由相当于“自然”，即“自然而然”的状态。那里没有一个独立的用来限制和调整倾向性的意志。葛瑞汉用“自发性”翻译“自然”的概念，他说：“对于中国的道德哲学来说，所

---

① Joel Kupperman, *Learning from Asian Philosophy*, p. 136.

② Chad Hansen, “Freedom and Moral Responsibility in Confucian Ethics,” in *Philosophy East and West* 2, 1972, p. 170.

谓善就是最明智的人自发地喜欢的东西。”[①]

但陈汉生和葛瑞汉的说法并不准确。首先，这种自然并不等于失去自控，无法做出选择的状态。中国传统哲学虽然从未出现“自由意志”的提法，但这并不意味着中国古代的哲学家们没有关于人的自主和能够选择的观念。确实，如果那样的话就太奇怪了。儒家文献中经常出现“择”的概念。如《论语》中的“三人行，必有我师焉：择其善者而从之，其不善者而改之”（《论语 · 述而》7.22），“里仁为美。择不处仁，焉得知？”（《论语 · 里仁》4.1），《中庸》里的“择善而固执之”，等等。如果把自由意志理解为“择”的能力，那我们完全可以说中国传统哲学中从头就不缺乏自由意志的观念。中文里没有 heart 和 mind 的区分，所以才没有出现仅仅作为自主选择的主体的自由意志概念。

其次，上述陈汉生和葛瑞汉所说的“自然”状态或者“自发性”是修炼有成的圣人达到的境界。在那个境界上，已经无须有“择”，因为圣人已经可以“从心所欲”，自然而然地“不逾矩”了，所以当然没有了能择的主体与他的心理倾向的区分。因此可以说中国传统缺乏自由意志概念是与其功夫的目标有关，而并不意味着认为所有的人都无须有择，或者说自由对所有的人都是其自然状态。如果承认自由是可以有程度之别的，那么圣人所达到的修炼而成的自发性便是最高的自由。我们没有理由认为，一个人要么完全自由，要么完全不自由。

当然，在现实的世界里不一定有儒家理想中的圣人，即便有，也不意味着他们不会碰到两难困境。现实生活中确实经常发生两种善不能兼得的情况。但可以肯定的是，儒家的圣人不会像布里旦的驴那样饿死在两堆同样好的（或者同样糟糕的）干草之间，因为在饿死与随机选择两堆草之一，显然后者是更为理性的选择。

西方哲学家中其实不乏对此的领悟。笛卡尔就曾把那种纯粹中立的自由称作为“最低级的”自由。他写道：“中立，即找不到推动自己倾向于一

① A. C. Graham, *Disputers of the Tao*, p. 302.

边而非另一边的理由，是一种最低级的自由。它表示不完美，或者毋宁说是有知识的缺陷，或是某种否定。在我总是清楚地看见真和善的地方，我从不会考虑需要审理或选择的问题。因而，虽然我也许完全地自由，但我永远不会把它的原因归结为中立。”①

笛卡尔认识到了中立自由的缺陷。他主张的自由观也是被毕达哥拉斯、柏拉图、斯宾诺莎和黑格尔所认同的观念，即自由是对永恒或必然的认识。但是这个自由观也有它的缺陷。郝大维和安乐哲指出，这种“形式主义”概念的问题在于其所谓的真理是对永恒不变的存在的认识，而不是在关系当中变动生成的事物的知识。② 更进一步而言，即便是对于在关系当中变动生成的事物的知识，也还是属于真理认知。用功夫哲学的语言来说，认识了真理还不等于就自动地获得了自由。还需要通过修炼而将知识体身化，成为“体知”了的倾向性或功夫。要获得游泳的自由，光是知晓所有的有关游泳的事实是不够的，还必须通过在水中的亲身实践修炼。葛瑞汉就陷入了这样的局限。他认为儒家的圣人就是那些聪明人，而最聪明的人就是那些知道一切相关事实的人。③ 这种理解给儒家披上了一层理智主义的色彩。认识相关事实或真理的“智”不但不是儒家圣人或君子的唯一素质，甚至不是其最重要的素质。一个人必须对善有体认、体会，成为具身化了的素质和功夫能力，才是真正知善。圣人境界的一个重要的标志，就是从心所欲不逾矩，是以修炼为基础的自发性意义上的自由。一个知道所有相关事实却必须与自己的倾向性做抗争才能不走歪路的人，绝对不是儒家圣人的形象。孔子倡导的六艺包括了礼乐射御书数，其绝大部分的内容都是培养素质，而不是获取知识。他说过“知者不惑”，但他又加上“仁者不忧，勇者不惧”（《论语·子罕》9.29）。从儒家的观点看来，对获得自由而

① Descartes, *Discourse on Method and Meditations on First Philosophy*, trans. Donald A. Cress (Indianapolis: Hackett Publishing Company, 1980), p. 81.

② David Hall and Roger T. Ames, *Anticipating China* (Albany: State University of New York Press, 1995), pp. 97–98.

③ A. C. Graham, *Disputers of the Tao*, p. 302.

言，人的素质的重要性远远超过对事实的认知。

三　作为自由之条件的功夫能力

回到伯林的积极自由与消极自由的概念框架，我们会发现，这个框架当中缺了许多完整的自由观所必须包括的内容。其中最直观也最重要的，是自由的主体所需要的功夫能力。

假设我们前面提到的那位牢房里的囚犯不仅有自决能力，同时他也没有受到牢房的限制——他本来是可以径直打开牢门走出去的，只是因为他不知道牢门其实没锁，外面也无人看守，所以还待在牢里。换句话说，这时唯一限制他自由的，是他自己的无知。他算不算是自由的？或者假设这个囚犯不是无知，而是因为极度虚弱，没有体力走出牢房，这时他自由吗？再假设他只要从同牢房的另一囚犯那里买到一个面包就可以有体力走出去，但他身无分文，买不了面包，他是不是自由的？

伯林指出，我们一般不把智力条件、身体条件、经济条件之类的缺乏看作是对自由的限制，尤其是作为“政治自由”的限制（他的文章主要是讨论政治自由），因为在他的语汇中，消极自由指的仅仅是没有来自人为因素的限制或强制。所以这位囚犯按照伯林的观念并不缺乏消极自由。他也不缺乏积极自由，因为所谓积极自由指的仅仅是其决断来自于他自己。伯林也承认，类似我们上面例子中的囚犯那样的情况，无知、体弱、贫穷对他的限制一点也不亚于人为的限制[①]，但是为了突出对不受他人（包括政府）强制干扰（即消极自由）的重视，“自由”概念在伯林那里被有意窄化了，以致本来应该纳入自由范围的因素被排斥在外了。这么做一方面突出了他所强调的不受干扰和强制的自由，一方面也导致了对其他可以限制自由的因素的忽视。按照这个消极自由概念，一个象棋大师和一个象棋新手有同样的自由。他们都可以自主地决定每一步棋怎么走。两个人面临的是同样

---

① 见 Isaiah Berlin, *Liberty*, ed. Henry Hardy (Oxford: Oxford University Press, 2002), p. 3。

的规则限制，也同样没有遭到任何外来的人为强制。但实际情况是，大师的棋艺功夫使他在棋盘上随心所欲地纵横捭阖，所向披靡，而新手却茫然失措，步步被动受制。从功夫的角度来看，那个大师和新手之间有天差地别的距离，而且这个距离完全可以说是自由程度的区别。那位大师处在一种令新手望尘莫及的自由境界。但是在伯林的语汇中，这位新手会被告知：他是自由的，他下棋的自由没有受到任何限制，所以他有消极自由。他也完全具有自由意志，因而他也不缺乏积极自由。同样，在伯林的概念框架里，一个身无分文的人和一个亿万富豪，一个在病床上奄奄一息的老人和一个体格健壮的年轻人，一个明了善恶的人和一个善恶不分的人，都可以具有同样程度的积极自由和消极自由。但在上述例子当中，享受自由所必需的知识条件、身体条件、经济条件和道德素养等都被忽略不计了。

如李晨阳所指出的，在儒家看来，自由不仅仅是能够做出选择的自主能力，而且是能够选择“善”的能力。① 需要进一步补充的是，在儒家看来，自由不仅仅是“择”善的能力，还在于能够实现善的能力，甚至是无须“择”就能够从善为善实现善的能力。

让我们继续设想，前面说到的那个囚犯具备了自由走出牢门的所有条件，即牢门没有锁，也没有狱警看守，他也不缺乏知识，不缺乏体力，知道只要伸手拉开牢门他就可以走出去。一句话，走出牢门对他来说很容易就能够做到。但他依然不走，因为他受到的教育告诉他，这样出去是不对的。按照伯林的观念，这个人在消极自由的意义上是自由的，因为他没有受到任何外来的限制和强迫；他在积极自由的意义上也是自由的，因为待在牢里不出去是他的自我决断。唯一使他不能走向自由天地的，是他自己的价值观。因为这个价值观是他自愿接受的，尽管他的行为有悖于他的真正利益，伯林的概念框架还是会说他具备了充分的自由。

如果他接受的是好的价值观，我们确实不会怀疑他的自由。假设我们

---

① 见 Chenyang Li, “The Confucian Conception of Freedom,” in *Philosophy East and West* 64, No.4 (2014), p. 912。

的囚犯像苏格拉底那样，认为既然他是被合法的政府依照合法的程序判了他的刑，他就必须服刑，而不能自己逃跑，哪怕他实际上是无罪的。我们或许会对他的决断持不同的意见，但我们确实不会说他缺乏自由。相反，我们会说他有很高的道德境界，是真正的自主、自律，连出狱的欲望都没法抗拒他的理性自决。这在康德理论里是标准的自由自主境界。但是，如果他所接受的价值观是错的呢？如果那个牢狱是恐怖分子关押人质的地方，这个人质被洗了脑，接受了恐怖分子灌输给他的价值观，认为恐怖分子的事业是神圣的，所以他不应该逃跑。他也是自由的吗？

伯林会给予肯定的回答。按照伯林的逻辑，应该把价值观的对错和自由严格区分开来。即便这个人质的价值观是错的，但只要是他自主地留在了囚牢里，他的积极自由并不因为其价值观的错误而受损。所以在这种情况下，这个人质不缺乏消极自由，也不缺乏积极自由。就其是否离开囚牢这一点而言，伯林可以说是对的，但是伯林的观点所不能包含的是，由于对善的无知，使这个人质丧失了他本来应该享受的免受恐怖主义分子利用的自由，就像一个在初学钢琴时由于被误导而养成坏习惯的人丧失了成为优秀琴师的自由一样。这种自由的条件，在伯林的框架里也是缺席的。

或者，让我们设想，如果有人在这位奴隶不情愿的情况下把他带出牢房，通过教育改变他的观念，帮助他认识到他不应该把自己看作是其主人的财产，从而改变了他的价值观，情况又怎样？伯林会说：

> 说我为着我自己的好处而被强制：这有时可能是为着我的利益，而且这的确有可能扩展我的自由的范围；这是一回事，说如果这是为我好，那我就没被强制，因为这是合乎我的意愿的，我也是自由的……这却完全是另一码事。[①]

这“两回事”中的后者，显然是指消极自由。由于我是被强制的，所以即

① 伯林：《自由论》，第203页。

便后面等待我的是符合我意愿的东西，我在消极意义上还是缺乏自由的。那种强制即便会导致我的自由的扩展，也改变不了当下我被剥夺了自由的事实。在这一点上，伯林是非常正确的。但值得玩味的是前者，即“的确有可能扩展我的自由的范围”中的“自由”，究竟是指什么。它不是指积极自由，因为这里并没有涉及我的意愿受谁控制的事实。只要我自己控制着自己的意愿，我在积极自由的意义上始终是自由的。或许那“扩展”的自由范围指的还是消极自由的范围，比如我们那位牢房里的囚犯，虽然在被强制带出牢房这点上是缺乏消极自由的，但一旦出了牢房以后，就摆脱了许多消极自由的限制，获得了更大的自由活动空间。这也就是说，这种强制不能简单地归结为剥夺他的自由，当然也不是简单地“给予”他自由，而是兼具两者。但伯林想强调的，依然是对其自由的剥夺，而不是同一个行动也给予了他更多的自由。这里，我们再一次看到了某种重要的缺席。

四　作为自由之条件的他者

自由当然涉及个人与他者的关系。但他者在伯林的自由主义论域里主要是作为自由的限制者而在场的。萨特的一句名言是“他者是地狱”。伯林的消极自由就是指没有来自他者的干扰和强制，其积极自由就是对个人的独立性、自主性的尊重。

但是在儒家的论域里，他者却既可以是自由的限制者，也可以成为自由的条件。首先，他者对某些自由的限制可以是另外一些自由的条件。父母对幼童的监护是对幼童自由的限制，但没有那样的限制就不会有幼童健康长大成人后所享受的自由。一个人不可能一出生就完整地具备自主的能力，也不可能一旦具备自主能力，就一直处于完全自主的状态。人的一生从婴儿时期完全为盲目的本能驱使开始，到成长到理智的成熟，能够具备充分自主能力，需要一个相当长的过程。即便到了成熟的阶段，人的自主能力也不见得总是处于良好状态。当身体受到疾病的侵扰、生理周期的影响，或其他事故的冲击时，主体的自决能力也会有波动起伏。耄耋之年更是有常见的理智衰退出现。人的一天当中也会有疲惫松懈，精神不够集中，从而发生失手、失口之类的状况。要获得和最大程度地保持主体的良好状况，享受最大程度的自由，就不能仅仅依赖天赋和自我的修炼，还需要他者的帮助。同样，在社会层面上，个人的自由也需要他者的限制作为条件。交通规则是对我行车的限制，但没有那样的限制就不会有在良好的交通秩序里行车的自由。为了我安全行驶的自由，政府甚至规定我必须系安全带。这种“家长制”的交通法规显然是对个人自由的限制。“我不系安全带，危及的只是我自己，不造成对他人的威胁，政府凭什么强制我？”这背后的理由，确实与家长对孩子常说的那句话是一样的：“这是为你好！”

在这个意义上，能够自立而“无须人加诸己”，是功夫的境界。在达到那个境界以前，人的自由通常还需依赖他人的制约和帮助。

有两个条件，通常被认为是自由所不可或缺的：一是需要有可供选择的不同道路，二是自由的主体需要具有他所面临的选项的信息。如果一个人的面前只有一条路可走，或者他有若干条路可以走，但却只知道一条路，不知有别的路可走，那么此人等于没有走其他路的自由。但这两个条件在孔子那里都从未得到强调。这是为什么？如果我们认真思考一下那“修炼而成的自发性”，不难理解其背后的原因。具有选项可以说是自由的基本存有论条件（existential condition）。但是我们前面已经提到，真正的（或者说高级的）自由，不是那面临选项的举棋不定，而是达到“无须选择”的自由，即凭借自身的功夫，能够自发地倾向于善。

当然，为此而事先在存有论意义上排除其他不好的选项，也是达到同样效应的方法。为了防止有人不排队入场，可以事先安置栏杆，让人只能顺着栏杆依次入场；为了防止有人吸毒，可以禁止毒品的生产和交易；为了防止有人滥用武器，可以禁止私人拥有枪支。[①] 对于不成熟的儿童，排除外在的不良选项是必要的。人越是成熟，越不需要在存有论意义上去关

① 私人持枪权在美国是一个极具争议的问题。虽然校园枪击事件频繁发生，有不少人还是认为，私人拥有枪支的自由应该成为存有论意义上的选项。人们可以通过道德的自觉而不用枪支去犯罪，但是私人需要拥有持枪的自由，以便在他们受到侵犯的时候可以用以自卫。

闭选项，因为对于成熟的人来说，符合基本的行为规范是理所当然的，他们自己的成熟度就在于他们在心里已经“关闭”了许多选项。哪怕没有栏杆，他们也会依次排队。哪怕没有禁止持枪，他们也不会滥用枪械。但在现实的社会中，不是所有的人都能始终是完全成熟、完全理智、无须他人规范限制而能从心所欲不逾矩的。事实是大部分人在其一生中的大部分时间都或多或少地处于不够理想的状态。因此，即便在最最“自由”的社会里，也会有种种限制自由选项的设置。这些设置剥夺了人“逾矩”的自由，但也提供了人走正道的自由。对儿童无限制地开放所有的自由，是对他们严重的不负责任，无异于剥夺他们健康成长的自由。在一个人能够达到修炼而成的自如阶段之前，他仍然需要被“矩”约束，而这“矩”是导向他达到那自如阶段之所必需。赋予幼儿玩火的自由是愚蠢而危险的。玩火自焚的结果，非死即残。无论死还是残，都是丧失自由。从功夫论的角度看，人的功夫成长有一个过程。在达到一定的成熟水准之前，一个人还不能够理解遵“矩”的理由，所以功夫师傅通常是先让学生按照指导去做，不求甚解。为了防止学生被误导，功夫师傅也会阻止学生接触可能对他造成不良影响的因素。这种指导甚至会是强制的，因为如果不强制，孩子很可能会因为自己的幼稚而失去享受许多自由的机会。一旦学生达到了一定的修炼水平，就会领悟师傅以前为什么要他那样做。像今天的大众媒体中有“儿童不宜”背后的意图一样，如果不让孩子远离某些东西，结果只会是剥夺孩子们健康成长的可能。在《论语》中，有三处提到“四十”岁这个年龄阶段。“四十而不惑。”（《论语·为政》2.4）“子曰：‘后生可畏，焉知来者之不如今也？四十、五十而无闻焉，斯亦不足畏也已。’”（《论语·子罕》9.23）“子曰：‘年四十而见恶焉，其终也已。’”（《论语·阳货》17.26）人在年轻的时候面临各种可能，有许多“自由”，因而“可畏”，说不定会非常出色，当然年轻人因面临各种可能的选项，也会有许多困惑，不知如何是好。随着年龄的增长，各种可能性渐次关闭。如果接受了良好的教育，会进入“不惑”的阶段，虽然心里或许还会有“逾矩”的倾向，但已经知道何为正道，能够自控，不会走歪道了。但如果接受了不良影响，也会随着年龄的增长而越来越难以改变，没有了希望。同样是选择的可能性越来越小，前者是达到了可以“从心所欲不逾矩”，可以“游于艺”的境界，后者则“其终也已”“朽木不可雕也”，孰自由孰不自由，当不难分辨。

当然，以上的论据都基于这样两个前提，即我们所说的对选项的限制和约束是善的，是最终有利于个人获得更为根本的自由的，而且我们所说的个人是需要那样的限制和约束的。这两点在现实中都不是必然的。对一般意义上理智成熟的（如年满十八岁的）个人提供足够的选项（哪怕是对他不好的选项），让他自主决定，在实践上通常比一个强势的政府处处替人决定什么是可以做的，什么是不可做的，来得更加有利于保障个人的自由。这一点是儒家完全可以接受的。

其次，他者也可以在更加直接的意义上成为个人自由的组成条件或构成成分。不少学者指出，儒家关于人的概念是关系型的，它把每个人都看作是各种社会关系的一个纽结，而不是看作抽象的自主选择的主体。相应地，儒家也认为任何人都只有在这些关系中，并通过这些关系，实现其相应的自由。郝大维和安乐哲写道：

> 西方社会理论极力支持个体绝对性概念。从这个概念出发，他们很难恰当地摆正社会的相互依赖关系的地位而不对自由和自主性的概念做出挑战。传统儒家的情况则相反。儒家明显地倾向于个体之间的相关性。任何试图将个体相关性概念朝着个体绝对性概念的转换，都极大地威胁儒家社会观的建构本身。①

按照安乐哲和先后与他合作的郝大维、罗思文的观点，儒家不承认有孤立于他者的独立个人，无论这个“他者”是指家庭成员、朋友、邻居、同事、领导、社会，还是天。一个人与他者的关系是他自由的必要条件，正如水是游泳的必要条件一样。

---

① David Hall and Roger Ames, *Thinking Through Confucius*, p. 152.

我们可以通过两个故事的比较来理解关系性与自由的联系。“二战”期间，法国哲学家萨特的一位学生来找萨特征求意见。他告诉萨特自己面临一个两难困境，无法决定是应当离开法国加入抵抗纳粹的战斗，还是留下来照顾他那饱受战争摧残的年迈母亲。在看似不能同时履行的两个道德责任面前，这个年轻人左右为难，希望萨特能够帮助他做出决定。萨特对这个年轻人的回答是，没有任何人可以帮他做决定。伦理理论不能帮助他，因为他必须自己选择遵循哪一种理论，并决定在他的特定情况下怎样去诠释那理论；本能或情感不能帮他做决定，因为他必须通过自己的决定和行动赋予他的情感以价值，而非相反；其他人也不能帮他做决定，因为他必须先选择去求助于谁，而如果是那样的话，在他人提出建议前，他自己或多或少已经知道了他将得到什么样的忠告。所以萨特对那个学生的回答是：“你是自由的，去选择吧；换句话说，去创造吧！”[①]通过这个例子，萨特试图说明每个人都不可避免地是孤独的自由存在者。人的“存在先于本质”，只能通过自己的一个个选择去“定义”自己是什么样的人。在此意义上，人毋宁说是一种存在着的“无”（nothingness），是成为这个人或者那个人的可能性。而且一个人每次做出选择以后，他又重新回归为“虚无”，成为新的选择的可能性。他可以坚持过去做出的选择，也可以放弃过去的选择而成为一个不同的人。由于每个人都只能自己做出选择，他必然会感到孤独，而且他不可避免地会因为需要不断做出选择而感到焦虑和绝望。作为人，唯一不能选择的是他只能承担起去选择的责任，也就是不断去创造自己。

萨特没有告诉读者那位青年后来怎么样了，但可以想见，面临这种“自由”，他确实会感到孤独、焦虑和绝望。有趣的是，在中国有一个家喻户晓的故事，堪与萨特的故事相提并论，但结果却大异其趣。宋朝名将岳飞（1103—1142）本来也会有与萨特那位学生非常相似的忠孝不能两全的困境。作为宋朝的将领，他有责任率军抗击金兵的入侵，但同时作为儿子，

---

① 见 Jean-Paul Sartre, *Existentialism and Human Emotions*, pp. 24–28。

他又有责任留在家里照顾其年迈的母亲。然而与萨特的学生不同，他摆脱这个两难困境的办法不是来自自己的创造，而是来自他母亲。岳母坚定地要求他保卫国家，还在他的背上刺了“精忠报国”四个字来表示她的决心。有了岳母的这一态度，岳飞便不再面临前述的两难困境，因为留在家里已经不再是奉养母亲的孝行，反而成了违背母亲意愿的不孝之举。岳飞所面临的“选择域”已经不再是留在家里尽孝还是率兵抗金尽忠，而是留在家里，既不忠也不孝，或是率兵抗金，既忠且孝。

这两个故事的关键区别并不在于中国社会与法国社会的不同。从儒家的观点看来，每个人都是生活在社会里，处在人际关系中，而不是孤独地面对各种选择的“无”。人所面临的“选择域”本身就是受其关系制约，由关系中的各方所共同规定的。正如罗思文所指出的：

> 早期儒家认为不存在孤立的抽象自我。我是生活在特定关系中的各种角色的总和。而且，在与这些角色相连的关系里，我与一部分人的关系又直接影响到我与另一部分人的关系，以至与其说我在“扮演”或“表演”这些角色，不如相反，按照儒家的观点看来，我就是我全部的角色。①

换句话说，儒家观点会认为，像萨特那样把人视为绝对独立的、自我决定的个体的观点有根本的缺陷。无论是岳飞还是萨特的学生都不是一个孤立的个体。岳飞之成为一个孝子和一位民族英雄的事实，都不完全是他自己选择的结果。没有岳母的参与，他不可能同时成为二者的楷模。岳母没有以一个旁观者的态度消极地站在局外，等候儿子做出决断。岳飞可能面对的两难境地是一种人际关系的困境，其解决也是通过人际关系。这个解决的决定因素不是岳飞决定接受母亲的帮助，而是母亲的帮助使他不再

---

① Henry Rosemont, Jr., *A Chinese Mirror, Moral Reflections on Political Economy and Society*, p. 72.

有两难困境需要决定。确实，岳飞的母亲也可能不提供帮助，但即使是那样，也不能改变岳飞和岳母都是整个问题域的构成成分，并共同导致了最后结局的诞生。

同样的道理也适用于萨特提到的那位年轻人。这个青年选择去找萨特请教，是把萨特当作一位人生的导师。作为一个老师，萨特的回应不只是简单地给那年轻人提供了信息，而且也是对他采取的行为。萨特不是简单地告诉了那位年轻人他所面临的是孤独的处境，而是参与制造了他的孤独。他本来可以给那年轻人一些更实际的建议和帮助，比如提出不离开法国而参加抵抗纳粹的其他途径，以便同时照料母亲，或者帮助其母亲一起离开法国，甚至组织人一起帮助他照料其母亲，等等。即使经过所有这些努力问题还在，也将不同于原先没有任何实质帮助的冰冷拒绝，把那年轻人放在孤独无援的境地。

依照儒家的观点，这两个故事的区别在于，在岳飞的故事里，关系中的个体因相互配合而使两难问题得到了解决，而在萨特的故事里，关系中的个体由于拒绝协作而加深了两难的困境。水可以淹死人（是人在水中的自由的限制），也是人畅游其间（即人在水中的自由）的必要条件。同样，人际关系的处理，也是决定个人在相应的关系中自由与否的关键。脱离了水，就谈不上人在水里的自由，同样，脱离了社会关系，一个人也没法有在社会中的自由。为了在社会里获得自由，一个人必须处理好人际的关系，同时他的自由也取决于环境以及他人如何对待他。这就要求社会为个人的自由提供必要的条件，要求他人的合作，也要求个人对自己的社会定位以及与他人关系的清醒认识，并将这些关系调节到最佳状态。

从这个角度来看，“君君，臣臣，父父，子子”（《论语·颜渊》12.11）其实也是关于如何获取自由的一种忠告。首先，如杨伯峻诠释的，“君要像个君，臣要像个臣，父亲要像父亲，儿子要像儿子”[①]。臣子的自由在相当程度上取决于君主的行为。这绝不仅仅意味着君主放手不干预臣子，给臣

① 杨伯峻：《论语译注》（北京：中华书局，1958年），第135页。

子以消极自由的空间；它也意味着君主给与臣子以相应的权力，对其他臣子以相应的约束，以及提供臣子执行其职责所需的其他条件。美国政治学家斯蒂芬·霍尔姆斯（Stephen Holmes）指出，当苏联解体的时候，人们以为从此俄国人民可以无须害怕政治迫害，充分享受自由了，但结果却不是人们想象的那么美好。囚犯闹事越狱，铁路盗贼横行，士兵街头乞讨，输油管道爆裂，税务官员被杀（仅 1996 年就有 26 起）。政府太弱对自由造成的威胁丝毫不逊于政府过于强势而造成的威胁。没有了政府法律权威，债权人的权利就毫无保障。“要保障我们的自由，最好是保护那能够保障我们自由的合法政治权威。”①

其次，杨伯峻的诠释没有能够指出的是，“君君，臣臣，父父，子子”还意味着“要把君当作君，把臣当作臣，把父亲当作父亲，把儿子当作儿子”。当一个人不把自己的父亲当作父亲，就可能失去作为儿子所能享受的自由（如得到父亲养育的自由）。儒家的道德修养虽然也说“无我”“克己”，但其目标不是被动地接受他者的约束，收敛自我，而是通过调节自我和他者的关系而增加自己的能量，将他者变成主体得以展示自我并实现自身价值的条件。孟子通过自身的修炼经验发现，这不是简单的为道德信仰献身，因为他能够确切地感受到作为生命力的“气”充塞于天地之间。孟子曰：“君子深造之以道，欲其自得之也。自得之则居之安，居之安则资之深，资之深则取之左右逢其原。故君子欲其自得之也。”（《孟子·离娄下》4B:14）孟子甚至认为这样的修炼可以使人达到“万物皆备于我”的境界。这种境界的自由听上去相当神秘，但其实不难理解。如果一个好的厨师能够将身边的油盐酱醋锅碗瓢盆和与他协作的助手都变成自己随心所欲地制作美味佳肴的条件，如果一个好的企业家能够知人善任，灵活运用身边的各种资源，以在商场上如鱼得水，那么推而广之，一个有深厚修养的儒家圣人为什么不能在此意义上使万物都为其所用呢？

---

① Stephen Holmes, “Russia’s unhappy experience offers Americans a lesson in the meaning of liberty” (7/04/1997), in *The Baltimore Sun*, https://www.baltimoresun.com/news/bs-xpm-1997-07-04-1997185038-story.html, accessed 08/20/2019.

当然，这也是基于两个并不必然的前提，即外部的条件确实有利于个人的自由（如岳飞的母亲之于岳飞），而个人自身有能力调动周围的人和物来实现自身的自由。这两个前提在现实社会生活中经常是缺失的。在这种情况下，对个人自主权利的保障就会成为人的基本生存条件。

总结以上分析，伯林的框架是为了突出个人不受干扰的权利而创立的一套“简化拳谱”。在这个框架里，真正的自由是消极自由，即没有来自外部人为干扰限制的权利。他把“freedom”和“liberty”看作同义词，而“liberty”源自拉丁文的“liber”，意为“不受限制的”“解放”。作为自主能力的积极自由，其真正意义也是“不受他者的控制”。而且很明显，伯林对于积极自由的论述带有明显的警戒口气，因为在他看来，如果像黑格尔那样钻牛角尖，把“真正的自我”看作是某种绝对理性，就会为专制政治打开大门。

伯林的框架及其所代表的当代自由主义思潮对于保障个人的基本生存条件和实现个性的解放具有重大的促进作用，但同时它也有严重的局限性。在这个框架里，消极自由只是作为权利，而不是同时也看作自立的能力。在这样的概念指导之下，美国的青年人多有一种权利（entitlement）的心态，认为自由是他们理所当然地应当享有的权利，但同时却常常发现自己茫然不知该如何去运用这种自由。这样的自由概念把自主能力与其他能力，如知识、体力、经济条件等等分开，把后者排除在讨论范围之外，似乎与自由无关，这就大大局限了人们对自由的理解。在这个概念下，他者也只是作为自由的限制者而在场，其作为自由的条件甚至自由的构成成分的作用也就被排除在外了。

相对于伯林的自由观，儒家对从外部保证一个人的基本自由权利不受侵犯（消极自由），确实是强调得很少。即便是子贡之“不欲人之加诸我”及“我亦欲无加诸人”，也都被看作是自己修炼的成就，而不是权利。在这一点上，儒家可以从伯林等自由主义思想家那里得到助益。但儒家补充了伯林等自由主义思想家所忽视的功夫能力及他者对自由的重要意义。在儒家看来，自由不仅依赖别人不加诸我，也依赖我本身之无须别人加诸我。自由不只是人的权利，也更是人所需要经过努力去获取的能力。

儒家的自由观会认为，自由不仅是个或多或少的量的概念，也有或高或低的质的区分；自由不是越多越好，还要看什么样的自由值得拥有。儒家能够同意伯林，对不好的欲的限制仍然是对自由的限制，但会加上一句：限制和去除不好的欲是获得更好的自由之所必须。

伯林认为获取消极自由的途径是打破或取消外来的干预，儒家认为，不合理的限制需要打破，但获得消极自由的主要方式是通过自我修炼，使合理的"矩"不再成为限制。伯林认为积极自由的主体是有掌控自己意志与行为能力的自我，因而积极自由观很容易导致与心理倾向割裂的理性自我"堡垒"，儒家积极自由的主体是与心理倾向不可分割并处在社会关系中的自我。前者的自我在逻辑上容易导致茫然不知所措的"中立的自由"，导致萨特所说的孤独和绝望，后者指向"从心所欲不逾矩"（理智与心理倾向的一致）所显示的修炼而成的自发性。前者将他者看作我的自由的限制，后者指出他者也可以成为我的自由的条件，甚至我的自由的构成本身。

虽然伯林的自由观总体而言因其上述缺失而显得贫乏和苍白，但是它作为框定自由的底线，即自由的最起码的要求，具有很现实的积极意义。它指出了人们可以要求社会提供的基本保护。很显然，这个框架没有包括通过自我修养以获得能力来开拓更加广阔的自由空间，也没有包括协同他者而"达己达人"，这些正是儒家自由观念能够对其做出纠正和补充之处。基本的自由可以说是每个人应该享有的权利，更多更高的自由是人们应该通过自己的努力去获取的成就。坚守底线和功夫的升华是互补的。没有基本权利的自由，就没有发展功夫的空间，既有的功夫也会在强制和干扰中窒息，无法施展；没有修炼，作为基本权利的自由是盲目的，不知何去何从。

下篇　齐家治国平天下

第十三章　家道与“齐家”功夫

【本章提要】本章借分析“家”的生物学、社会学和价值承载这三重含义及其相互关系，指出社会学的家和应当作为人类家园的社会，意义在于为人的生命延续和繁荣提供理想条件。虽然家的形式对生活的方式和质量有很大制约，但如果家不“齐”，任何形式的家都可能成为牢笼。齐家既是人类生存的基本功，也是一门艰深艺术。家的理想状态，须由个人自身的修养功夫而来，而不能只靠权威、家规或对传统的尊重。齐家学说不仅照顾到人的基本生存对家庭的需要，也提供了由“道中庸”而“极高明”的途径。正是从家庭开始往外延伸的人际关系，使人的生命得以超出自我，并获得“即凡而圣”的意义而成就不朽。儒家“四海之内皆兄弟”的精神扩展了亲缘关系，使其能够在现代社会中容纳非传统的家庭形态，并指导我们在各种家庭形态允许的条件下获得美好生活。儒家“家齐而后国治，国治而后天下平”的观念，与家庭疗法提倡者萨蒂尔的观念、早期马克思的人本主义观念和文化人类学家艾斯勒关于复归远古“伙伴关系”的观点，都有相通之处：人类应当在更高级的形态上，消除人的自身生产被物质经济生产所左右的异化，并以具理想价值意义的家为模式去改造社会，从而达致天下家园化的目标。

一个世纪以前的新文化运动以批判儒家著称，而其间对儒家的最大诟病之一即是儒家所维护的“家”是对人性自由的束缚。由于自由是民主与科学进步之前提条件，新文化运动的领袖之一傅斯年干脆把家称为“万恶之源”[1]。近年来随着儒学的复兴，对“家”的重新认识也成了一个重要课题。最为引人注目的，是笑思（杨效斯）的《家哲学——西方人的盲点》，张祥龙的《家与孝》和孙向晨的《论家——个体与亲亲》。这三位学者都认为家是儒学中极为重要的概念，因而没有对家的充分认识就不可能有儒学的真正复兴。他们也确实从不同角度对此做出了重要贡献。笑思的著作指出“家”在西方哲学史上的缺席，以及因此而造成的人生图景的平面化。张祥龙的著作突出了“孝”这一儒家核心价值，以生物学的发现和现象学的反思论证了这一价值的本体论基础。孙向晨的著作以广阔的中西文化为背景，提出了他称作“双重本体”的观念，即如其著作的副标题所示，“个体”与“亲亲”。在他看来，没有“个人”就没有现代性，而没有“亲亲”的补充，西方形式的现代性就无法避免其日益彰显的缺陷。

本章对上述著述的主要补充，是强调在儒家思想体系当中，“家”的地位不仅仅是整个生活世界当中一个不可或缺的组成部分，也不仅仅是家在儒家思想体系中作为“本体”的意义，更重要的是，家代表了一种“家道”，一种包含了某种价值追求的生活艺术和社会模式。[2]在《大学》的格物、致知、诚意、正心、修身、齐家、治国、平天下这八个相互关联、逐级递进的步骤中，齐家是介于个人修炼和社会实践之间的关键环节。回溯前几个环节，它是一个人实践其格物、致知、诚意、正心、修身的最直接的场域和途径。展望后面的环节，它显示儒家“平天下”的政治哲学是“齐家”的延伸。从“齐家”的角度来看家庭的意义，要求我们不局限在生物学意义上的亲缘关系，也不拘泥于有家和无家、传统形式的家和现代形

---

① 傅斯年：《万恶之源》，丁守和、马勇（编）《中国近代启蒙思潮》中卷（北京：社会科学文献出版社，1999 年），第 66 页。

② 当然这只是从整体（尤其是先秦儒学原典）而言，并不意味着所有的儒家学者都坚持了这一立场。陈立胜以充分的文本依据展示，王阳明及其后学就曾经表示过离家弃家的倾向，把家看作是走向“天地一体之仁”的障碍（陈立胜：“大抵心安即是家——阳明心学一系‘家’哲学的另一面向及其现代影响”，北京大学高等人文研究院“精神人文主义云讲堂”第 26 讲，2022 年 1 月 5 日）。

式的家等有关存在实体或本体的问题，而进一步看到儒家由“道中庸”（通过“家”来弘道，以价值意义的“家”为道）以“极高明”的深意，并探讨如何从“内圣”开出“外王”，从个人的修身连接到社会政治制度的改革。当代所谓“政治儒学”有抛弃理学，回到康有为的说法，认为宋明理学在政治制度方面有先天缺陷，不足以成为全面应对当代问题的资源。这确实是指出了当代儒学必须面对的一个核心问题，即儒家的“内圣”能不能开出“外王”。从内圣到外王的鸿沟就是随着传统儒学中的“家”这一环节在社会转型中的失落而出现的。但这个环节不能简单地理解为像拼图中的一块，只要镶入进去就可有完整的图像。它是贯穿儒学整体的价值，是儒家功夫的特征（家道），也是儒家社会秩序的理想模型。

一　三种意义上的家与家道

为了清楚地剖析“齐家”所包含的深意，有必要先对“家”这个概念做一些分析。虽然“家”字的原意是“居所”[①]，它的含义早已扩展为“家庭”，以至于“齐家”与“整理家居”几乎已经毫不相干了。在日常语言中，“家庭”之“家”又有三种含义：生物学意义的家、社会学意义的家和作为理想价值的家。人们经常交叉含混地用“家”这一个词来代表以上三种不同的概念。生物学意义上的家指的是亲缘血统关系。从亲缘上说，凡人都是父母所生，所以任何人在这个意义上都有家。血缘关系是无所逃于天地之间的客观存在。只要有人类，就有生物学意义的家，因为它是人类生存的基本条件。但本质上，这种意义上的家只是一个因果链，人类的家和动物的家之间没有两样，其本身并无神圣性可言。儒家所说的孝道甚至不是人类物种延续的必要条件。从纯经验科学的角度看，如果没有其他因素加入，那么确实像有些西方学者所说，我们既可以感谢父母给我们生命，也

---

① 许慎：《说文解字》（上海：上海古籍出版社，1981 年），第 50 页。

可以责备他们没经过我们的允许就将我们带到这世上。[①]

从社会学意义上说，家是由性关系[②]、血缘关系或收养关系组成的社会设置或组织（social institution），多称作为“户”（household）。这个意义上的家是历史的产物，并且随着历史条件的变化而转变其形式。按照不同的分类方法，这些形式可以是母系或父系氏族家庭、一夫多妻/一妻多夫或一夫一妻家庭、单亲家庭、男主外女主内的家庭、双职工家庭、丁克（“DINK”，即“Double Income, No Kids”，意为“双收入而无子女”）家庭、空巢家庭、重组家庭、领养家庭、同性恋家庭、同居式家庭（无法律形式的性结合）等等。社会学意义上的家可以成，可以毁，可以分，可以合，可以离弃，也可以齐。各种形式的家都有其特殊的性质，它们适应不同的需要，同时也有不同的局限。某些形式的家或许在某些方面优于其他形式，但没有一种形式可以无须人的维护而具有无条件的优势。

价值和理想意义上的家，则代表亲密和谐与可以信任的人际关系，以及由“户”引申出来的安身之地、繁衍和生长的温床、可靠的庇护之所。人们用“一家人”“自家人”来表述人际间亲密的关系，用“有回到家的感觉”来描述温馨舒适的环境。这些表述都蕴含着家代表爱、信任、分享、承诺、安全和繁衍生息这些价值理想，而且这些价值理想被认为是“家”所应当具备的。一旦产生了这个概念，我们就反过来以其为尺度来衡量现实的家了。所谓“家不像家”之类的表述就是以理想之家去评判现实中的社会学意义的家。

---

① 有的西方学者就撰文称，因为我们并没有要求父母生我们养我们，所以我们在道义上并不欠父母任何东西（见 Jane English, “What Do Grown Children Owe Their Parents?,” in *Having Children*, eds. Onora O’Neill and W. Ruddick, New York: Oxford University Press, 1979）。这种观点的问题不在于经验科学能够证实它的错误，而在于它和我们的道德情感相悖，以及它对实际生活所能带来的巨大伤害。

② 有的辞典里用婚姻来定义家庭，但严格说来应当是性关系。如有的学者所指出的，作为性关系文明产物的婚姻，是人类发展到一定阶段才出现的，而作为基于性关系的社会组织形态，家庭则早在婚姻产生之前就已经存在了（见王玉波:《中国家庭史刍议》，《历史研究》2000年第3期，第165页）。现代的许多家庭，也由未婚的同居者及其子女构成。我们没有理由仅因为其中没有婚姻而拒绝承认其为家庭。

家的上述三种含义虽然各不相同，但它们之间有密切的联系。生物学意义的家是最直接的“人类自身的再生产”[①]关系。它通常是社会学意义的家的基础（虽然并不一定如此，比如领养家庭）。社会学意义的家的出现，最初显然与人的生物本性有关。这在动物当中也相当普遍。刚出生的幼仔无法独立生存，需要有父母的照顾；个体的动物难以抵御外敌的攻击，需要有同伴的保护。许多动物以血缘为基础居住在一起，这种天生的本能使它们在充满危机的环境当中得以生存和延续。人类家庭形式的形成和演变，显然与人的生存环境也密切相关。处于长江流域的古代荆楚，由于雨量充沛，可以允许人们以小家庭的生活方式与邻居“鸡犬之声相闻，老死不相往来”（《老子》第80章），但在经常非旱即涝的黄河流域，需要集体兴修水利和防灾抗灾，因而具有严密组织形态的大氏族家庭就显然比缺口少丁的人家更容易生存。社会学意义上的家正是基于人类自身再生产活动的需要而产生的社会形态，也因此而从一开始就带上了价值上的期待，被当作是给人的再生产提供合适生存条件的结构形态。因此，对家的价值期待可以说是源于人类自身再生产的要求，而不只是偶然出现的某种传统。

虽然实现家的理想价值的社会形式可以有多种，但任何形式的家，其本身并不能保证这些价值的实现。在家庭里生活，可以得到家人的关爱、照顾，但也可能受到家人的伤害。巴金的《家》《春》《秋》三部曲里的家，就是窒息新生命的“复杂的结”，是需要挣脱的牢笼。一个健康的家庭，其形式并非决定一切的因素。更重要的是好的家风。家庭暴力不仅仅是西方（或者东方）社会独有的问题，也不仅仅局限于看得见的肢体暴力。家庭里精神上的冷暴力对人的摧残可以有过之而无不及。正如在极端情况下，推翻一个政权的革命是必要的，在某些情况下，忍痛以分家、离婚，甚至断绝家庭关系的方式来打破一个家庭也可以是积极的、值得鼓励的举动。其实儒家文化重视家，关键是按照价值理想意义上的家来齐社会学意义上的

---

① 语出恩格斯《家庭、私有制和国家的起源》。

家，而不是无条件地维护某种形式的家庭。“家道穷必乖”（《周易·序卦传》），这里核心在于家之“道”。当社会学意义上的家完全背离了家的理想价值理念的时候，无家可以胜有家。

二　齐家与修身

当然，在大多数情况下，家是可以齐而无须弃的。问题是，家既提供了个人生长的必要条件，也同时具有人际关系的维度，要求人们学会处理与家人的关系。这就提出了齐家的必要。如何把家建设得和谐温馨，是人类生活的基本功。这个基本功包含了某些与生俱来的本能，比如父母对子女的关爱、子女在幼小时对父母的依恋、夫妇之间的两性相吸和互补等等。大部分人就是依靠这些本能来维系家庭关系的，而且应该说在一般情况下，这些本能确实也足以使一个家庭凝聚在一起了。但齐家同时也可以是一门高深的艺术。在中国传统的三代乃至四代同堂的家庭里，通常已婚的子女都尚不能有独立的经济权力和支配自己生活的权力。在这样的家庭中很少能有隐私的空间。婆媳关系的紧张、儿子在父母和妻子之间的两难、妯娌之间的明争暗斗等等，到处都是内战的导火索。即便是最单纯的两口之家，夫妻关系的维护也不容易。肉体的吸引和两情相娱难以长久。如果双方的感情只是基于简单的性爱，那么就像鲁迅《伤逝》里面的那个涓生，一旦读遍了子君的身体以后，神秘感没有了，爱情也就消失了。美丽的、刻骨铭心的爱情似乎都是不完满的。中国有牛郎织女和梁山伯祝英台的故事，西方则有罗密欧和朱丽叶。反之，完美的婚姻却又常常随着岁月的磨砺而枯萎、褪色，变得不再美丽动人。钱钟书讲的“围城”现象在爱情上表现得最为典型。正如夫妇关系不能以为有了婚姻的保护就无须维护、保养和更新，父母和子女之间，兄弟姐妹之间，也不能以为有了血缘关系，就可以随意处之，以为天然的情感会永恒不变。有时正因为这层关系，所以才会有利益的纠葛和相互的期待。一旦期待得不到满足，兄弟姐妹也会反目成仇。人们往往注意到西方文化注重个人的独立性、自主性，而东方文化注重关系、注重个人在家庭和社团当中的角色和责任，因而认为西方文化容易滋长自由主义和个人主义，而东方文化则更有利于培养协作精神。需要补充的是，所有的关系都不仅带有与之相应的责任，也带有相应的权利期待。如果在想到自己是儿子的时候，我首先考虑的是父母应该给我留下多少财产，而不是怎样去尽孝，在想到自己是父亲的时候，我首先想到女儿应该怎么服从我的意志，而不是怎么尽为父的责任，那么关系型的个人观可以比独立自主的个人观更加“个人主义”！

家庭中的个人不仅是关系中的个人，而且他们之间几乎是零距离接触。婚后夫妇的共同生活使他们不得不一起对付最不浪漫、最容易使人厌烦的生活琐事。这样的环境使他们各自的缺点都暴露无遗甚至被放大，而双方的美丽和魅力却渐渐被熟视无睹。他们再也不像约会时那样为对方精心打扮和掩饰不是之处，也不再因为对方细致的关爱而怦然心动、感激不已。孔子说的“唯女子与小人为难养也，近之则不孙，远之则怨”（《论语·阳货》17.25），撇开歧视妇女这一点，其内容很可能是针对家人关系而说的。俗话说“仆人眼里无英雄”，因为在仆人眼里，英雄也只是要吃喝拉撒的凡人，所以仆人就很容易对英雄“不孙（逊）”，而如果英雄和他保持距离，他又会“怨”。其实在日常生活中，每个人都可能成为这样的小人而不自知。如果我们联系孔子的其他言论来看，他实际上并不是在埋怨女子和小人，而是如清代汪烜所说：“此言修身齐家者不可有一事之可轻，一物之可慢，毋谓仆妾微贱，可以惟我所使，而忽以处之也。”[①] 这就是我称为“功夫视角”的解读——把这段话当作一种指导人生功夫的提示，而不只是对事实的描述。从这个视角出发，这段话更多的是提醒人们，一个人如果修养得好，不但自己不是那种“难养”的人，而且能让其他难养的人也“近者说（悦），远者来”（《论语·子路》13.16）。宋代学者吕祖谦说：“要当思其所以处之之道，夫不恶而严，最人之所难。盖常人不恶则不严。苟欲其严，必作意而为之。亦如恭而安，寻常人恭敬者多拘束才安，肆则不恭

---

① 程树德:《论语集释》，第 1244 页。

矣。惟性情涵养，则自然严恭。苟内不足，则必待造作。威而不猛亦其类也。”[①] 这里提到的“恭而安”和“威而不猛”均出自《论语·述而》(7.38):“子温而厉，威而不猛，恭而安。”“安”所包含的要求甚至超过了“从心所欲不逾矩”(《论语·为政》2.4)，因为“不逾矩”仅仅使人想起自己要做到不越出规矩，而上面所引的几段话要求人们即使在最平常琐碎的日常生活中，也要时时刻刻既能保持威严，又能吸引那些难养的人，使他们近而不至于不恭，而只感到高兴；远而不至于怨，反而被吸引过来！

这就是《大学》所说的“身修而后家齐”。当然，儒家的修身与道家、佛家等都不一样。同样是修身，儒家主张积极勇敢地入世，认真地对待最为平常的家庭生活，从在家孝敬父母、尊长爱幼开始。和儒家相比，佛教主张出家修行，把家看作是不利于修行的因素，把在家修行看作一种妥协，看作超脱的不彻底。道家的修身也不强调家庭，而是崇尚“避世”。道教走得更远。其全真派的创始人王重阳和他的七位高足（即所谓“全真七子”），据传都是离家出走修炼才得道的。[②] 而在孔子看来，避世、避家都是消极的做法，非不得已他绝对不会走这条路。[③]

三 权威与家规

提及齐家，人们往往首先想起从“五四”新文化运动以来就遭抨击诟病的“父为子纲、夫为妻纲”之类的家庭权威等级制度，以及各种传统的家规家法。权威和规矩与修身是什么关系？它们在齐家中究竟起什么作用？

从功夫的角度看，修身是齐家功夫之本，而权威和规矩都可以相应地看作齐家功法的辅助条件和手段。就权威而言，正如王怀聿在其论“三纲”的文章中所指出的，“纲”字既有规范的意思，也有引领、引导的意思。儒

---

① 吕祖谦:《丽泽论说集录》卷 2，第 14 页。

② 黄永亮:《七真传》(北京：团结出版社，1999 年)。

③ 孔子说，“鸟兽不可与同群，吾非斯人之徒与而谁与？天下有道，丘不与易也”(《论语·微子》18.6)。但他也不排除“道不行，乘桴浮于海”(《论语·公冶长》5.7)的可能。

家尊重权威的最终目的不是使人屈从，而在于“帮助在其之下的人健康地成长”①，也即《白虎通》所谓的“纲纪为化”②。儒家所推崇的权威最终建立在德性之上，是对德性的遵从，而不是对权力的服从。内圣才能外王，家庭里的权威也是如此。“父为子纲”既要求子女遵从父亲，更要求父亲尽父亲的责任，为儿女做出表率。它所包含的内容是双向的，不只是单向的权力控制。它的合法性最终在于德性能“化”的功效。

另一方面，任何社会都不能没有权威。“无法想象一个社会中的牙医和他的助手、教师和学生、军队的指挥官和他的士兵在各自相应的领域都享有同等的权威，而此社会还能够运作。”所以“评价秩序的主要标准不应是其中的成员是否有同样的权力”③。无论是家还是社会，核心的身份地位就像针灸穴位，它本身就是功夫能否有效发挥的重要条件。占据这些地位而不能“修己以安人”（《论语·宪问》14.42），则不配据有这些地位；没有一定的地位，也限制人对周边的影响力。孔子“栖栖一代中”，就是试图找到能够发挥其能量的位置。④在家庭里，父亲的地位决定了他应该成为儿女的养育者和楷模，当然这不排斥随着儿女长大成人和父亲的老去，他们的关系会发生变化。同样，随着社会的变革，丈夫对家庭承担主要责任的传统也发生了改变。儒家传统中“女正位乎内，男正位乎外，男女正，天地之大义也”⑤的观念需要相应地得到重新评价和修正。这样的观念与父权式的（社会学意义）家庭相关，但是却并非为价值意义上的家庭所必需。然而剔除了“夫为妻纲”之类以性别规定权威和责任的因素，其背后的家庭分工合作、阴阳互补、占主导地位者更需要修身正己以齐其家的思想，仍

---

① Wang Huaiyu, “Between Hierarchies of Oppression and Styles of Nourishment: Defending the Authority of Confucian Civil Orders,” in *Philosophy East and West* 66, No.2 (2016), p. 563.

② 陈立:《白虎通疏证》(北京：中华书局，1994 年)，第 373—374 页。

③ Wang Huaiyu, “Between Hierarchies of Oppression and Styles of Nourishment: Defending the Authority of Confucian Civil Orders,” in *Philosophy East and West* 66, pp. 571-572.

④ 所谓“君子之德风，小人之德草，草上之风，必偃”（《论语·颜渊》12.19），其中的“君子”“小人”就都是指社会地位而言。

⑤《易传·彖传·家人》。

然是不可忽视的齐家之道。

家规家法的作用也需要从功夫的角度来审视。用规矩齐家的最终目的不是限制人生的自由，而是帮助人身心健康地成长，就像初学书法的人先要学会基本的握笔姿势和运笔动作才能最终挥洒自如一样。在初学阶段没有好的规矩约束和引导，一旦养成恶习就很难改变。

齐家的最高境界是对规矩的扬弃，达到无须规矩约束的艺术生活境界。如果家庭常常需要提及家规家法，需要使用类似“这是你必须服从的规矩”“那是我的权利”之类的语言，就说明这个家还没有达到高度的和谐。儒家传统强调礼对于调节家庭关系的作用。“礼之用，和为贵。”（《论语・学而》1.12）礼既可以当作家规家法以为行为规范，也可以同时是功法的指导。两者的区别是前者限制人的行为，后者则使人能做更好的行为。礼一旦成了生活习惯，家规家法也可成为日常生活中无须提及的东西，就像好的驾驶员无须再提醒自己驾车程序一样，因为那些规范早已不再是对她的限制，而是她自由自在畅行无阻的功夫。

不仅如此，好的驾驶员甚至知道在什么情况下，可以或应该违背某些规范，以避免车祸。这就是孔子和孟子所说的“权（权衡）”。有人问：“男女授受不亲，礼与？”孟子回答：“礼也。”那人又问：“嫂溺，则援之以手乎？”孟子答道：“嫂溺不援，是豺狼也。男女授受不亲，礼也；嫂溺援之以手者，权也。”（《孟子・离娄上》4A:17）

儒家讲孝，认为孝乃仁之本（《论语・学而》1.2）。为此，儒家不仅主张“父子不责善”“易子而教”[①]，也主张“亲亲互隐”。但说到底这些都是方法，而不是绝对的道德律令。[②]孔子同样说过，“父有争子，不行无礼；士有争友，不为不义。故子从父，奚子孝？臣从君，奚臣贞？审其所以从

---

① 孟子有谓“父子相夷，则恶矣。古者易子而教之。父子之间不责善。责善则离，离则不祥莫大焉”（《孟子・离娄上》4A:18）。《论语・子路》（13.28）中有个细节，也透露了这个思想。当子路问：“何如斯可谓之士矣？”孔子答道：“切切、偲偲、怡怡如也，可谓士矣。”然后他又意味深长地补充一句：“朋友切切偲偲，兄弟怡怡。”

② 有关亲亲互隐的问题下一章会有具体的讨论。

之之谓孝、之谓贞也”(《荀子・子道》)。

再以东西方个人观的对比为例。现在很多学者强调，儒家对人的基本看法是关系型的，即通过人际关系中的角色来理解每个个人，而西方则强调独立自主的个人。但儒家其实也承认特立独行的必要，也有“威武不能屈，贫贱不能移”(《孟子・滕文公下》3B:2）和“当仁不让于师”(《论语・卫灵公》15.36）的自主性。儒家的特点不在于否定人有独立自主的价值，而在于反对将此不分情境地绝对化。西方文化过早地把青少年当作独立自主的个人，鼓励他们自主地决定人生，选择自己喜欢的生活方式，结果常常让他们付出一生的自由作为代价（如吸毒、早孕等)。人在青少年时期，开始有独立的需求和渴望，但其心智又未达到完全独立自主的程度，还需要成人引导和保护。这也是为什么处于反叛期的青少年尤需格外留神。父母既不能完全放任他们，又不能强制使他们顺从。其收放的尺度和方式，最终只能在具体的情境中掌握，而没法完全依赖规范原则。在婚姻的决定权问题上，中国传统是父母包办。这在过去平均婚龄较低的情况下，有一定的合理性。在传统社会中，婚姻在横向上代表着两个家族的结合，是把两个家族里所有的人都拽入某种关系和责任的行为；纵向上看则是上对祖宗、下对后人负责的行为，故而不只是“两个人”的私事。但父母干涉子女婚姻的弊病也是显而易见的。一旦把征求父母的意见绝对化，而父母的意见又与当事人的意愿与情感对立，悲剧就难以避免。

在讨论病人的知情权和自决权的问题时，范瑞平指出，以儒家文化为基本出发点的中国实践和当代西方主流文化不同。西方文化强调病人的自主权利。中国的传统医学伦理则要求“在做出重要的诊断（比如癌症）或预后时，医生必须首先告知病人最亲近的家属，并由家属决定是否及如何把真相告诉病人。如果家属决定不把真相告诉病人，那么医生必须服从这个决定而帮助隐瞒真相”[①]。“对待疾病治疗，东西方有着完全不同的模式：西方是完全个体化的模式，病人具有知情同意权，由病人自己来做出诊疗

---

① 范瑞平:《当代儒家生命伦理学》(北京：北京大学出版社，2011 年)，第 37 页。

决定；而东方则依循家庭决定的模式。由家庭做出诊疗决定并不视为剥夺病人自主决定的权利；相反，是家庭分担病人痛苦的方式。”[①] 一般情况下，东方模式的诊疗决定是更贴近人性的选择。这不仅因为病人已是弱者，可能难以承担真相的打击，而希望家人与他共同做出治疗决定，更因为病人家属一般比医生更了解病人各方面的情况，也更清楚以什么方式对待病人才符合病人的最佳利益。这种东方模式其实不仅应为其他文化所尊重，还值得其他文化所参考和学习。要注意的是，这一实践建基于这样的假设，即家人确实关爱病人，知道什么是病人的最佳利益，而且基本上有足够的智慧做出符合这种利益的最佳抉择。但家人并不总是具备这些条件的。范瑞平在讲到医生是否应当配合家属欺骗有行为能力的病人的时候，就指出这个做法必须有两个限制条件：“（1）医生有明显的证据表明家属与病人相互关心；（2）家属的意愿不能与医生对病人利益的专业判断严重不一致。在这两个条件无法满足时，医生应该把医疗真相告诉病人。”[②] 但这样的限定还有不足之处。家属可以出于爱心并且在完全不违背医生的职业判断的情况下，做出有违病人合理意愿和家庭利益的决定。设想某病人其实有能力承担真相的打击，而当他得知患上癌症，也将提前完成对他和他的家庭来说都极为重要的事情，但家属却出于爱心与医生合作隐瞒病情，导致他失去完成事情的机会。为避免这种情况，家属对病人的关爱便不应只是简单的无私，而更要对病人有真正的了解。家庭不只是简单的整体，它往往有复杂的构成。其中各人的发言权，取决于他们辈分的大小、年龄的长幼、知识的深浅、素质的高低、对家庭贡献的多寡、经济实力的强弱、口才的巧拙、个性的刚柔、与病人关系的远近，乃至家庭的特殊传统等多种因素。这些因素都可能影响家庭的态度。医生只能对病人的病情做出职业判断，却无法在与病情无直接关联的问题上代表病人，诠释什么是病人的利益。简单地让家庭和医生双方决定是否隐瞒病人或者替病人做出治疗决断，

① 范瑞平：《当代儒家生命伦理学》，第 38 页。

② 同上，第 45—46 页。

和简单地规定病人的知情权和决定权一样，也有不能合理考虑病人意愿和利益的风险。试想，假如在盛行割礼的文化当中，医生和家属都清楚割礼对女孩身体可以造成什么后果，都认为这是她的最佳利益，他们便会一致地认为女孩应当接受割礼！在当今科技高度发达的时代，死亡已经在很大程度上取决于我们何时放弃治疗。把决断权放到家属手里，可能防止病人轻生，但也可能无限期地让病人承受无谓的痛苦和残忍的折磨。不难想象当绝症病人的生命只剩下不堪忍受的痛苦，而家属子女却出于他们所理解的爱和孝心，决定尽所有可能延长病人的生命，硬把临终的病人塞进ICU，埋入一堆机器当中，把各种管子插入病人的身体，结果将只会使病人求死不得，生不如死。

总之，在何种情况下应该对病人隐瞒或者让家属替病人做出治疗的决定，都是需要酌情而定，没法完全依赖原则条规的。种种规范虽然必要，但最终还是需要有孔子和孟子所说的“权”的艺术。当然，社会上大多数人都不是修炼有成的齐家功夫大师。在医疗实践等关系重大的领域，还是必须有法可依。但法规如果要具体到可执行的程度，又必然有考虑不周之处。我们可以设想各种可能的情况，然后在隐瞒病情和医疗决断的处理上加上种种限制条件（就像前述范瑞平所说的两个条件那样），但各种可能的情况是无限的，因此这个限制条件的列表也永远不可能是完备的。最终还是需要培养能够掌握“权”的艺术的人。

四 齐家与“极高明”

笑思在其《家哲学》一书中分析了西方哲学里的“洞穴”“苹果”“蘑菇”和“幕布”四个比喻。柏拉图的“洞穴”比喻描绘被锁在洞穴里从未见过阳光的人挣脱了锁链来到理性光明的世界；《圣经》里亚当夏娃吃了智慧的“苹果”，于是瞬间获得男女差别的知识，并同时承担起成人的责任；“蘑菇”比喻霍布斯契约论里面的签约者，一下子从地里冒了出来，成为精于计算推理的个人；“幕布”指罗尔斯公正理论中假设的“无知之幕”，让理性的成人设想自己在此幕背后选择社会原则，以保证公平正义。笑思指出，这四个在相当程度上代表古今西方主流文化和思想方式的比喻，都包含了无知愚昧和成熟理性这两个领域的截然对立和它们之间的瞬时转变，没有灰色地带，也没有渐进的过程。其结果是个人成长过程中各个阶段的特殊需要被遮蔽或忘记，妇孺老幼都被要求缩小自己与成年理性男人的差距，而家也就变得多余或者可以忽略。与之相对照的是，儒家一开始便承认男女有别、长幼有序、"矜寡孤独废疾者皆有所养"（《礼记·礼运》）的必要，承认要有从"有志于学"到"而立""不惑"……的成长过程。

确实，人都是成长中的，处于特殊人生阶段的。一般情况下，家庭是人接受最基础教育的场所。童年时代对每个人的身心成长都至关重要。人的品格在童年定下基调，而在这个阶段，理智教育远不如家人的影响重要。即便成人，也有其软弱，情绪不稳定，需要同情理解的时候（比如生病或处于某生理周期之时等等）。人到了老年，常常像小孩一样，需要理解和关怀、体谅和尊重。这些具体的人生阶段和境况，都要求有家庭的关爱，但在上述四个比喻中，家庭都被遮蔽和忽略了。

需要补充的是，儒家的齐家学说不仅照顾到人的成长和帮助弱势者的需要；它还是使人的修炼达到"极高明"的途径。《中庸》第27章说："极高明而道中庸。""中"是居中，不偏向，不过分也不欠缺；"庸"有三种含义：一为"平常""日常"，二为"用"，三为"不易"。[①] 当"中"和"庸"连起来作为词组的时候，它的丰富含义可以概括为：持之以恒地在日常生活中练习，以获得总能击中目标的能力，就像优秀的射箭手那样。《中庸》第12章有云：

> 君子之道费而隐。夫妇之愚，可以与知焉，及其至也，虽圣人亦有所不知焉；夫妇之不肖，可以能行焉，及其至也，虽圣人亦有所不

① 朱熹："庸，平常也。"（《中庸章句》，《四书章句集注》，第17页）许慎："庸，用也。"（《说文解字注》，第128页上）郑玄："庸，常也。用中为常道也。"（《礼记注疏》卷52，第4页）程颢："不易为庸。"（《朱子语类》第62卷，第5页）

> 能焉。天地之大也，人犹有所憾，故君子语大，天下莫能载焉；语小，天下莫能破焉。《诗》云：“鸢飞戾天，鱼跃于渊。”言其上下察也。君子之道，造端乎夫妇，及其至也，察乎天地。

这种在最为平常琐细的家庭事务、最为自然的饮食男女生活中实现的君子之道，是一般夫妇都可以参与的。但也正由于它就在眼前，“潜虽伏矣，亦孔之昭”（《中庸》第33章），人们往往反而看不到。在看似不费力气、无须殚精竭虑的情况下，能把家弄得和谐温馨、子女健康快乐，故旧不遗、邻里不间，这样的功夫“虽圣人亦有所不能”，其目标的高度远远超出成为一般的“理性的成年人”。

这种既体现在日常生活中而又“察乎天地”的儒家之道贯通了前述三种意义上的家的概念，在生物学意义上的家的基础上开发出了儒家的精神性和价值观，并以此指导“齐”社会学意义上的家。在谈到为什么要为父母服丧三年的时候，孔子指出了人生的一个基本事实：“子生三年，然后免于父母之怀。”（《论语·阳货》17.21）不论这理由对于守丧三年的做法是否充分，承认儿女生下三年后才能脱离父母怀抱这一事实，对儒家有着重要的意义。和大多数动物不同，人类在幼年阶段，有相当长的时间依赖于父母的照顾。由此而来的结果是，照顾者（父母）和接受照顾者（儿童）之间通常形成极为紧密的感情纽带。这纽带对人生有强烈的影响，可致父母和孩子各自在对方身上发现自身存在的意义和生命的延伸。为人父母是生命意义的基本方式。我们经常看到，人可以在严酷的困境下为了孩子，而有继续生存的勇气和决心。有人完全依赖于你，爱你，让你感觉到自己活着是有意义的。看着自己的子女长大了，生活很好，也给人一种人生满足，感到自己的人生已经在子女身上得到延续，从而得到死而无憾的平静。这种将子女的生命看作扩展自身存在的意识，并不是中华文化特有的。在基督教里，亚伯拉罕能否牺牲自己的独生子被视为他信仰上帝的特殊考验，同样，上帝牺牲他唯一的儿子耶稣，也比其他任何牺牲都更意味深长。正因为父母的爱是人类最根本的爱，所以奉献亲生骨肉才成为显示承诺的最极端的方式。[1]

在儒家看来，上以孝敬父母、慎终追远，下以传宗接代、教育子孙，既是回报父母的养育之恩，也是个人自身生命及其意义的上下延伸。按照这种不朽的理念，照顾自己也成了对祖先的神圣职责。《孝经》中说，“身体发肤，受之父母，不敢毁伤，孝之始也。立身行道，扬名于后世，以显父母，孝之终也”。照顾自己同时也在维护祖先，使祖先可因自己的成就而拓展其生命意义的绵延，如此个人利益和孝道便巧妙地结合为一了。人不仅到了晚年需要年轻一代照顾，即便去世以后，其人生能否通过后代延续下去，其一生是否活得有意义，也将取决于子孙的品行。关爱和教育子女因而也就是成就自己。这就是孝道的宗教意义，也是中华文化中的祖先崇拜这一长久传统和“光宗耀祖”观念的根源。

实际上，孔子主张的孝道不仅不局限于传宗接代，而且不一定需要以传宗接代来体现。孔子曾说：“三年无改于父之道，可谓孝矣。”（《论语·学而》1.11）这说明孝也可以体现在继承先辈的遗愿和遗业这方面。[2] 虽然人生意义的创造和不朽生命的实现都始于孝道，却也不止于孝道。《左传》说的“立德、立功、立言”（《左传·襄公二十四年》），后来被称为“三不朽”，在中国传统文化当中占有非常重要的位置。根据这一传统，仅仅传宗接代或世袭某种爵位，都不足以被称为真正的不朽。真正的不朽必须超出自己的家族，而进入更广阔的世界。人的生命通过立德以被他人引为楷模，通过建功立业以使他人从中受惠，通过立言以令他人得到教益，就可以超

---

① 张祥龙对此有更为详细的阐发（见张祥龙：《孔子的现象学阐释九讲——礼乐人生与哲理》，上海：华东师范大学出版社，2008 年）。除了上述现象，他还提到一些人类生活的基本事实，如幼儿对自己的父母（或者他们的主要监护人）有一种特殊的感情。当孩子看到父母来托儿所接他们的时候，他们的眼睛就会一亮。儿童从非常早的阶段就已经部分地通过与父母的关系开发他们的自我意识。在不同的文化当中，以他人的父母（尤其是母亲）作为辱骂对象是侮辱一个人最常用的恶毒方式（例如“狗娘养的！”“Son of a bitch!”之类）。这表明人们普遍把自己的父母作为其自我认同的重要组成部分。

② 一些评论家已说明，孔子这句话并不主张愚守先父主张的一切，这里的“道”字只能理解为好的、善的行为。见杨伯峻：《论语译注》，第 8 页；程树德：《论语集释》，第 43 页。

出自我而得到无穷尽的延续和扩展！孔子曾将齐景公之死与伯夷、叔齐之死相比，他说：“齐景公有马千驷，死之日，民无德而称焉。伯夷叔齐饿于首阳之下，民到于今称之。其斯之谓与？”（《论语·季氏》16.12）齐景公奢靡一生，无功无德，所以死了后，人们都不觉得他有什么好的行为可以称述；而伯夷、叔齐所以至今还为人们称颂，是因为他们具有良好的品德和高尚的气节。

这种不朽观在后来的传统典籍中屡屡出现。如汉代的《韩诗外传》说：“王子比干杀身以成其忠，尾生杀身以成其信，伯夷叔齐杀身以成其廉。此四子者……名传于世，与日月并而不息，天不能杀，地不能生，当桀纣之世，不之能污也。”[①]北宋理学家张载也说：“道德性命是长在不死之物也，己身则死，此则长在。”中国许多历史人物的庙宇也体现了这样的不朽观。位于杭州的岳庙，不仅标示了南宋抗金爱国将领岳飞的不朽，也通过陈列秦桧等谋害岳飞的凶手的黑铁跪姿雕像，表明儒家以历史和人民的审判取代宗教的审判：通过记录历史或竖碑立庙把善恶公之于众，以供后人评判。

从这里，我们观察到儒家的宗教性所包含的三个相互联系的重要特征：在儒家学说里，没有现实生活体验和道德理想的截然区分，没有世俗和神圣的截然区分，也没有利己与利他之间的截然区分。首先，这种对生命意义和不朽的理解，植根于人类最基本的生活经验——亲情，而不是任何抽象的原则或盲目的信念。在父母和子女关系中的人，不是抽象的“每一个人”或“任何人”，而是非常具体的家庭成员。家庭成员之间的感情，比某种外在权威所规定的抽象律令更加贴近人心和自然。一旦这种亲情成为传统，它就变成了人们自我认同的方式。

其次，根据儒家的理解，生命的意义和不朽人生，都可以在尘世当中找到，而不需要假设一个未知的、超现世的领域，也不需要假设一个能够脱离肉身的、不朽的灵魂实体。神圣就在于世俗的人生当中。所以儒家的宗教性是“即凡而圣”。这里的神圣性不只是“留取丹心照汗青”那样的英

---

① 韩婴：《韩诗外传》（文渊阁四库全书 / 经部 / 诗类）卷 1，第 4 页。

雄式的名垂千古，也包含了最基本的孝顺父母、关爱子女、尊敬师长、帮助朋友、奉献社区……这些行为是每个人都可以做到的。儒家的宗教性因而不是道家的消极避世，不是佛家的看破红尘，也不是西方宗教里的依靠神的救赎。它鼓励的是积极入世的精神，从人世当中最平常的生活中去开发出生命的神圣意义和不朽。

再次，在儒家宗教性当中，个人生命的意义及其不朽都是通过人际关系而非个人自身的不死来实现的。无论是传宗接代的延续，对先人遗愿的继承，或是上面提到的"三不朽"，都是人在与他人的关系当中展现出自己的存在和价值。这与西方希腊罗马和犹太—基督教传统所熟悉的个人灵魂不死之不朽观完全不同。根据儒家观念，生命并不局限于个人短暂的肉身寿命，但也无须灵魂不死才能继续存在。人的生命可以通过与其他生命的关联性而在肉身死亡以后得到延续。这种不朽的理念可以使人坦然面对死亡，含笑九泉而没有泯灭的恐惧。

五　齐家与当代家庭问题

儒家的齐家并不要求维护社会学意义上的传统大家庭模式，而要求建设价值理想意义上的家。理解这一点，我们才能正确地看待儒家学说对当代社会的意义。一方面，"本体即功夫"。就像身体残缺畸形的人无法成为武术高手一样，有家和无家，家的形式什么样，确实很大程度上决定了生活的方式和质量。四代同堂的大家庭和单亲家庭，其优缺点是很不一样的。所以调整家庭的结构，或分或合，都会对生活带来影响。另一方面，无论是传统的大家庭还是当今流行的核心家庭或其他模式的家庭，如果家中的关系处理不好，都可能成为牢笼。相反，各种形式的家庭如果通过适当的建设，都可能变得安全温馨，尽管某些形式比别的形式困难一些。有家是齐家的先决条件，但齐家概念使儒家能够在现代社会中容纳非传统的家庭形态，并指导我们学会在各种家庭形态允许的条件下获得美好的生活。

笑思在《家哲学》中提到一个明显事实，即西方人在"称呼上姐妹不分、兄弟不分、姑姨不分、叔舅不分”。“这与西方思想界非常善于并且习惯于在其他领域——例如自然研究领域——寻找和命名哪怕是最为细微的新迹象、新细节、新区分，不厌其烦地确定大量新的专名，形成鲜明的对照。这里，角色称呼的贫乏，对应的是实际角色区分、命名的缺少和观念上的不重视。”① “少一种家庭称呼，人们就少一份家庭角色成员意识、少一份家庭角色责任、少一点顾家的心理负担。”② 与之相比，中国传统对角色名称的区分之细，使西方语言相形见绌。笑思非常正确地指出这是儒家“正名”思想在中国传统文化中的体现，它使人们在家庭中有非常具体的角色和责任意识。

需要补充的是，儒家的正名理论及其家的观念也有具张力的一面。“四海之内皆兄弟”（《论语·颜渊》12.5）之说，就是对兄弟概念的扩展。中国人对“叔叔”“阿姨”“爷爷”“奶奶”这些称呼的泛化使用，也是十分普遍的现象。与西方姐妹兄弟不分不同的是，西方的不分是把亲人朝着普遍的“个人”方向推展，使他们成为平等独立的主体；而儒家对亲人称呼的泛化使用，是将本来没有血亲基础的人际关系拉近，把他们尽可能与价值意义上的家庭关系挂钩，从而扩展亲情的网络。后者不仅表现了“天下一家”的理念，而且其行为本身就是把天下一家化的实践！在儒家看来，血缘关系是“本”，但其目标是“树”，是“老吾老以及人之老，幼吾幼以及人之幼”（《孟子·梁惠王上》1A:7），是《礼记》中所说的“人不独亲其亲”（《礼记·礼运》）的境界。这和西方消解了家庭中介以后，所得的抽象、平等独立的个人关系截然不同。

当代社会再婚现象的增加，造成许多继父继母、非同胞兄弟姐妹的关系。再加上领养子女家庭的增加，非血亲的家庭关系变得非常普遍，因而上述扩展式的“正名”活动也就更具实用价值。在儒家传统中有一个精彩的例子可供深思。《论语·先进》（11.5）提到，孔子说“孝哉闵子骞，人

---

① 笑思：《家哲学——西方人的盲点》，第 375 页。

② 同上，第 377 页。

不间于其父母昆弟之言”。据载闵子骞早年失母，父再娶后又生二子。寒冬腊月，继母给自己亲生的儿子穿上丝棉袄，却给闵子骞的衣服里塞了芦花。子骞御车时冻僵了手指而失手丢了缰绳，父怒诘之，后来发现缘故，欲遣出后妻。子骞跪求父亲说，“母在一子寒，母去三子单”（《敦煌变文》），其父这才饶恕了后妻，而继母也被感动而从此待子骞如同己出，全家和睦。这里子骞处理问题的方式，不是以自己的无辜和委屈去突现继母的不善和非其亲母的事实，而是通过把她称为“母”，把异母的弟弟当作自己的弟弟，从而化解了家里的冲突，反过来使继母变成了合格的母亲。这就是子骞齐家的效果。

由于建立家庭就需要处理家庭关系并对家人负责，现代的年轻人对婚姻有更多的犹豫。[①] 有些人干脆选择独身或者同居。[②] 对此，儒家不会鼓励，但也不会以为是大逆不道而予以谴责。单身生活有许多缺憾，但也有

---

① Louis Roussel, *La famille incertaine* (Paris: Editions Odile Jacob, 1989).

② 从 20 世纪 60 年代起，同居在西方国家渐渐由人们眼中的“前卫”变成正常的试婚手段，并进而变为与婚姻并列的家庭模式（K. Kiernan, “Cohabitation in Western Europe: Trends, Issues, and Implications,” in *Just Living Together: Implications of Cohabitation on Families, Children, and Social Policy*, eds. Alan Booth and Ann C. Crouter, Mahwah, NJ: L. Erlbaum Associates, 2002, pp. 3–31）。美国平均初婚年龄从 20 世纪 50 年代的男子 23 岁、女子 21 岁提高至 2011 年的男子 29 岁、女子 27 岁（US Census Bureau, 2011，引自 Andrew J. Cherlin, “The Deinstitutionalization of American Marriage,” in *Journal of Marriage and Family* 66, No.4, 2004, pp. 848–861；及 Andrew J. Cherlin, “Goode’s World Revolution and Family Patterns: A Reconsideration at Fifty Years,” in *Population and Development Review* 38, No.4, 2012, pp. 579, 584）。大部分年轻人在 20 岁左右就不与父母同住，一般于结婚前都有好几年处于离家独居或同居状态。20 世纪 70 年代，同居三年内结婚的比率是 60%，而到 90 年代，降到了 33%（Pamela J. Smock and Sanjiv Gupta, “Cohabitation in Contemporary North America,” in *Just Living Together: Implications of Cohabitation on Families, Children, and Social Policy*, pp. 53–84），表明同居逐渐从试婚的过渡手段转变为独立的家庭生活方式。50 年前美国非婚生子女的比例是 6%，如今已上升到 40%（Andrew J. Cherlin, “Goode’s World Revolution and Family Patterns: A Reconsideration at Fifty Years,” in *Population and Development Review* 38, p. 584），而在北欧国家如丹麦、冰岛、挪威和瑞典，这个比例在世纪之交已经达到 45%—65% 之间（K. Kiernan, “Cohabitation in Western Europe: Trends, Issues, and Implications,” in *Just Living Together: Implications of Cohabitation on Families, Children, and Social Policy*, pp. 3–31）。通过给予同居者某些过去已婚者才能享有的福利等措施，西方国家也把同居制度化了（Andrew J. Cherlin, “The Deinstitutionalization of American Marriage,” in *Journal of Marriage and Family* 66, p. 850）。

其优点——一个人和自己相处，往往比与别人相处要容易一些，不用在忍耐自己的缺点的同时再去忍耐和包容别人的缺点，因此对齐家功夫的要求也降低到只需料理自己的生活。单身者也可以用别的方式弥补无家人的缺憾，找到有家的感觉。宋代高士林逋与心上人“罗带同心结未成”[①]，在林泉中梅妻鹤子的佳话就是例子。这样的“家”虽然与一般意义上的家很不一样，但其在与梅鹤相伴中找到亲情和生活的意义，也可以是充实的人生。有些人说西方人把老人扔进养老院不人道，但许多西方老人宁可与子女分开住。他们未必不期望在子女的关爱中得到亲情的温暖，但为了不成为子女的负担，保留自己的空间和尊严，以及得到专业的健康护理，他们通常宁愿选择养老院。当然，这里的前提是养老院必须建设得让老人感到有家的感觉，有家庭的温暖。把子女送进托儿所、幼儿园也是现代社会的普遍现象。孔子如果在世，不会要求解散这些机构而让家庭重新负起全部的育儿和养老责任，而只会要求这些社会机构建设得让孩子和老人感受到家里一样的关爱。

儒家也不一定强烈地反对同居。没有法律保护和婚姻仪式赋予的神圣性，同居家庭肯定比婚姻家庭脆弱，其关系也肯定比婚姻关系更加难以维系。由于同居双方没有来自法律和婚礼仪式的可强制执行的信任（enforceable trust），当事人需要凭自己的齐家功夫来创造和保持和谐互补。基于这个原因，同居更适合经济上各自独立，受过高等教育而又没有子女的中产阶级人士。[②]不过，一旦有了子女，生活上需要较明确的分工合作的时候，法律和婚礼仪式提供的保护就常常显得必要了。当然，这不排除有较高德性功夫的人无须外界强制执行的信任，而能将家庭的和谐纯粹建立在感情基础之上。儒家对同居的保留态度与其说是基于维护传统，不如说是看到大多数人不具备这样的功夫，因此一旦关系破裂，子女将会失养，

---

① 语出林逋《长相思》:“吴山青，越山青，两岸青山相对迎，争忍离别情。君泪盈，妾泪盈，罗带同心结未成，江头潮难平。”根据这首词，可以推断他有过最后没有结局的爱情。

② Andrew J. Cherlin, “The Deinstitutionalization of American Marriage,” in *Journal of Marriage and Family* 66, p. 858.

而在家庭分工中承担家务较多的一方也会受到不公平的待遇。

近年来，西方国家掀起同性恋婚姻合法化的浪潮。[①] 在中国，对同性恋的包容程度也大大增加。儒家对同性恋也完全可以持包容理解的态度。虽然一般意义上的家基于男女的结合，“乾道成男，坤道成女”(《周易·系辞上》)，但阴阳的关系说到底是两种特性的互补。它可以是刚柔、内外、长幼（比如单亲家庭里的母女），甚至人与宠物的互补，而不一定非要以男女性别互补的形式出现。在同性恋家庭中，其实也有阴阳角色之分。至于传统的“女正位乎内，男正位乎外”(《易经·家人》) 的家庭分工，也不是绝对的。随着物质生产条件的变化，越来越多的女性走出家庭，加入各种职业行列。[②] 不仅很多家庭是双职工，男女双方都有自己的事业，而且也出现了许多女主外、男主内的情况。虽然男人无法替代女性怀孕和哺乳，但在买菜做饭、打扫卫生等家庭生活的其他很多方面，男人未必不比女人更能胜任，而女性在当代社会生活的许多场合表现胜过男性的例子也比比皆是。当然，这一切改变不了总体上女性更需要男性保护这一事实，社会上强奸案的受害者毕竟绝大多数是女性。

六　齐家与治国平天下

美国心理分析家弗杰妮娅·萨蒂尔（Virginia Satir）被誉为“家庭疗法（Family Therapy）之母”。她有两个与儒家“齐家”学说非常相似的观点。其一是“人的制造”（Peoplemaking）的观念。萨蒂尔的所有理论，都围绕着怎么成为更加完美的人（becoming more fully human）。齐家功夫的修炼既是个人自身的成熟，也是为家人创造成长和生活的条件。恩格斯曾在其

---

① 在美国，2004 年马萨诸塞州首开先例，承认同性婚姻的合法性，到 2013 年 8 月，已有 13 个州准许给同性恋者颁发结婚证。

② 据统计美国约三分之一的医生和约半数的医学院学生是女性（Andrew J. Cherin, “Goode’s World Revolution and Family Patterns: A Reconsideration at Fifty Years,” in *Population and Development Review* 38, p. 583）。

著名的《家庭、私有制和国家的起源》一书中把家庭作为人的自身生产（繁衍）的单位，并将人自身的生产与物质生活条件的生产联系起来考察。如果说经济生产主要体现在物质领域，体现为技术的发展，人类自身的生产则愈来愈超出肉体的繁衍，而进一步体现于作为与一般动物不同的、能够在创造性活动中体现自己类本质的活动当中。在这个意义上，齐家功夫的修炼也是广义的“人的自身生产”或者“人的制造”的艺术。

萨蒂尔与儒家相通的另一重要观念是治家与治国、平天下的关系。儒家认为“家齐而后国治，国治而后天下平”(《大学》)。萨蒂尔则有一句名言:“家庭是个小宇宙。通过学会怎么治疗家庭，我学会怎么治疗这个世界。”①这种把家庭看作小社会、把社会看作大家庭的视角，与西方主流学界把家视为私领域而与社会公共领域截然划分的传统很不一样。②仔细分析的话，我们可以发现当中其实蕴含了三层意思。一是由于家庭是小宇宙，治家就像治国治世的实习，学会治家就可以把这本事扩展到治国治世当中。其二是家本身就是社会的一部分，治家也就是在较小的范围里治国治世。如果人人都能把家治好，社会也就太平了。孔子说“书云:‘孝乎惟孝，友于兄弟，施于有政。’是亦为政，奚其为为政?”(《论语·为政》2.21)，就有这个意思。其三是理想家庭的模式就是理想社会的模式。人的自身生产不仅应当成为理想家庭的目标，也应当成为理想社会的基本理念。

以上观念与现今占世界主导地位的政治哲学理念有本质的不同。现今政治哲学的根本关注是权利（人权）、正义和经济利益。虽然西方也有把家庭和社会联系起来的研究，但这些研究往往把现代西方的社会政治和经济模式套用于家庭上。其典型例子之一是诺贝尔经济学奖得主加里·贝克尔（Gary S. Becker）的理论。“贝克尔之所以得到诺贝尔经济学奖，在很大程度上是他把传统的经济学思路扩展至家庭这个‘情感的’‘非理性的’领

① “Virginia Satir,” in *Wikipedia*, http://en.wikipedia.org/wiki/Virginia_Satir, accessed Nov. 4, 2013.

② James M. White, *Advancing Family Theories*(Thousand Oaks, CA: Sage Publications, 2005), p. 4.

域。”[①]他把家庭现象解释为理性的个人获取自己最大利益的结果。家庭被描绘成小企业，其功能是通过拥有的资产和成员的时间投资，生产出产品以满足其成员的需求。婚姻被看作市场行为。人们择偶的时候就像精明商人在理性地计算效益，而且主要是经济效益。[②]在解释为何当今世界一夫多妻制锐减至不到全球 10% 的人口的时候，他不是从妇女解放运动或基督教普及的角度看，也不是从启蒙运动所崇扬的平等观念看，而是从一夫一妻制和多妻制的市场需求看。[③]生儿育女被他看作是耐用品的投资，目的同样为了利益的回报。当代社会人的收入提高了，生育率却下降了。对此贝克尔的解释是人们现在倾向于以质代量了。在解释人们为什么更倾向于领养自己近亲的子女而不是陌生人的子女的时候，他的观点是近亲的子女知根知底，不需要花费成本去了解其历史，因此投资风险较小。[④]尽管他的经济学解释一定程度上可以预测家庭行为，却实际上忽视了理想价值意义上的家的特点。无视家庭中的情感和责任，把家庭中的人际关系完全看作理性自主的个人之间的经济利益和权利关系，无异于抹杀理想价值意义上的家。从社会科学的角度而言这是片面的，歪曲了实际的家庭关系内容，从功夫的角度看，则是对家庭生活的严重误导。

从柏拉图以来，西方主流哲学对于家的漠视和像贝克尔那样以独立于家之外的理性自主个人和物质经济关系来理解家庭的视角，不只贬低了家庭，更封闭了从家引导开发价值理想的道路，使人际间的关爱失去了“人类自身的再生产”这一观念基础。按照儒家和萨蒂尔的观念，一个好的社会应当是理想的家的扩大。其形态和指导方向应当以发挥与光大家的价值为指导，以价值理想之家为模式去改造社会，而不是反过来让经济、权利等因素来左右家庭甚至取代家庭。儒家以理想价值之家的模式推广到社会，

---

① James M. White, *Advancing Family Theories*, p. 96.

② Gary S. Becker, *A Treatise on the Family*, enlarged edition(Cambridge, MA: Harvard University Press, 1991), p. 84.

③ Ibid., p. 81.

④ Ibid., p. 45.

并不是鼓励假公济私。孔子当年“堕三都”就是试图打破权臣家族势力对“公室”权利的僭越。[①]儒家从齐家展开的治国、平天下，是以仁（“老吾老以及人之老，幼吾幼以及人之幼”）、礼（由“父父、子子”而推及“君君、臣臣”）来治国。从《诗经》的“刑于寡妻，至于兄弟，以御于家邦”（《孟子·梁惠王上》1A:7），《周易》的“正家而天下定”（《周易·家人》），《论语》的“迩事父，远事君”（《论语·阳货》17.9），《孟子》的“国之本在家”（《孟子·离娄上》4A:5），《大学》的“修身、齐家、治国、平天下”，《中庸》的“君子之道，造端乎夫妇”，到《礼记·祭义》的“立爱自亲始，教民睦也；立敬自长始，教民顺也”，这一贯思想显示了儒家的“贤圣家天下”不是把天下私有化为自己的小家庭，而是以天下为己任，使天下家园化，把异己和陌生的外在世界变成和谐温馨的家居世界。

《礼记·礼运》中对儒家理想社会的著名描述充分体现了这一理念：

> 大道之行也，天下为公。选贤与能，讲信修睦，故人不独亲其亲，不独子其子，使老有所终，壮有所用，幼有所长，矜寡孤独废疾者，皆有所养。男有分，女有归。货恶其弃于地也，不必藏于己；力恶其不出于身也，不必为己。是故谋闭而不兴，盗窃乱贼而不作，故外户而不闭，是谓大同。

这和马克思最初意义上的共产主义十分相似。

> 共产主义是私有财产即人的自我异化的积极的扬弃，因而也是通过人并且为了人而对人的本质的真正占有；因此，它是人向作为社会的人即合乎人的本性的人的自身的复归……这种共产主义，作为完成了的自然主义，等于人本主义，而作为完成了的人本主义，等于自然

① 当代菲律宾政治的一大问题就是国家的政治经济由100多个权贵家族所控制。2009年11月发生在菲律宾的政治大屠杀就是家族政治导致的惨剧。

> 主义；它是人和自然界之间、人和人之间的矛盾的真正解决，是存在和本质、对象化和自我确立、自由和必然、个体和类之间的抗争的真正解决。①

马克思的“共产主义”理想，其实就是和谐家庭所有成员共同拥有家产、共同运用这些家产以为人自身的再生产服务的理想。从（广义的）生命自身生产和再生产的角度看，以经济标准来衡量一切，是一种典型的异化。经济原来是为人生服务的，却反过来成了主宰，即谁是家里的经济来源谁就是一家之主。在消除了这种异化的理想社会里，“主内”不应当是“辅助”的同义词，而应当是生活的中心和主体；经济来源才是辅助的，是提供人的生活的物质条件，而不是目的本身。

在马克思看来，这必须是社会变革、所有制革命的结果。

> 私有财产的废除，意味着一切属人的感觉和特性的彻底解放；……［对物的］需要和享受失去了自己的利己主义性质，而自然界失去了自己的赤裸裸的有用性，因为效用成了属人的效用。
>
> 同样地，别人的感觉和享受也成了我自己的所有物。……直接同别人一起共同实现的活动等等，成了我的生命表现的器官和获得人的生活的一种方式。②

在儒家看来，把天下作为家来齐，虽然也触及所有制（即“货不必藏于己；力不必为己”），但不是靠剥夺私有财产，而是靠人的境界的提高，如慈善事业的发展，企业回馈社会等。一个对象不会一旦不属于私人占有就马上自动变成“属人的对象”或“对象化了的人”。只有通过修身、齐家和礼的教化，才能完成向自然主义的复归。

---

① 马克思：《1844 年经济学—哲学手稿》，刘丕坤译（北京：人民出版社，1979 年），第 73 页。

② 同上，第 78 页。

据美国文化人类学家理安·艾斯勒（Riane Eisler）对欧洲史前文明遗址的考察研究，古代欧洲曾经出现“女神时代”，即以女性身体作为生命之源和崇拜对象、以精神气质为文化内涵的时代。那个时代没有战争，没有统治，人们皆以伙伴关系共处。直到公元前五千到前三千年，即以往教科书记述的文明发端之阶段，才出现了战争以及对自然和人力资源的争夺和统治。基于这发现，她提出以关怀人和自然环境为目标的“关怀经济学”理论框架，并断言，人类如果不愿走向自我毁灭，就必须回归史前伙伴关系的社会模式。艾斯勒所谓史前伙伴关系的社会模式，其实就是理想家庭模式的扩展，以人类自身生命生产关系为主导。艾氏的论断和儒家的齐家学说显然有异曲同工之妙。如果说远古的伙伴关系是基于人的本能和物质生产力的低下，儒家的目标可以说要在更高级的形态上，按照家的理想价值的意义，克服人之生命生产被异化为手段的处境，恢复经济为人所服务的人道主义，把人类自身生产定义为人的充分发展（human flourishing），并将其重新确立为社会的核心价值。这高层次的“生命生产”不只是简单的生存和生物性的物种延续，而是包含所有文化、艺术等滋养生命的生活方式和与之相应的社会形态。这社会形态如艾斯勒所说，必须以家庭关系和两性关系的转型（亦即是儒家所说的齐家）为前提，才能在全社会以及广泛的政治和经济领域得以展开和实施。这也正是儒家“家天下”的理念所应有之意——以天下为家和把天下家园化。①

---

① 据载汉初韩婴（公元前200—前130）有云：“五帝官天下，三王家天下。家以传子，官以传贤。”（班固:《前汉书》[文渊阁四库全书/史部/正史类/前汉书]卷77，第5页）这里“家天下”指的是一种退化，是从尧舜等古代圣人以天下为公，选贤与能，到后来夏商周时代帝王将天下当作一家私产、传位与子的转变。但王充（公元27—97）将这个表述倒过来用，以“贤圣家天下”来解释舜和禹为什么葬于他们治洪水而死的苍梧和会稽，而不是他们自己的家乡（《论衡·书虚》[文渊阁四库全书/子部/杂家类/杂说之属/《论衡》]卷4，第4页）。

第十四章　儒家功夫与民主和法治

【本章提要】儒家思想与民主和法治的关系是备受争议的问题，也是儒学在当代必须面对的问题。从儒家功夫哲学的角度看，民主不能只是程序上的平等与公正，它还必须依赖“民”的成熟及其“主”的能力。儒家的“新民”不是退据私领域，而是民主政治的基本保障。就体制而言，作为功法的“外体化”，各种政治体制包含不同的价值观，有各自的利蔽。儒家的“贤能政治”传统要求君主“如保赤子”，为民做主，但它过度依赖圣君清官，未能确立民之主体性，没法有效地防止专制。民主体制赋予民众政治的参与权和监督权，但容易使从政者专注于迎合选民，导致对弱势群体的不公和“短期效应”。政治体制的运用与任何功法的运用一样，都需要因其利而防其蔽，并如康有为的“三世说”和牟宗三的“坎陷说”所启示的那样因时而损益变通。传统儒家的“礼治”常被误解为是“法治”的对立面，其实儒家的治道是一个德、礼、政、刑的立体结构。儒家思想与西方法治观念都承认等差，也都接受亲亲互隐，但儒家是从功夫视角出发，其亲亲是“为仁之本”，西方的互隐则是出于保护个人亲亲的权利。儒家“刑不上大夫，礼不下庶人”的观念一方面是对大夫的更高要求，同时也有功法设计的考虑，以保护其“位”之尊严。

“家齐而后国治，国治而后天下平”是指在齐家的基础之上，可以“治国”，可以“平天下”。齐家的功夫可以运用到治国平天下，理想的家庭模式可以作为理想的社会模式，但不等于只要能够齐家，就无须任何其他条件便能够治国平天下。齐家与治国平天下有可以类比之处，但不完全是一回事。

从1840年到1919年那个阶段，中国逐渐真切地感受到了发源于欧洲的启蒙运动所激发出来的力量的冲击，其表现之一，便是长期占中国文化主导地位的儒学受到了严峻的挑战，尤其是儒学中赖以治国平天下的礼治体系。20世纪初的五四运动和与之相关的新文化运动的著名口号就是“欢迎德先生（民主，democracy）、赛先生（科学，science）”“打倒孔家店”，似乎迎接现代的西方文明与否弃儒家文化是一枚硬币的正反两面：儒家是威权主义的礼治，是森严的社会尊卑等级制度，而民主和法治观念则恰恰相反，在认可人的基本权利的基础上，保护平等和自由，支持民有、民治、民享的民主体制；东方的儒家被看作是代表了传统、保守、落后，西方启蒙理性则代表了现代、进步、开放。美国汉学家列文森在其代表作《儒教中国及其现代命运》（*Confucian China and Its Modern Fate*）中就宣称儒家已经失去了它的生命力和现实影响力，成了博物馆的陈列品。当代美国政治学家亨廷顿（Samuel P. Huntington）认为“儒家民主”这一表述纯粹是“术语的自相矛盾”，“儒教文化似乎对民主化构成了不可逾越的障碍”。[①]中国在经历了从“大跃进”“反右”到“文化大革命”等一系列的弯路以后，也出现了对文化的反思。20世纪80年代曾经赢得很高收视率的电视片《河殇》，似乎反映了同样的觉醒：中国的现代化意味着抛弃其传统文明，拥抱西方的“蓝色文明”。

有的学者没有那样激进。他们认为虽然儒家文化满足不了现代民主法治的要求，但仍有其价值。如余英时先生认为，儒家学说在当代已经失去其赖以立身的社会建制，因而成了无所托身的“游魂”。[②]鉴于此，儒学应该放弃全面安排社会秩序的抱负，退入“私领域”，在修身齐家的“日用常行”中发挥作用，间接地为社会政治的“公领域”培养合格的公民和输送

① 亨廷顿:《民主的第三波》，刘军宁（编）《民主与民主化》（北京：商务印书馆，1999年），第378、381页。

② 余英时:《现代儒学论》（上海：上海人民出版社，1998年），第31页。

领导人才，以“背景文化”的地位给“治国、平天下”投射间接的影响力。[①]李晨阳认为，儒家和现代民主不兼容。民主包含着对个人权利的认可，而儒家则没有个人权利的观念。谈论权利本身就意味着关系的破裂。民主包含着对个人自由的认可，而儒家的首要关注是责任，而非个人的自由。民主的一个基本价值是平等，而儒家则强调本质上不平等的社会角色和对应于角色的公正（equity）。这些价值的对立，使得两者的结合会使它们各自都失去自身。正如水和油，两者虽然无法在不做任何价值转换的条件下糅合在一起，却可以和平共处，各有自身的长处。[②]

当然，自近代以来也不乏试图融合儒家思想与民主和法治者。孙中山就把他的三民主义说成是“自尧、舜、禹、汤、文、武、周公至孔子”的这一“正统思想”的“发扬光大”。[③]戴季陶将孙中山之三民主义与儒家三达德并列，说“天下之达道者三：民族也、民权也、民生也。所以行之者三：智也、仁也、勇也。智、仁、勇三者，天下之达德也，所以行之者一也。一者何？诚也。诚也者，择善而固执之也”[④]。不少学者引用《书经》里“天视自我民视，天听自我民听”[⑤]“民惟邦本”[⑥]和孔子的“有教无类”（《论语·卫灵公》15.39），孟子的“民为贵，社稷次之，君为轻”（《孟子·尽心下》7B:14）等话语，说明传统儒家中蕴含着可以发展出社团主义形式的民主制度的资源。

如果说持上述观点的学者多以自由主义的民主概念为预设，在儒家学说里寻找和剪裁民主思想的资源，以此来证明儒家没有过时和失去生命力，

---

① 余英时：《儒家思想与日常人生》，《现代儒学的回顾与展望》（北京：生活·读书·新知三联书店，2004 年），第 260 页。

② Chenyang Li, *The Tao Encounters the West* (Alnany: State University of New York Press, 1999), pp. 172–189.

③ 见戴季陶：《孙文主义之哲学的基础》，桑兵、朱凤林（编）《戴季陶卷》（北京：中国人民大学出版社，2014 年），第 425 页。

④ 同上，第 414 页。

⑤ 《尚书·泰誓中》，《尚书正义》第 11 卷，《十三经注疏》，第 181 页。

⑥ 《尚书·五子之歌》，《尚书正义》第 7 卷，《十三经注疏》，第 156 页。

另一些学者则对自由主义的民主概念本身持批判态度。如 Peter Woo 就提出，中国缺乏那种基于“权利”的民主不仅不是个缺憾，而且是个长处。正是由于儒家的和谐观念，中国的民众没有向国家或别的个人争斗权利和自由的冲动。[①]安乐哲、罗思文和贝淡宁等提出，以权利为基础的民主对社会有危害。西方国家对权利的强调和对义务的忽视导致了许多社会弊病。[②]陈素芬（Sor-hoon Tan）试图借鉴杜威的哲学来提炼出儒家民主，并说明儒家民主优于自由主义的民主，因为后者不包含善的层面。

以上这些观点孰是孰非？儒家思想与民主法治能否兼容？甚至有没有可能像前述的尊严观和自由观那样，儒家思想也能对当代流行的西方民主观念和法治观念有所补充和修正？本章显然无法全面展开讨论这个大题目，而只是希望探讨儒家功夫哲学的视角能够在这方面给我们带来什么启示。

一　“新民”——民主之基础工程

显然，民主这个概念首先要求考察“民”的概念。在中文里，“民”和“人”虽偶有互通（如《诗经》“天生蒸民”“厥初生民”中的“民”都是指人），但总体上它们是两个不同的概念。民是指大众，与区别于大众的贵族君主等相对而言，人则是与非人相对而言。

《说文解字》曰：“民，众萌也。”萌是“草芽”，即“众草芽”的意思，这就是“草民”一词的来源。段玉裁注曰：“萌犹懵懵无知儿也。”[③]《论

① Peter K. Y. Woo, “A Metaphysical Approach to Human Rights from A Chinese Point of View,” in *The Philosophy of Human Rights: International Perspectives*, ed. Alan S. Rosenbaum (Westport, Conn.: Greenwood Press. 1980), p. 116.

② 见 James C. Hsiung ed., *Human Rights in East Asia: A Cultural Perspective* (New York: Paragon, 1986), p. 25；夏勇：《人权概念起源》（北京：中国政法大学出版社，1992 年），第 190—191 页；Roger Ames, “Continuing the Conversation on Chinese Human Rights,” in *Ethics and International Affairs* 11, 1997, p. 192；及 David Hall and Roger Ames, *The Democracy of the Dead* (Chicago and La Salle, IL: Open Court, 1999)。

③ 《说文》，《说文解字注》，第 627 页上。

语》中有关“民”的段落说明民需要“道（导）之”“齐之”（《论语·为政》2.3）。“生而知之者上也，学而知之者次也，困而学之，又其次也。困而不学，民斯为下矣。”（《论语·季氏》16.9）“民可使由之，不可使知之。”（《论语·泰伯》8.9）郑玄注此云：“民，冥也。”《春秋繁露·深察名号》曰：“民者，瞑也。民之号，取之瞑也。冥、瞑，皆无知之貌。”[①]殷墟甲骨文“民”字为，像眼睛被箭刺盲之形，当与此说有关。[②]《礼记·缁衣》云：“夫民闭于人而有鄙心。”

西方古代传统也是如此。苏格拉底和柏拉图都不认同民主，原因就是他们认为民众是无知的。治理公共事务需要专业知识，不能由无知的民众投票决定，就像水手需要服从船长，社会的治理也需要有智慧的“哲学王”。

对民的这种看法在儒家那里并不意味着贬义。民之萌瞑只是其质朴而未经开化而已。儒家有“礼失而求诸野”的说法。“子曰：‘先进于礼乐，野人也；后进于礼乐，君子也。如用之，则吾从先进。’”（《论语·先进》11.1）“从先进”的意思就是从质朴的“野人”。“君子之德风，小人之德草，草上之风，必偃。”（《论语·颜渊》12.19）这不仅会体现为上面是尧舜，下面是淳朴的民风，也体现在上面是慈禧，下面就有义和团。此所谓“尧舜之民可比屋而封，桀纣之民可比屋而诛”。王充以此解释孔子所说的“斯民也，三代之所以直道而行也”[③]。班固《景帝赞》也引孔子此语，曰：“孔子称，‘斯民，三代之所以直道而行’，信哉！周秦之蔽，纲密文峻，而奸宄不胜。汉兴，扫除烦苛，与民休息。至于孝文，加之以恭俭。孝景遵业，五六十载之间，移风易俗，至于黎民淳厚。周言成康，汉言文景，美矣。”（《汉书·景帝纪》）正因为民是未经开化而质朴的，所以他们需要有“父

① 见刘宝楠：《论语正义》，《诸子集成》卷1（上海：上海书店影印出版，1986年），第161页。

② 《六书略》曰“民，象俯首力作之形”，牵强附会，远不如此说合理。

③ 《论语·卫灵公》15.25，《论衡·率性篇》（文渊阁四库全书 / 子部 / 杂家类 / 杂说之属 / 《论衡》卷2），第16页。

母”官来保护。儒家有保民“如保赤子”(《康诰》),“养民”“使民”(《论语·公冶长》5.16,《论语·宪问》14.41),“教民”(《论语·子路》13.29,《论语·子路》13.30),“施于民”(《论语·雍也》6.30)等说法。《论语·尧曰》(20.1)更是清楚地把天下责任都放在君主身上:“朕躬有罪,无以万方;万方有罪,罪在朕躬”,“百姓有过,在予一人”。

孔子所说的“民可使由之,不可使知之”常常遭到严厉的批评,因为似乎没有什么比这更显见地说明儒家的专制倾向。但稍具儒学基本常识就可以知道,孔子的这种说法不可能是要让民众永远处于无知无权的地位。儒家的精神是“泛爱众”。孔子“有教无类”(《论语·卫灵公》15.39),“自行束脩以上,吾未尝无诲焉”(《论语·述而》7.7)。可能如程颐所说,君主能够做到(可)以德服人,但是没法做到(不可)让民众明白其道理。孔子这句话的原意是德性的力量必须“自得之”才能领会。或者如戴溪、张凭所理解的,此语的意思是君主应该如北斗星“居其所而众星拱之”,以道德的感召力润物无声地使民众跟随,而不是通过语言去告知民众怎么做。或者如梁启超等所主张的,这句话应该读作“民可,使由之;不可,使知之”,即如果民众认可(可),就让他们跟从,如果民众不认可,则让他们了解为什么。[①] 或者如郭店楚简《尊德义》篇所说,“民可使道之,而不可使智(知)之。民可道也,而不可强也”[②]。“道”通“导”,可以引导民众,但这种引导不能强迫。[③] 从儿童成长需要一个过程这个道理出发,很容易导致这样的观点,即面对普遍教育水平不高的民众,君主(作为民众的引导者)也应当首先设法让民众沿着正确的路走,而非花费精力首先试图让他们理解和赋予他们走入歧途的权利和信息。

在两千年以后的今天,中国有了很大的进步。沿海城市的普遍文化水平和信息交流已经相当发达。但同时,很多地方的社会状况依然和两千年

---

① 见廖名春:《孔子真精神——论语疑难问题解读》(贵阳:孔学堂书局,2014年),第7—8页.

② 荆门市博物馆:《郭店楚墓竹简》(北京:文物出版社,1998年),第175页。

③ 见廖名春:《郭店楚简儒家著作考》,《孔子研究》1998年第3期。

前没有太大的区别。社会学家曹锦清在20世纪90年代深入黄河边的乡村亲身考察了几个月后得出的结论是：

> 单家独户的小农，他们对自身利益的透视很少超出村落边界。在家庭庭院的围墙之内，是他们利益关注的中心。一般说来，他们在政治上、在公共事务方面不能代表自己的利益，而只能由“别人”来代表他们。这个别人，按马克思的理解，一定是高高在上的皇权。小农将自己最大的政治理想寄托于这个凌驾其上的皇权，希望从上面洒下“雨露与阳光”……如果在这一方面没有任何实质性的进展，那么中国地方政治的变化，与其说是政治本身，不如说只是政体变化；与其说是地方政体变化，还不如说是政治术语的演变。
>
> 我们现在从乡村地方政治方面来考虑问题。我们在“形式制度”内引入了不少“现代”形式：我们有“村民自治委员会”，在理论上赋予全体村民广泛的自我管理权力。有各级人民代表大会制，赋予村民以广泛参政、议政、管理乡村公共事务的权力。然而，在其他已经实现现代化国家的强大压力下选择了“现代化之路”的一切不发达国家内，引入一项“现代制度”只是一个开端，而要培育起使该“现代制度”有效运作的“社会心理文化”，是一项远为艰难的任务。在我看来，已进入我们乡村地方政治的诸“外来术语”，只不过是漂浮在广大深厚的传统文化与行为方式之上的点滴浮油而已。①

李光耀在谈到新加坡建国之初确立其身份认同时说：“你真的相信无法通过小学六年级考试的伙计们知道他们在回答关于语言、文化与宗教的问题之时，他们本能的选择的后果吗？但是我们知道后果。我们会饿死，我

---

① 曹锦清：《黄河边的中国——一个学者对乡村社会的观察与思考》（上海：上海文艺出版社，2000年），第76—77页。

们会有种族动乱。我们会分裂。”[①]他认为，只有当人口的60%到70%受过良好的教育的时候，一人一票的民主制度才可行。[②]

这些观点在今天听上去属于“政治不正确”，甚至会被指责为是对民众的侮辱。但可以肯定的是，民主政治要求参与者有相当的成熟度，包括一定的智力发展水平和基本的关注力。正如柯普曼指出的那样，“如果大多数选民都有只有极为短暂的关注力，而且很容易被政客的口号标语所迷惑，民主便难以繁荣”[③]。如果民众的普遍成熟度就是十三四岁的男孩那样的程度，如果他们受电子游戏和大众媒体的影响，对任何事物的关注都无法超过五分钟，民主会是什么结果？如果民众关心的都是其小集团的眼前利益，想的是怎么把集体或国库的钱都分到自己的手中，民主会是什么结果？民主政治理想依赖于参与者的文化程度和心理素质。

按照余英时的观点，儒家思想在现代只能做做民主的后勤工作，“退向私领域”，为公领域输送培养公民和领导人物，以“背景文化”的地位投射间接的影响力。但这是兵马未动粮草先行的服务，它提供的是民主能够成功的基本保障。没有了“民”的成熟及其“主”的能力，即便实行民主程序，也不可能有真正代表人民利益的民主。

从功夫的角度来看，人之需要修炼是一个基本前提。而自由主义民主观正是在这方面，把任何个人都看作是既定的主体，而没有对个人的素质提出应有的要求。在这种观念基础上的自由恰恰会对民主造成威胁。即便不说别的，如果参与民主程序的个人都是纯粹追求个人利益的理性个人，他们完全可能因为考虑到他个人那一票在整体当中的作用接近于零而不屑费力去投票，而如果每个人都这么考虑，民主制就没有了可能。罗尔斯指出，作为自由社会的公民，一个人在投票时不能仅仅是基于一己之私

---

① 韩福光（Han Fook Kwang）、沃伦·费尔南德斯（Warren Fernandez）、陈澄子（Sumiko Tan）:《李光耀：其人其思》（新加坡：Times Editions，1998年），第134页。

② 李光耀1992年在香港大学答彭定康问。

③ Joel Kupperman, *Value … and What Follows* (New York/Oxford: Oxford University Press, 1999), p. 142.

利，而是要出于公益的观念。要达到这一点，就需要有道德学习（moral learning），使选民成为理性的或者讲理的（reasonable）公民。这里理性的，就意味着公正的，或者是能够以“无知之幕”方式思考的人：这些人接受的公平的条款是“在其他公民接受这些条款的前提下，即使在特定情形下要牺牲自己的利益，他们也同意依照这些条款行事”[①]。

《大学》的开篇语是被称作为“三纲领”的“大学之道，在明明德，在亲（新）民，在止于至善”。其中的“亲民”是否应当为“新民”，长期诉讼不决，大致是程朱认为“亲”应作“新”而王阳明主张仍读为“亲”。从典籍根据而言，各有其据，就义理而言，也各成其理。其实两者并非没有交叠重合之处。通过亲民的感化也是“新民”，也可以算教化。“此之谓民之父母”也完全可以包括教化之意，而不只是亲民。反过来，如王阳明承认的，“说亲民便是兼教养意”[②]。“惟能亲之，故能新之。”[③]赵法生先生突破从理学和心学的道德形而上学立场来诠释的思路，从历史发源处发掘，发现“新民”与朝代更替的“新命”有关，有做新王朝的新子民的意思。[④]这与心性论的解读不同，但也意味着民的转化更新。“汤之《盘铭》曰：‘苟日新，日日新，又日新。’《康诰》曰：‘作新民。’《诗》曰：‘周虽旧邦，其命惟新。’”（《大学》第 2 章）放在当代，可以将“新民”看作是民众之在“日新”的时代中不断提高自身的素质，获取自立之能力，“做民主时代之民”的意思。在这个意义上，儒家的“新民”就是培养民主的主体，培养这个制度的土壤，是民主之命运所系的基础工程。

二 体制——外体化的功夫

作为一种功夫体系，儒家对于民主的最主要的贡献是促进“新民”。脱

① 见 John Rawls, *Political Liberalism* (New York: Columbia University Press, 1996), p. xliv。

② 《传习录》上，《王阳明全书》第 1 册，第 2 页。

③ 惠士奇：《大学说》（续修四库全书 / 经部 / 四书类），第 184—185 页。

④ 赵法生：《〈大学〉“亲民”与“新民”辩说》，《中国哲学史》2011 年第 1 期，第 97—106 页。

离了“民”的成熟，再好的政治体制也没有生命力。也正因此，民主不是随便套到任何地方都能顺利运作的一套程序，一种体制。然而必须指出的是，政治体制也并非空洞的形式。体制也与功夫有密切的关系。各种政治体制在本质上都是不同的“技术”，是功法的“外体化”或者“器化”。正如计算机系统是处理信息的技术，是人处理信息的能力外体化而成的客观存在，政治体制也是人们处理政务的功夫之外体化。不同的政治体制代表了不同的“道”，或处理政务的方式，而不同的“道”又包含了不同的价值观。制度化的功夫是相对独立于个人的客观存在。一个社会不可能长久地依赖于某些修炼有成的贤明君主，即便是贤明的君主，也不可能保证不受年龄、健康等因素的影响或者权力的腐蚀。它必须依靠体制的保障，使贤明君主的功夫德性外化并固化为稳定的机制和渗透在社会中的文化，才能长治久安。

功夫之外体化、客观化为制度，可以防止因个人的一言而丧邦，但外体化的制度也可能产生僵化和异化，使本来应该服务于人的力量反过来成为限制人，摆布人，乃至摧残人的力量。以千篇一律的条规处理千变万化的个案，会有缺乏灵活变通的问题。正如我们多次提及的，所有的德性都有其“蔽”，所有的制度也都有其局限性。

现代的民主概念，是对西方“democracy”的翻译，源自希腊文 demos（民众或公民）和 cracy（公共权威），即由民众掌握的公共权威。[①] 作为政治体制的民主，大致是指一种由社团成员平等参与公共事务决策的方式。这里的“社团”可以指家庭、团体、公司、国家，乃至国际机构。这种方式被作为程序固定下来，并建立了相应的落实机制，就成了体制。但是中文的“民主”确实带入了 democracy 一词中所没有的内容：中文的“主”字可以有两种含义——一为“主权”，归属，在这个意义上，民主即“民有”；其次是“做主”，掌控的意思，即所谓“民治”。“democracy”是指后者，而非前者。

---

① 这和中国古籍中出现过的“天惟时求民主”（《书经 · 多方》）之类的表述完全不同，后者是指“民之主”，即统治者。

近年来的儒学复兴当中，有的学者把儒家的政治概括为“贤能政治”，认为与“民主政治”不同，儒家的立场是“主权在民，治权在贤”。[①]就前者而言，徐复观就认为，按照传统儒家的观点，“民不仅是以‘治于人’的资格，站在统治者之下；而且是以天与神之代表者的资格，站在统治者之上”[②]。如果说古代“民惟邦本”[③]（《书经・夏书・五子之歌》），“民为贵，社稷次之，君为轻”（《孟子・尽心下》7B:14）之类的说法还不够明确，还可以理解为“民”是“邦”的根基，但不一定是邦之主人，那么黄宗羲的诠释则明显地把民放在了天下之主人的位置上了：“古者以天下为主，君为客，凡君之所毕世而经营者，为天下也。今也以君为主，天下为客，凡天下之无地而得安宁者，为君也。”[④]

民之天下，由民做主，似乎理所当然，但现实鲜有能够允许民众直接参与治理邦国的条件。主权并不等同于治权，民有不等于民治。好比一辆车是大家拥有的，但不等于每个人都应该把着方向盘。最好的方式是大家委托一个专业司机来驾驶。同样，天下的主人并不一定要自己管理天下所有的事务。民众可以推举一些德才兼备的专业人士（即所谓贤能）来替自己管理国家。西方自由主义民主制的口号是“民有、民治、民享”（a government of the people, by the people, for the people）。但是只要人口基数大到一定的程度，民治就不可能是直接的。一个国家如果凡事都要通过全民公投，最后什么事都做不成。人民需要有执政者代表他们行使权利，治理国家。人民大众的政治权利，并不是具体管理的权利。事实上民并不一定希望在后面那个含义上“主”。更多的人希望委托信任的人来掌管，而自己去做自己喜欢做也擅长做的事情。

按照这种理解，民主之“主”，关键在于“委托”之权在民，而非直接

① 白彤东：《主权在民，治权在贤——儒家的混合政体及其优越性》，《文史哲》2013 年第 3 期。

② 徐复观：《学术与政治之间》（台北：学生书局，1980 年），第 51 页。

③ 《尚书正义》，第 156 页。

④ 黄宗羲：《明夷待访录・原君》（北京：古籍出版社，1955 年），第 2 页。

的"治权"在民。民也许不直接掌控国家治理，但民应该是政权合法性的来源，因此也是治权的来源。

其实在这一点上，儒家与现代自由主义的民主观念并不矛盾。民主制的拥趸很少有人会幼稚到认为无论巨细，所有的"政"都必须出自全民投票。他们所坚持的，是治权必须出自于民，由民授权，而非事事都由民来直接操控。跳过主权而直接主张"贤能政治"，确实可能导致"对人民大众的政治权利的否定"[①]那样的问题。当然，认为儒家立场是贤能政治的学者也不会幼稚到忽视治权的合法性问题。问题是政权怎么从民众那里得到合法性？

最直接的方式当然是通过民意的支持，比如得到足够的选票。在古代中国没有投票制度的情况下，以民意向背来判断，"民所归者天命之"，"民所叛者天讨之"[②]。孔子十分重视的"近者悦，远者来"可以看作一种近似。一个国家是吸引周边的人口来移民，还是自己的国民都宁可背井离乡，去他国谋生，这种"用脚投票"的方式也表示了民众对该治权是否认可。《孟子》中的一段话更是上承周初的文化，将民意看作天意的表现：

> 使之主祭，而百神享之，是天受之；使之主事，而事治，百姓安之，是民受之也。天与之，人与之，故曰，天子不能以天下与人。舜相尧二十有八载，非人之所能为也，天也。尧崩，三年之丧毕，舜避尧之子于南河之南，天下诸侯朝觐者，不之尧之子而之舜；讼狱者，不之尧之子而之舜；讴歌者，不讴歌尧之子而讴歌舜，故曰，天也。夫然后之中国，践天子位焉。而居尧之宫，逼尧之子，是篡也，非天与也。《泰誓》曰，"天视自我民视，天听自我民听"，此之谓也。(《孟子·万章上》5A:5)

---

① 见黄玉顺：《"贤能政治"将走向何方？——与贝淡宁教授商榷》，《文史哲》2017年第5期，第14页；刘京希：《建构现代政治生态必须祛魅贤能政治》，《探索与争鸣》2015年第8期。

② 《尚书·虞书》(文渊阁四库全书／经部／书类／《尚书注疏》卷3)，第33页。

其次是以某种方式证明自己具有才德，可以代表民众的利益，为天下服务。《礼记·礼运》篇的“选贤与能”，后来落实为科举制，即通过层层严格考试，遴选出优秀人才，以作为各层官员的人选。如果考试的标准确实是代表了民众利益之所在，则这种遴选程序也可以看作是被选者合法性的来源。

需要注意的是，无论是上述“用脚投票”还是按照民众利益的向背去考核遴选，都是把合法性建立在“符合民众利益”之上，而不是建立在民众的直接授权和直接监督之上。古代民众“远来近悦”者，并未得到民众的授权才得以执政，其“远来近悦”通常是他执政的结果，而不是起因。科举制遴选人才，也不是民意授权在先，更不是由民众来决定考试的标准。

儒家也有以民意为基础来遴选和决策的观念。“子贡问曰：‘乡人皆好之，何如？’子曰：‘未可也。’‘乡人皆恶之，何如？’子曰：‘未可也。不如乡人之善者好之，其不善者恶之。’”（《论语·子路》13.24）孟子也有相似的观点：

> 左右皆曰贤，未可也；诸大夫皆曰贤，未可也；国人皆曰贤，然后察之；见贤焉，然后用之。左右皆曰不可，勿听；诸大夫皆曰不可，勿听；国人皆曰不可，然后察之；见不可焉，然后去之。左右皆曰可杀，勿听；诸大夫皆曰可杀，勿听；国人皆曰可杀，然后察之，见可杀焉，然后杀之。故曰，国人杀之也。如此，然后可以为民父母。（《孟子·梁惠王下》1B:7）

孟子的“故曰，国人杀之也”一语，有明显的从国人意愿那里寻找合法性的意思。

这两段话说明孔子和孟子都很重视民意向背，都主张以民意作为政治的重要依据，但这两段话也说明他们在尊重民意的同时，都有所保留。显然，并非所有人都喜欢的就一定是他们真正所希望得到的那种人，也并非所有人都不喜欢的就是他们真正所憎恶的那种人。苏格拉底是通过民主程序被处死的，希特勒也是通过民主程序上台的。[①]

以上讨论引导我们到了这样一个对比：在孔子和孟子的心目中，民之真利益所在，才是政府合法性和民“主”的实质内容。自由主义的民主制度包含的核心价值是个人有权参与决定自己的命运，对于民众的“同意”十分看重，相对于此，以儒家为主流的东亚文化把生存、安全、和谐、教育等看得更重，而对于个人对自我命运的主掌权则相对没有那么重视。东亚文化圈总体而言比较容易接受让贤能的圣君清官“替民做主”，而不那么坚持当官者本身要通过民众授权那样的“民主”。也就是说，贤能政治和民主政治反映了两种价值侧重的不同。[②]

既然政治体制是功法的外体化而成的技术，不同的政治制度就像不同的德性一样，有其与生俱来的长处（利）和局限性（或曰“蔽”，见《论语·阳货》17.8）。而且，无论是一个功法还是德性，或者一个技术，其名称一般都只道出其“利”，而不提其“蔽”。“洗衣机”不会被称作“耗电机”“污水机”。“仁慈”不会被称为“容易被利用”，“勇猛”不会被称作“容易不谨慎”。同样，“贤能政治”和“民主”也都是在揭示正面功用的同时，遮蔽了其另一面。然而功夫的视角告诉我们，学习一个功法，不仅是要学会其正面的功用，也意味着学习如何对待其“蔽”；不仅要学会用法，而且要掌握在什么情况下用，什么情况下慎用甚至不用。

1.“贤能政治”

如柏拉图所说，正如做工匠需要特殊的手艺，治理一个城邦或国家也需要有相应的知识和能力。翻译成我们的语言，就是“功夫”。中国传统

---

① 虽然严格说来，希特勒不是直接通过民主选举而被选为德国总理的，但其纳粹党在1932年的选举中获得33%的民意支持，成为德国第一大党，这导致了作为纳粹党领袖的希特勒被任命为总理。所以可以说希特勒是通过民主程序上台的。

② 前面（第十三章）讨论医学伦理的“知情同意”问题时，我们也提到过，受儒家文化影响的东方人比较容易接受由亲属代替病人做出决断，甚至为了病人的利益而故意对病人隐瞒病情的做法，而在西方文化中，病人本身的知情同意权往往被看得神圣不可侵犯。

上称地方官员为“父母官”，称百姓为“子民”，这些称号透露了丰富的信息。“子民”所表达的是民之需要保傅，正如子女幼小之时需要父母的爱护养育一样。《康诰》曰：“如保赤子。”“圣人之于天下百姓也，其犹赤子乎！饥者则食之，寒者则衣之；将之养之，育之长之；惟恐其不至于大也。”[①] 在中国古代生存条件下，民众心目中的好官，是为民做主的官。“当官不为民做主，不如回家卖红薯。”这个类比本身并不与民为天下之主人的观念相冲突，正如未成年者需要监护人，但监护人并不因此而可以剥夺未成年者对其财产的所有权一样。“为民做主”或者“替民做主”严格说来都不等于“做民之主”。为民做主也许未经民众的授权，但它可以依然承认民众的主权，只是代替民众行使其主权。

当父母官的主要条件就是既贤且能，有德有才，“量材而授官，录德而定位”[②]。这当然是合理的，但问题是如果授官和定位都没有民众的参与认可，民众在这里就没有任何基本的政治权利。“子民”这个比喻，也蕴含着“民”之无法选“官”，就像儿童没有选择父母的权利一样。当然，这也不是没有理由的。如果任凭子女选择父母，则大多数儿童会因为其不懂事而选择溺爱他们的父母，而不会选择对他们有严格要求的父母。这对儿童的成长是不利的。但无法选择而碰巧有不负责任的，甚至是虐待子女的父母，则是莫大的不幸。作为政治体制，君主如果不是从民众的支持那里获取权力，就可能对民众的诉求缺乏敏感度和回应的意愿，甚至容易以其手中的权力谋私。自称为“慈父”的暴君往往利用他们自己定义的集体利益为借口，来压制个体的不满，强调一致性的重要，来剥夺公民的个人权利。历史上儒生寄希望于圣君明主，被证明一是偶然性太大，可遇不可求，二是权力腐蚀人心，高权力带来的是受腐蚀的高危。许多贪官酷吏并非一开始就贪就酷，而是在权力的腐蚀引诱下，逐步走向贪酷的。

不可否认，在传统儒家里有许多可以使个人持有独立价值的资源。孔

---

① 《说苑・贵德》(文渊阁四库全书 / 子部 / 儒家类 /《说苑》卷 5)，第 1 页。

② 董仲舒:《天人三策・第二策》,《董子文集》，第 9 页，见《丛书集成新编》(台北：新文丰出版公司，2008 年) 第 18 册，第 560 页。

子和孟子本身就是“持不同政见者”。面对“道不行”的状况，他们或面对君主直陈其见，晓之以义理，或拒不合作，宁可背井离乡。那种把儒家传统说成是对君主绝对服从的臣民文化，绝对是对儒家精神的歪曲。有人认为当君主的一个好处是没人敢违抗其言，孔子说：“如其善而莫之违也，不亦善乎？如不善而莫之违也，不几乎一言而丧邦乎？”（《论语・子路》13.15）这段话表明孔子对于单纯依赖君主自身贤能所具有的危险性有清楚的认识——如果君主确实贤能，当然很好，但如若不然，而又没有制衡的机制，则完全可能因为君主的一言而毁了整个国家。《荀子》记载：

> 鲁哀公问于孔子曰：“子从父命，孝乎？臣从君命，贞乎？”三问，孔子不对。孔子趋出以语子贡曰：“乡者，君问丘也，曰：‘子从父命，孝乎？臣从君命，贞乎？’三问而丘不对，赐以为何如？”子贡曰：“子从父命，孝矣。臣从君命，贞矣，夫子有奚对焉？”孔子曰：“小人哉！赐不识也！昔万乘之国，有争臣四人，则封疆不削；千乘之国，有争臣三人，则社稷不危；百乘之家，有争臣二人，则宗庙不毁。父有争子，不行无礼；士有争友，不为不义。故子从父，奚子孝？臣从君，奚臣贞？审其所以从之之谓孝、之谓贞也。”（《荀子・子道》29.3）

儒家传统对君主的另一个重要制约，是以历史的和公众的审判取代宗教的审判：孔子以《春秋》寓褒贬，将善恶载入史册。中国古代的君主最惧怕的不是神的喜怒，而是史官的笔墨。余英时先生举了不少历史的事实说明，“儒家政治理论的核心部分恰好是君主专制的一个主要障碍”①。杜维明先生也说：“如果我们对［儒家学说的］这一方面不予以足够的关注，而只强调个人的社会责任和服务社会的精神，我们就会忽略儒家自先秦以来就有的包括个体自主与反抗精神在内的许多重要的资源。”②

① 余英时：《现代儒学的回顾与展望》，第175页。
② 杜维明：《儒家与自由主义——和杜维明教授的对话》，《儒家与自由主义》，第74页。

但是很明显，光靠争臣争子和敢于秉笔直书的史官是不够的。一是君主集权的政治体制内容易出拍马邀宠之臣，不容易出现舍生取义之士。能够有争臣死士，属于偶然，并没有必然的保障。二是，没有体制的保障，儒家人物对苛政暴政的反抗，往往面临付出生命乃至株连九族的代价。这对他们也不公平。儒家有民本的思想，但儒家确实没有“民主”的观念。民本思想可以敦促统治者认真考虑人民的利益，但也仅此而已。它的出发点是应当如何去对待民众，而不是赋予民众决定自己命运的地位。徐复观说，儒家传统一直关注统治者如何为民施仁政，然而却“很少以被统治者的地位，去规定统治者的政治行动，很少站在被统治者的地位来谋求解决政治问题。这便与近代民主政治由下向上去争的发生发展的情形，成一极显明的对照”。儒家的所有关怀，“都是一种‘发’与‘施’的性质（文王发政施仁），是‘施’与‘济’的性质（博施济众），其德是一种被覆之德，是一种风行草上之德。而人民始终处于一种消极被动的地位……以致真正政治的主体，没有建立起来”①。结果是，儒家在历史上只能减少劣政暴政所带来的危害，而没有有效地防止暴政污吏的手段。纵使有道德自觉的圣君贤相，也缺乏社会上呼应承当的力量。由于政治的主体没有建立起来，政治上的和平变化就必须由朝廷，而不是由社会来发动。知识分子要学以致用，对社会发生影响，也只有进到朝廷这一条路。由于中国知识分子缺乏为知识求知识的传统，所以他们在社会上和经济上唯一的立足之道便是在政治圈里当谋士和参议。在战国时代出现的“游士”和“养士”两个名词，很明显地说明了中国知识分子的这种特性。“游”字说明他们在社会上没有根基，“养”字说明他们除了当食客便没有生存之道。他们“游”和“养”的圈子都只能限于政治。“于是中国的知识分子，一开始便是政治的寄生虫，便是统治集团的乞丐。”② 儒生伴君如伴虎，也容易蜕化，变为察

① 徐复观：《学术与政治之间》，第 54—55 页。

② 同上，第 182 页。这个观点与前面所引杜维明的观点看似矛盾（见杜维明：《儒家与自由主义——和杜维明教授的对话》，《儒家与自由主义》，第 77—81、84—87 页），但徐说的是政治地位，而杜说的是其道德精神，故并不相左。

言观色、邀宠避祸的小人。由于官员不是民众所选，故而官员往往对上负责，而不是对下负责。一个不好的制度，会把好人也变成坏人。上梁不正下梁歪，民风也会因此而受到极大的影响。

2. 民主政治

民主制度明显的好处是能制约个人集权。它可以迫使官员倾听选民的呼声，考虑选民的利益，对选民负责；它能广开言路，避免一言堂；它也能培养人学会倾听别人的意见，学会用说理的方式去争取别人的支持。民主制并非“贤能政治”的绝对对立面，因为民众投票授权的对象，应该也是他们心目中能够信任的贤能。所以民主制可以被看作是对贤能政治的补充和修正。事实上，当代贤能政治的主要代表人物都不完全拒斥民主。

当然，民主制也有其“蔽”。如柏拉图早就指出过的，民主制不利于产生真正懂得如何治理的专家，它产生的是迎合选民以赢得选举的专家。[①]霍布斯也指出过，民主制度使候选人关注的不是公共利益，而是如何吸引选票。[②]一个社会很难会有大部分选民都具备宏观的视野，因此选民所喜欢的人并不一定是最能够代表他们的利益的人。在严重的情况下，如果大量的选民不具备起码的知识，没有受过基本的道德教育，也因此而没有责任心的话，民主的结果很可能是灾难性的。

近年来，一些学者推崇儒家贤能政治，批评西方自由主义民主，在中国和西方都引起了注意和争议。如加拿大籍的学者贝淡宁批评民主制有四大弊病。[③]第一是“多数派的暴政”。由于民主制以得票多寡来决定结果，它会导致边缘化群体的利益在与多数派不一致的时候得不到保护。在新近建立民主制而法治建设尚未跟上的国家，民主化甚至可以引起暴力的种族清洗或宗教迫害。

---

① 柏拉图:《理想国》第 6 卷。

② Thomas Hobbes, *Leviathan*, ed. C. B. MacPherson (Harmondsworth, UK: Penguin Books, 1968), chapter 19.

③ 见贝淡宁:《超越自由主义民主》，李万全译（上海：上海三联书店，2009 年）。

第二是贝淡宁所说的“少数派暴政”，但实际上应该称作为“金钱的暴政”。参与民主程序需要有经济的实力，这就使掌握经济资源的人可以比别人更有效地影响选举的结果和政策法规。因此，民主程序表面上是“民”主，实质上往往成了“钱”主。在“家道”一章里，我们讨论过现代社会的一个大问题，是物质生产成为社会的主导，取代了“人的自身生产”（广义的）所应有的位置。在这样的环境中，民主制很容易为经济利益所左右。

第三是民主体制下产生的政府只对自己的选民负责，这就造成所谓“选民共同体暴政”，即一个国家或团体内部的选民对所有非选民（包括外国人，国内没有选举权的非公民，以及已经去世的、尚未出生的和还没有到投票年龄的人）的暴政。在现代国际环境当中，许多国家人民的命运依赖于一些大国选民的选举结果。对此，他们没有任何决定权。而人们没法期待那些大国的选民能超出他们自己的狭隘利益，以国际主义的精神去选择自己的领袖。美国的选民很可能倾向支持“美国优先”，从而对其他国家和地区民众的利益造成不公平。这时候，说其他非民主国家也有同样问题，并不意味着这对民主社会不是一个问题。而且，民选领导人要取悦于自己的选民，就不愿意做出有违民意的决策，哪怕这一决策符合自己选民的长期利益。这不能不说是民主制的一个风险。

第四是所谓“竞争性的个人主义者暴政”，即竞选过程是自私自利的个人主义者之间的竞争，它导致社会和谐的破坏。这里的问题不在竞争。一个和谐的社会不是没有竞争的社会。但如果竞争的出发点是个人竞选的胜负，就可能会出现不择手段要扳倒对方的恶意竞争。这是竞争机制需要防范的一个危险。

如果撇开其理论在当代中国的特定条件下所起到的客观作用，贝淡宁对民主制的上述几条批评显然是值得借鉴的。其实除了以上四点，还可以加上第五项：“短期效应暴政”。由于有任期的限制，竞选者和当选者很容易缺乏长远的责任感。他们为了取悦选民而做出种种姿态和承诺，然而选举刚过，选民就开始失望，再期待下一次选举，如此不停地循环。或者是当选者上台后为了做出政绩，不顾长期后果而推行某些政策或工程，为后继者设下种种陷阱。①

上述问题在新兴的民主国家更加突出。这些国家由于其基础不如美国和西欧国家那么稳定，与民主配套的法治体系不那么健全，上述弊病导致了严重的乱象。如丹尼·罗德里克（Dani Rodrik）所指出的，在过去的二十来年当中，全球的民主国家的数量有很大的增长，但是“这些新的民主国家的状况却远非花好月好”②。《经济学人》评论文章《民主到底怎么了》总结道，20 世纪后半叶曾经是民主制度全面胜利的时代。刚经历了纳粹梦魇的德国、世界上贫困人口数高居首位的印度、被种族隔离撕裂的南非，以及摆脱了殖民统治的许多亚非国家都纷纷加入了民主阵营。希腊（1974 年）、西班牙（1975 年）、阿根廷（1983 年）、巴西（1985 年）和智利（1989 年）的独裁政权也对民主做出了让步。苏联的解体也在中欧造成了许多新兴的民主。到 2000 年，美国智库“自由之家”（Freedom House）把 120 个国家归类为民主国家，占全球总数的 63%。但进入 21 世纪以来，民主在全球的进展发生了停顿，甚至倒退。在缺乏实际权利保障和法制体系的情况下，许多民主国家又滑向了专制独裁，虽然表面上依然保留了选举的机制。即便是民主制度已经相当成熟的美国和欧洲，其实践也出现种种问题。金钱在美国政治上的重要性从来不是秘密。华盛顿国会山一直是数以千计的说客忙碌走动的场所，他们围着每位国会议员进行游说，为自己所属的集团争取特权，使立法过程变得冗长复杂，并让美国的民主带上了明码标价的色彩。文章的作者对欧洲也不乐观，而且他指出了一个“民主的怪脾气”：

> 与此同时，人们越来越爱通过荒唐玩笑表示抗议。2010 年，冰岛的最棒党（the Best Party）承诺将正大光明地腐败，却赢得了足够的选票，得以在雷克雅未克市议会联合执政。2013 年，四分之一的意大

---

① 这一点贝淡宁也曾经提到（如贝氏前引所著第 159 页），只是他没有将其列为选举民主的“暴政”之一。

② D. Rodrik, “Is Liberal Democracy Feasible in Developing Countries?,” in *Studies in Comparative International Development* 51, No.1 (2016).

利人投票给了一个由喜剧演员贝佩·格里洛创建的政党。如果民众对他们的政府要求不多，那么以上这些对政治的冷嘲热讽或许无伤大雅，但民众的需求在持续增长。这便好似一种有毒且不稳定的混合物：一边依赖政府，但一边又蔑视它。这种依赖逼得政府扩张过度、负担过重；而对它的蔑视又剥夺了他进行扩张的合法性。总之，民主的功能失调与民主的这种怪脾气息息相关。①

3.“时为大”

指出上述体制的“蔽”，从功夫的角度来看，是恰当运用那些体制所必需的功课。如果说民主制度的目标也是要“选贤与能”，则它与贤能政治的目标并不冲突，而且它有望提供克服贤能政治不能保障民主的弊病。但这并不意味着民主制本身没有可能的弊端，也不意味着民主制在任何情况下都能适用。在中国古代，最大的体制就是礼，而“礼，时为大”（《礼记·礼器》），即礼必须根据历史条件而有损益变通。这就是一种极具功夫特点的思维方式。当代有关儒家与民主之关系的讨论，常被放置在“心性儒学”“政治儒学”“自由儒学”这些概念框架里来理解。举“政治儒学”旗帜者批评“心性儒学”不重视制度的设计，举“心性儒学”旗帜者批评“政治儒学”抛弃内圣去开外王是背离了儒家的核心，更有“自由儒学”批评“政治儒学”是为专制辩护。从功夫角度来看，这些讨论中尤其值得注意的是历史条件意识的觉醒。

牟宗三先生曾提出著名的“良知坎陷说”。牟先生极为推崇阳明心学，认为王阳明所说的良知本体最能代表中华文化的核心。为突出这一点，他不惜贬抑程朱理学而把阳明心学看作儒学之正宗。但他也认为儒家的内圣无法直接推出民主之理性架构，在当代的历史条件下，需要通过良知的自我坎陷，让位于形式，以使民主形式能够得到发展。其良知坎陷思想虽然

---

① “What’s Gone Wrong with Democracy,” in *The Economist*, 2014/3/1, Vol.410, Iss. 8876, pp. 47–48.

有黑格尔哲学的痕迹，但本质上属于功夫实践中的事，而非概念的自我否定。“工夫过程才有如此跌宕。”[①] 虽然道德理性本身并不逻辑地蕴含民主，但良知发展的实践需要转一个弯，“让开一步”，“下降凝聚”，从而使智性得以开展。这是既让位却又不放弃，是个策略，最后还是要“摄智归仁”。

刘述先的观点与此相通。刘认为由于儒家过分地依赖个人的（尤其是君主的）自我修养，而未注意建立剔除或限制腐败官僚的机制和程序，故而“我们必须丢弃这个传统，以便重新实现这个传统的理想”[②]。当然，他所说的丢弃这个传统，不是指丢弃儒家的核心价值，而是要丢弃对圣君和清官的过分依赖，建立一套民主程序，然后再重新实现儒家传统的清明政治的理想。

当代中国大陆“政治儒学”的一个重要贡献是重新发现康有为政治哲学思想的意义。尽管康有为是个复杂而极具争议的人物，其思想资源却值得我们认真发掘。康有为继承和发挥了源于《春秋公羊传》的“三世说”，以此作为其变法维新的理论基础。此说在汉代儒者董仲舒、何休那里，主要是所谓孔子的“《春秋》笔法”，即对不同的年代和地域远近、亲疏（所谓“所见”“所闻”“所传闻”）使用不同的记述措辞，进而达到区分轻重、厚薄、贵贱、善恶的目的。到了清朝中晚期，此说经庄存与、孔广森、刘逢禄乃至魏源、龚自珍一脉的学者不断丰富扩充，成了康有为政治变革的理论资源。[③] 在解释《论语·为政》子张问“十世可知也？”的时候，康有为写道：

> 孔子之为《春秋》，张为三世：据乱世则内其国而外诸夏，升平世则内诸夏外夷狄，太平世则远近大小若一。盖推进化之理而为之。孔子生当据乱之世，今者，大地既通，欧美大变，盖进至升平之世矣。

---

① 牟宗三：《超越的分解与辩证的综合》，《鹅湖月刊》1993 年第 10 期。

② 刘述先：《从民本到民主》，《文化与哲学的探索》（台北：学生书局，1986 年），第 34 页。

③ 见李有梁、姜广辉：《春秋公羊学“张三世”理论与康有为的渐变思想》，《社会科学战线》2014 年第 4 期，第 11—21 页。

> 异日，大地大小远近如一，国土既尽，种类不分，风化齐同，则如一而太平矣。孔子已预知之。[1]

康有为也在《礼记·礼运》里找到相应的资源：

> 大道之行也，与三代之英，丘未之逮也，而有志焉。
>
> 大道之行也，天下为公，选贤与能，讲信修睦。故人不独亲其亲，不独子其子，使老有所终，壮有所用，幼有所长，矜寡孤独废疾者皆有所养；男有分，女有归；货恶其弃于地也，不必藏于己；力恶其不出于身也，不必为己。是故谋闭而不兴，盗窃乱贼而不作，故外户而不闭。是谓大同。
>
> 今大道既隐，天下为家，各亲其亲，各子其子，货力为己；大人世及以为礼，城郭沟池以为固，礼义以为纪，以正君臣，以笃父子，以睦兄弟，以和夫妇，以设制度，以立田里，以贤勇知，以功为己。故谋用是作，而兵由此起。禹、汤、文、武、成王、周公，由此其选也。此六君子者，未有不谨于礼者也，以著其义，以考其信，著有过，刑仁讲让，示民有常。如有不由此者，在势者去，众以为殃。是谓小康。

康有为把这里所说的远古“大道之行”的“大同”时代称为“太平世”；然后是禹、汤、文、武、成王、周公“三代之英”的“小康”时代，称为“升平世”；最后是孔子自身所处的“礼坏乐崩”时代，称为“据乱世”。此三世虽然就历史而言，是一个逐渐递降的过程，然而从功夫目标看，它是逐级提升的方向。孔子身处“据乱世”，目标是再通过实现“升平世”，最后重新达到“太平世”的理想。儒家经典当中对中国古代究竟有没有过一个“太平世”，并不在意。它更多的是作为一种理想，即托古而表达其“而

---

① 康有为:《论语注》，第28页。

有志焉”，是“孔子所托以明义，悬一至善之鹄，以为太平世之倒影现象而已”[①]。从政治制度的进化而言，三个历史阶段对应三种不同的政治制度。“据乱内其国，君主专制世也；升平则立宪法，定君民之权之世也；太平则民主，平等大同之世也。”[②]从仁道发展而言，“据乱世仁不能远，故但亲亲；升平世仁及同类，故能仁民；太平世众生如一，故兼爱物”[③]。

康有为此说或许也受到过黑格尔哲学和进化论的启发，但究其根，当与整个中国传统思想的功夫视角有关。如果个人的功夫修炼需要经过层次的次第提高而完善，那么社会形态也自然地需要经过一个发展过程，经历由低至高的若干阶段。制度是“外体化”的社会的功法，而功法的设计和运用，必须因时势而定。“圣人之治，如大医然，但因病而发药耳，病无穷而方亦无穷。大同小康，不过神人之一二方哉。”[④]

据乱世用君主专制，是为不得已。好比一个家庭，当孩子尚幼，无法自立的时候，必须要有父母的权威和引导，孩子们才能健康成长。在民众尚为繁重的体力劳动所累，缺乏必要的文化教育、训练、时间及有关政府运作的信息来积极地参与政治的时代，只能希望统治者能像父母那样去爱护和引导子民。而当孩子长大了，家庭里就可以而且应该赋予每个家庭成员以权利，尊重其隐私，让他们都有自主权和参与决策权。同样地，一个社会在进入升平世的时候，须立宪而实行君民共治。这个阶段在一个小家庭中也许不一定必要，可以直接进入下一个阶段，但在规模宏大的社区乃至国家层面，其重要性就凸显了。最后在理想的太平世状态下，“人权昌明，同受治于公法之下，但有公议民主，而无君主”[⑤]。正如在一个和谐的家庭里，每一个成员都能充分合作、相互信任地生活在一起，没有人觉得需要

---

① 梁启超：《南海康先生传》，张品兴（主编）《梁启超全集》（北京：北京出版社，1999年）第2卷，第489页。

② 康有为：《答南北美洲诸华商论中国只可行立宪不能行革命书》，《康有为全集》（北京：中国人民大学出版社，2007年）第6集，第313页。

③ 康有为：《孟子微》卷3，《康有为全集》第5集，第415页。

④ 康有为：《礼运注》“序”，《康有为全集》第5集，第553—554页。

⑤ 康有为：《论语注》，第32页。

别人管辖，需要动用权利的话语，或需要起用僵硬的民主程序。由专制到立宪到民主，从亲亲到仁民到爱物，都是仁爱的推广扩充，是功夫的进展上升。不过，大规模的社区乃至国家毕竟与小家庭不同，在任何阶段，法治作为社会稳定和公平正义的基本保障都是不可或缺的。

尽管康有为的“三世说”和大同理论有许多需要质疑和批判之处（比如其关于要消灭家庭的极端思想），但是其核心观念，即因时立法，根据历史发展的阶段来选择最佳政治体制的观点，体现的是儒家功夫哲学“无适也，无莫也，义之与比”（《论语·里仁》4.10）、“义者宜也”（《中庸》第20章）的精神。没有哪个政治体制是可以穿在任何人身上都合适的“均码”套衫。就中国而言，幅员广阔，各地基础相差悬殊，同一个地区也会有很多不同层次的社团。在某些地区或社团已经进入现代甚至后现代的情况下，其他一些地区和社团很可能还处在前现代，因而可能并无某个模式适合整个国家的所有地区和社团。“义者宜也”要求有对于“宜”的准确把握。指出“三世说”的功夫论性质，不仅可以允许我们看到变通因革的必要，更重要的是让我们意识到，不论是哪个体制都有其“蔽”，需要在具体情况下谨慎运用。有鉴于民主制与贤能政治的利弊往往正好相反，可以考虑两者兼有的体制，以期互补。

三　礼治的特权与法治的平等

无论是民主体制还是儒家传统的选贤举能体制，或者是两者的结合，都离不开法治的保障。“法治”一词本身有些含糊。它可以指依法治国（rule of law），即法律面前人人平等，政府也必须依法办事，也可以指用法治国（rule by law），即统治者用法作为手段来治理社会，其本身作为立法者，则高于法律法令之上，不受法律制约。这两者的区别非常根本。尽管两者都是依赖法令法规来治理社会，但后者实质上还是人治。[①]一个没有法治保

① 因此后者有时翻译为“法制”，以示与 rule of law 的区别。

障，仅仅期待君主的道德品质来维护的社会是极其危险的。

儒家的主张常被称为“礼治”而非“法治”。“子曰：‘道之以政，齐之以刑，民免而无耻；道之以德，齐之以礼，有耻且格。’”（《论语·为政》2.3）人们通常以这段话为据，认为儒家的治国理念是与法治精神相对的。由于这段话明确地把“道之以政，齐之以刑”与“道之以德，齐之以礼”相对比，认为后者优于前者，人们便照此推理，把“德”与“礼”归于儒家，把“政”和“刑”归于法家。相应地，《荀子》里讲到法治的部分，被认作是偏离孔孟而开法家之先河的因素，而非儒家题中应有之义；那些德礼和政刑兼用的历代帝王，也被看作是“名儒实法”或者“阳儒阴法”。这种把政和刑排除在儒家体系之外的理解，其实是对儒家思想的简单化和平面化。《论语·为政》那段话只是说政与刑相比之下不如德与礼能够达到更高的理想状态，而并没有否定政与刑之必要性。同样是在《论语》中，也有“礼乐不兴，则刑罚不中；刑罚不中，则民无所措手足”（《论语·子路》13.3），“谨权量，审法度，修废官，四方之政行焉”（《论语·尧曰》20.1）等说法，说明在孔子心目当中，政与刑均是治世所必需的手段，有其正面积极的社会功能。

《孔子家语·刑政》篇的一段话，很好地概括了儒家体系当中德、礼、政、刑这几个层次的立体结构关系：

> 孔子曰：“圣人之治化也，必刑政相参焉。太上以德教民，而以礼齐之。其次以政言导民，以刑禁之，刑不刑也。化之弗变，导之弗从，伤义以败俗，于是乎用刑矣。”①

其最理想的状态，是“以德教民，以礼齐之”，既无须用政②，也无须用刑。这就是舜的“无为而治”的境界（《论语·卫灵公》15.5）。“以德教民”包

① 《孔子家语》（上海：上海古籍出版社，1990年），第79页。

② 虽然这也可以说是“政”，但那种“政者正也”（《论语·颜渊》12.17），“君子之德风，小人之德草，草上之风，必偃”（《论语·颜渊》12.19）的政，并非行政手段之“政”。

括“君子之德风，小人之德草，草上之风，必偃”（《论语·颜渊》12.19）那样的身教，也包括“诲人不倦”那样的言传。“以礼齐之”则是以具体的礼仪规范来让人学会以最文明的方式应对各种人事。《礼记·乐记》说，“礼以道其志，刑以防其奸”。刑的主要作用在于“防其奸”，而礼的主要作用在于“道其志”。道者，导也。礼的作用应当像是舞蹈的动作设计，其目的不在于外在地去限制舞蹈者的动作，而在于让舞蹈者内在地掌握了以后能够做出协调美丽的动作。一个社会，须要有“刑”作为底线，但防不胜防，最佳的方案还是像大禹治水那样，依靠正面引导。

可以想象，这种理想很难得到保证。它首先需要具有高度修养和人格魅力的君子或者圣人占据社会引领的地位，作为榜样。而且即便有那样的领导人，所谓“草上之风，必偃”的说法，也不能理解为立竿见影，顷刻见效。礼的作用非朝夕之功，它是个长期的过程，像语言一样，需要形成社会的普遍认同才能生效。所以在常态下，必须要比较实际地有第二线的保障，即“其次以政言导民，以刑禁之”，一方面用行政政策去正面引导，一方面用刑法禁止来震慑图谋不轨者，使之不敢以身试法。这种状况下得到的“治”，虽然“民免而无耻”，但能免于“乱”，且还不至于需要真正动用刑罚。如果真的有人冥顽不驯，以至于“化之弗变，导之弗从，伤义以败俗”，在那样的情况下，就不得不动用刑罚了。

德、礼、政、刑的立体结构，既有现实主义的底线保障，又有德礼教化的高度理想追求，构成一个完整的体系，各个层次，缺一不可。《礼记·乐记》里也有类似的说法，“礼以道其志，乐以和其声，政以一其行，刑以防其奸。礼乐刑政，其极一也；所以同民心而出治道也”。这里礼、乐、政、刑各司其职，说法稍有不同，但展现的是同样的一个礼刑兼备的立体结构。法的作用是保障底线，礼教和德教的作用是达到底线以上的更高理想。儒家没有理由非此即彼地为了“礼”而废“法”。一方面德教和礼教的理念必须“外体化”为政治和法律制度，光有理念而无制度保障，则如扬汤止沸；另一方面政治和法律制度必须体现德教理念，废德教而任刑罚，则刑罚不中。“刑罚不中，则生怨气。”[①]《论语》中有“仁者安仁，智者利仁”(《论语·里仁》4.2)的说法，《礼记·表记》在此后面加了“畏罪者强仁”。按照这个次序，我们还可以在最前面加上“圣者乐仁”。“知之者不如好之者，好之者不如乐之者。”(《论语·雍也》6.20)乐于为仁是最高境界。其次是安于为仁的人——仁者因为本身就是仁人，故其为仁无须任何其他目的动机。利仁者是聪明人，知道为仁是利人利己之道，于是按照仁的要求去做。对于既不仁又不智者，则以刑法去规范其为仁。如果一个社会进化到了人人非仁即智，就可以达到“无讼”了。

或许我们会认为，中国历史上法制建设不健全，很大程度上是过分依赖“礼治”，而礼治与儒家等级观念和孝亲观念结合，就形成了与平等、公正对立的关系—特权政治。儒家的法是“援礼入法”的法。法治主张在规则面前的一致性，主张王子犯法与庶民同罪，而儒家礼治则坚持与身份和关系具来的各种特殊地位。从法治的规则一致性观念出发，可以导向当代的“公平正义”观念，而从儒家的差等关系观念出发，就导向了“亲亲互隐”的伦理原则。近年来中国学术界曾对此有过一场广泛而持久的争论，其肇始就是某些学者以现代法治的“公平正义”观念为参照，批评儒家的“亲亲互隐”是当代中国种种腐败现象之根源。

然而这场争论取得的成果之一，就是使我们认识到上述那种对立思维过于简单和肤浅。确实，从儒家的等差观出发，以礼入法，中国自汉代以降的历代法典都贯彻了儒家伦理的君臣有义、父子有亲、长幼有序、夫妇有别、朋友有信的原则。[②]如唐代的《永徽律》规定，举报自己的父母或祖父母的罪行者，处以绞刑。[③]但正如有些学者在上述那场论辩中所指出的，即便在被儒家的批评者奉为标杆的西方现代法治当中，同样有“容隐”制

---

① 董仲舒:《天人三策·第一策》,《董子文集》，第4页，见《丛书集成新编》第18册，第559页。

② 陈寅恪甚至认为秦法也是儒之附系。见《陈寅恪史学论文选集》(上海：上海古籍出版社，1992年)，第551页。

③ 但如果举报的是叛国罪和阴谋推翻朝廷罪，则当作为例外。见曹漫之(主编):《唐律疏议译注》(长春：吉林人民出版社，1989年)，第793页。

度，承认并尊重家庭亲情关系。如西方大陆法系当中，就不仅承认犯人亲属拒绝作证和知情不举的权利，甚至允许他们包庇窝匿犯人而不受处罚。这方面相对严苛的英美法系，也承认犯人及其亲属有拒绝提供对犯人不利的证据的权利。[①] 西方的法治并不主张六亲不认的“人人平等”。子女对父母财产的继承权、父母对未成年子女的监护权、夫妻之间的财产共有权等等，都是西方法治社会中的基本权利，而这些都恰恰是建立在亲疏等差关系之上的。除了亲属关系，现代法治也承认其他很多的不平等或者特权。如选举就是年满十八周岁的公民才有的特权。这些特权中有些显然是合理的，也有些是有问题的。比如罚金和保释金制度，就是给予有钱人以金钱来购买减免刑罚的特权。美国的保释业已经成了一个产生巨大利润的商业体系，使法律的公平染上了浓重的金钱色彩。另外当代美国法治当中争议最大的问题之一，是异性之间才可以有婚姻的权利。同性恋者们认为这也是一种应该打破的特权。在这里，有争议的是某种具体的特权是否合理，而不是是否应当废除所有特权。即便是康德和罗尔斯那样强调理性、普世性的哲学家，也从未把道德律令和法治的平等理解为绝对的一视同仁。无论是康德的普世化原则还是罗尔斯的“无知之幕”都不会平等普世到排除父母监护子女那样的特权。如果说这些法律的平等指的是“所有的父母都平等地享有对未成年子女的监护权”,“所有年满十八岁的公民都有选举权”，那么这样的平等也同样存在于儒家体系当中，因为它所提倡的“君君，臣臣，父父，子子”(《论语·颜渊》12.11）也指的是“君所有的君，臣所有的臣，父所有的父，子所有的子”。

所以最基本的问题不在于是否承认等差和关系，而是怎么看待等差和关系。在这方面，儒家的思路与西方自由主义法治观的思路显示了很大的不同。西方自由主义法治观是基于对公私两个领域的严格区分，它保护的是个人追求自己幸福的权利，因而规定政府无权要求个人举报其所爱所亲

---

① 见刘水静:《也谈“亲亲相隐”的法律实质、法理依据及其人性论根基——兼评邓晓芒教授的〈儒家伦理新批判〉》，郭齐勇（主编）《正本清源论中西——对某种中国文化观的病理学剖析》(上海：华东师范大学出版社，2014 年)，第 87 页。

之人，或提供对自己不利的证据。儒家的思路则是功夫论的，其出发点是保护孝悌这一“为仁之本”，以使人由关爱亲人而扩展开去，“老吾老以及人之老，幼吾幼以及人之幼”。

一部合理的法，不是六亲不认的法，而是合理地考虑和加入了各种人伦亲情的法。中国的旧律有“凡殴尊长者，加凡人一等或数等。殴杀卑幼者，减凡人一等或数等”[①]的原则。这样的规定应当改革，因为卑幼者同样是人，不能因为其卑幼，就认为他们的性命的价值就低一些。但改革的原则并不是一味地追求平等，而是应当保留其中敬重尊长的精神，同时加强保护处于弱势的卑幼者不受尊长虐待的权利。旧律中有“妻殴夫者杖，夫殴妻者非折伤勿论。妻殴杀夫者斩，夫殴杀妻者绞”，显然是从汉儒“夫为妻纲”的原则而来的重男轻女的原则，应当修改。同时“条例中妇人有犯罪坐夫男者独多，是责备男子之意，尤重于妇人”[②]，让作为丈夫的男人负更重的责任，也是男女不平等，也需要改革。然而改革的原则仍然不是绝对的平等——考虑到妇女在体力等方面的弱势，新的法律应偏重于保护妇女。旧法中有把人分为良人、部曲、奴婢之类，“部曲伤良人者，加凡人一等。奴婢，又加一等”。而反之，若“良人殴、伤、杀他人部曲者减凡人一等。奴婢，又减一等”[③]。这样的法律显然是基于阶级歧视，应当废止。旧礼法中其他保护弱势群体的特殊规定，如“八十、九十曰耄，七年曰悼，悼与耄虽有罪，不加刑焉”（《礼记·曲礼》），则应酌情保留。

儒家对特权之认可，伴随着与特权相应的责任。礼治不等同于上尊下卑，允许在上的人任意妄为。在中国历史上，儒家的礼治文化中确实衍生出了所谓“君要臣死，臣不得不死；父要子亡，子不得不亡”，“官大一级压死人”的官本位文化，而与之相应的，就是有权者对权力的滥用和无权

---

① 见《明会典》（文渊阁四库全书 / 史部 / 政书类 / 通制之属）卷 131，第 5—9 页。又见张之洞:《清朝续文献通考 · 刑改六》，转引自干春松:《制度化儒家及其解体》（北京：中国人民大学出版社，2003 年），第 259 页。

② 同上。

③ 曹漫之（主编）:《唐律疏议译注》，第 748、749 页。

者对明君和清官的期冀。遇到了明君和清官，则感恩戴德；遇不到，则要么忍气吞声，要么揭竿而起。但这种现象本身是不符合儒家礼治精神的。礼治的本意是双向制约的。“君君”不只是意味着臣子要服事君主，也意味着君主要承担起君主的责任，倾听臣子的谏言和发挥臣下的作用，包括“朕躬有罪，无以万方；万方有罪，罪在朕躬”（《论语·尧曰》20.1）这样的担当。“父父”不只是意味着子女要孝顺父母，也意味着父母对子女的责任，包括对他们的关爱、抚养和教育，所谓“养不教，父之过”。在儒家的礼治思想中，不存在完全单向的、无附带责任的权利。孔子对中国的一大贡献就是把传统的礼乐文化提高到法典的高度，以致后世帝王都要受到传统礼法的制约。在孔子以后，能完全置传统礼法于不顾而任意妄为的帝王，几乎找不到一个。所以问题不在于礼治本身导致官本位和人治，而恰恰是礼治贯彻得不够，没有得到法治的补充和健全的体制保障，才产生了官本位和人治的弊病，使礼治中双向责任的精神受到了歪曲，对统治者的监督没能够得到有效的实行。今天的法治建设，需要的不是抛弃儒家的礼治精神，而是更好地贯彻礼治中的双向责任。

儒家有关法治的一个备受批评的说法，是“刑不上大夫，礼不下庶人”（《礼记·曲礼上》）。此语从字面上，至少允许三种解读。一是世俗当中最常见的理解，即“礼不下庶人，则庶人不足以行礼。刑不上大夫，则大夫有罪不可以加刑”。但这实际上是望文生义。正如卫湜《礼记集说》所记金华邵氏之言：“如此则弃众人于礼法之外，为大夫者可以率意妄行而无忌惮矣。”[①] 第二种解读把“上”“下”均读作动词，曰礼仪不置庶人于下，刑罚不置大夫于上，意思是在礼和刑面前众人一律平等，无大夫与庶人之分。这种解读从字面上也通，但不合于儒家等差观念，是将陌生的现代平等观念读入古代儒家经典。历史上对此语的权威解释是东汉郑玄（127—200）的注：“曰礼不下庶人者，为遽于事且不能备物。刑不上大夫者，不与贤者

① 《礼记集说》卷 7，第 38—39 页。

以犯法，其犯法则在八议轻重，不在刑书。”① 意思是，对一般老百姓而言，他们忙于各种劳作，又贫而无物为礼，所以不能要求他们处处讲究礼仪。而大夫本应是贤者，不应期许他们犯法。如果犯了法，则按八议来处置。所谓八议，也称八辟，指对王室宗亲故交、有德行才能或功勋之人、高官显贵、为国服务特别勤劳的人、先朝王室之后等，可以酌情减免刑罚。② 这确实是对“大夫”的特殊礼遇，但并不意味着大夫可以为所欲为。孔颖达（574—648）对《礼记》的疏云：“‘士尸肆诸市、大夫尸肆诸朝’，是大夫有刑。凡有爵者，与王同族，大夫以上，适甸师氏。”③ 另外，按照《孔子家语》的解释，刑不上大夫还意味着对大夫的处罚方式应该依靠礼来使他们自律。“大夫之罪，其在五刑之域者，闻而谴发，则白冠厘缨，盘水加剑④，造乎阙而自请罪，君不使有司执缚牵掣而加之也。其有大罪者，闻命则北面再拜，跪而自裁，君不使人捽引而刑杀之也，曰：子大夫自取之耳。吾遇子有礼矣。”⑤ 按照这第三种解读，“礼不下庶人”不仅不是剥夺庶人获得礼遇的权利，相反，它恰恰是让庶人享有不受礼仪束缚的特权。按照这个精神，杜维明先生补充道，“刑不上大夫”也需要如此理解。“刑不上大夫”是指不能以最低的标准去要求大夫、官僚等承担更高社会责任的人。儒家“对愈是有权有势有钱的人愈是提倡更高的要求”。“皇帝最不自由；就是礼的运作，让他不自由。”⑥

---

① 《十三经注疏》，第 1249 页。

② 汉代改称“八议”。《周礼 · 秋官 · 小司寇》：“以八辟丽邦法附刑罚。一曰议亲之辟，二曰议故之辟，三曰议贤之辟，四曰议能之辟，五曰议功之辟，六曰议贵之辟，七曰议勤之辟，八曰议宾之辟。”见《周礼详解》（文渊阁四库全书 / 经部 / 礼类 / 周礼之属）卷 30，第 10 页。

③ 《十三经注疏》，第 1249 页。甸师氏是西周时期专司大夫和王之族人死刑及掌管王府籍田的官府，设于郊野。

④ 白冠厘缨和盘水加剑，指戴上用兽尾作缨的白帽，手托一盘水（喻示公平），盘上置一柄剑（喻示接受法律制裁），此乃古代认罪之礼。

⑤ 《孔子家语》，第 78 页。

⑥ 哈佛燕京学社、三联书店（主编）：《儒家与自由主义》，第 75、79 页。又见曾明珠记录整理：《启蒙的反思——杜维明、黄万盛对话录》，哈佛燕京学社（编）《启蒙的反思》（南京：江苏教育出版社，2005 年）。

这里确实有不对称性，不过这种不对称，恰恰与通常的理解相反，不是说高高在上的人可以逍遥法外，为所欲为，而百姓则享受不到起码的礼遇尊重，只能以刑治之；而是说，对于“大夫”，守法本是题中应有之义，刑罚本来就不应该出现在大夫这个阶层。不仅如此，大夫除了守法以外，还必须符合更高的要求。这个解读符合孔子“君子之德风，小人之德草，草上之风，必偃”（《论语·颜渊》12.19），“苟子之不欲，虽赏之不窃”（《论语·颜渊》12.18）的思想。孔子曰：“吾之于人也，谁毁谁誉？如有所誉者，其有所试矣。斯民也，三代之所以直道而行也。”（《论语·卫灵公》15.25）王冲《论衡》也有此种解释。“《传》曰：‘尧舜之民，可比屋而封；桀纣之民，可比屋而诛。’”[①] 老百姓都是一样的，是在上的人应当为民风负责。《论语·尧曰》（20.1）里的“万方有罪，罪在朕躬”就是此意。这种解读显然更符合孔子思想的精神。

除此之外，对“大夫”和平民士人区别对待，还有一个制度设计上的功法考虑。由于大夫之类的官员担负了社会要职，因此他们的尊严与他们所担当的职位的尊严联系在一起。当大夫犯罪受罚的时候，其职位的尊严也难免受到影响。这些地位像是人身上的针灸穴位一样，是关键部位，是能够调动能量的社会“公器”，所以处罚其人的时候，既要公正地处罚他们所犯的罪行，又需要注意不伤害公器。读《论语·乡党》篇的时候，人们往往困惑，为什么孔子对待君主，甚至是君主所坐的座位，都恭恭敬敬，显得非常拘谨，不像孟子那样有大丈夫气概。其实孔子是在维护那“公器”的尊严，而不是要取悦于占据那位置的个人。当代世界上，英国、荷兰、日本都保留了虚位的“君主”，实际上就是这样的考虑。让君主虚位，不负责具体的行政，而由别人去承担那些容易犯错误的职务，这样他们的位置所代表的权威和尊严就不会受到影响，必要时他们可以出面，罢免行政首脑，重新任命新的人选。

以上的讨论还都是假设礼的规范和法的规范没有直接的冲突，而前面

---

① 《论衡》（文渊阁四库全书 / 子部 / 杂家类 / 杂说之属）卷 2，第 16 页。

提到的那场有关儒家亲亲互隐的争论里的一个棘手的问题便是，如果两者有冲突怎么办？对此，历史上儒家采取了以礼入法，即让法律反映出礼的原则。2013 年中国新修订的《老年人权益保障法》把“常回家看看”的礼融入了法，就是这种传统的继续。这里的基本思路是《论语·学而》(1.2)中有子的那句话：“君子务本，本立而道生。孝弟也者，其为仁之本与！”如果说法治的基本思路是“规范性”的，那么礼治的基本思路可以说是“生发性”的模式。[①] 按照这种模式，父攘羊而子为之隐（《论语·子路》13.18）展现的是实践智慧。在这里“非此即彼”的逻辑是不适用的。在这个问题上，其两难困境的双方不是相冲突的正义和亲情这两个普世的规范原理，而是“证之”和“隐之”这两个具体行为哪个能导致理想结果的实际问题。如果把问题看作是两种道德原则的选择，那么孔子认可父子相隐，是有违公正的；但如果把它看作尽可能地扩展仁爱的方法，那么子为父隐就是为了保护人性之根而牺牲同一棵树上的枝节而已。[②] 这和简单的舍此取彼有很大的不同，因为人性正是正义本身赖以确立的根据。

当然，生化模式不是只要根不要枝叶。其理想状态当然是整棵大树的健康，包括枝叶，但以礼入法并不一定能保证不会发生忠孝不能两全的状况。当家庭成员同时又是政府官员时，角色的两重性或许要求在不同的角色里采取不同的行为。《左传》的一个故事很好地说明了这点：春秋时晋国的邢侯与雍子争夺一处田地，久讼未决。主管司法审判的景伯出使楚国去了，由叔鱼代理。国卿韩宣子就命叔鱼来审理这件旧案。本来查明罪在雍

---

① 这种思维方式在西方也有。比如孟德斯鸠说过：“列赛逊突斯的法律准许与人通奸的妻子的子女或是她的丈夫的子女控告她，并对家中的奴隶进行拷问。这真是一项罪恶的法律。它为了保存风纪，反而破坏人性，而人性却正是风纪的源泉。”见孟德斯鸠：《论法的精神》(下)，张雁深译（北京：商务印书馆，1963 年），第 176 页。

② 当然，如果要牺牲的是整个大树的树干，则又当别论了。如前面引用过的唐代的《永徽律》规定，举报自己的父母或祖父母者，处以绞刑。但如果举报的是叛国罪和阴谋推翻朝廷罪，则当作为例外（见曹漫之［主编］：《唐律疏议译注》，793 页）。显然，以危及整棵大树为代价去保护树根的每一个根须的做法是不明智的。但即便如此，该法典也没有鼓励告发，而只是免予处罚而已。

子一方，但是雍子把女儿送给叔鱼行贿；于是叔鱼判决邢侯败诉。邢侯一怒之下，在公堂上杀了叔鱼与雍子。韩宣子问叔鱼的哥哥，同时也是大夫的叔向，这事该怎么处理。叔向回答说："三个人都有罪。可以对活者判处死刑；对死者陈尸示众。理由是：雍子自知其罪，而以女色行赂；叔鱼徇私受贿；邢侯擅自杀人，他们都各有其罪。自己厌恶别人夺取，而夺取别人的好东西为己有，叫昏；贪污受贿、败坏官纪，叫墨；随意杀人、毫无忌惮，叫贼。《夏书》里说：'昏、墨、贼，杀'，这是皋陶定下的法律，请依此法办理。"于是对邢侯执行死刑，而把雍子与叔鱼陈尸示众。孔子听说此事后说："叔向，古之遗直也。治国制刑，不隐于亲。……杀亲益荣，犹义也乎。"[①] 这个故事与子为父隐攘羊的例子相比，看上去孔子的立场截然相反，但两个例子有重大的区别。偷羊只是轻微的行为不端，而官员受贿渎职则是严重罪行，而且更重要的是为父隐攘羊的儿子仅仅就是一个儿子的角色，他没有社会责任去举报父亲；而叔向虽然是叔鱼的哥哥，但他是作为一个政府官员，在对公共司法问题表态。所以这个例子应当看作是孔子对于"互隐"问题的态度的补充。这一例子清楚地表明：责任是与社会角色紧密相连的，而不仅仅是抽象的原则。

当然，在实际生活中一个人往往无法分开扮演不同的角色。司马迁《史记·循吏列传》记载：

> 石奢者，楚昭王相也。坚直廉正，无所阿避。行县，道有杀人者，相追之，乃其父也。纵其父而还自系焉。使人言之王曰："杀人者，臣之父也。夫以父立政，不孝也；废法纵罪，非忠也；臣罪当

---

① "晋邢侯与雍子争赂田，久而无成。士景伯如楚，叔鱼摄理，韩宣子命断旧狱，罪在雍子。雍子纳其女于叔鱼，叔鱼蔽罪邢侯。邢侯怒，杀叔鱼与雍子于朝。宣子问其罪于叔向。叔向曰：'三人同罪，施生戮死可也。雍子自知其罪而赂以买直，鲋也鬻狱，刑侯专杀，其罪一也。已恶而掠美为昏，贪以败官为墨，杀人不忌为贼。《夏书》曰："昏、墨、贼，杀。"皋陶之刑也。请从之。'乃施邢侯而尸雍子与叔鱼于市。仲尼曰：'叔向，古之遗直也。治国制刑，不隐于亲……杀亲益荣，犹义也夫！'"（《左传·昭公十四年》）

> 死。”王曰：“追而不及，不当伏罪，子其治事矣。”石奢曰：“不私其父，非孝子也；不奉主法，非忠臣也。王赦其罪，上惠也；伏诛而死，臣职也。”遂不受令，自刎而死。

但是这样的困境并不是只在礼和法之间才可能产生，而且有了冲突，也不能简单地认定问题就出在礼这一边。情理和法的对立，也使雨果写下了其震撼人心的巨作《悲惨世界》，其中那个发誓要追捕逃犯冉·阿让归案的警官沙威，其对法律的忠诚最终被冉·阿让的人道主义精神所彻底击溃，投河自杀。而在不涉及礼和法的道德领域，也照样会有诸如“电车难题”（trolley problem）那样的困境[①]。

综上所述，儒家的礼治不应该被看作是和法治对立的体系，而应该被看作是同一治国理念里与法治互补的必要层次。所谓法治主张平等而礼治强调等差和关系，是过于简单的看法。其实两者都承认等差和关系。儒家等差观的本质不是维护等级特权，而是落实各人的责任范围，并且责任与权力和财富成正比，越是有权的，责任也越大。所以法治建设需要的不是抛弃礼治精神，而是对礼治中双向责任的更好贯彻。近代以来对礼治束缚自由的批评，针对的不应当是所有的礼，而是不合理的礼。合理的礼恰恰是实现自由的必要条件。最后，礼和法的冲突不能简单地认作两种规范原则的冲突，而且这类冲突导致的困境也不是礼和法之间的紧张所特有的，更不能一有了礼和法的冲突，就认定问题出在礼这一边。那种把儒学当作反对法治、提倡特权、束缚自由等封建积习的理论基础的看法，本身就基于对儒学的曲解和简单化。只有避开了以上所分析的一系列误区，才能保证礼治和法治建设的健康发展。

---

① “电车难题”的基本表述是假设一辆失控的电车正朝着五个被绑在电车轨道上的人驶来，这时你可以拉一个操控杆，让电车开到另一条轨道上。但另一条轨道上也绑了一个人，你拉操纵杆的结果必然导致那个人的死亡。这时你应该拉操控杆吗？

第十五章　“家天下”文明与“平庸之善”

【本章提要】从修身到齐家治国平天下，随着范围的扩大，个人在其中的作用也愈加有限。面临全球化的种种挑战，人类迫切需要提高整体的素质，具备“天下”的视野和胸怀。亨廷顿的“文明冲突论”至少在一点上是正确的：世界秩序必须建立在文明的基础上。文明对话大致可以概括为四种模式：“丛林模式”最终只能导致文明的终结；“动物园模式”保护了多元性，但缺乏相互的交流沟通；“舞台模式”提供了交流平台，但仅限于话语权的多元化；以功夫取向来定位的“健身模式”可以集各文明的智慧，从文化根子上为世界做出会诊和治疗。这种对话不限于语言的沟通，语言的沟通的意义也不只是增进理解。它包括“正名”的行为和运用“礼”来达到“和”。和是不同成分的互补共济。这要求对话的各方采取“开放的肯定性”态度。天下观念的实际贯彻往往碰到“囚徒困境”。其解决途径无非是改变游戏规则，或改变“囚徒”的品性。在天下层次，虽然匹夫有责，但社会精英负有更多的责任。人既可以陷入“平庸之恶”，也同样可以被群体文化带向“平庸之善”的理想。

“平天下”是修身齐家治国的自然延伸，也是整个《大学》八条目的逻辑终点，即所谓“物格而后知至，知至而后意诚，意诚而后心正，心正而后身修，身修而后家齐，家齐而后国治，国治而后天下平”。从“身修而后家齐”开始，随着“群”的不断扩大，个人在其中的作用也就越有限。在当今个体愈来愈独立的世界里，通过修身而齐家已属不易，要治国平天下，更显得难以想象。从个人到社会乃至天下，这里有许多特殊的问题需要探讨。

一　人类的成熟与天下文明

首先，平天下不可能只凭某些个人的功夫修炼。如果说今天平天下这个理想还是可能实现的，那么只有在作为一个整体的全人类达到某种“功夫”水平的情况下才有可能。

地球和人类在宇宙中都是有限的存在。人类能够在茫茫宇宙中诞生和延续，几乎是个奇迹。它需要许许多多非常难得的条件的综合。人的生存依赖于一个极为巨大而复杂的生态系统。这个系统中某些微小的变化，就可能对整个人类的生存造成威胁。比如人类生存所能够容忍的地球气温浮动，就是一个非常狭小的幅度。人类在地球上没有碰到致命的天敌，也是非常偶然的机遇。天体物理学家泰森（Neil de Grasse Tyson）曾提出一个形象的比喻——如果把地球的45亿年历史比作24小时，人类的20万年历史就相当于地球24小时的最后一分零十七秒钟（24:58:43）。也就是近200年左右，相当于是地球历史24小时的最后一秒的万分之四，人类的“肌肉”发达起来了，凭借着与其他物种相比的优越性和其自身在科技方面的成果，人类在地球上迅速繁衍扩张，人类的物质生活水平和控制摆布自然的能力大幅度提升。然而作为总体而言，人类的成熟度并没有大幅度的提升。作为一个整体，当今的人类像是一个被荷尔蒙驱使而不知节制的青年人，忘乎所以，在这个星球上为所欲为，几近摧毁自身所赖以生存的地球。在过去50年里，人类对地球的破坏超过了以前20万年的总和。冰冠的厚度在过去40年里减少了40%。森林面积以每年1300万公顷的速度被毁。每年有1200万吨塑料垃圾倾倒入海洋，其中仅长江就输送33万吨。生物品种的消亡率提升到了快于自然速度的1000倍。伴随着物质和技术能力的日益强大，人类整体生存的稳定性却越来越脆弱。人类成了自己的天敌。仅就地球气温的上升幅度而言，科学家们预言，如果人类不能把气温的增长控制在比前工业化时代上升 1.5 摄氏度以内，地球上就会出现灾变性的气候异常，而这个临界点还有十几年就会突破，灾难性的气候变化会像多米诺骨牌的倒下，引发人类生存系统的全面崩溃。

这一切迫使我们意识到，我们不再有无穷无尽的时间。人类像是坐在一辆正在飞速奔向悬崖的马车里[①]，而车里的人们还在忘乎所以地争斗不已。离我们最近的 20 世纪也是人类有史以来灾难最深重的世纪。这一百年里发生了两次世界大战，各种种族清洗、宗教冲突、世界范围的经济和金融危机、恐怖主义袭击、原子能泄漏、瘟疫大流行，危机和灾难此起彼伏。一方面全球的军费开支多于援助发展中国家经费的 12 倍，另一边世界上每天还有 5000 人死于受污染的饮用水。即使是在经济最为发达的美国，1% 的人拥有着全国 40% 的财富，而 80% 的人口，只占其财富总额的 7%。[②] 尽管人类在两千多年前就已经有过群星灿烂的“轴心时代”，但直到今天，人类作为一个整体还是幼稚得像一个四肢发达，荷尔蒙旺盛，而头脑简单的少年，以“肌肉”的强壮（如 GDP 之类）指标来衡量自己的成长，决定自己的行动。

人类的种种危机，无不与“肌肉”的发达和心智的不成熟这一失衡有关。生态危机源于人对大自然的过度索取和肆意破坏，金融危机源于人对于利润的失控的贪婪，道德信仰危机、信任危机、恐怖主义的危机、环境气候的危机等更加直接地就根源于文明的缺失。20 世纪人们还指望经济发展能够自动地带来文明程度的提高，近年来世界上所发生的一切，已经使越来越多的人抛弃了这个幻想。经济能力的发展常常反而使大脑为其所摆控，导致更加严重的失衡。

人类所需要的成熟，就是整体功夫能力的提升。这种综合性的功夫素

---

① 笔者曾对环境哲学家卡尔·米切姆（Carl Mitcham）使用过这个比喻，他的回答是：“不，不是飞速冲向悬崖，而是已经冲出了悬崖，正在飞速坠向深渊。”

② 见 “Wealth Inequality in America,” https://www.bing.com/videos/search?q=wealth+inequality+in+america+2019&&view=detail&mid=B47F76330FEF57943C85B47F76330FEF57943C85&rvsmid=A59312A94EC9646D2D01A59312A94EC9646D2D01&FORM=VDQVAP。

质包含但不局限于努斯鲍姆所说的那些能力，如生命、健康、能够满足生理需要的条件、情感、理智、归属、经济能力、其他物种、娱乐、对周围环境的控制等，它还包括道德的品质、交往的艺术、对生活质量（而非仅仅数量）的追求、全局的视野等主体素质。

就目前人类的处境而言，全局的视野尤其关键。老子说，“以身观身，以家观家，以乡观乡，以国观国，以天下观天下”（《道德经》第 54 章）。一个人在对待自身的时候，相对来说比较容易有整体性的视野。但一旦超出个体，整体视野就越来越难。以身观身是最直观的。如果口舌为了满足一己之欲而伤及脾胃，最终口舌也就没法有长久的满足，所以要站在整个“身体”的高度来看待身体。这一点稍有生活常识的人都懂。同样道理，只有站在“家”的高度，而不只是个人的角度，一个人才能长久地享受来自家的温馨。这一点大部分人也都理解。但是人们往往不容易看到，乡、国、天下也是如此。老子的“修之天下，其德乃普”（《道德经》第 54 章），庄子的“藏天下于天下”（《庄子·大宗师》），儒家的“仁者爱人”（《论语·颜渊》12.22），“天下为公”“人不独亲其亲，不独子其子”（《礼记·礼运》），“天地之塞，吾其体；天地之帅，吾其性”（张载《西铭》），都是那种站在最高处，用最广大最长远的视野和胸怀提出的见解。

狭隘短视的原子式思维，可以说是人类缺乏成熟的主要表现。人们常常把整体性观念与个人权益对立起来，似乎采纳整体观念就是牺牲个人权益。实际上中国传统的天下理念并不意味着否定个性和个人利益的集体主义，而是基于个体与周围一切的密切相关性的深刻认识而形成的整体意识。它本质上是通过利人而利己，通过无我而成就自我的“为己之学”。如果一个个体主义者认真审视自身的利益，他也会走出狭隘的一己私利的框架而认同合作共赢的价值。孟子提出“王道”与“霸道”的区别，“以力假仁者霸；以德行仁者王”（《孟子·公孙丑上》2A:3），指出一个君主如果要想得利而不行仁义，犹如“缘木而求鱼”（《孟子·梁惠王上》1A:7），适得其反。老子说圣人“后其身而身先，外其身而身存。非以其无私耶？故能成其私”（《道德经》第 7 章）也是这个道理。

如赵汀阳所指出的，中国传统的“天下”观念所代表的哲学是以整个饱满的或者完备的世界作为背景或者坐标去思考问题的那种视野。有许多问题是全球范围的，属于整体的问题，是必须要有一个天下的观念才能容纳的认识和实践。天下观意味着它虽然可能有以自己为中心的地方主义，但不会有截然不共戴天的他者（the others）的意识。[①] 而且这种天下观本身包含着最终能够克服其地方中心主义的解药，因为既然整个天下是一体，那么任何一个地方或者任何一个民族要成为中心，占据领导地位，就必须要承担起对整个世界的责任。这也是儒家传统思想中“皇天无亲，唯德是辅”(《书经·周书·蔡仲之命》)，“为政以德，譬如北辰，居其所而众星共之”(《论语·为政》2.1)，天下者唯有德者居之的观念。

在此，我们可以重提一下在“齐家”那一章里提及过的“家天下”的观念。确实，家天下一般是指帝王把天下当作自己一家私产，是占天下资源为一己私有的自私行为，但“家天下”也可以指以天下为家的大公无私。王充《论衡·书虚》篇说:“舜南治水，死于苍梧；禹东治水，死于会稽。贤圣家天下，故因葬矣。”古代的圣王舜和禹死于自己治水所到之处，就地安葬，表现的就是那种无私的“家天下”。它本质上与“四海之内皆兄弟”(《论语·颜渊》12.5）是同样广阔的胸怀，而且“家天下”体现出比“四海之内皆兄弟”更积极主动的精神——这是“以天下为一家”“化天下为一家”“使天下家园化”的功夫。它与把天下占为己有的那种“家天下”一字不差，境界却有天壤之别。当然，也正因此，这两种境界也容易在同一个名称之下发生错位。为防止这种现象发生，必须有制度上的保障，防止个人利用职权将天下私有化。

近年来中国政府对外政策上经常提到的两个词——“合作共赢”与“命运共同体”，可以说是天下观的现代表述。现在在国际上“共产主义”这个词往往被当成了专制独裁、压抑个性、压制民主自由的代名词。这背后有沉痛的历史原因。一个多世纪以来共产主义运动走过了非常曲折的道路，

---

① 赵汀阳:《天下体系：帝国与世界制度》,《世界哲学》2003 年第 5 期，第 1—33 页。

其实践过程中出现了专制的领袖，带来了巨大的灾难。这是人类的不幸，也是共产主义的不幸。马克思如果看到这个现象，必定会要求对共产主义进行正名。他会指出，共产主义的理想和儒家的“天下为公”一样，也是“合作共赢”，而不是一个国家、一个集团、一个阶层的利益。稍具马克思主义基本常识的都知道，马克思提出的共产主义是要把全人类从剥削和压迫中解放出来。《共产党宣言》里著名的原理是“无产阶级只有解放全人类才能最后解放自己”。它明确地宣示，共产主义“将是这样一个联合体，在那里，每个人的自由发展是一切人的自由发展的条件”[①]。“共产主义”是“communism”的翻译，这个译文已经是约定俗成，但 communism 不能理解为仅仅是物质财产的分配制度。其实 communism 本质上就是“合作共赢的命运共同体”。正是构建命运共同体和实现合作共赢的理想，激发了成千上万的人加入了共产主义运动。中国共产主义革命的先辈们在这个理想当中看到了早期儒家所描绘的天下为公的大同境界。对共产主义的正名需要做的不是在言语上掌控，而是纠正其名下之实。

“命运共同体”的观念首先蕴含了一种关系型、结构型的思维方式。它与分析的、原子式的思维方式呈相反的方向。分析的思维是解构性的，把一个部分从整体中孤立起来，抽象出来，看作一个单独的个体。而命运共同体观念所代表的思维是从整体，从与其他事物的关系当中来认识一个事物。这种思维模式认为任何事物都无法和它周围的其他事物截然分割。事物之间相互影响、规定、制约，以至于离开了一事物与其他事物的联系，你就无法对该事物本身做出全面正确的理解。而且，事物间关联的性质和紧密程度是可变的。比如说，随着现代化的发展，整个世界越来越变为一个相互依存的共同体，所谓地球村就是这个意思。这在环境和气候问题上尤其明显。那张著名的从太空拍摄的地球照片，使我们直观地意识到我们共同生活于其上的地球是有限的，好比茫茫宇宙大洋当中的一叶扁舟，我们必须同舟共济。任何人对这个地球生态的破坏，就同时是在破坏

---

① 《马克思恩格斯选集》（北京：人民出版社，1972 年）卷 1，第 273 页。

包括他自己在内的所有人的生存条件。如果说在前现代化的时代，这种效应还可以忽略不计，今天全球的现代化进程和规模已经迫使人类必须共商协作来解决人类所共同面临的环境生态危机、流行瘟疫、金融危机、难民危机和恐怖主义等重大问题了。虽然在短期效应上，一个个体可以通过损人来利己，但长远来说，这样的行为最终必然导致反弹，造成伤害自己的后果。

虽然事物之间存在广泛的联系，但其相关性可以是多种多样的，可以是相互依存的关系，也可以是相互竞争和制约的关系，或者是两者兼而有之。它们相互联系的程度也可以是不一样的，有的紧密一些，有的松散一些。“命运共同体”这个概念强调了那常常为人所忽视的事物间休戚相关的依存关系，但不等于忽视其中个体成员之间的相互竞争和制约。而且其相互竞争和制约，也应当看作是它们之间相互依存的重要条件。自然界里物种之间的平衡也依赖于它们之间的相互制约。一旦某个物种失去制约，生态平衡受到破坏，最后那个物种也会因为过度增殖而致灭亡。过去中国传统里说的“敌存灭祸，敌去招过”就有这个意思。所以“命运共同体”的认识与孤立地看待事物的方式的区别，在这里也表现为求同与求和的区别。“和”的秩序要求有良性的竞争。

命运共同体可以自然形成，也可以人为地去建立、强化或者消解。换言之，命运共同体的观念一方面可以是对客观状况（是然）的描述，即指出某种客观存在的命运依存关系；另一方面，也可以是对行为方式的指导（应然），通过建立命运关联机制，以积极的建构去适应和改善客观状况，达到某种理想状态。人们可以通过婚姻组建一个家庭命运共同体，也可以通过离婚拆散那样一个共同体。同样，国际关系当中，也可以通过外交协议、贸易往来、军事合作等而结成命运共同体，或者像最近英国的脱欧那样退出一个共同体。当然，如果条件不合适，时机不成熟，准备不充分，拉郎配的结合也可能事与愿违。人与人之间的适当距离也是正常生活必不可少的条件。脱离一个共同体并不意味着命运就从此不再相关。而且命运共同体的概念并不意味着在一个共同体当中的每个个体都是完全等同的。

正如一个家庭里各人有不同的地位和相应的角色，父母与子女各有相应的责任、权利和义务，以命运共同体的观念去构建国际关系，也不等于其中所有的成员绝对的平等。大国的影响力肯定不能与小国相提并论，其所应承担的责任和义务显然也相应地不同。这就要求我们不能以绝对平等个体的观念去看待共同体当中的成员。建立命运共同体是个复杂细致的系统工程，它要求我们根据不同的条件采用不同的行为方式。

基于以上认识，人类的行为方式需要从简单粗暴的“动力因”模式进化到更加高级的生化因果模式（见第四章“技术与因果观”），从简单的控制摆布，发展到相互的呼应和共鸣。在动力因概念指导下的行为方式是把任何事物都看作是本身没有内在价值和意义的质料的集合。现代科技的发展往往体现为把动力因强加于一切的能力。比如以前木匠必须要很注意木材的纹路走向，要耐心地和所处理的材料进行交流对话，而现代的电动工具就可以使人忽略那些条件，让材料沉默无语！以前的战争要仔细研究地形，现代化的武器可以使复杂的地形变得不相干，因为强大的炮火可以把它夷为平地！一旦这种行为方式成为处理人和自然界的关系的普遍方式，就造成了灾难性的环境生态危机，而当它扩展为处理人际关系和国际关系的方式时，就导致了动辄打击、控制、制裁，结果是解决问题的手段往往成为问题深化的根源。美国在中东的经验是一个经典的例子。

既然事物各有其性情，那么我们相处就需要尊重各自的性情，尊重各自的文化传统背景。在条件不成熟的时候，“分”也可能比“合”更加有利于各方。但无论分还是合，都是天下各个成分之间的关联方式。

二 文明对话的模式

按照亨廷顿的理论，冷战以后的世界，其主要的冲突将是各文明或文化之间的冲突，而不再是意识形态或经济的冲突。他的理论通常被简称为“文明冲突论”。尽管当今世界的主要冲突是否文明的冲突，各大文明是否必然会走向冲突，都是可质疑的论点，但从功夫论的角度看，他指出了一个重要的事实：建立在文明和谐基础上的世界秩序才是世界和平、人类繁盛的最可靠的保证。

人类要合作共赢，就必须有跨文明的，在“文明”层次上的对话。这是近百年来越来越普遍的共识。[①]

一提到对话，我们通常想到的就是柏拉图式的，通过理性交谈，澄清概念和辩论，目的在于发现真理的那种对话。的确，“对话”一词在希腊语里的原意来自 διά（“diá”，通）和 λόγος（“logos”，话语，词句）。它似乎意味着“对话”这个词与语言和理性的沟通有着本质的内在联系。但如果“语言”也可以拓展地包括“肢体语言”，包括以姿态、行为交流的信息，那么这个原意也可以广义地被理解为“意义的沟通”。在这个意义上，文明的冲突也可以看作是一种“对话”的方式。近两百年来东西方文明的“对话”在很大的程度上就是以军事征服、殖民统治之类的“丛林模式”进行的。历史的事实似乎也表明，丛林模式比理性的说服更加快捷有效。美国和西方世界的政府对联合国文明对话日所倡导的那种文明对话缺乏兴趣，和这种思路有密切关系。但是在当今的科技发达时代，任何人都可以借助既有的基础设施，以极低的成本发起大规模的、毁灭性的攻击。发起“9·11”袭击的恐怖分子，从人数和装备上都毫无惊人之处。他们利用的是对方的飞机和高楼。一个穷得基本民生都无法保障的小国，也可以挥舞核武器的大棒威胁世界头号强国。显然，丛林模式不仅有正当性的问题，其有效性也已经被严重质疑，因为其最后结果，只能是各文明的共同灾难，导致文明的终结。

文明对话的另一种模式是倡导多元化的共存，我们姑且将它称作为“动物园模式”。在一个动物园里，会有各种动物。它们都得到保护，能够有各自的生存空间和生存条件。动物园甚至还会今天举办“猴子周”，明天举办“熊猫月”，来增进公众的动物保护意识，把各种动物的独特性当作彩

---

① 见尼山世界文明论坛组委会（编著）:《世界文明对话研究报告》（北京：人民出版社，2013 年）。

虹的各种颜色一样来"庆祝"。这种模式的明显优点是能够为各文明提供互相宽容、和谐共处的条件，但其局限也很明显。正如动物园里的动物在各自的笼子里生存，相互之间没有真正的交流和互动，提倡多元化的共存并不等于能够产生意义的沟通。更何况，就像动物园需要有管理员，多元文化的共存通常也是在一个主流文化的大保护伞之下，为主流文化增添一些吸引人的"多元"色彩，其"多元"的内容也通常仅限于服装、食品、风俗之类，难以进入实质性的对话。

对文明对话的最普遍的理解，是"舞台模式"，即有组织地在某个平台上，让不同文明的代表发表意见，阐述他们各自的观点，以促进相互的了解和共识。从历史上看，这种特殊意义上的文明对话直到 19 世纪末才出现。[①] 其最著名的标志性事件是 1893 年在芝加哥召开的"世界宗教议会"（World's Parliament of Religions）。那次大会被公认为是现代文明对话正式开端的标志。[②] 可惜的是，那个会议在以后中断了很多年。两次世界大战和各国的民族独立运动促进了文明对话的必要性的认识，所以第二次世界大战的后期和战后，文明对话的活动开始逐渐多了起来。[③]"二战"结束不久，联合国于 1948 年通过了著名的《人权宣言》。它既是对两次世界大战中西方文明中滋生出来的残酷现实的反省，同时也是文明对话的产物。[④] 这以

① 近代以前即便有过类似的对话，也只是很个别的现象，如宋代儒家学者与佛教高僧之间的个人的交流，近代耶稣教的利玛窦与徐光启等儒者的交流，等等。

② 虽然在整整 17 天的会议上，英语世界的基督教占据了绝对优势，大会总共 194 个发言里，基督教占了 152 篇。其他的发言所占的比例是：佛教 12，犹太教 11，印度教 8，伊斯兰教 2，帕西教（Parsi）2，神道教 2，儒教 2，道教 1，耆那教 1。难能可贵的是，所有的发言者在这个大会上的地位是平等的（R. H. Seager, "The World's Parliament of Religions, Chicago, Illinois, 1893 : America's Religious Coming of Age," Ph.D. Diss., Harvard University, 1986, p. 87）。

③ 1939 年，夏威夷大学就开始举办"东西方哲学家大会"，力图在哲学的根子上，促进东西方的相互了解和交流。这个大会后来先是 10 年一次，继而又变成 5 年一次，至今已经举办了 10 届。

④ 宣言的起草委员会里，就有当时中国的代表张彭春与吴德耀。张和吴两位都是杰出的儒家人物。宣言中的"所有的人应当像兄弟一样相互对待"的口号，就是儒家的"四海之内皆兄弟也"（《论语·颜渊》12.5）的思想，而它就是在张彭春的建议下加进去的。

后，文明对话活动越来越频繁和广泛。①

2001 年，也就是联合国的文明对话年，发生了震惊世界的“9·11”事件。这个巧合正是我们这个时代的象征。一方面是武力冲突的升级及其破坏性的凸显，一方面是文明对话的兴起及其迫切性的凸显。2001 年 11 月 9 日，联合国教科文组织大会通过了《世界文化多样性宣言》，将人类历史上文明之间的对话推向了一个新的高潮。各种以促进文明对话为主旨的研究机构、教育机构、团体组织、基金会、刊物和书籍等纷纷出现，数不胜数。② 中国比较明确地参与和推动文明对话，是在联合国文明对话年以后开始的。中国大陆在“文革”以后，就开始了关于文化和文明的讨论。但那个时候不仅文明对话这个概念在中国还没有流行，而且当时中国面临的主要是如何摆脱“文革”的阴影，对外开放和学习西方的现代化经验，还

---

① 1958 年张君劢、唐君毅、牟宗三、徐复观共同发表了《为中国文化敬告世界人士宣言》。1967 年，“国际亚洲哲学与比较哲学学会”（Society for Asian and Comparative Philosophy）在美国成立。1978 年，美国天普大学（Temple University）成立“跨宗教跨文化研究院”（Institute for Interreligious, Intercultural Dialogue，简称 IIID，后来在 2008 年演变为“全球对话研究院”—— Global Dialogue Institute）。1988 年，“世界宗教议会理事会”（Council for a Parliament of the World's Religions）成立，并于 1993 年，即世界宗教议会百年之际，在芝加哥集结了来自全世界各国家和地区的 8000 多位代表，召开了一次规模空前的盛会，并通过了一个非常著名的文件，《走向全球伦理宣言》（*Towards a Global Ethic: An Initial Declaration*），表达了世界各宗教和精神传统所达成的对伦理道德的基本共识。牛津大学也在同年成立了“国际跨宗教研究中心”（The International Interfaith Center, Oxford, 1993）。此后，世界宗教议会于 1999 年在南非开普敦、2004 年西班牙的巴塞罗那、2009 年在澳大利亚的墨尔本又连续召开了三届大会，每 5 年一次。参会人数由 1999 年的 7000 多人增加到 2009 年的 10000 多人。1998 年 11 月联合国大会响应伊朗总统哈塔米（Mohammad Khatami）的提议通过决议，将 2001 年作为文明对话年。1999 年，“跨宗教和跨文化研究和对话基金会”（The Foundation for Interreligious and Intercultural Research and Dialogue，FIIRD）在瑞士日内瓦成立。2000 年 8 月，2000 名宗教界领袖聚集在联合国，举行了“世纪之交宗教与精神领袖世界和平峰会”。

② 如 2001 年成立的“世界公众论坛：文明对话”、2002 年在泰国成立的“世界宗教领袖议会”（World Council of Religious Leaders）、2005 年成立的“联合国文明联盟”（United Nations Alliance of Civilizations）、2006 年在澳大利亚墨尔本成立的“对话中心”（The Center for Dialogue）和伊朗前总统哈塔米领导成立的“国际文明对话中心”（the International Center for Dialogue among Civilizations）、2008 年在孟加拉国达卡（Dhaka）大学成立的“跨宗教与跨文化对话中心”（Center for Inter-religious and Intercultural Dialogue，CIID）等等。

没有产生作为一个古老文明与其他文明有组织地展开对话的意识。进入21世纪以后，经过了二十多年的改革开放和经济发展，开展文明对话的需要日益凸显，各种大规模、高规格的文明对话平台也相继出现。① 总体来说，过去的二十来年是“世界文明对话”的井喷时期。它是人们对人类乃至整个地球生态在当代所面临的深刻危机的理性反应，是20世纪后半期那许许多多有关文明对话的呼声和实践在世纪之交时达到高潮的标志。

与丛林模式和动物园模式相比，舞台模式显然更接近“文明对话”的原意。但几十年来这种文明对话的实践显示，其积极参与者或者是学者和民间组织的代表，或者是希望争取话语权的发展中国家的代表。在政治、经济和军事方面已经占据优势的国家政府和完全依靠独裁统治的政府往往对此缺乏兴趣。结果是，参与文明对话的成员像是对着唱诗班传教（preeching to the choir），最需要听的都不在场。

能够弥补舞台模式之不足的，是以功夫取向来定位的“健身模式”。这里的“健身”指的是前面提到过的广义的健康，即包含整个生理、心理和社会的最佳状态。健身模式的对话带有强烈的实际问题意识和目的取向。它不像舞台模式那样满足于文明间的互相理解、包容和达成某些共识。它要求我们直面各种愈来愈尖锐的全球性问题，从根子上去对付这个世界的疾病。它的一个基本形式是召集世界各文明的代表，像是邀请各路名医对患有重症的世界进行会诊，从文明的根基上探讨人类共同面对的危机和解

---

① 2003年中国主办了亚欧会议进程中的第一届文化与文明会议。自2005年起，中国每两年举办一届“中阿（阿拉伯）关系暨中阿文明对话研讨会”。从2004年开始每年举办一次的“北京论坛”，也是世纪之交以后出现的一个重要的文明对话的机制。同样是2004年开始的上海“世界中国学论坛”，是由国务院新闻办公室和上海市政府合作举办的另一个大型国际文明对话平台，每两年举办一次会议。2007年，“亚欧会议不同信仰间对话会议”在中国南京举行。2011年6月，由云南大学和伊朗穆斯塔法国际大学联合主办的首届“回儒文明对话论坛”国际学术研讨会在云南举行。2010年，在中国全国人大前副委员长许嘉璐先生的倡导下，“尼山世界文明论坛”在孔子的出生地曲阜尼山召开首届会议。2011年，首届“太湖文化论坛”召开（后改名为“太湖世界文化论坛”），2012年，由中国国际文化交流中心和北京大学高等人文研究院等联合主办的嵩山“华夏文明与世界文明对话”论坛成立。2019年“亚洲文明对话大会”在北京召开，中国国家主席习近平出席并发表主旨演讲。

决方案。

健身的概念提醒我们文明对话也不仅是会诊，它本身就应该是治疗。在这个概念下组织的文明对话活动，是用调理“精气神”的手段，来从根本上解决人类的生存危机。

健身模式的对话当然包括语言文字的交流，但不局限于语言文字的交流。用语言进行的交流探讨固然是文明对话的主要方式，但它能达到的共识还只是抽象的原则。实际的人际交流比纯理论的谈话丰富和复杂得多，而且意义的传达绝不仅仅是靠词汇传递的。一个家庭当中，夫妇之间，父母和子女之间的交流，往往一个表情，一个动作，胜过无数的语言。20 世纪 70 年代初，是一场乒乓外交首先在中美之间进行了破冰。小小乒乓球的弹跳，与之相伴随的微笑和小礼品的交换，而不是重大观念和原则的交流，完成了中美之间最初的“对话”。与概念的交换相比，超越文字描述的信息传递显得更加模糊（当年中国政府邀请美国乒乓球队意味着对美国价值的认同吗？美国接受那个邀请是对共产主义的默认吗？这些都是含糊不清的），但是模糊性不等于意义的匮乏。事实上这种情况下模糊性恰恰显示了它的建设性功用。

当我们以这种方式来看待对话时，我们将不再把对话看作是少数在谈判桌和书桌前的政治家和理论家用他们发达的大脑来从事的事情，而是看作所有的人都应当参与的，以全身心来投入，并且在所有的人类生活，包括体育运动、经济和社会活动，以及文化娱乐交流等中进行的活动。对话的空间是无限的。这种大视野的对话的结果，将不只是形成一些协议文件或共同签署的宣言，而且是实际的转化本身。

同时，言词的重要也不仅仅在于它能表达原则和信念。它的重要性还在于能引导行为，修正态度以及直接作为行动来执行人的意愿。儒家的礼就在很大程度上依赖“正名”的方法，正名是通过确定事物的性质，从而确立某种秩序，得到期待中的和谐。“礼之用，和为贵。”（《论语·学而》1.12）

正名通常是使相关的性质清晰化，但偶尔也有利用“名”之含混性的情况。这里可以用 2001 年发生在中国南海的美国军用侦察机与中国战斗机的撞击事件为例。事件发生之初两国的关系剑拔弩张，非常危险。值得庆幸的是，最后两国政府保持了足够的冷静，没有让紧张局势进一步扩大。经过谈判，双方提出了一个创造性的解决办法——在美方对中国飞行员的牺牲以及美机未经中方允许紧急降落在中国领土上表示了“very sorry”以后，中方放归了美方机组人员并允许美机在拆解以后运回美国。“sorry”一词其实是模棱两可的，它既可以表示“遗憾”又可以表示“道歉”。中文后来就译成了“歉意”，将其理解为美国承担了相应的责任，做出了合适的表态。然而在美方看来，它又可以理解为仅仅是“遗憾”，不含有任何责任意味。利用这种含混性，双方缓解了紧张局势，建立了一种暂时的平衡。

用哲学的说法，这是一个言语行为（speech act）功能的经典案例。语言不只是描述事实的工具，语言的运用也是一种行动。黄百锐（David Wong）在《和谐、分离与民主之礼》一文中指出，要找到一系列为大家普遍承认的道德价值或“重合共识”是很困难的。因而以寻求重合共识为保证民主机制的唯一或主要战略是错误的。他提出，礼可以帮助我们在完全听任分离和以和谐的名义排除健康的异议这两个极端之间找到某种明智的平衡。[①]（后者实际上确切地说是孔子所反对的“同”，而不是孔子所要达到的“和”。）礼仪要求参与者有与特定的礼仪相应的态度，礼仪形式可以唤醒、引起、提升和强化这些态度。在礼仪活动中，理智是模糊的，没有推论性的语言介入。一个礼仪活动的意义也许没有统一的确定解释，但正因此，它的开放性和模糊性可以将生活态度不同的各种人团结在一起。它使和谐有了一个超越理智共识的、情感上的基础。黄百锐意识到，礼仪的参与者必须对礼仪的内容有一定程度的认同，而且礼仪也可以被用来培养和加强其所代表的意识形态的统一性。但由于礼仪的意义主要是由行动承载的，所以其认同程度仍旧是模糊的，仍为各种不同观点的共存留

① 见 Leroy Rouner ed., *Civility* (Notre Dame, IN: University of Notre Dame Press, 2000)。

有很大的空间。

某种程度的认同在礼仪中是不可或缺的。一个参加了佛教剃度仪式的人，在多大程度上认同佛教教义可以是非常模糊、开放的，但很难说一个仅仅是借此机会剃个光头的人是真正地参加了这个仪式，尽管他为了不出钱剃头而做了所有这个仪式规定的动作。礼所要求的对基本共识做出诠释方面的模糊性和开放性，说明它对于能为理性语言所概括的共识的要求是很宽泛的。理性原则总是“薄”的、抽象的，但礼所引起的感情上的共鸣是“厚”的、具体的。这种共鸣也是有内容的认同，所以模糊性并不等于贫乏性。但它却不是排斥了具体差异的同。这正是“和而不同”之和。其实树立道德典范，“修己以安人”的方法也具有这种模糊性和开放性，并且也具有达到“厚”的认同感的效果。而且两者都是通过引起对象内在的共鸣而达到“和”的目的，这与通过外在的律令去规定人的行为方式有根本的区别。

当然，健身模式的对话不排除必要时的相互批评。对错误的、有危害的言行，也需要“鸣鼓以攻之”(《论语·先进》11.17)。只是这种批判也必须要有适当的礼。如“攻其恶不攻其人”(《论语·颜渊》12.21)，对己严，对人宽，不求全责备(《论语·子路》13.25)等。

文明之间的交流也是如此。毕竟，文明对话不能仅靠语言，世界的和谐也不能只靠抽象的共识。用健身模式看待文明对话有助于我们看到现代特殊意义上的文明对话形式与其他文明交流形式的联系。

在解决种种全球危机的时候，文明对话的优点是能够从各文明的基本思想方法和价值观念这个根子上来做出反思和调整，而不是暂时地压抑一些局部的症状。与中医一样，在对付急性症状方面，文明对话显然不如政治手段、经济制裁手段，或者武力震慑手段那么立竿见影。对许多紧迫的问题，还是需要运用其他必要的手段，就像医疗上需要中西医结合一样。但我们也看到，那些其他手段不仅没法从根子上解决问题，而且它们往往本身就导致更深刻的危机。

三　和而不同与开放的肯定性

儒家文化不仅可以寻求与其他文化的和平共处，而且会期冀与各种文化互补互动，互惠互利。在确定“人类昌盛”的共同目标的前提下，各文化传统即便在理论上有分歧，仍然可以在功法的意义上成为世界文明和谐共处的有价值的成员。

儒家所谓的“齐（家）”“治（国）”“平（天下）”，可以说是同一状态在三个层次的展现。它们都意味着一种和谐的秩序。“和”不意味着“同”。孔子说：“君子和而不同，小人同而不和。”（《论语·子路》13.22）“和”乃是不同成分的互利互助的共存状态，而不是同样成分的简单集合或共存。《左传》中对“和”的经典表达，确实是既清楚又生动——和谐好比一锅不同作料做成的羹，或不同音调组成的乐曲。“若以水济水，谁能食之？若琴瑟之专一，谁能听之？同之不可也如是。”（《左传·昭公二十年》）要在不同的成分所构成的集合中求同，就必然是将某些成分的独特性强加于别的成分之上，迫使其同化，而另一些成分则被迫放弃自己的独特性。但在“和”的集合中，一个成分在与其他成分共存时不是以牺牲自己的独特性为条件，恰恰相反，其独特性正是由于与其他成分的共存而得到充分的发挥，并且同时也使其他成分得以相映生辉。①

当然，一锅羹里各种作料成分的和谐是基于这样一个条件的——这些作料成分之间不能有本质上的互相冲突。中国有句老话：“一粒老鼠屎坏了一锅粥。”仅仅是不同、独特，并不证明一个成分可以成为一个和谐整体的一部分，更不必说是一个有价值的组成部分了。因此孔子在原则问题上还是求同的。他说：“道不同，不相为谋。”（《论语·卫灵公》15.40）这个限定并不是孔子在对待多元化问题上的不彻底。说到底，“和”的原则无法与

---

① 见倪培民：《儒家文化与全球性的对话与和谐》，哈佛燕京学社（编）《全球化与文明对话》（南京：江苏教育出版社，2004 年），第 306 页。

破坏“和”的成分和谐共存。美国风行的“政治正确”运动和对多元文化的提倡，实际上也有着这么一个限定。如果所谓政治上正确指的是不管什么内容的文化都应得到保护和发扬，那么反对多元文化的文化是否也应得到保护和发扬？

而且，光是成员间的志同道合还不足以保证一个理想社会。一粒老鼠屎可以坏一锅粥，各种不同的屎也可以臭味相投，使各种臭气得到更加淋漓尽致的发挥。《礼记·礼运》中讲的“大道之行也，天下为公”，显然不能包括一锅屎的“公”。9·11 的恐怖分子也难说不是为了某种“公”。所以问题又在于我们要达到哪种和谐，谁的为公。儒家的“为公”能否成为普世的“公”？孔孟之“道”能否成为普世的“道”？它所要求的志同道合与“和”所要求的多元性是否冲突？要回答这些问题，就必须涉及“和谐”和“公”的具体内容。不同的文化和宗教传统都有自己的“道”。如果它们都仅仅坚持“道不同，不相为谋”，都坚持自己的“公”的概念与“和”的前提，都要求其他各方认同其基本原则，而只允许诸如是用刀叉还是用筷子吃饭之类的特殊性，那么“同”与“和”的本质区分又何在？所以抽象地提倡多元文化的和谐是远远不够的，各文化传统仅仅要求别的文化在服从自己的基本信条的基础上才与之和谐共处也是不够的。各文化传统必须通过对话，通过对自己的传统和别的传统在对话过程中的批评和反思，才有可能达到真正的“和”。

对于“和”的可能性的探讨把我们引到了对话的可能性问题。在此，我们不妨再次提及史地文所说的“开放的肯定性”（open-definiteness），因为只有持这种态度，对话才有可能。[①] 所谓开放，指的是认识到自己的可错性、有限性，愿意倾听别人的想法，愿意努力去理解别人，并且在面对确实更有说服力的观点时，能放弃自己原来的观点而接受新的观念。所谓肯定，是指有一个明确的立场和观点，并在没有充分的理由去否定它们以前，

① 见 Stephen Rowe, *Rediscovering the West*, p. 93。

不随意地放弃这些立场和观点。[①]

认识到自己的可错性是开放心态的最基本的规定。那些固执己见、自以为是的人是不会觉得有对话的必要的。他们也许会认真地听取别人的想法，但目的只是想如何去驳倒或说服对方，而不是为了探讨真理。

从理论上说，认识到人的可错性并不是什么了不起的事。且不说早在公元前几百年，中国的老子、孔子，古希腊的苏格拉底就都已经有了“知不知”的智慧，人类经过两千多年的哲学探讨，尤其是经历了西方近代哲学的认识论转折和现代的语言学转折，这一点已经可以说是哲学界的普遍共识了（尽管和其他任何学术界相比哲学界是最少有共识的）。这个道理的难度与其说是在理论上，不如说是在实践上。有许多人以为自己懂了这个道理，表现在行动上却只是指责别人不知自己的无知，以为自己能看到别人的缺乏自知便是他高于别人之处。令人吃惊的是其中很多还是哲学界的人士。他们可以在理论上完全承认自己的可错性，但在行动上却忘记了，苏格拉底智慧的核心在于知道自己的无知。苏格拉底说自己是牛虻，这个比喻唯一不确切的地方是他不只是叮别人，而首先是叮他自己。

这个道理对于那些自以为能确知神意的人尤为困难。许多人用尼采的名言“上帝死了”来描述后现代的世界。但这个说法显然要加上一些限定词。对相当多的人来说，精神性死了，对某种超验权威的盲目崇拜却顽固地活着。有些人认为，那些恐怖事件是宗教极端分子的所作所为，是某些原教旨主义者片面或歪曲理解其宗教教义的结果。这种看法，用黑格尔的话来说，固然是“不错”，但尚未达到“真理”。所有的宗教文明都应当正视这样一个问题——为什么自己的传统会产生出极端分子和原教旨主义？为了维护一个宗教传统的尊严，人们往往回避这样一个事实，那就是如果一个传统缺乏开放精神，不承认自己的可错性，或者是在这方面不彻底，这个传统就容易产生极端分子！人无法用上帝全知全能的目光看待事物。即便你的宗教的“圣经”是上帝的真理，这个圣经也是用人的有限语言，

① 见倪培民：《儒家文化与全球性的对话与和谐》，第308页。

通过历史的和具体的文化传统中的人来记载，并只能通过可错的、人的理解去诠释，因而也是可错的。

传统儒家在这方面不像其他一些宗教文明那样背有沉重的包袱。正如杜维明所说，孔子是儒家思想的代表，但他既不是儒家价值的最高体现者，也不是儒家论说的创造者。他是述而不作的集大成者，是朝着儒家理想境界不断成全自己的实践者。[①]他虽然敬畏天，并且自称在五十岁时能知天命（《论语·为政》2.4），还以“天生德于予”（《论语·述而》7.23）自命，但儒家的“天”与其说是超验的神，不如说是以“四时行焉，百物生焉”表现出来的内在法则（《论语·阳货》17.19）和以“民视民听”体现出来的社会趋势。孔子从来不把自己当作先知先觉的教主或者“天”的代言人。对超验的事物如鬼神、来世之类，孔子持非常谨慎而开放的态度。他坦率地告诉他的弟子，“吾有知乎哉？无知也。有鄙夫问于我，空空如也。我扣其两端而竭焉”（《论语·子罕》9.8）。他也不声称自己永远正确。他说：“丘也幸，苟有过，人必知之。”（《论语·述而》7.31）据《晏子春秋·外篇下第八》记载，孔子因晏婴“事三君而顺”疑其为人。晏子听说以后叹道：“以一心事三君者所以顺焉，以三心事一君者不顺焉。今未见婴之行而非其顺……始吾望儒而贵之，今吾望儒而疑之。”孔子听说此言以后说：“君子过人以为友，不及人以为师。今丘失言于夫子，夫子讥之，是吾师也。”并派弟子宰我去代表自己向晏婴谢罪认过。这种坦承己过的行迹，身体力行地“过勿惮改”（《论语·学而》1.8）的自我更新精神，在其他宗教文明的主要代表人物中是鲜见的。而且，在传统儒家看来，这种开放的自我批判，不仅不是单纯的自我否定，而且正是更新自己，成就自己，是儒家所谓的“为己之学”的一部分。正因为儒家传统在本质上有此开放精神，所以它的内部就很难产生出极端的原教旨主义来。[②]

---

① 见哈佛燕京学社和三联书店主编的《儒家与自由主义》，第125页。

② 儒家主要经典中有关此题的其他主要论述还有很多，如“小人之过也必文”（《论语·子张》19.8），“过而不改，是谓过矣”（《论语·卫灵公》15.30），“君子失诸正鹄，反求诸其身”（《中庸》第14章），等等。

具有开放心态，承认自己的可错性，并不等于放弃自己的肯定性，也不等于只反省自己而不去帮助别人。当今的世界缺乏的不只是开放的精神，也缺乏肯定性。美国近二十年来盛行的所谓“政治正确运动”（Politically Correct Movement）使许多人放弃了种族、性别和宗教上的歧视，接受和尊重多元化的事实。这无疑具有巨大的积极作用，但它也带来了一种病态心理，以为要尊重别人就必须认为所有的文化价值体系都是同价的，没有优劣之分。“容忍”成了最高的德性。美国1997年6月27日的《高等教育纪事报》（*The Chronicle of Higher Education*）上并列发表了两篇文章。一篇是汉密尔顿学院（Hamilton College）的哲学教授罗伯特·西蒙（Robert L. Simon）写的。他指出在美国有一种日益增长的“绝对主义恐惧症”（Absolutophobia）——惧怕对任何哪怕是显而易见的罪恶做出道德判断。那些在越来越多元化的社会中成长起来的年轻人，由于接受了“仅仅因为别人与你不同，不等于他们比你更好或更坏”的观念，非常害怕被人说成是绝对主义。虽然西蒙教授的学生们没人怀疑纳粹的种族灭绝暴行是个历史事实，但越来越多的学生拒绝对此做道德的谴责。有一个学生说：“我当然不喜欢纳粹，但谁能断言他们是不道德的？”另一篇文章的作者是帕萨迪纳城市学院（Pasadena City College）的写作课老师凯·豪高（Kay Haugaard）。她说，在她二十年的教学经历中，她一直引导学生讨论雪莉·杰克逊（Shirley Jackson）的经典短篇小说《摸彩》（*The Lottery*），从来没有学生对故事中那将无辜的人用乱石击毙的残酷宗教礼仪是不道德的行为有任何异议。但在最近的一次讨论中她惊奇地发现，二十多个看上去智力正常的学生竟然没有一个能摆脱犹豫和困惑，站出来谴责活人献祭。一个四十来岁的女学生问道：“这个仪式是他们的宗教的一部分吗？”“是的话又怎么样？有什么不同呢？”当老师的反问道。“我也不知道，”学生回答说，“如果这个宗教是一个悠久的传统……”凯·豪高简直不相信自己的耳朵。她写道：“那是一个温暖的夜晚，但我感到寒栗，彻骨的寒栗。”令人觉得可怕的是，如果人们变得毫无立场，对所有的事情都只能耸耸肩膀说一句“谁能断言什么是对的”，那么又有什么能制止纳粹暴行的重演？

1994年发生在卢旺达的80万人被屠杀的种族灭绝暴行是否只有在发生到我们自己头上时才会引起我们的愤慨?

但平心而论，这些学生不会是完全是非不分、麻木不仁的冷血动物。他们的态度在一定程度上是出于谨慎的开放心态，生怕自己太过于自信，对自己不甚了解的其他文化价值体系做出贸然判断。但如果把开放理解为不能有自己的立场，对话也就没有了可能。对不容忍的容忍，只能导致对容忍的不容忍。另一方面，这些学生的态度也出于一种虽然幼稚，但又非常普遍地存在的逻辑混淆，即把尊重他人自由选择信念的权利等同于认可他们所选择的信念的正确性，把指出别人的错误等同于剥夺别人的信仰的权利。似乎对某种观点和行为的批判，就意味着对人权的侵犯。其实这两者毫无必然的联系。

由此而引起的“绝对主义恐惧症”既使人丧失了批评的能力，也反过来成了自我封闭的保护机制——既然我们的信念和价值体系只是不同，没有优劣之分，那么我就没有必要检讨我自己。事实上美国的“政治正确运动”所提倡的一个口号“为自己的独特性感到骄傲”（To be proud of who you are），由于它本身的含混性，已经从认同自己的种族、性别等天生的独特性扩展到文化价值上的独特性，并进而扩展到任何其他的独特性，无论良莠。

传统儒家的“和”，包括了对多元性的肯定，但又有“道不同不相为谋”、“忠焉能勿诲乎”（《论语·宪问》14.8）的确定性。孔子明确地指出，对自己的君主或父母也不能惟命是从。孔子说：“昔万乘之国有争臣四人，则封疆不削；千乘之国有争臣三人，则社稷不危；百乘之家有争臣二人，则宗庙不毁。父有争子，不行无礼；士有争友，不为不义。故子从父，奚子孝？臣从君，奚臣贞？审其所以从之之为孝、之为贞也。”（《荀子·子道》）从商、周到后来历朝历代，像屈原、晏子、魏征这样的谏臣都代表了以直言其君之恶为忠的传统。这种在道德理性面前的平等关系，虽然缺乏制度的保障，以致忠臣往往受害，但它所代表的确定性，作为对开放性的不可缺少的补充，是儒家可以为当今世界文明对话提供的重要资源。

四 “囚徒困境”与“红灯笼困境”

天下观念和它的现代表述“合作共赢”“命运共同体”，在理论上具有明显的正当性，但在实践中，却非常困难。中国的“一带一路”倡议以此为理想，令人振奋，但是其可行性，却障碍重重。“一带一路”沿线的国家地区情况极为复杂，文化、宗教、民族、政治的派系极为多样，任何试图使之趋同的努力都可能引起反弹，把局面弄得更为复杂和糟糕。正如任何德性都会有与之相应的弱点，勇猛者容易鲁莽，耿直者容易不讲策略，讲策略者容易油滑而无原则，威严者往往不可亲，可亲者往往心太软①，合作共赢所依据的生化因果观的行为方式也有其局限性。如果你愿意合作，别人（不管是出于无知、短浅、自私，还是偏见、妒忌）偏不合作，或者你用生化因果方式去与他沟通互动，他却用动力因模式来制约和摆控你，你怎么办？而且从效果而言，动力因模式往往比生化模式更加有力，更快见效。一个君子面对一个挥着拳头的小人讲和谐，吃亏的往往是君子。最文明、最优秀者不一定能占上风。

伦理学中有一个著名难题，叫“囚徒困境”（prisoner’s dilemma）。它假设：两个自私而又理性的共谋犯被关入监狱，不能互相沟通情况。如果两个人都不揭发对方，则由于证据不确定，每个人都坐牢 1 年；若一人揭发，另一人沉默，则揭发者因立功而立即获释，沉默者因不合作而判罚囚禁 15 年；若互相揭发，则因证据确实，二者都判囚禁 6 年。由于囚徒之间无法信任对方，因此对每一个囚徒来说，理智的选择就是揭发对方，而不是沉默。但是正是因此，两个人最后都判 6 年！

---

① 孔子显然注意到了这一点，他说：“好仁不好学，其蔽也愚；好知不好学，其蔽也荡；好信不好学，其蔽也贼；好直不好学，其蔽也绞；好勇不好学，其蔽也乱；好刚不好学，其蔽也狂。”（《论语 · 阳货》17.8）

	甲不坦白	甲坦白
乙不坦白	甲服刑 1 年 乙服刑 1 年	甲无罪释放 乙服刑 15 年
乙坦白	甲服刑 15 年 乙无罪释放	甲服刑 6 年 乙服刑 6 年

这个难题说明在合作明明对涉事各方都有利时，保持合作也是困难的。虽然困境所用的例子本身只属模型性质，但现实中到处都有类似的情况。每个人都希望自己得到最大利益，但恰恰因此每个人都得不到最大利益。比如环境污染，每个自私而又理性的个人都会希望如果别人都遵守规定不排放污染，自己排放的那一点点就不会引起什么后果，而如果自己遵守规定，别人却在偷偷排放，自己在环保上付出的代价就完全浪费了。因此他就选择悄悄排放污染。而如果每个人都如此算计，最后大家都一起承担污染的后果。

《镜花缘》里描写了一个君子国，那里的买卖“好让不争”，不但诚信无欺，简直恨不得白白赠送给对方。市场上讨价还价都是“反着”来的——买者说:“老兄如此高货，却讨恁般贱价，教小弟买去，如何能安!务求将价加增，方好遵教。”卖者则坚持道:“适才妄讨大价，已觉厚颜，不意老兄反说货高价贱，岂不更教小弟惭愧?”但这样的社会只有在大多数人是君子的情况下才有可能。如果这个社会里有相当一部分人是小人，那么君子们就会被当作傻瓜，被小人所欺，最后“劣币”会淘汰“良币”，或者把“良币”也染成“劣币”。

囚徒困境是合作共赢观念所必须面对的一个挑战，因为它描述的恰恰是构成命运共同体的各方从自我利益的角度，理性地得出了不合作的决断。这里我们虽然无法对这个难题提供全面的分析和解决方案，但或许可以提出一个观点作为参考。

从囚徒困境的基本结构来看，其解决途径无非是两条，一是改变游戏规则，二是改变“囚徒”的思维方式或品性。

假设那两个囚徒都从属于同一个帮会，此帮会老大明确立过规矩，背叛帮内弟兄者，死。这基本上就能够摆脱前面那个悖论，因为游戏规则变了：不管对方怎么做，自己如果坦白，就是死。这就是说，如果游戏规则能使“拒绝合作”变得对自己不利，就可以缓解甚至解决囚徒困境。

另外，如果游戏规则不变，但是“囚徒”们的思维方式或品性变了，变成不是自私的理性主义者，而是有道德原则或者讲情义的人了，问题也可以得到解决。假设那两个囚徒是可以为对方牺牲自己的哥们，或者他们都信奉“背叛可耻”的道德信条，那么他们也都会选择保持沉默。

当然，如果两个条件皆具备，那就有了双保险。但是在没有那样理想的条件的情况下，可以利用上述两个条件之间的对应关系：其中一个条件越是充分，对另一个条件的依赖就越少。如果两个囚徒本来就是两肋插刀的铁哥们，那么帮会老大的规矩就没有必要了。反过来，有了帮会老大立的规矩，那么两个囚徒是不是铁哥们也就无所谓了。

这也是儒家设计的社会治理结构。前面我们引述过，孔子曾说：“圣人之治化也，必刑政相参焉。太上以德教民，而以礼齐之。其次以政言导民，以刑禁之，刑不刑也。化之弗变，导之弗从，伤义以败俗，于是乎用刑矣。”[①] “礼以道（导）其志，乐以和其声，政以一其行，刑以防其奸。礼乐刑政，其极一也；所以同民心而出治道也。”（《礼记·乐记》）和前面讨论过的因果观联系起来看，“道之以德，齐之以礼”可以说是生化因果模式，而法制手段则是动力因模式。一方面，动力因模式支配下的行为方式是控制和摆布，容易导致对立和对抗，故而理想的境界是用生化因果模式作为主导；另一方面，在许多场合下动力因模式还是必需的。合理的选择是建立一个立体的因果概念体系，以动力因概念作为其初级的层面，以生化模式的因果概念作为其高级的层面。对于可以理喻、可以合作的，则以德化之，以礼齐之，以政导之；对于不可理喻的恐怖主义分子和对于永远喂不饱甚至时时要反咬一口的白眼狼，则相应地使用刑法来对付。

---

① 《孔子家语》，第 79 页。

西欧一些发达国家的城市公交系统无人售票检票，其日常运作就靠乘客自觉从售票机买票。这就是依靠人们的道德自觉，相信大多数人不会贪小便宜而丧失人格。同时，公交公司采用随机抽查制度，这就是以政导之。对于查到逃票的予以处罚，这就相当于以刑禁之。这里各个层次的分量又是可变的，可以根据需要来增减调节。如果有许多人不自觉买票，利用制度上的宽松而逃票，那么设置检票系统就成为必要的了。而如果绝大多数人都已经达到自觉，那么抽查的频率就可以降低，在最理想的状况下，甚至可以无须刑政，而这也是对所有的乘客最好的，因为那样的话公交的成本就会降低，票价也可以相应降低，这其实就是合作共赢。

一个城市的公交系统有一个机构管辖，这个机构可以调整它的游戏规则。但是并不是所有的系统都那么容易修改规则。目前全球性的事务就缺乏一个有效的全球治理体系。在“天下”这个层次，制定全球游戏规则的，通常不是某些个人，而是庞大的社会实体（如国家机构、政党、财团、大型企业等）。这些实体的“品性”和“思维方式”，也似乎比个人更难改变。

在缺乏现成术语的情况下，我且将这个难题称作“红灯笼困境”。这个名字来源于《大红灯笼高高挂》这部电影[①]。故事讲的是一个生活在20世纪20年代的中国女孩，她被迫嫁给了一个地主，而地主已经有了三位太太。每天晚上其中一位太太房前挂起红灯笼，表示男主人将在此过夜。因为男主人的关注带来权力、地位和特殊待遇，所以几位太太互相竞争以房前红灯笼为标志的恩宠。新来的女孩发现自己处于这样一个两难困境：要么她拒绝参加这种荒谬的竞争，其结果是她将成为这个游戏的受害者；要么她参加游戏，但那时她就变成了这个游戏之荒谬性的强化者。

虽然电影的故事是虚构的，但实际上红灯笼困境在现实生活中非常常见。在当今中国的教育体制中，小孩子每天被迫做大量的家庭作业，父母和学校老师尽管都知道这对孩子不好，但是，却感到除了成为这种残酷实

---

① 此电影是根据苏童的小说《妻妾成群》改编而成。

践的执行者，他们别无选择，因为不然的话，他们的孩子将在这个社会中丧失竞争力。在当今的经济体系中，尽管依靠政府救助来解救陷于危机的金融机构只是暂时缓解困境，但从长远来看，这种做法会让困境变得更深，而它仍然被认为是唯一的选择。就连斯德哥尔摩症这样一种矛盾的心理现象，即人质对劫持他们的人产生同情和感情，也可以被视为红灯笼效应的一种特殊案例，因为人质倾向于认为他们的生存机会依赖于劫持者的宽大处理。

改变游戏规则的难处在于那些规则比绝大多数在游戏中的个人都更为强大。在电影《大红灯笼高高挂》里，唯一能够改变游戏规则的是那个地主，但他是这个游戏的最大得益者，因而也是改变规则最不能指望的人。而在游戏中的其他人要想改变规则，不啻于想拎着自己的头发上天，因为他首先需要接受和遵从游戏规则，成为规则的推行者，才能在体系内得到认可和擢升。而且现实当中的许多游戏体系，甚至都找不到谁是那个“地主”。大多数人感觉到他们生活在一个社会群体中，无力影响这个社会的系统或文化。连社会群体的领袖人物，包括据说拥有至高无上的权力，可以为所欲为的中国皇帝，都会有这样的感觉。他们仍然被历代承继的传统、朝廷的官员以及民众的意志所制约，因为他们的权力本身就是这个体制赋予他的。①

那么希望何在？

五 走向“平庸之善”的可能

如果有希望的话，那么希望一定还是在人。体制和游戏规则是由人产生的，只是这里的人似乎被淹没在社会群体中了，群体及其所服从的体制规则似乎成了从个人那里异化出去的力量，反过来控制了人本身。但

① 如唐玄宗迫于其臣下和三军的压力，不得不赐死他最宠爱的杨贵妃。

社会群体不像个人那样可以被看作是有“自我”的行为主体。[①] 它的“行为”是由个人的行为组成的。近年来非常流行的一句话是，“雪崩的时候没有一片雪花是无辜的”。汉娜·阿伦特（Hannah Arendt）所说的“平庸之恶”[②]，不局限于服从希特勒的命令屠杀犹太人的艾希曼，也适用于日常生活中许许多多其他的事情。当群臣对赵高指鹿为马点头称是的时候，当路人对小悦悦被车碾压视若不见的时候，当一个人明知不公却默然分享其利的时候，甚至当一个人随大流无视交通规则穿过马路的时候，都是在犯“平庸之恶”。在“平庸之恶”概念的启发下，耶鲁大学心理学家米尔格拉姆（Stanley Milgram）做了一个著名的“米尔格拉姆实验”（Milgram Experiment），证明普通人极容易服从权威的指使去做违背其良心的事情。[③] 斯坦福大学心理学教授津巴多（Philip Zimbardo）所做的“斯坦福监狱实验”（Stanford Prison Experiment），也证明普通人非常容易被某种环境和情境所引导而进入角色，做出违背他们平时受到的道德教育的事情来。[④] 这些实验证明了人性的弱点，也证明了群体对个人品性发展的重要性。

但既然可以有“平庸之恶”，也就能有“平庸之善”。权威、体制和社会环境可以使人做违背其良心的事，同样，它们也可能润物无声地引人向善，甚至激发出人自己都想不到的崇高。“周公吐哺，天下归心”，“一日克

---

① 见 Ni Peimin, “Character and Ethics for Social Entities,” in *Moral Cultivation and Confucian Character*, eds. Chenyang Li and Peimin Ni (Albany: State University of New York Press, 2014), pp. 215ff.。

② “平庸之恶”是政治思想家汉娜·阿伦特在其 1963 年的一个关于纳粹军官艾希曼（Adolf Eichmann）的审判报告中提出的概念。艾希曼是犹太人大屠杀的主要执行者，他宣称自己所做的一切都是当时的德国法律允许的，作为军人，他只是服从和执行上级的命令。阿伦特以艾希曼为例，指出生活中广泛存在着“平庸的恶”，其作恶者不是邪恶的魔鬼式的人物，而是不加判断地接受指令的平常人。

③ 这一实验以测试体罚对学习的效果为由，要求一批志愿者扮演“老师”，对隔壁房间的“学生”进行“考试”。凡答错题目的，老师必须按下控制器对学生予以电击惩罚，并随着错误次数的递增而增加电击的电压。实验发现，尽管他们能听到隔壁“学生”的惨叫，但在实验人员的怂恿和命令下，大部分志愿者会同意继续实验，甚至不惜把电压升到危及生命的程度。

④ 该实验模拟真实监狱环境，让一部分志愿者充当狱警的角色，另一部分充当囚犯的角色。实验开始后短短几天内，两批志愿者就深深进入角色而难以自拔。

己复礼，天下归仁"(《论语·颜渊》12.1)。在英语里，平庸是"banality"，意为缺乏创意的。但中文的"平庸"一词，却可以上接《中庸》，指那虽"夫妇之不肖，可以能行焉，及其至也，虽圣人亦有所不能焉"的善，那"造端乎夫妇，及其至也，察乎天地"的美。(《中庸》第12章)

当然，每个个人，每个团体乃至国家因其占据的天时地利不同，所能够发挥的作用也不同，其所能产生的影响和所应担负的责任也不同。就像针灸穴位一样，占据了关键地位，才能调动相应的能量，导致相应的变化。所以儒家的"精英"倾向，其实也是功夫的思路——位置越高、财富越多、资源越丰富的人，功力也越大，责任也越大。人类的总体成熟程度和功夫水平，更多地取决于其各界精英。这种精英主义是对自身价值及其相应的责任的自觉。与之相伴的不是傲慢，而是"戒慎恐惧"①的谨慎，是"人能弘道"的自信。

这意味着"平天下"的责任，首先是身居社会各阶层要位的各级"首脑"。他们占据了各种关键"穴位"，能够调动庶民没法调动的能量，能够造成庶民没法造成的社会影响，因而承担着更多的责任。套用毛泽东的一句话，制度确定以后，"干部就是决定的因素"②。说到底，制度是人建立的，也是可能为人所改动的。孔子说："吾之于人也，谁毁谁誉？如有所誉者，其有所试矣。斯民也，三代之所以直道而行也。"(《论语·卫灵公》15.25)夏商周三代之民，本无区别，然而"尧舜之民可比屋而封，桀纣之民可比屋而诛"③，所以孔子有所毁誉的，是那些"其有所试者"，即当官的人。④尤其是大国的政府首脑们，据其位而谋其事，必须有天下的视野和胸怀，意识到"天之历数在尔躬"。他们是各自国家的代表，但不能只是自己国家一己私利的代表。他们应该是"朕躬有罪，无以万方；万方有罪，罪在朕躬"

---

① 《中庸》："戒慎乎其所不睹，恐惧乎其所不闻。"

② 毛泽东的原话是"政治路线确定之后，干部就是决定的因素"。

③ 陆贾：《新语·无为》。

④ 对这段话里的"试"，历代注解者多以为是"测试"或"磨砺"之意。但这些理解都难以与后面一句"斯民也，三代之所以直道而行也"连接上。故笔者以"吾不试，故艺"(《论语·子罕》9.7)中之"试"为据，释为"为世所用"，即出仕。

(《论语·尧曰》20.1)的君子，而不是到处恬不知耻地声称“我的国家必须优先”，甚至对外以邻为壑，损人不利己，对内则自己永远正确，不许人言其非的小人。

其次是知识分子，或古代所谓的“士”。士所代表的，是一个社会的文化。作为文明素质的最直接的载体和构建者，知识分子是最体现一个社会之“精气神”的群体。知识分子的品性，在很大程度上体现了整个社会的品性，也塑造着整个社会的品性。士应该是一个有道义、有担当、有胸怀、有眼光的群体。这个群体应该在整体上独立于政治和经济——这种独立不是不闻不问，而是有自己的立身之本，不需要在权贵的傲慢和金钱的傲慢面前低头，当然更不能去追名逐利，阿谀钻营，成为权势和金钱的附庸。知识分子的独立性是其公共性的基础。

科技界在当今世界中的作用越来越重要。科技是人类功夫的结晶。作为“功夫的外体化”或“器化”，科技既使人类功夫大幅度提升，也使人类对它形成依赖，导致人自身功夫的贫乏化。(如计算器使人可以轻易地完成复杂的计算，但也使人的心算功夫减退。)当今世界，人类比以往任何时候都更依赖科技，科技也比以往任何时代都更深刻地改变着人类生活的方式。因此科技界的精英必须意识到，他们不只是在研发为人所用的器物，而且是在塑造人类的生活方式，塑造人本身。他们所开发的最尖端的功夫，无论是基因编辑、人工智能、虚拟现实，还是大数据，都既可造福人类，也可能成为“大规模杀伤性武器”。因此它们的开发必须与“人的成熟”程度协调共进。

教育是直接关系到塑造灵魂的“工程”，而不是满足消费者需求的行业。教育界的人士，包括教师和学校的行政管理层，必须把人文教育，把人的培养，或“新民”，作为教育的核心。在英语中，人的素质教育常常被称作为“liberal education”。这个名称突出了教育的“自由”功能，即帮助学生获得做出理性选择的能力。这无疑是十分重要的一个方面，但教师的职责不是仅仅为理性自主的个人提供满足其愿望的知识，而把人品的引导完全交给家庭和教会。素质教育应该更恰切地称作为“人文教育”，或称作为“文明教育”，让学生通过接受教育而发生转化，得到功夫的提升，获得“修炼而成的自发性”意义上的“无须选择的自由”。作为学生的人生导师，教师职业比其他许多职业都要有更高的责任心和道德素质要求。

企业界和金融界是具有强大社会实力的群体。它们手中握有的经济实力，使之能够在很大程度上影响包括政治在内的各个方面。他们对社会的影响堪比交通网络对人流和物流的影响。公路、铁路、航线规范了出行者和物流可以选择的路线，企业的产品和服务，金融的投资和借贷，同样规范了生活的“道”，规范了社会的走向。企业和金融界的精英们因此在创业的同时，也在自己的肩上搁上了重大的社会责任。

当然，社会群体的品性不能完全归约为个人的品性，群体之间的游戏规则也不能简单地还原到个人的行为规范。但个人和群体之间的同构性和差异，还是可以给我们以启发。

个体的自主性通常是被夸大了的。作为个体，我们也被制约着——被我们有着自己的“好恶”的身体制约，被我们并不总是与理性相一致的情感制约，还有被通过家庭和社群传递给我们的传统以及社会环境制约。随着年龄增长，一个人的思想和身体倾向的“结构”牢牢建立，这个人就变得不那么易受影响了。孔子甚至说：“年四十而见恶焉，其终也已。”（《论语·阳货》17.26）柯普曼对品性的分析及其对东方哲学的研究的一个主要贡献就是，他向我们说明了伦理不仅仅是关于对各种选项进行权衡后决定做这件事还是做另一件事；伦理应该包括承诺的连续性（continuity of commitments）。[1] 在这个连续的过程中，主体的选择“是不经过审思的，甚至主体都不会明确意识到自己是在做选择”。“尽管如此，这些选择可能做得很好或很糟。当张三未经犹豫就突然转动方向盘以避免车子撞到某个人时，她做得很好。当李四未经犹豫不加思考地从事着看守集中营的工作时，他做得很糟。”[2] 与此类似，一个社会群体的品性可以被视为更大级别的

---

① Joel Kupperman, *Character*, p. 69.

② Ibid., p. 71.

"承诺的连续性"。由于社会群体往往比个人的协调程度更差，改变其承诺的连续性也更难。但是同样不等于一个社会群体完全无法改变其行为方式。

确实，即使是内部最最协调一致的社会实体，比如一支纪律严明的军队，其中的成员依然无法像运作自己的脑子那样去运作其他成员的脑子，或者像指挥自己的四肢那样去指挥其他成员的行动。在这个意义上，改变一个社会群体的品性远不如改变自己个人的品性那么容易。但从另一个角度看，社会群体的品性却又不像个人那样难于改变。个人没法换脑袋（也许在不久的将来可以），社会群体却可以换领导人。一个人到了四五十岁品性已经定型，很难有大的转变，社会群体却可能因为新一代成员的加入而形成非常不同的风气。

或许有人会说，社会群体的品性是由其性质决定的。金融机构和企业的目的顺理成章且必不可免地是赚取利润。我们可以制定规则来限制它们可以做什么和不能做什么（例如关于公平竞争、公平就业等方面的法律），但是，不能要求它们不把赚取利润作为自己的首要目的。现在的国际政治，在很大程度上受经济的主导，为实力而左右。我们可以希望各国政府像君子一样仁义，但没法要求他这么做，因为政府的本质就是保护其本国国民的利益。

这个论点实际上并不像它看上去的那样有力。我们完全有理由要求一个商人不只看利润，要求一个政治家不只考虑选举的输赢，要求一个牧师不把自己仅仅当作上帝的代言人。形而上学地把社会群体按照某种职能来定位，那是一种抽象。这就类似于这种逻辑，即把我旋转开关，我打开灯，我照亮房间，我无意中警告了正在屋内的窃贼看作四个完全不同的行为，尽管它们实际上是用四种不同方式来描述的同一个行为。[1]

---

① 那种抽象概念的逻辑表现在金在权（Jaegwon Kim, "Events as Property Exemplifications," in *Action Theory*, eds. M. Brand and D. Waiton. Dordrecht: Reidel, 1980, pp. 159–177）和阿尔文·戈德曼（Alvin Goldman, *A Theory of Human Action*, Princeton: Princeton University Press, 1970）关于事件作为"一种性质的例证"的观点中，它与安斯康姆（G. E. M. Anscombe, *Intention*, Oxford: Blackwell, 1957）和唐纳德·戴维森（Donald Davidson, "Actions, Reasons and Causes," in *The Journal of Philosophy*, LX, No. 23, 1963）所持有的关于事件的那种更符合常识的观点相对立。

同样道理，企业不能只把自己的身份看作是“赢利集团”，就像一个个人不能只把自己看作是赚钱的机器一样。作为社会的存在，企业必须在争取赢利的同时担负社会的责任，考虑到自己的产品和生产方式所携带的文化含义和社会效应。中文和日文用来翻译“economy”的词是“经济”。“经济”[①]是“经世济民”的缩写，其原意是“管理和供给”，即管理财物，以为民众提供生活之所需。尽管我们并不确切地知道谁最先将它作为“economy”的翻译来使用，以及翻译的人当时是什么想法，但是“经济”和 economy 的联系体现了儒家对经济活动应该是什么的一种理解——“经济”应当是以提供产品或服务来满足民众的需求，并在此过程中获取盈利，而不是倒过来，为了赚取利润而去提供产品或服务。作为一种社会存在，一个经济实体可以影响社会的政治、文化、安全等诸多方面，因此，期望它们在更广泛的意义上对社会负责，是理所当然的。

以上这些如果仅仅是从道德规范的角度去看待，将它们当作对人的道德命令“必须”如何如何，那么人类的未来前景确实非常渺茫。所幸的是，个人与他人的命运，以及人与其所繁衍生息的环境，是密切相关的。孟子早就用极为简单的语言指出：“杀人之父，人亦杀其父；杀人之兄，人亦杀其兄。然则非自杀之也，一闲耳。”（《孟子・尽心下》7B:7）“仁者安仁，智者利仁，畏罪者强仁。”一个聪明人会认识到，戕害别人与自戕自贼只是多了个中间环节而已。“智者利仁”讲的就是“仁”不仅仅是道德要求，也是保证个体自身利益的最好方法。而“仁者安仁”，更是指出了超越道德责任的境界，在那里，“仁”成了艺术的生活方式。在艺术境界里，美是其自身的回报。

这样的境界不但是个人修炼的目标，也可以成为社会群体品性修炼的目标。社会群体的品性就是它的文化，它的行事方式，或者说功法。群体的规则和体制，就是其功法的外体化。以企业文化为例，近年来在东亚十分活跃的“儒商”，就是社会群体功夫修炼的例证。如制造厨房设备的“方

---

① 这个术语据说最先是由日本人用来翻译 economy 的，而后，由孙中山引进到中国。

太”，建立“方太儒道”，将企业核心价值定为“产品、企品、人品三品合一”，以“诚信为本”，提出要成为一个“伟大的企业”——一个伟大的企业与一般的大企业之不同，在于“因爱而伟大”。制造电子设备的苏州“固锝”，提倡家文化，进行人文教育，组织人文活动，改善职工生活环境，提高职工幸福度。台湾的信义企业集团，以信义为名，“自背十字架”，提出“信义立业，止于至善”，在公司里设“伦理长”一职，投资培训企业伦理的教师，提出 TEM（全面伦理管理）概念和对客户、员工、股东、环境负责的口号。这些企业在为社会尽责的同时，销售收入持续提高，成为业内翘楚，而且在企业本身内部创造了家园的氛围。

这样的模式不仅仅存在于儒家传统中。总部在美国的咨询公司 LRN 做的一项研究表明，“绝大多数的员工（94%）认为其任职的公司有没有坚定的价值承诺，是至关重要的。82% 的人表示，他们宁愿工资低一些而为受价值观驱动的公司工作，也不愿在一个价值承诺上有问题的公司领取高薪”[①]。在美国，有一个非常值得参考的实例。美国通用电气公司旗下的 GE/Durham 是一个装配飞机引擎的子公司。这个公司不设考勤制度，上下班时间由工作人员自由决定。公司总经理下达的唯一指示是下一批引擎需在什么时间完成。公司也不设特殊的物质奖励。整个公司只有基于培训和技术层度划分的三个薪金等级。公司总经理葆拉·西姆斯（Paula Sims）说，金钱刺激“不是我们公司文化的一部分”。然而就是这个公司，在 20 世纪 90 年代做到了在 5 年之内把生产成本降低了 50%，质量问题率降低了 75%，同时，把废气排放量保持在远远低于同类生产厂家的水平！在公司里，既可以说每人都是自己的“老板”，也可以说个人所属团队的同事都是他的老板。在这里工作，专业技术只是对员工的 11 项要求之一。其他的 10 项是当助手的能力、团队协作的能力、与他人交流的能力、变通的能力、工作态度之类。这个公司与别处的最大不同是，在那里工作本身的完美就是其

---

① Dov Seidman, *How: Why How We Do Anything Means Everything ... in Business (and in Life)* (Hoboken, NJ: John Wiley & Sons, Inc., 2007), p. 136.

员工所追求的最终报酬！[①]这便是麦金泰尔所谓的“实践”[②]，也是马克思所说的人对自我异化的扬弃。[③]这里，工作并非为了外在的工资报酬，而是追求活动本身应有之善的人类协作活动。这种对善的追求丰富了人生的意义，又反过来扩展了人们对人生的善和目的的理解。

这样的例子虽然不多，但它们代表了希望——一种由社会各界精英带动其各自所在的社群走向“平庸之善”的可能。如果上述例子中的文化能够在几个企业里出现，为什么不能更广泛一点，在更多的企业里出现？为什么不能在其他社会群体里出现，甚至成为全人类的文化？确实，这听上去非常理想主义，一种美学的理想主义。但孔子不正是“知其不可而为之者与”（《论语·宪问》14.38）？

---

① 见 Charles Fishman, “Engines of Democracy,” in *Fast Company* 28 (September, 1999), p. 174。

② 他的著名的“实践”概念的定义是：“实践是任何连贯的、复杂的并且是社会性地确立起来的、协作性的人类活动形式，通过它，该活动本身内在的善在试图达到该活动所本欲达到的标准的过程中得以实现，结果人类实现善的能力和对善和目的的理解也同时得到系统的扩展。”（Alasdair MacIntyre, *After Virtue: A Study in Moral Theory*, second edition, Notre Dame: University of Notre Dame Press, 1984, p. 187）此处的中文翻译参照了龚群、戴扬毅等译的麦金太尔《德性之后》[北京：中国社会科学出版社，1995 年]，第 65 页。）

③ 马克思：《1844 年经济学—哲学手稿》，第 73 页。

后　记

本书接近完稿之时，恰逢全球新冠大流行病暴发。大自然中一种极为细小而且毫无科技含量的病毒，居然使整个人类世界停摆。无论是纽约的时代广场还是东京的银座、伦敦的SOHO，所有繁华都市的街道都一度“顿失滔滔”，空旷安静得令人莫名地悚然。面对每天飙升的感染和死亡人数，书架上林林总总高深的哲学书籍似乎顿时都黯然失色，而这现象本身却犹如一个巨大的哲学问号摆在我们的面前——这个世界需要什么样的哲学？

这次疫情像是一面镜子，让我们看清自己的真实处境。它以一种惨烈的形式告诉人类，其实我们非常脆弱。人类来到这个世界上，本是一个极为偶然的事件，而人类在宇宙中的消失，却已经是随时可能发生的高概率事件。过去从来与哲学研究领域无关的“迫切”二字，突然使哲学家如芒在背。原来我们并没有无穷无尽的时间，去沉迷于那些永远争论不清的“永恒的问题”。这次疫情也像是一记振聋发聩的警钟，迫使我们去思考。什么才是最根本的价值？什么才是我们最迫切需要解决的问题？如果说人类像是坐在一辆正在飞速冲向悬崖的马车上，我们现在最该关心的是什么？

当然不是股票的涨跌，也不是互相的争斗，或者其他种种平时被人们看作天大的事情。我们最迫切需要的，是迅速地使自己成熟起来，获得在宇宙中生存下去的智慧和能力。人类在近两百年来确实长了很多本事，实现了过去只有在类似《封神演义》那样的小说中才看到的许多梦想。我们能上天入地，能使用激光武器，创造虚拟现实，能进行量子计算，改变基因，甚至能克隆自己。但作为整体的人类，其心智却似乎越来越幼稚，越来越任性，也越来越不靠谱。

而使人类的心智成熟起来，获得生存的智慧和能力，恰恰就是本书所探讨的“功夫”问题。儒学的核心是人的修养转化，学以成人，用宋明儒的话来说，就是“功夫”的长进。当我们把“学以成人”不只运用在个人身上，而是用于整个人类，那么显然我们现在最迫切需要的哲学，就是关于如何成人的功夫哲学了。而这，正是儒学的核心。

这一在全球大流行病的情势下变得显而易见的结论，却是本人毕生哲学探讨的主要心得。

本人从20世纪70年代初开始接触哲学至今，已有半世纪之久。其中前20年可以说是打基础的阶段。那个阶段中对我影响最大的有四位导师。一位是刘潼福先生。是他以自己独到的思想和智慧，令茫然之中的我茅塞顿开，步入了哲学的殿堂，体会到了哲学教条和哲学思考的区别。然后先后进入我人生的是陈京璇先生、罗思文先生和柯普曼先生。是他们的启发引导，促使我深入西方哲学的殿堂，并负笈跨海取经，迂回地踏上了重新审视中国传统思想，尤其是儒家思想之当代价值的路径。

90年代初的一个偶然机会，我有幸接触到中国功夫的实修传统，深得启发，开始从修炼养生的功夫角度去理解儒家思想的资源。尽管当时的理解水平还只是把功夫当作一条新的学术思路，一个儒学中值得发掘的层面，但这好比一个在幽暗山洞里摸索的人找到了一盏射灯，顺着这条思路看去，是一连串的惊喜，面前的一切都开始呈现一种前所未见的景象。在功夫视角下，我发现原来显得僵硬独断的论断其实是语用的行为，原来令人困惑的自相矛盾其实是功法的变换，原来毫无逻辑关联的碎片其实是同一个水晶体的不同侧面。整个儒家思想顿时呈现为一个生动活泼、圆融贯通的功夫体系。于是而有了本人2005年在夏威夷第九届“东西方哲学大会”所做的题为“Learning to be Human”（学以成人）的报告，有了2006年秋在夏威夷大学任客座时以功夫为主线的“儒家哲学”研究生课程大纲，有了2008年发表的“*Gongfu* —A Vital Dimension of Confucian Teaching”（《儒家学说的关键层面——功夫》）一文[①]，有了 2010 年在《纽约时报》发表的 “Kung Fu for Philosophers”（《对哲学家而言的功夫》）专栏文章和 2011 年在《南京大学学报》发表的《将功夫引入哲学》一文。

当时的笔者以为今天才完成的这部著作已经呼之欲出，不少学界的同仁也有此期待，不曾想那只是儒家功夫哲学基本思路的形成，距离其系统的表述，还需经过一个漫长而曲折的丰富和落实阶段。尤其是一旦面对具体的方方面面，才发现自己尚需回头夯实地基，重新研读一些最基本的经典。于是痛下决心，暂时搁置了成书的计划，一边研读经典，一边研究一些专题（如后来分别成为本书第十一章和第七章之基本内容的儒家尊严观[②]和儒家精神性的文章[③]），由此来拓展和深化功夫哲学的内容。由于《论语》这部儒家经典当中最“不哲学”的书，恰恰最典型地体现了儒家功夫哲学的精神，因而成就了此阶段的一个副产品，即笔者于 2016 年付梓的一部长达 500 多页的《论语》英文译注[④]。

再次启动此书的工程，已经是 2016 年。应杜维明先生的邀请，本人赴北京在杜先生任院长的北大高等人文研究院工作了一段时间，在北大开设了一个共 16 讲，每讲两个小时的“儒家功夫哲学”系列讲座，首次对此专题做了系统的阐述。2018 年的春季，本人又再次以儒家功夫哲学为主线，在北京师范大学开设了一学期的“中国哲学研究”专题研究生课程，通过与学生的交流而对其内容做了补充和改进。同年，本人又在北师大哲学学院的支持下，召集了一次“功夫论与功夫哲学工作坊”，来自中国大陆和港台近 30 位

---

① 见 David Jones ed., *Confucius Now, Contemporary Encounters with the Analects*, pp. 167–187。中文版《儒家学说的关键层面——功夫》发表于哈佛燕京学社主编的《波士顿的儒家》，第 165—182 页。

② 倪培民：《求而得之，舍而失之——儒家尊严观之探讨》，《社会科学》2011 年第 1 期，及其英文扩充版："Seek and You Will Find It; Let Go and You Will Lose It—Exploring A Confucian Approach to Human Dignity," in *Dao, A Journal of Comparative Philosophy*, No. 3, 2014, pp. 173–198。后者获 *Dao* 2014 年度最佳论文奖。

③ 倪培民：《儒家精神人文主义的模式：如在主义》，《南国学术》2016 年 7 月第 3 期。

④ Peimin Ni, *Understanding the Analects of Confucius—A New Translation of Lunyu with Annotations* (Albany: State University of New York Press, 2017).

专家学者参加了会议并发表了论文。本人在会议上的发言“从功夫论到功夫哲学”，对传统儒家的功夫论与本人所说的功夫哲学的关系做了梳理。此文后来在《哲学动态》2018 年第 7 期上发表，并成为本书第一章的主体内容。

在北京期间，本人得以经常与杜维明先生深入交谈请教。尤其是 2017 年 9 月，文汇讲堂与复旦儒学院联合邀请杜先生做一讲座，由我担任对话嘉宾。虽然在台上的对话很简短，但为了准备这次对话而与杜先生私下进行的交谈，则详细深入得多。这些交谈对我把握自己的论题在当代儒学复兴当中的意义有非常大的帮助。

2018 年 8 月在北京举行的第 24 届世界哲学大会以“学以成人”为主题，这个主题与笔者 2005 年在夏威夷东西方哲学大会上的报告题目一字不差的巧合，令我感到欣慰和鼓励。它意味着儒家思想的这一核心观念得到了相当普遍的认可，成为世界哲学界所共同关注的一个方向。面对伴随着新冠肺炎疫情而来的种种危机，但愿有更多的人一起来关注怎么“成人”的话题。时不我待，人类应当迅速地成熟起来，培养自己在宇宙间生存所必需的心智和能力，也就是“功夫”，否则我们真的可能被开除地球的“球籍”。

由于本书从思路的出现到完成书稿断断续续跨越了近 30 年，其间有无数给过我启发、帮助和激励的亲友、同事、师长、学生，难以一一列名致谢。若论其中之最，除了前已提及的刘潼福、罗思文、柯普曼、杜维明，当数史地文、孟旦、安乐哲、弗莱德·多尔迈（Fred Dallmayr）、何随德、商戈令、黄勇、李晨阳、安靖如、王怀聿、吴震、董平、倪培华。还需要感谢的，是商务印书馆的责任编辑。他们以高度的敬业精神和专业的敏锐，纠正了书稿中不少笔误和行文欠妥之处。最后必须提及的，是感谢孔学堂基金会“贵州省哲学社会科学国学单列课题”的资助，允许我能够有较充裕的时间投入此书的写作。毕竟，时间（工夫）原本是功夫概念簇的第一义。没有时间条件，功力、功法和功效都无从谈起。

倪培民

2020 年 6 月 13 日草就，2022 年 4 月 9 日修订于美国大溪城

中文参考文献

理安·艾斯勒:《圣杯与剑》，程志民译，北京：社会科学文献出版社，1995年。

柏拉图:《柏拉图对话集》，王太庆译，北京：商务印书馆，2004年。

白彤东:《主权在民，治权在贤——儒家的混合政体及其优越性》,《文史哲》2013年第3期。

贝淡宁:《超越自由主义民主》，李万全译，上海：上海三联书店，2009年。

伯林:《自由论》，胡传胜译，南京：译林出版社，2003年。

蔡仁厚:《王阳明哲学》，北京：九州出版社，2013年。

曹锦清:《黄河边的中国——一个学者对乡村社会的观察与思考》，上海：上海文艺出版社，2000年。

曹漫之（编）:《唐律疏议译注》，吉林：吉林人民出版社，1989年。

陈来:《有无之境——王阳明哲学的精神》，北京：生活·读书·新知三联书店，2009年。

———:《仁学本体论》，北京：生活·读书·新知三联书店，2014年。

陈立:《白虎通疏证》，北京：中华书局，1994年。

陈立胜:“大抵心安即是家——阳明心学一系‘家’哲学的另一面向及其现代影响”，北京大学高等人文研究院“精神人文主义云讲堂”第26讲，2022年1月5日。

———:《入圣之机：王阳明致良知工夫论研究》，北京：生活·读书·新知三联书店，2019年。

陈良中:《“十六字心传”理论的形成及内涵》,《兰州学刊》2007年第4期。

陈确:《陈确集》，北京：中华书局，1979年。

陈荣捷:《近思录详注集评》，台北：学生书局，1992 年。

陈寿:《三国志·魏书·董卓传》。

陈少明:《儒学与自由——一个仍然有待商讨的问题》,《华东师范大学学报》(哲学社会科学版)2019 年第 2 期。

陈鑫:《陈氏太极拳图说》，开封：开明书局，1933 年。

陈寅恪:《陈寅恪史学论文选集》，上海：上海古籍出版社，1992 年。

程树德:《论语集释》，北京：中华书局，1990 年。

程颐、程颢:《二程集》，北京：中华书局，2004 年。

———:《二程全书》，台北：台湾中华书局，1969 年。

戴季陶:《孙文主义之哲学的基础》，桑兵、朱凤林（编)《戴季陶卷》，北京：中国人民大学出版社，2014 年。

邓刚:《自身技术与精神世界——境界论视野下对于西方哲学发展脉络的若干考察》,《安徽大学学报》(哲学社会科学版)2019 年第 5 期。

邓求柏:《帛书周易校释》，长沙：湖南出版社，1996 年。

邓晓芒:《伯林自由观批判》,《社会科学论坛》2005 年 10 月。

丁为祥:《境界与生态：儒家哲学的终极关怀》，复旦大学上海儒学院（编)《现代儒学》第 2 辑，北京：生活·读书·新知三联书店，2017 年。

董仲舒:《春秋繁露》,《四部备要》，上海：中华书局，1936 年。

———:《董子文集》,《丛书集成新编》第 18 册，台北：新文丰出版公司，2008 年。

杜维明:《关于传统文化的创造性转化的几点思考》,《中央社会主义学院学报》2019 年第 4 期。

———:《从身心灵神四层次看儒家的人学》，岳华（编)《儒家传统的现代转化——杜维明新儒学论著辑要》，北京：中国广播电视出版社，1992 年。

———:《儒家与自由主义——和杜维明教授的对话》,《儒家与自由主义》，北京：生活·读书·新知三联书店，2001 年。

段德智:《近三十年来的“儒学是否宗教”之争及其学术贡献》,《晋阳学刊》2009 年第 6 期。

范瑞平:《当代儒家生命伦理学》，北京：北京大学出版社，2011 年。

方克立:《中国哲学史上的知行观》，北京：人民出版社，1997年。

冯崇义:《罗素与中国——西方思想在中国的一次经历》，台北：稻禾出版社，1996年。

冯契:《冯契文集》第一卷,《认识世界和认识自己》，上海：华东师范大学出版社，1996年。

冯友兰:《贞元六书》，上海：华东师范大学出版社，1996年。

傅山:《作字示儿孙》,《霜红龛集》，太原：山西人民出版社，1985年。

付长珍:《宋儒境界论》，上海：上海三联书店，2008年。

干春松:《制度化儒家及其解体》，北京：中国人民大学出版社，2003年。

冈田武彦:《王阳明与明末儒学》，吴光、钱明、屠承先译，钱明校译，重庆：重庆出版社，2016年。

高士宗:《黄帝素问直解》，北京：科学技术文献出版社，1998年。

葛洪:《抱朴子》,《万有文库》，北京：商务印书馆，1973年。

古棣、戚文:《孔子批判》，吉林：时代文艺出版社，2001年。

谷鸿:《杨守敬书法思想管窥》,《书法》1997年第4期。

郭萍:《自由儒学的先声——张君劢自由观研究》，山东：齐鲁书社，2017年。

郭齐勇（主编):《正本清源论中西——对某种中国文化观的病理学剖析》，上海：华东师范大学出版社，2014年。

《国语》，文渊阁四库全书 / 史部 / 杂史类。

哈佛燕京学社（编):《儒家传统与启蒙心态》，南京：江苏教育出版社，2005年。

韩跃红、孙书行:《人的尊严和生命的尊严释义》,《哲学研究》2006年第3期。

韩婴:《韩诗外传》，文渊阁四库全书 / 经部 / 诗类。

韩振华:《孟子是个讲‘逻辑’的人吗？——基于对西方汉学视角的考察》,《复旦学报》(社会科学版）2014年第1期。

胡塞尔:《欧洲科学危机与超验现象学》，上海：上海译文出版社，1988年。

胡适:《中国哲学史大纲》，北京：东方出版社。1996年。

黄俊杰:《东亚儒学视域中的徐复观及其思想》，上海：华东师范大学出版社，2012年。

皇侃:《论语义疏》，北京：中华书局，2013 年。

黄勇:《王阳明的良知概念：命题性知识，能力之知，抑或动力之知？》,《学术月刊》2016 年第 1 期。

———:《再论动力之知：回应郁振华教授》,《学术月刊》2016 年第 12 期。

黄永亮:《七真传》，北京：团结出版社，1999 年。

黄玉顺:《“贤能政治”将走向何方？——与贝淡宁教授商榷》,《文史哲》2017 年第 5 期。

黄宗羲:《明夷待访录》，北京：古籍出版社，1955 年。

———:《宋元学案》，北京：商务印书馆，1934 年。

———:《明儒学案》，文渊阁四库全书 / 史部 / 传记类 / 总录之属。

———:《黄宗羲全集》，杭州：浙江古籍出版社，2005 年。

惠士奇:《大学说》，续修四库全书 / 经部 / 四书类。

焦循:《孟子正义》，北京：中华书局，1987 年。

荆门市博物馆:《郭店楚墓竹简》，北京：文物出版社，1998 年。

康德:《什么是启蒙？》，盛志德译，伯雅校译,《哲学译丛》1991 年第 4 期。

康有为:《论语注》，北京：中华书局，1984 年。

———:《康有为全集》，北京：中国人民大学出版社，2007 年。

《孔子家语》，上海：上海古籍出版社，1990 年。

安东尼·朗:《作为生活艺术的希腊化伦理学》，刘玮译,《哲学分析》第 3 卷第 5 期，2012 年 10 月（第 60—72 页）。原文见 A. A. Long, “Hellenistic Ethics as the Art of Life,” in *Lampas*, vol. 36 (2003), 27–41，重印于 Long, *From Epicurus to Epictetus: Studies in Hellenistic and Roman Philosophy*, Oxford: Clarendon Press, 2006, pp. 23–39。

劳思光:《从唐君毅中国哲学的取向看中国哲学的未来》，郑宗义（编）《中国哲学研究之新方向》（新亚学术集刊，第 20 期），香港：香港中文大学新亚书院，2014 年。

《楞严经》,《大佛顶首楞严经正脉疏》，上海：商务印书馆，1936 年，第 10 册，卷 40。

李念（主编）:《在这里，中国哲学与世界相遇——24 位世界哲学家访谈录》，北京：

人民出版社，2018年。

李有梁、姜广辉:《春秋公羊学“张三世”理论与康有为的渐变思想》,《社会科学战线》2014年第4期。

李泽厚:《美的历程》，北京：文物出版社，1981年。

———:《实用理性与乐感文化》，北京：生活·读书·新知三联书店，2005年。

李泽厚、刘绪源:《该中国哲学登场了？》，上海：上海译文出版社，2001年。

《礼记》，上海：上海古籍出版社，1987年。

梁启超:《梁启超论孟子遗稿》,《学术研究》1983年总第60期。

———:《南海康先生传》，张品兴（主编）《梁启超全集》第2卷，北京：北京出版社，1999年。

梁涛:《〈荀子·性恶〉篇“伪”的多重含义及特殊表达——兼论荀子“圣凡差异说”与“人性平等说”的矛盾》,《中国哲学史》2019年第6期。

廖名春:《孔子真精神——论语疑难问题解读》，贵阳：孔学堂书局，2014年。

———:《郭店楚简儒家著作考》,《孔子研究》1998年第3期。

刘宝楠:《论语正义》,《诸子集成》卷1，上海：上海书店影印出版，1986年。

刘京希:《建构现代政治生态必须祛魅贤能政治》,《探索与争鸣》2015年第8期。

刘清平:《儒家伦理：道德理性还是血亲情理？》,《中国哲学史》1999年第3期。

刘述先:《从民本到民主》,《文化与哲学的探索》，台北：学生书局，1986年。

刘水静:《也谈“亲亲相隐”的法律实质、法理依据及其人性论根基——兼评邓晓芒教授的〈儒家伦理新批判〉》，郭齐勇（主编）《正本清源论中西——对某种中国文化观的病理学剖析》，上海：华东师范大学出版社，2014年。

刘潼福:《论物质本体观的逻辑悖论及深化途径》,《学术月刊》1986年第2期。

刘笑敢:《诠释和定向——中国哲学方法论的思考——访刘笑敢教授》,《哲学动态》2008年第7期。

刘宗周:《大学杂言》,《刘宗周全集》第一册，台北：“中央研究院”中国文哲研究所，1997年。

———:《刘子全书》，董玚（编），沈运照校刊，崇祯癸未（1643年）12月。

陆贾:《新语》，文渊阁四库全书/子部/儒家类。

陆九渊:《陆九渊集》，北京：中华书局，1980 年。

陆陇其:《读朱随笔》，文渊阁四库全书 / 子部 / 儒家类。

《论语》,《十三经注疏》，上海：上海古籍出版社，1997 年。

罗国杰:《李贽伦理思想新探》,《中国社会科学》1989 年第 1 期。

罗思文："Whose Rights? Which Democracy?",《儒家与自由主义》，北京：生活·读书·新知三联书店，2001 年。

吕祖谦:《丽泽论说集录》，文渊阁四库全书 / 子部 / 儒家类。

———:《东莱别集》，文渊阁四库全书 / 集部 / 别集类 / 南宋建炎至德祐 /《东莱集》。

马克思:《1844 年经济学—哲学手稿》，刘丕坤译，北京：人民出版社，1979 年。

———:《经济学手稿》"导言",《马克思恩格斯全集》卷 46，北京：人民出版社，1979 年。

马克思、恩格斯:《共产党宣言》,《马克思恩格斯选集》卷 1，北京：人民出版社，1972 年。

麦金太尔:《德性之后》，龚群、戴扬毅等译，北京：中国社会科学出版社，1995 年。

孟旦:《早期中国"人"的观念》，丁栋、张兴东译，北京：北京大学出版社，2009 年。

《孟子》,《十三经注疏》，上海：上海古籍出版社，1997 年。

孟德斯鸠:《论法的精神》(上下)，张雁深译，北京：商务印书馆，1963 年。

《墨子》，文渊阁四库全书 / 子部 / 杂家类 / 杂学之属。

牟宗三:《牟宗三先生全集》第 27 卷,《牟宗三先生晚期文集》，台北：联经出版事业有限公司，2003 年。

———:《寂寞中的独体》，北京：新星出版社，2005 年。

———:《中国哲学的特质》，台北：学生书局，1974 年。

———:《牟宗三集》，北京：群言出版社，1993 年。

———:《心体与性体》，长春：吉林出版集团有限责任公司，2013 年。

———:《超越的分解与辨证的综合》,《鹅湖月刊》1993 年 10 月。

———:《中国哲学十九讲》，上海：上海古籍出版社，1997 年。

尼山世界文明论坛组委会(编著):《世界文明对话研究报告》，北京：人民出版社，

2013年。

钱穆:《孟子要略》,《四书要略》，台北：学生书局，1978年。

———:《灵魂与心》，台北：联经出版事业有限公司，1966年。

———:《论语新解》，北京：生活·读书·新知三联书店，2002年。

秦家懿、孔汉思:《中国宗教与基督教》，吴华译，北京：生活·读书·新知三联书店，1997年。

《儒学第三期的三十年讨论会》，哈佛燕京学社（主编）《波士顿的儒家》，南京：江苏教育出版社，2009年。

商戈令:《道通与间性》,《哲学分析》2012年第5期。

《尚书》,《十三经注疏》，上海：上海古籍出版社，1997年。

《诗经》,《十三经注疏》，上海：上海古籍出版社，1997年。

司马南:《神功内幕》，北京：中国社会出版社，1998年。

司马迁:《史记》，文渊阁四库全书 / 史部。

施杞、吕明方:《实用中国养生全书》，上海：学林出版社，1990年。

苏轼:《苏轼文集》，北京：中华书局，1969年。

束景南、姜美爱:《朱陆之学论战与〈朱子晚年定论〉的诞生——一桩五百年来“陆化朱学”理学公案的破解》,《孔子研究》2018年第5期。

孙思邈:《备急千金要方》，文渊阁四库全书 / 子部 / 医家类。

孙希旦:《礼记集解·中庸》，北京：中华书局，1989年。

孙向晨:《论家：个体与亲亲》，上海：华东师范大学出版社，2019年。

孙星衍、郭沂:《孔子集语校补》，山东：齐鲁书社，1998年。

《太平御览》，文渊阁本四库全书 / 子部 / 类书。

唐君毅:《中华人文与当今世界》，台北：学生书局，1988年。

———:《生命存在与心灵境界》，台北：学生书局，1986年。

———:《中国哲学原论·原道篇》卷一，香港：新亚书院研究所，1974年。

屠承先:《本体功夫论》，杭州：杭州大学出版社，1997年。

王弼:《老子道德经注校释》，楼宇烈校释，北京：中华书局，2008年。

王充:《论衡》，文渊阁四库全书 / 子部 / 杂家类 / 杂说之属。

王夫之:《尚书引义》,《船山遗书》,湘乡曾氏金陵刊本,1865 年 [同治四年]。

———:《读四书大全说》,《船山遗书》,湘乡曾氏金陵刊本,1865 年 [同治四年]。

———:《张子正蒙注》,《船山遗书》,湘乡曾氏金陵刊本,1865 年 [同治四年]。

———:《思问录》,《思问录俟解》,北京:古籍出版社,1956 年。

———:《船山全书》,长沙:岳麓书社,1996 年。

王艮:《王心斋先生全集》,清道光六年乐学堂刻本。

王畿:《龙溪王先生全集》,明万历四十三年(1615 年)张汝霖校刊本。

王觅泉:《进化论伦理学视野下的孟子人禽之辨》,《天津大学学报》(社会科学版)2016 年第 18 卷第 3 期。

王树人:《回归原创之思——"象思维"视野下的中国智慧》,南京:江苏人民出版社,2005 年。

王阳明:《王阳明全书》,台北:正中书局,1953 年。

王元化:《清园近作集》,上海:文汇出版社,2004 年。

王玉波:《中国家庭史刍议》,《历史研究》2000 年第 3 期。

王育济:《天理与人欲——理学理欲观演变的逻辑进程》,山东:齐鲁书社,1992 年。

王正:《先秦儒家工夫论研究》,北京:知识产权出版社,2015 年。

王正(编):《儒家工夫论》,北京:华文出版社,2018 年。

王治河、张璐莹:《马尔库塞"单向度人"理论的建设性后现代反思》,《理论探讨》2015 年第 5 期。

韦政通:《儒家与现代中国》,上海:上海人民出版社,1990 年。

魏孟飞:《功夫与时间:以〈庄子〉为中心的诠释》,《齐鲁学刊》2019 年第 3 期。

魏启鹏:《简帛文献〈五行〉笺证》,北京:中华书局,2005 年。

卫湜:《礼记集说》,文渊阁四库全书 / 经部 / 礼类 / 礼记之属。

温伟耀:《成圣之道:北宋二程修养工夫论之研究》,郑州:河南大学出版社,2004 年。

吴根友:《从人道主义角度看儒家仁学与自由主义对话的可能性》,哈佛燕京学社、三联书店(主编)《儒家与自由主义》,北京:生活·读书·新知三联书店,2001 年。

吴疆:《何谓“境界”? 试论现代中国思想界中对儒家精神性的定义》，陈之斌译，陈来(主编)《儒家第三期的人文精神——杜维明先生八十寿庆文集》，北京：人民出版中心，2019年。原载 *Monuments Serica*, 50 (2002)。
吴启超:《朱子的穷理工夫论》，台北：台湾大学出版中心，2017年。
吴乔:《围炉诗话》卷5，影印古籍，http://guji2.guoxuedashi.com/3401/[国学大师 www.guoxuedashi.com]45148_四.pdf (2017/11/22)。
吴震:《从儒家经权观的演变看孔子“未可与权”说的意义》，《学术月刊》2016年第2期。
夏瑰琦(编):《圣朝破邪集》，香港：建道神学院，1996年。
夏国美、刘潼福:《女性主义的东方之路》，上海：上海人民出版社，2015年。
夏勇:《人权概念起源》，北京：中国政法大学出版社，1992年。
《孝经》，《十三经注疏》，上海：上海古籍出版社，1997年。
笑思:《家哲学——西方人的盲点》，北京：商务印书馆，2010年。
解成:《王夫之行先知后说质疑》，《天津师大学报》1985年第1期。
熊十力:《原儒》，北京：中国人民大学出版社，2006年。
休谟:《人性论》(下册)，关文运译，郑之骧校，北京：商务印书馆，1980年。
———:《人类理解研究》，关文运译，北京：商务印书馆，1982年。
徐复观:《中国艺术精神》上海：华东师范大学出版社，2001年。
———:《中国人性论史·先秦篇》，台北：台湾商务出版社，1984年，第7版。
———:《中国文学精神》，上海：上海书店出版社，2006年。
———:《中国文学论集续篇》，台北：学生书局，1981年。
———:《中国学术精神》，上海：华东师范大学出版社，2004年。
———:《中国思想史论集》，上海：上海书店出版社，2004年。
———:《学术与政治之间》，台北：学生书局，1980年。
———:《中国思想史论集续编》，台北：台湾时报文化出版事业有限公司，1982年。
———：李维武(编)《中国人文精神之阐扬——徐复观新儒学论著辑要》，北京：中国广播电视出版社，1996年。
徐世昌(编):《清儒学案》，北京：中华书局，2008年。

许慎（撰）、段玉裁（注）:《说文解字注》，上海：上海古籍出版社，1988年。

薛富兴:《阳明格竹：中国古代认识论史上的一桩公案》,《社会科学》2015年第2期。

荀子:《荀子集解》，北京：中华书局，1988年。

严可均:《全后汉文》，北京：商务印书馆，1999年。

杨伯峻:《论语译注》，北京：中华书局，1958年。

———:《孟子译注》，北京：中华书局，1984年。

杨国荣:《良知与心体——王阳明哲学研究》，台北：洪叶文化，1999年。

———:《杨国荣讲王阳明》，北京：北京大学出版社，2005年。

———:《道论》，上海：华东师范大学出版社，2009年。

杨鲁安:《天然去雕饰——书法艺术创新刍议》,《书法》1998年第6期。

杨儒宾:《儒家身体观》，台北："中央研究院"中国文哲研究所筹备处，1996年。

杨儒宾、祝平次:《儒学的气论与工夫论》，台北：台湾大学出版中心，2005年。

杨泽波:《新"人禽之辨"》,《云南大学学报》（社会科学版）2017年第3期。

叶朗:《中国美学史》，台北：文津出版社，1996年。

于连·弗郎索瓦:《迂回与进入》，杜小真译，北京：生活·读书·新知三联书店，2003年。

俞宣孟:《将形而上学进行到底》,《南国学术》2014年2月第4卷第8期。

余英时:《现代儒学论》，上海：上海人民出版社，1998年。

———:《现代儒学的回顾与展望》，北京：生活·读书·新知三联书店，2004年。

郁振华:《再论道德的能力之知》,《学术月刊》2016年第12期。

曾国藩:《曾国藩全集·日记之一》，长沙：岳麓书社，2011年。

曾亦:《戴震对宋明新儒学的误读及其思想的时代意义——兼对心之诸能力的阐发》,《孔子研究》1997年第2期。

张东荪:《理性与良知——张东荪文选》，张汝伦编选，上海：上海远东出版社，1995年。

张法:《中国美学史》，成都：四川人民出版社，2006年。

张佛泉:《自由与人权》，台北：台湾商务印书馆，1993年。

张功耀:《“中医科学化”失败的原因分析》, http://zhgybk.blog.hexun.com/5378806_d.html。

张国庆:《儒、道美学与文化》，北京：中国社会科学出版社，2002 年。

张闳:《中医不是现代医学的“文化补丁”》,《中华养生保健》2007 年第 2 期。

张怀瓘:《文字论》，文渊阁四库全书 / 子部 / 艺术类 / 书画之属 / 法书要录。

———:《六体书论》文渊阁四库全书 / 子部 / 艺术类 / 书画之属 /《书苑菁华》。

张立文、蔡方鹿等:《气》，北京：中国人民大学出版社，1990 年。

张谦宜:《𬤊斋诗谈》, http://ctext.org/wiki.pl?if=en&chapter=463104&remap=gb。

张荣明:《中国古代气功与先秦哲学》，上海：上海人民出版社，1987 年。

张栻:《南轩集》，文渊阁四库全书 / 集部 / 别集类 / 南宋建炎至德祐。

张卫红:《由凡至圣——阳明心学工夫散论》，北京：生活·读书·新知三联书店，2016 年。

张祥龙:《孔子的现象学阐释九讲——礼乐人生与哲理》，上海：华东师范大学出版社，2008 年。

张晓林:《天主实义与中国学统——文化互动与诠释》，上海：学林出版社，2005 年。

赵汀阳:《天下体系：帝国与世界制度》,《世界哲学》2003 年第 5 期。

赵汀阳、阿兰乐比雄:《一神论的影子——哲学家与人类学家的通信》，王惠民译，北京：中信出版集团，2019 年。

赵法生:《〈大学〉“亲民”与“新民”辩说》,《中国哲学史》2011 年第 1 期。

郑玄:《礼记注疏》，文渊阁四库全书 / 经部 / 礼记之属。

周炽成:《荀子人性论：性恶论，还是性朴论》,《江淮论坛》2016 年第 5 期。

周敦颐:《周子全书》，北京：商务印书馆，1937 年。

———:《周元公集》，文渊阁四库全书 / 集部 / 别集类 / 北宋建隆至靖康。

朱长文:《续书断》，文渊阁四库全书 / 子部 / 艺术类 / 书画之属 /《六艺之一录》。

朱汉民、汪俐:《从工夫到工夫论》,《湖南大学学报》(社会科学版) 2019 年 7 月第 33 卷第 4 期。

朱熹:《四书章句集注》，北京：中华书局，2012 年。

———:《孟子集注大全》，文渊阁四库全书 / 经部 / 四书类 / 四书大全。

——:《御纂朱子全书》，文渊阁四库全书 / 子部 / 儒家类。

——:《朱子语类》，文渊阁四库全书 / 子部 / 儒家类。

——:《论语精义》，文渊阁四库全书 / 经部 / 四书类 /《论孟精义》。

——:《四书或问》，文渊阁四库全书 / 经部 / 四书类。

《庄子》，郭庆藩，《庄子集释》，北京：中华书局，1982 年。

《左传》，《十三经注疏》，上海：上海古籍出版社，1997 年。

外文参考文献

Alcock, James E. 1990. *Science and Supernature*. Buffalo, NY: Prometheus Books.

Ames, Roger T. 1991. "Meaning as Imaging: Prolegomena to A Confucian Epistemology," in *Culture and Modernity, East-West Philosophic Perspectives*, ed. Eliot Deutsch. Honolulu: University of Hawaii Press.

———. 1997. "Continuing the Conversation on Chinese Human Rights," in *Ethics & International Affairs* 11, pp. 177–205.

———. 2008. "Paronomasia: A Confucian Way of Making Meaning," in *Confucius Now, Contemporary Encounters with the Analects*, ed. David Jones, La Salle: Open Court, pp. 37–48.

Ames, Roger T. and Henry Rosemont Jr. 1998. *The Analects of Confucius: A Philosophical Translation*. New York: Ballantine Books.

An, Yanming. 2005. *The Idea of Cheng (Sincerity / Reality) in the History of Chinese Philosophy*. New York: Global Scholarly Publications.

Angle, Stephen C. and Justin Tiwald. 2017. *Neo-Confucianism, A Philosophical Introduction*. Cambridge: Polity Press.

Appleton, Jay. 1996. *The Experience of Landscape*, Chichester: John Wiley and Sons.

Aragón, J. L., Gerardo G. Naumis, M. Bai, et al. 2008. "Turbulent Luminance in Impassioned van Gogh Paintings," in *Journal of Mathematical Imaging and Vision*, 30:3, pp. 275–283.

Aristotle. 1984. *The Revised Oxford Translations of the Completed Works of Aristotle*, ed.

J. Barnes, Princeton NJ: Princeton University Press.

Auspitz, Josiah Lee. 1992. "A Note on the Coherence of Praxiology and Ethics in the Philosophy of Tadeusz Kotarbiński," in *Praxiologies and the Philosophy of Economics*, eds. J. Lee Auspitz, W. W. Gasparski, M. K. Mlick, and K. Szaniawski, New Brunswick and London: Transaction Publishers.

Baynes, Kenneth, James Bohman, and Thomas McCarthy eds. 1987. *After Philosophy, End or Transformation?* Boston: MIT Press.

Becker, Gary S. 1991. *A Treatise on the Family*, enlarged edition. Cambridge, MA: Harvard University Press.

Berlin, Isaiah. 2002. *Liberty*, ed. Henry Hardy, Oxford: Oxford University Press.

———. 1977. "Hume and the Source of German Anti-Rationalism," in *David Hume: Bicentenary Papers*, ed. G. P. Morice, Austin: University of Texas Press.

Bernstein, Richard. 1988. "Metaphysics, Critique, Utopia," in *Review of Metaphysics*, XLII/2.

Bloom, Irene. 1998. "Mencian Confucianism and Human Rights," in *Confucianism and Human Rights*, eds. Wm. Theodore de Bary and Tu Weiming, New York: Columbia University Press.

Borgmann, Albert. 1992. *Crossing the Postmodern Divide*, Chicago: University of Chicago Press.

Braude, Stephen E. 1986. *The Limits of Influence, Psychokinesis and the Philosophy of Science*. New York and London: Routledge and Kegan Paul.

Carr, Karen L. and Philip J. Ivanhoe, 2000. *The Sense of Antirationalism, the Religious Thought of Zhuangzi and Kierkegaard*. New York and London: Seven Bridges Press.

Chan, Wing-Tsit. 1973. *A Source Book in Chinese Philosophy*. Princeton, NJ.: Princeton University Press.

Cheng, Chung-ying. 1976. "Model of Causality in Chinese Philosophy: A Comparative Study," in *Philosophy East and West*, Jan. 1976, pp. 3–20.

———. 1991. *New Dimensions of Confucian and Neo-Confucian Philosophy*. Albany:

State University of New York Press.

Cherlin, Andrew J. 2012. "Goode's World Revolution and Family Patterns: A Reconsideration at Fifty Years," in *Population and Development Review*, 38:4, pp. 577–607.

———. 2004. "The Deinstitutionalization of American Marriage," in *Journal of Marriage and Family*, 66:4, pp. 848–861.

Cheshire, William P. 2002. "Guest Editorial—Toward a Common Language on Human Dignity," http://www.ethicsandmedicine.com/18/2/18-2-guest_editorial.htm (accessed Nov. 8, 2007).

Clarke, J. J. 2001. *The Tao of the West: Western Transformations of Taoist Thought*. London and NY: Routledge.

Collingwood, R. G. 1940. *An Essay on Metaphysics*. Oxford: The Clarendon Press.

Cytowic, Richard. 2018. *Synesthesia*. Boston: The MIT Press.

de Bary, Wm. Theodore. 1991. *The Trouble with Confucianism*. Cambridge, MA: Harvard University Press.

Defoort, Carine. 1997. "Causation in Chinese Philosophy," in *A Companion to World Philosophies*, ed. Eliot Deutsch and Ron Bontakoe, Hoboken NJ.: Wiley-Blackwell.

—— "Is There Such a Thing as Chinese Philosophy? Arguments of an Implicit Debate," in *Philosophy East and West* 51, No. 3 (2001), pp. 393–413.

Derrida, Jacques. 1975. "Economimesis," in *Mimesis–des articulations*, Paris: Flammarion.

Descartes, René. 1980. *Discourse on Method and Meditations on First Philosophy*. trans. Donald A. Cress. Indianapolis: Hackett Publishing Company.

Dreyfus, Hubert. 1980. "Holism and Hermeneutics," in *The Review of Metaphysics*, Vol. 34, No. 1.

Ducasse, C. J. 1956. "Science, Scientists, and Psychical Research," in *Journal of the American Society for Psychical Research* 50, pp. 142–147.

Duewell, Marcus. 2007. "Reflections after the Second Workshop, held at the Royal

Academy of Morocco, in Rabat, on 'Sociological, Ethical and Bioethical Aspects of Human Dignity' (27th & 28th June 2007)," Program booklet for the ESF-LiU Conference on "Pathways of Human Dignity: From Cultural Traditions to a New Paradigm," Vadstena, Sweden, Oct. 31–Nov. 4, 2007, pp. 9–14.

Eisler, Riane Tennenhaus. 2007. *The Real Wealth of Nations: Creating a Caring Economics*. San Francisco: Berrett-Koehler.

English, Jane. 1979. "What Do Grown Children Owe Their Parents?," in *Having Children*, eds. Onora O'Neill and W. Ruddick. New York: Oxford University Press.

Fantl, Jeremy. "Knowledge How," in *Stanford Encyclopedia of Philosophy*.

Feldman, David. 1999. "Human Dignity as a Legal Value—Part I," in *Public Law.* Winter 1999.

Feng, Youlan. 1970. *The Spirit of Chinese Philosophy*. Conn.: Greenwood Press.

Fingarette, Herbert. 1972. *Confucius—The Secular as Sacred*. New York: Harper and Row Publishers.

Fishman, Charles. 1999. "Engines of Democracy," in *Fast Company* 28 (September, 1999).

Fodor, Jerry. 1974. "Special Sciences, or The Disunity of Science as a Working Hypothesis," in *Syntheses* 28, pp. 77–115.

Frankfurt, Harry G. 2005. *On Bullshit*. Princeton NJ.: Princeton University Press.

Fung Yu-Lan (Feng Youlan). 1948. *A Short History of Chinese Philosophy*. New York: The Free Press.

Gasparski, Wojciech W. 2002. "Editorial," in *Praxiology and Pragmatism*. eds. Leo V. Ryan, F. Byron Nahser, and Wojciech W. Gasparski. New Brunswick and London: Transaction Publishers.

Gilson, Etienne. 1949. *Being and Some Philosophers*. Toronto: Pontifical Institute of Mediaeval Studies.

Goldberg, Stephen J. 1997. "Chinese Aesthetics," in *A Companion to World Philosophies*, eds. Eliot Deutsch and Ron Bontekoe. Cambridge: Blackwell.

Graham, A. C. 1989. *Disputers of the Tao*. La Salle, Ill.: Open Court.

Green, T. H. 1986. "Lectures on Liberal Legislation and Freedom of Contract," in *Lectures on the Principles of Political Obligation*, eds. Paul Harris and John Morrow. Cambridge: Cambridge University Press, pp. 194–212.

Griffin, David. 1997. *Parapsychology, Philosophy and Spirituality*. Albany, NY: State University of New York Press,

Hadot, Pierre. 1995. *Philosophy as a Way of Life*. Malden, MA: Blackwell Publishing.

Hafez, Kai, ed. 2000. *The Islamic World and the West: An Introduction to Political Cultures and International Relations*. trans. Mary Ann Kenny. Leiden: Brill.

Hall, David L. and Roger T. Ames. 1987. *Thinking Through Confucius*. Albany: State University of New York Press.

———. 1995. *Anticipating China*. Albany: State University of New York Press.

———. 1999. *The Democracy of the Dead*. Chicago and La Salle, IL: Open Court.

Hamann, Johann Georg. 1857–1873. *Leben und Schriften* (*Life and Writings*). ed. C. H. Gildemeister. Gotha: Friedrich Andreas Perthes.

Han Fook Kwang, Warren Fernandez, Sumiko Tan. 1998. *Lee Kuan Yew—the Man and His Ideas*. Singapore: Times Editions.

Hansen, Chad. 1972. "Freedom and Moral Responsibility in Confucian Ethics," in *Philosophy East and West* 2, pp. 169–186.

———. 1983. *Language and Logic in Ancient China*. Ann Arbor: University of Michigan Press.

———. 1992. *A Daoist Theory of Chinese Thought*. New York: Oxford University Press.

Harbsmeier, Christoph. 1993. "Conceptions of Knowledge in Ancient China," in *Epistemological Issues in Classical Chinese Philosophy*, eds. Hans Lenk and Gregor Paul, New York: State University of New York Press.

Hawkins, John N. 2007. "The Intractable Dominant Paradigm," in *Changing Education*. eds. Peter Hershock, Mark Mason, and John. N. Hawkins, Hong Kong: Comparative Education Research Center.

Heidegger, Martin. 1977. *The Question Concerning Technology and Other Essays*. trans. William Lovitt, New York, NY: Harper & Row, Publishers, Inc.

Hershock, Peter. 2006. *Buddhism in the Public Sphere: Reorienting Global Interdependance*. New York: Routledge.

Hobbes, Thomas. 1968. *Leviathan*. ed. C. B. MacPherson, Harmondsworth, UK: Penguin Books.

Holmes, Stephen. 1997. "Russia's unhappy experience offers Americans a lesson in the meaning of liberty," in *The Baltimore Sun*, July 4, 1997. https://www.baltimoresun.com/news/bs-xpm-1997-07-04-1997185038-story.html.

Hornsby, Jennifer and Jason Stanley. 2005. "Semantic Knowledge and Practical Knowledge," in *Proceedings of the Aristotelian Society*, Supplementary Volumes, Vol. 79.

Hsiung, James C. ed. 1986. *Human Rights in East Asia: A Cultural Perspective*. New York: Paragon.

Huang, Yong. 2007. "Confucian Theology: Three Models," in *Religion Compass* 1/4, pp. 455–478.

———. 2018. "Confucian Ethics: Altruistic? Egoistic? Both? Neither?," in *Frontiers of Philosophy in China*, 13(2), pp. 217–231.

Hume, David. 1978. *A Treatise of Human Nature*, 2nd ed., ed. L. A. Selby-Bigge. Oxford: Clarendon Press.

Ivanhoe, Philip. J. 2014. "Kongzi and Aristotle as Virtue Ethicists," in *Moral Cultivation and Confucian Character, Engaging Joel J. Kupperman*, eds. Chenyang Li and Peimin Ni, Albany: State University of New York Press, pp. 47–64.

———. 2002. "Whose Confucius? Which Analects?" in *Confucius and the Anelects: New Essays*, ed. Bryan Van Norden, New York: Oxford University Press, pp. 119–133.

Jacobi, Friedrich Heinrich. 1815. *David Hume über den Glauben, oder Realismus und Idealismus Ein Gespräch*. in *Friedrich Heinrich Jacobi's Werke*, Leipzig: G. Fleischer, Vol. 2.

James, William. 1919. *The Will to Believe and Other Essays in Popular Philosophy*. New York: Longmans, Green, and Co.

Jung, C. G. 1950. "Foreword" for the Richard Wilhelm trans. *The I Ching*. Princeton, NJ: Princeton University Press.

Kant, Immanuel. 1900. *Gesammelte Schriften* (Academy Edition). Berlin: Prussian Academy of Sciences.

———. 1950. *Prolegomena to Any Future Metaphysics*, trans. Lewis White Beck, Indianapolis: The Bobbs-Merrill Company, Inc.

———. 1960. *Religion within the Limits of Reason Alone*. trans. T. M. Greene and H. H. Hudson, New York: Harper and Row.

———. 1981. *Grounding for the Metaphysics of Morals*. trans. James W. Ellington, Indianapolis: Hackett.

———.1995. "Duties Towards the Body in Respect of Sexual Impulse," in *Philosophy Perspectives on Sex and Love*, ed. Robert M. Stewart, Oxford: Oxford University Press. Reprinted from Kant, *Lectures on Ethics*. trans. Louis Infield, London: Methuen, 1930.

Kiernan, K. 2002. "Cohabitation in Western Europe: Trends, issues, and implications," in *Just Living Together: Implications of Cohabitation on Families, Children, and Social Policy*, eds. Alan Booth and Ann C. Crouter, Mahwah, NJ: L. Erlbaum Associates, pp. 3–31.

Kim, Jaegwon. 1980. "Events as Property Exemplifications," in *Action Theory*, eds. M. Brand and D. Waiton, Dordrecht: Reidel, pp. 159–177.

Kotarbiński, Tadeusz. 2002. "The ABC of Praxiology," in Leo V. Ryan, C. S. V., F. Byron Nahser, and Wojciech W. Gasparski, eds., *Praxiology and Pragmatism*, New Brunswick and London: Transaction Publishers.

Krugman, Paul. 2013. "Sympathy for the Luddites," 6/14/2013, *The New York Times*. http://www.nytimes.com/2013/06/14/opinion/krugman-sympathy-for-the-luddites.html?ref=paulkrugman.

Kuhn, Thomas. 1970. *The Structure of Scientific Revolutions*, 2nd. Chicago: University of Chicago Press.

Küng, Hans. 1989. "China—A Third Religious River System," Preface to Hans Kung & Julia Ching *Christianity and chinese Religions*," New York: Doubleday.

Kupperman, Joel. 1971. "Confucius and the Nature of Religious Ethics," in *Philosophy East and West*, 21:2.

———. 1991. *Character*. Oxford: Oxford University Press.

———. 1999. *Learning from Asian Philosophy*. New York: Oxford University Press.

———. 1999. *Value...and What Follows*. New York/Oxford: Oxford University Press.

———. 2007. *Ethics and Qualities of Life*. New York: Oxford University Press.

Lee, Peter K. H., ed. 1991. *Confucian-Christian Encounters in Historical and Contemporary Perspective*. Lewiston/Queenstown: The Edwin Mellen Press.

Legge, James. 1971. *Confucian Analects, The Great Learning, and the Doctrine of the Mean*. New York: Dover Publications.

Li, Chenyang. 1999. *The Tao Encounters the West*. Albany: State University of New York Press.

———. 2014. "The Confucian Conception of Freedom," *Philosophy East and West*, 64.4: pp. 902–919.

Long, A. A. 2003. "Hellenistic Ethics as the Art of Life," *Lampas*, Vol. 36, pp, 27–41, reprinted in Long, *From Epicurus to Epictetus: Studies in Hellenistic and Roman Philosophy*, Oxford: Clarendon Press, 2006, pp. 23–39.

Lyotard, Jean-François. 1987. "The Postmodern Condition," in *After Philosophy*, eds. Kenneth Baynes, James Bohman, and Thomas McCarthy. Boston: MIT Press, pp. 88–90.

MacCallum, Gerald. 1993. "Negative and Positive Freedom," in *Liberty*, ed. David Miller, Oxford: Oxford University Press, pp. 100–122.

MacIntyre, Alasdair. 1984. *After Virtue: A Study in Moral Theory*, second edition. Notre Dame: University of Notre Dame Press.

———. 1991. "Incommensurability, Truth, and The Virtues," in Eliot Deutsch ed, *Culture and Modernity, East-West Philosophic Perspectives*, University of Hawaii Press, pp. 104–122.

Mackie, J. L. 1966. "The Direction of Causation," in *Philosophical Review*, LXXV, 4 (October).

Maffesoli, Michel. 2005. Quoted in the UNESCO's "Final Report" of the International Workshop "Paths to Dignity," held at UNESCO House, Paris, Nov. 14–15, 2005.

McLeod Alexus. 2015. *Theories of Truth in Early Chinese Philosophy: A Comparative Approach*. London and New York: Rowman and Littlefield.

McMurtry, John. 1991. "Education and the Market Model," in *Journal of Philosophy of Education*, Vol. 25, No. 2, pp. 209–217.

Mill, J. S. 1979. *Utilitarianism*. ed. George Sher. Indianapolis, IN: Hackett.

Moeller, Hans-Georg. 2009. *The Moral Fool*. New York: Columbia University Press.

Munro, Donald J. 1969. *The Concept of Man in Early China*. Stanford: Stanford University Press.

———. 1988. *Images of Human Nature, A Sung Portrait*. Princeton: Princeton University Press.

———. 2005. *A Chinese Ethics for the New Century*. Hong Kong: The Chinese University Press.

———. 2015. "Unequal Human Worth," in *The Philosophical Challenges from China*, ed. Brian Bruya, Boston: MIT Press.

Needham, Joseph. 1956. *Science and Civilization in China*, Vol. 2. Cambridge: Cambridge University Press.

Nobel, Ashtangi. 2010. "The Yoga of Kungfu and the Kungfu of Yoga," http://yogadragonden.blogspot.com/2010/12/yoga-of-kungfu-and-kungfu-of-yoga.html.

Nordenfelt, Lennart. 2004. "Varieties of Dignity," in *Health Care Analysis*, Vol. 12, No. 2, pp. 69–81.

Nozick, Robert. 1990. *The Examined Life, Philosophical Meditations*. New York: Simon

& Schuster.

Nussbaum, Martha. 1999. "The Feminist Critique of Liberalism," in *Sex and Social Justice*, New York: Oxford University Press.

Pettit, Philip. 1997. *Republicanism: A Theory of Freedom and Government*. Oxford: Clarendon Press.

———. 1997. "Republican Political Theory," in *Political Theory*, ed. Andrew Vincent, Cambridge: Cambridge University Press, pp. 112–131.

Plantinga, Alvin. 1993. *Warrant and Proper Function*. Oxford University Press.

———. 2000. *Warranted Christian Belief*. Oxford University Press.

Polanyi, Michael. 1958. *Personal Knowledge, Towards a Post-Critical Philosophy*. Chicago: The University of Chicago Press.

Puett, Michael J. 2013. "Critical Approaches to Religion in China," in *Critical Research on Religion*, 1.1, pp. 95–101.

Rawls, John. 1996. *Political Liberalism*. New York: Columbia Univ. Press.

———. 2000. *Lectures on the History of Moral Philosophy*. ed. Barbara Herman, Cambridge: Harvard Univ. Press.

Reid, Thomas. 1846. *Complete Works of Thomas Reid* (Two Volumes). ed. Sir William Hamilton, Edinburgh: Maclachlan and Stewart.

Rodrik, D. 2016. "Is Liberal Democracy Feasible in Developing Countries?," in *Studies in Comparative International Development*, 51 (1), pp. 50–59.

Rorty, Amélie. 1996. "User-Friendly Self-Deception: A Traveler's Manual," in *Self and Deception, A Cross-Cultural Philosophical Enquiry*, eds. Roger T. Ames and Wimal Dissanayake, Albany: State University of New York Press.

Rorty, Richard. 1989. *Contingency, Irony, and Solidarity*. Cambridge: Cambridge University Press.

———. 1998. *Truth and Progress, Philosophical Papers*. Cambridge: Cambridge University Press.

———. 1999. *Philosophy and Social Hope*. London: Penguin Books.

———. 2004. "Philosophy-envy," in *Daedalus*, Fall, 2004, pp. 18–24.

———. 2009. "Responses to Critics" in *Rorty, Pragmatism, and Confucianism*, ed. Yong Huang. Albany: State University of New York Press.

Rosemont, Jr. Henry. 1991: *A Chinese Mirror, Moral Reflections on Political Economy and Society*. La Salle, Ill.: Open Court.

———. 2001. *Rationality and Religious Experience: The Continuing Relevance of the World's Spiritual Traditions.* Chicago and La Salle, IL: Open Court.

———. 2003. "Is There a Universal Path of Spiritual Progress in the Texts of Early Confucianism?," in *Confucian Spirituality*, eds. Tu Weiming & Mary E. Tucker, New York: Crossroads Pub. Co.

———. 2015. *Against Individualism: A Confucian Rethinking of the Foundations of Morality, Politics, Family, and Religion.* Lanham: Lexington Books.

Rouner. Leroy. ed. 2000. *Civility*. Notre Dame: University of Notre Dame Press.

Roussel, Louis. 1989. *La famille incertaine*. Paris: Editions Odile Jacob.

Rowe, Stephen. 1994. *Rediscovering the West*. Albany: State University of New York Press.

Russell, Bertrand. 1963. "On the Notion of Cause," in Russell, *Mysticism and Logic*, New York: Doubleday Anchor.

———. 1922. *The Problem of China*. New York: The Century Co.

Ryle, Gilbert. 1949. *The Concept of Mind*. London: Hutchinson.

Sartre, Jean-Paul. 1993. *Existentialism and Human Emotions*. New York: Citadel Press.

Seager, R. H. 1986. "The World's Parliament of Religions, Chicago, Illinois, 1893: America's Religious Coming of Age," Ph.D. Diss., Harvard University.

Seidman, Dov. 2007. *How—Why How We Do Anything Means Everything ... in Business (and in Life)*. Hoboken, NJ: John Wiley & Sons, Inc.

Seligman, Adam B., Robert P. Weller, Michael J. Puett, and Bennett Simon. 2008. *Ritual and Its Consequences: An Essay on the Limits of Sincerity.* Oxford: Oxford University Press.

Sen, Amartya. 1995. "Mortality as an Indicator of Economic Success and Failure," Inaugural Innocenti Lecture at Istituto degli Innocenti, Florence, Italy, March 3, 1995.

Schmitt, Carl. 1993. "The Age of Neutralization and Depoliticizations," in *Telos* 96, No. 2.

Sim, May. 2007. *Remastering Morals with Aristotle and Confucius*. Cambridge: Cambridge University Press.

Skinner, Quentin. 1993. "The Paradoxes of Political Liberty," in *Liberty*, ed. David Miller, Oxford: Oxford University Press, pp. 183–205.

Slade, Francis. 1997. "Ends and Purposes," in *Final Causality in Natural and Human Affairs*, ed. Richard F. Hassing Washington D.C.: The Catholic University of America Press.

Smock, Pamela J. and Sanjiv Gupta. 2002. "Cohabitation in Contemporary North America," in *Just Living Together: Implications of Cohabitation on Families, Children, and Social Policy*, eds. Alan Booth and Ann C. Crouter, Mahwah, NJ: L. Erlbaum Associates, pp. 53–84.

Solomon, Robert C. 1996. "Self, Deception, and Self-Deception in Philosophy," in *Self and Deception, A Cross-Cultural Philosophical Enquiry*, eds. Roger T. Ames and Wimal Dissanayake, Albany: State University of New York Press.

Stanley, Jason. 2011. *Know How*. Oxford University Press.

Stanley, Jason and Timothy Williamson. 2001. "Knowing How," in *The Journal of Philosophy*, 98(8): pp. 411–444.

Stout, Martha, 2005. *The Sociopath Next Door*. New York: Broadway.

Taylor, Charles. 1992. "To Follow a Rule...," in Mette Hjort, *Rules and Conventions: Literature, Philosophy, Social Theory*, Baltimore: Johns Hopkins University Press, pp. 167–185. Reprinted in his *Philosophical Arguments*. Cambridge, MA: Harvard University Press, 1995, pp. 165–180.

Tenner, Edward. 1997. *Why Things Bite Back, Technology and the Revenge of Unintended Consequences*. New York, NY: Alfred A. Knopf, Inc.

Tu Weiming. 1989. *Centrality and Commonality, An Essay on Confucian Religiousness*.

Albany, NY: State University of New York Press.

———. 1992. "A Confucian Perspective on Embodiment," in Drew Leder ed. *The Body in Medical Thought and Practice*, pp. 87–100. Netherlands: Kluwer Academic Publishers.

Urmson, J. O. 1973. "Aristotle's Doctrine of the Mean," in *American Philosophical Quarterly*, 10:3.

Usener H. ed. 1887. *Epicurea*. Leipzig: Teubner.

Vaihinger, H. 1924. *The Philosophy of "As If", A System of the Theoretical, Practical and Religious Fictions of Mankind*. New York: Harcourt Brace.

Waley, Arthur. 1958. *The Way and Its Power*. New York: Grove Press.

Wallace, W. A. 1974. *Causality and Scientific Explanation*. Ann Arbor: University of Michigan Press.

Wang, Huaiyu. 2012. "Ren and Gantong: Openness of Heart and the Root of Confucianism," in *Philosophy East and West*, 62(4).

———. 2016. "Between Hierarchies of Oppression and Styles of Nourishment: Defending the Authority of Confucian Civil Orders," in *Philosophy East and West*, 66:2, pp. 559–596.

"What's gone wrong with democracy," *The Economist*, 2014/3/1, Vol. 410, Iss. 8876, pp. 47–48.

White, James M. 2005. *Advancing Family Theories*. Thousand Oaks, CA: Sage Publications.

Whitman, Christina. 1985. "Privacy in Confucian and Taoist Thought," in *Individualism and Holism: Studies in Confucian and Taoist Values*, ed. Donald J. Munro, Ann Arbor: Center for Chinese Studies, the University of Michigan.

William, Thomas D. 2005. *Who is My Neighbor? Personalism and the Foundation of Human Rights*. Washington D.C.: The Catholic University of America Press.

Williams, B. 1985. *Ethics and the Limits of Philosophy*. Cambridge, Mass.: Harvard University Press.

Wittgenstein, Ludwig. 1953. *Philosophical Investigations*. New York: Macmillan.

Woo, Peter K. Y. 1980. "A Metaphysical Approach to Human Rights from A Chinese Point of View," in *The Philosophy of Human Rights: International Perspectives*, ed. Alan S. Rosenbaum. Westport, Conn.: Greenwood Press.

World Health Organization (WHO) (1958). "Constitution." The First Ten Years of the World Health Organization. Geneva.

Yu, Jiyuan. 2007. *The Ethics of Confucius and Aristotle, Mirrors of Virtue.* New York and London: Routledge.

Zhang, Qianfan. 2000. "The Idea of Human Dignity in Classical Chinese Philosophy: A Reconstruction of Confucianism," in *Journal of Chinese Philosophy*, 27:3, pp. 299–330.

本书作者有关论著

1996 年

- "A Qigong Interpretation of Confucianism," in *Journal of Chinese Philosophy*, 23 (1996), 79–97.

1999 年

- "Confucian Virtues and Personal Health," in *Confucian Bioethics*, ed. Ruiping Fan, Dordrecht/Boston: Kluwer Academic Publishers, 1999, 27–44.《儒家德性与个人健康》,《留美哲学博士论文集——比较哲学卷》，牟博编，北京：商务印书馆，2001 年。

2001 年

- 《气功科学如何可能？》《中外医学哲学》，3:3，2001 年，7—20 页。

2002 年

- "The Confucian Account of Freedom," in *The Examined Life: Chinese* Perspectives—*Essays on Chinese Ethical Traditions*, ed. Xinyan Jiang, Global Publications, SUNY Binghamton, 2002, 119–139.《儒家自由观》,《自由面面观》，陈俊伟等编，北京：中国社会科学院出版社，2009 年，46—63 页。
- 《笔墨哲思游》(*Wandering—Brush and Pen in Philosophical Reflection*)，合著者：Stephen Rowe，上海：东方出版中心，Chicago: Art Media Resources，2002 年。

2003 年

- 《作为功法的孟子人性论》,《中国传统哲学的现代诠释》(第 12 届国际中国哲学大会论文集，卷 2)，方克力主编，北京：商务印书馆，2003 年，484—495 页。

- “Toward a Broader Notion of Causation (and Technology),” in *Technology and Cultural Values on the Edge of the Third Millennium*, eds. Roger Ames and Peter Hershock, Honolulu: The University of Hawaii Press, 2003, 188–205.《再铸因果概念》,《世界哲学》2004 年第 1 期，57—66 页。

2004 年

- “Reading *Zhongyong* as a Gongfu Instruction: Comments on Focusing the Familiar,” in *Dao: A Journal of Comparative Philosophy*, June 2004, III:2, 189–203.《从功夫论的角度解读〈中庸〉》,《求实》2005 年第 2 期，6—12 页。
- 《儒家文化与全球性的对话与和谐》,《全球化与文明对话》，哈佛燕京学社编，南京：江苏教育出版社，2004 年。

2005 年

- 《于女安乎——对普兰亭格—锐德有关终极存在知识理论的儒家回应》，哈佛燕京学术系列《儒家传统与启蒙心态》，南京：江苏教育出版社，2005 年，193—227 页。俄语译本：“Two Kinds of Warrant: Plantingan and Confucian,” Russian translation by Maria (Marsha) Bereznyak, in Marietta Stepanyants ed., *Comparative Philosophy: Science and Faith in the Context of Cultural Dialogue*, Moscow: Russian Academy of Sciences, 2008, 38–65. 英译：in *Knowledge and Belief in the Dialogue of Cultures*, ed. Marietta Stepanyants, Washington, D. C.: The Council for Research in Values and Philosophy, 2010, 35–58.
- “Learning to be Human”(学以成人)，在夏威夷“第九届东西方哲学大会”上的报告，2005 年 8 月。

2006 年

- “Rules with Exceptions, A Discussion on Confucian Ethics,” in *International Journal of Decision Ethics*, Fall 2006, II.1, 151–164.

2007 年

- "What Can Confucianism Contribute to the Global Dialogue on Human Rights?," in *World Public Forum "Dialogue of Civilizations" Bulletin*, *Selected Articles, 2003—2007*, 218–221.

2008 年

- "Do not Take Confucius as a Kantian—Comments on Liu Qingping's Interpretation of Confucian Teachings," in *Dao, A Journal of Comparative Philosophy*, March 2008, volume VII. 1, 45–49.
- "Confucianism and Democracy: Water and Fire? Water and Oil? Or Water and Fish?," in *Polishing the Chinese Mirror: Essays in Honor of Henry Rosemont, Jr.*, eds. Ronnie Littlejohn and Marthe Chandler, New York: Global Scholarly Publications, 2008, 90–109. Re-printed in *Contemporary Chinese Political Thought: Debates and Perspectives*, eds. Fred Dallmayr and Zhao Tingyang. Kentucky University Press, 2012, 75–84.
- 《对话的语言与儒家的正名》,《社会科学》2008 年第 3 期，45—51 页。
- "An Alternative to Universalism—The Chinese Holistic Vision," in *World Public Forum "Dialogue of Civilizations" Bulletin*, 2008, 27–29.
- "*Gongfu*—A Vital Dimension of Confucian Teaching," in *Confucius Now, Contemporary Encounters with the Analects*, ed. David Jones, La Salle: Open Court, 2008, 167–187.《儒家学说的关键层面——功夫》,《波士顿的儒家》,哈佛燕京学术系列，哈佛燕京学社主编，南京：江苏教育出版社，2009 年，165—182 页。

2009 年

- "How Far is Confucius an Aristotelian?—Comments on May Sim's *Remastering Morals with Aristotle and Confucius*," in *Dao, A Journal of Comparative Philosophy*, S 2009, VIII 3, 311–319.
- "A Comparative Examination of Rorty's and Mencius' Theories of Human Nature," in *Rorty, Pragmatism, and Confucianism*, ed. Yong Huang, New York:

SUNY Press, 2009, 101–116, with Rorty's response, 285–286.

2010 年

- *Confucius, Making the Way Great*，上海：上海译文出版社；《孔子——人能弘道》，李子华译，上海：上海人民出版社，2012 年；英文修订版：*Confucius—the Man and the Way of Gongfu*, Lanham MD: Rowman & Littlefield, 2016；中文修订版，北京：世界图书出版公司，2021 年。
- 《中医的科学性与两种科学概念》，《哲学分析》2010 年第 1 卷第 1 期，139—146 页。《新华文摘》转载：2010 年第 19 期，142—145 页。
- "Kung Fu for Philosophers," *The New York Times* forum "The Stone," Dec. 8, 2010. http://opinionator.blogs.nytimes.com/2010/12/08/kung-fu-for-philosophers/, included in *The Stone Reader: Modern Philosophy in 133 Arguments*, eds. Peter Catapano and Simon Critchley, New York: Liveright Publishing Corporation, 2016, and *Von Kung-Fu bis Ladypower. 33 Übungen in moderner Philosophie* [*From Kung-Fu to Ladypower. 33 exercises in modern philosophy*] (German edition), eds. Peter Catapano and Simon Critchley, published by J. B. Metzler, 2017.
- "Philosophers for Kung Fu: A Response," *The New York Times* forum "The Stone," Dec. 21, 2010. http://opinionator.blogs.nytimes.com/ 2010/12/21/philosophers-for-kung-fu-a-response/.

2011 年

- 《将功夫引入哲学》，《中国哲学与文化》第 10 辑 2011 年，49—70 页，《南京大学学报》（哲学・人文科学・社会科学版）2011 年第 6 期，86—98 页。
- 《求而得之，舍而失之——儒家尊严观之探讨》，《社会科学》2011 年第 1 期。扩充英文版："Seek and You Will Find It; Let Go and You Will Lose It—Exploring A Confucian Approach to Human Dignity," in *Dao, A Journal of Comparative Philosophy*, No. 3, 2014, 173–198（*Dao* 2014 年度最佳论文奖）。

2012 年

- 《从合法性到立法者——当代中国哲学地位之转变》，《儒家文化研究》第

5 辑，武汉大学哲学系编，北京：生活 · 读书 · 新知三联书店，2012 年，243—272 页。英文修订版："The Changing Status of Chinese Philosophy," in *Journal of Chinese Philosophy*, Vol. 40, No. 3–4, 2013, 583–600.

2013 年

- 《家道与"齐家"功夫》,《中外医学哲学》, XI:2，2013 年 12 月，57—87 页。
- 《什么是对儒家学说的功夫诠释?》《哲学分析》2013 年第 2 期，41—51 页。《中国社会科学文摘》转载，2013 年第 8 期。
- "Role, Virtue, or Gongfu?—Some Reflections on Interpreting Confucian Ethics",《浙东学术》第 3 辑，杭州：浙江大学出版社，2013 年，134—148 页。
- "罗得岛世界公众论坛",《世界文明对话报告 2002—2012》，尼山论坛组委会编，北京：人民出版社，2013 年，41—50 页（中文），53—66 页（英文）.

2014 年

- "Character and Ethics for Social Entities," in *Moral Cultivation and Confucian Character—Engaging Joel Kupperman*, eds. Chenyang Li and Peimin Ni, State University of New York Press, 2014, 213–233.《社会实体的品性与伦理》，黎红雷编，《企业儒学 2017》，北京：人民出版社，2017 年，72—91 页。
- "Rectify the Heart-Mind for the Art of Living—A *Gongfu* Perspective toward the Confucian Approach to Desire," in *Philosophy East and West*, 64:2, April 2014, 340–359.

2015 年

- 《礼治与法治：对立还是互补?》《孔学堂》2015 年第 3 期。
- 《中国哲学的功夫视角和功夫视角下的世界哲学》,《周易研究》2015 年第 2 期，99—107 页。

2016 年

- "Cultivation of Humanity through Stretching Liberal Arts Education," co-authored with Jiahong Chen, in *From Liberation to Civilization: Seizing an Alternative Education*, eds. Marcus Peter Ford and Stephen Rowe, Process Century Press, 2016, 145–165.

- "*Gongfu* Method in the *Analects* and Its Significance Beyond," in *Chinese Philosophy Methodologies*, ed. Sor-hoon Tan, Bloomsbury Academic, 2016, 127–142.
- "The Other Side of the Coin—Response to the Comments on My Paper on a Confucian Approach to Human Dignity," in *Dao, A Journal of Comparative Philosophy*, No. 3, 2016, 631–637.
- 《儒家精神人文主义的模式：如在主义》,《南国学术》, 6:3（2016 年 7 月）, 120—130 页。

2017 年

- 《阳明心学的功夫伦理与价值重建》,《孔学堂》2017 年第 1 期，26—33 页（中文）。
- 《作为哲学概念的"命运共同体"和"合作共赢"》,《哲学分析》, 8:1, 2017 年第 1 期，98—111 页。《中国社会科学文摘》, 2017 年第 7 期，37—39 页。"The Underlying Philosophy and Impact of the New Silk Road World Order," in *The Federalist Debate*, 29:1, March 2016, 23–26, reprinted in *The Courage to Hope: World beyond Global Disorder*, eds. Fred Dallmayr and Edward Demenchonok, under the title "'Silk Road World Order': Underlying Philosophy and Impact," Cambridge Scholars Publishing, 2017, and in *L'Europa sulle Vie della Seta* [*Europe on the Silk Roads*], ed. Riccardo Lala, with preface by Alberto Bradanini, Torino: Alpina, 2019.
- *Understanding the* Analects *of Confucius—A New Translation of Lunyu with Annotations*. Albany: State University of New York Press, 2017.
- 《中国生命伦理学如何可能》,《建构中国生命伦理学：新的探索》, 范瑞平、张颖编，北京：中国人民大学出版社，2017 年，5—16 页。

2018 年

- 《作为哲学方法的故意偏颇——罗思文对"人"的理解引发的思考》,《华东师范大学学报》(社会科学版)2018 年第 6 期，51—57 页。"Deliberate One-sidedness as a Method of Doing Philosophy: Reflections on Rosemont's View of the Person," in *Comparative Philosophy,* Vol. 9, No. 1 (2018): 110–117.

- 《功夫伦理初探》,《中山大学学报》(社会科学版)2018 年第 6 期，113—124 页。"Can Bad Guys Have Good *Gongfu*?—A Preliminary Exploration of *Gongfu* Ethics," in *Journal of Chinese Philosophy*, 43:1–2, 9–31.
- 《从功夫论到功夫哲学》,《哲学动态》2018 年第 7 期，49—54 页。
- "Toward a *Gongfu* Reconstruction of Confucianism—Responses to Comments by Huang Yong, Fan Ruiping, and Wang Qingjie," in *Frontiers of Philosophy in China*. 2018, 13(2): 240–253.
- 《儒学的最高目标——道德抑或艺术人生？》,《道德与文明》2018 年第 3 期，110—117 页。"Life as Aesthetic Creativity and Appreciation: Confucian Aim of Learning," in ed. Peter Hershock and Roger Ames, *Human Beings or Human Becomings: A Conversation with Confucianism on the Concept of Person*, Albany: State University of New York Press, 2021, 169—186.
- "Philosophy of *Gongfu* Revealed through Confucius—Responses to Chenyang Li and Huaiyu Wang's Comments on my Book *Confucius, the Man and the Way of Gongfu*," in *Dao, A Journal of Comparative Philosophy*, (2018) 17:2, 267–276.
- "Does Confucianism Need a Metaphysical Theory of Human Nature?—Reflections on Ames-Rosemont Role Ethics," in *Appreciating the Chinese Difference: Essays in Honor of Roger T. Ames*, ed. Jim Behuniak Albany: state university of New York Press, 2018, 183–201.
- 《心性之学与当代儒学的世界化——〈为中国文化敬告世界人士宣言〉60 周年评议》,《杭州师范大学学报》(社会科学版)2018 年第 6 期，42—50 页。"Learning of the Heart-mind and Globalization of Confucianism Today," in *Dao, A Journal of Comparative Philosophy*, 2021. 1.

2019 年

- 《知“道”——中国哲学中的功夫认识论》,《文史哲》2019 年第 4 期，94—

113 页。"What Does a Gongfu Master Know?—Toward a *Gongfu* Epistemology," in *New Life for Old Ideas—Chinese Philosophy in the Contemporary World: A Festschrift in Honor of Donald Munro*, ed. Yanming An and Brian Bruya Hong Kong: The Chinese University of Hong Kong Press, 2019.

- 《良药也需遵医嘱——阳明学普及所需注意的倾向》,《孔学堂》2019 年第 1 期，4—11 页（中文），4—15 页（英文）。
- "Interality from the *Gongfu* Perspective," in *China Media Research*, 15(4), 2019, 7–12.

2020 年

- "How is the Kantian or Confucian Metaphysics Applicable to Human Dignity—Response to Wang Xiaowei," in *Frontiers of Philosophy in China*, March 2020, 15(1): 29–35.
- "Moral Cultivation—*Gongfu*" a chapter in the *Dao Companion to Zhu Xi's Philosophy*, eds. Kai-chiu Ng and Yong Huang, Springer.

2021 年

- "The *Analects*," forthcoming as a chapter in the *Oxford Handbook of Confucianism*, ed. Jennifer L. Oldstone, Oxford University Press.
- 《再论心性之学与当代儒学的世界化》,《中国哲学年鉴 2020》。
- 《修养而成的自发性——作为功夫的儒家自由观》,《哲学分析》2021 年第 1 期。
- 《德性之蔽——从〈论语〉中的六言六蔽说起》,《现代儒学》第 8 辑，2021 年。
- "A Journey to the way of *Gongfu*: An Intellectual Autobiography," in *Journal of World Philosophies*, 6:2 (winter 2021), 159—170.

索 引

A

阿多　Pierre Hadot　19–21, 58, 59

阿伦特　Hannah Arendt　550

阿玛蒂亚·森　Amartya Sen　34, 39

艾思比纳斯　Alfred Espinas　29

艾斯勒　Riane Eisler　461, 487

艾文贺　Philip J. Ivanhoe　78, 235

安东尼·朗　Anthony A. Long　19, 20, 374–377, 394

安靖如　Stephen Angle　196, 251, 295, 561

安乐哲　Roger T. Ames　22, 23, 35, 109, 206, 220, 235, 251, 329, 342, 347, 445, 452, 491, 561

安斯康姆　G. E. M. Anscombe　30, 554

B

白彤东　498

柏格森　104

柏拉图　plato　8, 20, 26, 47, 50, 58, 76, 116, 134, 211, 214, 230, 297, 327, 366, 445, 473, 484, 492, 501, 505

贝淡宁　Daniel A. Bell　251, 491, 499, 505–507

贝克尔　Gary S. Becker　483, 484

本体论　3, 4, 6, 22, 23, 30, 42, 47, 101, 102, 104, 111, 127, 128, 135, 161, 163, 165, 199, 201, 204–209, 220–223, 226–228, 236, 244, 252, 253, 462

比德论　344–346

波兰尼　Michael Polanyi　61, 102, 106, 113, 407

伯林　Isaiah Berlin　431–434, 436, 438, 439, 443, 446–449, 457, 458

不可说破　198, 266, 283

不朽　476–478

布里旦　Jean Buridan　441, 444

布洛德　Stephen Braude　153

C

蔡仁厚　192, 196

蔡邕　229

曹锦清 494
查尔斯·泰勒 Charles Taylor 30, 32
禅宗 41, 45, 66, 105, 170, 337, 345
超心理学 parapsychology 149, 150, 153, 154
超越的安立 transcendental justification 5, 162, 165
陈汉生 Chad Hansen 111－113, 235, 443, 444
陈来 22, 94, 191, 196, 205, 220, 226－228, 231
陈立胜 10, 462
陈确 317
陈少明 431
陈素芬 Sor-hoon Tan 491
陈寅恪 515
陈祖为 51
成中英 140
诚 104, 168－174, 186, 219, 260, 279, 292, 301－303, 330, 333, 366
程颢 3, 101, 102, 167, 227, 260, 311, 331, 474
程序之知 procedural knowledge 57, 64
程颐 3, 36, 80, 86, 89, 124, 164, 167, 291－293, 299, 310－312, 331, 347, 364, 434, 493
存在主义 31

D

达尔文 211
戴季陶 490
戴卡琳 Carine Defoort 14, 16
戴维森 Donald Davidson 26, 30, 554
戴溪 493
戴震 317, 320
道德金律 49, 359－364, 366, 424
道家 2, 4, 7, 10, 42, 48, 69, 80, 105, 107, 142, 143, 148, 171, 172, 230, 256, 292, 295, 300, 303, 320, 328, 335, 337, 345, 348, 349, 352, 353, 392, 429, 438, 441, 468, 478
道教 37, 360, 468, 533
德勒兹 Gilles Deleuze 231
德雷福斯 Hubert Dreyfus 60
德里达 Jacques Derrida 5, 13, 14, 26, 118, 231, 244, 413
德性 34, 39, 40, 42, 72, 74－76, 78, 90, 113, 168, 170, 173, 181, 188, 223, 233, 259, 277, 278, 300, 302, 303, 326, 346, 347, 350, 351, 355, 366, 370－372, 380－386, 407, 413, 417, 419, 469, 481, 493, 497, 501, 543, 545
德性伦理 181, 234, 371, 380, 381, 385, 389, 393, 394
邓晓芒 432
狄百瑞 Wm. Theodore de Bary 429, 430

笛卡尔 Descartes 8, 26, 42, 100, 109, 110, 112, 114, 116, 127, 128, 210, 224, 271, 274, 297, 298, 302, 327, 426, 444, 445
吊诡 198, 201, 208, 265
丁为祥 229
董平 93, 561
董仲舒 228, 265, 299, 502, 509, 515
动力因 47, 134, 137 – 139, 143 – 145, 531, 545, 547
动力之知 knowing to 90, 97
杜卡奇 C. J. Ducasse 137, 150
杜威 John Dewey 27, 33, 59, 74, 213, 214, 221, 222, 349, 491
杜威尔 Marcus Duewell 397
杜维明 2, 3, 10, 50, 97, 147, 170, 271, 298, 304, 409, 419, 503, 504, 519, 542, 560, 561
段德智 255
多尔迈 Fred Dallmayr 561

E

厄姆森 J. O. Urmson 370

F

法家 430, 513
法治 189, 245, 424, 489 – 491, 505, 507, 512, 513, 515, 516, 518, 521, 523
樊美筠 12
范瑞平 471 – 473
范式 18, 27, 51, 81, 126, 127, 132, 133, 321, 391
范祖禹 261
方朝晖 229, 231
方克立 85
方以智 125
费英格 H. Vaihinger 256
芬格莱特 Herbert Fingarette 38, 39, 143, 300 – 302, 306, 415
风格 46, 74, 78, 118, 126, 231, 273, 282, 283, 329, 347 – 353, 357, 358, 362, 380, 386, 388, 393
冯・赖特 G. H. von Wright 30
冯・米塞斯 Ludwig von Mises 29
冯契 73
冯友兰 14 – 16, 103, 104, 126, 158, 199, 201, 204 – 206, 232, 335
佛教 / 佛家 2, 4, 7 – 10, 22, 37, 42, 48, 72, 80, 88, 92, 101, 136, 144, 148, 171, 172, 185, 189, 196, 229, 230, 283, 292, 295, 300, 312, 320, 328, 350, 352, 353, 360, 374, 389, 393, 436, 438, 468, 478, 533, 538
弗莱格 F. L. G. Frege 373
福多 Jerry Fodor 152
福柯 Michel Foucault 5, 26, 33, 231, 349
福山 Francis Fukuyama 5
傅山 354

傅斯年 461

G

伽达默尔 26
感通 101
干春松 517
冈田武彦 196
告子 174－178, 186－189, 194, 212, 217－219, 309, 315
戈德堡 Stephen Goldberg 335
格里芬 David Griffin 35, 109
格斯帕斯基 Wojciech W. Gasparski 30
格物致知 79, 81, 82, 124, 158, 159, 287, 288, 293
葛洪 303
葛瑞汉 A. C. Graham 371, 443, 444, 445
功夫 / 工夫（定义） 7, 8, 33－39
功夫本体论 12, 158, 208
功夫伦理 47, 194, 359－365, 371, 378, 380－396
功夫认识论 / 功夫认知 12, 47, 55, 62－65, 68, 72－76, 78, 83, 86, 89, 97, 100, 103, 104, 106, 107, 116, 117, 120
功利主义（见效用主义） 29, 308
故意的偏颇 234
龚自珍 509
共产主义 325, 485, 486, 528, 529, 536
郭萍 431
郭齐勇 93, 516
郭沂 51
国学 1, 17, 18, 207

H

哈贝马斯 26, 28
哈曼 Johann Georg Hamann 272, 273
海德格尔 Martin Heidegger 25, 32, 118, 138
韩婴 477, 487
汉斯－格奥尔格·梅勒 Hans-Georg Moeller 377, 391
行为理论 action theory 29－32, 51
郝大维 David Hall 23, 35, 342, 445, 452
合法性 13－18, 20, 24－28, 40, 73, 149, 157, 160, 162, 165, 259, 265, 317, 469, 482, 499－501
合作共赢 527－529, 532, 545, 546, 548
何乏笔 Fabian Heubel 33
何莫邪 Christoph Harbsmeier 69, 113
何随德 Peter Hershock 243, 561
何心隐 316
何休 509
何晏 85
黑格尔 G. W. F. Hegel 46, 217, 230, 445, 457, 509, 511, 541
亨廷顿 Samuel P. Huntington 489, 531
红灯笼困境 545, 548
后世俗时代 280, 281
后现代 5, 6, 26, 28, 29, 33, 35, 226, 230,

231, 251, 273, 395, 512, 541
胡塞尔 Edmund Husserl 130
胡适 1, 15, 16
怀疑论 26, 50, 84, 149－153, 205, 254－256, 271, 274, 282, 390
皇侃 331, 362
黄百锐 David Wong 537
《黄帝内经》 128, 129, 132, 307
黄式三 85
黄庭坚 353, 356
黄万盛 24
黄勇 90, 181, 182, 255, 561
黄玉顺 499
黄宗羲 252, 315, 317, 498
惠能 41, 170, 172
霍布斯 Thomas Hobbes 128, 473, 505
霍尔姆斯 Stephen Holmes 456
霍金斯 John Hawkins 321

J

基督教 230, 255, 273, 275－281, 327, 360, 361, 374, 389, 398, 400, 411, 413, 436, 475, 478, 484, 533
嵇康 229
即凡而圣 4, 173, 208, 261, 263, 270, 283, 477
技能之知 knowing how 57, 59－66, 84, 90, 96, 97, 100, 105, 113
技术 30, 33, 38, 39, 120, 121, 129, 130, 134, 139, 144－146, 323, 324, 372－378, 386, 387, 483, 497, 501, 525, 556
家 461－475, 478, 481－487, 527
家天下 485, 487, 528
家族相似 18－21
间性 104, 109, 112
践行学 praxiology 29－32, 51
鉴赏力 connoisseurship 64, 78
焦循 147, 307
金岳霖 14, 103
精神性人文主义 3, 263
境界论 229－231
鸠摩罗什 136

K

坎陷 73, 508
开放的肯定性 156, 392, 540
康德 5, 25－27, 51, 115, 135, 159, 177, 178, 192, 199, 200, 202, 203, 210, 211, 214, 230, 267, 268, 272, 309, 319, 327, 339, 340, 365, 366, 368－371, 374, 375, 379, 380, 386, 393, 398－400, 405, 406, 408, 411, 426, 436, 439, 440, 442, 516
柯林武德 Robin G. Collingwood 137
柯爱莲 Erin Cline 413
柯布 John Cobb 35, 109
柯普曼 Joel J. Kupperman 179, 251,

368, 371, 377, 380, 381, 383, 426, 443, 495, 553, 559, 561
柯塔宾斯基 Tadeusz Kotarbiński 29, 31, 369
科尔伯格 Lawrence Kohlberg 392
科学 1, 12, 16, 18, 25, 29－31, 42, 58, 61, 62, 69, 72, 73, 81, 82, 84, 105, 120－135, 138, 146, 148－157, 159, 182, 200, 212, 320, 391, 405, 425, 461－464, 484, 489
克鲁格曼 Paul R. Krugman 324
孔汉思 Hans Kung 270, 360
孔颖达 79, 82, 519
孔子 4, 20, 43－45, 49, 50, 70, 76, 77, 85, 86, 89, 99, 100, 104, 105, 108, 109, 115, 121, 122, 134, 143, 158－160, 164, 166, 168, 172, 231, 234－236, 245, 257－265, 269, 271, 278, 279, 283, 289, 291, 296, 299, 304, 306, 307, 313, 319, 320, 328－340, 342－367, 371, 380－385, 393, 394, 403－405, 409, 411, 412, 415－417, 420－422, 425, 426, 433, 434, 436, 438－443, 445, 450, 467－470, 473, 475－477, 479, 481, 483, 485, 490, 492, 493, 499－503, 509－511, 513, 518－522, 535, 537, 539, 541, 542, 544, 545, 547, 551, 553, 557
库恩 Thomas Kuhn 18, 27, 125, 126, 132, 151
蒯因 William van Orman Quine 201, 274, 391

L

莱辛 Gotthold Ephraim Lessing 116
赖尔 Gilbert Ryle 57, 59, 61, 210
劳思光 231
老子 20, 46, 68, 69, 141, 304, 308, 374, 389, 527, 541
李晨阳 385, 447, 490, 561
李侗 293, 294
李光耀 494, 495
李明辉 178, 186
李叔同（弘一） 353
李翔海 51
李约瑟 Joseph Needham 126, 140, 142
李泽厚 6, 22, 29, 220－224, 226, 228, 335
李贽 316, 317, 320
里德 Thomas Reid 51, 74, 116, 201, 273－276, 391
理查德·泰勒 Richard Taylor 30
理性的自恋 22, 59
理雅各 James Legge 146, 147, 166
利科 Paul Ricoeur 26
利玛窦 M. Ricci 269, 533
良知 3, 4, 73, 81, 82, 89, 90, 105, 144,

189, 192－201, 203, 224, 265, 271, 294, 303, 508, 509
梁启超 177, 493
梁漱溟 104
梁涛 174, 403
列文森 Joseph R. Levenson 2, 489
刘清平 422
刘述先 509
刘潼福 237, 238, 559, 561
刘笑敢 50
刘易斯 David Lewis 61
刘宗周 79, 316
鲁迅 41, 305, 312, 430, 436, 466
陆九渊（陆象山） 22, 36, 193, 195, 314, 315
罗德里克 Dani Rodrik 507
罗蒂 Richard Rorty 9, 26, 210－219, 231, 249, 252, 274, 400, 401, 405, 422
罗尔斯 John Rawls 399, 473, 495, 516
罗钦顺 316
罗思文 Henry Rosemont, Jr. 22, 220, 235, 237－242, 244－246, 248, 249, 329, 347, 452, 454, 491, 559, 561
罗斯 W. D. Ross 408
罗素 Bertrand Russell 24, 27, 135
吕祖谦 88, 467

M

马尔库塞 Herbert Marcuse 321, 329
马费索利 Michel Maffesoli 423
马克思 24, 47, 209, 310, 324, 328, 343, 485, 486, 529, 557
麦高思 Alexus McLeod 113
麦金泰尔 Alasdair MacIntyre 26, 242, 250, 557
麦基 J. L. Mackie 136
梅洛－庞蒂 M. Merleau-Ponty 32, 102
美学 12, 33, 38, 39, 57, 121, 229, 230, 310, 334－336, 338－340, 342, 343, 345－350, 352, 356－359, 376, 385, 388, 557
孟旦 Donald J. Munro 56, 58, 102, 118, 251, 561
孟德斯鸠 429, 521
孟子 3, 4, 38, 46, 92, 97, 102, 105, 141, 147, 148, 160, 173－180, 183－191, 193, 194, 204, 212－219, 231, 264, 265, 278, 288－290, 292, 298, 299, 301－304, 307－310, 312, 313, 315, 317－320, 331, 333, 339, 340, 348, 362－367, 373, 374, 378, 382－384, 389, 403－410, 412, 417, 419－421, 426, 436, 437, 441, 456, 470, 473, 490, 500, 501, 503, 520, 527, 555
米德 Herbert Mead 33
米尔格拉姆实验 Milgram Experiment 550
米芾 353, 355

米切姆　Carl Mitcham　526
密尔　J. S. Mill　137, 156, 369, 369, 370, 375
民 主　1, 425, 443, 461, 488 – 492, 495 – 501, 504 – 509, 511, 512, 528, 537
命题之知　knowing that　55, 57, 59 – 66, 97, 113, 116
命运共同体　528 – 531, 545, 546
摩尔　G. E. Moore　181
默会之知　tacit knowledge　57, 64, 65
牟宗三　1, 3, 10, 50, 73, 101, 159, 165, 178, 195, 196, 199, 202, 207, 208, 271, 279, 508, 534
目的因　134, 140

N

内格尔　Thomas Nagel　392
能力取向　capability approach　34
尼采　24, 26, 31, 42, 159, 230, 231, 371, 391, 541
倪培华　561
逆觉体证　105, 192
牛顿　8, 159
努斯鲍姆　Martha Nussbaum　34, 39, 243, 527
诺顿菲尔特　Lennart Nordenfelt　418
诺齐克　Robert Nozick　28
诺斯罗普　F. S. C. Northrop　128
女性　419, 422, 482, 487

P

帕斯卡　B. Pascal　268, 269, 283
皮尔士　Charles Peirce　31, 33
皮亚杰　Jean Piaget　221 – 223
品 性　39, 217, 223, 350, 356, 357, 371, 373, 380 – 382, 385, 386, 417, 419, 440, 441, 546, 547, 548, 550, 552 – 555
平等　147, 148, 228, 234, 246, 281, 300, 383, 397, 403, 414, 420, 422, 479, 484, 488 – 490, 512, 515 – 518, 523, 531, 533, 544
平庸之善　524, 550, 557
普兰亭格　Alvin Plantinga　273 – 277, 279 – 281
普鸣　Michael J. Puett　263
普 世　24, 207, 272, 281, 377, 392, 409, 422, 426
普特南　Hilary W. Putnam　61, 181

Q

奇克森特米哈伊　Mihály Csikszentmihályi　393
启蒙　2 – 5, 12, 24, 28, 29, 59, 115, 133, 251, 280, 290, 321, 428, 484, 489, 519
气　77, 92, 127, 128, 147, 148, 161, 172, 176, 179, 185 – 188, 190, 199, 227, 228, 232, 264, 278, 291, 298 – 303, 306 – 310, 313, 314, 317, 348 – 357, 373, 456

钱穆 123, 184, 261, 264, 332
切希尔 William P. Cheshire 399, 400
囚徒困境 524, 545, 546, 547
权（经权） 46, 72, 224, 334, 359, 362－367, 473

R

人的自身生产（人类自身的再生产） 287, 324, 325, 461, 465, 483, 484, 506
人类中心主义 408
人禽之辨 3, 180－183, 208, 209, 252
人权 165, 240－242, 244, 245, 300, 396－398, 408, 413, 417, 424, 483, 544
人性 159, 160, 167, 174, 175－177, 180－182, 184－189, 191, 194, 206, 209－212, 214－220, 235, 236, 248, 264, 278, 308, 304, 305, 311, 319, 320, 325, 328, 334, 386, 396, 400, 401, 403, 405, 409, 412, 414, 418, 424, 436, 472, 521, 550
荣格 Carl Jung 130, 143
如在主义 50, 254, 256, 261, 264－273, 278, 280－284
儒商 555

S

萨蒂尔 Virginia Satir 482－484
萨特 J. P. Sartre 80, 209, 246－250, 268, 327, 449, 453－455, 458
僧肇 136
商戈令 109, 561
邵雍 148
沈括 124
沈美华 May Sim 234, 235
生化因果观 141－144, 545
失魅 / 复魅 280, 281, 283, 287
施米特 Carl Schmitt 321
十六字心传 161, 163, 190, 292
石里克 Moritz Schlick 208
实践之知 57, 64
实验者效应 154, 156
实用主义 9, 29－33, 51, 61, 73, 74, 217, 218, 222, 267, 387－389
生活的艺术 19, 35, 39, 45, 110, 146, 320, 368, 371, 379, 387, 424
史地文 Stephen Rowe 392, 540, 561
叔本华 Arthur Schopenhauer 159, 230
舒斯特曼 Richard Shusterman 349, 350, 388
熟识之知 knowledge by acquaintance 57, 63, 64
双向格义 23, 50
司马光 80, 82
斯宾诺莎 217, 445
斯托特 Martha Stout 177, 200, 404
斯蒂格勒 Bernard Stiegler 120
斯雷德 Francis Slade 140
斯坦福监狱实验 Stanford Prison Experiment 550

斯坦利 Jason Stanley 27, 59 – 61, 63, 65, 66
宋明理学 38, 48, 105, 159, 162, 172, 221, 224, 226, 265, 311, 316, 317, 320, 463
苏格拉底 Socrates 19, 58, 90, 91, 327, 383, 448, 492, 500, 541
苏轼 353, 355 – 357
孙思邈 129
孙向晨 462
孙中山 85, 490, 555
所罗门 Robert Solomon 70, 71

T

塔斯克伊里 Mohammad-Ali Taskhiri 414
太极拳 314
泰森 Neil de Grasse Tyson 525
坦纳 Edward Tenner 139
唐君毅 1, 102, 159, 161, 184, 202, 204, 207, 231 – 234, 534
特殊潜能 149 – 157
体认 32, 97, 102, 342, 416, 445
体身化 embodiment 64, 97, 100 – 102, 120, 134, 379, 417, 442, 445
天命 5, 44, 158, 160 – 165, 172, 173, 233, 259, 264, 265, 271, 277, 280, 290, 310, 499, 542
天人合一 133, 144, 169, 190, 206, 219, 232, 258, 261, 271, 272, 283, 301, 304, 349, 409, 426, 438
田史丹 Justin Tiwald 196, 295
屠承先 10, 196

W

瓦蒂莫 Gianni Vattimo 116
外体化 extro-somatization 120, 121, 129, 130, 134, 144 – 146, 385, 497, 501, 511, 514, 552, 555
王弼 68, 109, 362
王充 487, 492, 528
王夫之 87, 88, 93, 94, 125, 317 – 319, 320, 373
王艮（心斋） 316, 317
王国维 230
王怀聿 101, 468, 561
王畿（龙溪） 193, 316
王树人 107 – 109
王廷相 316
王羲之 350
王阳明 3, 22, 36, 44, 49, 81, 82, 88 – 96, 105, 114, 122 – 124, 169, 170, 186, 188, 191 – 199, 224, 227, 232, 267, 294, 316 – 318, 462, 496, 508
王正 10
王治河 12, 329
威廉姆斯 Bernard Williams 392
韦政通 305

维特根斯坦 Ludwig Wittgenstein 18, 25, 30, 32, 40, 41, 61, 182
尉礼贤 Richard Wilhelm 143
惠特曼 Christina B. Whitman 430
魏源 509
温伟耀 10
文明对话 10, 197, 531 – 536, 538, 544
吴根友 430, 431
吴疆 230, 231
吴启超 10
吴玉如 354
吴震 365, 561
武术 6, 7, 35, 38, 113, 118, 230, 250, 314, 372, 387, 388, 478

X

乡愿 200, 366, 383, 384
相对主义 26 – 28, 209, 230, 253, 329, 380, 389, 390, 395, 423
相偶主义 62, 84
相互竞争的优秀观 393
象思维 104, 107 – 109, 112
萧伯纳 360
笑思 / 杨效斯 76, 462, 473, 474, 478, 479
效用主义 29, 232, 308, 369, 370, 375, 380, 386, 388, 389, 393, 426,
谢赫 351
谢良佐 147, 260, 261, 291
心 性 3 – 7, 22, 158 – 162, 172 – 174, 184, 189, 190, 197, 202 – 207, 220, 221, 224, 289, 290, 292, 296, 302, 303, 328
辛普森 Zachary Simpson 349
熊十力 81, 82, 104, 121, 125, 199, 204, 207
休谟 5, 8, 26, 101, 110, 124, 135, 137, 158, 159, 177, 209, 210, 214, 272, 273, 275, 386, 402
修炼而成的直觉 105, 107, 129, 130
修炼而成的自发性 441, 442, 444, 450, 458, 553
徐复观 1, 8, 97 – 99, 122, 158, 159, 207, 271, 278, 334, 335, 342, 343, 345, 349, 411, 430, 498, 504, 534
荀 子 174 – 178, 181, 183, 187 – 189, 197, 212, 218, 219, 266, 290, 304, 310, 311, 332, 403, 404

Y

雅各比 Friedrich Heinrich Jacobi 273
亚里士多德 Aristotle 15, 18, 20, 34, 50, 58, 78, 134, 138, 140, 144, 181, 209, 222, 223, 234, 235, 327, 370, 371, 382, 386, 404
延异 différance 244, 413
研究悖论 paradox of inquiry 116
颜回 43, 46, 99, 164, 262, 340, 420, 421, 437

颜山农　314
颜元　81, 82
颜真卿　348, 350, 352, 354
杨伯峻　407, 455, 456, 476
杨国荣　22, 95, 192, 196, 220, 224 - 226
杨儒宾　10, 185, 314
杨时　413
杨守敬　353, 356
杨雄　355
杨泽波　180
叶朗　335, 346
伊斯兰教　255, 327, 360, 414, 415, 533
艺术人生　194, 339, 341, 347 - 349, 359, 426
异化　20, 328, 486, 487, 497, 549, 557
因果　9, 30, 47, 79, 86, 92, 101, 110, 131, 134 - 138, 140 - 146, 154, 170, 185, 232, 233, 244, 245, 259, 272, 297, 307, 357, 372, 439, 440, 463, 531, 545, 547
阴阳　4, 63, 65, 113, 128, 190, 237, 403, 422, 469, 482
印光　80, 82
于连　François Jullien　43, 251
余纪元　234, 235
余英时　2, 489, 490, 495, 503
俞宣孟　220, 223
俞樾　44
雨果　Victor Hugo　267, 523
语用　43, 44, 50, 198, 216, 266, 346, 559
郁振华　90
袁枚　315
原教旨主义　26, 27, 280, 430, 541, 542
岳飞　355, 453 - 455, 457, 477

Z

曾点气象　307, 336 - 338, 426
曾国藩　266
威廉·詹姆斯　William James　33, 72, 91, 92, 117
张佛泉　438
张怀瓘　350, 355
张九成　148
张君劢　1, 159, 207, 430, 431, 534
张凭　493
张千帆　404
张荣明　147
张栻　88, 293, 294
张卫红　10
张祥龙　105, 462, 476
张载　3, 4, 87, 102, 142, 190, 194, 227, 228, 264, 314, 477, 527
张再林　51, 102
张昭炜　10, 109
章太炎　79
赵法生　496
赵孟頫　354
赵汀阳　528

正名　18, 43, 162, 166, 405, 479, 529, 536
郑玄　79, 82, 164, 167, 474, 492, 518
政治正确　2, 6, 18, 28, 281, 540, 543, 544
知行合一　49, 88－96, 267, 298, 318
直觉　103－106, 112, 129, 131, 194, 276, 328, 380, 400, 401, 442
中医　81, 127－134, 153, 226, 299, 538
中庸　34, 162－169, 190, 194, 195, 203, 220, 222, 260, 271, 284, 288, 289, 292－296, 301－303, 310, 313, 333, 338, 346, 347, 361, 370, 442－444, 474, 475, 485, 512, 551
周炽成　174
周敦颐　3, 45, 190, 311－314, 357, 358
《周易》/《易经》/《易》　41, 42, 77, 111, 121, 122, 143, 288, 381, 418, 485
朱汉民　37, 86
朱熹　3, 12, 46, 77, 80, 85－87, 89, 92, 96, 122－125, 161－164, 167, 173, 184, 190－193, 195－198, 231, 260, 287－296, 299, 309－316, 332, 347, 364, 413, 434, 474
庄子　8, 13, 42, 45, 46, 67－70, 72, 77, 105, 144, 172, 251, 311, 328, 335, 342, 349, 377, 378, 389, 393, 433, 441, 527
子贡　68, 121, 122, 137, 160, 258, 263, 328, 345, 360, 363, 384, 409, 415, 416, 420, 433, 434, 457, 500, 503
子思　3, 4, 160, 163, 173, 195, 196, 290
自然主义的谬误　naturalistic fallacy 181, 220
自由　49, 70, 177－180, 209, 228, 231, 238－242, 246, 248－251, 282, 300, 307, 327, 338, 349, 351, 371, 386－388, 397, 398, 400, 406, 410, 411, 428－458, 461, 470, 471, 489－491, 495, 498, 499, 501, 508, 516, 519, 523, 529, 544, 552, 553
宗教　3, 5, 9, 16, 19, 26－28, 47, 51, 73, 126, 131, 142, 160, 169, 180, 212, 218, 225, 230, 233, 234, 236, 239, 245, 254－258, 261, 263, 268－273, 275, 278－284, 360, 374, 377, 389, 394, 399, 402, 413, 415, 417, 419, 436, 476－478, 494, 503, 505, 526, 534, 540－543, 545
尊严　249, 396－426, 481, 491, 520, 541